Hanzi Freinacht

Gesellschaft des Zuhörens

Auf dem Weg in die Metamoderne

BÜCHNER

© 2017 Erstveröffentlichung unter dem Titel *The Listening Society: a Metamodern Guide to Politics. Book One* im Verlag Metamoderna ApS, www.metamoderna.org unter der ISBN 978-87-999739-0-3.

ISBN (Print) 978-3-96317-355-4
ISBN (ePDF) 978-3-96317-916-7
ISBN (ePUB) 978-3-96317-917-4

Übersetzung aus dem Englischen (mit Ausnahme des Prologs): Sabine Manke
Übersetzung des Prologs: Timotheus Böhme und Ulrike Brandhorst
Redaktion des Gesamtmanuskripts: Ulrike Brandhorst, Sabine Manke

Satz: DeinSatz Marburg | tn
Grafik S. 1–2: Jan Hendrik Ax, janhendrikax.de/

Druck und Bindung: Totem.com.pl, Inowrocław, Polen
Die verwendeten Materialien sind ein FSC-Mix.
Printed in Europe

Bibliografische Informationen der Deutschen Nationalbibliothek

Die Deutsche Nationalbibliothek verzeichnet diese Publikation in der Deutschen Nationalbibliografie, detaillierte bibliografische Angaben sind im Internet über http://dnb.de abrufbar.

www.buechner-verlag.de

Unsere Mission ist, kurz gefasst, diese:

Die zahlreichen physischen Kämpfe der ausgebeuteten Armen mit den psychologischen Kämpfen der verlorenen und leidenden Seelen in der Welt der Reichen zusammenzuführen.

Diese Kämpfe auszuweiten, um eine Zeit und Raum übergreifende Nachhaltigkeit zu erlangen.

Diese Solidarität auszuweiten, um das ungeheure Leid und die Vielzahl an Perspektiven im Reich der Lebewesen in seiner Ganzheit zu begreifen.

Und diesen Kampf zu vertiefen,
bis er als Spiel wiedergeboren wird.

Inhalt

PROLOG ... 11
Der Politische Metamodernismus ist die Zukunft ... 13
Wer ist Hanzi Freinacht? ... 16
Bronze-, Silber- und Gold-Leser ... 20

EINFÜHRUNG: WAS WIR ERREICHEN MÜSSEN ... 23
Über dieses Buch und den Folgeband ... 26
Metamodernismus: der philosophische Motor ... 27
Akademische Blasphemie ... 29
Die Lesenden begehren auf ... 32
Ihre erwartbaren Einwände ... 33
Mehr erwartbare Einwände ... 37
Psychoaktive Texte ... 41
Aufrichtige Ironie ... 43

ERSTER TEIL | DIE NEUE POLITISCHE LANDSCHAFT

1 SO HAT SICH POLITIK GEWANDELT ... 47
Die progressivsten Länder der Welt ... 49
Postmaterialistische Werte ... 56
Eine Meta-Ideologie hat bereits gewonnen ... 60
In der Politik gibt es keine »Mitte« ... 63
Ein unlukrativer Pakt für die Wähler ... 67

2 KRISENREVOLUTION ... 71
Neu ausgehobene Gräben ... 71
Hacker, Hipster und Hippies ... 75
Polarisierung und Trumpismus – ein Erklärungsversuch ... 84
Die mehrdimensionale Krisenrevolution ... 86
Die Wumms-Gleichung ... 94

3 DER POLITISCHE METAMODERNISMUS IN KURZFORM ... 96
Die Grundidee ... 97
Soll man Menschen wirklich glücklich machen? ... 99

Verachten Sie das Glück nicht! ... 104
Das Gefüge aus Schmerz und Glückseligkeit ... 107
Den Kampf aufnehmen ... 109
Die Risiken annehmen ... 111

4 MÖGLICH UND NOTWENDIG ... 115
Ja, es ist möglich ... 115
Und ja, es ist notwendig ... 120
Was das für unseren Alltag bedeutet ... 124
Ein empirisches Beispiel: Meditation in Schulen ... 127
Emotionale, soziale und kollektive Intelligenz ... 132
Na, fühlen Sie sich schon provoziert? ... 136

5 DIE ALTERNATIVE ... 139
Die Partei ohne Inhalt ... 139
Ein echter Vorsprung ... 146
Transnationalismus, aber wirklich ... 148
Die metamoderne Aristokratie ... 151

6 POLITISCHE PHILOSOPHIE ... 158
Die transpersonale Sichtweise: Jenseits des Individuellen ... 159
Aus der Warte der Komplexität ... 167
Jenseits von Links und Rechts, endlich ... 172
Nicht-lineare Politik ... 181
Abschied vom liberalen Unschuldslamm ... 186

ZWEITER TEIL | PSYCHOLOGISCHE ENTWICKLUNG

7 ÜBER STUFENTHEORIEN ... 197
Das fehlende Puzzleteil ... 199
Zur Verteidigung von Hierarchien unter Menschen ... 200
Per Anhalter zur Hierarchie ... 203
Einführung in die Erwachsenenentwicklung ... 208
Domänenspezifische Entwicklungstheorien ... 212
»Globale« Stufentheorien der Entwicklung ... 215

8 KOGNITIVE ENTWICKLUNG ... 222
Meister L. Commons ... 222
Das Modell hierarchischer Komplexität (MHK) ... 225
Was ist Intelligenz? Der Papagei spricht ... 233

9 DIE WICHTIGSTEN STUFEN 239
Stufe 10-Abstrakt 240
Stufe 11-Formal 246
Stufe 12-Systematisch 252
Stufe 13-Metasystematisch 256
Nein, ich kann es immer noch nicht glauben. Niemals! 260
Konsequenzen für die Gesellschaft 265

10 SYMBOLISCHE ENTWICKLUNG 267
Realdialektik 269
Code und kognitive Entwicklung 273
Teleologie und Determinismus? 278

11 DIE SYMBOLSTUFEN 282
Die ersten drei Symbolstufen: A, B und C 282
Symbolstufe D-Postfaustisch (oder -Traditionell) 284
Symbolstufe E-Modern 288
Symbolstufe F-Postmodern 293
Symbolstufe G-Metamodern 304
Letzte Anmerkungen zu den Symbolstufen 310

12 SUBJEKTIVE ZUSTÄNDE 313
Rachegelüste 314
Hohe Zustände, niedrige Zustände 319
Die Skala subjektiver Zustände 326
Jenseits der Emotionen 328

13 NACH HÖHEREM STREBEN 330
Eine Definition von »Spiritualität« 330
Wie sich das tägliche Leben im Durchschnitt anfühlt 333
Was es bedeutet, seinen Zustand weiterzuentwickeln 336
Beispiel einer Person in hohem Zustand 337
Können niedrigere Zustände gut sein? 341
Das Glaubwürdigkeitsproblem höherer Zustände 342
Warum sich spirituelle Gemeinschaften in Kulte verwandeln 346

14 TIEFE 353
Agonie und Ekstase 354
Tiefe vermessen 356
Tiefe entwickeln 358
Schönheit, Geheimnis und Tragödie 363

15 PROBLEME MIT WEISHEIT 369
Helle und dunkle Tiefe 369
Weisheit ist überbewertet 373
Über Weisheit und Klugscheißer 376
Am Beispiel Bertrand Russells' 379

16 DAS EFFEKTIVE WERTE-MEM 381
Der seltsame Onkel 381
Warum »Spiral Dynamics« nicht funktioniert 382
Vom ^{W}Mem zum effektiven Werte-Mem 386
Die verschiedenen Dimensionen der Entwicklung kommen zusammen 387
Annäherung an das effektive Werte-Mem 392

17 WESENTLICHE SCHLUSSFOLGERUNGEN 407
Tod dem Türkis 407
Eine höhere Form des Säkularismus erhebt sich 411
Warum sich mit einem Baby abmühen? 415
Vorsicht vor Klischees 416
Einige dringend benötigte Zwischentöne 418
Eine unausgewogene Entwicklung macht Sie krank 423
Der Stein der Weisen 429
Reißt sie in Stücke, verschont niemanden 431
Folgen für die globale Gesellschaft 434

FALLS SIE ES IMMER NOCH NICHT BEGRIFFEN HABEN 437
Entwicklung ist wichtig I 437
Bevölkerungen höherer Stufen 438
Warum die Postmodernen die Welt nicht retten können 441
Die große Bandbreite 445
Entwicklung ist wichtig II 447

ANHANG: METAMODERNISMUS 449
Drei Bedeutungsn des Begriffs Metamodernismus 449
Das metamoderne Paradigma 451
Herkunft des Begriffs »Metamodernismus« 461
Der Unterschied zwischen Postmoderne und Metamodernismus. 462
Einem neuen Metamodernismuszur Existenz verhelfen 467

ENDNOTEN 469

Prolog

»Okay, okay, ich hab's verstanden, wirklich. Da gibt es dieses Gerede von etwas, das sich ›politischer Metamodernismus‹ nennt – man sagt, es sei eine neue Ideologie, die freiheitliche Demokratie und Kapitalismus, so wie wir sie kennen, ablöst. Heimlich, still und leise, so meinen ihre Verfechter, bewerkstellige sie die völlige Zerstörung von Sozialismus, Liberalismus, Konservatismus und ökologischer Bewegung, schlage sie diese mit ihren ureigenen Waffen – und ließe indes viele Menschen verletzt zurück. Es heißt, der politische Metamodernismus sei in der Lage, das Leben von Millionen und Abermillionen von Menschen langsam, aber auf umfassende Weise zum Besseren zu wenden, indem er Sozial- und Wirtschaftssystem tiefgehender ausgestaltet und uns so in eine vernünftigere und freundlichere Welt führen wird. Das Sozialsystem des politischen Metamodernismus bezeichnet man als eine ›**Gesellschaft des Zuhörens**‹ – eine ***listening society***. Es heißt, all dies werde sich langsam, aber unweigerlich im Rahmen der kulturellen und wirtschaftlichen Entwicklung der sozial und technisch am weitetesten fortgeschrittenen Gesellschaften der Welt, wie zum Beispiel den skandinavischen, ergeben. Es sei nicht nur für jeden Einzelnen ausgesprochen empfehlenswert, sondern sogar ein Dienst an der Menschheit und dem Rest der leidenden Tierwelt, die ›Listening Society‹ zu verstehen und sich mit ihr zu verbünden. Natürlich sind damit, wie bei allen mächtigen Dingen, auch Risiken verbunden … Aber: Ist das überhaupt *real*?«

Nun, mein Freund, da zäumen Sie das Pferd von der falschen Seite auf. Ob etwas »real« ist, ist in gewisser Weise die dümmste Frage, die man stellen kann. Zumindest wenn man wenigstens eine ungefähre Ahnung davon hat, was Realität ist. Realität ist nämlich sehr viel mehr als das, was gemeinhin als »Tatsachen« betrachtet wird. Die *wirkliche* Realität lebt an der Kreuzung von Fakten und Fiktion. Sie entsteht genau dann, wenn unsere Vorstellungskraft – die Geschichten, die wir uns selbst erzählen – auf die Tatsachen der Welt trifft und sie in einen Kontext setzt. Der politische Metamodernismus wird durch einen rebellischen Akt real: dadurch, dass wir eine gute Story erzählen, die ihre Zuhörerschaft nicht mehr loslässt und sie bereichert.

Dieses Buch besteht hauptsächlich aus Fakten und mischt sie mit einem Quäntchen Fiktion – das heißt, dass ich Gefühle, Träume, Aphorismen, geistige Bilder und ein paar fundierte Vermutungen mit einflechte. Dabei spiele ich mit der Sprache und mit meiner Beziehung zu Ihnen, liebe Leserin, lieber Leser.

Abgesehen davon war Ihre Zusammenfassung aber ganz okay. Politischer Metamodernismus ist heute die weltweit wirkmächtigste Ideologie und es wäre dämlich, nichts darüber erfahren zu wollen. Ob Sie diese Ideologie nun mögen oder nicht, ob Sie sie befürworten oder nicht: Es ist angeraten, sich mit ihr zu beschäftigen.

Übrigens: Falls Ihnen beim Begriff »Ideologie« schaudert, können Sie ihn auch gerne ersetzen gegen »die Art und Weise, wie wir in Bezug auf die Gesellschaft denken und fühlen«. Denn das ist etwas, was wir alle unleugbar tun – selbst Sie.

Dieses Buch handelt von Ihnen: von Ihrer intellektuellen und emotionalen Entwicklung und Ihrem Platz und Status in dieser Welt. Es geht aber auch um die Gesellschaft und um Beziehungen, um andere Menschen und Tiere. Darum, wie uns ein tiefer gehendes soziologisches Verständnis der Welt helfen kann, ihr voll Mitgefühl zu dienen, und warum das so ist.

Fakten und Fiktion zu vermischen ist natürlicherweise etwas für Kinder und Verrückte. Genauer betrachtet wird allerdings klar, dass wir alle dies tun. Die Frage ist lediglich, wie bewusst und konstruktiv dies geschieht. Ich verwende das Quäntchen »Fiktion«, damit dieses Buch als Strömung der politischen und kulturellen Veränderung lebendig werden kann. Der Unterschied zwischen dieser Herangehensweise und trockeneren, eher traditionellen akademischen Büchern über Sozialwissenschaft besteht darin, dass dieses Buch zu seinem fiktionalen Anteil steht. Wir nehmen Hanzis Freinachts Rolle als Intellektueller nicht so ernst, aber dafür den notwendigerweise fiktionalen Anteil der Wirklichkeit umso mehr. Verabreicht mit einem Löffelchen fiktionalen Zuckers schmecken uns die Fakten am besten. Damit wir uns nicht falsch verstehen: Die bittere Medizin müssen wir trotzdem schlucken. So funktioniert das.

Die meisten politischen Intellektuellen, von Nancy Frazer bis Milton Friedman, von Noam Chomsky bis Arne Næss[1], werfen sich in diese dämlichen Posen, um möglichst seriös und wissenschaftlich zu wirken. Doch dabei bleiben sie ihren Ideen emotional verhaftet und erzählen zu Tränen rührende (fiktive) Geschichten darüber, warum ihre eigene Perspektive die richtige ist und sie selbst demütige Helden und Diener der Wahrheit. Ich nehme diese lächerliche Maske hiermit ab. Und ehrlich gesagt sollten Sie dies auch tun. Aber *wie* lässt sich diese Maske abnehmen? Nun, indem Sie zugeben, dass Sie sie tragen – und sie anschließend bewusster einsetzen.

Ich erzähle Ihnen diese Geschichte jetzt einfach und dann können Sie damit herumspielen. Denn nur so beginnt das Handeln. Nur so können wir die Welt tatsächlich verändern – und unterwegs ein sehr schönes, wenn auch gefährliches Abenteuer erleben. Politik ist, genau wie das Leben, immer ein Experiment. Wir müssen bereit sein, Risiken einzugehen. Wir müssen bereit sein, verletzt zu werden, wenn wir tiefgehenden Wandel (mit allen Vor- und Nachteilen) herbeiführen wollen – eine echte Veränderung, die den Namen auch verdient hat.

Der politische Metamodernismus ist die Zukunft

Ich will Ihnen also etwas erzählen über das, was ich **politischen Metamodernismus** nenne. Dabei handelt es sich um eine neue Sicht auf Politik, die nicht nur verändert, wie wir Politik machen, sondern auch und zuallererst die Rolle, die ihr in der Gesellschaft zukommt. Natürlich verändert diese neue Sicht auch unsere Ziele in Hinblick darauf, was wir in der Gesellschaft erreichen wollen, und erklärt uns, warum das so ist.

Grob vereinfacht strebt der politische Metamodernismus eine Gesellschaftsform an, die als *Nachfolgerin* der »modernen Gesellschaft« betrachtet werden kann und gleichzeitig über das hinausgeht, was wir für gewöhnlich darunter verstehen. Nehmen wir zum Beispiel ein modernes Land wie Schweden und machen wir uns bewusst, wie sehr es sich politisch, sozial und wirtschaftlich in den letzten hundert Jahren verändert hat. Wie sehr sich seine Bevölkerung verändert hat. Wo kommen zum Beispiel die ganzen Hacker, Yoga-Praktizierenden und veganen Feministinnen her?

Die Sozialdemokraten des frühen 20. Jahrhunderts hatten eine Ideologie – und zwar eine Vision beziehungsweise eine klare Vorstellung davon, wie der zukünftige Sozialstaat aussehen sollte. Dieser Staat hat sich zu großen Teilen erfolgreich materialisiert. Aber seit ein paar Jahrzehnten fehlen uns solche Visionen oder Ziele, obwohl die Welt sich schneller verändert als je zuvor und wir mehr technische Möglichkeiten haben, als dies jemals der Fall war. **Wo also sind unsere großen politischen Visionen?**

Im Ernst: Wo sind sie? Die Linke kämpft nur noch um den Erhalt des Sozialstaats, die Grünen setzen sich für die Nachhaltigkeit unserer bestehenden

Gesellschaft ein, die Rechtsliberalen wollen weiter das Wirtschaftswachstum ankurbeln und die Rechtsnationalen beziehungsweise die Rechtskonservativen wollen angesichts von Immigration und Globalisierung den alten Nationalstaat aufrechterhalten. All diese Bewegungen und Ideologien sind einer Vorstellung von Parteipolitik verhaftet, wie sie in der industriellen Gesellschaft mitsamt ihren Klassen und Problemen entstanden ist. Nichts davon bringt uns etwas wirklich Neues oder Substanzielles, was unsere Leben heute auf eine Art und Weise verbessern könnte, wie das einst der Aufbau einer modernen, freiheitlichen Demokratie mit Marktwirtschaft und Sozialstaat vollbracht hat. Welches System würde Entsprechendes für die Gesellschaft der Zukunft leisten, einer Gesellschaft, die – wie wir wissen – globalisiert, digitalisiert und postindustriell sein wird? **In welche Richtung kann und soll sich unsere Gesellschaft entwickeln?** Hat diese Frage keine Berechtigung? Ich finde, das hat sie. Ich finde, es ist zutiefst verstörend, dass wir – die Menschheit – nicht über diese Frage diskutieren.

Und hier kommt der politische Metamodernismus ins Spiel. Der politische Metamodernismus möchte eine Gesellschaft verwirklichen, die sich ebenso stark von der heutigen Gesellschaft (in Schweden, aber auch anderswo) unterscheidet wie das Schweden von heute von dem des frühen 20. Jahrhunderts. Alles wird sich ändern, sei es zum Guten oder zum Schlechten: Die Menschen werden anders wählen, anders lernen, anders arbeiten, leben und reisen. Sie werden sogar anders lieben und sich anders sozialisieren. Wir werden andere Vorstellungen von der Welt und unserem Platz in ihr haben. Einfach nur am Leben zu sein – selbst das – wird sich anders anfühlen.

Das Ziel des politischen Metamodernismus besteht also darin, uns von der »modernen« Stufe der Gesellschaftsentwicklung (freiheitliche Demokratie, Parteipolitik, Kapitalismus, Sozialstaat) auf die nächste, »metamoderne« Entwicklungsstufe zu heben. Es geht darum, unsere freiheitliche Demokratie als politisches System, unsere politischen Parteien und ihre Ideologien, den Kapitalismus als Wirtschaftssystem und unseren Sozialstaat zu überbieten und zu ersetzen. *Voilà*. Habe ich nun Ihre Aufmerksamkeit?

Der politische Metamodernismus ist um *eine* zentrale Einsicht herum errichtet: **Der Königsweg zu einer guten Zukunftsgesellschaft besteht in *persönlicher Entwicklung* und *seelischem Wachstum*.** Menschen entwickeln sich sehr viel besser, wenn ihre innersten seelischen Bedürfnisse erfüllt sind. Wir suchen also nach einer »tieferen« Gesellschaft, einer Gesellschaft, die über mehr soziale Fähigkeiten und emotionale Intelligenz sowie eine existenzielle Reife verfügt.

Der politische Metamodernismus besteht aus drei Teilen:

- **Der Gesellschaft des Zuhörens** (im Sinne eines aufmerksamen, der einzelnen Person zugewandten Sozialstaats) – sie wird der Sozialstaat der Zukunft, der auch emotionale Bedürfnisse miteinschließt und das psychologische Wachstum aller Bürger unterstützt. Eine Gesellschaft, in der alle gesehen und gehört werden (und nicht manipuliert und der Überwachung unterworfen – was die degenerierten Formen des Gesehen- und Gehörtwerdens sind).
- **Ko-Entwicklung** – eine Art des parteiübergreifenden, politischen Denkens, das Angelegenheiten des Egos wie emotionale oder ideologische Voreingenommenheiten in Schach hält und das generelle Klima im politischen Diskurs verbessern möchte: »Ich entwickle mich, wenn du dich entwickelst. Selbst wenn wir nicht einer Meinung sind, kommen wir der Wahrheit näher, wenn wir unvoreingenommen miteinander reden und die Standards im Umgang miteinander anheben.«
- **Die skandinavische Ideologie** – so bezeichne ich das politische System, das die langfristige Umsetzung einer Listening Society und einer gemeinschaftlichen Entwicklung befördern kann. Die Bezeichnung rührt daher, dass die ersten Keime dieser Ideologie in und um Skandinavien aufgegangen sind. Diese Weltanschauung umfasst sechs neue Formen der Politik, die gemeinsam dazu beitragen, die Gesellschaft von Grund auf neu zu gestalten. Hier geht es vornehmlich darum, Bürger vor neuen Formen der Unterdrückung zu schützen, die Begleiterscheinungen einer »tieferen« Gesellschaft sein können. Diese neuen Formen der Unterdrückung sind weniger leicht erkennbar und eher auf psychologischer Ebene angesiedelt als diejenigen, die wir aus dem 20. Jahrhundert kennen.

Wenn ich von politischem Metamodernismus spreche, meine ich also das Gesamt dieser drei Aspekte, wobei es in diesem Buch vor allem um die Gesellschaft des Zuhörens geht. Außerdem wird erklärt, wie wir uns als Menschen weiterentwickeln und psychologisch wachsen können. Dabei gehe ich davon aus, dass ein enger Zusammenhang zwischen dem intellektuellen, kognitiven und emotionalen Wachsen und Werden der Menschen und der positiven wie negativen Entwicklung einer Gesellschaft besteht. **Deswegen sollte – beziehungsweise muss – es allererste politische Priorität werden, die psychologische Weiterentwicklung aller Mitbürger zu unterstützen.**

Das nächste Buch mit dem Titel *Die skandinavische Ideologie* wird sich damit beschäftigen, wie Gesellschaften sich weiterentwickeln, wie dieses neue politische System funktioniert und wie es das heutige System der freiheitlichen Demokratie übertrumpfen wird.

Ich bin immer mehr davon überzeugt, dass der politische Metamodernismus herausragend dafür geeignet ist, gesellschaftliche Missstände zu beheben, wie zum Beispiel:

- die vielschichtige ökologische Krise;
- die Unbeständigkeit der Wirtschaft;
- die extremen globalen Ungleichheiten;
- die weitverbreiteten Ängste und die »Entfremdung« der modernen Menschen;
- die Herausforderungen der weltweiten Migrationsbewegungen;
- den Übergang in eine postindustrielle, automatisierte und digitalisierte Wirtschaft;
- und die Herausforderungen einer transnationalen Governance.

In anderen Worten: Ich glaube, dass diese Weltanschauung einen konstruktiven Umgang mit den Hauptproblemen der Spätmoderne ermöglicht. Die Listening Society ist die Brücke, über die wir innerhalb weniger Generationen von der modernen Welt in eine metamoderne Gesellschaft gelangen können.

Im Grunde genommen definiert sich eine metamoderne Gesellschaft wesentlich als eine, die die Probleme der modernen Gesellschaft »gelöst« hat, ziemlich genau so, wie die moderne Gesellschaft die Probleme der vorindustriellen, traditionellen Gesellschaft »löste«, indem sie Armut, Krankheiten, Kriege, Leibeigenschaft, Sklaverei und den Missbrauch monarchischer Macht drastisch reduzierte.

Da metamodernes Denken unsere heutige Logik zum großen Teil in sich aufnimmt, eignet es sich auch für Sie persönlich – besonders, wenn Sie politische Ambitionen hegen. Dazu später mehr.

Wer ist Hanzi Freinacht?

Sollten Sie wie andere menschliche Tiere ticken, dann folgt Ihr soziales Denken einer rhetorischen Logik, wie sie Aristoteles vor über zwei Jahrtausenden dargelegt hat. Das bedeutet, dass, wenn Sie für die rationalen Argumente in diesem Buch, also den *logos,* empfänglich sein wollen – beziehungsweise wenn Sie überhaupt in der Lage sein wollen, das zu verstehen, was ich Ihnen hier mitteile –, Ihre Gefühle mit angesprochen werden müssen (*pathos*). Und Sie müssen – und das ist der eigentliche Punkt hier – eine Beziehung zu mir, dem Autor haben: zu meinem *ethos.* In diesem Zusammenhang werden Sie wahrscheinlich drei Dinge wissen wollen:

- ob ich mich an die Realität halte oder ob es sich hier um schwerwiegende Wahrnehmungsstörungen handelt,
- ob ich moralisch gut oder schlecht und ob ich »auf Ihrer Seite« bin, und
- ob ich intelligent, eine Kapazität und kompetent bin (also, ob meine Worte wirklich Gewicht haben).

Also wer ist dieser »große Hanzi Freinacht«, diese wagemutige Person, die meint, uns sogar von der nächsten Leitideologie erzählen zu können, die freiheitliche Demokratie und Kapitalismus überbieten und ersetzen wird? Ein Großteil der Antwort hängt von Ihnen ab, liebe Leserin, lieber Leser. Welche Stimme geben Sie diesen Worten in Ihrem Inneren? Denken Sie an Disneys *König der Löwen*: Ist meine Stimme so volltönend, vertrauenseinflößend und voller Güte wie die des Löwenkönigs? Oder ist es die quietschende, fiese und aufsässige Stimme dieser merkwürdigen Nazi-Hyänen, die gierig darauf warten, selbst ein Stück vom Fleisch zu ergattern? Oder spreche ich vielleicht mit der bösartigen, beherrschten Stimme des verräterischen Königsbruders? Hören Sie ein aufmüpfiges Kind, einen gealterten Meister oder einen aufgeklärten Akademiker?

Ich bin studierter Sozialwissenschaftler und politischer Philosoph. Im akademischen Bereich habe ich mich vor allem mit kriminologischen Fragen befasst, zum Beispiel mit Feldstudien innerhalb der Polizeikräfte und der Bedeutung der Ethnizität im Rechtssystem. Mein wichtigster Mentor war ein exzentrischer, aber faszinierender Psychologe und Mathematiker an der Harvard-Universität, Michael Lamport Commons, von dem das *Modell der hierarchischen Komplexität* (Model of Hierarchical Complexity – MHC) stammt. Dabei handelt es sich um eine mächtige psychologische Theorie, mit der wir uns in diesem Buch noch ausführlicher beschäftigen werden (Kapitel 8 und 9). Weite Teile der hier vorgestellten Ideen sind durchdrungen vom Genius des Commons'schen Werks und seiner umfassenden Anwendbarkeit auf zahlreiche Fragestellungen in Natur, Wissenschaft und Gesellschaft.

Was mich persönlich anbelangt, kann ich sagen, dass mir den Großteil meines Erwachsenenlebens ein Sinn für Tragik nachfolgte, eine subtile, aber alles durchdringende Traurigkeit, scheinbar Teil des Hintergrunds – gedämpft, ernst, reglos. Sie hat keinen Einfluss auf meine alltäglichen Erlebnisse oder Begegnungen. Ich kann optimistisch, ausgelassen oder gelassen sein. Aber sie steht im Mittelpunkt meiner Lebensziele, Hoffnungen und Entscheidungen. Ich glaube, dass viele Menschen dieses Gefühl kennen. Wenn ich darüber spreche oder diesbezüglich etwas andeute, bemerke ich oft, dass der Blick meines Gegenübers für einen Moment einfriert, aber auch wie dessen Augen etwas weicher werden. Vielleicht ist das ein Gefühl des Wiedererkennens.

Es kann sein, dass diese Traurigkeit ihre Wurzeln in meinen Lebenserfahrungen hat, in den (nicht besonders außergewöhnlichen) Widersprüchen und Widrigkeiten, die ich durchlebt habe. Erwachsenwerden hat für mich vor allem bedeutet, mit dieser Traurigkeit und einer damit einhergehenden tiefgreifenden und grundlegenden Angst Frieden zu schließen. Es war eine lange, schmerzvolle, existenzielle und – ich wage zu sagen – spirituelle Reise, in deren Verlauf ich paradoxerweise eine anscheinend nachhaltige Quelle des Glücks und des Sinns gefunden habe. Das wunde Herz selbst wurde so zum Hauptantrieb meines Lebenswerks. In ihrer reifen Form weitete sich diese ernste Traurigkeit aus. Sie wandelte sich in ein Empfinden für die Tragik dieser Welt, für das Leiden anderer und – vielleicht sogar noch mehr – in ein Bewusstsein für den Verlust von Schönheit und von Potenzialen, die niemals zur Umsetzung gelangen.

Dieses Buch spricht eher den Geist an, es ist ein Werk des Intellekts. Ich stelle darin Ideen und Konzepte vor, um mein Anliegen zu untermauern und Ansichten zu entwickeln, die ich mit Ihnen teilen möchte. Aber, werte Freundin, werter Freund, seien Sie sich bewusst, dass ich dies aus einer subtilen Sehnsucht meines Herzens heraus schreibe. Ich möchte herausfinden, wie diese Gesellschaft in der realen Erfahrung von Menschen und ihren Mitlebewesen besser werden kann. Ich bin zu der Überzeugung gelangt, dass es solche Möglichkeiten und Wege nicht nur gibt, sondern dass sie gegenüber unserer heutigen Form der Politik und des Wirtschaftens zunehmend einen Wettbewerbsvorteil aufweisen und sinnvoll sind. Ebenso bin ich davon überzeugt, dass diese Wege durch Sie selbst hindurch verlaufen, liebe Leserin, lieber Leser. Doch dieses Vorgehen ist schwierig und gefährlich, worauf ich in diesem und dem Folgeband noch näher eingehen werde.

Vielleicht täusche ich mich auch und diese Wege sind nicht gangbar, aber ich möchte doch wenigstens diese Gedanken mit Ihnen teilen und sehen, wohin sie führen. Ich kann nur hoffen, dass irgendwo irgendjemand zuhört und versteht. Und auch ich werde Ihnen meinerseits zuhören, soweit es meine emotionalen und intellektuellen Fähigkeiten erlauben.

Während ich dieses Buch schreibe, lebe ich allein in einem Haus im französischsprachigen Teil der Schweizer Alpen. Ich habe es mir von einem wohlhabenden Mann und seiner Familie geliehen. Soweit ich weiß, ist er Milliardär, aber ich habe nicht nachgefragt. Er ist ein Selfmademan, der früher als Banker tätig war. Ein Physiker und philosophischer Entdecker, der meine Ideen seit einiger Zeit unterstützt. Mittlerweile betrachte ich ihn als guten Freund. Zwar lebe ich zurzeit fernab von der Familie und all denen, die mir in Freundschaft oder Liebe verbunden sind, aber so konnte dieses Buch in Ruhe und Frieden geschrieben werden. Mit Blick auf die majestätischen Berggipfel, die sanften, grünen Täler mit ihren Siedlungen und einem vielgestaltigen, von rauen Felskanten gezeichneten Horizont, der sich meist von einem strahlend blauen Himmel abhebt. Das Haus ist groß und aus Holz, ein sogenanntes Chalet, mit riesigen Fenstern, die das Licht hereinlassen und einen weiten Blick gestatten. Wochen- und monatelang treffe ich keine anderen Menschen.

Ich halte mich an einen festen Plan: täglich drei Stunden Meditation, eine Stunde körperliche Ertüchtigung, einen halben Tag Studium und einen halben Tag Schreiben. Ich ernähre mich vegan mit einem hohen Anteil an Nüssen und Beeren und nehme B12 und Omega 3 zur Nahrungsergänzung. Manchmal gehe ich alleine in den Bergen spazieren, gebe mich Tagträumen hin oder spreche mir laut Passagen aus dem Buch vor. Während meines Lebens hier denke ich für gewöhnlich nicht einmal an Familienleben, heiße Typen, Sex mit Studierenden, Hasch oder LSD – es sei denn als gesellschaftliche Gegenstände.[2] Im Haus gibt es auch eine Sauna und einen großen Whirlpool vor einem riesigen Fenster mit Blick in die Bergwelt. Nur die summenden Fliegen leisten mir Gesellschaft im schäumenden Wasser. Und die Philosophen. Und die Ideen. Und das entschlossene Ringen um eine tiefgreifende, wirkmächtige Veränderung der Gesellschaft.

Ist Hanzi jetzt gut oder böse? Ich weiß es nicht genau. Manche nennen Hanzi Freinacht einen Spieler, der mit seinem eigenen Leben, allzu gefährlichen Gedanken und der Zukunft unserer Gesellschaft spielt. Andere gehen so weit, mich einen Scharlatan zu nennen, einen Betrüger oder Angeber, einen intellektuellen Hochstapler. Ich stellte zu große Fragen, spräche mit zu großer Überzeugung und zu lebendig und verführerisch über zu große Themen. Da kann ich wohl kaum Gutes im Schilde führen, oder?

Ich gebe nicht vor, nur aus den lautersten Absichten heraus zu handeln. Aber ich bin felsenfest davon überzeugt, dass es in risikoreichen Zeiten einen Spieler braucht, der bereit ist zum höchsten und vielversprechendsten Einsatz. Und in den verworrensten Diskursen kann nur ein Scharlatan die Wahrheit aussprechen.

Bronze-, Silber- und Gold-Leser

Ich bin auch davon überzeugt, dass dieses Buch, sollten seine Ideen sich verbreiten, eine Menge freundlicher und intelligenter Menschen vor den Kopf stoßen und verwirren wird – auf viele verschiedene, feinsinnige wie abgründige Arten.

Vielleicht bilde ich mir auch nur ein, dass meine Worte solche Auswirkungen haben können. Aber tatsächlich glaube ich, dass Schreiben niemals etwas Demütiges hat, immerhin geht es dabei um stundenlanges Monologisieren ohne Unterbrechung oder Entgegnung. Und wenn man über die Gesellschaft spricht, und das auch noch mit analytischer Strenge, dann kommt es vor, dass man Menschen verletzt. Ob es nun also anmaßend ist oder nicht: Ich glaube, dass ich die Wirkung meines Textes durchaus richtig einschätze.

Trotzdem fahre ich ohne Anflug von moralischem Skrupel fort, zu schreiben und zu veröffentlichen. Ein echter Autor darf sich bei wichtigen Themen nicht den Illusionen intellektueller oder gesellschaftlicher Unschuld hingeben. Gedanken und Ansichten sind so wichtig, dass sie jedwede Verletzung anderer aufwiegen.

Wie wir in späteren Kapiteln im zweiten Teil dieses Buches sehen werden, sind diese Verletzungen entwicklungspsychologisch erklärbar. Dieses Buch zu schreiben hat etwas ähnlich Vulgäres an sich, wie einem kleinen Kind sexuell aufgeladene Bilder zu zeigen. Viele – oder die meisten – Menschen sind einfach noch nicht bereit, die hier geteilte Botschaft zu empfangen. Das gilt auch für die meisten Gesellschaften, sozialen Gruppen oder Milieus.

Doch in diesem Fall sind es nicht die Jüngsten, für die meine Ansichten die größte Bedrohung darstellen. Es sind nicht *ihre* Vorstellungen, die auf die Probe gestellt werden. Meine ideale Leserin ist ungefähr zehn Jahre alt. Sie ist begabt, aber in der Schule fügt sie sich nicht so gut ein. Nicht immer tut sie das, was Eltern oder Lehrer ihr sagen. Die digitale Welt von heute ist ihr Element. Als Erwachsene wird sie idealistisch sein und Dinge hinterfragen – und sie wird spüren, dass etwas in unserer Gesellschaft grundlegend falsch läuft. Wenn sie ein Universitätsstudium beginnt oder anderweitig ihre Sicht der Welt weiterentwickelt, wird sie feststellen, dass die Bildungsangebote, die Antworten ihrer Eltern und Lehrkräfte, der Medien und der führenden Persönlichkeiten allesamt nicht weit genug reichen. Dass sie irgendwie das Ziel verfehlen. Dass sie ihrer Realität nicht gewahr werden, der neuen Realität. Und dann ist da Hanzi Freinacht, der das, was sie erlebt, in Worte fasst. Der Zusammenhänge herstellt. Sie schaut in den Spiegel und ihr wird klar, dass sie diejenige ist, die eine völlig neue Gesellschaft auf den Weg bringt.

Eine weitere Ursache für Verletzungen ist der unvermeidliche Missbrauch von Ideen. Philosophen, Soziologinnen und Wirtschaftswissenschaftler, ja sogar Physiker und Mystikerinnen, haben allesamt Fehlinterpretationen erfahren und ihre Werke wurden pervertiert und missbraucht. Dadurch haben sie direkt oder indirekt Verletzungen und Verwirrung ausgelöst. So wird es zweifellos auch dem auf diesen Seiten vorgestellten politischen Metamodernismus ergehen. Und wie die Arbeit aller Denker wird auch meine Arbeit, wenn sie Fuß fasst, in mancher Hinsicht positive und in anderer Hinsicht negative Auswirkungen haben. Das liegt in der Dialektik begründet, die dem Leben eignet.

Auf einer persönlicheren und intimeren Ebene errichten Menschen psychologische Barrieren, um sich vor dem Schmerz zu schützen, der entsteht, wenn treffende Ideen ihre Überzeugungen und emotionalen Voreingenommenheiten ins Wanken bringen. Der üblichste Abwehrmechanismus ist natürlich der, das Buch einfach wegzulegen, es zu ignorieren und zu vergessen. Zur Verfügung steht aber auch, das Buch lächerlich zu machen, es mehr oder weniger bewusst falsch zu interpretieren oder sich bestimmte Details herauszupicken, diese infrage zu stellen und dabei das Gesamtbild außer Acht zu lassen. Oder eben sich den Text von einer fiesen Hyänenstimme gesprochen vorzustellen.

Sie können alle diese Strategien gerne anwenden. Im Laufe der Jahre konnte ich so oft beobachten, wie viel Schmerz im Ringen mit der metamodernen Perspektive entsteht. Menschen werden von ihr besessen, sie leisten Widerstand, sie wüten, sie verfluchen oder schmähen sie, sie greifen auf Selbstzensur zurück oder finden Gründe, um sich fürchterlich vor den Kopf gestoßen zu fühlen. Mir ist der Grund dafür bewusst: Meine Theorien beleidigen das vorherrschende moralische Empfinden der Menschen aufs Tiefste. Ich spucke ihren politischen Identitäten, seien diese rechts oder links, anarchistisch oder konservativ, geradewegs ins Gesicht. Es ist die altehrwürdige Aufgabe des Philosophen, auf alles zu scheißen, was Ihnen wert und heilig ist, und zu zeigen, dass Ihre Götter falsch sind.

Wie sollte es auch anders sein? Um eine Gesellschaft wirklich voranzubringen, müssen wir anspruchsvolle Ideen vorlegen, die unsere heutigen Gesellschaften, selbst die idealistisch progressivsten unter ihnen, als unethisch, unfreundlich, primitiv, heuchlerisch und vorurteilsbeladen demaskieren. Das Bessere, so schrieb Voltaire, ist der Feind des Guten. Ich greife Ihr Zeitalter, Ihre Gesellschaft und Ihre Art zu leben an. Wenn Sie dieses Buch unerträglich finden, müssen Sie es nicht zu Ende lesen oder die darin enthaltenen zentralen Ideen kennenlernen oder verstehen.

Aber natürlich heiße ich Sie als intellektuellen und geistigen Widersacher willkommen. Für einen der Dialektik zugeneigten politischen Philosophen sind seine Nachfolger aus Bronze, seine kundigen Kritiker aus Silber und seine geistigen Widersacher aus geschmolzenem Gold. Unkundige Kritik ist hingegen nichts als der Schmutz an meinen Schuhen und den hochgekrempelten Ärmeln. Und dann ist da leider auch noch ein beachtlicher Teil an Katzengold.

Vor allem aber suche ich nach tatkräftigen Mitschaffenden mit starker Vorstellungskraft – Leute, für die diese ganzen gesellschaftlichen Hierarchien (bin ich besser als Hanzi oder andersrum?) und diese Fragen nach »gut oder böse« nicht so wichtig sind. Das sind Menschen, die wissen, wann es angebracht ist, sich einer Sache anzuschließen, Kritik zu äußern, aufzubegehren oder die Führung zu übernehmen. Sie sind Kinder, die liebend gerne spielen. Sie kümmern sich nicht um akademische Titel oder bürgerlichen »Erfolg«, oder darum, ob jemand sich an die Regeln ihres bevorzugten literarischen Genres hält. Sie erkennen die Melodie, die ich spiele, reihen sich in den Tanz ein und schaffen spielerisch eine neue Gesellschaft und eine neue Wirklichkeit.

Nach all diesen Klarstellungen behalten Sie bitte im Hinterkopf, dass *Sie* hier die Verantwortung tragen, nicht ich. Ich bin nichts als tote Buchstaben auf einem Papier oder einem Bildschirm. Sie erschaffen das hier durch Ihre Art zu lesen mit. Sie können mich auseinandernehmen, neu ordnen, zitieren, ignorieren, interpretieren und Teile von mir in einen Kontext stellen, von dem ich nicht einmal träumen kann. Die Lesenden, nicht die Schreibenden besitzen die Macht. Seien Sie also willkommen, Mitschaffende, ich bin Ihnen ausgeliefert.

Wie ein gewisser Zarathustra sprach:

> »Gefährten sucht der Schaffende und nicht Leichname, und auch nicht Heerden und Gläubige. Die Mitschaffenden sucht der Schaffende, Die, welche neue Werthe auf neue Tafeln schreiben. Gefährten sucht der Schaffende, und Miterntende: denn Alles steht bei ihm reif zur Ernte.«[3]

Einführung

Was wir erreichen müssen

Was müssen wir mit diesem Buch erreichen? Sie werden eine politische und sozialwissenschaftliche Theorie kennenlernen, die – falls ausreichend Menschen sie verstehen – das Leben kommender Generationen dramatisch verbessern kann und dies auch tun wird. Zudem wird sie der Menschheit und anderen Lebewesen einen Ozean an Leid und Zerfall ersparen. Das behaupte ich.

Was Sie hier lesen, ist nichts anderes als ein Schlachtplan zur Veränderung der Welt – etwas, dessen wir alle dringend bedürfen in Anbetracht der enormen Herausforderungen, die vor uns liegen. Und die Welten von Mäusen und Menschen sind nun mal *politischer* Natur. Politik bedeutet Machtspiele. Macht spielt eine Rolle bei sämtlichen Angelegenheiten des Lebens. Wer trifft die Entscheidungen? Wen hält man für moralisch einwandfrei und sexy? Wer darf intelligent und seriös sein oder der coole, romantische Rebell? Wer die freundliche, weise Frau oder der langweilige alte Sack? Wer hat lediglich schlechte Karten auf der Hand in einem Kampf, den man mit diesem Blatt nur verlieren kann? Welche Ideen regieren die Welt und schleichen sich so tief in unsere Gedanken und Träume, dass sie die Realität unseres Alltags schaffen und strukturieren? Das, mein Freund, meine Freundin, sind politische Fragen im eigentlichen Sinne.

Also, metamoderne Politik ist *das* Thema der Stunde. Was heißt das? Lassen Sie mich beginnen, indem ich *Ihnen* einige Fragen stelle. Ich möchte Ihnen jetzt Ihr eigenes Unwissen demonstrieren. Ich verstehe, dass das ein harter Schlag in Ihr schönes Gesichtchen sein könnte – absolut keine nette Sache. Aber Hanzi Freinacht ist nicht nett, sondern er hat recht. Und das ist etwas ganz anderes. Ich starre Ihnen jetzt direkt in die Augen und frage Sie langsam:

- Erste Frage: Was ist menschliche Entwicklung?
- Zweite Frage: Was ist gesellschaftliche Entwicklung?
- Dritte Frage: Was ist Freiheit?

Die intellektuell weniger begabten Leser und Leserinnen unter Ihnen sind bereits jetzt damit beschäftigt, Wege aus diesem Würgegriff zu ersinnen:

> »Wer sagt, dass es überhaupt so etwas wie menschliche Entwicklung gibt? Ich für meinen Teil bin so demütig und wertschätzend anderen gegenüber, vor allem Kindern, niedlichen Tieren und indigenen Kulturen, dass mir das Thema Entwicklung vollkommen *egal* ist. Und wer behauptet eigentlich, dass Freiheit so wichtig wäre? Ich meine, ein guter Mensch wie ich lebt für die Würde und die Pflicht, anderen zu dienen, und rennt nicht herum und versucht, ›frei‹ zu sein, was auch immer das heißen soll.«

Das Problem mit dieser Antwort ist, dass Sie sich selbst viel zu ernst nehmen und dafür das reale Leiden anderer Menschen und Lebewesen viel zu leicht. Lassen Sie mich das erklären.

Lassen Sie uns sagen, Sie sind »intellektuell so aufgeschlossen« und »moralisch so entwickelt«, dass Ihnen die menschliche Entwicklung tatsächlich egal ist. Das heißt, es bekümmert Sie nicht, wenn Ihr eigenes Kind hungert, sein Körperwachstum stockt, seine Gehirnentwicklung behindert und sein geistiges und emotionales Erleben für den Rest seines Lebens gezeichnet wird. Denn ich frage mich schon: Für wen halten Sie sich, dass Sie sich ein Werturteil über menschliche Entwicklung anmaßen? Vielleicht wäre ein verkümmertes Leben besser. Bingo.

Ach, und Sie sind so demütig, dass Sie meinen, Gesellschaften entwickelten sich nicht? Sie verändern sich nur und Sie könnten nicht sagen, welche besser wäre. Dann mache ich Sie jetzt zu einem Sklaven in meiner Kolonie, einer Baumwollplantage. Sie werden in Armut leben und selbst dazu beitragen, dass man Ihre Familie tötet, sollten Sie selbst Widerstand leisten. Wie bitte? Sie meinen, das sei barbarisch? Moment mal? Ich dachte, Sie wären über diese unbedeutenden Entwicklungsmodelle für die gesellschaftliche Wirklichkeit erhaben? Hmm, ich höre das nicht so gern, dass Sie *andeuten*, die heutige Gesellschaft wäre weiter entwickelt als das Amerika des 18. Jahrhunderts. Diese Arroganz!

Na gut, dann werden Sie in Nordkorea leben und unter Androhung der Todesstrafe alles an Zuneigung aufbringen müssen, dessen sie fähig sind, um *tiefe Liebe* zu Kim Yong-un zu empfinden, für den Rest Ihres Lebens. Und denken Sie dran: Er beobachtet Sie im Schlaf. Was *heißt* schon Freiheit? Wie können Sie es *wagen*, mir zu sagen, dass Liebe zum allerhöchsten Führer nicht Freiheit in ihrer erhabensten Form darstellt? Sehen Sie sich nur diese Wangen und diese Uniform an – und diese Frisur! Wie können Sie es wagen?

Also, falls das Ihre Reaktion war, machen Sie sich intellektuell und emotional selbst etwas vor. Natürlich sind Ihnen diese Dinge *nicht* egal und es wäre intellektuell und moralisch unhaltbar, wenn das anders wäre – auch wenn Sie aus guten Gründen »Freiheit« und »Entwicklung« andere Begriffe vorziehen mögen. In Wirklichkeit brennen Sie für diese Begriffe und wären mutmaßlich auch bereit, für sie zu sterben; eher als jemals ein Patriot bereit war, für sein Land zu sterben, oder eine Revolutionärin für die eigene Sache.

Intellektuell aufrichtigere und emotional reifere Leserinnen und Leser versuchen stattdessen, die Frage tatsächlich zu beantworten. »Äh, Sie meinen genau jetzt? Einfach so spontan, ohne Vorbereitung?« – Ja, genau jetzt. Ganz spontan. Genau so: Was ist die Hauptstadt von Frankreich? Paris. Wie viele Fingern haben Sie? Zehn (vermutlich). Was ist Freiheit?

Einige von Ihnen haben vielleicht Teilantworten auf diese Frage, aber ich liege sicher nicht falsch in der Annahme, dass diese nicht gerade klar, detailliert oder befriedigend sind. Es ist für uns nicht selbstverständlich, diese Fragen zu beantworten, selbst wenn wir eine Wissenschaftlerin mit einem Doktortitel in Philosophie sind. Denken Sie mal darüber nach. Wir haben diese drei Dinge – individuelle und gesellschaftliche Entwicklung ebenso wie Freiheit –, für die wir auf eine Weise brennen, dass wir dafür unter Umständen sogar unser Leben opfern würden. Und dennoch haben Sie, verdammt noch mal, keine Ahnung, worüber Sie eigentlich sprechen.

Dieses Buch (wie auch seine Fortsetzung) befreit Sie von diesem Übel. Im Anschluss an die Lektüre werden Sie ein wesentlich fortgeschritteneres Verständnis psychologischer und gesellschaftlicher Entwicklung haben. Im Folgeband werden Sie außerdem ein umfassendes und neuartiges Verständnis elementarer politischer Konzepte wie Freiheit und Gleichheit erlangen. Dann werden Sie wirklich wissen, wovon Sie sprechen. Natürlich nur für den Fall, dass Ihr Geist Sie nicht wieder mithilfe von Jedi-Kniffen austrickst und Sie sich in intellektuelle Unaufrichtigkeit flüchten, um dem Verstehen zu entkommen. Im Grunde genommen werden Sie von zwei verschiedenen Arten intellektueller Blindheit geheilt:

- **Entwicklungsblindheit** – was bedeutet, dass Sie *durchgängig nicht in der Lage sind*, die Entwicklungsstadien von Menschen, Tieren und Gesellschaften zu erkennen.
- **Blindheit gegenüber subjektiven Empfindungen** – was bedeutet, dass Sie *durchgängig nicht in der Lage sind*, die subjektiven Aspekte des Lebens wahrzunehmen und auf welche fundamentale Weise diese Gesellschaft und Wirklichkeit formen.

Es gibt andere Formen von Blindheit, auf die dieses Buch ebenfalls zu sprechen kommt, aber diese beiden sind die wichtigsten. Leider sind sie in unserer Gesellschaft wie auch in den wissenschaftlichen Communitys sehr weit verbreitet.

Abgesehen davon bietet dieses Buch eine ziemlich einzigartige Perspektive auf Leben, Gesellschaft und Existenz, die in eigentlich allen Lebensbereichen von Nutzen ist.

Über dieses Buch und den Folgeband

Nach dem Einleitungskapitel, das Sie gerade gelesen haben, entfaltet sich dieses Buch – grob skizziert – in zwei Hauptteilen:

Der erste Teil erklärt die Grundlagen der metamodernen Politik. Kapitel 1 erläutert, wie das gesamte politische Spektrum sich gewandelt hat (und warum). Das anschließende Kapitel widmet sich der großen Krisenrevolution, die unser gegenwärtiges Zeitalter prägt. Das dritte Kapitel führt einige Beispiele der Gesellschaft des Zuhörens an und Kapitel 4 erörtert, wie und warum diese in der Praxis umsetzbar ist. Das fünfte Kapitel stellt neue politische Praktiken vor, darunter auch, wie die »prozessorientierte politische Partei« funktioniert, während das sechste Kapitel das Thema der metamodernen politischen Philosophie behandelt.

Der zweite Teil beschreibt, was mit der psychologischen Entwicklung des Menschen gemeint ist. Es hat elf Kapitel. Das erste führt in das Thema ein, während sich die nachfolgenden Kapitel wesentlichen Aspekten der Frage widmen, was psychologische Entwicklung für ein menschliches Wesen bedeutet: Je zwei Kapitel widmen sich dem Scharfsinn, dem Lernen, dem Wohlbefinden und der Weisheit und zwei abschließende Kapitel führen dies alles zusammen in einer Theorie, die ich als »effektives Werte-Mem« bezeichne (*effective value meme*). Immer wieder habe ich festgestellt, dass sich alles, was ich über metamoderne Politik lehre, auf magische Weise in Luft auflöst, solange Leute diesen Teil nicht verstehen: Warum Entwicklung wichtig ist. Es bleibt einfach nichts hängen, egal wie clever oder gebildet das Publikum ist. Ich habe das mit einem Raum voll Harvard-Professoren und -Professorinnen probiert (sie stammten aus den Bereichen Recht und Psychiatrie), aber ohne jeden Erfolg. Auch nur die schlichteste metamoderne Erkenntnis scheint vollkommen unverständlich zu sein. Doch in dem Moment, in dem Leute ihre Entwicklungsblindheit hinter sich lassen, folgt der Rest quasi zwangsläufig. Aber heißt das nun, dass wir erwachsene Menschen in ihren verschiedenen Entwicklungsstadien erforschen müssen? Ja. Genau das heißt es.

Das abschließende Kapitel zieht eine Bilanz des gesamten Buches.

Und in *Die skandinavische Ideologie* werden wir uns dann der Frage widmen, wie die Gesellschaft als ganze sich durch verschiedene Stadien hindurch entwickelt. Danach stellen wir sechs neue Formen von Politik vor, die zur Schaffung der metamodernen Gesellschaft notwendig sind, und diskutieren, wie der Metamodernismus bestehende Ideologien (Sozialismus, Liberalismus usw.) aus dem Feld schlägt. Dabei setzen wir den Metamodernismus in Beziehung zu den »gefährlichen Träumen« des 20. Jahrhunderts: den utopischen und totalitären Bewegungen von Kommunismus, Faschismus und New Age. Nur dass der Totalitarismus in diesem Zusammenhang – entgegen unserer geschichtlichen Erfahrungen – nicht eindeutig böse ist. Aber das ist eine lange Geschichte.

Zugegeben: Diese beiden Bände sind gefährliche Bücher. Aber angesichts der Tatsache, dass wir in Zeiten leben, die man milde gesagt als interessant bezeichnen könnte, halte ich sie für notwendig.

Zusammenfassend lässt sich festhalten, dass *dieses* Buch Ihr Leben verändern wird und das *nächste* dann die Welt. Oder vielleicht werden eher Sie das tun – wenn Sie beide Bände gelesen haben.

Metamodernismus: der philosophische Antrieb

Worum geht es nun beim Begriff »Metamodernismus«, den ich andauernd verwende? Er bezeichnet eine Art Philosophie, eine Weltsicht. Er weicht stark von dem ab, was wir normalerweise in der Schule lernen, auch an den Universitäten. Er unterscheidet sich vom allgemeinen »modernen« Weltverständnis.

Viele Leute meinen, Philosophie sei eine bestimmte Tätigkeit: dass man Bücher darüber schreibt oder bestimmte Radiosendungen hört, dass man tagträumt oder mit Freunden diskutiert. Aber Philosophie ist mehr als das. Es ist

- die Art, wie man die Welt sieht (die Ontologie beziehungsweise die Frage »Was ist real?« und die Epistemologie beziehungsweise die Frage »Wie kann man Sachen wissen?«),
- sowie der Platz, den man in ihr besetzt (Ihre Vorstellung eines »Selbst«),
- und was man für richtig oder falsch hält (Ethik oder Ideologie).

Jeder und jede hat also eine Philosophie. Ob jemand betet oder nicht, Geld spart, Fremden hilft oder daran arbeitet, die Tiersklaverei zu beenden – all diese Dinge wurzeln in der Philosophie einer Person (wie auch in ihrer psychologischen und kognitiven Entwicklung, wie wir sehen werden).

Dieses Buch handelt nicht von Philosophie, sondern von Politik, Gesellschaft und psychologischer Entwicklung. Aber es ist verfasst *als ein Ausdruck* metamoderner Philosophie. Metamodernes Denken ist der *Motor*, der dieses Buch in Bewegung setzt. **Wir müssen über Gesellschaft reden – aus einer metamodernen Perspektive.** Genau das machen wir in diesem Buch. Das Entscheidende ist, wohin das Auto fährt, nicht wie der Antrieb funktioniert. Wir machen hier ein »Show it, don't tell it«, indem wir metamodernes Denken in Aktion vorführen. Damit Sie sehen, wie fruchtbar und wirkmächtig es sein kann.

Um nur einige wenige Worte zum Metamodernismus zu sagen: Der Begriff stammt von zwei niederländischen Kulturwissenschaftlern (Timotheus Vermeulen und Robin van der Akker), die ihn populär gemacht haben. Sie wollen einige neue Trends in den Künsten ausgemacht haben und sind der Ansicht, dass diese Trends Ironie und Sarkasmus mit Aufrichtigkeit und Verletzbarkeit verbinden. Auf den kommenden Seiten werde ich dieses Motiv vertiefen.

Vermeulen, van der Akker und andere halten den Metamodernismus also für eine Art kulturelle »Phase«, eine Art Mode beziehungsweise einen bestimmten Geist in Kunst und Kultur, der in jüngster Zeit immer häufiger zu beobachten ist. Meine Verwendung des Begriffs »Metamodernismus« baut auf diesem Verständnis auf, aber ich füge zwei weitere Bedeutungen hinzu. Die erste Bedeutung ist, dass Metamodernismus eine Art Philosophie darstellt, einen Antrieb für unseren Geist. Die zweite Bedeutung ist, **dass Metamodernismus eine Entwicklungsstufe darstellt.** Es ist meine Arbeitshypothese, dass wir als Menschheit uns zu einer metamodernen Entwicklungsstufe weiterentwickeln können.

Für den Fall, dass Sie ins Innere des Motors blicken wollen, um einen kurzen Überblick über die metamoderne Philosophie zu erhalten, gibt es einen **Anhang am Ende dieses Buches.** Dort finden Sie eine detailliertere, stärker akademisch ausgerichtete Vorstellung des Metamodernismus als kultureller Phase und als Philosophie. Sie können den Antrieb betrachten, von dem Hanzis Denken und Schreiben in Bewegung gesetzt wird. Er ist für Gold-Leserinnen und -Leser sowie philosophisch Mitschaffende gedacht, aber nicht vonnöten, um den Rest des Buches und seine Hauptideen zu verstehen.

Akademische Blasphemie

Die heiligen Hallen der Wissenschaft werden heimgesucht von einem Phantom (wenigstens in den Sozial- und Geisteswissenschaften): dem Phantom des Narzissmus. Die oftmals trockenen, repetitiven Seminare und furchtsamen akademischen Debatten scheinen uns vage, aber verlockende Versprechungen zuzuflüstern: Himmelfahrt, Unsterblichkeit, Passion und Offenbarung.

Weil das Modell jeder akademischen Lehrkraft die großen mythischen Geistesgrößen der Vergangenheit sind, können wir alle vorgeben, so zu sein wie diese, ohne auch nur empirische Ergebnisse oder andere relevante Fortschritte vorzulegen (was in der Medizin oder Physik immerhin teilweise anders ist). Es reicht völlig aus, einen bestimmten arroganten, »gelehrten« Habitus zu demonstrieren, und schon kann man sich in dem Gefühl sonnen, außergewöhnlich und talentiert zu sein. Wir tun, als wären wir äußerst selbstsicher, wenden einen eindrucksvollen Jargon an und werfen uns so in die Posen unangreifbarer Brillanz und überwältigender moralischer Überzeugung. Solche Extravaganzen sind allerdings nur möglich auf Kosten unserer armen Kollegen, die das aushalten müssen und im Zuge dessen weniger Redezeit, Aufmerksamkeit und Anerkennung erhalten.

Das macht das Phantom Narzissmus zu etwas, das im alltäglichen Austausch und sozialen Wettstreit an den Universitäten im Zaum gehalten werden muss – damit das akademische Sozialgefüge nicht seine Funktion verliert, in Konflikten untergeht und nur wenig echte Arbeit geleistet werden kann. »Dann habe ich meinen Aufsatz eben nicht pünktlich fertiggestellt, na und? Das ist Wittgenstein auch passiert!« Stellen Sie sich nur das Chaos vor, wenn die Menschen in allen Bereichen mit solchen Sachen einfach so davonkommen würden.

Hauptwerkzeug, um das Phantom des Narzissmus unter Kontrolle zu halten, ist die Verpflichtung, sich bestimmten Normen und Tugenden zu unterwerfen (und sich gegenseitig diesbezüglich Rechenschaft abzulegen). Diese Normen und Tugenden sind – zumindest oberflächlich betrachtet – im Hochschulleben auf dem Vormarsch: Demut, aufrichtige Arbeitsbündnisse sowie die Anerkennung ausschließlich zuverlässiger Ergebnisse – wie zum Beispiel durch Peer-Review-Verfahren abgesicherte Aufsätze oder verdiente Forschungsstipendien. Es ist, als würden sich Wissenschaftler und Wissenschaftlerinnen gegenseitig unmerklich in eine etwas demütigere Rolle drängen – in die des professionell Forschenden und nicht mehr in die der prophetischen Geistesgröße. Und es gibt gute Gründe für diese Neuausrichtung.

Unter bestimmten Umständen ist eine solche Bescheidenheit allerdings nicht ratsam, und man hat mehr davon, sich außerhalb der Hallen akademischer Tugend zu bewegen. Nicht immer ist ein wissenschaftlicher Text die beste Form, um seine Gedanken zu präsentieren oder tatsächlich neue zu entwickeln. Es gibt sogar soziologische Studien, die diese These unterstützen: Die Wissenschaft eignet sich eher für kleine, schrittweise Fortschritte in der Grundlagenforschung, während die meisten bahnbrechenden Innovationen aus anderen Bereichen kommen.[1]

Wenn Sie, wie in diesem Buch, eine neue übergreifende Sichtweise vermitteln wollen, müssen Sie unter Umständen mit der Wissenschaft und ihren Normen ganz brechen. Vielleicht müssen Sie die dunkelsten Rituale vollziehen, die schwersten Lästerungen begehen, um verbotene Geister hervorzulocken: Gehab dich wohl, Achtbarkeit (ich hab' dich nie geliebt), hallo, neue Wahrheit, willkommen, neue Perspektiven.

Ich komme aus der Wissenschaft, deswegen weiß ich ungefähr, was all die Philosophen, Juristinnen, Ökonomen, Soziologinnen, Politikwissenschaftler, Anthropologinnen, Historiker und Psychologinnen im Schilde führen. Und keiner von ihnen kann Ihnen die Erkenntnisse vermitteln, die dieses Buch zu bieten hat. Nicht die Neomarxisten, nicht die auf eindrucksvolle Weise datengestützten, digitalisierten Komplexitätsökonomen, nicht die ökologie- und nachhaltigkeitsorientierten Wirtschaftswissenschaftlerinnen, nicht die Tierrechtsaktivisten, nicht die Chaostheorie-Forscherinnen am Santa Fe Institute, nicht die Postmaterialistinnen, Transhumanisten, Postkonstruktivisten, spekulativen Realisten, Cybersemiotikerinnen, Enaktivisten und Neurophänomenologen und auch die anderen Metamodernisten, die in den Kulturwissenschaften und auf dem Gebiet der Kunst tätig sind, vermitteln diese Erkenntnisse nicht. Bitte entschuldigen Sie all diese komplizierten Wörter; sie dienen lediglich dazu, die Wissenschaft von ihrem hohen Ross zu holen.

Wenn Sie ein Intellektueller sind, haben Sie vermutlich ein oder zwei Lieblingsdenker. Und, noch wichtiger, Sie verwenden Ihr eigenes Verständnis dieser Geistesgrößen oft dazu, sich selbst zu versichern, dass die anderen es »einfach nicht richtig verstehen«. Aber verschafft Ihr Lieblingsdenker Ihnen, der Leserin, dem Leser, einen Platz »über und jenseits« dieses Buches?

Keinesfalls (außer Sie lesen es erst in der Zukunft). Er oder sie kann Sie nicht retten – nicht Gilles Deleuze, nicht Alain Badiou, Slavoj Žižek, Karen Barad, Roy Bhaskar, Quentin Meillassoux, Ken Wilber, Susanne Cook-Greuter, Otto Scharmer, David Graeber, Stephen Wolfram, Manuel DeLanda, Nick Bostrom, Peter Sloterdijk, Paul Tillich, Murray Bookchin, Roberto Unger, André Gorz, Viktor Frankl, Alan Watts, Fritjof Capra, Buckminster Fuller, Christopher Alexander oder ihre jeweiligen Anhänger und Anhängerinnen. Entschuldigen Sie bitte das Namedropping (und den hohen Anteil an Männern).

Auch die Mainstream-Soziologie wird sicher nicht ausreichen: Weder Poststrukturalismus noch Foucault'sches Denken oder Queer Theory à la Judith Butler, Postkolonialismus, Diskursanalyse, Kritische Theorie, die Habermas'sche Theorie, Intersektionalität, Weltsystemtheorie, Luhmanns Systemtheorie, Mertons »Theorie mittlerer Reichweite«, Bourdieus Tradition, Netzwerktheorie, Rational-Choice-Ansatz, mathematische Soziologie, Ethnomethodologie, sozialer Konstruktivismus oder Interaktionismus. Entschuldigen Sie bitte auch das Begriffsdropping.

Keine Psychoanalytikerin und kein nobelpreistragender Ökonom reichen aus, nicht einmal die noch nicht mit Preisen bedachten Theoretiker der Peer-to-Peer- und Sharing-Ökonomie.

Weder politische Führerinnen noch Führungskräfte aus der Wirtschaft, Neurowissenschaftlerinnen, Physiker, Verhaltensbiologinnen, Logiker, Kosmologinnen, spirituelle Gurus, Zenmeisterinnen und auch nicht Bruce Lee können Ihnen ein solches Verständnis vermitteln. Keine und keiner von ihnen hat eine hinreichend umfassende Vorstellung vom politischen Leben, um Ihnen die Antworten zu verschaffen, die Sie in diesem und dem Folgeband erhalten.

All diese Ansätze werden Sie auf Ihrem Weg ein Stück weit voranbringen, aber keiner von ihnen umfasst ein metamodernes Verständnis von Politik. Sie werden einfach diesen Text studieren müssen, um den Dreh in Sachen politischer Metamodernismus herauszubekommen. Kein kleiner Anspruch zugegebenermaßen. Natürlich gilt auch hier: All diese Menschen haben ihre Stärken auf anderen Gebieten. Und Sie sicherlich auch. Und ich bin der große Hanzi Freinacht. So ist das Leben eben, auch so eine Realität, mit der Sie klarkommen müssen, hier an der vielversprechenden Kreuzung von Fakten und Fiktion.

Vielen der Genannten schulde ich eine Menge und die meisten ihrer Werke sind wesentlich bedeutsamer als mein eigenes. Aber worauf ich hier hinauswill, ist, dass *ich keinem von ihnen zugeordnet werden kann.* Ich bestelle keines der von ihnen bearbeiteten Felder; ich reklamiere ein vollkommen neues. Ihr Lieblingsphilosoph wird Sie nicht retten, und sei er auch Charles Sanders Peirce. Tatsächlich fordere ich Sie hiermit heraus, auch nur eine einzige Quelle in dieser Welt aufzutun, die in irgendeiner Hinsicht der Gesamtaussage dieses Buches und seiner Fortsetzung ähnelt. Das, zeitgenössischer Leser, zeitgenössische Leserin, wird Ihnen nicht gelingen.

Natürlich könnte Hanzi Freinacht in dieser wunderschönen transpersonalen Welt, in der alle mit allem auf unzählige hyperkomplexe Weisen verbunden sind, ohne die inspirierenden und bahnbrechenden Arbeiten von so ziemlich allen der oben Genannten gar nicht existieren. Genauso, wie ich nicht ohne Sie existieren kann, liebe Lesende. Sie haben Anteil an meiner Erschaffung: Durch Ihren mutigen Akt, die Worte eines Fremden zu lesen, erschaffen Sie mich mit.

Die Lesenden begehren auf

Was müssen wir sonst noch mit diesem Buch erreichen? Wir statten Sie mit einer mehrdimensionalen Landkarte zur politisch-psychologischen Entwicklung aus. Sie werden einige grundlegende Dynamiken der Entwicklung von Gesellschaften und ihren Bürgern kennenlernen, sowie die Richtungen, in welche diese Entwicklung verläuft, und wie verschiedene Typen von Menschen in diese Karte hineinpassen. Und ja, das schließt auch Sie selbst ein.

Für die meisten von Ihnen wird das zwangsläufig zu einer enttäuschenden Lektüre – noch ein Grund zu versuchen, diesem Text keine Beachtung zu schenken und ihm zu widerstehen. Schließlich werden Sie aller Wahrscheinlichkeit nach eher keinen superschmeichelhaften Teil dieser Karte bewohnen. Das trifft nur für wenige Leute zu. Aber das ist in Ordnung. Und, wie wir sehen werden, gibt es andere Gesichtspunkte im Leben, die wichtiger sind. Trotzdem sind Sie wahrscheinlich besser dran, wenn Sie sich der Karte bewusst sind, so dass Sie in der Welt erfolgreich navigieren können. Besonders wenn Sie jemand sein sollten, der in unserer Gesellschaft vergleichsweise viel Macht besitzt. Ich kann nur hoffen, dass Sie diese für gute Zwecke einsetzen. Lassen Sie uns nun mit der Einführung ins Buch fortfahren.

> »Moment mal. Ich bin immer noch sauer auf Sie, weil Sie mich einige Seiten weiter vorne beleidigt haben. Und dann besaßen Sie auch noch die Dreistigkeit, sich selbst zu brüsten, direkt nachdem Sie mich niedergemacht haben. Sie sind so ein überhebliches Arschloch.«

Ach, wirklich? Wenn das zutrifft, waren Sie vielleicht so aufgebracht bei Ihrer Lektüre der letzten Seiten, dass Ihnen einige sehr wichtige Punkte entgangen sind. Vermutlich sollten Sie das Buch niederlegen, einen langen, schonungslosen Blick in den Spiegel werfen, wieder runterkommen und dann den letzten Abschnitt noch einmal lesen. Wissen Sie, Sie können nicht wirklich mit mir streiten. Ich bin bloß toter Text, der zu Ihrer Verfügung steht, schon vergessen?

> »Sagen Sie mir nicht, was ich tun soll. Hier geht es um meine Gefühle. Ich lese dieses Buch vor allem deswegen, weil es mir ein bestimmtes Gefühl vermittelt. Und Sie lösen in mir ein *schlechtes Gefühl* aus, vielleicht schmeiße ich Sie also einfach weg. Ich hasse Sie schon jetzt, Hanzi. Ich erkenne Sie als den faulen, manipulativen und verderbten Apfel, der Sie wirklich sind, und werde Sie als solchen auch bloßstellen.

Offen gesprochen gehen mir Ihre Gefühle am Arsch vorbei, mein Lieber. Wir versuchen hier, etwas zu erreichen, hören Sie? Immerhin wollen wir entscheidend dazu beitragen, einer Vielzahl von Menschen und anderen Lebewesen einen Ozean an Leid und Herabsetzung zu ersparen. Wenn Sie das auch wollen, werden Sie anfangen müssen, Ihre Verantwortung als Lesender wahrzunehmen, und damit aufhören, mit einem Stück Text zu streiten. Erinnern Sie sich: *Sie selbst* tun das. Sie sind der Schöpfer.

Wenn diese Ketzereien gegen die Wissenschaft Sie nicht provozieren – wunderbar. Sie könnten zu den würdigeren meiner Leser und Leserinnen gehören, ein emotional stabiler und ideenreicher Mitschöpfer unserer Zeit.

Und keine Angst, Sie werden noch rebellieren dürfen. Aber das müssen Sie zur rechten Zeit tun, mit den richtigen Erkenntnissen und dem richtigen Ziel.

Ihre erwartbaren Einwände

Ist das hier eine empirische Arbeit, das Ergebnis solider Wissenschaft? Einige Kapitel oder Teile von Kapiteln sind gut mit empirischen Erkenntnissen belegt, zum Beispiel die Kapitel über die kognitive Entwicklung (Kapitel 8 und 9). Es wird auf zahlreiche im Peer-Review-Verfahren entstandene Aufsätze zurückgegriffen, zusammen mit einigen anderen Quellen wie Schriften aus Publizistik, Wissenschaft und Philosophie. Natürlich kann man auch im Peer-Review-Verfahren entstandene Aufsätze für ihre Methodologie kritisieren, für ihre Interpretation der Ergebnisse und Ähnliches. Ich verwende qualitativ hochwertige Aufsätze und lasse zweifelhaftere weg.[2] Und ich vermeide es, Quellenangaben zu machen, so gut ich kann. Sie werden nur ein Minimum an Quellen finden – gerade genug, um mehr über ein bestimmtes Thema herauszufinden und meine Behauptungen zu überprüfen. Trotzdem greife ich gelegentlich hin- oder weiterführende Debatten in den Anmerkungen auf. Für die fortgeschrittenere oder umfassender interessierte Leserschaft gilt: Dort werden Sie viele Antworten finden. Wenn es Ihnen nur darum geht, die Hauptaussage des Buches zu verstehen, können Sie diese überspringen.

Andere Teile des Buches basieren auf Argumenten und Verallgemeinerungen, die Sie kraft Ihrer eigenen Vernunft- und Geistesgaben abwägen und prüfen müssen, so wie das auch für Argumente anderer Gesellschaftstheoretikerinnen gilt. Sie sehen, Politik geht aus einem Zusammenspiel ritualisierter Formen von Wissen hervor, die wir »Wissenschaft« nennen, aber vielleicht noch mehr aus dem »gesunden Menschenverstand«, der unser alltägliches Leben bestimmt. Gesellschaftstheorie beginnt dort, wo Wissenschaft und Menschenverstand sich begegnen, wo Sie Ihren Geist disziplinieren und auf die besten wissenschaftlichen Studien zurückgreifen, die Sie finden können – und trotzdem bedarf es immer noch des gesunden Menschenverstands, um zu vernünftigen Annahmen über Gesellschaft, Politik und die soziale Realität zu gelangen.

Mal als Gedankenspiel: Hat jemals irgendjemand mittels einer wissenschaftlichen Methode »bewiesen«, dass die Menschenrechte gut sind? Hat jemals irgendjemand nachgewiesen, dass die freiheitliche, repräsentative Demokratie – samt Kapitalismus, Gerichten, Gefängnissen, Schulen und einem Sozialstaat – die beste Form von politischer und wirtschaftlicher Organisation ist? Hat jemals irgendjemand bewiesen, dass Feminismus gut oder schlecht ist oder dass uns das Glück und Leid anderer Lebewesen bekümmern sollte? Dass Englisch eine gute Sprache zum Kommunizieren ist? Nicht wirklich. Menschen habe gute oder schlechte Argumente für oder gegen diese Dinge vorgetragen, und manchmal werden diese Argumente durch verschiedene empirische Studien unterstützt, aber man kann sie nicht in irgendeinem strengen Sinne des Wortes »beweisen«.

Vertreter der politischen Linken werden nicht müde zu behaupten, dass sie die Wissenschaft auf ihrer Seite haben, mit so vielen Beweisen für die großen Übel, die Ungleichheit mit sich bringt, und für die glorreichen Vorteile des Sozialstaats. Aufseiten der Rechten hat man dagegen so viele Beweise, dass ihre marktfreundliche Politik uns eine niedrigere Arbeitslosenrate und mehr wirtschaftliches Wachstum beschert – und dadurch größere gesellschaftliche Stabilität und menschliches Glück. Die Grünen haben glasklare Beweise, dass der ganze Laden so oder so auseinanderfliegt und dass wir vermutlich aufhören sollten, die Umwelt zu zerstören. Die Liberalen haben jede Menge soziologische Beweise für die Vorteile einer De-Kriminalisierung von Drogen. Konservative haben jede Menge Beweise für das Gegenteil. Nehmen Sie die Einwanderung in westliche Länder als weiteres Beispiel – Berge empirischer Studien scheinen gleichermaßen Argumente zu liefern für eine restriktive wie für eine liberale Politik.

Die Wissenschaft tritt auf als Hure in den Gewändern einer Königin, als Hofnarr, der sich als König ausgibt – und das weitaus öfter, als uns bewusst ist. Wir erkennen nicht, wie leicht sie käuflich und verkäuflich ist und wie oft wir uns mit ihr vor dem ganzen Hofstaat lächerlich machen. Irgendwie ist man immer auf der Seite der Wissenschaft – so glaubt man zumindest. Und doch scheint es merkwürdigerweise, dass so viele intelligente und gebildete Leute Meinungen haben, die von Ihrer eigenen abweichen – und das, obwohl die Wissenschaft selbst doch klar und deutlich sagt, dass Sie recht haben. Die machen sich wohl alle etwas vor, nicht wahr?

Leute, die unbedingt wissen wollen, »ob das Wissenschaft ist«, wenn es um Gesellschaftstheorie, Philosophie und das Dasein geht, fristen ihr Leben in kindlicher Unkenntnis der unermesslichen Kontinente, welche die Wissenschaftsphilosophie und die Wissenssoziologie bilden – ganz zu schweigen von der fruchtbaren Disziplin der Metaphysik und dem sich erweiternden Feld der Kognitionspsychologie (das zudem erhebliche Auswirkungen auf unsere Sicht von Wissenschaft hat). Das betrifft – vermutlich aufgrund eines gravierenden Fehlers in unserem Bildungssystem – viele hochgebildete und talentierte Leute. Trotz aller zentralen Erkenntnisse, die unsere Zivilisation im Laufe des letzten Jahrhunderts erlangt hat und die gezeigt haben, dass Wissen auf eine Weise kontextuell ist, wie wir es uns zuvor nicht vorstellen konnten, halten Menschen irgendwie an der ödesten wissenschaftlichen Naivität fest. Sie werden angeführt von einem Narren und einer Hure.

Wissenschaft ist eine großartige Methode – oder besser: ein Methodenset – zum Verständnis der Welt. Aber reale menschliche Wesen mit ihren ganzen Alltagserfahrungen gründen ihre Weltsicht und politischen Meinungen auf viel mehr als Wissenschaft. Einfach weil wir das verdammt nochmal müssen. Wir, und das schließt auch Wissenschaftler und Wissenschaftlerinnen ein, haben ein Alltagsverständnis von der Gesellschaft, der Welt und uns selbst. Jeder Einzelne von uns hat eine eigene »Gesellschaftstheorie«, die in unseren »gesunden Menschenverstand« und unsere philosophische Grundeinstellung einfließt, randvoll mit Emotionen und unbewussten Vorannahmen. Ein großer Teil dieses Buches widmet sich der Erfassung dieses gesunden Menschenverstands – und dessen Weiterentwicklung.

Ihre eigene Gesellschaftstheorie, liebe Leserin, lieber Leser, kann mehr oder weniger detailliert ausformuliert, mehr oder weniger komplex, mehr oder weniger von Widersprüchen und logischen Schlupflöchern durchsetzt sein. Sie kann auf verschiedenen Formen wissenschaftlicher Erkenntnis aufbauen, die wiederum von mehr oder weniger fruchtbaren wissenschaftlichen Zweigen stammen und die mehr oder weniger verlässlich, mehr oder weniger relevant in Hinblick auf den vorliegenden Gegenstand sind. Ihre Deutung derselben kann mehr oder weniger abwegig sein.

Um es klipp und klar zu sagen: Wenn Sie wie die meisten Menschen sind, dann haben Sie Ihre eigene »Wissenschaftlichkeit« bislang in einem absurden Ausmaß überschätzt. Und wenn ich eine Gesellschaftstheorie vorschlage, ist mein Erfolgsmaß nicht, ob ich einen »soliden Beweis« habe, sondern einfach, ob ich weniger unwissend bin und weniger Irriges und Abwegiges behaupte als Sie. **Wenn mein Denkmodus *weniger falsch* ist als Ihrer, dann ist meine Gesellschaftstheorie brauchbar.** Selbst wenn meine Sichtweise Inkonsistenzen aufweist (was zwangsläufig der Fall ist), gibt es keine »wissenschaftliche« Standardperspektive, auf die man sich beziehen kann, um sich in seiner Weltanschauung sicher zu fühlen. Ihre sichere »rationale Weltanschauung« ist eine Lüge, die Sie sich selbst erzählt haben – und das häufiger aus emotionalen denn aus analytischen Gründen.

Und – um das mit noch rüderer Deutlichkeit auszubuchstabieren – hier meine These: Wenn Sie sich selbst einen Sozialisten nennen, sind Sie auf lächerliche Weise antiquiert; wenn Sie glauben, dass Sie eine bedachte, superseriöse Konservative sind, täuschen Sie sich; wenn Sie ein Marktliberaler sind, leben Sie auf dem Mond; wenn Sie eine idealistische Grüne sind … Sie mögen auf dem Weg sein, aber Sie haben die wirklich entscheidenden Gesichtspunkte gesellschaftlichen und politischen Lebens noch nicht verstanden.

Keine dieser Positionen lässt sich beweisen oder widerlegen, aber jede davon kann von der Warte anderer Positionen aus kritisiert werden, sofern diese komplexer, wissenschaftlich fundierter, umfassender, differenzierter und stimmiger – kurz gesagt: weniger falsch – sind.

Mehr erwartbare Einwände

Als nächstes möchte ich drei verschiedene »Doublebinds« vorstellen, auf die Lesende zurückgreifen könnten, um sich gegen ein Verständnis dieses Textes zu wehren. Ein Doublebind ist die Bezeichnung für ein »unlösbares Dilemma«, das von einer verheerenden emotionalen Unterströmung getragen wird. Beispielhaft dafür sind »Gehorch mir nicht!« (schlechtes Elternteil) oder »Du musst mich aus freiem Willen lieben!« (schlechte Gottheit). Diesen Begriff hat der universalgelehrte Biologe Gregory Bateson geprägt, seinerzeit als Versuch, die Gründe der Schizophrenie zu erklären. Natürlich hat diese Erklärung ihrer Überprüfung im Laufe der Zeit nicht standgehalten, wenn man die neuere und evidenzbasierte Psychiatrie betrachtet (und unser allgemeines Verständnis von Schizophrenie hat sich seitdem erheblich gewandelt). Aber der Begriff hat sich erhalten, vor allem weil er in anderen psychologischen und soziologischen Zusammenhängen von Nutzen ist.

Sehr wenige Menschen sind ausreichend bösartig, um anderen gegenüber absichtlich einen Doublebind anzuwenden. Trotzdem passiert dies, vielleicht weil wir uns unter Druck oder verwirrt fühlen. Als ich zu einem früheren Zeitpunkt in meiner Karriere konventionellere Forschungen aus dem Bereich der Polizeiethnografie vorstellte, gab es niemanden, der mir gegenüber einen Doublebind oder Ähnliches anwandte. Ich hatte eine ideale Zuhörerschaft. Sobald ich aber versuche, metamoderne Gedanken zu vermitteln, tauchen Doublebinds mit einer beinahe erschreckenden Vorhersehbarkeit auf. Der mentale Widerstand, den Menschen gegen den Metamodernismus hegen, ist enorm. Die psychologischen Tricks, die sie anwenden, um sich seiner schnell zu entledigen, tauchen dabei an jeder Ecke auf.

Der Doublebind wirkt einfach dadurch, dass er die vorgestellten Konzepte an unmöglichen Standards misst – an Standards, denen selbst die aktuell anerkannten Ansichten nicht genügen könnten. Sie präsentieren das dann als Wahl zwischen Pest und Cholera, in der Regel ohne zu realisieren, dass Sie ebendas tun. Ihr Verstand kann sich solcherart geschwind auf einen kritischen Standpunkt zurückziehen, von dem aus er sich gerechtfertigt fühlt, das neue Konzept, das Ihren Status quo bedroht, zu verurteilen. Das ist teilweise notwendig – in Anbetracht all der unsinnigen Behauptungen, von denen wir gegenwärtig umgeben sind, müssen wir die schlimmsten unter ihnen schnellstmöglich entsorgen. Lassen Sie allerdings alles, was Ihnen begegnet, von Ihrer inneren Inquisition und Gedankenpolizei in einem allzu frühen Stadium zensieren, übersehen Sie zwangsläufig Goldminen und verborgene Schätze mit Juwelen, von denen Sie niemals hätten träumen können. So werden sich Ihnen niemals weitere Horizonte eröffnen und Sie bleiben einfältig.

Je radikaler eine neue Idee ist, desto schmerzhafter ist es, ihr Raum zu geben. Wo fundamentale Denkweisen infrage gestellt werden – zum Beispiel Ihr eigenes Selbstverständnis, Ihr Wirklichkeitsempfinden und Ihre grundlegenden ethischen Werte –, beginnt Ihr Verstand, Ihnen einen Streich zu spielen. Sie sind versucht, sich mittels Selbstbetrugs aus dieser ungemütlichen Situation zu befreien, um unverzüglich auf vertrauteres Terrain zurück zu gelangen. Die meisten Menschen sind einfach nicht im Besitz ausreichender Selbsterkenntnis und Metakognition, um sich selbst dabei zu ertappen – nicht einmal in Psychologie oder Meditation Erfahrene. Ich stelle hier drei Doublebinds vor, die Menschen häufig einsetzen. So unterstütze ich Sie dabei, sich während der Lektüre des restlichen Buches selbst auf die Schliche zu kommen (und dann später anderen und deren Blödsinn):

»Details bitte«: Den erste Doublebind können wir »Details bitte« nennen. Es bedeutet, dass Ihnen Menschen auf die Nerven gehen, die – wie Hanzi Freinacht – hartnäckig und unbeirrt über Philosophie, Wissenschaft und Sichtweisen sprechen. »Jaja«, sagen Sie sich, »aber wohin führt uns das? Was bedeutet das *im Detail*, in der konkreten Anwendung? Hören Sie auf mit dem Quatsch und sagen Sie mir, was das sein soll! Ich bin eine praktisch veranlagte Person, verstehen Sie.« Plötzlich fühlen Sie sich weniger bedroht, weil Sie die Initiative ergriffen haben, zum Punkt gekommen sind. Jetzt steht Freinacht mit dem Rücken zur Wand und Sie sind aus dem Schneider, was die Auseinandersetzung mit diesen anspruchsvollen neuen Ideen angeht. Wenn Sie Details erfahren, bevor Sie den Kontext kennen, in dem diese sinnhaft werden, erscheinen diese kontraintuitiv und Sie könnten zu falschen Schlüssen gelangen. Oder Sie könnten anfangen, über Details zu streiten, um sich eine umfassende Betrachtung zu ersparen. Ach, was für eine Erleichterung! Wenn dann der Sprecher *tatsächlich* beginnt, über Einzelheiten zu reden, grinsen Sie abfällig and sagen »Oh, hier ist ein Naivling, der denkt, dass man Dinge in der Gesellschaft verändern kann, ohne den größeren Zusammenhang zu verstehen.« Details sind unsicheres Terrain; man kann nach immer mehr von ihnen fragen, bis die Dinge unverständlich werden oder dem Sprecher das technische Verständnis ausgeht. So versperren Sie sich jegliche Möglichkeit, etwas Neues zu lernen. Glückwunsch!

»Die demütig Suchende«: Als »demütig Suchende« erliegen Sie dem zweiten Doublebind. Sie lieben Fragen mehr als Antworten, Ausnahmen eher als Regeln, lieben Ambivalenzen, Fehler im Puzzle, klitzekleine Details und subtile Zusammenhänge, schwer vernehmbares Raunen und das Nicht-Offensichtliche. Das reden Sie sich zumindest ein. Vielleicht sind Sie geisteswissenschaftliche Studentin, Posthumanist, Nietzscheanerin, Deleuzianer, Foucault-Jüngerin, Derrida-Fan oder auch nur Heideggerianer, Kulturtheoretikerin, Tiefenökologin oder Taoist. Sie fühlen sich von der Gewissheit des Sprechers verletzt und ignorieren die Tatsache, dass auch Ihre eigenen Gedanken systematisiert und organisiert und daraus bestimmte Schlussfolgerungen gezogen werden können. Sie halten sich selbst für einer feinsinnigeren und edleren Rasse zugehörig, demütiger, dynamischer und aufgeschlossener gegenüber den paradoxen Mysterien der Welt. Das wird zum Doublebind, da man damit jegliche Systembildung und konkreten Vorschläge, jegliche Überblickskarten und alle zugrunde liegenden Regeln ausschließt, die auf elegante Weise die komplexe Erscheinungsweise des Universums erklären könnten. Sie versuchen, den Redner in Ihre eigene Denk- und Redeweise zu drängen, wobei Sie sich auf ein verborgenes, hierarchisches System stützen. Ihr System sieht folgendermaßen aus: Alle »offen-feinsinnig Denkenden« sind den »Entwicklern starrer Systeme« moralisch und intellektuell überlegen, weswegen alle Systementwickler Fehlschlüssen aufsitzen. Natürlich ist das für Sie sehr praktisch, denn wenn der Systementwickler *nicht* rigoros und systematisch *genug* ist, können Sie den Redner stattdessen einfach aus diesem Grund abschreiben.

»Spirituelle Reinheit«: Ein dritter Doublebind, von einem anderen Typ Mensch angewandt, ist der »geistige Purismus«. Wenn Sie zu diesem Typ Mensch gehören, attackieren Sie die Rednerin und setzen sie herab, weil sie nicht spirituell genug ist, weil sie »zu viel denkt« oder »versucht, der Welt ihren Intellekt aufzuzwingen«. Damit zwingen Sie ihr Ihre eigenen vagen Definitionen auf, die Sie in ihr »verspüren«. So fühlen Sie sich über die Rednerin ermächtigt und erhaben sowie moralisch befugt, ihre Botschaft zu übergehen und ihr nicht mehr zuzuhören. Falls diese darauf beharren sollte, ihren Punkt verständlich machen zu wollen, belegt Ihnen dies nur einmal mehr die eigene Überlegenheit. Wenn die Rednerin dagegen Ihrem Beispiel folgt und damit aufhört, so viel nachzudenken, verstehen Sie das ebenfalls als Zeichen Ihrer eigenen geistigen Überlegenheit, weswegen Sie von Vornherein niemals etwas von ihr hätten lernen können. Ganz im Gegenteil: *Sie* sollte *Ihnen* zuhören, um die »spirituelle Reinheit« zu erlangen, in deren Besitz Sie selbst sich wähnen. Dieser Doublebind ist bei Weitem der übelste.

Man nehme außerdem zur Kenntnis, dass der zweite und der dritte Doublebind mit einem besonders fiesen Machwerk namens »organisches Wachstum« vermengt werden können, wobei man sich für weiser als die Rednerin hält, weil sie nicht zulässt, dass sich die Dinge »organisch entwickeln«. Selbstverständlich *kann* das ein weiser Ratschlag sein, aber die Forderung nach »organischem Wachstum« wird oft als Doublebind-Methode verwendet, um eine abweichende Meinung oder Agenda, mit der man selbst nicht übereinstimmt, zu entkräften. Alles, damit Sie sich selbst vor dem Schmerz schützen, ernsthaft herausgefordert zu werden.

Unsere Welt ist reich an Selbsttäuschung, meine Lieben. Aber gleichzeitig auch reich an aufrichtiger Wahrheitssuche, wissenschaftlichem Fortschritt und erstaunlichen nächtlichen Gesprächen über das Wesen von Realität und Existenz. Wenn Sie auch nur annähernd so sind wie ich und die meisten anderen Leute, dann wohnen in Ihnen diese beiden Seiten: Wahrheitssuche und Selbsttäuschung. **Wenn Sie während der Lektüre Einwände gegen das Gelesene haben, dann passen Sie auf, dass Sie sich dabei nicht selbst etwas vormachen; versuchen Sie nicht, sich gegen ein wirkliches Verständnis abzuschirmen.**

Wenn Sie denken, dass ich nicht geschlechtersensibel genug bin (wie zum Beispiel, als ich von Wissenschaft als »Hure« sprach, als wäre das kein genderpolitisches Problem) oder dass ich dem Aspekt *race*/Ethnizität zu wenig Gewicht gebe oder zu wenig über Ökologie, Tierrechte oder die geistige Vereinigung mit Gaia spreche, oder dass ich das Bankensystem kaum erwähne oder dass ich zu ethnozentrisch oder anthropozentrisch bin, oder wenn Sie mich einfach nicht mögen, dann – bitteschön – kritisieren Sie mich auf jeden Fall. Aber wenden Sie das nicht in eine Entschuldigung, Ihren eigenen Prozess des Lernens und der Bildung abzuschließen. Ich bin mir sicher, dass Sie die Gedanken, die hier vorgestellt werden, mit Ihrer eigenen Sichtweise, Ihrem eigenen Wissen und Ihrer eigenen Erfahrung bereichern können – sobald Sie das verbindende Muster verstanden haben. Bis es so weit ist, handelt es sich bei Ihrer Kritik jedoch sehr wahrscheinlich eher um Katzengold.

Psychoaktive Texte

Die Menschen verstehen nicht, dass alle Ideen eine bestimmte Psychologie haben – oder ein Bündel von Psychologien, die vom jeweiligen Zusammenhang abhängen (vielleicht am besten gefasst im Begriff des »Rhizoms« des französischen Philosophen Gilles Deleuze).

Das auf unreflektierten platonischen Gedanken und einer kartesianischen Auftrennung der Wirklichkeit beruhende Vorurteil, dass Ideen irgendwie *reine Formen* seien, die keinerlei Gefühle, Verkörperungen, dramatischen Aufführungen und Persönlichkeiten bräuchten, um real zu werden, ist weitverbreitet. Doch nichts könnte weiter von der Wahrheit entfernt sein. Von der poetisch-kristallinen Klarheit der Mathematik bis hin zu den düsteren Rachegelüsten des Kommunismus und der unverbraucht sprudelnden Hoffnung der Umweltbewegung gilt, dass alle großen Ideen von gelebten Stimmungen, Visionen und Ritualen begleitet werden.

Für metamoderne Ideen gilt auch nichts anderes; sie tauchen auf der Bühne mit einer gewissen Form der Dreistigkeit auf, die an aristokratische Arroganz grenzt. Eine existenzielle Gestimmtheit, eine Art abenteuerlustige, aber freundliche Ahnung von Größe, die Herz und Geist der Befallenen ergreift. Man entdeckt komplexe Muster, die sich im merkwürdigsten Tanz entfalten, die Universalität jedes Ereignisses, offene Horizonte sowie eine Tiefe – als ob alltägliche Phänomene sich in astronomische Mysterien verwandelten, wie sie uns das Hubble-Teleskop enthüllt. Es entsteht eine Ahnung von Verbundenheit, aber auf eine universale und unpersönliche Weise.

So viele Herausforderungen und Erschwernisse hemmen den Fortschritt metamoderner Ideen. Einige der Ideen provozieren intellektuell, doch das ist nur einer der Gründe, wieso sie schwer vermittelbar sind. **Die Haupthinder-**

nisse, die dem Verständnis dieser Ideen entgegenstehen, sind psychologischer Natur: allergisch-emotionale Überreaktionen, Vorurteile, die Verhaftung in Glaubenssystemen, Neid, Angst, Verwirrung und Selbsttäuschung.

Wie eine psychoaktive Droge ist dieses Buch so gestaltet, dass Ihre Emotionen wie auch Ihr Verstand angesprochen werden. Ich übermittle etwas, das sich jenseits der Kanäle abspielt, die uns für unsere Kommunikation gewöhnlich zur Verfügung stehen. Deswegen muss ich alle Regeln des etablierten Genres brechen: zu akademisch für einen Romancier, zu konkret für eine Philosophin, zu vulgär und sorglos für einen Wissenschaftler, zu vernünftig für eine Mystikerin – und einen Tick zu arrogant, unfreundlich und gemein für eine normale »besorgte Mitbürgerin«.

Worauf ich vermutlich hinauswill: Ich erwarte, dass die Lektüre dieses Buches Ihren Ärger über meine Unverschämtheit weckt, Ekel für meinen schlechten Geschmack und Verachtung in Anbetracht meiner maßlosen Ambitionen. Aber ich weiß, dass diese Ideen ihre Wirkung bei Ihnen entfalten werden – dass ihre virale DNA Sie *infizieren* wird –, selbst wenn Sie mir dieses Vergnügen nicht gönnen wollen. Und ich weiß, dass Sie aus diesem Prozess bereichert und ermächtigt hervorgehen werden.

Genau aus diesem Grund schreibe ich in diesem »überheblichen und boshaften« Stil. Wenn Sie das freudianisch sehen und tief in Vermutungen über meine Kindheit einsteigen wollen, legen Sie los, genehmigen Sie sich einen Doppelten – er geht aufs Haus.

Das Interessanteste daran ist, dass es ohne Belang ist, ob ich Ihnen mitteile, dass ich Ihre psychoaktiven Knöpfe drücken werde. *Es wirkt trotzdem* – wie Parfum, ein offensichtlicher Flirt oder Make-up. Und sollte es doch nicht wirken, werden Sie einfach auf vielerlei subtile Weise übertroffen, und zwar von den Menschen, bei denen es wirkt – denjenigen, denen es gelungen ist, das nützliche Stück des »kulturellen Codes« mitzunehmen, den ich Ihnen anbiete.

Ich begegne Ihnen nicht wie einem Individuum mit ganz eigenem, freiem Willen, der frei von Widerspruch und zudem von meinem unabhängig wäre. Vielmehr begegne ich Ihnen als etwas, was Deleuze ein **Dividuum** nannte, zusammengesetzt aus verschiedenen Teilen, verschiedenen Stimmen und Antrieben, die in verschiedenen Zusammenhängen wirken. Sie sind nicht nur der Führer des Elefanten, Ihr bewusster und rationaler Verstand, sondern auch der Elefant selbst, voll von widerstrebenden Regungen, Ambitionen, Träumen, Befürchtungen, Zweifeln und Verlangen. Um meine Botschaft zu übermitteln, muss ich manchmal Ihren Verstand adressieren, manchmal den Elefanten und manchmal die Beziehung zwischen beiden.

Sogar der Pfad, den der Elefant entlangtrampelt, sind Sie selbst – ein Pfad, den andere Menschen geschlagen haben, indem Sie Ihnen diese Sprache, diese Werte und Gewohnheiten beibrachten. Gelegentlich schreibe ich auch an andere Menschen und nicht nur an Sie, und nehme unseren Faden dann wieder auf. Manchmal spreche ich zu anderen *durch* Sie, *jenseits* von Ihnen als Individuum.

Meine Beziehung zu Ihnen ist **transpersonal**. Das bedeutet, dass ich Ihnen nicht als eigenständigem, vernünftigem Einzelwesen begegne, sondern als Querschnitt der wunderbaren und furchterregenden Tiefen Ihres Innenlebens sowie der Konflikte und Potenziale, die dem sozialen, wirtschaftlichen und kulturellen Gefüge einer digitalisierten Welt innewohnen. Ich spreche zu Ihnen als denkender und suchender Mensch, wie ich selbst einer bin, sowie als empfindsame Seele[3] und jemand, der die Gesellschaft in all ihrer Vielheit (*multitudes*) verkörpert. Sie mit dem allertiefsten Respekt zu behandeln, heißt nicht, so zu tun, als seien Sie lediglich Ihr vernunftbegabter Geist, sondern Sie in der Gänze Ihrer transpersonalen Existenz anzusprechen. Grundlegend gesagt, sind Sie, während Sie diese Worte lesen, die Weltseele selbst, sowie Sprechende und Zuhörende zugleich. Die Leserschaft der Zukunft wird dies besser verstehen als die gegenwärtige.

Dieser äußerst persönliche, transpersonale Weg, die Welt mitzugestalten, beruht auf der Erkenntnis, dass ich in Ihnen selbst existiere – in einem paradoxen Spiegelsaal. Das ist eine unausweichliche Schlussfolgerung. **Der Spiegelsaal ersetzt die Vorstellung, dass es sich bei Ihnen um einen einzelnen, individuellen Leser handelt, der dieses einzelne Atom eines Autors liest.** Stattdessen erfinden Sie Hanzi Freinacht im selben Zuge, in dem Freinacht *Sie* erfindet. In diesem ironischen Stück können wir mit vielem spielen: mit unseren Identitäten, mit dem, wer wir sind, wer wir werden und was wir erschaffen wollen, mit der Realität selbst und dem, was wir erreichen müssen.

Aufrichtige Ironie

Dies führt uns zu einer ersten, einfachen Definition von Metamodernismus. Der psychoaktive Text dieses Buches funktioniert nur, weil ich ironisch bin. Es ist die Abstand schaffende Kraft von Ironie und Sarkasmus, die mir gestattet,

Ihnen vollkommen aufrichtig und ungeschützt zu begegnen, und dadurch auf absurde Weise ehrlich und auf lächerliche Weise verletzbar zu sein.

Metamodernismus ist die Vereinigung von extremer Ironie und einer tiefen, unnachgiebigen Aufrichtigkeit. Diese beiden Seiten überlagern sich. Die Aufrichtigkeit verleiht der Ironie eine viel stärkere Wirksamkeit, weil sie aus ihr etwas Zweideutiges macht; die Ironie schafft im Gegenzug Raum für eine ungenierte, beinahe religiöse Aufrichtigkeit von Emotionen, Hoffnungen und Bestrebungen, denn sie ist allumfassend.

Ohne Ironie und Sarkasmus wäre meine Aufrichtigkeit einfach zu viel; sie würde ernsthafte Bedenken wecken, und das auch noch aus gutem Grund. Es gibt so viele Guru-Unholde, die Ihnen angeblich Wahrheit und Erleuchtung anbieten, aber Sie am Ende betrügen – und außerdem ihre Frau vögeln.

Ich sage Ihnen gleich zu Beginn, dass ich Sie betrügen werde, und das auch noch mit Ihrer Ehefrau, damit sie kommt wie der Vesuv – nur um Ihre Aufmerksamkeit zu erhalten. Und erst dann verrate ich Ihnen, worum es eigentlich geht: universale Solidarität mit allen empfindsamen Wesen und zwar aus allen vorstellbaren Perspektiven. Hätte ich das von vornherein gesagt, hätte es Sie gelangweilt oder misstrauisch gemacht – vielleicht auch beides. Genau hier, inmitten der tiefsten Ironie können wir die ursprünglichste, reinste Aufrichtigkeit finden in unserem Kampf für eine bessere Welt. Nur hier hört der Wahnsinn eine Weile auf, was uns einen Augenblick des Friedens und der Klarheit gestattet.

Metamodern zu sein heißt, sich der Aufrichtigkeit mit religiösem Furor zu verschreiben, während man der eigenen Selbstherrlichkeit mit einem ironischen Lächeln begegnet; ebenso aufrichtig wie der Dichter William Blake oder die mittlerweile heiliggesprochene Mutter Teresa – und so zweideutig und sarkastisch wie der schlimmste aller Internet-Trolle.

So erlangt die metamoderne Aristokratie die Herrschaft über die Welt und damit genau das, was wir schaffen müssen.

Ich nehme an, Sie erkennen das als Ironie.

Erster Teil

Die neue politische Landschaft

Kapitel 1
So hat sich Politik gewandelt

Wie sieht eine Revolution heutzutage aus? Der Arabische Frühling, das chinesische Wachstumswunder, der Aufstieg einer zaghaften Sozialdemokratie in Ländern Lateinamerikas, der Kampf um Lebensmittelpreise überall auf der Welt, die Occupy-Bewegung, die mühsame Wiederherstellung der Demokratie in Myanmar, die kurdische Selbstbehauptung, der Euromaidan in der Ukraine, die globale Klimabewegung, der Aufstieg von Syriza in Griechenland – ah, die wahre Linke ist wieder auf dem Vormarsch!

Zu jedem dieser Ereignisse strömen Medien aus aller Welt. Die Politikwissenschaft stellt ein eifriges Publikum bereit (und ist halbbewusst Mitgestalter des Geschehens): Hier, *hier* wird er sich ereignen, der historische Moment, in dem sich alles ändert. So meinen wir zumindest. Aber irgendwie hört man dann nichts mehr davon und die verheißenen Revolutionen gehen niemals über ihr anfängliches Feuerwerk hinaus. Intellektuelle tasten hilflos nach »Visionen« und »Zielen«, aber sie scheinen keine finden zu können. Was daran liegt, dass sie nicht wissen, wo sie suchen und welche analytischen Werkzeuge sie dazu verwenden sollen. Sie blicken durch ein Teleskop und haben noch nicht einmal das Mikroskop erfunden.

Natürlich sehen wir drastische Veränderungen, was die ökonomischen Gegebenheiten, Lebensmittelvorräte, Kommunikation und Technologie angeht. Nichts davon sollte uns gleichgültig sein. Zudem gibt es einige Regimestürze und hier und da wüste Straßenkämpfe. Aber wie befriedigend sind die Veränderungen, sagen wir beispielsweise in Ägypten, wo die neue, von der Nato unterstützte Diktatur immer noch Dissidenten einfängt, foltert und tötet – wenn auch heutzutage oft Mitglieder der Muslimbruderschaft?[1]

Wenn wir von *echten* Revolutionen im Sinne von Karl Marx reden – mit schnellen Entwicklungssprüngen in den sozialen Beziehungen und in der Logik, nach der eine Gesellschaft funktioniert und die sie regiert –, kann keines der oben genannten Beispiele zufriedenstellend erscheinen. Die Abschaffung der Apartheid und der Fall der Berliner Mauer haben das vorherrschende Weltsystem bestätigt: einen liberalen Kapitalismus mit repräsentativer Demokratie und der starken Unterströmung einer sich beschleunigenden ökonomischen und kulturellen Globalisierung (samt dem damit einhergehenden Unbehagen).

Aber die Revolution ist schon da. Sie findet in diesem historischen Augenblick statt, mit größerer Kraft und Wirksamkeit als die Französische Revolution oder der amerikanische Unabhängigkeitskrieg (wenn auch mit weniger Drama). Und genauso unwiderruflich.

Sie findet – ganz im Einklang mit Marx' Ideen – dort statt, wo das Weltsystem in kultureller und ökonomischer Hinsicht am weitesten entwickelt ist. Und am weitesten fortgeschritten ist die Entwicklung in einigen eher ruhigen Weltgegenden. Die idealen Umstände für Revolutionen finden sich in wohlbemessenem Abstand zu den Finanz- und Industriezentren der Welt, an einem Ort, wo alles funktioniert und rundläuft: wie in den skandinavischen Ländern der 2010er-Jahre. In den nordeuropäischen Ländern bildeten sich zu dieser Zeit eindeutige Muster metamoderner Politik heraus.

Undeutlichere Tendenzen zeigen sich in einigen anderen Ländern, vor allem in den Niederlanden, der Schweiz und Neuseeland, und auch in anderen entwickelten Teilen der Welt lassen sich hier und da interessante Trends entdecken, während wir in den großen Wirtschaftszentren, einschließlich der neu entstandenen asiatischen Metropolen, noch weit entfernt sind von den Gefilden metamoderner Politik.

Die metamoderne politische Revolution bleibt unter dem Radar der globalen Medien (und Wissenschaft), weil sie so unauffällig geschieht, so allmählich. Zudem fehlt den Skandinaviern selbst jegliche Vorstellung von den tiefgreifenden globalen Umbrüchen, die sich in ihrem eigenen Hinterhof vorbereiten – Umbrüche, die in verschiedener Hinsicht Ergebnis ihres eigenen Tuns sind.

Während kleine Gruppierungen innerhalb dieser Länder Vermutungen oder ein grundlegendes Verständnis der Richtung haben, gibt es (zum Zeitpunkt der Entstehung dieses Textes) nirgendwo auf der Welt eine Bewegung, der eine explizit und eindeutig metamoderne Ideologie zugrunde liegt. Aber die Fingerabdrücke des Metamodernismus sind unverkennbar. Schlüsselfiguren in Schlüsselbewegungen werden über eine offizielle Theorie für ihre Spielzüge verfügen, sobald sie dieses Buch und seine Fortsetzung *Die skandinavische Ideologie* gelesen und verstanden haben.

Revolution in Skandinavien also? Zumindest in den 2010er-Jahren gab es noch keine Hinweise auf blutige Geburtswehen, keine rollenden Köpfe oder erwähnenswerten Aufstände und schon gar keine Umstürze. In den nordischen Ländern konnten Sie höchstens einige brennende Autos in den Banlieues sehen, etwas rassistische Gewalt hier und da und den gelegentlichen ritualisierten Zusammenstoß zwischen der radikalen Linken und der Polizei – aber nichts, was auch nur im Geringsten an eine Revolution erinnerte. Wo genau ist diese neue Revolution?

Aber da haben Sie schon wieder alles von hinten aufgezäumt! Die nordeuropäischen Länder sind extrem geordnete Gesellschaften, selbst heutzutage unter dem Druck von Globalisierung und Immigration. **In genau so einem Rahmen – mit *extrem hohem Ordnungsniveau* – und im fortgeschrittenen Stadium einer Dynamik, wie sie modernen Gesellschaften innewohnt, ereignet sich die Revolution.**[2] Dort findet heute mit zunehmender Geschwindigkeit ein tiefgreifender Wandel in den sozialen, wirtschaftlichen, politischen und Verhaltensstrukturen statt, weil dies der einzige Ort auf der Welt ist, der glatt genug läuft, um das zu gestatten. Sie können förmlich hören, wie es im Gebälk dieser Gesellschaften rumort: Knarz! Krach! Knack! Eben haben wir eine kritische Grenze überschritten.

Unsere hypothetischen Götter halten für einen Moment inne.[3]

Die progressivsten Länder der Welt

Politische »Progressivität« ist eine eher merkwürdige Vorstellung. Der Gedanke unterstellt, dass es eine bestimmte Form »geschichtlichen Fortschritts« gibt, ein Ziel oder wenigstens eine Richtung, auf die sich die Menschheit in ihrer Entwicklung ausrichten kann und sollte. Es unterstellt zudem, dass es irgendwo im Hintergrund vorgegebene Maße und Markierungen gibt, an denen sich Richtung und Reichweite der gesellschaftlichen Entwicklung ablesen lassen.

Deswegen sollen einige unterschiedliche Bedeutungen von »progressiv« genannt werden, bevor wir weitermachen. Je nach Zusammenhang können Menschen unter »Progressivität« verstehen:

- dass man jüngst aufgetauchte Werte bereits längere Zeit vorhandenen Werten vorzieht,

- dass man sich Ideen und politischen Meinungen verschrieben hat, die von Menschen in der Zukunft bestätigt werden – und die Zukunft »bestätigt, dass man recht hatte«;
- dass man sich nach gesellschaftlichem Wandel sehnt und deswegen bereit ist, gesellschaftspolitische Risiken einzugehen und sich auf Experimente einzulassen;
- dass man einfach links ist – und je weiter links, desto progressiver;
- dass man einfach nur gut ist, anstatt schlecht (konservativ) oder böse (regressiv, reaktionär).

Keine dieser Bedeutungen erfasst so richtig die Vorstellung von Skandinaviens »Progressivität«. Wir meinen hier keinen Fortschritt im Sinne geschichtlicher Entwicklung – und schon gar keine zielgerichtete Entwicklung.

Was ist also stattdessen damit gemeint? Nehmen wir einige Beispiele: In Schweden werden Nachhaltigkeitsfragen durch alle Parteien hindurch häufiger aufgegriffen als irgendwo anders auf der Welt. Dieses Land nahm auch mehr Geflüchtete auf als andere europäische Länder (zumindest bis es 2015 eine administrative Obergrenze erreicht hatte). Darüber hinaus zeigt Schweden in Umfragen niedrigere Werte von Xenophobie, gibt mehr Geld für Entwicklungshilfe aus, hat im Vergleich zu den meisten anderen Ländern eine weiter vorangeschrittene Digitalisierung, niedrigere Verbrechensraten[4], weniger Korruption, weniger Einkommensungleichheit (am deutlichsten sichtbar bis 2013), höhere Lebensstandards, ein höheres Maß an berichteter Zufriedenheit sowie mehr Geschlechtergerechtigkeit (Schweden hat die weltweit einzige nennenswerte feministische Partei und eine explizit feministische Außenpolitik). Schweden unterstützt im Allgemeinen den Freihandel und lässt Unternehmen trotz seiner hohen Steuern und starken Arbeiterrechte vergleichsweise viel Freiraum. Die Menschen leben länger und bei besserer Gesundheit, mit besseren Zähne und größerem Vertrauen in andere Menschen und die Behörden. Die Menschen sind so säkularisiert wie in kaum einen anderen Land. Kinder, die dort aufwachsen, fangen häufig nicht vor ihrem dreißigsten Lebensjahr an, ernsthaft zu arbeiten, nachdem sie die Welt bereist, ein (staatlich finanziertes) Studium absolviert, Computerspiele gespielt und Musikfestivals besucht haben. Die Gleichstellung der Geschlechter ist viel weiter vorangeschritten, was liberale und freizügige Formen der Sexualität zur Folge hat. Wenn sich Mädchen für einen Typen entscheiden, wählen sie seltener den hypermaskulinen und sozioökonomisch dominanten, wie das in anderen Ländern der Fall ist.

Schweden ist nicht die sozialistische Semi-Utopie, als die man es gelegentlich dargestellt hat (und war dies auch nie). Es gibt Arbeitslosigkeit, soziale Spannungen jeglicher Art und jede Menge menschliches und tierisches Leid. Probleme mit Rassismus, Ausgrenzung und Armut findet man an jeder Ecke. Polizei, Krankenpflege- und Lehrkräfte fühlen sich mangelhaft wertgeschätzt und protestieren gegen sinkende Reallöhne, manchmal sogar bis zum Punkt der Arbeitsaufgabe. Aber insgesamt hat das Land einige Qualitäten, die es zu einem guten Beispiel dafür machen, wie eine allgemeine kulturelle Progressivität aussehen könnte.

Schweden ist ein winziger Teil eines heute weltumspannenden Wirtschaftssystems von acht Milliarden Menschen und stellt ungefähr ein Achthundertstel der Weltbevölkerung. Es besetzt eine günstige Position in diesem System, in dem es über einen beachtlichen Zeitraum hinweg relativen Reichtum mit relativer Chancengleichheit und Stabilität verbinden konnte. Es gibt nichts spezifisch »Schwedisches«, was diese Fortschrittlichkeit erklären könnte, weder in der »schwedischen Seele«, noch im »schwedischen Modell« des *Folkhemmet* (»Volksheim«) – einem Wohlfahrtsprogramm, das dem anderer europäischer Länder viel ähnlicher sieht, als den meisten Menschen bewusst ist – und auch nicht in den natürlichen Ressourcen des Landes. Als Mary Wollstonecraft, die englische Mutter der ersten Feminismuswelle, Schweden im Jahr 1796 bereiste, schrieb sie in ihren berühmten *Letters Written in Sweden, Norway, and Denmark* über den entsetzlich niedrigen Status von Frauen in diesen Gesellschaften und darüber, wie barbarisch alles wirkte. Bis ins frühe 18. Jahrhundert waren die Schweden mutmaßlich die blutrünstigsten Kriegstreiber Europas. Erst 1865 wandelte sich das Land von einer Ständerepublik mit Aristokratie, Kirche, Bürgertum und Landbevölkerung zu einem parlamentarischen Zwei-Kammer-System (mittlerweile durch eine einzige Kammer ersetzt).

Schweden hatte relativ wenig Industrie sowie eine arme Bevölkerung. Im Verlauf des 19. Jahrhunderts wanderten zahlreiche Schweden nach Amerika aus und bis zu Beginn des 20. Jahrhunderts war Armut im Land weitverbreitet. Die vergleichsweise kleine bürgerliche Klasse konnte nicht denselben politischen Einfluss wie in Frankreich oder Deutschland gewinnen und Arbeiterparteien etablierten eine Sozialdemokratie – ein Bündnis zwischen einer armen, vergleichsweise konservativen Arbeiterschaft und fortschrittlichen Intellektuellen, das von der Bauernpartei unterstützt wurde. Im Tausch für ihre Interessensvertretung auf ökonomischem Gebiet drängten die Intellektuellen den Arbeitern ihre eher kosmopolitischen Werte auf – und zwar mithilfe der klassischen Institutionen des Industriestaats: Schulbildung, Massenmedien und Bürokratie. Dieses System wurde ergänzt von einigen wenigen Volksbewegungen (Schwedisch: *folkrörelse*), die eine breite Beteiligung verzeichneten – darunter Pfingstkirchen, Arbeiter-, Abstinenz- und später die Anti-Atomkraft-Bewegung. Die Bedeutung solcher Bewegungen wird erwartungsgemäß eher romantisiert, aber sie spielten tatsächlich eine Rolle bei der Verbreitung »moderner« und »progressiver« Werte.

Weil sich das Land an den beiden Weltkriegen nicht beteiligte, ging es ökonomisch relativ gestärkt aus diesen hervor und konnte während des »goldenen Zeitalters« der Jahrzehnte nach 1945 ein beeindruckendes Wachstum verzeichnen.

Das einzig Besondere an Schweden ist, dass es im weltweiten Wirtschaftssystem von Handel, Wachstum und Ausbeutung eine einigermaßen stabile Entwicklung von Handel, Wachstum und Ausbeutung verzeichnen konnte, bedingt durch seine günstige Position, nämlich in vergleichsweise geringer geografischer, kultureller und sprachlicher Entfernung vom Zentrum. Das ist alles.[5]

In den meisten Fällen und in den meisten Teilen der Welt tendieren Gesellschaften zu erheblich mehr Chaos, vor allem in Zeiten drastischer Umbrüche und technologischer Expansion. Aber aus einer Vielzahl von Gründen ist in diesem Teil der Welt, nicht nur in Schweden, sondern auch im übrigen Skandinavien unter relativ stabilen Bedingungen die Entwicklung einer regelrechten postindustriellen Wirtschaft gelungen, die mehr oder weniger die gesamte Bevölkerung mitnimmt. Das hat im späten 20. Jahrhundert in der Bevölkerung zu einem kulturellen Wandel geführt und auch die politische Landschaft dementsprechend verändert – auf unauffällige, aber radikale Weise.

Unter Umständen sind Sie mit der Kultur-Landkarte der Welt von Inglehart und Welzel vertraut (siehe Abb. 1). Sie basiert auf der zurzeit bei Weitem umfangreichsten soziologischen Studie, in deren Rahmen Menschen aus nahezu allen Ländern dieser Welt eine Vielzahl von Erhebungsfragen gestellt wurden. Insgesamt berücksichtigt die Studie über tausend Variablen, auch wenn bei Weitem nicht allen Teilnehmenden sämtliche Fragen gestellt werden und wurden. Im Verlauf von Jahrzehnten sind Millionen Antwortbögen zusammengekommen, die kulturelle Verschiebungen und Trends im Untersuchungszeitraum nachvollziehbar machen. Die Kritik an verschiedensten Aspekten der im Rahmen der Studie verwendeten Methodologie stellt in der wissenschaftlichen Literatur beinahe ein eigenes Genre dar.[6] Aber auch wenn man manche As-

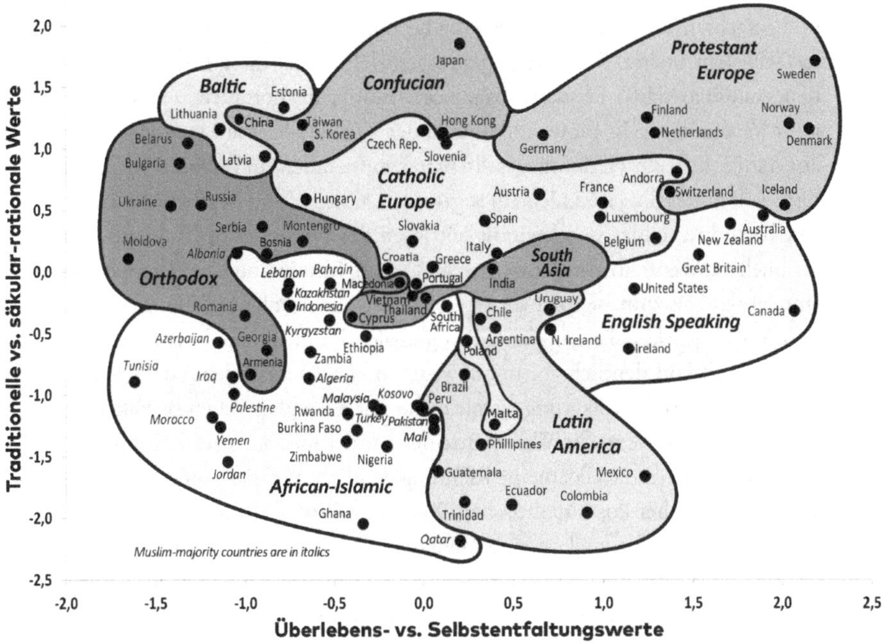

Abb. 1: Rekonstruktion der Kultur-Landkarte der Welt aus dem Jahr 2023.
Quelle: www.worldvaluessurvey.org/WVSContents.jsp

pekte des World Values Survey kritisieren kann, scheint ein Ergebnis relativ eindeutig: die Gesamtdarstellung der Kultur-Landkarte der Welt. Wie Sie auf der Abbildung sehen können, besetzt das protestantische Europa (dabei vor allem die skandinavischen Länder) die rechte obere Ecke der zweidimensionalen Kultur-Landkarte der Welt. Das bedeutet, dass Menschen hier im Durchschnitt säkular-rationalen Werten (versus traditionellen Werten) und Selbstentfaltungswerten (versus Überlebenswerten) mehr zuneigen als irgendwo anders auf der Welt. Hier glauben Menschen eher an das Recht auf Abtreibung und die Gleichstellung von Homosexuellen als an eine Gottesherrschaft, und hier brechen sie eher Richtung Indien auf, um »sich selbst« auf einer spirituellen Reise »zu finden«, als ihr Studium pünktlich abzuschließen.

Es kann kein Zufall sein, dass es die stabilsten Teile der Welt sind beziehungsweise diejenigen mit einer bereits lange Zeit bestehenden wohlhabenden und gerechten Wirtschaft, in denen die Bevölkerung gleichzeitig die »modernste« Weltsicht besitzt. Seit den späten 1990er-Jahren hat diese Entwicklung in den skandinavischen Ländern sogar noch Fahrt aufgenommen, zeitgleich zu ihrer Verwandlung in Einwanderungsländer, die eine Vielzahl von Menschen aus traditionelleren Herkunftsgesellschaften aufnehmen. In gewisser Weise verbirgt sich hinter diesen Zahlen ein sogar noch stärkerer und deutlicherer Trend: Mit beeindruckender Geschwindigkeit lösen die Werte der Spätmoderne traditionellere Werte ab. In Schweden sind selbst Immigranten vergleichsweise »moderner«[7] als zum Beispiel ein typischer Bewohner Polens. Wenn man hundert Jahre zurückblickt und dabei den globalen Rahmen einschließt, zeichnet sich dieser Trend deutlich ab. In Schweden und Dänemark lebte damals eine konservative Landbevölkerung, vergleichbar mit der afghanischen Bevölkerung von heute. Auch wenn die Werte einzelner Länder im Laufe der Zeit hin und her schwanken, ist die allgemeine Richtung deutlich: Wir sind auf dem Weg in eine Welt mit eher kosmopolitischen Werten – Werten, die gemäß Ingleharts und Welzels Auswertung besser zu modernen Gesellschaften passen.

Man muss sich vor Augen führen: Die säkularsten Menschen in – sagen wir – Pakistan sind zugleich die reichsten und gebildetsten, und in diese Riege will auch die Mehrzahl der übrigen Pakistani aufgenommen werden. Im Gegenzug zieht es die wohlhabenden Pakistani in die USA, wo sie größtenteils den amerikanischen Lebensstil und die damit verbundenen Werte annehmen. In den USA haben liberale Medienorgane gegenüber konservativen eigentlich immer die Oberhand und die Fernsehmoderatoren machen sich über die konservative Landbevölkerung lustig – Menschen mit einem besonders hohen sozialen Status sind eher liberale New Yorkerinnen denn Hinterwäldler oder fundamentale Christinnen. Auf die liberale amerikanische Bevölkerung wiederum üben Schweden und andere nordische Länder eine sehr starke Anziehungskraft aus. Sie erscheinen als »unverfälscht« und »erfrischend« – oder eben progressiv. Wenn Sie eine liberale Anwältin in Boston sind, lieben Sie vermutlich die dänische Fernsehserie *Borgen* (in der eine geschiedene Frau und zweifache Mutter als dänische Premierministerin und mithilfe einer fiktiven Grünen-Partei versucht, die ungehobelten, konservativen Populisten auszustechen). In dem Fall hören Sie wahrscheinlich auch nordeuropäische Popmusik wie Robyn, Elliphant, MØ, Röyksopp oder Björk, in deren Kunst auf unterschwellige Weise fortschrittlichere Werte zum Ausdruck kommen. Regelmäßig kommen aus diesen Ländern auch die Gewinner des Eurovision Song Contests.

Das sich rasant globalisierende ökonomische Weltsystem hat einige Regionen hervorgebracht, in denen sich die Werte und Weltanschauungen einer kosmopolitischen, digitalisierten Zivilisation festgesetzt haben, und zufällig sind diese in den skandinavischen Ländern verortet. In der Rangordnung der Weltkulturen kommt diesen Regionen ein hoher symbolischer Wert zu, was sich an den wachsenden Kulturexporten aus diesen Ländern zeigt und der – im Verhältnis zur geringen Größe des Gebiets – starken »skandinavischen Marke«.

Nichts des bisher Gesagten dürfte Widerspruch hervorrufen. Einige Teile der Welt scheinen anderen bei der »Entwicklung« von Werten voraus zu sein, wodurch sie »progressive« Vorstellungen erlangen, die ihnen auf dem Weltmarkt wiederum verschiedene Vorteile verschaffen. Wie könnten wir auch erwarten, dass wir als Weltbevölkerung von acht Milliarden Menschen unsere Wertvorstellungen in perfektem Gleichklang miteinander verändern? Und wie könnten wir erwarten, dass alle Wertesysteme in Hinblick auf ihr kulturelles Ansehen denselben Status auf der Weltbühne besitzen?

Ich sage *nicht*, dass dem Rest der Welt »vorherbestimmt« ist, so zu werden wie die skandinavischen Länder – Technologie und Kultur entwickeln sich viel zu schnell weiter, weswegen so verrückte Wiederholungen eher unwahrscheinlich sind. Nie wieder wird es ein zweites 1960 geben oder ein zweites 1990. Jeder historische Augenblick ist einzigartig. Ich behaupte selbstverständlich auch nicht, dass die Welt unwiderruflich »verwestlicht« und »säkularisiert« wird – selbstverständlich gibt es mehr unter der Sonne als nur diese eine denkbare Entwicklung. Dennoch ist es unbestreitbar, dass es in Skandinavien im Lauf des letzten Jahrhunderts bedeutende gesellschaftliche Veränderungen gegeben hat; Veränderungen, die unser Verständnis zukünftiger Entwicklungen in anderen Ländern befördern können.

Es ist mehr als wahrscheinlich, dass wir die Entstehung neuer und unerwarteter Gesellschaftsformen erleben werden, zum Guten wie zum Schlechten, und in ebendieser Hinsicht liefern die skandinavischen Länder eine interessante Fallstudie. Denn wenn wir die Entwicklung der Weltwirtschaft und die Entstehung ihrer politischen, kulturellen und soziopsychologischen Landschaften wirklich verstehen wollen, kann unser analytisches Interesse nicht allein dem Arabischen Frühling oder dem sich abkämpfenden kurdischen Staat gelten. In diesem kohärenten Weltsystem sollten wir nach denjenigen Orten suchen, wo Menschen die Voraussetzungen besitzen, neue Werte auf neue Tafeln zu schreiben.

Gesellschaftlicher Fortschritt passiert dann, wenn Bedingungen anhaltender Stabilität und des Überflusses einen Wandel in den Alltagsspielen unserer Gesellschaft ermöglichen: im Arbeitszusammenhang, bei der Partnersuche, im Freundeskreis, zu Hause (beispielsweise wenn Sie damit aufhören, Ihre Kinder zu schlagen), in der Nachbarschaft, der Schule, der politischen Arena, auf dem Marktplatz für Lebensmittel und dem für Arbeit. **In der Folge werden die Alltagsspiele sanfter, einfühlsamer, gerechter und versöhnlicher.**

Von dieser Warte aus betrachtet wird deutlich, dass die skandinavischen Länder die bei Weitem fortschrittlichsten Gesellschaften sind, die die Welt je gesehen hat. Deswegen sehen wir hier diejenigen Werte und Weltanschauungen, die in praktischer Hinsicht am besten zu einer komplexen, digitalisierten, globalen, transnationalen, postindustriellen Gesellschaft passen. (Werdet mir jetzt aber bloß nicht großspurig und patriotisch, ihr dummen Schweden. Es geht nicht darum, dass ihr besser wäret als irgendjemand anderes.)

Postmaterialistische Werte

In diesem Kontext wäre anzumerken, dass die Beförderung individueller Erfüllung und individuellen Glücks ab einem bestimmten Wohlstandsniveau weniger an materielle Besitztümer geknüpft ist und dass diesem Sachverhalt in der neuen politischen Landschaft große Bedeutung zukommen wird.

Es gibt verschiedene Möglichkeiten, wie man diesen Sachverhalt betrachten kann: zum einen vor dem Hintergrund der Glücksforschung, zum anderen als einen Nutzen, der durch den Verbrauch natürlicher Ressourcen entsteht, und zuletzt als ein Anwachsen postmaterialistischer Wertvorstellungen in der Bevölkerung.

Glücksforschung: Wenden wir uns zunächst dem umstrittenen Feld der »Glücksforschung« in Wirtschaftswissenschaften, Psychologie, Soziologie und damit verbundenen Disziplinen zu. Bei dieser Forschung schneiden die skandinavischen Länder im Allgemeinen sehr gut ab.

Möglicherweise ist Ihnen das berühmte (und mittlerweile berüchtigte) Easterlin-Paradox bekannt, so benannt nach dem Ökonomen Richard Easterlin, der 1974 zum Thema von wirtschaftlicher Entwicklung und Glück ein Kapitel zu einem Essayband beigesteuert hat. Das Paradox besteht darin, dass das Glücksniveau wohlhabender Länder scheinbar stagniert. Glück folgt der wirtschaftlichen Wachstumskurve, aber flacht in wohlhabenden Ländern ab, auch wenn diese noch wohlhabender werden. Zugegebenermaßen eröffnet diese Aussage viel Raum für Zwischentöne und Kritik.[8]

Zunächst einmal wurde die zugrunde liegende Methodik von Easterlins Studie angegriffen – er verließ sich auf verschiedene Messungen, die man in ein einziges Modell gezwängt hatte (obwohl andere Forschende zu ähnlichen Ergebnissen gekommen sind). Zum Zweiten ist die Glücksforschung selbst ein unklar definiertes Gebiet. Sie verwendet vage Maßstäbe, indem sie beispielsweise Menschen fragt, wie sie ihr Befinden auf einer Skala von eins bis zehn einordnen. Sobald man auf dieser Skala höhere Werte erreicht, scheint die Annahme zu greifen, dass nur wenige eine Zehn vergeben wollen. Aus irgendwelchen Gründen rutscht diese Zehn immer weiter weg, denn nur sehr wenige von uns haben ein perfektes Leben.

Zum Dritten wurde das »Paradox« mehr oder weniger dadurch aufgelöst, dass wirtschaftswissenschaftliche Forschungen gezeigt haben, dass Glück zwar wirtschaftlichem Wachstum folgt, aber lediglich in einer *logarithmischen* Kurve (man muss das Einkommen verdoppeln, um einen Glückspunkt mehr zu bekommen; gestaltet man die Skala also logarithmisch, kann man den Anstieg als einen linearen darstellen).[9] Das erklärt die sich abflachende Kurve: Zuerst gibt man jemandem, der nur einen Euro verdient, zwei weitere, wodurch die Glückskurve stark nach oben geht. Aber wenn Sie täglich bereits 1 000 Euro zur Verfügung haben, bedeuten zwei mehr keinen Unterschied. Eine Verdreifachung des Einkommens könnte dagegen einen Unterschied bewirken, da Sie nun Ihr Traumunternehmen gründen können, eine Stiftung oder etwas anderes. Betrachtet man Glück im Verhältnis zum Einkommen logarithmisch, ergibt sich eine eindeutige Korrelation zwischen beiden – auch wenn man festhalten muss, dass »Glück« scheinbar nicht in Gänze durch Einkommen »erklärt« werden kann; auch das Leben in einer stabilen Demokratie mit bürgerlichen Freiheitsrechten, niedrigerer Ungleichheit und einem höheren Grad an Vertrauen (der einzelnen Mitbürger untereinander und zu Institutionen) kann Ihre zufriedene Miene erklären. Natürlich haben auf einer individuellen Ebene auch Dinge wie gutes Aussehen, Gesundheit und weniger häusliche Streitereien großes Gewicht, mehr sogar als das Einkommen. Andererseits kann eine Steigerung des Glücks »mehr wert« sein, wenn man (gemäß Selbsteinschätzung auf einer Skala von eins bis zehn) von eins auf zwei aufsteigt als von sieben auf acht – was dann auch erklärt, warum der erste Euro am meisten zählt. (Eine bessere Skala für die subjektive Glückseinschätzung wird in den Kapiteln 12 und 13 vorgestellt.)

All dies bedeutet – mit einigem Wenn und Aber –, dass in diesen wohlhabenden Ländern menschliches Glück von Geld und anderen materiellen Gütern entkoppelt wird. Halten Sie einen Augenblick inne, um zu überlegen, was das bedeutet.

Nutzung von natürlichen Ressourcen und Technologien: Eine andere Betrachtungsweise des Easterlin-Paradoxes ist, dass materielle Ressourcen sehr wirksam sind, um Glück zu schaffen, wenn die Bevölkerung arm ist, während sie weniger wirksam sind, wenn man das Niveau einer wohlhabenden, freiheitlichen Demokratie erreicht hat. Eine Steigerung der Wirtschaftsleistung wirft für das menschliche Glück weniger ab, sobald in gewisser Weise eine moderne Industriegesellschaft entstanden ist. Mit Blick auf die natürlichen Ressourcen, die wir bereits über alle Maßen beanspruchen, bedeutet dies, dass wir einige zusätzliche Planeten bräuchten, um die Menschen in Schweden durch den Einsatz von materiellem Wohlstand glücklicher zu machen (oder in Norwegen, dessen Bruttoinlandsprodukt pro Kopf dank der Öleinnahmen mehr als 50 Prozent über dem schwedischen liegt). Das wäre hochgradig ineffizient. Der Einsatz von natürlichen Ressourcen steht auch im Zusammenhang mit der allgemeinen technologischen und kulturellen Entwicklung des Weltsystems (beziehungsweise dem, was der Markt bestenfalls liefern kann). Auch hierfür sind Norwegen und Schweden ein gutes Beispiel: Die Menschen beider Länder sind etwa gleich glücklich trotz der starken Abweichungen beim Bruttoinlandsprodukt. Beide Länder können es sich leisten, mehr oder weniger das Beste einzukaufen, was der Weltmarkt zu bieten hat, weswegen Norwegens enorme zusätzliche Geldmittel nicht wirklich entscheidend sind.

Norwegen hat es vor einiger Zeit anlässlich des größten Feuerwerks aller Zeiten ins *Guinnessbuch der Rekorde* geschafft. Sie übertrafen einen erst kurz zuvor erfolgten Rekordversuch Dubais (Vereinigte Arabische Emirate), indem sie 540 382 Feuerwerkskörper in einer spektakulären 20-Minuten-Show abfeuerten. Das Feuerwerksarrangement in Dubai hatte sich über einen 94 Kilometer langen Küstenstreifen erstreckt (nur damit man sich die Dimensionen vorstellen kann). Den Norwegern und Norwegerinnen vor Ort, die gaffend und unter zahlreichen »Oooooohs« zwanzig Minuten dem Feuerwerk zujubelten, stehen dieselben Smartphones und dieselbe Gesundheitsversorgung wie in Schweden zur Verfügung – eine effiziente Nutzung von Ressourcen zur Schaffung nachhaltigen menschlichen Glücks also?

Postmaterialistische Werte: Das bringt uns zur dritten Sichtweise auf diesen Sachverhalt. Wie wir gesehen haben, hat die skandinavische Bevölkerung weniger »Überlebens-« und mehr »Selbstentfaltungswerte«. In ebendiesen Ländern gibt es immer lautstärkere Angriffe auf die vorherrschende Rolle, die Arbeit und Berufsleben in der Gesellschaft spielen, und gleichzeitig Unterstützung für Projekte, die ein bedingungsloses Grundeinkommen zum Ziel haben, sowie eine stärkere Betonung von »Lebensqualität« und Social Entrepreneurship. Kurz gesagt, die Menschen werden *postmaterialistisch*.[10] Für Menschen in diesen Gesellschaften ist Wohlstandsvermehrung einfach eine weniger effiziente Strategie, um Erfüllung und Glück zu erlangen.

Das liefert eine plausible Erklärung dafür, warum kulturelle Angelegenheiten wie Gender, Identität, Freizeit und langfristige Anliegen wie Nachhaltigkeit in diesen Ländern an Bedeutung gewinnen. Aufseiten der Linken sehen wir den Aufstieg der sogenannten »Identitätspolitik«, womit Fragen des sozialen Ausschlusses oder der Diskriminierung auf Grundlage von Gender, Sexualität, Ethnizität, Klassenhintergrund und Disability bezeichnet werden. Aufseiten der libertären Rechten gibt es ein prinzipielleres Eintreten für individuelle Integrität und Privatsphäre, Schutz vor Überwachung und vergleichbare Dinge. In den nordeuropäischen Ländern folgen selbst die Neofaschisten (wie auch die dazugehörigen Blogger der neoreaktionären und Alt-Right-Bewegung) diesem Muster einer postmaterialistischen Orientierung, insofern sie einen »identitären« Nationalismus befürworten, Maskulinität kultivieren und den »Kulturmarxismus« bekämpfen, unter dem die Neofaschisten all das verstehen, was ihnen an der gegenwärtigen Gesellschaft nicht gefällt.[11]

Obwohl die Wissenschaft immer viel Negatives anzumerken hat zur alten »Bedürfnispyramide«, wie Abraham Maslow sie vorgeschlagen hat, kann diese doch nützlich dabei sein, um den Postmaterialismus zumindest ein Stück weit erklären und verstehen zu können.[12] Wenn Menschen in Sicherheit sind, gutes Essen, einen schönen Wohnraum und Bildung haben und die persönlichen Beziehungen okay sind, wächst in ihnen der Wunsch nach weniger greifbaren und eher immateriellen Dingen für sich und ihre Familien wie Selbstentwicklung, Glück und Lebenssinn.

Ich behaupte, dass eine Gesellschaft, die so etwas erreichen will, qualitativ anders aufgebaut sein muss als die heutigen Gesellschaften. Unsere gegenwärtige Gesellschaft ist auf industrielle Produktion und die Umverteilung ihrer Ausbeute ausgerichtet. Die zukünftige Gesellschaft muss über die Funktionsweise der heutigen Gesellschaft hinausgehen; **ihre Institutionen müssen auf das Erreichen psychologischer Ziele ausgerichtet sein**. Eher die Anliegen der Seele also.

Eine Meta-Ideologie hat bereits gewonnen

Wenn die skandinavischen Länder mit ihren zunehmend postmaterialistischen Werten also einen interessanten Fall für das Weltsystem als Ganzes darstellen: Welche politischen Muster sind hier im Entstehen begriffen?

Die dominante Meta-Ideologie in den skandinavischen Ländern ist der Sozialliberalismus mit – wenigstens einem Hauch von – grün-umweltfreundlichem Anstrich. Wir können ihn den »Grünen Sozialliberalismus« nennen. Man stellt das umgehend fest, wenn man einfach mal das politische »Game of Thrones« in diesen Ländern betrachtet. Das Spiel der Parteipolitik hat einige Besonderheiten, die sich zunehmend und auf fast lächerliche Weise offenbaren.

Wo sie vollständig aufblüht, verschmilzt die liberale Demokratie (mit Parlament, Parteien, Marktwirtschaft und öffentlich finanzierten Sozialleistungen) mit dem Grünen Sozialliberalismus. Das ist der Grund, warum der Grüne Sozialliberalismus eine Meta-Ideologie ist und nicht mehr nur eine Alternative unter anderen. An verschiedene Varianten des Grünen Sozialliberalismus zu glauben ist mittlerweile fast so selbstverständlich und zwingend geworden wie an die Demokratie zu glauben. Der liberale Bürger, die liberale Bürgerin sind zunehmend synonym mit den Grünen Sozialliberalen. Sehen wir uns einige Beispiele an.

Es gibt *keine* parlamentarisch vertretenen Parteien in *irgendeinem* der skandinavischen Länder, welche die Marktwirtschaft abschaffen oder in der Praxis auch nur ernsthaft infrage stellen wollen. Zudem gibt es keine Parteien, die den Sozialstaat abschaffen wollen – nicht einmal die jungen libertären Hardliner in Dänemark, die sich Liberale Allianz nennen. (Als radikalste Partei von allen ist ihr langfristiges Ziel die Senkung der Einkommenssteuer auf nicht ganz so schwindelerregende vierzig Prozent.) Außerdem gibt es keine Partei, die nicht wenigstens ein Lippenbekenntnis zur ökologischen Nachhaltigkeit ablegt.

Alle Parteien in sämtlichen skandinavischen Ländern sind im Endeffekt grün-sozialliberale. Die nationalistische Partei in Schweden, die unter der Bezeichnung der Schwedendemokraten firmiert und von einer Mischung aus Neonazis und einer »populistischen« Steuerkürzungs- und Anti-Einwanderungs-Partei gegründet wurde, ist offiziell für das Recht auf Abtreibung und Frauenrechte und behauptet, eine verantwortungsbewusste umweltfreundliche Agenda zu besitzen. Um überhaupt irgendwie überleben zu können, müssen sie ihr konservatives Programm in sozialliberale Roben kleiden: Natürlich sind sie gegen Immigration, aber sie legitimieren das durch die Behauptung, dass Immigration den Sozialstaat gefährde und die liberalen Werte der gebürtigen Schweden. Oftmals geht es dabei auch um Frauen-, manchmal sogar Homosexuellenrechte. Überdies behaupten sie, schwedische Kleinunternehmer und -industrien zu unterstützen, weil mit dem Wegfall der kostenintensiven Einwanderung niedrigere Steuersätze möglich wären und Geldmittel sowieso besser in die Entwicklungshilfe fließen sollten als in langwierige Integrationsprozesse von Neuankömmlingen. In anderen Worten: Das ist Nationalismus und Sozialkonservatismus unter dem Banner eines Grünen Sozialliberalismus. Der einzig erfolgreiche Weg, um heutzutage in Schweden nationalistische oder konservative Argumente propagieren zu können, ist, zu behaupten, man würde die nationalen Qualitäten des Grünen Sozialliberalismus bewahren. Um sich einen respektablen Anstrich zu geben, haben die Schwedendemokraten ihre Toleranzschwelle für Anti-Liberalismus und Rassismus allmählich abgesenkt, was dazu führt, dass immer mehr Mitglieder aufgrund von Fehltritten in den Massen- oder sozialen Medien ausgeschlossen werden. Vor einiger Zeit brach die Partei mit ihrer gesamten Jugendorganisation, nachdem sie eine allzu nationalistische junge Frau zur Führerin gewählt hatten. Auf ihren Flyern zeigen die Schwedendemokraten ihren männlichen Anführer auf dem Rücksitz eines Fahrrads – vorne auf dem Tandem sitzend, das Fahrrad steuernd: zwei Politikerinnen. Die Botschaft ist klar: »Sie können uns vertrauen; wir bewegen uns verlässlich im Spielfeld der grün-sozialliberalen Meta-Ideologie.« Selbst der Anführer der Christdemokraten stürzt sich ins Gerangel und läuft bei der Pride Parade mit.

Ein Blick auf die Mitte-Links- und Mitte-Rechts-Parteien, bis dato die größten und einflussreichsten – und wie in anderen Ländern diejenigen, welche die Trennlinien in der Politik definiert haben –, zeigt ihre große Nähe zueinander, sowohl in rhetorischer wie in praktischer Hinsicht. Von 2006 bis 2014 gab es in Schweden eine acht Jahre währende Mitte-Rechts-Regierung, die die lange Tradition der Sozialdemokratie unterbrach. Die Mitte-Rechts-Partei gewann vor allem deswegen, weil sie versprach, Schlüsselaspekte der Sozialdemokratie nicht anzutasten und überhaupt die neue Arbeiterpartei zu sein. Tatsächlich waren sie durch den »Dritten Weg« von Tony Blairs und Anthony Giddens' New-Labour im Vereinigten Königreich beeinflusst. Als die dänischen Sozialdemokraten 2011 (gemeinsam mit einer sozialistischen Partei, die ehemals zahlreiche Trotzkisten beherbergte, sowie einer kleinen sozialliberalen Partei) an die Macht kamen, kopierten sie mehr oder weniger die politischen Maßnahmen der schwedischen Mitte-Rechts-Regierung. Als die schwedischen Sozialdemokraten 2014 schließlich (mit einem hauchdünnen Vorsprung) die Macht zurückeroberten, versprachen sie, die marktliberalen Reformen von Mitte-Rechts nicht zurückzunehmen, und schienen mit ihrer Selbstbezeichnung als »Zukunftspartei« die Slogans der dänischen Mitte-Rechts-Partei zu kopieren.

Ich könnte noch viel mehr zu dem Thema sagen, zum Beispiel wie die Linke (links von Mitte-Links) sozialliberal und der Sozialliberalismus expliziter Teil der grünen Parteien geworden ist, oder wie die eigentlichen traditionell sozialliberalen Parteien keineswegs verschwanden, nachdem ihre Nische ihnen durch all die anderen streitig gemacht wurde, und so weiter. Seit einiger Zeit vernimmt man vermehrt Rufe aus Presse und Politik und sogar von bekannten Intellektuellen nach einem Bündnis der beiden großen Parteien – der Mitte-Links- und der Mitte-Rechts-Partei –, um die nationalistischen und progressiven Parteien auszubooten, die man für allzu unzuverlässig hält. Das würde natürlich die ganze Dramaturgie des gegenwärtigen parteipolitischen Systems zerstören und hätte einen massiven Rückgang der Unterstützung für die Mitte-Rechts- wie die Mitte-Links-Partei zur Folge, da beide ihr jeweiliges Feindbild und damit zugleich ihre Identität verlieren würden. Dennoch ist es ein aussagekräftiges Zeichen, dass ernst zu nehmende Kommentatoren so etwas vorschlagen.

Alle politischen Parteien bieten mehr oder weniger die gleiche Ware an. Ein Prozent weniger Steuern hier, ein Prozent mehr Immigration dort – letztlich findet das alles innerhalb eines identischen politischen Rahmens statt; sämtliche Parteien in sämtlichen skandinavischen Ländern ordnen sich dem vorherrschenden Grünen Sozialliberalismus unter, auch wenn gelegentlich einzelne Politikerinnen und Politiker durch feuchte Revolutionsträume oder Faschismus auffällig (und dafür umgehend von der Bühne gejagt) werden.

Wenn es hart auf hart kommt, verteidigen letztlich alle Parteien die staatliche Bürokratie und ihre Institutionen – trotz ihrer liberalen Rhetorik. Während der dramatischen Zunahme von Geflüchteten aus Syrien und anderen Ländern im Jahr 2015 warf selbst Schwedens damalige Koalition aus Sozialdemokraten und Grünen die Tür just in dem Moment zu, als das administrative System überfordert war. Diese Entscheidung wurde weder mit nationalistischer noch mit bürokratischer Rhetorik gerechtfertigt, sondern selbstverständlich mit dem Schutz einer dauerhaften, nachhaltigen liberalen und sozialen Immigrationspolitik.

In der Politik gibt es keine »Mitte«

Im allgemeinen Sprachgebrauch wird dieses Phänomen (einer im Siegeszug begriffenen Meta-Ideologie) unterschiedlich benannt: Alle Parteien hätten sich »um die Mitte geschart«, das »politische Spektrum habe sich zusammengezogen« und Ähnliches. Die Linke – die akademische wie die populistische – gefällt sich in ihrer Empörung darüber, wie »ultraliberal« die Gesellschaft geworden ist. Irgendwie schafft ihre Gefolgschaft es immer wieder, Ronald Reagan und Margaret Thatcher zu erwähnen (als wären diese eine Art transzendentale treibende Kraft) und zu erklären, wie die Welt – belogen von Großkonzernen und geblendet von einer neoliberalen Ideologie – eine falsche Abzweigung genommen hat. Die Rechten, womit ich die sozialkonservativen Gesellschaftsteile meine, sind gleichermaßen berauscht von ihrem Entsetzen über scheinbar endlose Anfechtungen in Form von Political Correctness, Relativismus, Multikulturalismus und der übermäßigen Weichheit eines verpämpernden Wohlfahrtsstaats. Wie erwähnt nennt der Neofaschismus dies den Sieg des »Kulturmarxismus«. Was wir da vernehmen, sind die verstreuten Überreste der Alternativen zum Grünen Sozialliberalismus, wie es sie zu Zeiten der Industriemoderne gegeben hat.

Doch dieses Zeitalter ist schnell vergangen. Wir bewegen uns auf eine neue Landschaft zu. Wobei ich nicht das meine, was Zygmunt Bauman »Postmoderne«[13] beziehungsweise »flüchtige Moderne«[14] oder Anthony Giddens »Spätmoderne«[15] genannt hat. Ich rede davon, dass wir in ein postindustrielles und digitalisiertes Zeitalter übergetreten sind, in dem neue politische Regeln gelten – und wo eine metamoderne Politik zunehmend tragfähig wird.

Es gibt keine »Mitte« im streng analytischen Sinn. Wir haben eine siegreiche Meta-Ideologie, ein Gesellschaftsrezept, das in Sachen Funktionalität und rhetorischer Schärfe jegliche Konkurrenz aus dem Feld geschlagen hat. Diese Meta-Ideologie hat sich als »Mitte« *verkleidet*, als vernünftige, moderate Form der Politik. In der Tat ist Schweden ein extrem modernes, liberales Land, das sich ungefähr im Sinne des folgenden Gleichgewichts stabilisiert:

- eine kompromisslose Akzeptanz der Marktwirtschaft,
- eine gleichermaßen kompromisslose Akzeptanz des Sozialstaats,
- eine allmähliche Anpassung an den Druck wirtschaftlicher Globalisierung mit einem Fokus auf Wirtschaftswachstum, freie Märkte und internationalen Wettbewerb,
- ein ungefähres 50:50-Verhältnis von staatlicher Bürokratie und privaten Unternehmen, gewöhnlich mit einer leichten Neigung in Richtung des privaten Sektors (Schwedens Bruttoinlandsprodukt bestand zu Hochzeiten im Jahr 1999 zu 50,4 Prozent aus Steuereinnahmen, die 2015 auf 43,0 Prozent zurückgingen),
- eine kompromisslose Akzeptanz grundlegender liberaler Werte und
- ein rhetorisches Minimum an ökologischem Bewusstsein.

Alle, die von diesem Pfad abweichen, machen sich der politischen Ketzerei schuldig. Sämtliche Werte, angefangen beim radikalen Feminismus und Veganismus bis hin zum überwachungs- und immigrationsfeindlichen Nationalismus werden gerechtfertigt mit wenigstens einem Verweis auf immer dieselbe Meta-Ideologie. Diese Meta-Ideologie ist einfach deswegen vorherrschend, weil sie ihren Alternativen unter den gegenwärtigen ökonomischen, technologischen, sozio-psychologischen und historischen Bedingungen überlegen ist. Das verleiht dem Grünen Sozialliberalismus weder einen transzendenten Wert noch eine göttliche Rechtfertigung. Er hat nur zufällig einen Wettbewerbsvorteil unter den gegenwärtigen Bedingungen.

Leserinnen und Leser werden zweifellos feststellen, dass in vielen westlichen Ländern ähnliche Tendenzen feststellbar sind. Der Punkt dabei ist, dass diese Tendenzen in Skandinavien ausgeprägter und weiter fortgeschritten sind, was auch der Grund dafür ist, warum wir diese Länder hier besonders untersuchen – möglicherweise können sie in einem gewissen Maße die politische Entwicklung im weitläufigeren internationalen, vielleicht sogar globalen Zusammenhang andeuten.

In den skandinavischen Ländern von heute gibt es keinen echten öffentlichen Diskurs darüber, wohin die Gesellschaft unterwegs ist, kein echtes Tauziehen in verschiedene Richtungen. Die verschiedenen Varianten des Grünen Sozialliberalismus unterscheiden sich rein oberflächlich. Wenn wir ein wenig einzoomen auf den Grund dieses ideologischen Stillstands (im Gegensatz zu einem ökonomischen oder kulturellen), sieht die Liste in etwa so aus:

- Die Industriegesellschaft, wie wir sie kannten, wurde zugunsten einer postindustriellen, digitalisierten Dienstleistungsökonomie aufgegeben. Deswegen vertreten die Parteien nicht mehr real existierende ökonomische Klassen (Bauern- und Arbeiterschaft sowie Bürgertum), zu denen sich Leute früher in ihrem Alltag zugehörig fühlten.
- Menschen haben zunehmend komplexe Identitäten, Interessen und Ideologien (mischen beispielsweise Feminismus mit Christentum und Ansprüchen an den Datenschutz im Internet oder was auch immer), was es schwerer macht, sie in stimmigen politischen Parteien zu vertreten.
- Politik hat es mit immer komplexeren finanziellen, rechtlichen, sozialen, politischen, technischen und ökologischen Realitäten zu tun – wodurch mehr Macht in den Händen nichtgewählter Bürokraten und Expertinnen landet und öffentliche Debatten schwieriger und von Vereinfachungen entstellt werden.
- Die zunehmend gemischten Klassen- und sozialen Interessen erschweren es, monolithische Strukturen zu formen, die Wählerinteressen organisieren und repräsentieren können. Auch für den Einzelnen wird es dadurch schwieriger, sich einer Bewegung »anzuschließen«, ohne zumindest teilweise in Konflikt mit eigenen, für zentral gehaltenen Wertvorstellungen zu geraten.
- Wenn ein Land weiter nach links gerät, schadet ihm das im internationalen Wettbewerb um Kapital; wenn es sich stärker in Richtung einer Liberalisierung bewegt, kommt es zu sozialer Lähmung und Protesten; wenn es bürgerliche Freiheitsrechte zurückzieht (die Homosexuellenehe zum Beispiel), verliert es wertvolle Wirtschaftsakteure; wenn man die Umwelt oder die Notlage von Fremden ignoriert, verliert es den Kampf um die moralische Überlegenheit.

Das Parteiensystem, wie wir es kennen – mit einer Linken und einer Rechten – ist ein Ergebnis der industrialisierten Klassengesellschaft, in der sich ein

Großteil alltäglicher Aktivitäten um die Teilhabe an Herstellung und Vertrieb industrieller Güter drehte. Dasselbe gilt für das Wahlsystem selbst; es wurde geschaffen als Heimstätte für klassenbasierte Parteien.

In der postindustriellen, digitalisierten und globalisierten Wirtschaft, in der die meisten Umsätze durch eher abstrakte Dienstleistungen erzielt werden, gibt es diese Einteilung in Klassen nicht mehr; die sozialen Schichten, für deren Repräsentation die Parteien einst gegründet wurden, existieren nicht mehr. In den skandinavischen Ländern ist die soziale Mobilität vergleichsweise hoch, was auch bedeutet, dass man innerhalb ein und derselben Familie eine Arbeiterin ohne Anstellung, ein an Depression leidendes, krankgeschriebenes Mitglied sowie eines mit hochdotiertem Job finden kann – und dann noch eine Lehrkraft. Die Untergliederungen werden immer vielschichtiger und komplexer. An einer späteren Stelle im Buch, wo es darum geht, wie moralische Wertvorstellungen und Weltanschauungen sich entwickeln, wird es Ihnen noch deutlicher werden, welchen dieser neuen, im Entstehen begriffenen Unterteilungen die größte Bedeutung zukommt.

In denjenigen Teilen der Welt, in denen die postindustrielle Wirtschaft sich am deutlichsten herausgebildet hat, folgt die postindustrielle Politik ihr wie ein Schatten: liberale Werte, dazu eine Mischung aus freier Unternehmerschaft und Sozialleistungen ebenso wie Nachhaltigkeit. In den skandinavischen Ländern wird die Schlagkraft und Seriosität jeder politischen Bewegung an ihrem Bekenntnis zur vorherrschenden Meta-Ideologie des Grünen Sozialliberalismus gemessen. Die Frage ist nicht länger, welche Gesellschaft wir wollen – diesbezüglich hat eine Vision im Durchmarsch gewonnen und die gestattet keine Alternativen –, sondern vielmehr wer uns dorthin am ehesten bringen wird. Wer verwaltet das Haus am besten?

Was soll uns das sagen? Sind alle ideologischen Kämpfe vorbei? Ersetzen wir tatsächlich nur eine Hausverwaltung in Gestalt einer Premierministerin mit einer anderen? Machen wir eine Bestandsaufnahme der Konsequenzen, die das mit sich bringt?

Lassen Sie sich zunächst einmal nicht von den Feuerwerksraketen täuschen oder den rhetorischen und praktischen Auseinandersetzungen von Politikerinnen und Politikern, die ein massives Interesse daran haben, das Bild tiefer Trennlinien und Konflikte aufrechtzuerhalten – ein Bedürfnis, das sie mit den Medien teilen, die hart daran arbeiten, aus den relativ kleinen Unterschieden große Dramen zu produzieren.

Zweitens, geben Sie die Niederlage zu. Sozialismus (oder Anarchismus) wird es nicht geben. Es gibt auch keinerlei Anzeichen für die nationale Rückkehr zu einer organischen Gemeinschaft. Es wird weder einen Nachtwächterstaat noch eine libertäre Utopie mit völliger Abschaffung des öffentlichen Sektors geben – und auch keine ökologisch-spirituelle Erweckung, die spontan aus der Güte Ihres Herzens erwächst. Und nein, Mister Konservativ, weder werden die Homosexuellen-Rechte wieder abgeschafft noch die Fahrradwege, die veganen Diäten, die Tierrechte oder die queeren Perspektiven – sie alle sind gekommen, um zu bleiben und sich auszuweiten.

Sie können diesen Unfug einfach aufgeben. Das ist Geraune aus anderen Zeiten, das sie schonungslos ausblenden können. Befreien Sie ihren Kopf von halluzinatorischen Fantasien. Diese sind heutzutage ungefähr so bedeutungsvoll wie der Glaube an Gespenster oder Jesus, wie er über den Swimmingpool von König Herodes läuft.

Drittens können Sie den Stier bei den Hörnern packen und zähmen.[16] Da die Ideologien und Utopien der heutigen Zeit sich selbst zunehmend als bankrott entlarven: Wie wäre es mit einem nüchternen Blick auf die neue politische Landschaft, um von dort ausgehend eine neue Ideologie zu entwickeln, die auf dem vorherrschenden Grünen Sozialliberalismus basiert? Können Sie die Konsequenzen daraus bis zum Letzten ziehen – und sie dann auf eine neue und höhere Ebene heben? Ach ja, das ist ja genau der Grund, wieso wir dieses Buch machen.

Erkennen Sie die »Mitte« als das, was sie ist – der totale Sieg einer einzigen Ideologie über alle anderen Alternativen. Und dann nutzen Sie sie. Gehen Sie über ihre Grenzen hinaus.

Ein unlukrativer Pakt für die Wähler

Eine andere Sichtweise auf dieses Thema lässt sich aus der Perspektive der einzelnen Wählerin gewinnen sowie aus ihrer Interaktion mit dem politischen System. Sie ist mit einer Situation konfrontiert, in der Parteipolitik immer mehr ihre Bedeutung und ihre Anziehungskraft verliert. Da das gesamte politische Spektrum in Wirklichkeit ein Schaufenster für den immer gleichen Inhalt darstellt, wird Parteipolitik vorhersehbar und irrelevant.

Drei Eindrücke vom politischen Bereich haben sich tief eingeschliffen. Zum einen, dass Politik langweilig ist. Zum Zweiten, dass sie schwierig ist und des Expertenwissens bedarf, beispielsweise zu den Themen Nachhaltigkeit, Energie oder Finanzen. Und zum Dritten, dass unsere Anstrengungen sowieso nichts bewirken werden. Die Mitgliedszahlen in politischen Parteien sinken, sie tun das bereits seit Jahrzehnten und folgen damit einem äußerst hartnäckigen Trend. Alle behaupten von sich, über solch nichtige Dinge wie Parteipolitik »erhaben« zu sein.

Nichts von all dem sollte überraschen angesichts der Tatsache, dass die immer gleiche politische Meta-Ideologie das Gezänk der Tagespolitik überschattet. Die parlamentarischen Systeme der skandinavischen Länder sind vergleichbar und favorisieren die Bildung von sechs bis zehn Parteien statt lediglich zwei großen Parteien. Nimmt die Wählerin vor den Wahlen an einem Wahl-o-mat teil, stellt sie oft nur einen geringen prozentualen Unterschied zwischen ihrer Zustimmung für die Parteien auf Platz eins und zwei ihrer Liste fest. Nehmen wir einmal an, der Unterschied betrüge fünf Prozent. Ist zu erwarten, dass sie ihre persönliche Identität mit dieser Partei verbindet, dass sie diese zu ihrem ureigenen Anliegen macht, für das sie einsteht und das sie mit dem Verteilen von Aufklebern und Fahnenschwenken unterstützt? Wegen dieser mickrigen fünf Prozent? In Wahrheit ist das ein unlukratives Geschäft. Parteipolitik ist einfach nicht mehr angesagt. Sicher findet die Wählerin anderswo eine attraktivere Möglichkeit, ihre Interessen zu verteidigen, die in stärkerem Einklang mit ihrer bürgerschaftlichen Identität steht. Während Politik und Medien versuchen, die politische Debatte aufzublasen, indem sie sich auf Differenzen und feinsinnige Unterschiede ausrichten – und zudem immer mehr auf Kompetenzangelegenheiten, Seriosität und Skandale (wobei sie kleine und banale Angelegenheiten auf einmal als schockierend skandalös darstellen), werden Wählerschaft und Medienkonsumenten der Scharaden und kleinkarierten Rangeleien überdrüssig.

In der Bevölkerung stellt man eine wachsende Nachfrage nach so etwas wie »Klartext« fest, eine Absage an billige Rhetorik, erhobene Stimmen und Unhöflichkeit sowie den Wunsch, beim Thema zu bleiben und relevante Informationen zu erhalten. Weil die Wählerschaft merkt, dass es keine echte Debatte und keinen wirklichen Klassenkampf mehr gibt, verlangt sie immer stärker nach einer *deliberativen* Form der Politik (deliberative Demokratie ist es, wenn Menschen miteinander reden und über einen Austausch von Argumenten und auf Basis von gegenseitigem Respekt und Verständnis auf einen gemeinsamen Nenner kommen). Die Wählerin erwartet von den sie vertretenden Menschen in der Politik genaues Zuhören und die **gemeinschaftliche** Entwicklung politischer Lösungen mithilfe der Einnahme unterschiedlicher Perspektiven. Nichts hört man öfter in Dänemark oder Schweden als die Beschwerde, Politiker würden zu viel zanken und sich künstlich über oberflächliche Dinge aufregen.

Politik und Medien haben den Trend bereits erkannt. Politiker sind eiligst bemüht, sich als verantwortungsbewusst und ganzheitlich Handelnde neu zu erfinden. Sie werden immer unwilliger, den ersten Stein zu werfen und stellen sich selbst als weniger ideologisch verblendet als die Mitbewerbenden dar. Die Medien für ihren Teil präsentieren ihre Fernsehshows, Webseiten und Zeitungen dergestalt, dass sie eine »übergeordnete Perspektive« anbieten: als Plattformen, auf denen »echte Debatten« stattfinden.

Während die skandinavische Politik sich im 20. Jahrhundert vor allem auf den Konsens gestützt hat (hauptsächlich zwischen Arbeiterorganisationen und Kapital sowie deren jeweiligen politischen Vertretungen), geht sie mittlerweile noch einen Schritt weiter in diese Richtung. Das Individuum kann seine Interessen nicht im Vorhinein kennen. **Politische Interessen werden immer vager und komplexer – und sind deswegen auch immer enger und auf unerwartete Weise miteinander verbunden.** Die Mehrdeutigkeit unseres Lebens und unserer gesellschaftlichen Positionen macht es nahezu unmöglich, stabile, an gemeinsamen Interessen ausgerichtete Parteien zu bilden. Bin ich eine Konsumentin, eine Studentin, eine Arbeiterin, eine Frau oder vielleicht eine Unternehmerin? Werde ich – oder jemand anderes in meiner Familie – bald krankgeschrieben sein? Bin ich von der ökonomischen Krise, der Einwanderung oder dem ökologischen Kollaps bedroht?

Die skandinavische Politik kristallisiert sich aus dem heraus, was wir die »skandinavische Ideologie« nennen könnten – ein Konzept, das wir im Laufe des Folgebandes weiter untersuchen und vertiefen werden. In dieser Ideologie legen die Menschen zunehmend Wert auf **Ko-Entwicklung**: die Fähigkeit, gemeinsam mit anderen auf verantwortungsvolle Weise die neuen Landschaften sich eröffnender Risiken und Möglichkeiten zu erkunden. Wir alle wissen, dass Politiker keinen totalen Liberalismus oder Sozialismus liefern können. Also hoffen wir, dass wir sie wenigstens aufrichtig sprechen hören, dass sie einander und mir, der Wählerin, *zuhören*.

Die skandinavische Politik hat sich vom Konsens (und dem Kompromiss zwischen Links und Rechts) zu einer Politik der Ko-Entwicklung fortbewegt.

Damit hat man einen ganz neuen Gang eingelegt, der mit den Bestrebungen des repräsentativen Klassensystems bricht, das auf dem Debattieren und dem »Gewinnen durch Argumente« beruht. Dieser Trend beschleunigt sich und gewinnt an Kraft in ebendiesem Moment.

Die Konturen eines merkwürdigen Paradoxons zeichnen sich ab. **Die liberale repräsentative Demokratie wird immer obsoleter, je mehr sie sich ihren eigenen Idealen annähert**. Gerade *weil* die liberale Demokratie fortgeschritten ist (zu einer relativ homogenen Öffentlichkeit ohne klare Unterscheidungen zwischen gebildeter Mittelschicht und industriegeprägter Arbeiterklasse, wie es für eine wohlhabende postindustrielle, meritokratische Dienstleistungsgesellschaft charakteristisch ist), hat sie sich von den ihr zugrunde liegenden Prinzipien verabschiedet. Hinsichtlich der verschiedenen Parteien gibt es keine echte Wahl mehr zwischen Links und Rechts. Deren repräsentative Kraft wird schwächer und die Notwendigkeit für Deliberation (vernünftiges, vorsichtiges Debattieren mit dem Ziel der Konsensbildung) wird stärker. Die verschiedenen Parteien und ihre Ideologien stellen lauter hin und her schwankende Positionen dar, auf der Suche nach sich selbst und nach Visionen und Zielen, an denen man sich festhalten könnte, wobei sie sich gegenseitig ständig kopieren. Dabei nähern sie sich einander stetig an, wodurch gemeine Anschuldigungen und Streitereien untereinander in den Augen der Wählerschaft immer alberner erscheinen.

Zusammengepfercht in dieselbe politische Ecke des Grünen Sozialliberalismus, beginnen Politikerinnen und Politiker aller Parteien sich in ihren Qualitäten als Ko-Entwickelnde herauszustellen – wodurch sie alle zur Herausbildung der skandinavischen Ideologie beitragen.

Kapitel 2
Krisenrevolution

Doch nicht alles läuft harmonisch in der Politik skandinavischer Länder. Neue Gräben werden ausgehoben, erbitterte Konflikte sorgen für neue Grenzverläufe. Sie durchziehen alle Parteien, Klassen und Familien, und spalten sogar einzelne Menschen oder die Bewohner ein- und desselben Schlafzimmers.

Neu ausgehobene Gräben

Die wichtigste aller Grenzlinien verläuft zwischen alter und neuer Gesellschaft. **Immer noch realisiert ein Großteil der Bevölkerung nicht, dass wir nicht länger in einer nationalen Industriegesellschaft leben.** Sie begreifen nicht, dass die Identitäten und Narrative des modernen Industriezeitalters einfach nicht mehr passen. Diese Menschen sammeln sich natürlich vor allem in den konservativen und populistischen Bewegungen. Die erklärte Agenda solcher Bewegungen ist es, Einwanderung sowie weitere Elemente der Globalisierung zu verhindern und Transnationalismus (ein Konzept, das wir in Kapitel 5 ausführlich besprechen) wie auch einige der gesellschaftlichen Auswirkungen der Informationsgesellschaft zu bekämpfen. Es ist dieser Widerstand, der die jüngsten Wahlerfolge der nationalistisch-populistischen Parteien und den Aufstieg des Trumpismus in den USA maßgeblich befördert.

Allerdings steckt nicht allein der skandinavische Nationalismus in den alten Paradigmen fest und verwendet überholte Narrative. Tatsächlich ist auch die alte Linke bis zur Hilflosigkeit blind gegenüber den grundlegenden Umbrüchen innerhalb der Gesellschaft. Sie meint fälschlicherweise, dass eine nostalgisch verklärte Solidarität von der neoliberalen Gier großer Konzerne angegriffen wird – während in Wirklichkeit postmaterialistische Werte wie Glück, Lebensqualität und Selbstentwicklung zulasten materialistischer Werte

Hochkonjunktur feiern. Auch die staatlichen Sozialausgaben sind im Laufe der Jahrzehnte angestiegen.

Die Marktliberalen versuchen ihrerseits, an einem hoffnungslos veralteten Bild vom »freien Markt« festzuhalten, das in ihrer Fantasie gegenüber »dem Staat« in Stellung gebracht werden kann. Dabei übersehen sie, dass diese Kategorien längst der Vergangenheit angehören (und auch damals schon zweifelhaft waren). Markt, Staat und gesellschaftliches Leben sind auf vielfältige Weise ineinander verflochten.

Mitte-Links und Mitte-Rechts konkurrieren darum, wer am besten darin sei, »mehr Jobs zu schaffen« und »Unternehmen zu halten«, damit sie »Sozialleistungen finanzieren« und »in Bildung investieren« können. Sie erkennen nicht, dass sie das vollkommen falsche Spiel spielen. Das Spiel ist mittlerweile ein vollkommen anderes.

Eine kleinere Riege von Progressiven erfasst intuitiv und manchmal auch bewusst, dass die Zeit im Wandel begriffen ist. Sie finden sich in den fortschrittlichen Parteien wie beispielsweise der Piratenpartei (gegründet in Schweden, aber mit dem meisten Erfolg in Deutschland und zuletzt Island und Tschechien), den Grünen, der Feministischen Initiative (ebenfalls Schweden) und in **Die Alternative** (eine dänische Partei, zu Zeiten ihrer Gründung bei Weitem die weltweit aufgeklärteste und fortschrittlichste, ausführlich vorgestellt in Kapitel 5). Solche Parteien sind die Speerspitze neuer progressiver Bevölkerungsschichten und repräsentieren die Gruppen, die wir als »**Gruppe des dreifachen H**« bezeichnen können: Die Gruppe der Hipster, Hacker und Hippies.

Die Vertreter des dreifachen H zeichnet nicht nur ihr Potenzial aus, anderen auf die Nerven zu fallen; sie stellen auch die Hauptakteure in entscheidenden Branchen wie IT, Design und Organisationsentwicklung. Der Soziologe Richard Florida hat sie die »Kreative Klasse« genannt.[1] Seine Theorie ist durchaus bedenkenswert, doch die umfassenden politischen Auswirkungen eines solchen Wertewandels in der Bevölkerung hat Florida verkannt. Zudem fehlt ihm ein theoretisches Verständnis für Entwicklungspsychologie und er lässt entscheidende Gesichtspunkte außer Acht, wenn es darum geht, wie das alles mit der technologischen Entwicklung zusammenhängt.

In diesem Kontext wäre anzumerken, dass man diesen Typus von Progressiven gelegentlich auch in linken wie rechten Parteien findet und in geringem Umfang auch in der akademischen Welt. Aufseiten der Rechten, vor allem der grünen libertären Rechten, stößt man vornehmlich auf die wachsende Community der **Yoga-Bourgeoisie**. Die Yoga-Bourgeoisie besteht aus finanzstarken und erfolgreichen Städtern, die gewöhnlich in der Privatwirtschaft tätig sind. Sie haben erkannt, dass Geld nicht die Antwort auf die Frage nach einem glücklichen Leben ist, weswegen sie stattdessen anfangen, Selbsterkenntnis, Authentizität und Intimität zu kultivieren – oft in und rund um Yogastudios, Tantragruppen, Kontaktimprovisation, Improvisationstheater, Selbsthilfegruppen und -Coaches und bis zu einem gewissen Grad auch im Umkreis des Burning-Man-Festivals und dessen kulturellen Ausläufern. Erstaunlich oft arbeiten diese Leute mit der eher gegen das Establishment gerichteten Gruppe des dreifachen H zusammen.

Progressive Bewegungen bieten Menschen eine Heimstatt, die sich *gegen* die Werte der nationalen Industriegesellschaft engagieren und eine **transnationale** Perspektive einnehmen. Sie arbeiten daran, ihre Länder (beziehungsweise Städte oder Regionen) in Knotenpunkte einer größeren Gemeinschaft von Staaten (beziehungsweise Städten oder Regionen) zu verwandeln, in der Informationen frei zugänglich sind, die Produktion von Kulturgütern im Mittelpunkt steht und Kreativität oberste Priorität besitzt.

Eine der Hauptaufgaben dieser Gruppen ist es, einen Übergang zu einer ökologisch nachhaltigen Gesellschaft zu bewerkstelligen. Sie wehren sich nicht gegen den Grünen Sozialliberalismus als solchen, aber versuchen ihn zu erweitern und auf einer transnationalen Ebene umzusetzen. Mit hoher Wahrscheinlichkeit handelt es sich bei den Vertretern dieser Gruppen um gute Ko-Entwicklerinnen und -Entwickler, ausgestattet mit Persönlichkeitseigenschaften wie der Fähigkeit zum Zuhören und Demut gegenüber den Sichtweisen anderer. Vor allem aber leben sie in den Nischen transnationaler Netzwerke, wo sie an kreativen IT-Firmen, Partnerschaften zwischen öffentlichem und privatem Sektor sowie verschiedenen Formen von Social Entrepreneurship und Forschungsprogrammen teilhaben. Oftmals arbeiten sie beruflich an Themen wie Informationsfreiheit, Klimawandel und der Demokratisierung von Organisationen.

Die nicht-progressive Gruppe (die immer ratloseren Bewahrer der alten Gesellschaft) besteht hauptsächlich aus den Menschen, die innerhalb der neu entstehenden sozialen, kulturellen und technologischen Hierarchien weniger begünstigt sind. Betrachtet man das Wählerverhalten, fällt eine Überrepräsentation von Männern, älteren Menschen, Menschen mit geringerer Bildung und ländlicher Bevölkerung ins Auge.

Die Progressiven haben das entgegengesetzte Profil: städtische junge Frauen mit höherer Bildung (und mehr homosexuelle Menschen). Dieser

Kampf zwischen alter und neuer Gesellschaft wird auf allen Ebenen geführt – sogar im Schlafzimmer, wo man viele einsame, frustrierte Männer aus dem ländlichen Raum findet und eine steigende Zahl entmutigter erfolgreicher, unabhängiger Frauen in Städten, die einfach keine befriedigende Partnerschaft finden können. Und dann gibt es noch eine kleinere Zahl eher progressiver Männer – ausgestattet mit all den richtigen feministischen Werten und sozioökonomischen Errungenschaften –, die sich im Online-Flirt mit all diesen Frauen befinden und dann meistens doch nicht bei ihnen bleiben. Single-Haushalte haben Hochkonjunktur.

Auch wenn diese neuen Grenzen, Konflikte und Spannungen subtiler sind als die Klassenkämpfe von einst und darüber hinaus mehr Dimensionen haben als Letztere, sind sie doch genauso verbittert. Diese Gräben – und die dazugehörigen grausamen, zermürbenden Schlachten – sind selbst in jedem einzelnen Menschen präsent, sogar in unserem Körper und unseren Gedanken.

In dieser neuen Gesellschaft digitaler Kultur und Software ist es im Gegensatz zu früher von sehr viel größerem Vorteil, wenn man in Tuchfühlung mit den Symbolen und dem Tempo der Gesellschaft ist – also dem, was manchmal als »kulturelles Kapital« bezeichnet wird. Während Geld in den skandinavischen Ländern relativ gleichmäßig zwischen den Vertretern von alter und neuer Gesellschaft verteilt ist, gilt das in keinster Weise für das kulturelle Kapital. **Je künstlerischer, kreativer, besser vernetzt, sozial intelligenter, emotional entwickelter, idealistischer, digitalisierter, diversifizierter und gebildeter man ist, umso wahrscheinlicher wird man zum aufsteigenden Stern dieser neuen Gesellschaft**. Und umso wahrscheinlicher ist es auch, dass man in dieser neuen globalen Wirtschaft einfluss- und erfolgreich wird, sogar ohne viel Geld. Ein Anzeichen dafür ist die wachsende Zahl an geisteswissenschaftlichen Hochschulabgängern, die in IT-Start-ups groß rauskommen.

Der langfristige Trend ist klar erkennbar: Auch wenn die Vertreter der alten Gesellschaft diejenigen der neuen zahlenmäßig immer noch weit übertreffen, werden die skandinavischen Länder noch wesentlich progressiver werden, als sie es bereits sind. Die Progressiven haben einen signifikanten Wettbewerbsvorteil, der in der gewandelten technologischen und sozialen Umgebung des Informationszeitalters begründet ist. Sie haben einfach die besseren Karten.

Ein noch deutlicheres Anzeichen dafür kann man in den Statistiken junger Wählerinnen und Wähler in Schweden anlässlich der Wahlen für das Europäische Parlament im Jahr 2014 erkennen. Bei Europawahlen entscheiden sich

Menschen viel öfter gemäß ihren tatsächlichen ideologischen Überzeugungen. Wenn man sich die jungen Wähler ansieht, hatten die Piraten, die Feministische Partei und die Grünen zusammengenommen fast die Mehrheit aller Stimmen. Das ist das Muster, das entsteht, wenn die junge Bevölkerung mit dem Herzen wählt. Es sagt etwas darüber aus, in welche Richtung die langfristige Entwicklung geht. Lassen Sie sich nicht vom jüngsten Aufleben nationalistischer Gefühle täuschen. In Schweden sind sogar die Nationalisten zur weicheren, liberaleren und grüneren Version ihrer kontinentaleuropäischen Schwestern geworden.

Auch wenn der Klassenkampf nicht mehr das ist, was er einmal war, und selbst wenn die Bevölkerung Ko-Entwicklung zunehmend wertschätzt, ist die Weiterentwicklung von Gesellschaften immer noch ein politisches Spiel mit Gewinnern und Verlierern. Das war schon immer ein schmutziges Geschäft. Im Herzen der progressivsten Länder der Welt entsteht eine neue politische Realität, denn hier findet die stille Revolution des Informationszeitalters statt. Wir erleben nicht wirklich eine Flutwelle des Nationalismus in Europa und auch nicht eine vom Neoliberalismus besiegte sozialistische Utopie. **Wir beobachten den Aufstieg des digitalisierten, globalisierten, transnationalen, postindustriellen Zeitalters – und das Unbehagen, das dieses auslöst.** Die nationalistische Wiedererweckung ist nichts anderes als das: überholt, überaltert, überflüssig. Was die Ratlosigkeit und das Leiden der Verliererseite allerdings nicht weniger real macht.

Wo passen Sie in dieses Bild hinein, liebe Leserin, lieber Leser? Fühlen Sie sich durch den Ansturm raschen Wandels, durch neue Einwanderungswellen und plötzliche Umbrüche auf dem Feld der Geschlechtsidentität an den Rand gedrängt und verbittert? Falls das so sein sollte, verdienen Ihre Sichtweisen eine Stimme. Es macht Sie nicht zu einem schlechten Menschen.

Aber natürlich ist es leichter, unterhaltsamer und segensreicher für die Welt, wenn Sie sich an die Seite der Gesellschaft stellen könnten, die gerade geboren wird. Die Politik hat sich verändert. Und das sollten Sie, offen gesagt, auch tun.

Hacker, Hipster und Hippies

Es bedarf hier noch einer genaueren Betrachtung der »Gruppe des dreifachen H«, ihrer kulturellen und ökonomischen DNA, ihrer Rolle bei der Hervorbringung einer metamodernen Gesellschaft sowie einer Erörterung der Frage, warum diese drei Typen bequem in einer Gruppe zusammengefasst werden können. Sie haben Weltanschauungen, Interessen und Fähigkeiten, die sich deutlich von denen aller anderen Klassen der Industriegesellschaft unterscheiden. Sehen wir uns diese drei Untergruppen also gesondert an: Schauen wir, was sie produzieren und warum sie tatsächlich zu einer neuen Machtgrundlage in der Gesellschaft werden.

Eine **Hackerin** ist nicht nur eine Person, die sich auf illegale Weise Zugriff auf Computersysteme verschafft. Die Hacker, auf die ich mich beziehe, unabhängig davon, ob sie sich als solche verstehen (wie Facebook-Gründer Mark Zuckerberg) oder auch nicht (wie viele andere, die nichtsdestotrotz an Programmierevents wie zum Beispiel sogenannten »Hackathons« teilnehmen), finden digitale Lösungen und stellen Software her, die die Komplexität unserer Gesellschaft reduzieren und sie handhabbar machen. Natürlich sind nicht alle ITler, Computeringenieurinnen und Programmierer in diesem Sinne als Hacker zu verstehen. Hier sind nur diejenigen gemeint, die ihre Informatik- und Programmierkenntnisse mit einem fundierten Erfahrungswissen der digitalen Kultur (und anderen Befindlichkeiten unserer Zeit) *verbinden*. Sie vereinen Softwareentwicklung mit kulturellem und sozialem Kapital, das heißt mit einem sensiblen Wissen um die Kultur und die Zeit, in der wir leben, sowie mit einem umfassenden Verständnis ihrer Symbole. Viele dieser Menschen findet man in der Kreativwirtschaft, angefangen bei kleinen App-Start-ups und der unabhängigen, »Indie«- oder Spielentwicklungsszene bis zu Projekten sozialer Innovation oder den visionäreren Abteilungen von Google und anderen großen Playern. Sie finden Lösungen, die viele der alten, kapitalistischen Vertriebskanäle für Dienstleistungen und Informationen unterlaufen: Sie digitalisieren und gamifizieren Bildung (und machen sie zugleich modularer), entdecken neue technologische Anwendungen zur Lösung sozialer Probleme (entwickeln zum Beispiel Software, damit soziale Bewegungen sich organisieren können oder zur Verbesserung demokratischer Problemlösungsprozesse in größeren Organisationen). Sie demokratisieren die medizinische Ausstattung durch die Erfindung mobiler Anwendungen, die fast alles erfassen. Es gibt Apps, die Hirnwellen und Herzschlagraten messen, und solche, die den Einfluss unserer Einkäufe auf die Umwelt registrieren. Sie arbeiten daran, Regierungen und der Öffentlichkeit transparentere und zugänglichere Datenbanken zur Verfügung zu stellen. Sie arbeiten an mobilen Lösungen für Zahlungsabwicklung und Preisbildung in Entwicklungsländern, für die

Verbreitung von Videos, die Unrecht dokumentieren oder anderen Arten des Whistleblowing. Bei dieser Entwicklung spielen Datamining und Künstliche Intelligenz (KI) eine immer größere Rolle. Die zunehmende Durchdringung des täglichen Lebens mit Computerspielen bietet viele Plattformen für solche Vorhaben. In der Konsequenz wächst auch die Bedeutung dieser Gruppe, weil sie uns die Softwarelösungen anbietet, die nur aus der Verbindung von großer Kreativität mit kulturellem Kapital und digitalem Know-how entstehen können.

Hipster sind nicht nur Menschen mit einem bestimmten Kleidungsstil oder überhebliche, unreife Studierende, die mit ihrem vermeintlich guten Musik- und Kunstgeschmack angeben. Die Hipster, von denen ich hier spreche, produzieren die vielen Symbole, die uns dabei helfen, uns im globalen, digitalen Zeitalter zurechtzufinden und dessen Sinn und Bedeutung zu erfassen. Hier versammelt sich ein breites Spektrum von Kreativen in Kunst, Design, Literatur und sozialen Unternehmen sowie Intellektuellen und Bloggern. Sie entwickeln Gedankenwelten rund um Posthumanismus, Transhumanismus, Komplexitäts- und Netzwerkforschung, partizipative Politikformen und soziale Bewegungen. Sie üben Kritik an der Erwerbsarbeit (und dem oftmals irrationalen Charakter von Arbeit in der Wirtschaft) und revidieren unsere Vorstellungen von ökologischer und sozialer Resilienz, persönlicher Entwicklung, Organisationsentwicklung, den Beziehungen zwischen den Geschlechtern und in der Sexualität, Formen des Familien- und Gemeinschaftslebens, interkulturellen Interaktionen – und vielem mehr. Insbesondere *verkörpern* sie diese neuen Vorstellungen durch die von ihnen geschaffene Musik und Mode sowie ihre Filme, Bücher und Spiele, in denen diese neuen Werte und Gedanken Gestalt annehmen – also durch den von ihnen bevorzugten Lebensstil sowie den eigenen Musik- und Kunstgeschmack. Während die Hacker sich auf die Verbindung von digitalen Fertigkeiten und kulturellem Kapital verlassen, verlassen sich die Hipster vor allem auf kulturelles Kapital, das mit ihren persönlichen Netzwerken in Verbindung steht, ergo: ihrem sozialen Kapital. Menschen, die sich diese Symbole zu eigen machen und sie erfolgreich einsetzen und zur Schau stellen, erwerben verschiedene Arten von Wettbewerbsvorteilen: Unternehmen erzielen höhere Umsätze, Einzelpersonen erscheinen sensibler und raffinierter und Städte oder Kommunen können sich selbst als attraktiv und dynamisch sowie als Hort der Kreativität vermarkten. Die Hipster werden immer einflussreicher, weil es für die meisten von uns zunehmend schwieriger wird, die Gesellschaft der heutigen Zeit zu verstehen und sich in ihr zurechtzufinden – sie sind es, die uns die Werkzeuge dafür anbieten.

Nun zu den **Hippies**. Ich gebe zu, dass dies ein dummer Gebrauch des Wortes ist, da das Wort »Hippie« ursprünglich vom Wort »Hipster« abstammt. Allerdings haben beide Wörter seit den 1950ern und -60ern stark abweichende Konnotationen erhalten, so dass wir sie meiner Meinung nach problemlos als zwei unterschiedliche Kategorien verwenden können. Hippies sind Menschen, die neue Lebensweisen erfinden, neue Gewohnheiten und Praktiken, die das Leben in einer postindustriellen Gesellschaft glücklicher und gesünder machen und ihr vielleicht sogar mehr Zauber verleihen. Die Hippies, von denen hier die Rede ist, sind nicht ganz dasselbe wie die Hippies von einst: keine New Ager mit leuchtenden Augen, die sich auf Astrologie, Kristalle, transpersonale Psychologie und Gurus ausrichten, sondern eher Menschen mit hochentwickelten Fähigkeiten in Meditation, Kontemplation, körperlichen Praktiken, Psychedelika, Diäten und körperlichem Training, tiefgreifenden Formen zwischenmenschlicher Kommunikation und Sexualität sowie einfachen, zeitgemäßen Lebensweisheiten. Sie zeichnen sich durch eine eher vernunft- und forschungsbasierte Annäherung an Psychedelika aus, leben in Gemeinschaften, die der Selbstentwicklung und dem Leben im Ökodorf gewidmet sind, praktizieren forschungsfundierte Meditations- und Entspannungstechniken und stellen Coachings jeglicher Art sowie ausgeklügelte Praktiken zum Erreichen höherer Geisteszustände und spiritueller Erfahrungen zur Verfügung. Ein wichtiger Anlaufpunkt für all dies sind die »Burner« der Burning-Man-Festival-Gemeinde, die überall auf der Welt auftauchen – von dem ursprünglich in der Wüste von Nevada abgehaltenen Event gibt es mittlerweile zahlreiche Ableger. Auf diesem Festival findet man eine große Anzahl von Kunstprojekten, die aus Erfahrungen mit MDMA (unter dem Begriff Ecstasy bekannt) hervorgegangen sind: Große, eindrucksvolle und »sinnfreie« Strukturen, die als temporäre Kunstprojekte errichtet wurden, allein aus dem Grund, weil sie Spaß machen und interessant sind. Dergestalt werden die Hippies zu einer Macht, mit der man rechnen muss, weil sie in einer zunehmend merkwürdigen und befremdlichen Welt gesellschaftliche und individuelle Techniken zum Erhalt von Gesundheit, Glück, Gemeinschaft und einem Sinn für Verzauberung bereithalten. Sei es in Form von veganer Ernährung, nachhaltigen Lebensweisen, ökologischem Landbau zur Selbstversorgung oder einem relativem Rückzug aus dem modernen Leben. Dieser Aktivismus fügt sich immer wieder in den Mainstream ein: immer wieder kehrt er zurück als Entschluss, mit anderen in Austausch zu treten – nicht zuletzt über die sozialen Medien. Die Arten von Hippies, von denen wir hier reden, haben meistens einen hohen Bildungsgrad und verlassen sich auf medizinisches, physiologisches und psychologisches Wissen. Auch das kann man als eine Form kulturellen Kapitals verstehen. Hippies ohne solche kulturelle Empfindsamkeit fallen zurück und bleiben die alte Art von Hippies.

Diese drei – Hacker, Hipster und Hippies – sind schon ein merkwürdiges Gespann. Was verbindet die Menschen des dreifachen H nun eigentlich? Ein Aspekt ist, dass alle drei Gruppen ein alternatives Verhältnis zu Arbeit und Markt teilen: Sie alle sind von etwas angetrieben, das die Psychologie als *intrinsische* Motivation und Selbstverwirklichung bezeichnet, weniger von extrinsischer Motivation wie finanziellen Belohnungen, Konsum und Sicherheit. Das bedeutet, dass sie im Vergleich zu den älteren Gruppen in der Industriegesellschaft nach einer anderen sozialen und wirtschaftlichen Logik arbeiten. Natürlich ist das ein Effekt postmaterialistischer und hochgradig individualisierter Gesellschaften, in denen große Teile der Bevölkerung den Luxus haben, viel weniger darüber nachdenken zu müssen, wie die Rechnungen bezahlt werden, als darüber, wie sie die Welt verändern können. In Bangladesch gibt es nicht viele Vertreter des dreifachen H; in Kalifornien dagegen schon. Aufgrund des idiosynkratischen Charakters vieler ihrer Unternehmungen, finden die Leute des dreifachen H es schwer, sich in die herkömmlichen, hierarchischen und meritokratischen Organisationen »einzufügen«. Viele von ihnen haben in der Vergangenheit gegen solche Strukturen aufbegehrt und suchen nach Arbeitsweisen außerhalb und jenseits davon – also außerhalb des akademischen Betriebs, der Großkonzerne und sogar mittelgroßer Unternehmen sowie abseits der öffentlichen Verwaltungen. Zweifellos werden Organisationen Wege finden, diese Akteure anzulocken, zu halten, sich ihr Talent zunutze zu machen und so in der Zukunft große Wettbewerbsvorteile erwerben.

Der zweite – und wichtigste – Aspekt, der sie verbindet, ist die Tatsache, dass sie alle sich mehr auf **kulturelles Kapital** stützen (und bis zu einem gewissen Grad soziales Kapital) und weniger auf ökonomisches. Dadurch bilden sie eine komplexe, aber vereinte Front gegen die kapitalistische Gesellschaft, an der sie teilhaben, was wir als eine subtile **Revolution des kulturellen Kapitals** bezeichnen könnten. Rund um die Weltwirtschaftszentren lassen sich immer mehr Menschen finden, deren Leben nicht länger von der Logik des ökonomischen Kapitals beherrscht wird. Und trotzdem gelangen einige von ihnen zu

Reichtum. Reiche Hipster? Wie geht das? Weil kulturelles Kapital gegenüber ökonomischem immer mehr an Einfluss gewinnt (und zwar als ein Mittel, menschliches Handeln und Verhalten zu organisieren und zu koordinieren), **kann das kulturelle Kapital gegen Geld oder andere wertvolle Ressourcen zu günstigen Konditionen eingetauscht werden**. Daher fängt das kulturelle Kapital an, das ökonomische Kapital im neuen, digitalen, postindustriellen Zeitalter nach und nach zu *dominieren*. Mehr dazu in zukünftigen Büchern.

Das bringt uns zum dritten Aspekt, der die Gruppe des dreifachen H vereint: ihr gemeinsames ureigenstes Interesse als **einer postindustriellen Klasse**. In diesem Sinne gehören diese Menschen zur echten »Kreativen Klasse«. Als der amerikanische Soziologe Richard Florida die Kreative Klasse zu beschreiben versuchte, stützte er sich auf klassische Berufsstatistiken, was dafür selbstverständlich ein sehr ungeeignetes Werkzeug ist. Wenn man diese neue Klasse und ihre Interessen kennenlernen will, muss man sie *zunächst* in qualitativer Hinsicht verstehen und erst dann ihre sozioökonomische DNA analysieren, wie wir das gerade machen.

Für diese Menschen **ist die Mühle der Erwerbsarbeit (und ein konventionelles Erwerbsleben) weniger eine Quelle der Sicherheit und Ermächtigung, sondern eher ein *Hindernis* für die Art von Leben, das sie führen wollen**. Jede aufstrebende Person aus dem Kreis des dreifachen H hat relativ wenig Chancen, wirtschaftlich erfolgreich zu sein. Sie muss das Vertrauen und die Aufmerksamkeit anderer Menschen gewinnen, um ihre »eigentliche« Arbeit, ihre Herzensarbeit in Vollzeit ausüben zu können. Also muss sie viele Versuche unternehmen, die sie oftmals wieder an ihren Anfang zurückwerfen, wo sie ihre Ideen und Arbeitsweisen erneut zurechtbiegen muss.

Daher gibt es eine Drehtür zwischen der »Kreativen Klasse«, aus der die Gruppe des dreifachen H hauptsächlich besteht, und dem **Prekariat** – Menschen in ökonomisch und sozial prekären Situationen, an den Rändern oder außerhalb des herkömmlichen Arbeitsmarkts. Oftmals ist es Aufgabe der Familie oder des Staates, diese wachsende Armee an »gescheiterten« Vertretern des dreifachen H zu unterstützen. Wenn nun diese Leute ihre intrinsische Motivation aufgeben müssen, um für niedere Tätigkeiten anzustehen, sich den starren Kontrollmechanismen für Arbeitslose zu unterwerfen oder sich an die Vorgaben der nicht so postmaterialistischen Unterstützung durch Familienmitglieder anzupassen, fühlen sie sich elend und werden oft auch dysfunktional. Es gibt für sie keine klare Linie zwischen Vergnügen und Arbeit. Selbst einen Roman zu lesen, eine Fernsehserie zu schauen oder ein Computerspiel zu spielen ist fester Bestandteil ihrer weltverändernden Arbeit. Scheitern ihre höheren Bestrebungen, hat das Leben ihnen augenscheinlich nur noch wenig zu bieten, weswegen sie in diesem Fall dazu neigen, in Eskapismus oder Depression zu verfallen.

Aus diesem Grund unterstützt die Gruppe des dreifachen H in der Regel die Idee eines bedingungslosen Grundeinkommens: Dies würde sie davor bewahren, in prekäre Situationen zu geraten und sie gegenüber der herabwürdigenden bürokratischen Kontrolle emanzipieren. Aus diesem Grund sind sowohl die Gruppe des dreifachen H als auch das Prekariat beides Klassen, die die postindustrielle, digitale Gesellschaft hervorgebracht hat und insofern eine vollkommen andere Art von Klasseninteresse ausbilden. Es gibt eine klare Trennlinie zwischen ihnen und den Klassen von einst: der Arbeiter- und der Mittelklasse sowie den Reichen. Was die Vertreter des dreifachen H oft *nicht* verstehen, ist jedoch, dass die meisten Menschen nicht wie sie funktionieren und tatsächlich immer noch Sinn und Sicherheit im herkömmlichen Arbeitsleben finden – selbst diejenigen, die ihren Job nicht mögen, finden darin Struktur und einen Kontext für ihr Leben und erhalten einen sehr wertgeschätzten Gehaltsscheck als Verdienst. Die Forderungen nach einem bedingungslosen Grundeinkommen sind daher verfrüht und naiv, nicht zuletzt deswegen, weil sie die Entwicklungspsychologie der Bevölkerung übersehen (die ich im zweiten Teil vorstellen werde). Die Vertreter des dreifachen H sind die Kinder einer neuen Gesellschaft und ihre Bedürfnisse und ihre Lösungen liegen letztlich im Clinch mit dem modernen, kapitalistischen System. Aber die Gruppe wächst und damit auch ihr relativer Einfluss innerhalb der globalen kapitalistischen Ökonomie.

Die Gruppe des dreifachen H leidet unter einer Vielzahl von Dingen, die für die meisten Menschen überhaupt keine Rolle spielen. Dazu gehören:

- Unsicherheit in Hinblick auf Erwartungsniveaus,
- heiße Luft,
- zielloses Netzwerken.

All diesen Aspekten werde ich mich an anderer Stelle ausführlicher widmen – hier sollen sie lediglich Erwähnung finden. »Unsicherheit in Hinblick auf Erwartungsniveaus« hängt mit der extrem unterschiedlichen Resonanz zusammen, die ihre Arbeit hervorrufen kann. Wenn Sie hart arbeiten und in die Öffentlichkeit treten, kann fast alles passieren: Sie können zum Star aufsteigen, eine solide internationale Karriere in der gehobenen Mittelklasse machen oder aus irgendwelchen Gründen völlig ignoriert werden. Es können einen Ruhm und Ehre erwarten und ein großer Durchbruch hinter der nächsten Ecke oder es gibt lebenslange Frustrationen sowie prekäre und peinliche Situationen. Wird Ihre App dabei helfen, eine Million Leben zu retten oder werden Sie zehn Jahre Ihres Lebens vergeudet haben? Werden die Leute Sie verabscheuen oder anhimmeln oder beides? Sollten Sie weitermachen, Ihren Träumen folgen, Pläne ändern und umschwenken oder vielleicht zurückkehren zur Sicherheit und Einfachheit eines konventionellen Lebens und einer ebensolchen Laufbahn? Das ist die Drehtür zwischen der Kreativen Klasse und dem Prekariat; in diesen unkonventionellen Lebensweisen können Erwartungen, Bestrebungen und Hoffnungen stark von der Wirklichkeit abweichen. Mindestens seit Émile Durkheims Arbeit zur vorvergangenen Jahrhundertwende ist bekannt, dass »Erwartungen minus die tatsächlichen Gegebenheiten« die Formel ist, mit der man den Hauptfaktor schlechter psychischer Gesundheit und menschlichen Leids berechnet (von Durkheim mit dem berühmt gewordenen Begriff der Anomie bezeichnet).

»Heiße Luft« meint, dass es notwendigerweise viel Geredes bedarf, wenn man mit großen und eher abstrakten Fragen und Anliegen umgeht. Ein neues Organisationsparadigma? Eine Revolution der Anwendung von Datamining auf neue Probleme? Eine wesentliche Innovation oder eine technische Feinheit? Eine tiefgreifende globale Bewegung oder ein Selbstbeweihräucherungsclub? Weil all diese Projekte derart viel Verständnis und Kontext benötigen, können sie schwer zu erklären sein, und manchmal braucht es eben Wege, sie zu verpacken und zu vermarkten. Einfach gesagt: Sie müssen mit den Zweifeln und Anschuldigungen ringen, das alles sei lediglich heiße Luft. Es lohnt vermutlich kaum der Erwähnung, aber der Hauptteil der Arbeit, die von der Gruppe des dreifachen H geleistet wird, deckt sich unbestreitbar mit dieser Beschreibung. Der Grund, warum sie für die Gesellschaft derartig wertvoll ist, liegt darin, dass einiges davon eben *keine* heiße Luft ist, und ein noch geringerer Prozentsatz dieser echten Innovationen in Software, Kultur oder Lebensweisen enorme Auswirkungen haben kann. Dennoch weiß man nie mit Sicherheit, ob man gerade heiße Luft oder geniale Ideen produziert – oder ob einem letztlich selbst nur heiße Luft verkauft wird.

»Zielloses Netzwerken« ist eine ressourcenverschleudernde Tätigkeit, die die meisten Menschen des dreifachen H nur zu gut kennen: die vielen Kaffees und Mittagessen, bei denen man war, die Skype-Konferenzen und Abendveranstaltungen, die nicht wirklich irgendwo hinführen. Weil sich alle Menschen des dreifachen H für die Zusammenarbeit in verschiedenen Projekten auf große Netzwerke stützen, müssen sie stets für neue Kontakte offen sein. Das bedeutet, neugierig neue Leute einzuladen, Fähigkeiten und Ressourcen einzuschätzen und eine persönliche Beziehung aufzubauen, neue Wege der Zusammenarbeit mit neuen Leuten zu erkunden. Die Menschen, die sie treffen, sind freundlich, gleichgesinnt und stets interessant. Aber produktive Beziehungen, die zur gegenseitigen Stärkung führen und mit der Zeit stärker werden, sind rar: Weil alles so komplex ist, weil es so viele Erwartungen und Perspektiven gibt und es so viel gemeinsames Wissen braucht.

Dies sind also einige der Beschwernisse der Gruppe des dreifachen H, einige ihrer Schwächen. Die Teile der Weltwirtschaft, die für diese Schwächen am aufmerksamsten sind, werden auch am wettbewerbsfähigsten sein, denn sie können sich die kreativen Kräfte des dreifachen H erfolgreich zunutze machen. Eine hochentwickelte Wissenschaft ist ebenfalls eine Schlüsselzutat in Hinblick auf postindustrielles Wachstum, führt aber nicht notwendigerweise zu lokalem Wachstum, wenn eine pulsierende Gemeinschaft von Kreativen und Menschen fehlt, die aus der Grundlagenforschung Anwendungen generieren kann – schließlich können die Forschungsergebnisse von allen möglichen Akteuren überall auf der Welt aufgegriffen werden, zumindest theoretisch.

Die Kreative Klasse zu befördern ist niemals eine einfache Angelegenheit, da es erheblichen Widerstand von anderen, eher konventionellen gesellschaftlichen Schichten gibt. Malmö, eine Stadt in Südschweden, hat sich in den letzten Jahrzehnten neu erfunden, wobei sie sich von einer industriegeprägten Wirtschaft, der die Jobs abhandengekommen waren, zu einer »progressiven« und »hippen« Stadt wandelte, die Kreative anzog. Nicht nur gab es in diesem Zuge bittere Auseinandersetzungen auf der politischen Ebene; es ist sogar eine »Anti-Hipster-Bewegung« entstanden, die öffentliche Plätze in der Innenstadt mit bösen Aufklebern versieht, die Hipster angreifen. Die Menschen erfasst ein vages Gefühl von Verwirrung, Unterlegenheit und Ekel gegenüber diesen neuen Bevölkerungsschichten, die große Teile der vorhandenen Menschen verdrängen. Auf einmal sind die altbekannten Lieblingsläden verschwunden und die Menschen auf der Straße sehen ganz anders aus. Ah, da ist er wieder: der Kampf zwischen alter und neuer Gesellschaft.

Polarisierung und Trumpismus – ein Erklärungsversuch

Das ist also die Story von der Gruppe des dreifachen H, aber was bedeutet das alles im Hinblick auf den Rest der Gesellschaft – schließlich sind die meisten Menschen weder Hacker noch Hipster oder Hippies. Hier fängt die politische Polarisierung an.

In den USA gibt es in der Politik eine deutliche Polarisierung, das heißt, dass die Menschen sich zunehmend um stark gegensätzliche politische Pole versammeln. In der Vergangenheit verteilten sich Menschen vom autoritären Schlag (die starke Führer mögen, Fremde ablehnen, harte Strafen befürworten und der Ordnung den Vorzug vor der Freiheit geben) gleichmäßig auf alle Parteien. Heutzutage sammeln sie sich alle bei der Republikanischen Partei, was in der Folge zum Aufstieg des Trumpismus geführt hat, der sich gegen die alten Parteieliten richtet. Ein hoher »A-Faktor« (A für Autoritarismus) ist das vorrangige Kennzeichen der Trump-Gefolgschaft, mehr als Bildung, Einkommen oder Geschlecht.[2] Das bedeutet selbstverständlich, dass das gegenteilige Profil sich bei der Demokratischen Partei versammelt (sowie Bruchstücke auch zu ihrer Linken). In einem Land wie den USA ist die Unzufriedenheit mit der Globalisierung stark genug, dass echte Gegenwehr entsteht. Deswegen sieht man hier eine Polarisierung und nicht den Sieg des Grünen Sozialliberalismus. Zwei gegensätzliche Pole rücken immer weiter auseinander und stehen sich immer feindseliger gegenüber. Das Spiel ist noch nicht entschieden, sodass ein Grüner Sozialliberalismus 2.0 entstehen könnte – keine einzelne Meta-Ideologie hat also bislang gewonnen.

Sucht man hier den Vergleich mit der schwedischen Wählerschaft, findet sich eine Umfrage aus dem Jahr 2016, nach der 69 Prozent für Clinton und nur 9 Prozent für Trump gestimmt hätten. Eine weitere Umfrage, in der schwedischen Abgeordneten dieselbe Frage gestellt wurde, ergab, dass über 80 Prozent auf Clinton hofften; lediglich fünf von 234 Antwortenden wollten zugeben, Trump zu unterstützen. Diese waren sämtlich männlich und Mitglieder der nationalistischen Schwedendemokraten, und nicht einer von ihnen beschrieb seine Entscheidung als irgendetwas anderes als die Wahl zwischen dem geringeren von zwei Übeln. In Dänemark sahen die Zahlen laut einer YouGov-Umfrage in der allgemeinen Bevölkerung so aus, dass 4 Prozent für Trump versus

80 Prozent für Clinton waren. Das war vor der Wahl im Jahr 2016; doch bereits zu diesem Zeitpunkt lässt sich feststellen, wie vorherrschend die grüne sozialliberale Meta-Ideologie ist. Natürlich haben große Teile der Welt Clinton Trump vorgezogen, aber die skandinavischen Länder gehören sicherlich zu ihren lautesten Befürwortern.[3]

Ein entsprechendes Muster der Polarisierung ergibt sich, wenn man verschiedene Länder betrachtet. Einige, wie zum Beispiel Russland, werden vom Unmut über die Globalisierung beherrscht. Daher ist Polarisierung eine Tatsache, die sich nicht nur innerhalb verschiedener Länder, sondern auch *zwischen* verschiedenen Ländern beobachten lässt. Die USA stecken fest in der Mitte, sozusagen in zwei Hälften geteilt – und die Dinge können sich in jede dieser beiden Richtungen entwickeln.

Es ist unvermeidlich, dass der Unmut über die Globalisierung hier und da zeitweise die Bühne bespielen wird, aber die politischen Programme, in denen er zum Ausdruck kommt, haben sehr wenig anzubieten, wenn es darum geht, die Leben von Menschen zu verbessern und den Übergang zu einer neuen Entwicklungsstufe der Gesellschaft voranzutreiben. Sie versuchen für ein sinkendes Schiff zu kämpfen und ihre schlechte Politik wird nur dazu führen, dass die ihnen unterworfenen Volkswirtschaften noch mehr an den Rand gedrängt werden und an Wettbewerbsfähigkeit verlieren. Natürlich können sie die EU aufhalten und die Einwanderung verringern – aber was dann? Wird das die Globalisierung der Märkte beenden oder die Digitalisierung und die Automatisierung der Arbeit? Wird das die mannigfaltigen transnationalen »komplexen Probleme« lösen (komplexe Probleme wie Nachhaltigkeit etc.)? Natürlich nicht. Wenn sie dann in ungefähr einem Jahrzehnt damit fertig sind, Mist zu bauen, wird es für den politischen Metamodernismus leichter sein, mehr Gehör zu finden.

Die Polarisierung (und der Trumpismus) sind selbst eine Art von politischer Krise und das wäre auf lange Sicht auch in Ordnung, wenn die Einsätze nicht so hoch wären und die Zeit nicht so drängte. Unser Weltsystem hat einfach nicht die Zeit für Trumpismus und Co. Die globale Erwärmung und die rasanten Veränderungen des Internetzeitalters werden nicht warten. Wir treten in eine Ära unvorhergesehener Transformationen ein und brauchen dringend eine progressive Politik – in dem Sinne, dass sie die bevorstehende mehrdimensionale Krisenrevolution antizipiert und konstruktiv auf sie antwortet.

Die mehrdimensionale Krisenrevolution

Sie sind eine gebildete Leserin, ein gebildeter Leser auf dem Stand der Gegenwart – das versteht sich von selbst. Trotzdem möchte ich zur Sicherheit – für den Fall, dass Sie es verpasst haben – noch einmal unterstreichen, dass wir heute in einer Zeit einmaliger sozialer, technologischer und kultureller Veränderungen und Entwicklungen leben. Die Wissenschaftsrevolution des 17. Jahrhunderts, die Aufklärung des 18. sowie die industrielle und chemische Revolution des 19. Jahrhunderts, ja sogar der Verbrennungsmotor und die Kommunikationsumbrüche des 20. Jahrhunderts waren Peanuts im Vergleich zu dem, was gegenwärtig geschieht. Es ist, als würden all diese Revolutionen gleichzeitig stattfinden.

Wir leben in einer Ära, in der sich mehrere extrem weitreichende Revolutionen in Technologie, Denken und Verhalten simultan ereignen. In den folgenden Jahrzehnten sind daher tiefgreifende Veränderungen zum Besseren wie zum Schlechteren äußerst wahrscheinlich.

Eine erste Veränderung dieser Art betrifft schlicht und einfach das Ausreifen der Informations- und Kommunikationstechnologien selbst. Wir leben in einem Informationszeitalter und das beeinflusst sämtliche Bereiche unseres Lebens. Wir denken anders, wir verhalten uns anders, wir sind auf andere Arten und Weisen gesellig. Unsere Weltanschauungen entwickeln sich immer schneller weiter, während wir mehr und mehr Informationen durchforsten. Neue Herausforderungen stellen sich – angefangen bei der auf Facebook verschwendeten Zeit und immer mehr Spielsüchtigen bis hin zu Pädophilen, die durch Computerscreens in die Schlafzimmer von Kindern eindringen. Dazu gesellen sich eine selektive Lektüre von Nachrichtenartikeln und neue Arten einer inszenierten Individualität, die uns dazu verleiten, emotional unauthentische virtuelle Identitäten zu kreieren – die Liste ist lang. Während ich dies schreibe, boomt das sogenannte »Dark Net«: endlich Anonymität, natürlich im Verbund mit einem verblüffenden Ausmaß an Kriminalität und jeglicher Art von Online-Abscheulichkeiten.

Computer durchdringen jeden Aspekt unser aller Leben, verwandeln die Governance (also die Art, wie wir regiert werden) genauso wie unsere Produktions- und Vertriebsweisen, unsere Transportmittel, das Reisen und die Wissenschaften. Bildung wird durch MOOCs (*massive open online courses*), Khan Academy und Coursera frei verfügbar gemacht und von einer großen Gamifizierungswelle verwandelt.

In Anbetracht der dramatischen Umbrüche der letzten zwanzig Jahre und der Tatsache, dass sich diese beschleunigt haben und radikaler werden, haben wir es mit einer vollkommen neuen Form von Gesellschaft zu tun. Die Informationsmenge scheint exponentiell anzuwachsen – und ja, »exponentiell« ist hier tatsächlich der korrekte Begriff. Das Gleiche gilt für die verfügbare Gesamtrechenleistung und die greifbarer werdenden Möglichkeiten der Quanteninformatik. Von den Bankerinnen der Wall Street bis hin zur Tochter eines Rikscha-Taxifahrers in Mumbai – die grundlegenden Bedingungen des Lebens wandeln sich. Und wir haben noch nicht einmal die zweite Stufe dieser Revolution erreicht: die virtuelle Realität. Im Moment kennen wir sie nur in Gestalt von Gadgets, aber schon bald wird sie als starkes Opium für das Volk in Form von Games, Pornografie, Reisen, Arbeitsplattformen oder Online-Meetings in realistischen 3D-Umgebungen wirksam werden.

Und hoffentlich ist das Glück dabei auf unserer Seite, denn das ist nur eine von mehreren technologischen Revolutionen, die offensichtlich an unserer Türschwelle stehen. Weitere, damit verbundene Technologien sind Künstliche Intelligenz und die Automatisierung – mit selbstlernenden Maschinen und »tiefgehendem Lernen« (*deep learning*) mittels »geschichteter neuronaler Netze« (Wir werden zunehmend in der Lage sein, komplexe menschliche Arbeit durch Maschinen zu ersetzen. Das könnte »Arbeitslosigkeit verursachen« oder auch nicht (eine Frage, die mutmaßlich von Jahr zu Jahr alberner klingen wird). In jedem Fall aber kann und wird dies tiefgreifende Veränderungen zur Folge haben, nämlich in Hinblick darauf, wie wir unser Leben führen, während die Roboter stetig besser dabei werden, neue Aufgaben zu übernehmen, die weit über den Betrieb einer Produktionsanlage oder selbstfahrende Autos hinausgehen. Sämtliche Stellen in den Bereichen Medizin, Lehre, Programmierung, Musik und Forschung können im Prinzip von Künstlicher Intelligenz infrage gestellt werden. Alarmierende Vorhersagen von Zukunftsforschern wie zum Beispiel Ray Kurzweil besagen, dass wir uns dem Zeitpunkt der »Singularität« nähern, an dem Computer damit beginnen werden, ihre eigene Weiterentwicklung zu übernehmen. Selbst wenn wir solche fantasievollen Spekulationen nicht akzeptieren, können wir relativ sicher annehmen, dass die KI große Veränderungen bewirken wird.

Eine weitere Revolution keimt heran in Form der Nanotechnologie. Nanotechnologie wird sehr wahrscheinlich grundlegende Probleme des Mangels lösen. Sie hat das Potenzial, einen Reichtum vollkommen neuen Ausmaßes zu schaffen. Die wachsende Fähigkeit, Strukturen auf der atomaren Ebene zu manipulieren, sowie der enorme Ehrgeiz von Wissenschaftlern, dies erfolgreich umzusetzen, haben dazu geführt, dass nützliche Substanzen jeglicher Art und mit den verblüffendsten Eigenschaften fast ohne Einsatz von Rohstoffen hergestellt werden können. Nanotechnologie konfrontiert uns allerdings auch mit den vielleicht größten heutzutage bekannten Umweltrisiken, die um ein Vielfaches höher liegen als die von Plastik. Ganz zu schweigen von den Konsequenzen ihrer medizinischen Anwendungen und dem sich schließenden Spalt zwischen organischer und anorganischer Chemie.

Und dann ist da der noch angestrengtere und noch besser finanzierte Versuch, das Leben selbst zu verändern. Wir sind inmitten einer sich entfaltenden genetischen Revolution und nähern uns der Möglichkeit, den genetischen Code des Menschen manipulieren und formen zu können. Hierbei hat die CRISPR-Technologie (*Clustered Interspaced Short Palindromic Repeats* – deutsch: gehäuft auftretende, regelmäßig unterbrochene, kurze Palindrom-Wiederholungen) für einen gewaltigen Sprung nach vorne gesorgt, der jeden im Besitz eines Labors in die Lage versetzt, den genetischen Code zu verändern. Zu diesem Bereich sollten wir nicht nur die Epigenetik zählen, also die Erforschung der Genaktivierung und -deaktivierung in lebenden Organismen, sondern auch das weitläufigere Feld des »Human Enhancements«, bei dem es um technologische Veränderung oder Verbesserung des menschlichen Körpers selbst geht – nicht zuletzt durch die Verschmelzung unserer Körper mit Maschinenteilen. Die sogenannte transhumanistische Bewegung mit ihren radikalen Vorstellungen davon, wie Technik zur Veränderung der Menschheit selbst dienen könnte und sollte, gewinnt zunehmend an Bedeutung. Ihre Anhängerschaft findet die transhumanistische Philosophie hauptsächlich unter technikaffinen Menschen in Wissenschaft, Medizin und Ingenieurswesen, die bei ihren Versuchen, die Menschheit neu zu erschaffen, einen beinahe beängstigenden Eifer an den Tag legen. In Peer-to-Peer-Communitys findet immer mehr Biohacking statt, eine Form angewandter Do-It-Yourself-Biologie. Sogar in den Geisteswissenschaften, beginnend mit Donna Haraway (einer zur geisteswissenschaftlichen Professorin gewandelten Biologin), spricht man über »den Cyborg«, die Verschmelzung von Mensch und Maschine, und inwiefern dies unter anderem mit Genderfragen zusammenhängt.

Darüber hinaus haben wir eine Vielzahl gegenwärtiger Entwicklungen, die schon für sich allein genommen revolutionär sind. Sehen Sie sich die Energiepreise an – wie Energie aus Solarpaneelen immer billiger wird, wie viele Innovationen sich in diesem Bereich abzeichnen, darunter auch neue Formen der Atomkraft. Werfen Sie einen Blick auf den Hausbau, wo wir dabei sind, Häuser zu errichten, die sich weitgehend selbstversorgen – und die dazu nicht nur billiger sind, sondern mithilfe von Modulen vom Kunden selbst gestaltet werden. Sehen Sie sich die 3D-Drucker und Drohnen an, die eine auf den einzelnen Kunden zugeschnittene Herstellung und Verbreitung für alle verfügbar gemacht haben (im Fall der Drohnen gilt das auch für die Verbreitung von Bomben). Denken Sie an das Internet der Dinge, all die in Gegenstände und Kleidungsstücke eingebetteten Computer, die in ein und demselben Daten austauschenden Netzwerk miteinander verbunden sind. Sehen Sie sich die Peer-to-Peer-Initiativen im Produktionsbereich an, in denen Menschen etwa begonnen haben, Autos zu einem Bruchteil der früheren Kosten herzustellen. Sehen Sie sich die Cradle-to-Cradle-Herstellung und die Sharing Economy an oder das, was man in Deutschland Industrie 4.0 nennt (wo die Kundin eine von Grund auf individuell zugeschnittene industrielle Fertigung in Auftrag geben kann). Blicken Sie auch auf die mobile Revolution, die ein Motor der gegenwärtigen Migrationsbewegungen ist (Migrationswellen lassen sich schwerer aufhalten, weil die Menschen untereinander Informationen austauschen). Sehen Sie sich Big Data und Datamining an: die ebenso hochnützliche wie brandgefährliche Analyse großer Datenmengen über das Leben von Menschen durch die Erfassung des Nutzerverhaltens in Apps, im Internet und so weiter. Werfen Sie einen Blick auf den Trend zum Quantified Self, also auf die schier endlosen Möglichkeiten, sich selbst zu vermessen und einen eigenen Datenpool zu kreieren, einschließlich Informationen über Ihre eigene Genetik. Denken Sie an den effektiven Altruismus und dessen immer stärker evidenzbasierte Formen der Wohltätigkeit, denen wir in so vielen Bereichen begegnen. Denken Sie auch an den drastischen Wandel von Organisationsstrukturen, in denen die Formen der Kreativarbeit regelrecht explodiert sind – einige Beispiele wären der Lean-Ansatz, agile Arbeitsweisen, die Scrum-Methode, die Sozio- sowie die Holokratie, die »Art of Hosting«- oder Kunst-des-Gastgebens-Bewegung und Frederic Lalouxs *Reinventing Organizations*.[4]

Puh. Nun sehen Sie sich die Demografie an, vor allem das anhaltende Bevölkerungswachstum in Ländern wie dem instabilen Nigeria, die schnell alternden Gesellschaften in Japan und Europa (und immer weiteren Teilen der Welt, mit Geburtenraten, die unter der Erhaltungsrate liegen, von China über

Südindien zur Karibik und Lateinamerika). Dies führt uns zu dem kolossalen Wachstum der Weltwirtschaft im Allgemeinen, einem noch radikaleren Wachstum im Handelsverkehr im Besonderen sowie einer nochmals stärkeren Zunahme der ausländischen Direktinvestitionen. Sehen Sie sich all die neuen Finanzinstrumente an, die immer umfassender, schneller und weitreichender werden, während die Quant-Analysten (für Investmentbanken tätige Mathematikerinnen und Theoretische Physiker), darunter die klügsten Köpfe der Welt, daran arbeiten, den automatisierten Aktienhandel kontinuierlich weiterzuentwickeln. Sehen Sie sich die nie dagewesene Menge an Wissen in den Händen einer ebenfalls nie dagewesenen Menge an hochqualifizierten Menschen an, die untereinander enger verbunden sind als jemals zuvor. Sehen Sie sich die schiere Menge an erworbenen Doktortiteln an – in mehr Themenfeldern, als ich benennen oder mir auch nur vorstellen könnte.

Sehen Sie sich die in schwindelerregender Zahl vorhandenen, vielfältigen Hightechfirmen an, die gegründet, erworben und verkauft werden. Ganz zu schweigen von der wachsenden Zahl der von talentierten Kindern hervorgebrachten, weltverändernden Innovationen. Sehen Sie sich die Blockchain-Technologie an, Bitcoin oder andere Kryptowährungen, sowie die lauter und gewichtiger werdende Kritik am Geld- und Bankensystem und an den Mieten.

Sehen Sie sich an, wie das globale politische Machtgefüge in der Welt sich im selben Zuge verschiebt, in dem China, Indien und Brasilien weltwirtschaftlich nach vorne drängen, ihre riesigen Bevölkerungen die Armutsgrenze überschreiten (derweil die Mittelschicht westlicher Gesellschaften schrumpft und neue Armut entsteht) und die internationale Sicherheitsordnung sich verändert (da Russland wirtschaftlich, politisch und kulturell immer noch auf gefährliche Weise stagniert[5]). Blicken Sie auf die an Einfluss gewinnenden globalen Handels-, Entwicklungs- und Sicherheitsinstitutionen von IWF und Welthandelsorganisation über OECD und NATO zum Weltklimarat (IPCC) und der vielköpfigen Hydra der Vereinten Nationen, ganz zu schweigen von der schwächelnden EU. So nähern wir uns Schritt für Schritt der Protoform eines globalen Gemeinwesens (eines Weltstaates), ob wir dies wollen oder nicht. Einem ähnlichen Trend folgt die Anzahl internationaler Nichtregierungsorganisationen (NGOs), die seit einigen Jahrzehnten im rasanten Anstieg begriffen ist.

Betrachten Sie nun die Neugründungen von unzähligen kleinen Instituten, Organisationen und sogar Festivals, darunter die New Economics Foundation, Alter Ego, Edgeryders, die RSA (Royal Society for the Encouragement of Arts,

Manufacturers and Commerce), Ekskäret Foundation, Tellberg Foundation, World Academy und so weiter. Solche Plattformen versammeln globale progressive Eliten (in einem erweiterten Sinne des Begriffs), Technikfreaks, Forschende und Aktivisten, um den im Gang befindlichen dramatischen Wandel einzuordnen und zu diskutieren. Die Langzeiteffekte und -auswirkungen all dieser Innovationen dürften diejenigen unserer Premierminister und Präsidentinnen mutmaßlich übertreffen.

Richten Sie Ihr Augenmerk nun auf die seismischen Verschiebungen der Perspektive, die sich in unserer Neukonzeption der Welt vollziehen. Die Physik vermittelt uns eine vollkommen neue Sicht auf die Realität, genannt Stringtheorie, in der Potenzialität real ist und Multiversen möglich sein könnten. Grundannahmen wie die der Kausalität werden als Täuschungen der Sinne und der Erfahrung angegriffen. Auch die Bedeutung, die dem jeweiligen Beobachtungsstandpunkt bei quantenphysikalischen Messungen zukommt, zeigt, dass partizipatorische Perspektiven tief in die Struktur von Raum, Zeit und Materie eingebettet und mit ihr verwoben sind. Die Kosmologie dehnt die Wirklichkeit immer weiter über das hinaus, was wir erkennen oder auch nur begreifen können. Aus allen möglichen Richtungen kommend reißen Philosophinnen und Mystiker die Idee eines eigenen Ichs, eines im Zentrum des Daseins befindlichen Egos in Stücke – und hinterlassen einzig einen sehnsuchtsvoll leeren Raum, der mit Beziehungen und Partizipation gefüllt werden muss. Die Neurowissenschaften explodieren, ihre philosophische Cousine, die Kognitionswissenschaft, folgt ihrem Beispiel, während schon der nächste merkwürdige Cousin, die Theoretische Neurowissenschaft (*computational neuroscience*) das Licht der Welt erblickt. Sogenannte posthumanistische Denker hinterfragen ein Menschenbild, das sich über andere Lebewesen und den Rest der Wirklichkeit erhebt, und führen uns über anthropozentrische (im Eigeninteresse des Menschen begründete) Perspektiven hinaus, die unser bisheriges Leben bestimmt haben. Die Mathematik lehrt uns, dass die meisten Dinge in der Realität aus Chaos und Komplexität hervorgehen und daher viele unserer Denkweisen überholt und gefährlich sind, weil wir diese tatsächlich wesentlichen nichtlinearen Muster und Beziehungen nicht berücksichtigen. Die aus den Computerwissenschaften, der Informatik sowie der Chemie und der Ökologie kommende Systemwissenschaft mit ihren systemischen Perspektiven bricht in sämtliche Bereiche unseres Lebens ein, auch in den Bereich der Wechselwirkungen zwischen Physiologie und Psychologie. Unterdessen legt die Sozialwissenschaft die Fundamente von Staat, Markt, Geld und Wissenschaft in Trümmer, sodass wir diese nicht mehr wiedererkennen. Die Wirtschaftswissenschaften erklären, dass die von uns lange Zeit so ernst genommene Ökonomie in Wirklichkeit immer schon ein Mythos war, nur eine Geschichte, ein Narrativ. Vollkommen neue spirituelle Bewegungen tauchen plötzlich auf, namentlich die »atheistische« Praxis des Syntheismus. Musiker erfinden immer eigenartigere elektrische Sounds und Rhythmen, vermischen sie mit angestrengten Stimmen, als ob betont werden müsste, wie supermysteriös und gleichzeitig merkwürdig vertraut das alles erscheint. Stilbewusste, tätowierte junge DJanes spielen diese Musik auf der Tanzfläche, wo wir unter blinkenden Lichtern in die Dunkelheit tanzen, uns zudröhnen, betrinken und herumknutschen, während die Wirklichkeit, die wir zu kennen meinten, in Stücke gerissen wird und wir in das Erhabene und Unbekannte stürzen. Weit draußen in der Wüste, unter einem klaren Himmel aus leuchtender, offener Schwärze, erhellt von vollkommenen Sternen, finden wir uns in inniger und liebender Umarmung. Mühelos reden wir stundenlang und die ganze Realität schmilzt hinfort, während wir unsere inneren Schutzschilder sinken lassen und eins werden. In diesem zeitlosen Moment einer versöhnenden Umarmung verlieren und finden wir uns selbst, beides im selben Moment.

Am nächsten Morgen wachen wir dann neben haarsträubender Gesellschaft wieder auf. Oder ist das noch ein Traum? Sind wir allein oder sind wir zusammen? Können wir jemals allein oder zusammen sein? Wir werden uns diesen Fragen später zuwenden müssen. Immerhin ist das eine Zeit tiefer, vielfacher Krisen. Egal wie verrätselt, erschreckend und erhaben unser Zeitalter sein mag, wir müssen nüchtern bleiben, weitsichtig und verantwortungsbewusst.

Dem Stockholm Resilience Centre zufolge sind wir mit nicht weniger als neun simultanen gravierenden globalen ökologischen Krisen konfrontiert (oder wenigstens drei sehr akuten). Wir leben in einem Zeitalter massenhaften Artensterbens, vergleichbar demjenigen, welches das Zeitalter der Dinosaurier vor etwa 60 Millionen Jahren beendete. Fast die komplette Biomasse an Land (abzüglich von Insekten und Ähnlichem) besteht aus Menschen sowie den von uns versklavten, gefolterten Tieren in der globalen Massentierhaltung. Auch wenn die wilde Fauna nicht notwendigerweise glücklicher ist als die domestizierte Tierwelt, muss das ausbeuterische Verhalten gegenüber nichtmenschlichen Lebewesen nicht nur als nicht nachhaltig, sondern vor allem auch als ethisch unentschuldbar betrachtet werden.

Der größte Teil der Ozeane besteht aus kollabierenden Ökosystemen, die meisten Fische sind tot oder im Sterben begriffen (eine wahrhaft explosive Entwicklung seit 1950: Über eine Billion an Meereslebewesen werden pro Jahr getötet). Der Boden erodiert und der Klimawandel schlägt im Innersten des fragilen meteorologischen Gleichgewichts zu, das unsere eher junge gegenwärtige Epoche ausmacht. Wissenschaftlern zufolge sind wir in ein neues geologisches Zeitalter eingetreten, das Anthropozän, in dem die Menschheit die Umwelt stärker formt als Vulkanausbrüche und Erosion.

Diesen unausweichlichen Bedrohungen müssen wir noch die ungewissen, aber unter Umständen sogar noch dramatischeren Risiken hinzurechnen. Dazu gehören die Gefahr eines Atomkrieges, aber auch eine Vielzahl weiterer Weltuntergangsszenarien, die auftauchen, wenn wir der schieren Macht gewahr werden, die unser eigener Blick in die Geheimnisse des Universums entfesselt – das Universum blinzelt geradewegs rachelustig zurück. Durchgedrehte KI, unberechenbare Nanotechnologie und globale Epidemien gehören zu den schwerwiegendsten dieser Szenarien. Erfahrene Wissenschaftler wie der Philosoph Nick Bostrom in Oxford und der Physiker Max Tegmark (die zusammen das Future of Life Institute gegründet haben) warnen unsere Führer auf Sonderkonferenzen der UN.

Das globale kapitalistische System gründet sich auf anhaltendes Wachstum. Doch bislang haben wir noch kein Wirtschaftswachstum gesehen, das ohne fortschreitende Zerstörung natürlicher Ressourcen auskäme – Ressourcen, die bereits in großem Übermaß beansprucht werden. Es wird sich etwas ändern müssen, wenn dieses System Sinn ergeben und nachhaltig sein soll. Das Finanzsystem bringt Wachstum und Krisen gleichermaßen hervor und konzentriert Reichtum zunehmend bei Eliten, die unsere Politik mithilfe von Lobbyismus und anderen geschickten Manipulationen zu kapern scheinen. Jede Finanzkrise offenbart, dass unsere politischen Systeme unfähig sind, mit den vorhandenen dramatischen Veränderungen fertigzuwerden. Wie oben ausgeführt, ist das politische System selbst in einer eher schleichenden Krise begriffen und verliert den Zugriff auf eine außer Kontrolle geratene globalisierte Welt.

Auf einer mikrosoziologischen Ebene geht es den meisten Menschen besser als jemals zuvor. Und doch gibt es derart viel Verwirrung, Leid und bittere Ressentiments. Wie viele gutaussehende, privilegierte Menschen habe ich mir spätnachts zuflüstern gehört, dass sie, wenn es nach ihnen ginge, niemals geboren worden wären; dass sie wütend sind auf die Welt; dass sie im Stich gelassen wurden; dass sie mit Schuldgefühlen und Selbstzweifeln leben; dass ihre Freunde und Familien allesamt Heuchler sind? Dies sind Anzeichen der Entfremdung, wie sie moderne menschliche Wesen erleiden.

Die Wumms-Gleichung

Wenn Sie nicht längst um die Dinge wissen, die ich erwähnt habe, sollten Sie sich die Liste gut merken und die einzelnen Punkte nachschlagen.[6] Es könnte sein, dass Sie ernsthafte Bildungslücken und eine sehr beschränkte Weltsicht haben. Um ein würdiger Leser, eine würdige Leserin dieses Textes zu sein, sollten Sie zumindest mit den Grundzügen unserer Zeit vertraut sein.

Die Absicht ist hier einzig, auf eine schlichte Tatsache hinzuweisen: Die Zeiten ändern sich. Und wie könnte das auch anders sein? Vergleichen Sie doch einfach mal unsere Zeit mit der vor hundert oder zweihundert Jahren. Wie können wir Stillstand erwarten von einem Universum, in dem sich buchstäblich Staub zu Shakespeare weiterentwickelt hat, wie ein Autor einmal schrieb? Was auch immer auf uns zukommt, es wird sicher nicht »Business as usual« sein. Wir müssen auf eine gute Zukunft setzen. Und die Einsätze sind sehr hoch.

Überlegen Sie mal: In diesem Augenblick gibt es da draußen eine Million Menschen, die eifrig an etwas arbeiten, das der Rest von uns noch nicht so recht versteht – *in vollem Bewusstsein*, dass »dies alles verändern wird«. Wenn nur 1 Prozent dieser Menschen sich nicht irrt, werden wir buchstäblich Tausende von Entdeckungen, Erfindungen und Einsichten haben, die jede für sich die Gesellschaft auf tiefgreifende und unerwartete Weise verändern wird.

Selbst wenn sich einige der Dinge, die ich erwähnt habe, als übertrieben oder auf Fehlannahmen basierend herausstellen, wird die Weiterentwicklung des Weltsystems im Laufe der kommenden Jahrzehnte im Endergebnis etwas dramatisch Neues und Andersartiges ergeben. Was ich bislang nicht angesprochen habe, ist, dass jedes dieser erwähnten Phänomene in sich beschleunigenden Wechselwirkungen mit den jeweils anderen steht. Wir leben in Zeiten, in denen wir durch »digitalisierte, Peer-to-Peer-kontrollierte Nano- und Biotech-Anwendungen sowie virtuelle 3D-Verfahren Energieprobleme in Reaktion auf den Klimawandel lösen wollen« – und so weiter. All dies geschieht simultan, Tag für Tag, in einem einzigen großen interaktiven, und beständig neue Knotenpunkte ausbildenden Netz.

Zählen Sie eins und eins zusammen: eine steigende Anzahl beständig an Fahrt aufnehmender Revolutionen und sich stetig weiter zuspitzender Krisen, die sich gegenseitig immer mehr befeuern. (Das Ergebnis dieser Gleichung lautet »Wumms!« – wir wissen nur nicht, ob es Feuerwerkskörper oder Atombomben sein werden).

Wenn in einer mehrdimensionalen Krisenrevolution eine Vielzahl von Dingen auf einmal explodiert, reichen unsere linearen Modelle der Welt kaum aus – sie können es nicht mit derart vielen verschiedene Variablen (dazu Variablen mit qualitativ unterschiedlichen Eigenschaften) und deren Wechselwirkungen aufnehmen. Aber das heißt nicht, dass wir den Versuch unterlassen sollten, die Zeiten, in denen wir leben, zu verstehen; *au contraire*, wir haben damit eine umso dringlichere Veranlassung, die Gesellschaft zu analysieren und die dem Chaos zugrunde liegenden Muster zu erforschen.

Wir brauchen eine Wegbeschreibung, aber diese Wegbeschreibung kann verständlicherweise nur abstrakt und unabgeschlossen sein. Um es mit einem Beispiel zu sagen: Wir brauchen keine Kochbücher, sondern grundlegende Ideen, wie man gute Kochbücher erstellt. Wir brauchen Geschichten über Geschichten. **Metanarrative.**

Unter Umständen wie diesen, ist es dringend angezeigt, mögliche mit diesen Veränderungen einhergehende Entwicklungen im politischen System und der alltäglichen Funktionsweise der Gesellschaft zu antizipieren. Tatsächlich wäre Ignoranz gegenüber diesen notwendigen Anpassungen an die politischen, kulturellen und psychologischen Entwicklungen im Angesicht einer mehrdimensionalen Krisenrevolution enorm fahrlässig. Um Verantwortung zu übernehmen, bedürfen wir eines komplexen psychologischen Verständnisses – der Wissenschaft von der menschlichen Seele und des Verhaltens des menschlichen Organismus –, um Sozialtechniken zu entwickeln, mit denen wir die tiefgreifenden Probleme angehen können, mit denen wir es zu tun haben.

Die Politik hat sich für immer verändert. Diese Veränderungen sind Teil breiter und umfassender Verschiebungen der Welt in ihrer Gesamtheit. Eben erst haben wir die Zündschnur angebracht, in unseren Händen glimmt das entfachte Zündholz. Wie geht es von hier aus weiter?

Kapitel 3

Der politische Metamodernismus in Kurzform

Der politische Metamodernismus hat seinen Auftritt in einer Zeit, in der das alte liberale, repräsentative System von Parteipolitik aus vielerlei Gründen mehr und mehr an Bedeutung verliert – zumindest in den am weitesten entwickelten und progressivsten Ländern. Die politischen Debatten erscheinen zunehmend hohl und verbleiben sämtlich im Rahmen eines immer gleichen allumfassenden Grünen Sozialliberalismus.

Der politische Metamodernismus durchschaut das gegenwärtige Spektakel von Links und Rechts und beginnt, einen **Grünen Sozialliberalismus 2.0** zu entwerfen. Allerdings ergreift dieser Partei: Er zieht die neue Gesellschaft eines digitalisierten, transnationalen Postindustrialismus mit ihren Strukturen und Werten dem altbekannten kapitalistischen, industrialisierten Nationalstaat vor.

Der politische Metamodernismus zieht seine Schlussfolgerungen aus der gegenwärtigen politischen Situation und folgt ihnen bis ans Ende ihrer jeweiligen Konsequenzen. Das Ziel ist hier, Links und Rechts in einer gemeinsamen Lösung zu vermitteln – um einen Mittelweg zwischen beiden zu finden oder ein neues Gleichgewicht herzustellen. Dennoch geht es beim Grünen Sozialliberalismus nicht um einen Kompromiss. Es geht darum, die drei Elemente Grün, Sozial und Liberal auf die Spitze zu treiben.[1] Wir suchen nach der logisch wie praktisch stimmigen Vision einer Gesellschaft, die – gemessen an unseren Maßstäben – frei von Armut und sozialer Unsicherheit ist und die ein völlig freies Unternehmertum sowie ökologische Nachhaltigkeit auszeichnet – in anderen Worten: **eine äußerst soziale, äußerst liberale *und* äußerst grüne Gesellschaft.**

Solch ein Unterfangen wäre inmitten des Industriezeitalters der Massenmedien und Behördenapparate schlicht nicht durchführbar gewesen. Aber das Spiel hat sich gewandelt. Infolge der Informationsrevolution, der kulturellen Weiterentwicklung der Gesellschaft und – wie wir sehen werden – aufgrund des wachsenden Einflusses neuer soziologischer und psychologischer Techniken, die sich vor allem aus der Verhaltensforschung rekrutieren, sind vollkommen neue Möglichkeiten entstanden.

Die Grundidee

Die folgende Zusammenstellung vermittelt weder ein umfassendes Verständnis der Listening Society noch des politischen Metamodernismus. Was hier stattdessen geboten wird, ist eine grobe Skizze, damit Sie ungefähr wissen, worüber wir sprechen. Die Grundidee ist diese:

- Überlegt und vorsichtig ein tiefgehend ausgestaltetes Sozialsystem schaffen, das die psychologischen, sozialen und emotionalen Aspekte von Menschen mit einschließt, sodass der Durchschnittsmensch im Laufe seines Lebens ein erheblich größeres Sicherheitsgefühl entwickelt sowie authentischer und – in einem tiefen und bedeutungsvollen Sinne des Wortes – glücklicher wird.

Fühlt sich der Durchschnittsmensch erst einmal erheblich sicherer und ist er authentischer und glücklicher, neigt er dazu, sich (auch hier gilt: im Durchschnitt) zu einem mutigeren, reiferen, idealistischeren und vernünftigeren Individuum zu entwickeln, das besser mit anderen zusammenarbeitet und sich klügere Prioritäten setzt – sowohl individuell als auch politisch. Solche Menschen können die Gesellschaft auf unzählige Arten und Weisen neu erschaffen und so viele der komplexen, verzwickten Probleme lösen, mit denen wir heute konfrontiert sind.

Wir reden hier von **Generativität** – das heißt von der Bereitschaft einer Gesellschaft als kulturellem, wirtschaftlichem und sozialpsychologischem System, (normalerweise und im Laufe der Zeit) die *Voraussetzungen* dafür zu *generieren*, dass psychologisches Wohlergehen und Wachstum möglich sind. Wir reden *nicht* davon, jedem und jeder eine einzige Formel für gutes Leben aufzwingen zu wollen. Wir reden davon, Wahrscheinlichkeiten für gute Voraussetzungen zu erhöhen.

Aber was genau wollen wir damit eigentlich »reparieren«? Was soll denn überhaupt »falsch« sein an der Gesellschaft? Obwohl wir die Gesellschaft nicht ein für alle Mal »reparieren« können, können wir doch so manche Dinge verstehen, die massiv schiefgelaufen sind – und uns mit ihnen auf effiziente und produktive Weise befassen.

Hier zum Einstieg eine ungefähre Diagnose. Was wir für ein »normales Leben« halten, ist schlicht zu heftig und grausam für unsere Psyche, zu anspruchsvoll und voll von unlösbaren Dilemmata. Von Kindesbeinen an können wir deswegen unser volles Potenzial nicht realisieren und werden zu verstümmelten Versionen von uns selbst. Aufgrund all dieser Wunden, Narben und abgeschnittenen Entwicklungen scheitern wir daran, aufrichtig freundliche, kluge und aufgeschlossene Wesen zu werden. Auf einer unbewussten Ebene fürchten wir die Welt; wir verwenden Energie darauf, uns zu schützen. Und das bedeutet, dass wir daran scheitern, in uns die spielerische Neugier und Liebe zu erwecken, die es braucht, damit wir die Anforderungen der Welt begreifen und ihnen begegnen zu können. Wir treffen schlechte Entscheidungen in Hinblick darauf, wie wir unser Leben führen, was wir priorisieren, worum wir uns Sorgen machen und was wir herstellen und konsumieren. Wir halten uns selbst und andere zurück.

Lösungen? Die Grundidee ist, sechs neue Politikbereiche einzuführen, die kontinuierlich und sehr überlegt mit unserer psychologischen und kognitiven Entwicklung, unseren Beziehungen zueinander und unseren Beziehungen zur Gesellschaft im Ganzen arbeiten. Diese Politikbereiche werden im Folgeband *Die skandinavische Ideologie* vorgestellt. Eigentlich handelt es sich bei dieser Grundidee nicht wirklich um eine »Lösung« (obwohl ich doch auch einige konkrete politische Maßnahmen vorschlagen werde), sondern eher um **ergebnisoffene Prozesse**.

Prozesse? Alle modernen Staaten haben Finanzen, Sicherheitseinrichtungen und Schulen. Die Tatsache, dass diese existieren, beantwortet noch nicht die Frage, welche Finanzpolitik wir verfolgen, wie wir die Sicherheit verbessern oder welche Inhalte die Erziehung unserer Jüngsten umfassen sollte. Mit diesen Begriffen sind lediglich Kategorien benannt, die uns eine grundlegende Vorstellung davon vermitteln, wofür die Institutionen in unserer Gesellschaft gedacht sind. Erst vor relativ kurzer Zeit haben wir neue Politikbereiche auf die Liste gesetzt – darunter ist die Umweltpolitik das Paradebeispiel –, wohingegen der Pyramidenbau schließlich doch in den Hintergrund getreten ist. Wir können verschiedene Formen von Politik hinzufügen oder abschaffen, wenn wir dafür gute Argumente haben, und genauso können wir der Selbstorganisation unserer Gesellschaft neue Prozesse hinzufügen.

Als Gesellschaft haben wir uns selbst und uns gegenseitig noch nicht vollends eingestanden, wie sensibel, wie emotional verletzbar wir eigentlich sind.

Die Absicht ist hier, dieser peinlichen Wahrheit ein für alle Mal öffentliche Sichtbarkeit zu verleihen, damit wir dann die Gesellschaft neu formen können – bis selbst die Allersensibelsten unter uns aufblühen und die wahrhaft Sensiblen gar zu unseren Königen und Königinnen werden können.

Soll man Menschen wirklich glücklich machen?

Soll man Menschen wirklich glücklich machen? Ist das ein gesellschaftlich umsetzbares Ziel? Menschen unterscheiden gelegentlich zwischen hedonistischem Glück (Vergnügen, Genuss, Spaß) und eudämonistischem Glück (Lebenssinn und -zweck sowie Seelenfrieden). Beides ist im Interesse einer langfristigen persönlichen sowie gesamtgesellschaftlichen Entwicklung unterstützenswert.

Glück zu bejahen heißt, Leid zu lindern, was gleichbedeutend damit ist, menschliche Beziehungen qualitativ zu verbessern. Negative Emotionen wie Traurigkeit oder Frustration sind in erträglichem Umfang integraler Bestandteil eines glücklichen und produktiven Lebens – es gilt, aus ihnen zu lernen und sie zu überwinden.[2] Und das braucht Glücksgefühle oder mentale Gesundheit, oder wenigstens etwas gottverdammten Seelenfrieden. Glück ist hier also nicht das Gegenteil von Traurigkeit, sondern das Gegenteil erstickenden Elends und beklemmender Erniedrigung.

Sich um die Weiterentwicklung und Verbesserung der psychosozialen Umgebung zu bemühen, in der wir leben, heißt *nicht* (ich wiederhole: *nicht*, lesen Sie dieses Wort, denn mir scheint, als verstünden viele Menschen diesen Satz falsch), dass Menschen vor Herausforderungen jeglicher Art, Schwierigkeiten oder Schmerzen im Namen eines oberflächlichen, unmittelbaren »Glücks« bewahrt werden müssten. Wir werden niemanden dazu bewegen, beim Begräbnis der eigenen Mutter in lautes, leeres, hysterisches Gelächter auszubrechen oder familiäre Verantwortung aufzugeben, um »Glück zu finden«.

Es bedeutet nur, dass ein Land seinen Mitbürgern und Mitbürgerinnen viel bessere Unterstützung anbieten kann und *sollte*, damit sie die Herausforderungen des Lebens leichter und auf konstruktive Weise in Angriff nehmen und überwinden – und so das Beste aus ihrem Leben machen können. Es geht darum, Menschen mehr Autonomie und Unabhängigkeit zu ermöglichen, und nicht um das Gegenteil. Ein hohes Maß an Herausforderungen *gepaart* mit starker Unterstützung schaffen die besten Lernvoraussetzungen und die besten Lernerfolge und sorgen so für die nachhaltigsten positiven Ergebnisse – das ist Entwicklungspsychologie für Anfänger.

Es ist ein Reflex der Liberalen, allen Versuchen, Glück mithilfe politischer Maßnahmen zu erzeugen, argwöhnisch gegenüberzustehen (»Es ist nicht die Rolle des Staates, dieses oder jenes…«). Das ist nachvollziehbar, doch geht dieser Reflex vollkommen am eigentlichen Punkt vorbei. Es stimmt nicht, dass *entweder* Staaten *oder* Märkte (*oder* Familien *oder* die bürgerliche Gesellschaft *oder* einzelne Menschen) Glück erzeugen – oder dass das Individuum nicht dazu in der Lage wäre, wenn »der Staat das tut«. Das ist albern; eine ziemlich krude und ehrlich gesagt unintelligente Sichtweise. Alle diese Gruppen arbeiten in einem großen Geflecht zusammen. Man kann diese verschiedenen Gesellschaftsbereiche so verzahnen, dass sie gut zusammenwirken und menschliches Lebensglück stiften – oder eben nicht. Da wir sowohl eine Öffentlichkeit als auch einen Markt bereits *haben*, können wir beide entweder so justieren, dass sie dazu neigen, nachhaltiges Glück zu erzeugen, oder wir können sie dahingehend entwickeln, dass sie unterdrückerisch werden und Elend erzeugen. Vor dieser Entscheidung können wir uns nicht drücken.

Aber noch einmal: Wollen wir überhaupt eine glückliche Gesellschaft? Sind Herausforderungen und Schwierigkeiten nicht das, was dem Leben Bedeutung und Richtung verleiht? Und verdienen wir es überhaupt, glücklich zu sein?

Lassen Sie uns mit der letzten Frage anfangen. Wenn ich unter einem Vater aufgewachsen wäre, der mich vernachlässigt hätte, in einer Klasse mit einem Mädchen, das sich geritzt, und einem anderen Kind, das nie auch nur ein Wort gesagt hätte, in einem Umfeld, in dem die meisten Menschen unsicher gewesen wären und unfähig zu Liebe und Beziehungen, wo einige von harten Drogen oder Alkohol abhängig gewesen wären und niemals einen Job gefunden hätten, wo diejenigen, die zur Uni gegangen wären, Depressionen und schwere Angstgefühle entwickelt hätten – wäre es dann nicht gerechtfertigt gewesen, anderen denselben Schmerz zumuten zu wollen, damit sie begreifen, wie hart das Leben wirklich ist?[3]

Nein. Das gegenwärtige Maß an Leid in modernen Gesellschaften ist ethisch nicht zu rechtfertigen. Es ist moralisch falsch, eine Gesellschaft unkritisch zu reproduzieren, die dieses Ausmaß an Elend und langlebigen Traumata zeigt, wie es in modernen Staaten vorherrscht – sogar in vergleichsweise glücklichen wie Kanada oder Dänemark. Es ist nicht so, dass vormoderne Gesellschaften diesbezüglich besser gewesen wären, aber heutzutage stehen uns hierfür verschiedene Optionen zur Verfügung, was uns eine größere moralische Verpflichtung aufbürdet.

Eine andere Variante dieses »Verdienen wir das überhaupt?«-Arguments hat mit der weltweit einen Milliarde Menschen am untersten Ende der Gesellschaft zu tun – Menschen in bitterer Armut. Es könnte irgendwie arrogant oder sogar kaltherzig erscheinen, das Leben von Menschen in reichen, relativ glücklichen Ökonomien dramatisch verbessern zu wollen, wo es doch offensichtlich so viel materielle Ungleichheit auf der Welt gibt. Ist es nicht unethisch oder wenigstens unanständig, in den Industrieländern eine Gesellschaft entwickeln zu wollen, die freundlicher, aufmerksamer (*more listening*) und inklusiver ist, wenn wir uns doch eigentlich auf die Umverteilung von Wohlstand und akutere Formen des Leids fokussieren sollten? Darauf gibt es drei Antworten.

Die erste Antwort ist, dass wir beides tun können und müssen, also erst einmal dafür sorgen, dass die Armen reicher werden, aber dann eben auch, dass ihr Leben tatsächlich glücklich sein kann, wenn sie diesen Zustand einmal erreicht haben – was ja von Anfang an das Ziel war. Die zweite Antwort ist, dass Entwicklung und Institutionen in reichen Gesellschaften sowieso vorhanden sind und wir deshalb sicherstellen sollten, dass diese auf effiziente und intelligente Weise gestaltet werden – und nicht auf ineffiziente und unintelligente. Das dritte und bei Weitem stärkste Argument ist, dass das Weltsystem sich zu einem Ganzen entwickelt; jeder Teil beeinflusst alle anderen. Deswegen ist eine der besten Voraussetzungen zum Wohl der Welt, dass wir den reichsten und privilegiertesten Menschen ausreichend psychologische Stärke vermitteln, sodass sie sich nicht mehr darum bekümmern, wie schön ihre Autos sind oder ob sie ein wenig zu dick aussehen, sondern ihre Zeit, Aufmerksamkeit, Energie und Ressourcen in ihre Rolle als aufrichtig betroffene Weltbürger fließen lassen – wovon alle enorm profitieren würden.

Glücklichere Menschen schaffen funktionalere Gesellschaften und funktionalere Gesellschaften sind effizienter im Kampf gegen Ungleichheit – lokal wie global. Wir versuchen, das ganze globale System in ein faireres und nachhaltigeres Gleichgewicht zu bringen, und das erfordert, dass bestimmte Teile der Welt eine Vorreiterrolle in der kulturellen Entwicklung einnehmen. Es ist unfassbar, wie wir diesen Aspekt bislang ignorieren konnten.

Ein Übermaß an Leid und verlorenem Potenzial hält unsere Bevölkerungen davon ab, sich psychologisch weiterzuentwickeln und reife, echte Weltbürgerinnen und -bürger zu werden. Die Menschen empfinden Schmerz und Verletzung auf einer unbewussten psychologischen Ebene – und sind daher egozentrisch und unfähig einen weiten Blickwinkel einzunehmen und sich den sehr realen langfristigen Gefahren zu stellen, die unsere globale Zivilisation bedrohen. Wir müssen, koste es, was es wolle, die Weltbevölkerung viel, viel glücklicher machen – und zwar in einer tiefen Bedeutung dieses Wortes.

Natürlich geht es hier nicht um Konsumismus und kommerzielle Angebote zur »Selbstfindung« (wie Glücksforscher und Yogis zustimmen werden), aber wir können und sollten unseren menschlichen Mitlebewesen ein wahrhaft glückliches, produktives Leben wünschen. Wenn man darüber nachdenkt, wird es offensichtlich, dass hier eine Gegenposition von einem ethischen Standpunkt aus unhaltbar ist. Versuchen Sie, das hier laut auszusprechen:

> »Ich werde Ihnen tiefes Leid und Erniedrigung zufügen oder jedenfalls davon absehen, die höllische Verstümmelung Ihrer Psychophysiologie und Ihres Gefühlslebens zu verhindern, denn: *Könnte doch sein, dass Ihnen das guttut!*«

… oder noch schlimmer: *Könnte doch nützlich sein für die Gesellschaft.* Wenn ich über die Vision eines tiefgehenderen Sozialstaats spreche, bringen Menschen oft das Argument vor: »Oh, aber wenn man Menschen wahrhaft glücklich macht, würde die Gesellschaft aufhören zu funktionieren. Damit alles rundläuft, müssen Menschen ängstliche Konsumenten sein (damit sie weiter Geld rausschmeißen!) und aus der Angst heraus handeln, ihren Job zu verlieren (damit sie weiter schuften!).« Manchmal behauptet jemand sogar in aller Aufrichtigkeit, dass wir Leid brauchen, damit gute Bücher und Drehbücher geschrieben werden.

Natürlich verstößt diese Argumentation gegen die Ethik, die Kant für uns aufgestellt hat und die besagt, dass jedes menschliche Wesen als »Zweck an sich selbst« behandelt werden soll – niemals als Mittel für jemanden oder irgendetwas anderes. Sie bricht auch mit der noch älteren Goldenen Regel, andere so zu behandeln, wie wir selbst behandelt werden wollen.

Außerdem ist das vollkommen falsch, wenn man die Fakten betrachtet. Im Vergleich zu anderen haben die skandinavischen Länder eine glückliche Bevölkerung – und das scheint *zusammenzugehen mit* einer hochfunktionalen und -geordneten Gesellschaft (die nebenbei bemerkt auch große Mengen von Dichtung und Kriminalgeschichten hervorbringt). Wie wir später noch genauer besprechen werden, sind es oft Not und psychisches Leid, die eine konstruktive und sinnvolle soziale, politische und wirtschaftliche Entwicklung verhindern.

Das Glück von Menschen – auch hier: in einem tiefen Sinne des Begriffs – dient dem Gemeinwohl. Tiefes Leid *kann* positive Auswirkungen haben (die klinische Literatur zum Thema »posttraumatisches Wachstum« bringt immer aussichtsreichere Ergebnisse hervor), aber die meiste Zeit verursacht sie bleibende Traumata und kommt die Gesellschaft sauteuer zu stehen in Hinblick auf Sozialarbeit, Kriminalität, Unruhen, schlechte Gesundheit – die Liste ist lang. Unsere Gesellschaft bringt gewaltige Mengen an Traumata hervor, an jedem Tag und in jeder Minute. Psychische Verstümmelungen verursachen erstickte Seelen, die niemals aufblühen und ihre einzigartigen Gaben und Sehnsüchte mit der Welt teilen.

Wie auch immer, dies ist das Letzte, worum Sie sich kümmern müssen: dafür sorgen, dass das Leben noch mehr wehtut. Sogar in den funktionalsten, gebildetsten, sozial gerechtesten und gesündesten Regionen der Erde gibt es viele Menschen, die traumatisiert oder ein elendes Wrack sind. Fragen Sie beliebige Therapeutinnen, Sozialarbeiter oder Ärztinnen, die wissen, was sich unterhalb der Oberfläche abspielt. Bei all diesen drastischen Veränderungen und Krisen, die an jeder Ecke lauern, *wird mit Sicherheit jemand Schaden nehmen.*

Ein zu leichtes oder zu wenig schmerzreiches Leben ist nur selten das Problem. Keine Sorge: Das Leben wird wehtun, okay, selbst wenn wir seine Qualität dramatisch verbessern.

Natürlich kann eine Überbehütung Schaden anrichten. Wenn wir versuchen, jeden Hauch von Unwohlsein zu vermeiden, kann dies zu unhaltbarer Faulheit führen und zur Unfähigkeit, sich mit Problemen auseinanderzusetzen. In der Psychologie und Psychiatrie gibt es das Konzept der »erlernten Hilflosigkeit«, die entweder durch scheinbar hoffnungslose Situationen verursacht sein kann, durch Erschöpfung oder durch übermäßige Behütung. Trotzdem ist es einfach nicht produktiv – und das passiert vielen, wenn nicht allen Menschen –, im Laufe des Lebens viele Male schwer beschädigt und herabgesetzt zu werden, oft zum ersten Mal bereits in einem frühen Lebensalter.

Dies ist kein Ruf nach einer Armee verwöhnter Tölpel, die unfähig sind, Verantwortung zu übernehmen oder Schmerz auszuhalten. Dies ist keine Absage an die Leiden, die das Leben verursacht (was auch nur noch mehr Leid zur Folge hätte), sondern ein Ruf nach einer tiefgreifenden Akzeptanz des Lebens, wie es ist. Psychologisch gesprochen wollen wir eine radikale Anerkennung des Schmerzes, damit wir viel konstruktiver damit umgehen können, um glücklichere (und weniger elende) Leben für Menschen und Tiere hervorzubringen. Um den Schmerz des Lebens wirklich anzuerkennen und sich damit auseinanderzusetzen, brauchen wir eine Menge Trost, Unterstützung, Sicherheit, Sinnhaftigkeit und Glück. Das behauptet auch die Forschung zum »posttraumatischen Wachstum«, also die Leute, die damit befasst sind, wie Menschen positive, lebensverändernde Einsichten im Gefolge persönlicher Krisen gewinnen können.[4]

Der Punkt ist, dass das »normale Leben« bei vielen Menschen immensen Schaden anrichtet; das passiert einfach auf einer unbewussten, nicht-offensichtlichen Ebene. Die fortwährende Verstümmelung lebendiger, atmender Kinder mithilfe der vielen grausamen sozialpsychologischen Mechanismen, die unseren Alltag ausmachen, findet heute in einem massiven, global-industriellen Maßstab statt. Vielleicht können wir dieses Leid nicht aufhalten, aber wir sollten unser Bestes geben, es wenigstens zu vermindern und einzudämmen.

Dies ist ein Aufruf, die Massenverstümmelung und Folter von menschlichen Lebewesen zu beenden – die ihrerseits mit den schmerzverzerrten Körpern versklavter nichtmenschlicher Lebewesen gefüttert werden.

Noch einmal: Das Glück unserer Kinder und Mitbürger braucht keine weitere Rechtfertigung und *sollte* auch keiner bedürfen. Wir können und sollten eine glückliche Gesellschaft schaffen, einfach weil wir Anteil nehmen. Leider merke ich immer wieder, dass dies vielen Vertreterinnen und Vertretern der Psychologie, Theologie, Philosophie und Wirtschaftswissenschaften nicht offensichtlich ist. Was für Flachschippen.

Verachten Sie das Glück nicht!

Es ist ebenso angesagt wie dumm, das Glück zu verschmähen. Es ist beliebt, sich selbst als »weise« darzustellen, weil man »versteht«, dass Glück schließlich doch nicht so wichtig ist. Und *voilà*: Mit ihrer Aussage, Sinn sei wichtiger, begeben Sie sich in die illustre Gesellschaft von Kierkegaard, Heidegger oder Viktor Frankl. Natürlich ergibt das für jemanden, der mit dem Altern, Krankheit oder Konzentrationslagern konfrontiert ist (wie Frankl) tatsächlich Sinn – was vermutlich der Grund dafür ist, warum man solche Sätze erst von Menschen ab etwa fünfzig zu hören bekommt. In Hinblick auf die gesellschaftliche Ebene ist die Verachtung des Glücks jedoch völlig unangebracht.

Sie glauben nicht, dass Glück wichtig ist? Blicken Sie nun einer chronisch depressiven Person in die Augen – wir reden hier nicht über die niedliche Art von depressiv, wie man sie bei kulturell Kreativen findet (wie dem norwegischen Autor Karl-Ove Knausgård), sondern von Leuten, die morgens tatsächlich nicht aufstehen können und deswegen von ihren Familien aufgegeben werden – und sagen Sie das dann noch einmal. Sehen Sie sich das unglückliche, unsichere Kind an, das bei einem Fremden im Internet verzweifelt nach Trost suchte und gerade von jemandem vergewaltigt wurde (der sich ebenfalls elend fühlt) und sagen Sie das dann noch einmal. Und wie ist es mit dem schreienden Ferkel, dem gerade ohne Betäubungsmittel buchstäblich die Hoden herausgerissen wurden. Schauen Sie ihm in die Augen und sagen Sie ihm, sein Glück sei unwichtig, dass es stattdessen versuchen sollte, Sinn in dem Geschehen zu finden. Sind Sie also doch nicht so abgebrüht, was? Das ruiniert den feierlichen, weisen Habitus, den Sie da kurz angenommen hatten, oder?

Glück und Elend, Seligkeit und Leid hängen weitgehend miteinander zusammen. Wenn Sie sich dem Ziel verschrieben haben, das Leid anderer zu verhindern und zu lindern, dann ist es auch Ihr Ziel, ihr Glück zu befördern.

Zur Verteidigung derjenigen, die das Glück verspotten, sei gesagt: Es ist gewöhnlich nicht so, dass ihnen andere egal wären oder dass sie unter philosophischem Defätismus litten, ausgelöst durch eine Art Stockholm-Syndrom (also dass sie Unglück aus dem Grund entschuldigen, weil sie selbst unglücklich sind und ihr Geist sozusagen »in Geiselhaft« geraten ist). Ihr Fehler liegt vor allem darin, keine *analytische* Unterscheidung zwischen vorübergehendem, überschwänglichem »Glück« auf der einen Seite und einem authentischen, nachhaltigen Glück auf der anderen zu machen. Authentisches Glück schließt Hedonismus (Vergnügen, Spaß) und Eudämonie (Sinn, Zufriedenheit) ebenso ein wie die konstruktive und verantwortungsbewusste Akzeptanz von Schmerzen und Kummer.

Diese kritischen Stimmen ignorieren darüber hinaus die gesellschaftlichen Konsequenzen, die es hat, wenn glückliche Menschen auf tiefe und komplexe Weise produktiver sind und sie setzen jegliche Äußerungen über das menschliche Glück mit billigen kommerziellen Ratgebern und grenzenlosem Individualismus gleich: Als sei es nichts anderes als eine einzige große, heiße Sommer-Party auf Ibiza. Sie denken, dass nach Glück zu streben das mit einschließt, was ich später im Buch »die Verleugnung der Tragödie« nennen werde. Manchmal verwechseln sie auch den aufrichtigen Einsatz für das Glück von anderen mit der Verehrung des glücklichen/erfolgreichen Menschen und der dazugehörigen Verachtung für den unglücklichen/erfolglosen – worum es hier natürlich nicht geht. Nach dem Glück seiner Mitbürger zu streben steht in keinerlei Gegensatz dazu, Glückreichen und Glücklosen ein und denselben ethischen Wert zuzuschreiben.

Andererseits weisen einige der besser informierten Kritikerinnen darauf hin, dass Glück ein eher vages gesellschaftliches Ziel darstellt, weil Menschen sich offenbar darüber uneins sind, was sie glücklich macht. Aber das Argument hält nicht Stand. So ist es absolut möglich, halbwegs konsistent zu beschreiben, wie sich Glück anfühlt, zum Beispiel einige seiner psychophysischen Korrelate und so weiter. Auch wenn Forschungen – zuvorderst die Psychologin Lisa Feldman Barrett mit ihren Forschungen zu Affekten – zeigen, dass es scheinbar keinen einheitlichen neurologischen oder physiologischen »Fingerabdruck« verschiedener Emotionen gibt, ist es doch wenigstens möglich, positive innere Zustände von negativen weitgehend zu unterscheiden.[5] Ja, es ist ein komplexes Thema, und doch man kann feststellen, dass Glück eine Reihe beschreibbarer, wahrnehmbarer Phänomene ist, unabhängig davon, wovon sie ausgelöst werden. Und ja, wir können viel darüber erfahren, was Glück hervorruft – nur nicht, indem wir Menschen naiv fragen (was für eine dumme Methode ist das denn!), aber mithilfe von Forschungen in experimenteller Psychologie, Ethologie (Erforschung von tierischem Verhalten), Psychophysiologie und vielem mehr. Zum Zweiten, und das ist noch wichtiger, haben Menschen ziemlich einheitliche Vorstellungen davon, was sie unglücklich macht (soziale Herabsetzung, körperliche Schäden und anderes), was wiederum unterstreicht, dass wir Elend verhindern können, um Glück zu schaffen, und umgekehrt.

Die Menschen finden viele Gründe, um gegen das Glück zu sein. Diese Kritik am Glück ist verständlich, aber letztlich verfehlt und unverzeihlich. Man landet damit schlussendlich bei unhaltbaren Aussagen.

Die Tatsache, dass Glück nicht *alles* ist, dass es nicht das *einzige* würdige persönliche und gesellschaftliche Ziel sein kann, heißt nicht, dass es *nichts* oder *kein* würdiges Ziel wäre. Wenn man immer nur versucht, alles ausschließlich in Hinblick auf das Glück zu betrachten, gerät man natürlich auf philosophische Abwege. Dann werden Leute anfangen, Ihnen diese langweiligen Fragen zu stellen, die man gewöhnlich Utilitaristen in der Anfängerklasse stellt, also Leuten, die das Glück in der Welt maximieren wollen (»Was ist, wenn Sie eine giftige Glückspille hätten ...«). Aber – und das ist die Entgegnung – wenn Sie versuchen, in der Gesellschaft ohne jegliche Rücksicht auf das Glück und das Leiden von anderen zu agieren, geraten Sie in viel schlimmeres Fahrwasser. Das ist hier der springende Punkt.

Ich sage es noch einmal: **Die Tatsache, dass Glück nicht alles ist, macht daraus nicht einfach nichts.** Glück hat immer noch eine außerordentlich große Bedeutung, wenn man die Probleme der Gesellschaft verstehen will. Eine wachsende Anzahl von Studien auf dem Feld der »positiven Psychologie« und anderen Feldern, auch auf dem Gebiet der Medizin und Epigenetik, zeigen, **dass Glück gut für Sie ist.** In gewisser Hinsicht ein banales Forschungsergebnis; ich werde hierzu keine Quellenangabe machen. Also ja, wir sollten Menschen glücklich machen, und es ist schlicht pervers, etwas anderes vorzuschlagen.

Keine Sorge, Spiritualität und existenzielle Entwicklung gehen *tatsächlich* weit über Glücksgefühle hinaus, und ja, sie *sind* großartig und bedeutungsvoll, und nein, Glück allein schöpft die Bedeutung des Lebens und des Universums nicht aus, wie wir später besprechen werden. Wir müssen nur erst einige Leute von ihren hohen spirituellen und existenziellen Rössern holen, damit wir den Gedankengang weiterführen können, ohne durch ermüdende, prätentiöse Übungen in Tiefgründigkeit an Punkt null hängen zu bleiben.

Und wenn wir schon dabei sind, müssen wir gleich auch noch die Rösser freilassen. Ihr Rücken ist bekanntermaßen nicht dafür gemacht, andere Tiere zu tragen. Pferde sind dafür gedacht, auf weiten Ebenen unter freiem Himmel umherzuziehen.

Das Gefüge aus Schmerz und Glückseligkeit

Lassen Sie uns zum Hauptargument zurückkehren. Menschen leiden höllische Schmerzen. Das hat Gewicht. Falls möglich, sollten wir etwas tun, um sie glücklicher zu machen.

Wo waren wir also? Lassen Sie uns die Diagnose der spätmodernen Gesellschaft klar formulieren, den Hauptgrund unserer misslichen Lage: Wir alle sind Teil eines komplexen Gefüges aus seelischem Schmerz und Glückseligkeit, welches unser aller Leben und Zukunft bestimmt. Unsere Wunden und Entwicklungsmängel verbleiben nicht bei uns – sie übertragen sich auf andere Menschen, oft auf unerwartete und indirekte Weise. Das Leid und die gehemmte Entwicklung unserer Mitmenschen sind keine individuellen Angelegenheiten, sondern ein gesamtgesellschaftliches Anliegen von allergrößter Bedeutung. Dabei handelt es sich um zutiefst politische, ökologische und wirtschaftliche Angelegenheiten. Eine durch emotionale Schmerzen gehemmte Entwicklung zieht nicht nur die Lebensqualität jedes Einzelnen in Mitleidenschaft, sondern behindert auch grundlegende gesellschaftliche Anliegen wie Sicherheit, Gesundheitsfürsorge und die Stabilität unserer Institutionen.

Umfassende, einflussreiche Studien haben gezeigt, dass Glück sich vor allem durch Netzwerke überträgt; ein glücklicher Freund im Umkreis von eineinhalb Kilometern trägt in der Regel dazu bei, dass Sie selbst ebenfalls glücklicher sind – ein zufriedener Nachbar sogar noch mehr; bei Geschwistern oder Ehepartnern funktioniert das auch, allerdings in geringerem Maße.[6]

Glück und Schmerz sind sogar auf noch greifbarere und innigere Weise »sozial«. Kränkungen, Scham und Furcht machen aus uns gemeinere, kontrollbedürftigere Vorgesetzte, neidische Bekannte, erbärmliche Eltern, schlechte Lehrkräfte, gedankenlos Wählende und unkritisch Konsumierende sowie eine undankbare Nachbarschaft. Wie unreife Menschen das so tun, verschieben wir die Schuld und glauben, dass die Übel der Welt auf Menschen zurückzuführen sind, die nicht wie wir sind – aus uns werden schlechte Mitbürgerinnen und Mitbürger, unfähig zum konstruktiven Dialog, zu universeller Liebe und Vergebung. Wir sind vorurteilsbeladen, kurzsichtig und selbstgerecht, wüten gegen »moralisch Degenerierte« und »Heuchlerinnen« und verweigern denen, mit denen wir nicht übereinstimmen, Höflichkeit und Respekt, nicht zuletzt in der Politik. Wir versagen darin, Verantwortung zu übernehmen und konstruktiv im eigenen wie fremden Interesse zu handeln. Wir streben nach einem besseren Leben, doch oftmals schränkt uns unreifes und unsoziales Verhalten – sei es das eigene oder das anderer – dabei ein oder lässt uns scheitern.

Das große Gefüge aus Beziehungen, Verhaltensweisen und Emotionen, dieses Netz aus privaten und offiziellen, direkten und indirekten Beziehungen erbebt unter dem Leid von Menschen und Tieren. Die widerlichen Verwirbelungen der Feedbackzyklen fegen durch dieses große vieldimensionale Netz und lassen es unter ihren Kränkungen und Erniedrigungen erzittern. *Meine* mangelhafte persönliche Entwicklung hemmt auch *Ihre eigenen* Entwicklungsmöglichkeiten. Mein mangelhaftes Verständnis für Sie, Ihre Bedürfnisse und Sichtweisen, fügt Ihnen millionenfache unmerkliche Verletzungen zu. Ich werde ein schlechter Liebhaber, eine schlechte Kollegin, ein schlechter Mitbürger und Mensch. Wir sind miteinander verbunden: *Sie* können sich nicht vor *meinen* Schmerzen und Wunden in Sicherheit bringen. Sie werden Ihnen Ihr ganzes Leben lang nachfolgen – ich werde der gewalttätige Freund ihrer Tochter sein, ihre streitwütige Nachbarin aus der Hölle. Deswegen werden Ihnen niemals Flügel wachsen, weil es immer gemeine Chefinnen geben wird, Missverständnisse in Familien und Neid unter Freunden. Und Sie werden sich sagen, dass das Leben eben so sein muss.

Aber das Leben muss so nicht sein. Wenn Sie erst einmal in der Lage sind, das sozialpsychologische Gefüge des täglichen Lebens zu erkennen, wird es immer offensichtlicher, dass dieses Gefüge relativ einfach verändert und weiterentwickelt werden kann. **Metamoderne Politik zielt darauf ab, allen ein psychologisch tief empfundenes Sicherheitsgefühl zu geben, damit wir ein authentisches Leben gemäß unseren Wünschen und Fähigkeiten führen können.** Daraus resultiert ein Gefühl von Sinnhaftigkeit im Leben und dauerhaftes Glück sowie Freundlichkeit und die zunehmende Fähigkeit, mit anderen kooperieren zu können. Darüber hinaus verleiht es uns ein tief empfundenes Freiheitsgefühl und mehr tatsächliche Erfolge in unser aller Leben – und zu guter Letzt entsteht so eine Gesellschaft, deren Kollabieren in einen Hort der Grausamkeit weniger wahrscheinlich wird.

Natürlich wäre in diesem Zusammenhang anzumerken, dass dieses Gefüge auf komplexe und oftmals widersprüchliche Weise wirkt: Eine Form des Glücks kann eine andere Form des Elends hervorbringen (und umgekehrt); das Glück eines Menschen kann der Niedergang eines anderen sein. Aber in diesem Gefüge *gibt* es Regeln und wir *können* diese so nutzen, dass sie für kollektives, nachhaltiges Glück sorgen – sogar für Liebe.

Wir brauchen dringend eine tiefgehendere Form des Sozialstaats, der sich nicht auf materiellen Wohlstand und medizinische Absicherung beschränkt – eine *Gesellschaft des Zuhörens*, in der jeder und jede gesehen und gehört wird. Wie können wir das erreichen?

Den Kampf aufnehmen

Die Antwort liegt in unserem heutigen umfangreichen Wissen über den menschlichen Geist, das Gehirn und den Menschen in seiner Gesamtheit: seiner Psychophysiologie, seinen Reaktionen und Verhaltensmustern (einschließlich des ökonomischen Verhaltens), seinen Emotionen, Beziehungen, dem Wissen darüber, wie man ihn glücklich macht, wie man die Wahrscheinlichkeit psychischer Erkrankungen reduziert, wie man Familientragödien verhindert, wie man Menschen in den ersten Entwicklungsstufen von Kindheit, Adoleszenz und Erwachsenwerden unterstützt, wie man ihre Intelligenz und

Kreativität fördert (und in einem gewissen Grad erhöht), wie man ihnen nach Kränkungen und Verlust hilft, wie man ihre Neigung zu universalen Werten fördert und wie man ihnen zu einem komplexeren Denken verhilft – sogar, wie man sie dabei unterstützt, existenzielle und spirituelle Einsichten zu gewinnen, die den Tod, Schmerzen und die Enttäuschungen des Lebens leichter erträglich und handhabbar machen.

Dieses Wissen wächst täglich um mehrere Bände an. Wir erlangen immer mehr Erkenntnisse darüber, dass Gedeih oder Verderb eines Menschen von zahlreichen unterschiedlichen und zusammenwirkenden Faktoren beeinflusst werden. In der Medizin nennt man diese Einsicht das »bio-psycho-sozial-ökologische Paradigma«.[7] In der Psychologie heißt es ähnlich: das »biopsychosoziale Modell«. In Hinblick auf die Politik und insbesondere die Sozialpolitik können wir es **die Gesellschaft des Zuhörens** nennen, die eine tiefgehendere Form des Sozialstaats darstellt, wie metamoderne Aktivisten ihn erreichen wollen.

Politischer Metamodernismus ist der rebellische Akt, sich diesen gewaltigen Wissensbestand anzueignen, um ihn mutig in eine brauchbare Politik umzuformen; in wunderbare, aber gefährliche »Sozialtechniken«, die zur grundlegenden Verbesserung des Lebens eines Großteils der Bevölkerung verwendet werden können.

Dies soll im zeitlichen Rahmen einiger weniger Generationen erreicht werden. Wir reden hier *nicht* von einer dramatischen Revolution von einem Tag auf den anderen oder von dem Versuch, »die Dinge ein für alle Mal geradezurücken«, und auch nicht von einem plötzlichen »Erwachen« von uns allen. Wir sprechen hier nicht von einer Utopie in irgendeinem naiven Sinne. **Wir reden hier über sorgfältige, langsame Reformen, von denen nichtsdestotrotz substanzielle Effekte für die Lebensqualität unserer Mitbürgerinnen und -bürger erwartet werden können – über einen längeren Zeitraum hinweg und im Durchschnitt betrachtet.**

Ausgerüstet mit den nützlichsten wissenschaftlichen Erkenntnissen begeben wir uns auf die lange Reise vielfältiger, offener und transparenter demokratischer Prozesse, mit dem Ziel, sämtliche Teile der Gesellschaft umzuformen: Schulen, den Arbeitsplatz, die höhere Bildung, den Markt, die Gesundheitsfürsorge – sogar die persönlichen Beziehungen, die Sexualität, Geschlechterverhältnisse, Weltanschauungen und unser Verständnis als Mitbürger. **Wir reden hier also über eine bewusste und überlegte sozialpsychologische und kulturelle Entwicklung.**

Da unser Einfluss auf die Natur wächst und Sozialtechniken uns tieferen Zugang zur menschlichen Seele ermöglichen, übernehmen politische Metamodernisten offen, überlegt und auf unapologetische Weise die Verantwortung für die psychologische Entwicklung aller Mitbürger.

Es liegt in *meiner* Verantwortung, dass Menschen ihr Zuhause in Syrien aufgrund des Wahnsinns eines Krieges verlassen haben. Es ist meine Verantwortung, dass die meisten Menschen die Sklaverei, Folter und Verstümmelung von Tieren in der Landwirtschaft nicht als Fehler erkennen. Es liegt in meiner Verantwortung, dass die Integration von Migranten schlecht funktioniert, dass so viele junge Frauen unter Anorexie leiden, dass so viele Menschen ihr Leben mit einem nagenden Gefühl der Sinnlosigkeit fristen und zu keiner Zeit ernsthaft an der Verbesserung der Welt arbeiten.

Ich hätte die gesellschaftliche Wirklichkeit ändern können und dadurch die Leben vieler dieser wundervollen Gotteskreaturen. Es war immer schon meine Aufgabe. Und das wird sie auch bleiben. Das ist die Selbstverpflichtung der metamodernen Aktivistin.

Die politische Philosophin Elizabeth Cripps argumentiert, dass sich Bürgerinnen und Bürger angesichts der durch unser aller Handeln hervorgebrachten kollektiven ethischen Dilemmata nicht hinter ihrer Individualität verstecken könnten. Man müsse tätig werden, um das Gemeinwesen entsprechend den eigenen Fähigkeiten zu verändern, gesetzt dass man die Mechanismen versteht, die Schaden verursachen, und dass man weiß, wie vernünftigerweise gehandelt werden sollte. Diese moralische Verpflichtung schließt den politischen Aktivismus ein.[8]

Auch wenn Cripps hauptsächlich über den Klimawandel schreibt, sind ihre Ideen natürlich auch auf einen größeren Zusammenhang anwendbar. Je besser man versteht, wie die gesellschaftlichen Übel durch die psychosoziale Umgebung (also die Wechselwirkungen zwischen dem Innenleben von Menschen und den Arenen des Alltags) verursacht werden, desto mehr sind wir verpflichtet, diese Wirklichkeit zu verändern und weiterzuentwickeln.

Die Risiken annehmen

Es ist eine gefährliche Angelegenheit, tiefer in die menschliche Seele (und den Organismus) und die ihnen angeborenen Entwicklungsfähigkeiten vorzudringen. Dies kann leicht zu Verletzungen der Privat- und Intimsphäre führen, zu subtilen, aber umfassenden Formen der Unterdrückung. Dennoch sind wir, wie der Folgeband zeigen wird, auf diesem Pfad bereits seit dem 17. Jahrhundert unterwegs und angesichts der technologischen Entwicklungen ist es umso wichtiger, auf diesem Pfad bewusst voranzuschreiten und sich nicht einfach treiben zu lassen.

Eine **kulturelle Entwicklung**, wie sie hier angedacht wird, braucht Millionen wissenschaftlicher Artikel und bedachter demokratischer Debatten. Sie beruht auf Trial-and-Error, wirksamem Maßnehmen, kontinuierlichem Feedback und voller Transparenz in Hinblick auf Informationen und Entscheidungsprozesse. Die nächste und tiefere Schicht des Sozialsystems zu entwickeln – oder *zu kultivieren* – erfordert, dass zwei Fragen immer wieder gestellt werden:

- Wie können wir gute Rahmenbedingungen und Voraussetzungen für menschliches Wachstum und das Gedeihen von Menschen herbeiführen?
- Wie kann das auf eine Weise umgesetzt werden, die transparent, demokratisch und nicht-manipulativ ist – ohne »gruselige« kontrollierende Kräfte im Untergrund?

Die metamoderne politische Aktivistin orientiert sich in ihrem Leben an diesen beiden Fragen, Tag und Nacht, körperlich und mental. Das ist ein Vollzeitengagement, weil die Vernachlässigung auch nur einer der beiden Fragen schreckliche Konsequenzen haben kann und wird.

Wenn wir an einer Antwort auf die *erste Frage* theoretisch wie praktisch scheitern und nicht das am besten geeignete verfügbare Wissen nutzen, um passende Maßnahmen zu ergreifen, vertun wir die Chance, Menschen ein glückliches und produktives Leben zu ermöglichen. Wir lassen dann zu, dass Menschen einsam durchs Leben gehen, dass Kinder von Stärkeren belästigt, ausgebeutet und in vielerlei Hinsicht beschädigt werden, dass die öffentliche Debatte weiterhin dysfunktional bleibt, die Zerstörung unserer Umwelt weitergeht ebenso wie die Folter von Milliarden wehrloser Tiere, dass Menschen im Alter dahinwesen und voller Angst, Verwirrung und Bedauern sterben.

An einer Antwort auf die erste Frage zu scheitern bedeutet nicht nur, dass wir das in unserer Gesellschaft herrschende unentschuldbare Leid reproduzieren; es heißt auch, dass große globale Katastrophen viel wahrscheinlicher werden, da in der Folge unsichere und ängstliche Menschen mit schlecht funktionierenden sozialen Institutionen Macht über Nanotechnologie, KI und die Umgestaltung des Lebens selbst erhalten. **Wir scheitern dann daran, die Menschheit zu der Reife zu entwickeln, die ihrem neu gewonnenen Einfluss**

auf die Natur gerecht wird, den das Informationszeitalter (oder eher: die vieldimensionale Krisenrevolution) mit sich bringt.

Wenn wir an einer Antwort auf die *zweite Frage* scheitern und keine geeigneten Maßnahmen ergreifen, untergraben wir Freiheit, Demokratie und die Würde des Menschen – wir behandeln Menschen wie Pfandstücke und tragen zu einem System zunehmender Manipulation und Überwachung bei, in dem die Macht über tiefe, psychologische und persönliche Angelegenheiten in die Hände von Eliten und bürokratischen Apparaten fällt. Als das moderne Zeitalter dämmerte, warnte uns Adam Smith, der Vater der Ökonomie, vor dem »Parteidoktrinär« (*man of system*), der versucht, alles gemäß seinen Plänen und Vorstellungen von einer guten Gesellschaft zu ordnen, was am Ende zu unerwarteten Konsequenzen und zum Missbrauch politischer Macht führt:

> »so verliebt in die eingebildete Schönheit seines bloß vorgestellten Regierungsplanes, daß er nicht die geringste Abweichung von diesem Plane verträgt«.[9]

Möglicherweise haben Sie von dem Begriff »Nudging« gehört (im Deutschen: Anstupsen), Sunstein und Thalers verhaltensökonomischer Idee, dass Menschen kaum merklich »angestupst« werden können, damit sie gemessen an den Maßstäben des »libertären Paternalismus« »bessere« Entscheidungen treffen. Ein »Entscheidungsarchitekt« kann die Präsentation von Lebensmitteln in der Mittagsverpflegung der Schule zum Beispiel so organisieren, dass die Auswahl »besserer« Lebensmittel erleichtert und so die allgemeine Gesundheit verbessert wird.[10]

Im Prinzip ist diese Argumentation nicht falsch, aber sie weicht der Frage aus, *wer* vernünftigerweise solch ein »Entscheidungsarchitekt« sein sollte. In Sunsteins und Thalers Erörterung kommt der »Entscheidungsarchitekt« dem »Systemmenschen« erschreckend nahe. Allermindestens sollten wir in einer Demokratie darüber abstimmen, wie und wann wir auf diese Weise angestupst werden wollen oder nicht. Und zwar im Modus »direkte Demokratie«.

Jeden Tag müssen wir uns vor unserem Spiegel tief in die eigenen Augen blicken – verwandeln wir uns in diesen technokratischen Systemmenschen? Das ist keine kontemplative Frage, sondern eine politische und analytische. Wie Sie im Folgeband sehen werden, schaffen die vorgeschlagenen sechs neuen Formen von Politik eine wechselseitige Kontrolle, die Machtmissbrauch, Manipulation und unsensiblem Social Engineering entgegenwirkt. Die Entwicklung der Gesellschaft und unser anwachsendes Wissen zwingen uns, dem

Systemmenschen ins Auge zu sehen und ihn auf neuen und tieferen Ebenen auszutarieren. Wir haben gerade erst damit begonnen, uns mit dem »Systemmenschen« vertraut zu machen – und diese graue Eminenz wird ihr Gesicht noch auf subtilere Weise zeigen, wir werden ihr sogar tief in uns selbst begegnen.

Die beiden Fragen, die wir hier gerade erörtern, gehören zusammen. Sie können die erste nicht ohne die zweite beantworten. Keine der beiden Fragen hat eine »einzige Antwort«, und man kann sie auch nicht abschließend beantworten, da sie neue Zwickmühlen, Dilemmata und Rätsel hervorbringen, während sich die Gesellschaft entwickelt und neue Herausforderungen entstehen. Beide erfordern ein anhaltendes Fragen und Antworten. Es handelt sich bei ihnen um *Prozesse* – um diesen abgedroschenen Begriff noch einmal zu verwenden.

Viele Menschen sind stolz darauf, nach einer Antwort auf die erste Frage gar nicht erst zu forschen, weil sie damit vermeiden, auch die zweite Frage beantworten zu müssen. Das ist eine Haltung, die ich später noch als die **des liberalen Unschuldslamms** bezeichnen werde. Aus dieser Position heraus lässt sich unbeschwert jeder angreifen, der Vorschläge vorbringt, wie die Gesellschaft unter Umständen verändert und verbessert werden könnte, einfach indem sie die Vorschlagenden als Kontrollfreaks, arrogant oder naiv bezeichnen. Der Standpunkt der liberalen Unschuld erlaubt es nicht, die mit diesen Vorschlägen einhergehenden Risiken anzunehmen, und so werden seine Verfechterinnen und Verfechter mitschuldig am Leid all derjenigen, die von der inakzeptablen Grausamkeit unserer gegenwärtigen Gesellschaft verstümmelt werden.

Ein höheres Maß an Freiheit hat eine größere Verantwortung zur Folge; und wir befreien uns entweder zusammen oder niemand wird frei sein. Für einen Leser, der diese Risiken nicht akzeptiert, der Freiheit will, aber keine Verantwortung, fühle ich nichts als die tiefste moralische Verachtung.

Kapitel 4
Möglich und notwendig

Eine tiefgreifende Ausarbeitung der Sozialpolitik – die sich darum kümmert, dass alle Bürgerinnen und Bürger (oder so viele wie irgend möglich) zu aufrichtig glücklichen und emotional gut entwickelten Menschen werden – ist sowohl *möglich* als auch *notwendig*.

Ja, es ist möglich

Möglich wird dies durch die neuen Gegebenheiten des Internetzeitalters, die Revolution der Automatisierung, das ungeheure Anwachsen von Wissensbeständen und die Produktion im weltwirtschaftlichen Rahmen. Durch das kontinuierliche Wirtschaftswachstum und die technischen Innovationen hat die Gesellschaft einfach viel mehr Gelegenheiten, Menschen anzustellen, die an feinsinnigeren, eher psychologischen und langfristig orientierten – aber doch auch tiefgreifend bedeutungsvollen – Aufgaben arbeiten.

Wir wissen, dass die Kosten, die ein auf die schiefe Bahn geratener Mensch in den reichen Teilen der Welt im Laufe seiner Lebensspanne verursacht, immens sind: Er bleibt dem Arbeitsmarkt fern, benötigt Sozialleistungen, Polizeiarbeit, Gerichte und Gefängnisse, fügt seinen Mitmenschen Schaden zu, was das allgemeine Sicherheitsniveau absinken lässt und steigende Kosten für die erforderliche Überwachung und Sicherheit zur Folge hat und zudem in der Öffentlichkeit Ängste hervorruft, was diese wiederum anfälliger für dämliche angstbasierte Politik macht, und so weiter. Seit einiger Zeit gibt es vermehrt Stimmen in den Wirtschaftswissenschaften und der Sozialen Arbeit, die vorschlagen, solche »schwierigen Kinder« frühzeitig auszumachen, damit sie die besondere Unterstützung erhalten können, derer sie bedürfen; im Vergleich zu den Kosten, die sie verursachen, erscheint das Gehalt einer mehrere Jahre angestellten Sonderlehrkraft wie ein Schnäppchen.[1]

Aber darum geht es hier eigentlich gar nicht. Es geht um etwas wesentlich Umfassenderes (das zudem in ethischer Hinsicht weniger zweifelhaft ist), als vierjährige Lümmel auszusortieren. Hier ist von universalen Maßnahmen die Rede, die allen Menschen mehr Fürsorge, Unterstützung und Aufmerksamkeit verschaffen, indem sie alle wesentlichen Institutionen neu entwerfen, um die Qualität menschlicher Beziehungen, persönlicher Entwicklung und psychischer Gesundheit zu verbessern. Lassen Sie uns fortfahren:

- Alle sollten die Chance haben, mit einem freundlichen, aufmerksamen (*listening*) professionellen Therapeuten zu sprechen, während sie aufwachsen. (Stellen Sie sich das einmal konkret vor: Die Zahl der Misshandlungen würde sofort sinken, Kinder gingen besser miteinander um und das Familienleben würde sich verbessern.)
- Alle sollten Achtsamkeitsmeditation und andere Meditationstechniken erlernen, um besser mit Stress umgehen zu können und mit den eigenen Emotionen in Kontakt zu kommen.
- Alle sollten von jungen Jahren an einen guten Bewegungscoach erhalten, um körperlich fit heranzuwachsen und sich eine gute Körperwahrnehmung, ein positives Körperbild, eine entspannte Körpersprache und gesunde Gewohnheiten anzueignen.
- Alle sollten in Gesprächsführung geübt sein und die Chance erhalten, an öffentlichen Debatten und Beratungen teilzunehmen.
- Alle sollten einmal im Leben ein Jahr frei bekommen, um die Gelegenheit zu haben, nach einem neuen Zweck für ihr Leben zu suchen sowie schwere Lebensentscheidungen unter professioneller Anteilnahme und Beistand treffen zu können – in einer Art säkularem Kloster.
- Alle sollten »angestupst« und dabei unterstützt werden, sowohl gesunde als auch nachhaltige Lebensmittel zu konsumieren, die Depression verhindern und langfristige gesellschaftliche Ziele befördern.
- Alle sollten in sozialer und emotionaler Intelligenz trainiert werden, damit weniger Konflikte entstehen und man mit eventuell doch auftretenden Konflikten konstruktiver umgehen kann.
- Alle sollten eine rechtzeitige und richtige Sexualerziehung erhalten, die das Wissen einschließt, wie man mit einer vorzeitigen Ejakulation, Vaginismus und sexueller Zurückweisung umgeht; wie man sich jemandem auf charmante, aber respektvolle Weise nähert, wie man mit Wettbewerb

umgeht und mit Pornografie oder sexuellen Regungen, die von der Norm abweichen.

- Alle sollten auf Hilfe zurückgreifen können, wenn es um den Umgang mit der Angst vor dem Tod oder mit den harten Gegebenheiten des Lebens geht – damit wir intuitiv begreifen, dass unsere Zeit hier wertvoll ist.

Das ist erst einmal nur eine sehr grobe Skizze. Im Grunde genommen geht es darum, dass wir das gesamte Gefüge der sozialen Wirklichkeit verändern müssen. Wir müssen die psychischen und emotionalen Hintergrundgeräusche verschiedener Ängste dämpfen und das Leben im Allgemeinen vernünftiger und freundlicher gestalten. Das ist weder ein überflüssiger noch ein selbsterklärender Anspruch. In keiner der bekannten Gesellschaften existiert solch ein sozialpolitisches Niveau; weder im schwedischen System noch in den Eliteinternaten und auch nicht im »Land des Bruttonationalglücks« Bhutan.

Stellen Sie sich vor, allen stünde eine wie oben skizzierte unterstützende Struktur zur Verfügung, die sich am jeweiligen Erkenntnisstand orientierte – hätten Sie dann weniger oder mehr Angst, wenn Sie nachts die Straße entlangliefen? Meinen Sie, dass Sie mehr oder weniger geneigt wären, an einem Menschen in Not vorbeizueilen? Würden Sie sich sicherer dabei fühlen, Ihre Kinder zur Schule zu schicken? Meinen Sie, dass die Integration von Migranten mehr oder weniger behindert würde durch Vorurteile und kulturelle Spannungen? Würden mehr oder weniger Menschen Terrororganisationen beitreten? Würde die Durchschnittsperson sich mehr oder weniger angetrieben fühlen, sich coole Klamotten und Autos zu kaufen, um ihren sozialen Status zu beweisen? Würden Menschen stärkere oder schwächere lokale Gemeinschaften bilden? Würden psychische und physische Gesundheit besser oder schlechter? Wäre die Gesellschaft gewalttätigen Auswüchsen während Zeiten von Wandel und Krisen mehr oder weniger zugeneigt? Wären Klassenunterschiede verschärft oder eingeebnet und wären die versteckten klassenbezogenen Kränkungen tiefer oder würden sie leichter ausheilen? Wäre die Durchschnittsfamilie mehr oder weniger harmonisch und gesund?

Die vernünftigste Antwort ist, dass die Gesellschaft durchschnittlich und im Ganzen gesehen sicherer, vernünftiger und freundlicher wäre – und dass diese Effekte sich über Jahrzehnte und Generationen hinweg aufbauen würden, bis erneut ein stabiles Niveau erreicht wird, in dem es mehr Glück und weniger Leid gibt. Die Menschen hätten ein viel höheres Maß an Freiheit und Zufriedenheit. Das Leben würde viel mehr Spaß machen und auch mehr Abwechslung bieten, denn viel weniger Menschen würden durch Stress, Ängste oder zerbrochene Beziehungen in ihrer Entwicklung und ihrem Leben eingeschränkt. Es gäbe mehr menschliche Bindungen, Vertrauen und Chancen. Das würde wiederum unvorstellbare Kosten einsparen und mehr Leute dazu veranlassen, ihre Lebenszeit in den Dienst für sich und andere zu stellen. Das Gesamtkonzept einer Gesellschaft des Zuhörens ist also auch deshalb möglich, weil sie im Anschluss an die anfänglich notwendigen Investitionen sehr viel mehr einspart, als sie ausgibt. Sie *rettet* das zunehmend unter Druck geratene Sozialsystem.

Menschen haben ein Problem damit, das zu verstehen, deswegen wiederhole ich es hier noch einmal (und auch für den Fall, dass Ihnen diese Aussage entgangen sein sollte):

- Die Gesellschaft des Zuhörens *rettet* das Sozialsystem, denn sie ist viel effizienter und sozial nachhaltiger als unser gegenwärtiges System. Sie ist also langfristig gesehen wesentlich erschwinglicher.

Wir sprechen hier vom überlegten, langfristigen Management tiefer, komplexer und sozialpsychologischer Belange. Diese tiefsitzenden Belange wirken sich auf alle Aspekte der Gesellschaft in vielfältigster und schwerlich exakt vorhersagbarer Weise aus. Auf einer allgemeinen Ebene sind die Auswirkungen allerdings ziemlich einfach festzustellen. Hier ein Gedankenspiel: Wenn die Durchschnittsperson einfach sozial besser entwickelt, gesünder und freundlicher wäre, würde die Gesellschaft dann nicht als Ganze enorm davon profitieren? Und wie ist es mit der Wirtschaft, dem Arbeitsmarkt oder der Effizienz der demokratischen Regierungsform?

Ein tiefgehenderes Sozialsystem, eine Gesellschaft des Zuhörens, ist möglich, weil wir in einem postindustriellen Zeitalter leben und weil wir gerade in den Besitz des Wissens gelangt sind, das wir für eine erfolgreiche Umsetzung benötigen: Gegenwärtig werden neue Sozialtechniken verfügbar gemacht und das Wissen darüber wächst, wie wir die Anwendung solcher Sozialtechniken kontinuierlich verbessern können.

Eine Gesellschaft des Zuhörens ist dort möglich, wo eine grüne, sozialliberale Meta-Ideologie vorherrscht. In einem Land wie den USA, wo eine allgemeine Gesundheitsversorgung, das Recht auf Abtreibung oder die Rechte von Homosexuellen immer noch echte Streitfragen sind, gibt es kein stabiles Fundament, auf dem sich eine solche Gesellschaft aufbauen ließe. Der politische Diskurs in einem Land (oder einer anderen Form von Gesellschaft) muss erst eine Entwicklungsstufe erreicht haben, auf der eine solide Mehrheit liberale, soziale und grüne Werte unterstützt, sodass diese Werte als gemeinsame Basis dienen können. In den skandinavischen Ländern ist das in viel größerem Umfang gegeben als in den USA.

Wenn es erst einmal eine Selbstverständlichkeit geworden ist, dass wir eine freie, faire und nachhaltige Gesellschaft wollen und wenn erst einmal die ersten Schritte auf dem Weg dorthin unternommen wurden, wird deutlich erkennbar sein, dass alle gegenwärtigen Parteien (von denen *de facto* alle grün-sozialliberal sind) sich in ihrem Charakter als Bewegungen festgefahren haben. Ihnen fehlen jegliche langfristigen Gesellschaftsvisionen, Utopien oder Zukunftsziele, die der Erwähnung wert wären.

Das entbehrt nicht einer gewissen Ironie, denn tatsächlich gab es niemals ein größeres Potenzial, neue Formen des täglichen Lebens zu entwickeln, als heutzutage. Die vorhandenen Ressourcen und das zur Verfügung stehende Wissen sind schlicht atemberaubend im Vergleich mit dem Kenntnistand und den Mitteln vor einigen Jahrzehnten. Das Problem der etablierten politischen Bewegungen ist, dass sie alle auf Ideologien aufbauen, die während des Industriezeitalters begründet wurden, wobei diese Ideologien praktisch weitgehend aufgegeben wurden (die Sozialdemokraten wollen nicht wirklich immer noch den Sozialismus und so weiter). Die Ideologien des Industriezeitalters sind sämtlich bankrott – sie haben sich alle in blasse, höfliche Verwalter des Grünen Sozialliberalismus gewandelt.

Das bietet eine Menge politischen und institutionellen Spielraum für neue, aufstrebende Kräfte und bringt Bewegung in die neue politische Formation des Grünen Sozialliberalismus.

Schauen Sie, selbst wenn die Sozialisten alles erhielten, was sie wollten, wäre das Leben immer noch reich an Ungleichheit und Elend. Selbst wenn die Libertären ihren Kopf durchsetzten, wären die meisten Menschen nicht frei. Selbst wenn die Grünen ihren Willen bekämen, wäre die Gesellschaft nicht nachhaltiger in einem wirklich umfassenden Sinne.

Indem wir auf einen »Grünen Sozialliberalismus 2.0« setzen, beginnen wir damit, der Gesellschaft eine neue Ebene hinzuzufügen, *thronend über* der modernen Gesellschaft und ihren Projekten von Fortschritt und Aufklärung. In diesem Rahmen greifen wir tiefere, sehr persönliche und aufrichtige Anliegen auf, die die Funktionsweisen einer Gesellschaft in ihrem Kern ausmachen. Unter der Oberfläche der vordergründigen gesellschaftlichen Probleme, über die wir gewöhnlich sprechen und nachdenken, liegen nämlich oftmals solche sozialpsychologischen und existenziellen Anliegen.

Mehr und mehr Menschen interessieren sich mittlerweile für profunde Fragen, die das Leben und die Gesellschaft betreffen. Die Menschen verlangt es nach mehr Tiefe und Aufrichtigkeit – und der Inspiration, die aus Antworten in diesen Bereichen hervorgehen kann. Es gibt eine Nachfrage nach einer tiefgehenderen Art der Politik und aus dieser Nachfrage erwächst politische Macht, die es sich zu nehmen gilt. Diese neue Ebene des Sozialstaats sprengt die Grenzen der modernen Gesellschaft und verändert die Qualität der menschlichen Beziehungen selbst. Niemand sonst macht das bislang, und wer zuerst damit anfängt, hat einen deutlichen Wettbewerbsvorteil. So wird eine Gesellschaft des Zuhörens möglich.

Und ja, es ist notwendig

Der Grüne Sozialliberalismus 2.0 und die von ihm angestrebte Gesellschaft des Zuhörens lassen sich durchaus in überschaubarer Zeit realisieren. Wie ich oben dargelegt habe, sind beide ein moralischer Imperativ. Und sie stellen eine institutionelle Notwendigkeit dar. Unsere Gesellschaft ist in rasantem Wandel begriffen, und wenn es uns nicht gelingt, ein effizienteres Sozialsystem zu entwickeln, wird dies sehr wahrscheinlich äußerst negative Folgen haben. Unsere gegenwärtige Form von freiheitlicher Demokratie und Sozialstaat besitzt in der Welt allergrößtes Ansehen – aber sie reicht nicht aus und wir müssen ihre Weiterentwicklung befördern. Wenn wir hier untätig bleiben, steht unsere Gesellschaft vor zunehmenden Problemen bis hin zum Zusammenbruch, da unsere alten Antworten und Institutionen dauerhaft nicht in der Lage sind, sich den Herausforderungen dieses Zeitalters zu stellen.

Die Ausbildung einer tieferen sozialstaatlichen Ebene ist *notwendig*, weil in diesem globalisierten Internetzeitalter unser gegenwärtiges System und seine politischen Visionen immer mehr zugrunde gerichtet werden. Es geht nicht länger darum, Essen heranzuschaffen, die Ausbeutung natürlicher Ressourcen zu organisieren oder Autos und Arzneien zu produzieren (obwohl diese Probleme im Zuge eines ökologischen Zusammenbruchs wiederkehren könnten). Was uns heute fehlt, ist die menschliche Fähigkeit, komplexe Probleme zu lösen, die Geduld, Wissen, Überblick, Kreativität, gegenseitiges Vertrauen und eine freundschaftliche Zusammenarbeit zwischen verschiedenen Fachgebieten, wissenschaftlichen Disziplinen, Kulturen und Subkulturen erfordern. Kurz gesagt: Wir brauchen ein Komplexitätsmanagement beziehungsweise mehr **kollektive Intelligenz** (eine Wendung, auf die wir später noch zurückkommen werden).

Die sozialpsychologischen Anforderungen steigen auch in Hinsicht auf alltägliche Entscheidungen, beispielsweise was unseren Konsum anbelangt oder bei der Frage, wie wir inmitten lauter Ablenkungen mit unserer Zeit umgehen. Das trifft sogar auf persönliche Beziehungen zu, sieht man doch überall auf der Welt neue Formen von Liebe, Familie, Freundschaft, Bekanntschaften und Zusammenleben sowie Mischformen von Lebens- und Arbeitsbeziehungen wie Pilze aus dem Boden schießen. Wir brauchen Menschen mit einer viel höheren sozialen und psychologischen Kompetenz, damit diese neue Gesellschaft in all ihrer verrückten Schönheit reibungslos funktioniert. Wir sind als Bevölkerung noch nicht bereit, die Gesellschaft, die wir selbst geschaffen haben, anzuerkennen und darin zu leben. **Wir sind überfordert.** Oder, wie Robert Kegan, Entwicklungspsychologe in Harvard, es ausdrückt: Wir sind **der Sache nicht gewachsen** (*In Over Our Heads*).[2]

Im Grunde gilt: Menschen können in diesem neuen wirtschaftlichen Umfeld nur dann erfolgreich funktionieren, wenn das seelische Wohlergehen zunimmt und wir tragfähigere soziale Netzwerke haben. Ein tiefgehenderer Sozialstaat ist notwendig, der unsere seelische Gesundheit und unser seelisches Wohlbefinden im Allgemeinen verbessert – und damit auch unsere Funktionsfähigkeit in dieser bizarren neuen globalen Gesellschaft. Wir müssen zu stabilen, flexiblen, reifen Versionen von uns selbst werden, weil sich unser Leben als Spiel in einer immer komplexeren und multidimensionaleren Arena gestaltet, in dem soziale Fertigkeiten und die Qualität unserer Beziehungen entscheidend sind.

Kollektive und individuelle Sinnstiftung spielen in diesem Zusammenhang ebenfalls eine große Rolle. Menschen müssen in der Lage sein, ihre eigene Lebensgeschichte zu schreiben, ihre eigene Erzählung von der Welt zu formulieren, ihre eigene Bedeutung zu finden. Sie müssen nicht mehr raus aufs Feld, um Ihre Familie zu ernähren, und die Gesellschaft bietet Ihnen kein einheitliches, von Göttern diktiertes Weltbild mehr (beziehungsweise zwingt sie Ihnen ein solches nicht länger auf) – obwohl wir natürlich immer noch von den Normen unserer Gesellschaft, der Sprache und anderem mehr geprägt werden.

Nicht verrückt zu werden in dieser an Widersprüchen, Versuchungen und Ablenkungen reichen Welt, voll aufreibender Anforderungen, die doch auf teuflische Weise vage bleiben, ist eine ungeheure Herausforderung für Menschen.

Es gibt keine im Vorhinein sinnstiftende Geschichte (außer man ist Teil einer religiösen Sekte, aber auch deren Situation ist zunehmend prekär). Nicht nur müssen wir unseren Verstand gesund erhalten; inmitten alledem müssen wir auch noch eine Richtung finden und diese dann im Blick behalten; wir müssen aktiv bleiben, auch wenn unsere Aktivitäten selten auf irgendeine unmittelbare, konkrete Weise »notwendig« sind. Wenn wir daran scheitern, können wir leicht in einer sozial und wirtschaftlich prekären Lage landen. Viele dieser Anforderungen verlangen uns ab, höhere Stufen der persönlichen Entwicklung zu erklimmen, wie beschrieben im zweiten Teil dieses Buches.

Denken Sie an die sich wandelnde Natur der Erwerbsarbeit. Der Anteil Selbstständiger am Arbeitsmarkt wächst und die vergleichsweise stabilen Strukturen von Unternehmen des Industriezeitalters lösen sich auf (zusammen mit ihren Anstellungsverhältnissen), was bedeutet, dass Menschen im Allgemeinen eigenverantwortlicher denken und handeln müssen, um sich entfalten und produktiv sein zu können. Und nein, daran ist keine neoliberale Verschwörung schuld, die mit Thatcher und Reagan begonnen hat, sondern die Revolution des Internets, die Automatisierung, der Postindustrialismus – und die Mechanismen der Globalisierung (die selbstverständlich eine angemessene Kritik vonseiten der Linken verdienen).

Wir lassen die Art von Ökonomie hinter uns, in der man von seinem Beruf definiert wurde. Menschen definieren sich zunehmend über eine breitere Palette von Identitäten, darunter zivilgesellschaftliche, individuelle, ästhetische und existenzielle. Das hat vor allem zwei Folgen:

Zum Ersten werden Menschen viel mehr emotionale Unterstützung benötigen, um persönliche Reife zu erlangen und mit den vielen denkbaren und verwirrenden Identitäten spielen zu können – anstatt diese allzu ernst zu nehmen oder sich an ein einziges Aufgabengebiet zu klammern und dann am Boden zerstört zu sein, wenn sie auf einmal arbeitslos werden. Wie oben erwähnt, erfordert dies eine tiefgehendere Form des Sozialstaats, die Selbsterkenntnis und ein reichhaltiges Leben jenseits des Arbeitsmarkts unterstützt.

Zum Zweiten müssen viele neue berufliche Rollenbeschreibungen erfunden werden, um den Transformationen im Bereich der Arbeit zu entsprechen, während Automatisierung und Digitalisierung voranschreiten. »Neue Jobs müssen geschaffen werden«, um es in der fürchterlichen Sprache unserer gegenwärtigen politischen Führung zu formulieren. Viele dieser Jobs können und sollten die sinnstiftenden Aktivitäten umfassen, die für den Aufbau einer Gesellschaft des Zuhörens notwendig sind (ein gewaltiges Arbeitsaufkommen fällt an, um Kindern zu helfen, öffentliche Räume zu gestalten, Hilfe beim Übergang von einer Lebensphase zur anderen zu leisten, Ernährungsumstellungen zu unterstützen, Bürgerbeteiligung zu organisieren und all das hier Erwähnte zu evaluieren und weiterzuentwickeln usw.). **Die Gesellschaft des Zuhörens ist also *sowohl* notwendig als Unterstützung für die Bürgerinnen und Bürger *als auch* als Quelle neuer sinnvoller, produktiver Arbeitsmöglichkeiten.**

Darüber hinaus bietet die Gesellschaft des Zuhörens im Rahmen der Weltwirtschaft einen wichtigen Wettbewerbsvorteil. Die Regionen, die Menschen den besten Boden für das Gedeihen von Beziehungen und Wohlbefinden bereiten, werden in der postindustriellen Wirtschaft wahrscheinlich eine wesentlich höhere Produktivität aufweisen. Es ist allgemein bekannt, dass beispielsweise ein *Flow-Zustand* oder eine *intrinsische Motivation* der Kreativität und dem Erfolg bei komplexen Aufgaben zuträglich sind. Selbstbewusste, glückliche Menschen sind besser in der Lage, abstrakte und langfristige Ziele zu verfolgen, negatives Feedback entgegenzunehmen (und sich an neue Informationen anzupassen). Sie werden andere Menschen im Gedränge um Kapital und einflussreiche Positionen innerhalb der neuen Weltordnung schlicht überflügeln.

Das ist zugegebenermaßen der zynische Teil der Argumentation, aber ein wichtiger. Es geht nicht nur darum, dass die Gesellschaft des Zuhörens freundlicher und ethischer ist. **Die Gesellschaft des Zuhörens ist einfach sehr viel erfolgreicher in einer digitalisierten globalen Gesellschaft als die kapitalistische liberale Demokratie.** Sie spart enorm viele Steuergelder, beflügelt Unternehmen, Unternehmerschaft und Innovation, sie zieht Talente und verschiedene Formen von Kapital an – und sie vermehrt menschliches und gesellschaftliches Kapital. Ranglisten wie der Human Development Index (HDI) zeigen ähnliche makroökonomische Auswirkungen: **Die menschliche Weiterentwicklung treibt wirtschaftliches Wachstum an.** Im Internetzeitalter wird eine tiefgehendere und komplexere Form menschlicher Entwicklung sehr wahrscheinlich auch eine tiefgehendere und komplexere Form des ökonomischen Wachstums bewirken.[3]

Ein tiefgehenderer Sozialstaat ist notwendig, weil wir sonst von Gesellschaften überflügelt werden, die den Bedürfnissen ihrer Bürgerinnen und Bürger *besser* zuhören und daher auch besser gedeihen. Zum Segen der Menschheit führt diese Dynamik das Weltsystem in einen Kreislauf positiver Rückkopplungseffekte hin zu größerer Sensibilität und mehr Fürsorge, anstelle eines Wettlaufs nach unten.

Was das für unseren Alltag bedeutet

Die Menschen realisieren nicht, dass das alltägliche Leben viel leichter und glücklicher sein könnte, wenn wir eine psychisch gesündere Gesellschaft erschaffen würden. Selbst wenn ich nur mein eigenes Leben betrachte, gibt es um mich herum so viel Leid, das mit der psychologischen Entwicklung von Menschen und der Qualität ihrer Beziehungen zusammenhängt – ich bin mir sicher, Ihnen selbst fallen entsprechende Geschichten ein.

Als meine Eltern noch lebten, war ich ab und zu bei meiner Mutter zu Besuch. Nach der Scheidung hatte das Leben meines Vaters in beruflicher wie persönlicher Hinsicht stagniert: Er, der Alkoholiker, überlebte erstaunlich lange, obwohl er hauptsächlich Kaffee, Bier und Zigaretten konsumierte. Der neue Ehemann meiner Mutter errichtete ein Haus am Meer und es ging ihnen gut. Sie waren stets freundlich und höflich und beim Abendessen sprachen wir gewöhnlich über Angelegenheiten des Lebens und der Gesellschaft. Auch wenn keiner von beiden je eine Universität besucht hatte, verfolgten sie meine Arbeit stets mit Interesse, wenn auch aus einer gewissen Distanz. Der Mann meiner Mutter fragte oft, warum ich so versessen darauf sei, die Gesellschaft zu verändern und weiterzuentwickeln, wo die Dinge zu dieser Zeit im Großen und Ganzen doch gut und in Ordnung waren.

Ich hatte drei Brüder väterlicherseits. Zwei von ihnen starben, einer mit 39 und einer im Alter von 45 Jahren. Beide waren im Kindesalter von ihren Müttern im Stich gelassen worden, die ihre Familie (so auch meinen Vater) jeweils plötzlich für einen anderen Mann verlassen hatten. Beide Brüder tranken viel und rauchten, waren mäßig gute Schüler (obwohl der eine ziemlich intelligent war und während einer karitativen Tätigkeit in Angola im Laufe eines Monats Portugiesisch gelernt und der andere erfolgreich seinen eigenen Tischlerbetrieb geführt hatte). Beide hinterließen Kinder und chaotische familiäre Beziehungen. Wäre ihre Geschichte eine andere gewesen, wenn sie ihr Leben nicht in dem vagen Gefühl zugebracht hätten, dass ihre Mütter sie nicht geliebt hatten? Oder wenn man ihnen frühzeitig eine verlässliche Unterstützung angeboten hätte? Wenn sie gewusst hätten, wie man über Gefühle spricht und mit ihnen umgeht? Ich komme nicht umhin, mir diese Fragen zu stellen.

Was mit meinem dritten Bruder ist? Ich habe schon lange nichts mehr von ihm gehört. Seine neue Frau hat ihn dazu bewegt, seine Tochter (also meine Nichte) im Alter von 14 Jahren aufzugeben und ins Ausland zu ziehen.

Er meldet sich nicht, aber mittlerweile schreibt er ihr manchmal kurze Facebook-Nachrichten zu Weihnachten, als ob nichts passiert wäre. Was macht einen Menschen so ängstlich und abhängig, dass er seine liebenswerte Tochter im Teenageralter im Stich lässt, weil ihn seine Partnerin darum gebeten hat? Was macht ihn derart sozial unfähig, dass er ihr bezüglich dieses Im-Stich-Lassens auch noch ambivalente Signale übermittelt? Was macht eine Ehefrau so abwehrend und eifersüchtig, dass sie so etwas von ihrem Ehemann verlangt? Könnte das alles auch anders sein? Was sind die gesellschaftlichen Langzeitkosten eines solchen Verhaltens? Und die menschlichen Kosten?

Der neue Mann meiner Mutter hat selbst zwei Kinder aus einer früheren Ehe: eine Tochter und einen Sohn, die beide erwachsen sind und mitten im Leben stehen. Als ich zuletzt von ihnen hörte, waren beide in ihrem Leben eher unglücklich. Die Tochter hatte in jungen Jahren einen Schlaganfall und erholte sich zwar körperlich, war aber oft depressiv und von Ängsten geplagt. Nichtsdestotrotz kümmerte sie sich um ihren Sohn, der Videospiele spielte, keine Freunde hatte und sich eher ungesund ernährte. Ich weiß nicht, wie es später mit ihnen weiterging. Ich hoffe, es geht ihnen gut.

Der Sohn meines Stiefvaters hatte eine sehr merkwürdige Ehefrau – sie hatte regelmäßig mehrere Partner, log ihn an, stahl seine Sachen und war ihm gegenüber gewalttätig. Trotzdem verließ er sie nicht. Jahr für Jahr ging das so. Nichts hätte die Familie dazu bewegt, über Gefühle zu sprechen. Sie wussten einfach nicht wie. Niemand trägt hier wirklich Schuld.

Selbst als ich sozial aufstieg und hochgebildete und auch sonst erfolgreiche Menschen kennenlernte, bekam ich Leid zu Gesicht. Es gab einen Moment, in dem mir aufging, dass ausgerechnet die begabtesten Studierenden der Geisteswissenschaften (diejenigen, die über fortschrittliche postmoderne Theorie schrieben und französische Intellektuelle liebten) allesamt mit schweren Ängsten kämpften. Heute würde man sie zweifellos alle medikamentös behandeln.

Als ich – vergleichsweise spät im Leben – endlich schlau wurde aus Liebe und Beziehungen, stellte ich regelmäßig fest, wie äußerst verwirrt und gebrochen all meine Partner und Partnerinnen waren. Sie alle wirkten zunächst glücklich und gesellschaftstauglich, doch allzu bald teilten sie ihre Geheimnisse mit mir: ein tiefer Selbstzweifel, Ängste, Zeiten von Depression. Wie sehr es schmerzt, eine Frau, aber niemals schön genug zu sein. Wie sehr es wehtut, ein Nerd zu sein, der in den Arenen des alltäglichen Lebens keine Anerkennung findet. Und wie sehr es quält, die weniger Interessante und Erfolgreiche oder emotional gezeichnet zu sein, unfähig, Liebe zu fühlen und auf tiefe Weise für andere zu empfinden.

Natürlich findet man an der Spitze der Gesellschaft – und gelegentlich auch weiter unten – einige Menschen, die nicht so viel Leid erlebt haben, die scheinbar einfach nur ein relativ beschütztes und gut funktionierendes Leben führten. Aber selbst an der Spitze findet man Verwirrung und existenzielle Leere: Drogen, Sexsucht, Materialismus, Eitelkeit – Sie wissen, wovon ich rede. Könnten mehr dieser Menschen in psychischer Hinsicht wesentlich gesünder sein? Könnten wir eine Gesellschaft schaffen und reproduzieren, in der Menschen ihr Leben im Durchschnitt emotional zufriedener und geistig produktiver erfahren?

Ich könnte endlos fortfahren. Doch es geht hier lediglich darum, zu zeigen, dass wir wohl kaum eine einzige Ursache oder eine einzelne Person dafür verantwortlich machen können, wenn es in unserem Leben nicht vorangeht. Was wir tun *können*, ist, uns die Gesamtheit all dieser miteinander verbundenen Lebenserfahrungen anzusehen: das Gefüge aus Schmerz und Glückseligkeit. Die meisten Menschen sehen es nicht. Sie erkennen nicht, wie brutal und grausam selbst das Leben in den höchstentwickelten Ländern ist. »Heutzutage ist doch alles gut«. Ah ja.

Nun stellen Sie sich vor, der Durchschnittsmensch wäre in all diesen miteinander verwobenen Geschichten aktiv unterstützt worden, um die Herausforderungen des Lebens zu meistern. Das hätte unter Umständen nicht alle vor Leid, Schmerz und Abwertung »gerettet«. Aber ja, alle hätten dann eine bessere Chance gehabt, ein Leben in Würde zu verbringen und andere besser zu behandeln. Wir würden in einer weniger zerbrochenen Welt leben.

Wenn man bedenkt, dass so viele Menschen in solchen zerbrochenen Welten leben, sollte es uns nicht verwundern, dass wir mit transnationalen Herausforderungen wie Klimawandel, Globalisierung, Armut und den disruptiven Auswirkungen technischer Innovationen nicht zurande kommen.

Ist es falsch zu fragen, warum wir all diese Dinge auf Kosten von Menschenleben und Gesellschaft geschehen lassen, ohne ernsthafte Anstrengungen zu unternehmen, die Situation zu verändern?

Wir tun nichts – oder viel zu wenig –, weil wir unsere Gesellschaft noch nicht so weit entwickelt haben, dass es ein Sicherheitsnetz gäbe, ein allgemein verbreitetes Wissen und Institutionen, die sich um die feinsinnigeren, eher soziologischen Aspekte des Lebens kümmern.

Ein empirisches Beispiel: Meditation in Schulen

All das klingt gut. Die Annahme, dass eine Gesellschaft, die ihren Mitgliedern besser zuhört, den Lebenslauf vieler oder der allermeisten Menschen verändern würde und ihnen gestatten, sich zu gesünderen und heileren Mitmenschen zu entwickeln, erscheint intuitiv plausibel. Aber diese Beispiele sind anekdotisch, nur Einzelgeschichten. Was sagt uns die *Empirie* über diese Angelegenheit? Gibt es irgendwelche Studien, die uns eine Vorstellung davon vermitteln, wie eine Gesellschaft des Zuhörens vielleicht aussehen und das Leben von Menschen verbessern könnte? Die gibt es. Viele. Aber fassen wir uns kurz.

Mein Lieblingsbeispiel ist die **Meditation an Schulen**. Wenn Kinder in den Schulen meditieren lernen, führt das nicht nur zu weniger Mobbing und Krankheitstagen (vor allem des Lehrkörpers), sondern auch zu besseren schulischen Ergebnissen und vor allem auch zu einer besseren psychischen Gesundheit sowie zur Entwicklung prosozialerer Verhaltensweisen. Zu diesem Thema gibt es zahlreiche Studien, aber noch keine, die einen Vergleich ziehen zwischen Kindern, die zwölf Jahre täglich meditiert haben, und solchen, die diese Erfahrung nicht gemacht haben. Den Forschungsarbeiten mangelt es außerdem an der Differenzierung zwischen verschiedenen Lehrmethoden und in den Vorgehensweisen (beispielsweise in Bezug auf die Frage, ob Sechsjährige mit drei Minuten anfangen sollten) – obwohl vor nicht allzu langer Zeit eine bahnbrechende Studie des Max-Planck-Instituts für Kognitions- und Neurowissenschaften in Leipzig ergab, dass sich bei verschiedenen Meditationsformen unter Umständen verschiedene Arten von Vorteilen feststellen lassen.[4]

Fast immer denkt man über Meditation in Form einer binären Frage nach: Ja oder nein. Obwohl es tatsächlich einen Unterschied wie Tag und Nacht bedeutet, wie gut sie unterrichtet wird, ob der allgemeine Ablauf stimmig ist und welche Methoden angewandt werden (Achtsamkeit, Vipassana, Zen, Klangmeditation etc.).

Der entscheidende Punkt im Falle der Meditation an Schulen liegt natürlich nicht darin, irgendwelche seltsamen Glaubenssätze oder etwas Vergleichbares zu befördern, sondern das Leben der Menschen und die Gesellschaft insgesamt zu verbessern. Es geht nicht darum, Kinder beziehungsweise Mitmenschen in stille, angepasste kleine Buddha-Statuen zu verwandeln, sondern um psychische und kulturelle Entwicklung.

Meditation wirkt vor allem durch zwei grundlegende Mechanismen: Der erste besteht darin, dass Menschen lernen, sich selbst wahrzunehmen, und in die Lage versetzt werden, ihren eigenen Geist zu beruhigen und nicht überzureagieren. Das ist selbstverständlich in allen Lebensbereichen hilfreich. Der zweite – und vielleicht wichtigere – Mechanismus ist, dass Meditation den geistigen und emotionalen Zustand *im Hier und Jetzt* verändert. Wenn also das durchschnittliche Kind jeden Tag circa 15 Minuten angeleitet wird, seinen Geist zu beruhigen, wird es an jedem dieser Tage ein bisschen weniger ängstlich und aggressiv sein. Es ist also zu erwarten, dass es dann sowohl befreundete als auch rivalisierende Zwölfjährige während der Mittagspause im Allgemeinen etwas besser behandelt. Nun stellen Sie sich vor, dass es sich hier nicht nur um dieses eine Kind handelt, sondern um eine komplette 35-köpfige Klasse (was nebenbei bemerkt vermutlich ziemlich optimal ist, da sich eine verringerte Klassengröße als der unökonomischste Weg herausgestellt hat, die Qualität der Bildung zu verbessern)[5]. Alle 35 würden auf diese Weise subtil angestupst. Wäre nicht das gesamte gesellschaftliche Klima irgendwie weicher und freundlicher, etwas weniger angespannt und gestresst? Und nun stellen Sie sich vor, dass das über einen Zeitraum von zwölf Jahren so weitergeht. Meinen Sie nicht, dass sich dadurch ein kumulativer Effekt ergibt? In der Schulzeit lernt ein Kind viel von dem, was es vom Leben zu erwarten hat. Werden die sozialen Prozesse, in denen es Freundschaften schließt, Konflikte löst und lernt, wem man vertrauen kann, ebenfalls von der Meditation berührt? Wird die Meditation Einfluss darauf haben, wie viel Vertrauen es anderen Menschen entgegenbringt, wie viel Verachtung es für das andere Geschlecht empfindet, wie viel Zeit es mit Intrigieren statt mit Lernen zubringt? Wird es sich selbst etwas besser kennen? Eine ganz und gar nicht unplausible These. In einem Artikel in *The Atlantic* schreibt die junge Lehrerin Amanda Machado aus San Francisco in diesem Zusammenhang:

> Außerdem haben die Schulen begonnen, mit der Einübung [von meditativen Praktiken] zu experimentieren und dabei entdeckt, dass diese Techniken ihren Schülern helfen. Nachdem eine Schule in New Haven, Connecticut, seinen Neuankömmlingen dreimal in der Woche Yoga- und Meditationsunterricht verordnet hatte, ergaben Studien, dass Schülerinnen und Schüler im Anschluss an jede Unterrichtsstunde verminderte Pegel des Stresshormons Kortisol in ihren Körpern hatten. In San Francisco bekamen die Schüler von Schulen, die an Quiet Time, einem Pro-

> gramm Transzendentaler Meditation, teilnahmen, bei dem California Achievement Test zweimal so gute Noten für ihre Englischkenntnisse wie Schüler an vergleichbaren Schulen, an denen dieses Programm nicht durchgeführt wurde. Insbesondere die Visitacion Valley Middle School reduzierte die Zahl der Schulverweise während des ersten Jahres, in dem sie das Programm anwandte, um 45 Prozent. Die Anwesenheitsrate kletterte auf 98 Prozent, die Durchschnittsnoten verbesserten sich und die Schule wies beim jährlichen California Health Kids Survey das höchste Zufriedenheitsniveau auf. Andere Studien zeigten, dass Unterrichtsprogramme für Achtsamkeit die Selbstbeherrschung, die Aufmerksamkeit und den Respekt vor Mitschülern verbesserten sowie die Stimmung an der Schule und die Laune der Lehrkräfte anhoben.[6]

Das fasst es in etwa zusammen. Unbeachtet bleiben in diesen Studien die eventuellen und kumulativ wirksamen Langzeiteffekte, die entstanden sein könnten, weil eine größere Gruppe von Menschen über einen längeren Zeitraum hinweg eine klug ausgearbeitete, individualisierte und wissenschaftsbasierte praktische Unterstützung erhielt. Leider nehmen unsere Regierungen diese Dinge noch nicht ernst. Genau wie mittelalterliche Regierungen Lese- und Schreibkenntnisse der Bevölkerung nicht ernst nahmen – bis einige protestantische Länder im Zuge einer fortschreitenden Alphabetisierung anfingen, andere europäische Mächte zu überholen. Oder wie viele Menschen in afrikanischen Ländern dem Händewaschen, der Einrichtung funktionstüchtiger Abwassersysteme, dem Zähneputzen und der Verwendung von Kondomen weniger Bedeutung beimessen. (Wenigstens kann man das so in den ethnografischen Darstellungen von Regionalstudien lesen.)

Wir sind zu dieser Stufe der Erkenntnis einfach noch nicht vorgedrungen – einer Stufe, auf der man den Zusammenhang zwischen der inneren Entwicklung eines jeden Menschen und der Entwicklung der Gesellschaft insgesamt erkannt hat.[7]

Gegenwärtig lässt sich eine exponentielle Zunahme von Achtsamkeitsstudien in wissenschaftlichen Zeitschriften feststellen – womit lediglich eine und bei Weitem nicht die einzige Meditationsform angesprochen ist. In den letzten Jahren hat das Interesse stark zugenommen. Während wir uns hier unterhalten, erscheinen *täglich* mehrere neue im Peer-Review-Verfahren begutachtete Studien. Das bedeutet, dass sich wahrscheinlich bald ein noch viel klareres Bild ergeben wird. Hier eine Grafik, die ich mir geliehen habe (siehe Abbildung 2).

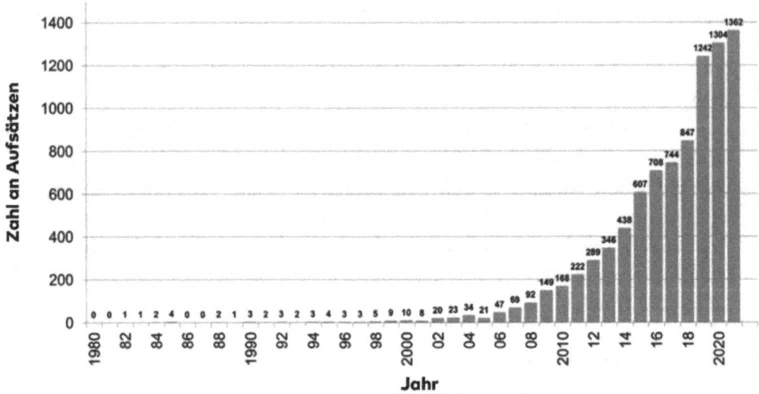

Abbildung 2: Veröffentlichungen zum Thema »Achtsamkeit« in wissenschaftlichen Magazinen 1980–2021. Quelle: goAMRA.org

Auch wenn es momentan noch wenige große Studien zu möglichen, sich über die Zeit aufbauenden, kumulativen Effekten gibt, sollte offensichtlich geworden sein, dass wir es hier mit einem interessanten Feld zu tun haben. Wie viel Krankheit, Leid, Depression, Kriminalität und gesellschaftliches Elend könnten wir verhindern? Vermutlich sehr viel. Die Kosten sind extrem niedrig und die Auswirkungen äußerst weitreichend. Was würde geschehen, wenn wir seriöse, wissenschaftsbasierte Meditationslehrkräfte hätten, die an die schulischen Gegebenheiten bestmöglich angepasste Programme entwickeln würden? Vermutlich sehr viel. Stellen Sie sich nun die Frage, was die Auswirkungen wären, wenn Millionen von Menschen, die zwölf Jahre dieses Trainings genossen haben, gesellschaftlich miteinander interagieren würden. Würden sich dadurch grundlegende gesellschaftliche Muster verändern? Würden sich die Auswirkungen über Generationen hinweg aufbauen – wie wäre es, wenn Ihre Großmutter, Ihr Vater und Sie alle in einer solchen Umgebung mit mehr emotionaler Unterstützung aufgewachsen wären? Hätte das Auswirkungen für Ihr Leben in der Gegenwart? Vermutlich sehr umfangreiche.

Ich habe Freunde, die Meditation an Schulen und anderen Institutionen aus einer eher *kritischen* Perspektive betrachten. Meditation ist natürlich kein Allheilmittel. Man muss die sozialpsychologischen Aspekte bedenken: Was passiert, wenn man sich in einer als unbehaglich empfundenen Situation zum

Meditieren genötigt fühlt? Oder wenn man frustriert darüber ist, dass andere diese Erfahrung als angenehmer empfinden, als man selbst das tut? Und es hat sich auch schon gezeigt, dass Meditation Ängste manchmal eher *auslösen* als reduzieren kann.

All das unterscheidet sich nicht von der Situation im Sportunterricht beispielsweise. Allein in Schweden werden jährlich 30 000 Kinder in Krankenhäusern wegen sport- oder spielbezogener Unfälle in der Schule behandelt (und weitere 60 000 wegen Unfällen in der Freizeit). Das bedeutet nicht, dass Sportunterricht schlecht ist. Auch Mathematik verursacht eine Menge an Ängsten und Frustrationen – aber das bedeutet nicht, dass sie aus dem Lehrplan oder der Gesellschaft ausgeschlossen werden sollte. Das heißt nur, dass wir uns der bestehenden Probleme bewusst sein und uns ihnen im weiteren Verlauf stellen sollten.

Meditation an Schulen ist eines meiner Lieblingsbeispiele, aber bei Weitem nicht das einzige. Zum Beispiel lassen sich Depression und Selbstmordraten dramatisch reduzieren, wenn man Kindern den Zugang zu Gesprächstherapie verschafft (das wurde vor einiger Zeit in einer Provinzstadt in Nordschweden untersucht: Innerhalb von zwei Jahren fiel die Rate depressiver Erkrankungen von 9,5 auf 1,5 Prozent).[8] Oder man kann Menschen dazu veranlassen, bei einem Lauf für wenige Minuten die Herzfrequenz an ihr Maximum zu führen, was ihrem Wohlbefinden und Immunsystem im gesamten Tagesverlauf einen Schub gibt. Oder man gibt Menschen mehr Nüsse, Beeren und grünes Gemüse zu essen, was die langfristigen Risiken von Depression reduziert und ein Altern in Gesundheit ermöglicht. Oder man kann Menschen dazu motivieren, an Spielen teilzunehmen, in denen sie teilen und kooperieren, was ihre Neigung zu prosozialem Verhalten verstärkt. Oder man kann die Sexualerziehung erheblich ausbauen, damit Menschen weniger zu sexueller Gewalt neigen und erfüllendere Beziehungen eingehen können. Oder man kann mit Bedacht professionell angeleitete Formen der Massage sowie andere nicht-sexuelle Formen der Berührung nutzen, um die Oxytocin-Ausschüttung im Gehirn zu erhöhen und dafür zu sorgen, dass Menschen besser miteinander umgehen – und so die Aufrechterhaltung der sozialen Ordnung gleichberechtigter gestalten. Oder man gestaltet die Innenstädte so, dass sie ein Zusammenkommen einander fremder Menschen befördern und generell weniger Stress auslösen (mehr üppiges Grün hat in der Regel den gewünschten Effekt). Man könnte außerdem Listen von Studien zu all diesen Themen machen.

Der springende Punkt ist: Wir als Gesellschaft haben uns noch nicht bis zu dieser Stufe entwickelt, auf der diese tieferen Anliegen – Anliegen, die sämtliche Aspekte des Lebens und der Gesellschaft beeinflussen – Teil unseres allgemeinen sozialen, wirtschaftlichen und politischen Bewusstseins sind. Was den finanziellen Aspekt anbelangt, so können solche langfristigen Investitionen extrem kosteneffizient sein, wenn sie wissenschaftlich fundiert sind. Und ja, sie können die Wirtschaft ankurbeln, da die Menschen im Allgemeinen mehr Zutrauen und bessere soziale Beziehungen entwickeln und dadurch glücklicher werden.

Der große Ökonom Amartya Sen hat die Wendung von der »Entwicklung als Freiheit« geprägt. Er meinte, dass die menschliche Entwicklung und die bürgerlichen Freiheitsrechte Antrieb dafür sein könnten, Bevölkerungen aus ihrer Armut zu befreien. Psychische und gesellschaftliche Entwicklung können – und werden – uns aus unserer spirituellen und emotionalen Armut holen.

Emotionale, soziale und kollektive Intelligenz

Was würde geschehen, wenn wir die durchschnittliche emotionale, soziale und kollektive Intelligenz erheblich steigern würden? Was würde geschehen, wenn unsere öffentlichen Einrichtungen, Bildungssysteme und unsere Zivilgesellschaft entschlossen auf dieses Ziel hinarbeiteten – mithilfe der nachgewiesenermaßen besten zur Verfügung stehenden Methoden. Lassen Sie uns kurz über diese drei Formen von Intelligenz sprechen.

Vermutlich haben Sie bereits von **emotionaler Intelligenz** gehört, einem Begriff, der zusammen mit Daniel Golemans gleichnamigem Buch aus dem Jahr 1995 allgemeine Verbreitung gefunden hat. Natürlich war Golemans Theorie bei Weitem nicht perfekt und auch vielen der späteren Weiterentwicklungen seines Konzepts fehlt es an wissenschaftlicher Stringenz. Und dennoch: Wäre es nicht im Interesse der Gesellschaft, proaktiv und überlegt darauf hinzuwirken, die emotionale Intelligenz in der Bevölkerung anzuheben?

Emotionale Intelligenz im Goleman-Style beinhaltet:

1. **Selbstwahrnehmung:** das Bewusstsein von den eigenen Emotionen, Stärken, Schwächen, Triebfedern, Werten und Zielen sowie ihren Auswirkungen auf andere, während man seine Entscheidungen gleichzeitig von der Intuition leiten lässt.

2. **Selbstbeherrschung:** die Kontrolle oder Umlenkung der eigenen zerstörerischen Emotionen und Impulse sowie die Anpassung an sich wandelnde Gegebenheiten.
3. **Soziale Fähigkeiten:** Beziehungen so führen, dass man Menschen in die erwünschte Richtung lenkt.
4. **Empathie:** die Gefühle anderer Menschen berücksichtigen, insbesondere beim Treffen von Entscheidungen.
5. **Motivation:** der Antrieb, etwas um des Erreichens willen zu erreichen.

Der springende Punkt ist, dass das keine angeborenen moralischen Qualitäten sind, die Menschen entweder haben oder nicht haben. Es sind bis zu einem gewissen Grade *Fertigkeiten*, die gelernt, verfeinert, erhalten und weiterentwickelt werden können. Emotionale Intelligenz kann mit besserer psychischer und physischer Gesundheit assoziiert werden, mit weniger Mobbing und besseren Führungsqualitäten. Selbst wenn man Menschen lediglich vier Stunden in emotionaler Intelligenz unterrichtet, scheint ihre Performance (auf diesem Gebiet) sogar noch sechs Monate später signifikant besser zu sein.[9] Vielleicht werden diese Ansätze bald schon wieder überholt sein. Aber es scheint *durchaus*, als wäre hier etwas sehr Interessantes entdeckt worden. Auf jeden Fall verdienen diese Fertigkeiten eine genauere Betrachtung.

Soziale Intelligenz ist ebenfalls ein mit Goleman assoziierter Begriff (allerdings nicht ganz so eng mit ihm verbunden). Bei sozialer Intelligenz geht es mehr um den Umgang mit *anderen* Menschen, wobei emotionale und soziale Intelligenz sich offensichtlich überschneiden.

Hinsichtlich der sozialen Intelligenz kann man feststellen, dass sich die Fähigkeit, Gefühle anderer korrekt zu erkennen, von Mensch zu Mensch drastisch unterscheidet und dass die Gehirnareale unterschiedlicher Menschen bei manchen stärker und bei manchen schwächer aufleuchten, wenn sie das Glück oder Leid anderer sehen (dieser Teil scheint maßgeblich genetisch bestimmt zu sein). Außerdem unterscheiden Menschen sich darin, wie erfolgreich sie im Gebrauch von Stimme und Körpersprache sind oder wie erfolgreich sie anderen Menschen gegenüber einen bestimmten Eindruck von sich vermitteln.

Wenn es um die romantischen und sexuellen Spiele des Alltags geht, gibt es eine riesige Diskrepanz zwischen Menschen, die geschickt und sensibel mit gesellschaftlichen Regeln umgehen, und solchen, die dazu nicht in der Lage sind.

Die meisten dieser Fertigkeiten sind also relativ einfach zu erlernen. Und dennoch ist die wissenschaftliche Literatur zur Verbesserung unserer grundlegenden sozialen Fähigkeiten eher dünn gesät. Das hängt damit zusammen, dass die wissenschaftliche Community auf den Feldern von Psychologie und Medizin in der Regel nur dann über soziale Fertigkeiten nachdenkt, wenn es um Kinder mit Autismus, extreme Schüchternheit oder Ähnliches geht. Nur wenig Forschende haben sich mit der Tatsache beschäftigt, dass auch die meisten normalen Menschen in sozialer Hinsicht fürchterlich ungeschickt sind.

Haben wir hier vielleicht eine potenzielle Goldmine entdeckt, die langfristig das Gemeinwohl bereichern könnte? Ich meine, dass könnte sein. Zu dumm, dass wir als Gesellschaft einfach nicht in die richtige Richtung blicken.

Kollektive Intelligenz bezeichnet allgemein die Problemlösefähigkeit einer Gruppe, Organisation oder Gesellschaft. Die weltweit beste Wissensquelle für dieses Phänomen ist das MIT (Massachusetts Institute of Technology) Center for Collective Intelligence.

Immer mal wieder denkt ein Blödmann, wenn ich über diesen Gegenstand spreche, dass ich ein »kollektives Unbewusstes« meine, also die Vorstellung, dass in einer Gruppe von Menschen eine Art Geist herumschwebt, der seinen eigenen Willen hat. Nur um so klar wie möglich zu sein: Das ist es nicht, wovon ich hier rede. Die Untersuchung kollektiver Intelligenz ist ein ernstes wissenschaftliches Unterfangen.

Eines der zentralen Ergebnisse des erwähnten Forschungsprogramms besteht darin, dass die kollektive Fähigkeit einer Gruppe, Probleme zu lösen und Aufgaben zu erledigen, *weder* maßgeblich mit dem Durchschnitts-IQ *noch* dem höchsten IQ ihrer Mitglieder korreliert (obwohl es eine schwache Korrelation gibt). Selbst wenn man zehn Leute zusammensteckt, von denen alle in Sachen IQ zu den besten 1 Prozent der Bevölkerung gehören, und sie kooperieren lässt, würden sie nicht viel besser abschneiden als zehn Menschen mit durchschnittlicher Intelligenz, wenn beide Gruppen ansonsten ähnliche Eigenschaften aufweisen. Bei einer Studie, in der Gruppen eine große Vielfalt verschiedener Aufgaben erledigen mussten (kreative Brainstorming-Aufgaben, Puzzles, die einer sprachlichen oder mathematischen Logik folgen, Verhandlungsaufgaben und Angelegenheiten moralischer Abwägung etc.) stellte sich heraus, dass es durchaus »intelligente« und »dumme« Gruppen zu geben scheint – ungefähr so, wie dies bei verschiedenen Individuen der Fall ist (ein Ergebnis, das in einer Reihe relativ neuer Studien repliziert werden konnte). Was wirkt sich nun also positiv auf die Leistungsfähigkeit beziehungsweise die kollektive Intelligenz einer Gruppe aus? Zwei Hauptfaktoren scheinen diese zu bestimmen:

1. Die durchschnittliche *soziale* Intelligenz der Mitglieder (die auch hier wichtiger ist als der IQ). Das bedeutet, dass Gruppen, die aus einem höheren Prozentsatz an Frauen oder nur aus Frauen bestehen, grundsätzlich besser abschneiden, da Frauen Männern gegenüber in diesem Bereich gemeinhin einen kleinen Vorteil besitzen. Das bewahrheitet sich sogar dann, wenn Menschen miteinander lediglich mittels Online-Textchats interagieren,
2. Die Gruppenstruktur. Gleichmäßiger verteilte Redeanteile, insgesamt mehr Kommunikation, keine Führungsperson, die man sehr deutlich als solche wahrnimmt, demokratischere Entscheidungsprozesse, ein moderates Maß an Diversität, wenn es um Persönlichkeitsmerkmale geht, und anderes mehr sind intelligenten Problemlösungen förderlich.

Und es gibt noch weitere Faktoren: Studentische Gruppen, die im Kollektiv intelligent handeln, schneiden bei Gruppenaufgaben sogar dann besser ab, wenn die Studierenden bei individuellen Aufgaben nicht besser abschneiden. Intelligentere Gruppen lernen auch schneller.[10]

Diese Forschungen befinden sich erst in einer frühen Phase. Kann man die Intelligenz von Organisationen messen? Oder von Märkten? Wie ist es mit Ländern? Wenn die kollektive Intelligenz verschiedener Kleingruppen variiert, kann sie dann bei größeren Einheiten ebenfalls variieren?

Wäre es merkwürdig, wenn die Teile der Weltwirtschaft – Städte, Unternehmen, Handelszentren, Staaten –, denen es am besten gelingt, die emotionale, soziale und kollektive Intelligenz zu steigern, auch die wettbewerbsfähigsten in Sachen Innovation, Investitionen und Lebensqualität wären? Ich wäre darüber nicht sonderlich erstaunt. In anderen Worten: Wann immer Gesellschaften besser zuhören, werden sie andere Teile des Weltmarkts wahrscheinlich übertreffen, bis verschiedene Weltregionen darum zu konkurrieren beginnen, die gegenüber den Bedürfnissen ihrer Bevölkerung aufmerksamste Gesellschaft zu schaffen. In meinem Buch *Outcompeting Capitalism* gehe ich ausführlicher auf dieses Thema ein.

Wenn ich recht habe, würde das die Welt mithilfe eines Zyklus positiver Rückkopplungseffekte einer emotional reiferen und sensibleren Zivilisation entgegenführen.

Na, fühlen Sie sich schon provoziert?

Viele Menschen fühlen sich ziemlich provoziert, wenn von »Zyklen positiver Rückkopplungseffekte in Politik und Wirtschaft« die Rede ist, von Pfaden, die zu glücklichen, nachhaltigen Resultaten führen könnten. Es könnte irgendwie frivol erscheinen oder sogar anmaßend, inmitten einer krisengeschüttelten Welt voller Risiken, Armut, Konflikten und Leid von einer »Gesellschaft des Zuhörens« zu sprechen, von tiefer Fürsorge für die Bürgerinnen und Bürger und von höheren menschlichen Ansprüchen wie zum Beispiel dem Bedürfnis nach existenziellen Einsichten. Sind das nicht bloß Probleme der Ersten Welt, weit entfernt von den Schwierigkeiten der meisten unserer Weltmitbürger?

Andere fühlen sich vom Gegenteil herausgefordert – der Undankbarkeit von Intellektuellen, die eine Gesellschaft kritisieren, die offensichtlich glücklicher und funktionsfähiger ist als die vorherige. Schließlich sind viele Dinge besser geworden. Ich sitze hier in einem schönen Haus in den Schweizer Alpen, im Besitz einer langen Ausbildung, ausgestattet mit einer Internetverbindung und einem Whirlpool, der im Hintergrund blubbert. Es erscheint irgendwie abgehoben, sich zu beschweren, eine Gesellschaft radikal verwandeln zu wollen, die mir all das gegeben hat, was ich besitze. Wenn ich das für so schlecht halte, hätte ich denn lieber im 19. Jahrhundert gelebt oder im heutigen Sudan oder Nordkorea?

Beide Seiten haben teilweise recht: Die Welt ist wirklich ein tragischer und düsterer Ort, und ja, die Gesellschaft hat tatsächlich auf vielen wichtigen Gebieten große Fortschritte gemacht. Aber man muss beide Seiten gleichzeitig sehen, um dieser festgefahrenen Situation zu entkommen.

Wenn wir uns die Untersuchung positiver Rückkoppelungseffekte untersagen, verbauen wir uns damit realistische Wege in eine bessere Zukunft. Immerhin hat sich die Welt bereits viele Male zuvor wahrhaft verändert – warum also nicht noch einmal? Wenn wir alle Visionen einer besseren Zukunft für despektierlich halten, schließen wir jegliche Möglichkeit eines substanziellen, positiven Wandels aus, der aus bewussten Anstrengungen hervorgehen könnte. Weil das Schicksal der Armen dieser Welt aufs Engste mit dem Innenleben und dem Vorstellungshorizont der fortschrittlicheren Bevölkerungen der Welt – beispielsweise denen Skandinaviens – verbunden ist, ist es absolut sinnvoll, in diesen Gesellschaften eine tiefgehendere Schicht an Fürsorge kultivieren zu wollen.

Wenn Sie sich mit Ihrer Dankbarkeit für all die Reichtümer und Fortschritte aufhalten, halten Sie sich gleichzeitig davon ab, gegen Dinge vorzugehen, die auf dieser Welt ganz offensichtlich immer noch ungerecht und fürchterlich falsch sind – so wie Klimawandel, weltweite Armut und Tiersklaverei. Wenn sich im Laufe der Zeit einiges zum Besseren verändert hat, ist es nur sinnvoll, sich einzugestehen, dass dies zumindest teilweise den Anstrengungen von Menschen zu verdanken ist, die sich dies zum Ziel gesetzt hatten, und dass in der Rückschau alle früheren Gesellschaften hochgradig verkorkst waren. Warum sollte man dann nicht auch unsere heutige Gesellschaft für hochgradig verkorkst halten? Wir sind nur ein weiterer Punkt auf dieser langen Liste.

Ich erwähne das hier, weil auf jeden Menschen, der gesellschaftliche Kritik und Reformideen enthusiastisch begrüßt, zehn andere kommen, die darauf lediglich wütend und beleidigt reagieren. Wenn Sie die Gedanken dieses Buches kennenlernen und verstehen, werden Sie sehr wahrscheinlich dasselbe Erlebnis in der Kommunikation mit anderen machen. Entweder werden die Leute wütend, weil Sie sagen, dass die Zukunft gut sein könnte, oder sie werden wütend, weil Sie sagen, dass die Gesellschaft heutzutage schlecht ist.

Was also ist der Weg aus dieser festgefahrenen Situation? Grundsätzlich müssen wir erkennen, dass die Gesellschaft *sowohl* sehr, sehr gut ist *als auch* gleichzeitig sehr, sehr schlecht. Die Wirklichkeit ist vielfältig. Sie hat Raum für jede Menge Extreme. Sie besteht aus einer Vielzahl an Widersprüchen. Es wird immer wichtiger zu lernen, mit diesen Paradoxen zu leben und mit ihnen umzugehen.

Sie müssen sich nicht für eine Seite entscheiden. Beide haben recht. Das bedeutet, dass nichts genuin Naives oder Frivoles daran ist, positive, neue Wege vorzuschlagen, solange man dabei das Leid der Welt und die großen Risiken, die vor uns liegen, nicht ausblendet. Ebenso ist nichts Arrogantes oder Despektierliches daran, die Gesellschaft verändern zu wollen, solange man anerkennt, dass die Menschen viel Gutes an sich haben und dass große Fortschritte gemacht wurden. Auch hier gilt: *Weil* die Welt sowohl ein wundervoller als auch ein fürchterlicher Ort ist, weil die Menschheit sowohl göttlich als auch verdorben ist, ist eine kritische und gleichzeitig optimistische Einstellung gegenüber der Gesellschaft die einzig vernünftige und angemessene. Ich würde sogar behaupten, dass es in Anbetracht der bereits erfolgten großen Veränderungen und der Veränderungen, die unbestreitbar im Gange sind, einigermaßen verrückt wäre, die enormen Potenziale dieser Welt *nicht* ernst zu nehmen.

Eine weitere Teilantwort, eine, von der oben bereits die Rede war, lautet, dass das Leben immer ein Experiment ist. Nach dem Zweiten Weltkrieg war Deutschland bekanntermaßen vereint unter dem Slogan von Konrad Adenauers Christdemokraten: »Keine Experimente«. Und das war eine gute Sache. Ich plädiere nicht für Leichtsinn und Sorglosigkeit; sehr großes Leid kann und wird uns befallen, weshalb die Weiterentwicklung der Gesellschaft eine ernste Angelegenheit ist. Doch wir müssen dieser tiefen Ernsthaftigkeit eine Prise spielerischer Experimentierfreude beimischen. Jenseits der Slogans war der Wiederaufbau Deutschlands und Europas – mit dem Marshall-Plan und den politischen Maßnahmen, die zum deutschen Wirtschaftswunder führten – ein Experiment gigantischen Ausmaßes.

Wenn es eines gibt, das man aus der Geschichte lernen kann, ist es dies: Menschen haben nicht die geringste Ahnung, was ihr Handeln bewirkt. Auch die erste Lektion der Soziologie und der kritischen Sozialwissenschaften lautet: Menschen wissen nicht, was sie tun. Und der Einführungskurs in Psychologie besagt: Puh, Sie haben keinen blassen Schimmer.

Wirtschaftswissenschaften, Geisteswissenschaften, die Künste – überall dieselbe Geschichte. Die Gesellschaft, in der wir heute leben, ist ein reines Experiment. Niemand ist im Besitz der Antworten. Niemand weiß, worum oder wohin es geht. Wir wissen noch nicht einmal, in welche Richtung es gehen sollte. Es gibt da draußen nicht einen einzigen Erwachsenen, der sich um uns kümmert.

Niemand ist zu Hause. Es ist nur eine große, glorreiche Chaosmaschine; eifrig zugange, alle Arten von unvorstellbaren Kreaturen, Existenzen, Beziehungen, auserlesenen Schönheiten und entsetzlichen Tragödien hervorzubringen. Wenn man sich dessen wahrhaft bewusst wird, erscheint eine experimentelle Einstellung gegenüber der Gesellschaft plötzlich viel weniger leichtsinnig oder respektlos. Es ist die einzig angemessene Haltung.

Lassen Sie sich nicht vom Denken abhalten, nur weil es sich wie eine Provokation anfühlt. Sie haben jedes Recht, herauszufinden, in welche Richtung die Gesellschaft streben kann und sollte, und Sie haben das gleiche Recht wie jedes andere Mitglied der Weltbevölkerung, offen Ihre Meinung zu sagen und dementsprechend zu handeln.

Keine Angelegenheit ist zu groß für Sie. Warum sollte das auch so sein? Die Welt ist genauso Ihr Experiment wie das von irgendjemand anderem. Sie sind ihre Schöpferin.

Kapitel 5
Die Alternative

Wer sorgt für die Umsetzung metamoderner Politik? Und auf welcher politischen Ebene? Ist sie links oder rechts? Was ist der Plan? Wie und in welchen Ländern gewinnt man politische Macht mit metamodernen Gedanken? Und wo sind die Eliten, die diese Entwicklung anführen können?

In diesem Kapitel betrachten wir einige neue und wichtige Akteure auf dem Spielfeld der Politik. Ein solcher Akteur ist die prozessorientierte Partei, wofür die dänische Partei »Die Alternative« hier als Beispiel dient. Eine weitere Akteurin ist eine lose Gruppierung von Leuten, die ich die metamoderne Aristokratie nenne.

Let's go!

Die Partei ohne Inhalt

Unsere Vision besteht also darin, langfristig eine tiefgehendere Art gesellschaftlicher Fürsorge zu entwickeln. Ziel ist ein Sozialstaat, der sich auf transparente und demokratische Weise um die psychologische Entwicklung seiner Mitbürgerinnen und Mitbürger kümmert: eine Gesellschaft des Zuhörens. Diese Vision entstand im Rahmen einer neuen Meta-Ideologie: dem Grünen Sozialliberalismus 2.0, der das Ergebnis einer Ko-Entwicklung ist, oder genauer gesagt: eine Weiterentwicklung »der skandinavischen Ideologie«. Aber *wessen* Projekt ist das? Wer setzt es um?

Nun: eine prozessorientierte politische Partei – eine Partei, die sich weniger mit Inhalten befasst und mehr mit den politischen Prozessen, die zu den bestmöglichen politischen Maßnahmen führen. Eine Partei ohne Inhalt.

Am nächsten kommt einer solchen wahrhaft prozessorientierten politischen Partei heutzutage wohl **Die Alternative**, die Ende 2013 in Dänemark vom früheren Kultusminister Uffe Elbæk gegründet wurde. Die Partei wurde in der Presse und von Mitgliedern anderer Parteien lächerlich gemacht – teilweise, weil sie noch nicht einmal ein festes Programm hatte. Doch kaum zwei Jahr nach der Gründung gelang ihr mit etwa 5 Prozent der Stimmen der Einzug ins Parlament (in Dänemark gilt die 2-Prozent-Hürde). Offensichtlich war die dänische Öffentlichkeit reif für eine »Partei ohne Inhalt«.

Statt sich auf ein abgeschlossenes politisches Programm zu stützen, war die Partei rund um eine Reihe von Grundsätzen und Werten gebildet worden, die einen guten politischen Diskurs und Dialog ermöglichen sollten. Die Alternative hat darüber hinaus natürlich auch einen politischen Inhalt, ein Programm mit Dingen, die sie ändern will, aber diese waren erst nach der Parteigründung im Prozess der Mitgliederbeteiligung schrittweise geliefert worden. Das *Wie* und nicht das *Was* ist für das Selbstverständnis und die Organisation der Partei immer noch zentral.

Beginnend mit dem *Was*, fokussiert die Partei drei Hauptziele:

- Übergang zu einer nachhaltigen Gesellschaft (mit teilweisem Bezug zur Bewegung der ursprünglich aus Großbritannien stammenden Transition Towns),
- Unterstützung von Unternehmertum und Social Entrepreneurship,
- kultureller Wandel im politischen Dialog (sowie eine Förderung von Kunst und Kultur im Allgemeinen).

Wie Sie sehen, hat die Partei die Gesellschaft des Zuhörens noch nicht entdeckt und doch handelt es sich um eine sehr vielversprechende Bewegung. Wir hoffen, dass einige ihrer Mitglieder dieses Buch lesen werden.

Organisation und Wählerschaft der Alternativisten rekrutieren sich hauptsächlich aus den urbanen Kreativen – den dreifachen H (Hipster, Hacker und Hippies) sowie einem Teil der Yoga-Bourgeoisie, also den Gruppen, von denen in Kapitel 2 die Rede war. Die Partei kann also auf eine geballte kulturelle Kraft zurückgreifen, die sie einsetzen kann, um in der Welt der Massen- und sozialen Medien mitzuhalten – nicht zuletzt mithilfe von begabten Designern, die umsonst arbeiten, sowie Menschen, die empfänglich sind für kulturelle Trends und Strömungen.

Während die altlinken Intellektuellen in Dänemark eher bei den sozialistischen Bewegungen verbleiben, fühlen sich das dreifache H und die Yoga-Bourgeoisie von den Alternativisten angezogen, die ihnen eine Plattform für ihre Interessen und Äußerungen bieten. Die Partei steht für eine Mischung aus künstlerischen, digitalisierten und mit Nachhaltigkeit beschäftigten Gruppierungen. In gewisser Weise ist sie die Partei der Kunstschaffenden und ihrer oftmals exzentrischen, spielerischen, postmaterialistischen Lebensweisen.

Die Partei hat Erfolg, weil sie den in der postindustriellen Gesellschaft neu entstandenen Interessengruppen eine Stimme gibt: nicht nur **der kreativen Klasse**, sondern auch der Gruppe, die der britische Ökonom Guy Standing unter dem Begriff **des Prekariats** vorgestellt und bekannt gemacht hat – Menschen in prekären wirtschaftlichen und gesellschaftlichen Positionen, die aus den tradierten Klassenkategorien herausfallen.[1] Dieses Prekariat wird durch ein ehrgeiziges Programm unterstützt: Es soll das Leben der oftmals überwachten und kontrollierten Erwerbsarbeitslosen vereinfachen, die oft in furchtbaren bürokratischen Maßnahmen des Staates gefangen sind (die nur in den seltensten Fällen tatsächlich zu einer Anstellung führen).

Der überraschend schnelle Erfolg der Partei liegt sicherlich auch an der enormen Konzentration von kulturellem Kapital und Know-how (wie organisiert man die besten Begegnungen, Dialoge, Medienevents, Partys, Kampagnen, Poster etc.).[2] In einer Medienlandschaft, in der alle um Aufmerksamkeit konkurrieren, haben Menschen mit Unterhaltungswert und Fantasie die Oberhand – nicht die reichsten oder »korrektesten« Leute.

In gewisser Weise steht Die Alternative für den Aufstand des kulturellen gegen das ökonomische Kapital. Die konservative Partei in Dänemark gab mehr Geld für Kampagnen und die vielen Kontakte mit der dänischen Industrie aus, doch ihre Kampagne war wesentlich weniger erfolgreich. Die Alternative schlug sie in vielerlei Hinsicht. So hatten sie beispielsweise kleinere, schreiend grüne Wahlplakate und achteten darauf, den offiziell vorgeschriebenen frühestmöglichen Zeitpunkt zum Hängen von Wahlplakaten nicht nach vorne zu verschieben. Während sich alle andere Parteien vorgedrängelt und so die besten Plätze gesichert hatten, quetschten sie ihre kleineren, grünen Poster mit der Botschaft »Und dann gibt es auch noch Die Alternative« in alle verfügbaren Lücken. Eine glückliche, sympathisch wirkende Zwanzigjährige äußerte vor laufenden Kameras, dass es keine Notwendigkeit gäbe, zu betrügen, weil »es genug Platz für alle gibt«. Als die Partei in der Presse landläufig als »Clowns« tituliert wurde, produzierten Parteimitglieder postwendend ein YouTube-Video, in dem führende Kandidatinnen und Kandidaten alle möglichen Possen rissen und gleichzeitig erklärten, dass sie an der Narrenrolle nichts auszusetzen hätten, solange sie damit ihre ernsthaften politischen Anliegen wie den Übergang zu einer nachhaltigen Gesellschaft auf die Tagesordnung setzen könnten.

Diese Partei hat sich aus den progressiven Werten der großstädtischen Kreativen heraus gebildet, Menschen, die zumeist eher privilegiert, glücklich und lebenstauglich sind. Auch Naivität macht hier einen Teil der Fortschrittlichkeit aus. Im Idealfall verbindet diese Art von Bewegung die kindliche Offenheit des Idealisten mit einem gewitzten politischen Pragmatismus, der aus hochkonzentriertem kulturellen Kapital resultiert. Wie Sie vielleicht wissen, ist kulturelles Kapital ein Indikator dafür, in welchem Maße Menschen ein sensibles, inniges Verständnis für die Zeit besitzen, in der sie leben.

Wie beschrieben im *Metamodernist Manifesto* aus dem Jahr 2011 (das ich im Anhang ausführlicher vorstelle), haben wir es hier mit »wohlinformierter Naivität« oder »pragmatischem Idealismus« zu tun – Wendungen, die genau so von den Alternativisten verwendet werden, obwohl hier kein Zusammenhang mit dem Gedankengut des Metamodernismus besteht.

Im schlimmsten Falle läuft dies auf die gute alte uninformierte Naivität und unergiebigen Idealismus hinaus (zum Beispiel auf zu viel Yoga-Bohei und zu wenig intellektuelle Stringenz, oder auch auf einen erstickenden Moralismus beziehungsweise auf das, was ich im Folgeband die **Verweigerung des Spiels** nenne). Beunruhigend ist, dass die Partei einen gehörigen Anteil von übermäßig spirituellen, Haschisch rauchenden Verschwörungstheoretikern anzieht (aus dem »astrologischen Prekariat«, einer gesellschaftlichen Gruppe, auf die wir später zurückkommen werden). Wir werden es erleben, wohin die Entwicklung gehen wird. Vermutlich in alle der hier beschriebenen Richtungen.

Ein Alleinstellungsmerkmal dieser Partei ist ihr Fokus. Wie erwähnt ist das nicht ihr Inhalt, sondern eher ihr Format oder ihr Prozess – ihr *Wie*. Sie basiert ausdrücklich auf der Idee, die **kollektive Intelligenz** von Bürgerinnen und Bürgern nutzbar zu machen und die Transformation hin zu einer ökologisch, ökonomisch und sozial nachhaltigen Gesellschaft mithilfe von kreativen Ideen und Anregungen aus der Bevölkerung zu vollbringen. Die Parteimitglieder bedienen sich sogenannter »politischer Labore« und eines »alternativen Bürgerparlaments« (im tatsächlichen Parlamentsgebäude), um gewöhnliche Menschen zu Dialog und Beratungen einzuladen sowie Vorschläge und Anregungen aus der Bevölkerung zu sammeln – und das alles mittels relativ einfach zugänglicher Verfahren der Partizipation und Verantwortungsübernahme.

Im Zentrum der Parteileitlinien stehen sechs Kernwerte: Mut, Großzügigkeit, Transparenz, Bescheidenheit, Humor und Empathie. Die Alternativisten versprechen den Wahlberechtigten kein klar umrissenes politisches Programm, sondern eher eine bestimmte Art von gesellschaftlicher Umgebung, in deren Rahmen ein solches Programm entstehen kann. An erster Stelle fühlen sich die Parteimitglieder diesen Werten verpflichtet. Dadurch umgeht man einige der Schwierigkeiten, denen sich das Wahlvolk heutzutage gegenübersieht. In der immer komplexeren und widersprüchlicheren politischen Realität postindustrieller Gesellschaften fällt es schon schwer, sich auch nur der eigenen Interessen bewusst zu werden, geschweige denn die Auswirkungen politischer Maßnahmen abzuschätzen. Wenn eine Partei einen besseren demokratischen Prozess verspricht, weiß man wenigstens, was man bekommt – obgleich in einer eher nicht-linearen Manier (siehe die Diskussion zu nicht-linearer Politik im nächsten Kapitel). Wenn die Menschen, die in der Politik tätig sind, besser handeln, entsteht daraus, auf dem Wege kollektiver Intelligenz, auch eine intelligentere Politik. Lassen Sie uns das noch ein Stück weiter verfolgen.

Zusätzlich zu ihren Kernwerten haben sich die Repräsentanten dieser Partei auch den sechs »Dogmen der Debatte« verpflichtet. Man bemerke die Formulierung: »Dogma« (ein Wort, das im Dänischen eine etwas positivere Bedeutung hat, da es von progressiven Filmemachern verwendet wird, um eine bestimmte künstlerische Methode zu charakterisieren). Der Begriff spiegelt etwas Unabänderliches und dessen strikte Einhaltung wieder. Hier kann man die metamoderne Logik in Aktion erleben. Die Partei vertritt eher lockere Regelungen, aber ist *nicht* schüchtern, wenn es darum geht, die eigenen Mitglieder auf ein striktes »Dogma« zu verpflichten. Tatsächlich werden Sie diese Struktur nirgendwo sonst innerhalb der Linken oder der Umweltbewegung finden, wo der Glaube an bestimmte politische Maßnahmen zwar vorherrscht, aber alle allergisch auf Begriffe wie Dogma oder Verhaltensvorschriften reagieren würden. Auch in keiner der vielen NGOs, die von postmodernem Gedankengut geprägt sind, würde man auf so etwas stoßen.

Der Metamodernismus als kulturelle Logik kreiert neue Formen der Politik. Die Alternative stellt *Kultur* an erste Stelle. Ihre Protagonisten sind einer bewussten Ausgestaltung und Entwicklung der politischen Kultur verpflichtet, wie sie über die Partizipation an der öffentlichen Debatte in transparenter und freundlicher Weise entsteht. Dadurch lösen sie sich von einer Fixierung auf konkrete Einzelmaßnahmen für eine ökologische Nachhaltigkeit, sondern richten ihr Augenmerk auf den kulturellen Kontext, in dem eine entsprechende, langfristig angelegte Politik möglich und sinnhaft wird.

Beim erstmaligen Parlamentseintritt von Die Alternative hielt einer der neu gewählten Abgeordneten eine Rede, in der er den verschiedenen Qualitäten und Perspektiven all der anderen Parteien Tribut zollte – einschließlich ihrer nationalistisch orientierten ideologischen Widersacher. Das ist ein Zeichen von Überparteilichkeit (*transpartisanism*) – dafür, dass ein Austausch aller Parteien als essenziell für die Demokratie gesehen wird und dass man versucht, die eigenen Maßnahmen durch geschickte Einflussnahme auf andere Parteien zu implementieren (und nicht dadurch, dass man sie zu Widersachern macht). Die Alternative kann als eine überparteiliche (*transpartisan*) Bewegung bezeichnet werden.

Ein weiteres Beispiel für Überparteilichkeit: Während der Druck durch Migration zunahm, veröffentlichte der ehemalige Parteivorsitzende Uffe Elbæk in der Zeitung einen Offenen Brief, in dem er den mitte-rechts-verorteten Premierminister (der beim Thema der Einwanderung eher restriktiv ist) freundlich um ein Gespräch darüber bat, wie man eine harte Polarisierung der dänischen Öffentlichkeit bei diesem heißen Thema vermeiden könnte.

Was genau sind also diese Dogmen der Debatte? Insgesamt gibt es sechs davon, die man – ihrer englischsprachigen Übersetzung (*debate principles*) folgend – als Debattenprinzipien bezeichnen könnte.

- Wir werden die Vorteile und Nachteile eines bestimmten Arguments oder einer bestimmten Vorgehensweise offen diskutieren.
- Wir werden mehr zuhören als selber sprechen und wir werden unseren politischen Gegnerinnen auf ihrem eigenen Terrain begegnen.
- Wir werden den Wertekanon betonen, der unsere Argumente leitet.
- Wir werden zugeben, wenn wir keine Antworten auf eine Frage haben oder wenn wir einen Fehler machen.
- Wir werden neugierig auf jede einzelne Person sein, mit der wir debattieren.
- Wir werden offen und sachlich argumentieren in Bezug darauf, wie die politische Vision der Alternative verwirklicht werden kann.

Wir Wahlberechtigte müssen immer wieder erkennen, dass wir auf komplexe gesellschaftliche Fragen keine Antworten haben. Offen gesagt kann man das auch von der Politik vernünftigerweise nicht erwarten. Was wir allerdings *schon* mit einer gewissen Zuverlässigkeit wissen können, ist, dass wir sehr wahrscheinlich eine ausgewogenere und vernünftigere Politik bekommen werden, wenn Politikerinnen und Politiker in ihren Ansichten bescheidener sind, gleichzeitig aufgeschlossener für neue Informationen und dadurch auch intelligenter in ihren Gesprächen und Debatten mit anderen.

Zudem dürfte deutlich sein, dass eine prozessorientierte Partei für einen besseren Dialog steht, wodurch das Gesprächsklima in Diskussionen und Beratungen in der gesamten Politik verbessert wird – nicht nur innerhalb dieser bestimmten Partei, sondern innerhalb *aller* Parteien und zwischen allen Parteien. Dieser Ansatz spricht die wachsende Unzufriedenheit einer zunehmend desillusionierten Wählerschaft über die anhaltenden Debatten einer postindustriellen Parteipolitik an. In einer liberalen Demokratie, in der die Linke und Rechte nicht länger klar definierte Klasseninteressen vertreten und Menschen sich eine aufrichtigere und differenziertere Diskussion wünschen, trifft ein solcher prozessorientierte Ansatz in der Bevölkerung auf ein tiefes Bedürfnis.

Eine Partei wie Die Alternative kann nur entstehen, wenn ein relevanter Bevölkerungsanteil einen bestimmten Wertekanon, bestimmte Normen und soziale Fähigkeiten besitzt. Blickt man ins Innere dieser Partei, stellt man fest, dass sie hochgradig egalitär ist (indem sie Macht verteilt, Menschen in Beratungsprozesse involviert etc.) und *gleichzeitig* auf der impliziten Schaffung neuer Hierarchien beruht. Natürlich würden fast alle Mitglieder von Die Alternative gegen Letzteres vehement protestieren, da sie gemeinhin zutiefst egalitär und gegen Hierarchien und Elitismus eingestellt sind (ihr damaliger Parteiführer Uffe Elbæk nannte sich halbernst einen buddhistischen Anarchisten). Aber beschäftigen wir uns mit ihrem Dogma der Debatte. Wenn Sie behaupten, dass sie ihre Gegner dort abholen wollen, wo sie stehen, besagt das gleichzeitig, dass sie in der Lage sein müssen, die Standpunkte anderer verstehen und nachvollziehen zu können, ohne ihrerseits mit einem solchen Entgegenkommen zu rechnen. Damit wird eine subtile Hierarchie eingeführt. Und wenn sie sagen, dass sie ihren Schwerpunkt auf Werte legen, sagen sie *de facto*, dass sie sich in ihrem Denken auf einer abstrakteren und allgemeineren Ebene als andere aufhalten. Eine weitere subtile Hierarchie.

Wir nähern uns hier einem der merkwürdigen Paradoxe unserer Zeit – einem Fall unter vielen weiteren, in denen ein Sowohl-als-auch-Denken benötigt wird. Das Paradox besteht darin: Wir müssen mit zunehmend klareren und wohldefinierten Hierarchien umgehen *und* gleichzeitig die Gesellschaft demokratischer und inklusiver machen.

Die Menschen, die zu guter Letzt an der Spitze dieser merkwürdigen neuen Hierarchie landen, sind diejenigen, die *am demokratischsten* sind – Menschen mit einer Persönlichkeit sowie Fertigkeiten und kulturellen Codes, die man für inklusivere und differenziertere gesellschaftliche Settings braucht. Solche gesellschaftlichen Settings können widerstreitende Standpunkte aushalten, mehr Freiraum für Autonomie und Experimente gewähren und eine größere Zahl von Beziehungen mit weniger Konflikten handhaben. Konflikte werden mit größerer Offenheit und weniger Gemetzel gelöst. In anderen Worten ist dies ein Goldenes Zeitalter für mitfühlende, kreative, sozial intelligente, psychisch gesunde Beta-Jungen und -Mädchen.

Diese Tendenz greift auch auf andere Bereiche über – die neuen Hauptakteure der symbolbasierten Informationsökonomie besitzen dieses Profil ebenfalls. Der künstlerische, sensible, komplexe und vielseitig talentierte **Social Entrepreneur** wird immer mehr zum Idealtyp der neuen Wirtschaftsordnung. Und soziales Unternehmertum, Peer-to-Peer-Produktionsweisen, Sharing Economy, demokratische Gesprächsführung (wie die Technik der Art of Hosting) sind ebenfalls wesentliche Bestandteile der Ideologie und der Bewegung von Die Alternative. Darüber hinaus suchte Die Alternative in der Vergangenheit nach Möglichkeiten, ein kommerzielles Unternehmen und eine NGO zu gründen. Sie sehen: Die prozessorientierte Partei versucht – ganz im Einklang mit der metamodernen kulturellen Logik –, die persönlichen, bürgerschaftlichen und beruflichen Aspekte des (spät-)modernen Lebens zusammenzuführen.

Ein echter Vorsprung

Nischen, in denen sich kulturelles Kapital ballt, also Wissen auf den Gebieten der Künste, der Philosophie und anderswo, können im Internetzeitalter zur Entstehung metamoderner politischer Bewegungen beitragen. Und der politische Metamodernismus ist im Grunde genommen ein sensibler Balanceakt zwischen Aufrichtigkeit und Ironie. **Dieses Austarieren von Aufrichtigkeit und Ironie verleiht progressiven Bewegungen (wie der Partei Die Alternative) einen starken Wettbewerbsvorteil in den Medien und auf der politischen Bühne – ein echter Vorsprung.**

Die metamoderne Aktivistin kann die Ironie von Alltag und Medien durchbrechen und nach höheren Idealen streben, ohne peinlich oder lächerlich zu wirken. Stattdessen geht der Witz auf Kosten all derer, denen eine solche Aufrichtigkeit fehlt und die niemals gewagt haben, verletzbar zu sein.

Die Kombination von Ironie und Aufrichtigkeit hilft uns, die Standpunkte anderer einzunehmen: der Rassistin, des überzogenen Feministen, der Konservativen. Jede ironische Position, die Sie spielerisch einnehmen, ist von Aufrichtigkeit durchtränkt, was bedeutet, dass Sie sich auf *ehrliche* Weise mit den Gefühlen und Werten der anderen befassen und dennoch in Opposition zu ihnen stehen können. Das spart eine Menge Energie, die sonst in Ärger und Ressentiments fließen würde, und es hilft dabei, wechselseitiges Verständnis oder sogar unerwartete Allianzen und Synergien zu schaffen. Es verhilft ihnen dazu, das Spiel der Politik spielen zu können. Verrückterweise ist es viel einfacher, jemanden zu besiegen, für den man sich ernsthaft interessiert und durch dessen Augen und von dessen Standpunkt aus man die Welt betrachtet.

Auch wenn es momentan einen weitverbreiteten mentalen Widerstand gegen den Metamodernismus gibt beziehungsweise viele Menschen Schwierigkeiten damit haben, ihn zu verstehen und zu kommunizieren, laufen sämtliche tieferen gesellschaftlichen Strukturen auf ihn zu. Das Spiel ist sozusagen gezinkt und langfristig wird sich der Metamodernismus wie ein Virus verbreiten, indem er die Gedanken, Begriffe, Maßnahmen und Institutionen der modernen Gesellschaft hackt und kapert. Stück für Stück schleicht er sich in das Programm aller Parteien ein – linker wie rechter. All das passiert nicht durch eine stille Verschwörung, sondern auf psychoaktive Weise und im hellen Tageslicht, und zwar genau so, wie ich hier und jetzt das Saatgut metamoderner Denkweisen in Ihnen säe, ohne jegliche Scham oder Rechtfertigung.

Metamoderne Prinzipien sind in den Widersprüchen der modernen Gesellschaft selbst angelegt; die spätmoderne Gesellschaft geht mit dem Metamodernismus schwanger. **Die Menschen brauchen Ironie, um zwischenmenschliches Vertrauen aufzubauen, das auf Selbsterkenntnis, Humor und kritischem Denken beruht.** Nur wenn solch ein Vertrauen vorhanden ist, können wir uns erfolgreich zusammentun, um etwas Sinnvolles anzustreben, das größer ist als wir selbst – wie zum Beispiel gemeinsame, nachhaltige Strategien angesichts der Klimakrise.

Schon wieder eine ironische Eigenart unseres Zeitalters: Ironie erzeugt Vertrauen. Und Vertrauen krönt die Siegerin.

Violinenklänge, bitte.

Transnationalismus, aber wirklich

Bitte lesen Sie den folgenden Absatz sorgfältig, liebe Leserin, lieber Leser. Die Menschen haben gewöhnlich große Schwierigkeiten, diesen nächsten Punkt nachzuvollziehen. Ich hoffe, Sie nicht.

Wenn ich über das metamoderne politische Programm spreche, zu dem eine Gesellschaft des Zuhörens, eine tiefgehendere Form des Sozialstaats, neue Formen politischer Bewegungen und Ähnliches gehören, nehme ich bewusst davon Abstand, die genaue administrative oder politische Ebene festzuschreiben, auf der dies alles passieren kann oder sollte.

Wenn ich davon spreche, dass die »Gesellschaft« sich in diese oder jene Richtung verändern sollte, meine ich *nicht* Dänemark oder Schweden, sondern die *Gesellschaft im Allgemeinen* beziehungsweise in einem abstrakteren Sinne. Der Nationalstaat mag als Ausgangspunkt immer noch tauglich sein, denn das ist vertrautes Terrain, wenn wir über Politik sprechen. Aber wir vertreten nicht wirklich eine feste Position hinsichtlich der Frage, auf welcher Ebene metamoderne Politik sich manifestieren kann und sollte. Vor allem deswegen, weil die Welt allmählich transnational wird.

Ein wichtiges Element von Die Alternative ist, dass sie von Anfang an als transnationale Bewegung gegründet wurde. Das bedeutete in der Praxis, dass die Tagespolitik nicht vom ehemaligen Parteiführer Uffe Elbæk angeführt wurde, der stattdessen durch die Welt reiste und ein breites und diverses Netzwerk aufbaute. So traf er sich zum Beispiel mit Bernie Sanders – der sich die Zeit nahm, ihn trotz eines laufenden Wahlkampfs zu treffen. Die Alternative schließt sich überall auf der Welt zusammen mit verschiedenen Thinktanks, aktivistischen Iniativen, Bewegungen, Parteien und Unternehmen – und findet in jedem Land »Botschafter«, welche die Partei vor Ort repräsentieren.

Im Kern geht es beim Transnationalismus um sehr viel mehr als den Aufbau eines Netzwerks prozessorientierter, progressiver Parteien und Bewegungen quer zu und jenseits von nationalen Grenzen (so gibt es beispielsweise Verbindungen zur spanischen neo-linksaußen Partei Podemos oder zur direktdemokratischen Partei des ehemaligen italienischen Buchhalters, dann Komikers Beppe Grillo und seiner Bewegung der Cinque Stelle). Unter seinen Atemzügen flüstert der Transnationalismus etwas vor sich hin: Er spricht vom langfristigen, ungefähren Ziel, den modernen Nationalstaat aufzulösen, jedenfalls in der Form, wie wir ihn uns gewöhnlich vorstellen.

Ich glaube nicht, dass es der Alternative im Moment explizit um diese Umwandlung geht, doch wenn man ihr kosmopolitisches, weltoffenes, ökologisches Politprogramm (mit Slogans wie »Ein Dänemark, das gut ist für die Welt«) weiterdenkt, geht daraus natürlich ein transnationaler Impuls hervor.

Themen wie Migrationsfreiheit, internationale Sicherheit, Terrorismus, Internetregulierung, Klimakrise, ökologische Nachhaltigkeit, Stabilisierung der internationalen Finanzinstitute und Banken, globale Armut, grundlegende materielle Sicherheit, Grundeinkommen, Arbeiterrechte, Menschen- und Tierrechte haben etwas Grundlegendes gemeinsam: Sie sind in ihrem Wesen *transnational.* Sie alle funktionieren über Grenzen *hinweg* und *jenseits* von Nationalstaaten. Sie haben sicherlich schon mitbekommen, dass diese Themen nichts anderes sind als Varianten des »Gefangenendilemma-Spiels«, in dem Nationalstaaten gegeneinander antreten und am Ende alle nur verlieren, außer es gelingt ihnen, mit den Risiken umzugehen, die jegliche Kooperation mit sich bringt.

Wir wissen, dass der Nationalstaat auf lange Sicht nicht der vorrangige oder wenigstens nicht der hegemoniale Baustein unserer Governance und Selbstorganisation bleiben kann. Dafür gibt es zwei einfache Gründe. Der erste ist, dass wir uns zunehmend Problemen gegenübersehen, die nicht auf nationaler Ebene lösbar sind. Der zweite ist, dass es eine wachsende Zahl von »Gesellschaften« gibt, die sich nicht mit dem nationalstaatlichen Konstrukt decken. So zum Beispiel dynamische Wirtschaftsregionen, wie sie in grenzüberschreitenden Metropolräumen (beispielsweise Kopenhagen/Malmö oder Basel/Huningue/Weil-am-Rhein) entstehen – mit wachsenden, einflussreichen und erfolgreichen Bevölkerungen, deren Leben sich in Hinblick auf Identität, Recht und Symbolsystemen jenseits des nationalstaatlichen Bezugsrahmens abspielt. **Grundsätzlich gibt es eine wachsende Zahl von Themen, Menschen und Städten, die einfach nicht mehr in den Nationalstaat passen.**

Der Staat kann natürlich als eine Art administrative und demokratische Durchgangsstation bestehen bleiben – allerdings im Rahmen eines umfassenden Governance-Netzwerks, das lokale, regionale, kommunale, unternehmerische, kontinentale, digitale und globale Ebenen miteinander verbindet. In anderen Worten, der langfristige *Attraktor* (eine Art Endpunkt, dem wir uns wahrscheinlich annähern) ist ein komplexes Netz von Steuerungsstrukturen und -institutionen. Es gibt andere Formen der Governance, die jenseits des staatlichen Rahmens funktionieren – supranationale Institutionen, Verwaltungen städtischer Großräume (oftmals besser abgestimmt auf gegenwärtige Rahmenbedingungen als die nationalen Parlamente), Unternehmensstrukturen und NGOs. Natürlich kontrollieren immer noch Nationalstaaten die Armeen, aber insgesamt ist die Kriegsführung für das politische Tagesgeschäft mittlerweile weniger wichtig – auch wenn militaristische Rückfälle in der Geopolitik sowie Kriege unvermeidbar sind.

Um es ganz klar zu sagen: Eine transnationale Denkweise bedeutet an erster Stelle, dass »die Metamodernisten keine Grenzen kennen«, dass Ethik und Werte weltoffen oder zumindest kosmozentrisch sind. Darüber hinaus bedeutet sie auch, dass der Nationalstaat oder Landesgrenzen keine gesellschaftlichen Leitkategorien mehr darstellen, sondern eher Werkzeuge oder Durchgangsstationen auf einer längeren Reise der historischen Entwicklungen in Governance und menschlicher Selbstorganisation sind.

Und es bedeutet außerdem, dass man Nationalitäten und ethnischen Gruppen keine übermäßige Bedeutung mehr beimisst. Französischsein, Chinesischsein, Arabischsein, die skandinavische Ideologie, die deutsche Ideologie – das ist alles Nonsens; das ist alles so zufällig und vergänglich wie Muster auf einer Wasseroberfläche. Kulturen entwickeln sich; Regierungsformen, Sprachen und Ökonomien sind im steten Wandel. Nationen sind, in den Worten von Benedict Anderson, »imaginäre Gemeinschaften« (*imagined communities*), die beständig neu entworfen werden. Sie basieren auf dem, was der norwegische Anthropologe Fredrik Barth als »ethnische Grenzziehungen« bezeichnet hat: Ich bin deutsch, weil ich *nicht* dänisch bin und so weiter.

Man kann sich also der Institutionen irgendeiner Kultur, Nation oder Staatsführung bedienen und seine Absichten dennoch auf die Welt ausrichten. Die Metamodernistin hasst oder verachtet Nationen oder Nationalismen nicht. Es ist nur so, dass sie sich ihrer als Werkzeuge bedient; der Wert einer Nation bestimmt sich durch das Ausmaß, in dem sie allen Menschen dienlich ist – und auch allen nicht-menschlichen Tieren. Wir streben danach, die nationalen Strukturen zu kapern, um sie für Zwecke zu nutzen, die über die Nation hinausgehen.[3]

Den »American Spirit« gibt es eigentlich gar nicht – lediglich verschiedene Stimmungslagen in verschiedenen geografischen Regionen, Lebensverhältnissen und Epochen. Tatsächlich kennt der Metamodernismus keine Nationen und in gewisser Weise auch keine Familien. Unsere Nation ist der blaue Himmel und unsere Familie sind die Millionen von gemarterten Ferkeln der

Intensivtierhaltung, die erstickten Fische der Ostsee und die nomadischen Gruppierungen von in Entwicklung begriffenen, miteinander verbundenen Individuen in einer zunehmend virtuellen, transnationalen Wirklichkeit, in der die Entfernungen von einst kollabieren und verschwinden.

Violinenklänge, bitte, diesmal *molto fortissimo* und in A-Dur.[4]

Die metamoderne Aristokratie

Die metamoderne Aristokratie besteht aus Menschen, bei denen eine Kombination von Faktoren eine existenzielle und kognitive Verfasstheit generiert, die es ihnen ermöglicht, auf dieser neuen Stufe der Weltgeschichte (siehe die Entwicklungsmodelle im zweiten Teil dieses Buches) eine bestimmte Rolle zu spielen. Dabei handelt es sich zudem um Menschen mit gesellschaftlichen, ökonomischen und kulturellen Privilegien, die ausreichend Zeit, Energie und emotionale Ressourcen besitzen, um sich einem abstrakten Unterfangen wie zum Beispiel der zukünftigen Entwicklung des Weltsystems zu widmen.

Wir suchen nach einer netteren, weicheren, nuancierteren und flexibleren Form des Leninismus, einer *avant-garde* oder einzelnen Vorreitern, welche die Tiefenstrukturen und Attraktoren unseres Zeitalters erkennen, ihnen zustimmen und transnational zusammenarbeiten, um in der Weltgesellschaft gravierende Veränderungen zu bewirken. Diese Menschen haben wenig mehr gemeinsam als einen metamodernen Blickwinkel. Sie finden sich in verschiedenen Settings, oftmals über das Internet.[5]

An sich ist die leninistische Idee einer weltumspannenden, progressiven Bewegung, die eine eigene, mächtige und radikale Vorhut hat, nicht schlecht. Nur braucht diese Vorhut ein viel klareres Verständnis, was gesellschaftliche Entwicklung und Entwicklungspsychologie betrifft, als Lenin und seine Zeitgenossinnen es besaßen. Und wir brauchen einen ethischen Kodex, der ihnen ebenfalls fehlte – angefangen beim Gewaltverzicht und einer Verpflichtung darauf, mit anderen mitzufühlen und ihnen zuzuhören.

Die Mitglieder dieser Gruppe müssen die Macht lieben. Aber nicht die eigene Macht über andere, sondern eher die Macht von sich selbst *und* anderen, die Macht, sich auf komplexe Weise selbst organisieren zu können – **transpersonale Macht** (der Begriff »transpersonal« wird im folgenden Kapitel erklärt). Es geht dabei nicht um Ihre Macht oder meine, sondern um die tatsächlich urgewaltige Macht, lebendige Systeme koordinieren und Ereignisse herbeiführen zu können. Was wir für unterdrückerische Macht halten, ist eigentlich Ausdruck eines Machtungleichgewichts, und zwar zwischen Reichen und Armen, Privilegierten und sozial Benachteiligten, menschlichen und nicht-menschlichen Tieren.[6] Es gibt nicht zu viel Macht auf dieser Welt, sondern zu viel Machtlosigkeit. Wenn wir ein pathologisches, krankhaftes Bedürfnis nach Macht haben, liegt das daran, dass wir tatsächlich machtlos sind. **Die Liebhaberinnen transpersonaler Macht streben die Ermächtigung ihrer selbst *und* anderer zugleich an – in Anerkennung der Tatsache, dass Macht und Freiheit miteinander verschwistert sind.** Eine oberflächliche Lesart von Sozialphilosophen wie denen der Frankfurter Schule (oder ihres Weggefährten Erich Fromm) kann uns glauben machen, dass Macht in sich pathologisch ist. Aber in Wirklichkeit dürfte es selbst die empfindlichsten Gemüter und die am zartesten besaiteten Seelen nach Macht verlangen.

Die metamoderne Aristokratie funktioniert nicht nach einem linearen Plan, der das Kommende projiziert (wie es bei diesen verdammten Kommunisten der Fall war). Ihre Mitglieder teilen lediglich einige richtungsweisenden Konzepte, Persönlichkeitszüge, Blickwinkel und politischen Meinungen. Das macht es so schwierig, sie mit dem bloßen Auge auszumachen. Sie stellen ein loses Netzwerk von Menschen dar, die sich gegenseitig erkannt haben und denen einige übergreifende Sichtweisen gemein sind. Sie arbeiten auf unzählige Arten zusammen – sie bieten Ressourcen und Unterstützung für die Entwicklung von Ideen an, organisieren Schlüsselevents, gründen Unternehmen und andere Organisationen oder Projekte und nehmen Einfluss auf die politische Entscheidungsfindung.

Wer sind diese Mitglieder der metamodernen Aristokratie, diese weichherzigen Liebhaber transpersonaler Macht? Und inwiefern unterscheiden sie sich vom Rest der Weltbevölkerung? Die schwedischen Philosophen Alexander Bard und Jan Söderqvist sprechen von einer neuen Klasse von »Netokraten«, die das Informationszeitalter hervorbringt. Damit meine sie Menschen, die die Wertschöpfung im Internet und in verwandten Medien regulieren und kontrollieren und für die deswegen eher Aufmerksamkeit als Geld der vorrangige Wert darstellt. Bard und Söderqvist unterscheiden dabei drei Formen der Netokraten, die miteinander verbündet sind: eine neue Art des Social Entrepreneurs, die webaffine Philosophin, die ein Verständnis für die zutiefst dynamische und vorübergehende Natur der Dinge hat (genannt »Eternalismus«)

und die Netzwerker, die sich aktiv und bewusst zu zentralen Knotenpunkten innerhalb dieses neuen mehrdimensionalen Netzes von Menschen, Sichtweisen und Gelegenheiten machen.

Weil diese Netokraten nicht länger hinter Geld her sind, oder auch einfach genug davon besitzen, beuten sie Menschen und Ressourcen nicht aus (*exploit*), sondern investieren das von ihnen zur Verfügung gestellte Vermögen (*imploit*).[7] So wie ich. Ich sitze hier in einem wunderschönen Haus, ohne mir viel Gedanken darüber zu machen, wem es gehört. Mit geht es ausschließlich um Frieden und Ruhe und einen eindrucksvollen Blick auf die Berge, der mir ein nietzscheanisches Gefühl vermittelt. Ein Aristokrat bin ich in dem Sinne, dass ich so exzentrisch sein kann, wie ich will, beispielsweise spätnachmittags einen Morgenmantel tragen. Der vorherrschende Antrieb in meinem Leben ist nicht der Broterwerb und auch kein Wettkampf von Interessen, sondern stammt aus einer von ethischen Überzeugungen geschürten Verspieltheit und einer Lust für Abenteuer. Ich bin vor allem damit beschäftigt, die Lebenszeit, Emotionen und Aufmerksamkeit von Menschen auf neuartige Ideen auszurichten. Das einer Sache innewohnende Vermögen zu nutzen (*to imploit*), bedeutet, Dinge gemäß ihrem subjektiven, existenziellen und unerschöpflichen Wert zu verwenden – in gewisser Weise: mit ihnen zu spielen.

Nicht schlecht. Das könnte das Wesen der metamodernen Aristokratinnen und Aristokraten erklären, zumindest bis zu einem gewissen Grad. Aber ich wäre vorsichtig, hier eine Klassenanalyse anzuwenden und die metamoderne Aristokratie mit den »Netokraten« gleichzusetzen. Die metamoderne Aristokratie besteht aus Leuten, die zwei wichtige Eigenschaften vereinen: große Privilegien und eine fortgeschrittene persönliche Entwicklung.

Die Privilegien, von denen ich spreche, bestehen aus einem hohen »Gesamtkapital« (ein Konzept, zu dem wir im Folgeband *Die skandinavische Ideologie* zurückkehren werden), was bedeutet, dass wir nicht notwendigerweise im konventionellen Sinne reich sind, sondern dass wir genug Gelegenheiten und Unterstützung in unserer Umgebung haben, dass wir im Grunde in unserem Leben alles tun können, was wir wollen (das Gesamtkapital ist also eine Mischung aus sozialem, kulturellem, ökonomischem, emotionalem und sexuellem Kapital sowie guter Gesundheit). Ein hohes Gesamtkapital bedeutet, dass man sein Leben ziemlich sorglos führen kann.

Der zweite Aspekt, die persönliche Entwicklung, bedeutet, dass wir ein hohes **effektives Werte-Mem** haben, dessen Bedeutung wir im zweiten Teil dieses Buches erläutern werden. In gewissem Sinne bedeutet es einfach, dass diese Menschen genuin progressiv sind und die Werte der globalen, nachhaltigen, vom Internetzeitalter geprägten Zivilisation vertreten. Aber wie genau sind diese Menschen so?

Wir sind verspielte Exzentriker verschiedenster Couleur. Wir sind verkorkste und brillante Million-Dollar-Babys, Menschen, die aus dem Raster der normalen, alltäglichen Prozesse der Bedeutungsfindung gefallen sind (ohne auseinanderzubrechen) und für die es kein Zurück zum bürgerlichen Lebensstil gibt. Sie werden auf metamoderne Draufgängerinnen, Lebemänner, Hackerinnen, intellektuelle Revolverhelden treffen – subtile Feinde des bürgerlichen Lebensstils (der vorsieht, dass man das Leben sehr ernst nimmt, vor allem den eigenen Job, aber niemals so ernst, dass man danach streben würde, die Welt wahrhaft zu verändern).

Die metamoderne Aristokratie ist die verspielte Vorhut einer neuen Gesellschaftsform, in der Menschen in einem tieferen Sinne frei sind, als es das tägliche Leben in der modernen Gesellschaft normalerweise gestattet. Irgendetwas nimmt Tempo auf, entwickelt Kraft. Die Aristokratie handelt aus einer in gewisser Weise vornehmen Überzeugung heraus, wie sie nur aus der Einsicht in die paradoxe und komplexe Natur der Realität hervorgehen kann.

Neben der transnationalen, prozessorientierten Partei – die aus einer Art wohlinformierter Naivität heraus arbeitet, sich jenseits der Linken und der Rechten befindet und mit einer nicht-linearen Politik eine tiefgehendere Form des Sozialstaats, genannt die Gesellschaft des Zuhörens, hervorzubringen sucht – gibt es in unserer Geschichte also noch eine weitere historische Akteurin: eine kleine Vorhut, eine metamoderne Aristokratie, bestehend aus Menschen, die viel bewusster und überlegter damit befasst sind, eine transnationale, metamoderne Entwicklung auf den Weg zu bringen.

Diese Menschen verfügen im Vergleich zu den gewöhnlichen Mitgliedern einer prozessorientierten Partei über viel weiter entwickelte und aktuellere Konzepte der Welt. Die metamoderne Aristokratie kooperiert weltweit und schmiedet Pläne, um die Funktionsweisen des globalen Weltsystems zu verändern. **Gewissermaßen »hacken sie die Weltseele«, injizieren Dosen metamoderner DNA in Schlüsselbereiche der Gesellschaft, kapern das politische, ökonomische und kulturelle System des modernen Lebens, um eine gerechtere, transparentere, nachhaltigere und fürsorglichere Zukunft herbeizuführen.**

Für diese Aristokratinnen ist es schlicht offensichtlich, dass die Welt von heute undemokratisch, unwissenschaftlich und primitiv ist. Aber sie wüten und revoltieren nicht gegen sie. Sie surfen auf ihr, reiten auf ihren Wellen und implantieren Teile von metamodernen kulturellen Codeschnipseln in den gesellschaftlichen Strukturen und ihrer Dynamik. Sie kooperieren, Seite an Seite mit den vorhandenen politischen Bewegungen, Unternehmen, NGOs und Regierungen. In bestimmter Hinsicht könnte man sagen, dass sie manipulieren und sich verschwören, aber es handelt sich um eine sehr demokratische und transparente Form der Manipulation, eine äußerst nicht-lineare und ergebnisoffene Form der Verschwörung, die sich in einem sehr lockeren Netzwerk abspielt.

Zu *kon-spirieren* heißt zusammen zu atmen. Die Konspiration will die Menschheit dazu erziehen und verführen, den Weg in Richtung einer existenzielleren und nachhaltigeren Zivilisation zu beschreiten. Erziehen und Verführen – im Englischen entstammen diese beiden Begriffe, *educate* und *seduce*, derselben lateinischen Wurzel. Diese verspielten Aristokraten betrachten die Welt als ein großes, vieldimensionales Puzzle, das so zusammengefügt werden muss, dass unerwartete Synergien entstehen, die im Sinne einer menschlichen Weiterentwicklung wirken – und das gelingt nicht nur mithilfe des Spielens, sondern auch des Erziehens und Verführens. Sie stülpen anderen ihre Agenda nicht über, sondern stoßen dialektische Prozesse an, um herauszufinden, was daraus hervorgeht – auch wenn sich schon erahnen lässt, wohin sich die Dinge entwickeln könnten. Oft geschieht das mittels Kunst und kulturellen Ausdrucksformen, die neue Sichtweisen und Potenziale deutlich machen. Einfach nur, weil man dieselbe Luft atmet, den frischen Luftzug einer denkbaren – allerdings nicht vorherbestimmten – zukünftigen Gesellschaft.

Das metamoderne Denken schließt eine zunehmende Akzeptanz des paradoxen Wesens der Dinge ein. All dieses Gerede von einer Aristokratie beruht auf dem Hauptparadox des politischen Metamodernismus (das ich bereits erwähnt habe): der tiefgehende, unerbittliche Kampf für mehr Gleichberechtigung, Inklusion und Demokratie – der mit einer neuerlichen Toleranz gegenüber und Verständnis für Hierarchie und Elitismus einhergeht.

Einerseits taucht also eine neue globale Vorhut auf – das ist schlicht und ergreifend eine Tatsache –, die sich allerdings selbst auch als solche erkennen muss, um ihre volle Schlagkraft zu entwickeln. Andererseits scheitert die metamoderne Aristokratie an ihren eigenen moralischen Standards, wenn sie nicht an einer demokratischeren, transparenteren und offeneren Welt arbeitet. Ohne ein tiefes Bemühen um egalitäre Werte und die Würde aller Menschen und nicht-menschlicher Lebewesen verlöre sie jegliche Legitimität.

Die metamoderne Aristokratie befindet sich also nicht irgendwo »hoch oben«, in weiter Entfernung von allen anderen, um aus dem Schutz bestimmter Organisationen heraus, ihre Privilegien zu horten. Ihr konstitutives Element ist nichts weiter als die spontane Selbstorganisation einer neuen Schicht innerhalb des Weltsystems – eine kulturelle Entwicklung, die mit dem globalisierten Internetzeitalter zusammenhängt. Es handelt sich einfach um die Menschen, die – innerhalb des immer noch dominanten Weltsystems – ein metamodernes Leben mit metamodernen Werten führen. Als solchen kommt ihnen eine wichtige Rolle zu.

So wie das für alle gesellschaftlichen Gruppen gilt, ist auch die metamoderne Aristokratie sowohl gut als auch schlecht. Geben Sie nicht mir die Schuld für ihr Vorhandensein. Richten Sie bitte nicht den Überbringer der Botschaft hin. Es gibt uns und wir haben eine bestimmte Rolle zu erfüllen, und diese Rolle kann und sollte begriffen werden – mitsamt ihren Risiken und Unsicherheiten. Ich will diese Rolle nicht glorifizieren oder überbewerten, aber es gibt sie eben.

Die metamoderne Aristokratie wird *nicht im eigentlichen Wortsinne* die Welt beherrschen. Wir werden sie im positiven Sinne ein bisschen justieren. Und das wird Spaß machen. Das macht es bereits heute.

Sind Sie Teil dieser Aristokratie? Die Lektüre dieses Buches ist eine Möglichkeit, genau das auszutesten. Wenn Sie beim Lesen nicht ständig über etwas stolpern und das, was ich sage, Ihnen intuitiv plausibel erscheint, wenn Sie manches, von dem ich schreibe, wiedererkennen, dann sind Sie eine Kandidatin. Wenn Sie Teil eines riesigen, diversen transnationalen Netzwerks sind und Sie mehr Ideen zur Veränderung der Welt haben, als Sie eigentlich umsetzen können, und wenn Ihr Alltag darum kreist, einige dieser Dinge zu verwirklichen – dann gehören Sie dazu.

Die meisten Lesenden werden nicht dazugehören und das ist vollkommen in Ordnung. Sie können trotzdem davon profitieren, schon einmal von der metamodernen Aristokratie gehört zu haben. Genauso wie Sie vom Wissen über andere gesellschaftliche Gruppen profitieren, beispielsweise das Prekariat, die kulturell Kreativen, die Hacker und die Superreichen.

Ich schätze, dieses Buch ist ein Stück weit eine Einladung, bei der metamodernen Aristokratie mitzumachen, eine Ko-Entwicklerin in dieser neuen Gesellschaft zu werden. Ich lege Ihnen die analytischen Bausteine zurecht und Sie bauen dann das Schloss (und natürlich stellen Sie außerdem diese Ideen auf den Prüfstand und entwickeln sie weiter). Wenn ich Marx bin, dann sind

Sie Lenin. Wenn ich Jesus bin, dann wird aus Ihnen Mohammed, der die Angelegenheit mit dem Gottesreich *wirklich* ernst meinte. Wenn ich Rousseau bin, dann sind Sie Robespierre.

Bitte versprechen Sie mir allerdings drei Dinge. Seien Sie so gut und stecken Sie die Landbevölkerung nicht in Todeslager, erobern Sie nicht Nordafrika – und bitte köpfen Sie nicht die Königin.

Es ist mir ernst damit. Es liegt an Ihnen, die hier behandelten Ideen in die Tat umzusetzen, indem Sie tolle Unternehmen gründen, Premierministerin werden oder etwas in der Art. Aber sollte es irgendwann mal darum gehen, jemanden zu töten oder irgendetwas Abscheuliches und Schädliches im Namen dieser Ideen zu tun, dann vergessen Sie es einfach. Legen Sie das Buch weg, vergessen Sie, dass ich Ihnen davon erzählt habe und distanzieren Sie sich von dieser ganzen Sache. Wir erkunden Ideen und wir sind aufgeschlossen und neugierig in Hinblick auf ihre Potenziale. Aber wir legen nicht »den einzig richtigen Pfad« fest. Und falls uns der eingeschlagene Weg jemals in Richtung des Tötens, Lügens, Betrügens oder Folterns führt, müssen wir ihn aufgeben und neu nachdenken. Das ist es nicht wert. Wenn meine Ideen Sie zu solchen Schlussfolgerungen verleiten, können wir sicher sein, dass ich von Anfang an im Irrtum war.

Je größer die Tragweite der Fragen und Angelegenheiten ist, mit denen Sie spielen, desto größer sind die moralischen Anforderungen. Beinahe alle politischen Ideen haben zu Gräueltaten geführt. Während ich dies in den Computer tippe, kann ich beinahe fühlen, wie mit jedem Tastenschlag – auf nicht-lineare Art und Weise – die Verstümmelung Unschuldiger in Straflagern zur Möglichkeit wird.

Keine Violinenklänge.

Kapitel 6
Politische Philosophie

> »Sehen Sie«, sagte der Professor, »es ist nicht so schwarz-weiß, nicht einmal ansatzweise. Es gibt Grautöne, viele Nuancen, die wir kennenlernen müssen, jede auf die ihr gemäße Weise.«
>
> »Sie könnten nicht mehr recht haben und doch zur selben Zeit so fehlgehen«, erwiderte der kleine grüne Teufel, die dünnen Lippen aufgeworfen von einem widerlichen Grinsen. »Es ist nicht so schwarz-weiß, dass die Wahrheit *entweder* schwarz und weiß wäre *oder* viele Grautöne besäße. Manchmal ist sie *tatsächlich* schwarz und weiß. Gelegentlich ist sie auch nur tiefschwarz. Manchmal hat diese Schwärze selbst etwas Leuchtendes. Eigentlich müsste man sagen, dass das immer so ist.«

Viele Menschen machen sich nicht viel aus Philosophie. Philosophie meint die Liebe zur Wahrheit (oder genauer gesagt die Liebe zum Wissen). Sie bezeichnet keine besondere Aktivität, sondern die Grundlage unserer Wirklichkeit. Man kann entweder ihr Ko-Entwickler sein oder ein Hund, der sich seine philosophische Realität von Herrchen und Frauchen vorsetzen lässt. Nichts für ungut, liebe Hunde.

Der Anhang dieses Buches liefert einen detaillierteren Blick »unter die Haube« des philosophischen Antriebs der Metamoderne. In diesem Kapitel buchstabiere ich einige dieser Schlussfolgerungen aus. Zum Beispiel, wie wir über die Gesellschaft nachdenken sollten. Und warum man das, was man in der Schule gelernt hat, getrost in die Tonne treten kann.

In diesem Kapitel stellen wir die Menschenrechte des Individuums auf die Probe, erläutern, was es bedeutet, über Links und Rechts hinauszugehen und warum wir nicht länger an die liberale Demokratie glauben können.

Genug der Vorrede. Los geht's!

Die transpersonale Sichtweise: Jenseits des Individuellen

In einer modernen Gesellschaft gibt es eine weitverbreitete Vorstellung vom »Individuum«. Das Konzept des Individuums ist eigentlich eine geniale Lösung für ein schwieriges sozialphilosophisches Problem: Sollten wir uns auf die Gesellschaft als ganze oder auf ihre verschiedenen Teile und einzelnen Prozesse konzentrieren?

Konzentriert sich eine Gesellschaft auf ihre Totalität und Ganzheit, kann sie leicht diejenigen Prozesse unterdrücken oder verleugnen, die ihren ganz eigenen, teilweise unabhängigen Logiken und gesellschaftlichen Ordnungen folgen: Rechtssystem, Wirtschaftsleben, individuelle Liebesbeziehungen, Parteipolitik und so weiter (denken Sie an den Kommunismus in der Sowjetunion). Versagt eine Gesellschaft (die nicht unbedingt ein Nationalstaat sein muss) hingegen darin, die vielen Einzelteile in ihrer Gesamtheit zu integrieren, kann auch das ernste Folgen haben: dass Menschen gegeneinander arbeiten, die Umwelt geschädigt wird oder man sich nicht um allgemeinere Themen wie zum Beispiel die Frage sozialer Ausgrenzung kümmert.

Das Konzept vom *Individuum* bietet für dieses Problem eine Art Auflösung. Es besagt im Grunde, dass jedes menschliche Lebewesen im Verlauf seiner Lebensspanne für sich genommen ein unteilbares Ganzes darstellt. Aus dieser Idee entsteht so eine Serie kleinerer »ganzer« Systeme, »Individuen«, jedes für sich ein eigenes »Lebensprojekt«, das viele verschiedene gesellschaftliche Prozesse in einem nahtlosen Gebilde zusammenführt: Kindheit, Privatleben, Ausbildung, Erwerbsarbeit, Familie, politische Meinungen und so weiter. Mittels dieses Konzepts gewinnt die Gesellschaft einen goldenen Mittelweg, der auf das Dilemma zwischen dem Ganzen und den Teilen antwortet: Innerhalb jedes einzelnen Individuums laufen die gesellschaftlichen Prozesse zusammen und bilden ein Ganzes. Mithilfe des Individuums kann die Gesellschaft in ihrer Gesamtheit in einem Mikrokosmos integriert werden.

Wenn wir uns die lateinische Wurzel des Begriffs ansehen, bedeutet Individuum »das, was nicht in kleinere Teile zerlegt werden kann«. Die griechische Übersetzung desselben Wortes lautet »Atom«. In Wirklichkeit gibt es solche Individuen, die man als echte Entsprechung der Atome in der Physik betrachten könnte, natürlich nicht. Wir sind lediglich animalische Körper, die sich durch eine Reihe von gesellschaftlich festgelegten Realitäten bewegen. Unser

Körper ist immer im Fluss, ausgesetzt der steten Veränderung durch seine Umgebung. Im Laufe von fünf Jahren wird unsere Körpermasse einmal komplett ersetzt (jedenfalls mehr als 99 Prozent davon).

Die Lebensgeschichte unseres »individuellen Selbst« ist immer nur das: eine Geschichte. Wirklich nichts an unserer Individualität macht uns dabei besonders einzigartig: All unsere Wünsche, Träume und Vorstellungen entstammen der sozialen Umwelt. Sogar unser Name und unsere Vorstellung eines Selbst entstammen der Interaktion mit anderen Menschen, die *ihrerseits* vom jeweiligen sozialen Umfeld definiert wurden. Zudem hat das Individuum keinen wahrhaft »freien Willen«. Selbst wenn wir Organismen sind, die eine eigene Intentionalität besitzen, sind wir immer noch tiefgreifend geprägt vom sozialen Umfeld; das schließt unsere Gedanken und Absichten ein. Allen Menschen, die in Meditation geübt sind oder irgendwie anders versiert in östlicher Philosophie, ist diese Erkenntnis offensichtlich: Wenn wir unseren »sprechenden Kopf« mit seinem Geist zur Ruhe kommen lassen und unsere Gedanken beobachten, offenbart sich, dass die Stimme in unserem Kopf automatisch abläuft und weitgehend unabhängig von unserem eigenen »Willen«. Wo in all dem ist hier das Individuum verortet?

Schließlich haben sich selbst Atome als teilbar herausgestellt; ihre bloße Existenz ist ortsungebunden und basiert immer auf Wechselwirkungen. Dennoch ist der Grund, warum der politische Metamodernismus über die Idee des Individuums hinausgehen beziehungsweise durch den individuellen Menschen »hindurchsehen« muss, kein rein philosophischer – es geht nicht darum, in irgendeinem analytischen Sinne korrekt zu sein. Nein, das Ganze hat tiefgreifende praktische und politische Konsequenzen.

Unter den Bedingungen, wie sie die moderne Industriegesellschaft hervorbrachte, war die Vorstellung vom Individuum eine clevere Lösung. In unserer heutigen globalisierten Informationsgesellschaft, in der die gesellschaftlichen Probleme einen wesentlich tiefgreifenderen und komplexeren Charakter besitzen, macht uns die Vorstellung vom Individuum dagegen tendenziell blind – für die Probleme wie auch die Lösungen. **Die Vorstellung vom »Individuum« erfüllt nicht länger ihre Funktion als ein wirksames Element gesellschaftlicher Selbstorganisation. Es kann seine Aufgabe als Lösung für gesellschaftliche Probleme nicht länger erfüllen.** Dies hat damit zu tun, dass die gesellschaftlichen Probleme ihre Ursache zunehmend in tieferen Schichten der Psyche sowie deren Wechselwirkungen mit der Welt haben, sodass sie uns als Einzelwesen schwer zugänglich sind. Wie bewerkstelligt man, dass ein Mensch seinen Mitmenschen im Allgemeinen mehr vertraut? Wie schafft man es überhaupt, diese Mitmenschen erst einmal vertrauenswürdiger zu machen? Wie vermittelt man Leuten eine wahre Solidarität mit allen Menschen und Tieren (die, wenn man einmal ehrlich ist, die meisten von uns einfach nicht empfinden)? Wie verleiht man einem Menschen im Durchschnitt mehr Weitsicht, Kreativität und Komplexität? Wie schafft man es, dass es in einer Familie stabilere und liebevollere Beziehungen gibt? Wie durchbricht man den Teufelskreis von Unsicherheit, Kommerz und übermäßigem Konsum?

Diese Tiefenschichten der Psyche sind wiederum grundlegend verflochten mit den kollektiven gesellschaftlichen Strukturen. Zum Beispiel damit, wie der Alltag an Schulen abläuft, wie der Arbeitsmarkt sich gestaltet, wie Liebe und Sexualität funktionieren (oder nicht), welche Worte uns beigebracht werden, um über das Universum und unseren Platz darin zu sprechen. All das hängt so viel mehr von unserem Umfeld ab als von individuellen Entscheidungen.

Dennoch kann man die Gesellschaft auch nicht ausschließlich als »kollektive Strukturen« oder »Netzwerke« verstehen, denn das würde uns für die tief im Inneren erlebten und gefühlten Sichtweisen und Erfahrungen einzigartiger menschlicher Wesen blind machen – und für die Tatsache, dass die kollektiven Strukturen weitgehend festgelegt und bestimmt sind durch solche psychischen Prozesse tief im Inneren jedes Einzelnen von uns.

Der französische Philosoph Deleuze hat vorgeschlagen, dass wir die Gesellschaft als bestehend aus **Dividuen** begreifen sollten. Das heißt, dass wir alle in Wirklichkeit Teil voneinander sind und uns gegenseitig beeinflussen. Wir bestehen aus vielen verschiedenen Einflüssen, Rollen und Sichtweisen innerhalb einer Vielzahl von Kontexten.

In Verbindung damit möchte ich hier auch den Anti-Individualismus ins Spiel bringen: **die transpersonale Perspektive**. Die transpersonale Perspektive vertritt zwei scheinbar gegensätzliche, aber in Wirklichkeit komplementäre Standpunkte.

Der erste Standpunkt betrachtet die Gesellschaft als bestimmt vom tiefen Innenleben menschlicher Wesen – von ihren allerintimsten Beziehungen und zartesten Emotionen. Er nimmt die einzigartige Lebenserfahrung jedes menschlichen Wesens sehr ernst. Von diesem Standpunkt aus betrachtet stellt die Lebenserfahrung jedes einzelnen Menschen die Grundlage der Gesellschaft dar: ob da Ärger oder Liebe in unseren Herzen ist, Frieden in unserem

Geist und ob mit allen Arten von psychischen Angelegenheiten angemessen umgegangen wird. Solche Sachen bestimmen, ob wir zu engagierten Weltbürgerinnen, hirnlosen Konsumenten oder verbitterten Reaktionären werden.

Der zweite Standpunkt besagt, dass diese tiefe und individuelle Erfahrung vielmehr *entsteht* durch gesellschaftliche Prozesse, die dem einzelnen Menschen weitgehend verborgen bleiben und lediglich durch eine tiefgreifende und systematische soziologische und psychologische Gesellschaftsanalyse erkannt werden können.

Damit landen wir bei einem augenscheinlichen Paradox: Um das menschliche Einzelwesen *wirklich* wahrnehmen zu können, seine Rechte und Einzigartigkeit wirklich zu respektieren, müssen wir über die Vorstellung vom Individuum *hinausgehen*. Wir müssen durch es hindurchsehen und dergestalt zu erkennen versuchen, wie die Gesellschaft in jeder einzelnen Person vorhanden ist und auch in den Beziehungen, aus denen diese Person als »Selbst« hervorgeht. Ausgehend von der Vorstellung des Individuums (versus »das Kollektive«) gehen wir dazu über, die Gesellschaft als sich entwickelnde, wechselseitig miteinander verflochtene Mengen von **Transindividuen** zu betrachten. Das ist die transpersonale Perspektive. Wir treten zusammen in Erscheinung (*co-emerge*). Oder, wie die Physikerin und Philosophin Karen Barad es formuliert hat: Wir **intra-agieren**.

Es mag anfänglich als kontraintuitiv erscheinen, über Menschen anders als in Form von Individuen nachzudenken: Haben wir nicht schließlich jeweils einen eigenen Körper, eine eigene Stimme und einen inneren Monolog? Doch selbst die Neurowissenschaft stellt diese Annahme infrage. Vielleicht haben Sie schon einmal von dem Phänomen gehört, das man gemeinhin als »Split-Brain-Syndrom« bezeichnet? Es tritt sehr selten auf, wenn die Brücke zwischen linker und rechter Hirnhälfte chirurgisch beseitigt wird, um schwere Fälle von Epilepsie zu behandeln. Menschen mit einem »Split Brain« weisen eine Reihe äußerst rätselhafter Merkmale auf: Sie scheinen zwei verschiedene Selbste zu haben, die jeweils eine der beiden Körperhälften kontrollieren. Manchmal arbeiten diese beiden Seiten aneinander vorbei; das bewusste Denken (oder eher: der mit linguistischen Fähigkeiten ausgestattete »sprechende« Geist der dominanten Hirnhälfte) erdenkt sogar Entschuldigungen und rationale Begründungen für das Verhalten der gespenstischen linken Hand, die offensichtlich einen eigenen Willen erlangt hat.

Zeigt man einem Auge ein Bild und dem anderen nicht, wird ein Mensch mit »Split Brain« sich so verhalten, als hätte er das Bild gesehen. Wenn man ihn aber danach fragt, hat er zwar *immer noch keine Ahnung davon*, das Bild gesehen zu haben, doch er liefert Erklärungen dafür, warum er trotzdem so gehandelt hat, als hätte er es gesehen. Man kann hier feststellen, dass das Gehirn sich in zwei Hälften aufteilt, die beide ihr eigenes Bewusstsein haben – obwohl sie zuweilen indirekt miteinander kommunizieren. Das ist wahrhaft bizarr, zumindest von einem Standpunkt aus betrachtet, der Menschen ein eigenes Selbst und einen eigenen Willen zuspricht.

Vielleicht haben Sie auch schon einmal von den Zwillingen aus Vancouver gehört, Krista und Tatiana Hogan: Ihre Schädel sind derart zusammengewachsen, dass Teile ihrer Köpfe zu einem verschmolzen sind und sie sich gegenseitig visuelle Eindrücke offensichtlich direkt über das Gehirn übermitteln können: Man kann einen der Zwillinge fragen, was der andere gerade sieht und der wird das wissen. Solche Fälle führen die Realität des Dividuums klar vor Augen: Der einzelne menschliche Geist ist nicht unteilbar, er ist kein »einzelnes Atom«. Das stimmt einfach nicht – noch nicht einmal im biologischen Sinne. Diese ungewöhnlichen Fälle dienen hier lediglich dazu, etwas Grundsätzliches zu unterstreichen, das uns alle betrifft: Nirgendwo findet man ein einzelnes, individuelles »Selbst«; immer ist dieses mit seiner gesamten Umgebung verbunden.

Dem metamodernen Aktivisten scheinen die Rechte und Interessen des Transindividuellen viel tiefer, realer und wichtiger als die Rechte des Individuums. So wie die moderne Gesellschaft die Rechte des Clans oder der Familie zugunsten des Individuums einkassiert hat, kassieren wir nun das Individuum zugunsten des Transindividuellen ein, denn es besitzt eine sehr viel stärkere moralische Berechtigung und eine größere analytische Validität.

Die Idee einer Gesellschaft des Zuhörens dient dem Transindividuellen: Für sie ist das menschliche Lebewesen mehr als eine einzigartige, eigenständige Lebensgeschichte. Die Idee des Transindividuellen sieht das menschliche Lebewesen als untrennbar von seiner Sprache, seinem tiefen Unbewussten, seinen Beziehungen, Rollen, gesellschaftlichen Positionen, Werten, Emotionen, seiner psychischen Entwicklung, seinem biologischen Organismus und so weiter an. Jedes menschliche Wesen wird betrachtet als ein offener und sozialer Prozess, eine Verwirbelung aus Partizipation und gesellschaftlicher Ko-Entwicklung. Die Gesellschaft als ganze wird gesehen als ein selbstorganisierendes System, das solche Transindividuen hervorbringt, die ihrerseits in der Lage sind, die Gesellschaft immer wieder nach diesem Muster neu zu erschaffen.

Abschließend könnte man sagen, dass die Idee des Individuums sowie seine Rechte und Freiheit uns gute Dienste geleistet haben, aber nun müssen wir über sie hinausgehen – sonst fällt diese Gesellschaft in sich zusammen wie die London Bridge in einem bekannten englischen Singspiel.

Mit ihrer Haltung aufrichtiger Ironie betrachtet metamoderne Politik die Gesellschaft aus einer transpersonalen Perspektive, die dem Transindividuellen sowie dessen Rechten und Interessen dient. Die Worte Transpersonalismus und Transindividualismus können mehr oder weniger als austauschbare Begriffe verwendet werden. Merken Sie sich vor allem das: **Wir adressieren ein Kernproblem unserer Gesellschaft, indem wir psychische Vorgänge tief im Inneren betrachten – die innere Entwicklung jedes Einzelnen von uns – und erforschen, wie diese von der Gesellschaft hervorgebracht werden.** Im Anhang werden Sie noch einige weitere, auf den Punkt gebrachte Beschreibungen dessen finden, was eine transpersonale Sichtweise ausmacht.

Nehmen wir ein Beispiel: Wie wäre es mit einem Terroristen wie Anders Behring Breivik, dem norwegischen Typen, der an jenem schicksalshaften Tag im Juli 2011 über 300 Menschen verletzt und 77 Menschen (vor allem junge Sozialdemokraten) getötet hat? Um solche Terrorakte nachzuvollziehen, bemühen Menschen zwei Haupterklärungen: Einmal, dass es sich dabei um eine politische Angelegenheit handelt (»Verbreitung neonazistischer Ideen im Gefolge eines aufsteigenden populistischen Nationalismus«), oder, dass es dabei um eine Frage der psychischen Gesundheit gegangen sei (»der Typ ist verrückt«). Eine dritte, weniger weit verbreitete Erklärung (die wenig überraschend von linken Mainstream-Soziologen verfochten wird) lautet, dass Breivik das Resultat einer Neoliberalisierung der Gesellschaft ist, welche die Menschen angeblich unglücklich und narzisstisch gemacht hat. Einige Beobachterinnen von sozialpsychologischer Seite denken, dass das Augenmerk auf dem langwierigen Entstehungsprozess der Tat liegen muss: den vielen Jahre der Isolation und Selbstdisziplinierung, in denen diese gravierende Verletzung gesellschaftlicher Normen vorbereitet wurde. Wie hat jemand wie Breivik es überhaupt geschafft, so etwas durchzuziehen?

Worin sich alle Seiten einig sind, ist, dass Onlineforen eine große Rolle gespielt haben, dass Breivik wenigstens zum Teil auch ein Internetphänomen darstellt.

Diese Debatten postulieren die Wahl zwischen einer individuellen und einer gesellschaftlichen (kollektiven) Perspektive. Von einem eher transpersonalen Standpunkt aus betrachtet, stellt sich die Angelegenheit vollkommen anders dar: Hier geht es stattdessen um sozialpsychologische Effekte einer langen Abfolge alltäglicher Ereignisse. Irgendwie und irgendwo im täglichen Leben wurde aus diesem jungen Mann ein sehr verbitterter Mensch, der zweifelsohne unfähig war, sein Leben auf konstruktive Weise in den Griff zu bekommen. Breivik, der Massenmörder, wurde auf dem Schulhof geboren, in der dysfunktionalen Familie, in der Peergruppe, im Internet, auf dem Arbeitsmarkt, infolge von verletztem Stolz, misslungenen interethnischen Beziehungen und aufgehaltenen Integrationsprozessen, misslungenen Bemühungen um Liebe, sexuellen Frustrationen, einer gescheiterten Männlichkeit (ein wiederkehrendes Thema in seinem verrückten »Manifest«, das er am Tag der Tötungen veröffentlichte – seine letzte Nacht verbrachte er gar mit zwei teuren Prostituierten und Champagner). Kurz: Das gesellschaftliche Gefüge in seiner Gesamtheit hat ihn als Resultat hervorgebracht.

Neun Jahre lang plante Breivik, dann zog er los und tötete Menschen. Indem er das tat, verletzte er zweifellos das Recht jedes einzelnen dieser Menschen wie auch die Rechte ihrer Angehörigen.

Mal als Gedankenspiel: Der einzige Weg, der ein solches Ereignis hätte verhindern können, wäre gewesen, das Auftauchen von Menschen wie Breivik von vornherein einfach sehr viel unwahrscheinlicher zu machen. Man kann nicht wirklich jede einzelne Person vor den bösen Absichten der vielen verschiedenen Übeltäter schützen, nicht einmal mit einer super-effizienten Polizeiarbeit. Egal, wie sehr wir »für die Rechte des Individuums aufstehen«, das Individuum wird immer noch beschränkt und auf millionenfache Weise beschädigt werden, manchmal sogar bis zum Punkt seiner Ermordung. Wenn wir das tiefe Innere der Menschen nicht berücksichtigen und die sozialpsychologischen Zusammenhänge, in denen sie leben, werden wir daran scheitern, das Transindividuelle zu sehen und für *dessen* Rechte aufzustehen.

Was das sporadische Auftreten von Psychopathen angeht, können wir nicht viel tun, da psychopathische Störungen eindeutig und erheblich durch erbliche oder genetische Faktoren bestimmt sind. Außerdem sind wir nicht in der Lage, verrückte Naziideologien aus dem Internet verschwinden zu lassen (das gilt im Übrigen auch für Do-it-yourself-Anleitungen für Terroristinnen). In jedem Fall reicht weder eine psychopathische Störung noch ein Internet-Extremismus aus, um Breivik, den Terroristen, zu erklären.

Was wir immerhin tun *können*, ist, sicherzustellen, dass Menschen im Durchschnitt glücklicher und gesünder sind sowie bessere Beziehungen, tiefere

Selbsterkenntnis und mehr Unterstützung erlangen. Denn die schreckliche Wahrheit ist, dass du und ich, dass wir Breivik sind. Er ist keine außerirdische Kraft. Er ist das Kind aus der Schule, das zurückkam und unsere Kinder tötete. Alles ist miteinander verbunden. Wir sind alle miteinander verbunden. Ganz offensichtlich ist Breivik ein extremes Beispiel sozialer Abweichung, aber er steht mit uns allen in einem gemeinsamen Zusammenhang. Wir alle sind irgendwie aus demselben Zeug gemacht. Die Antwort auf die Horrorshow, die Breivik entfesselt hat, muss tief in uns selbst gefunden werden.

Wäre Breivik geworden, was er geworden ist, wenn das Gefüge von Glück und Leid auf intelligentere Weise geformt wäre? Das ist eine Frage der Wahrscheinlichkeit: Einige Gesellschaften bringen mehr Terroristen hervor als andere, wobei Norwegen gewöhnlich relativ friedlich ist, aber ganz offensichtlich nicht ohne den zu erwartenden Anteil an sozialen Spannungen. Dabei handelt es sich um eine transpersonale Angelegenheit: Sie geht *über* den individuellen Menschen *hinaus* und *durch ihn hindurch*. Als solche ist und bleibt sie etwas sehr Persönliches, in dem Sinne, dass sie Angelegenheiten betrifft, die höchst intim und emotional sind.

Doch lassen Sie uns nicht bei diesem Terrorismusbeispiel verharren. Weiten Sie diese transpersonale Perspektive auf alle möglichen anderen Phänomene aus: zum Beispiel die Arbeitslosigkeit, bei der das Problem nicht nur darin besteht, wie viele arbeitslos sind, sondern wie es sich anfühlt, ohne Erwerbsarbeit zu sein, was das für Menschen bedeutet und warum; oder Mobbing, bei dem das gesamte Umfeld und der gesellschaftliche Rahmen der schulischen Ausbildung und des Bildungssystems die Weichen für zwischenmenschliches Vertrauen und Solidarität überall in der Gesellschaft stellen; oder das öffentliche Gesundheitssystem, in dem der Lebenswandel unserer Freunde und Verwandten unsere Gewohnheiten beeinflusst und insofern auch unsere Lebensspanne – deren Lebenswandel hängt davon ab, wie gut es ihnen in psychologischer Hinsicht geht beziehungsweise wie glücklich sie sind, was wiederum weitgehend von der Qualität ihrer Beziehungen bestimmt wird, die ihrerseits damit zusammenhängt, wie viele Menschen dazu gezwungen sind, miteinander um soziales Ansehen zu konkurrieren – und so weiter. Dieses große Gefüge von Schmerz und Glück erklärt Terrorakte auf dieselbe Weise wie auch viel anderes Elend in unserem Leben.

Natürlich gibt es nicht die »eine Erklärung« für das grauenhafte Mysterium von Breivik, aber einige Sichtweisen sind wesentlich besser darin als andere, der Komplexität dieser Angelegenheit gerecht zu werden. Das Innenleben jedes einzelnen Bürgers verbindet sich mit den kollektiven Strukturen der Gesellschaft und umgekehrt. Die wahre Erklärung dafür, dass Menschen ausflippen und mörderische Nazis werden, liegt in unserem gesellschaftlichen Versagen, diese Wechselwirkungen zu erkennen. Keine der anderen Sichtweisen ist in der Lage, den nächsten Breivik aufzuhalten – nur eine transpersonale Sichtweise kann das.

Dem Individuum zu dienen – oder auch dem Kollektiv – erscheint insofern zunehmend regressiv und schädlich. »Das Individuum« und »das Kollektiv« sind in analytischer Hinsicht fehlerhafte Positionen. Wir tarieren nicht einfach nur individuelle und kollektive Anliegen aus: Wir greifen beide im Namen des Transindividuellen an.

Menschen inmitten eines Universums, in dem offensichtlich alles miteinander verbunden und in Ko-Entwicklung begriffen ist, als »Individuen« zu betrachten, ist nicht einfach nur schlechte Sozialphilosophie. Es ist ein unverzeihlicher Angriff auf die Größe der menschlichen Seele. Wir sind *mehr* als Individuen, wir sind sehr viel größere Wesen. Deswegen kann ich aus einer transpersonalen Perspektive in aller Aufrichtigkeit sagen: Tod dem Individuum.

Lang lebe das Dividuum – oder eben das Transindividuelle.

Aus der Warte der Komplexität

Es wird heutzutage häufig von Chaos und Komplexität gesprochen. Und das ist nicht nur ein Hype oder eine akademische Mode – wie einige Kommentatoren behauptet haben –, sondern eine echte Weiterentwicklung, die sich auf so gut wie alle Wissenschaften auswirkt.

Einem solchen neuen Verständnis der Gesellschaft dienen das sprießende Feld der Komplexitätsökonomie und einige sehr vielversprechende Entwicklungen in der mathematischen Soziologie. Bekannte Soziologen wie der 2016 verstorbene John Urry haben versucht, daraus Schlussfolgerungen für eine Betrachtung der Gesellschaft aus – wie man sagen könnte – »der Warte der Komplexität« zu ziehen.[1] Aus diesen Entwicklungen heraus entstand sogar eine Ideenschmiede prominenter Wissenschaftler, die »Gulbenkian-Kommission«. In ihr arbeitete Immanuel Wallerstein (der Begründer der Weltsystem-Theorie, die in den linken Wirtschaftswissenschaften ein großes Ding ist) zusammen mit dem Systemtheoretiker und Chemiker Ilya Prigogine (der den Nobelpreis gewann, aber dessen Ruf seitdem aufgrund seines Hangs zur Spiritualität Schaden genommen hat), um dabei zu helfen, ein Verständnis von Chaos, Komplexität und Emergenz auch in unser Denken über die Gesellschaft einzuführen.

Als ein Vorspiel zu dieser Entwicklung lässt sich wohl die sogenannte Kybernetik der 1950er-Jahren betrachten – und vor allem das Werk des Universalgelehrten und Biologen Gregory Bateson.

Gegenwärtig ist die bei Weitem beste Quelle für ein Verständnis von Chaos und Komplexität das Santa Fe Institute, ein Forschungszentrum, das einige Topleute aus der Informatik und eigentlich auch den meisten anderen Wissenschaften versammelt (und in Santa Fe, New Mexico, gelegen ist).[2] Darüber hinaus inspiriert die Arbeit des für seinen Beitrag zur Netzwerktheorie bekannten ungarischen Physikers Albert-László Barabási eine wachsende Community von Menschen aus aller Welt und allen wissenschaftlichen Disziplinen.

Was sieht man nun aber aus der »Warte der Komplexität«, wenn es um ein Verständnis von Gesellschaft und Politik geht? Kann man das allgemeinverständlich herunterbrechen? Ja, das geht.

Eines der ersten Lehrbuchbeispiele für Komplexität ist die sogenannte Schelling-Simulation. Sie zeigt, wie Rassismus und Segregation funktionieren. Im Grunde handelt es sich dabei um ein Schachbrett mit Ringen und Kreuzen, die sich über das Spielfeld bewegen. Jedes Mal, wenn man auf dem Computer die Return-Taste drückt, rücken die Ringe und Kreuze einen Schritt weiter oder verharren. Man drückt also immer wieder Return, während die Markierungen immer weiter über das Schachbrett rücken.

Programmiert man die Ringe und Kreuze so, dass sie eine (wenn auch nur) *leichte* Präferenz besitzen, näher an gleichartige Figuren heranzurücken, entstehen schnell sich stabilisierende Muster: Muster einer *dramatischen* Segregation. Und nicht nur das. In einigen Fällen kann eine etwas *niedrigere* Präferenz für gleichartige Figuren sogar ein *noch segregierteres* Schachbrett zur Folge haben.

Wenn man sich die entstehenden Muster ansieht, könnte man denken, diese Ringe und Kreuze seien sehr rassistisch. Aber das ist nicht notwendigerweise der Fall. Sie sind nur ein bisschen rassistisch. Die dramatische Segregation ist eine *emergente Eigenschaft* des Systems als Ganzem. Eine linke, kritische Soziologin würde hier gegen Machtstrukturen und die historische Übermacht der Ringe über die Kreuze wüten, ein Psychoanalytiker über tief eingeprägten

Rassismus im Unbewussten spekulieren – doch aus der Warte der Komplexität wird klar, dass diese Erklärungen immer nur sehr partiell sind. Schon relativ kleine, einfache Verhaltensänderungen einzelner Ringe oder Kreuze können auf dem Schachbrett eine vollkommen andere Konstellation hervorbringen.

Natürlich denkt man, dass Rassismus eine scheußliche Variable ist, die Segregation »verursacht«. Doch manchmal kann selbst Toleranz Segregation »verursachen«. Es gibt keine »Essenz des Bösen«, der man sich entledigen könnte; nur Variablen, die man anpassen kann, mit unterschiedlichen – oft unerwarteten und kontraintuitiven – Ergebnissen.

Aus der Warte der Komplexität wird offensichtlich, dass die Schuld nicht wirklich dem individuellen Verhalten von Menschen, die miteinander interagieren, zuzuschreiben ist. Und es lässt sich da draußen tatsächlich auch keine böse »Machtstruktur« ausmachen, derer man sich einfach entledigen und so die Dinge wieder in Ordnung bringen könnte. Wir müssen die Spielregeln verstehen: die Interaktionsmuster und wie wir uns durch diese Interaktionen gegenseitig hervorbringen – und dadurch wiederum die Gesellschaft als ganze.

Wenn man die Gesellschaft ändern möchte, muss man die Spielregeln ändern. Man muss Kleinigkeiten im Verhalten von Menschen ändern und man muss die Qualität ihrer Beziehungen verbessern.

Lassen Sie uns ein weiteres Beispiel aus der Kriminologie und Polizeiforschung betrachten. 1992 stellte Robert Reiner, ein britischer Kriminologe, fest, dass es offenbar fünf Mechanismen gibt, die dahingehend zusammenwirken, dass sie die Aufmerksamkeit der Polizei eher in Richtung bestimmter ethnischer Minderheiten lenken:

- Kategoriale Diskriminierung (die Entscheidung der Polizei, mehr schwarze Menschen und andere Minderheiten anzuhalten, um sie zu durchsuchen).
- Übertragene Diskriminierung (die Tendenz der Allgemeinbevölkerung, die Polizei öfter zu rufen, wenn sie schwarze Menschen in der Nähe sehen.)
- Interaktives Geschick (stärkere kulturelle Schwierigkeiten der Polizei im Umgang mit bestimmten Gruppen, sodass Interaktionen mit diesen eher in Form von Gewalt oder Verhaftung eskalieren).
- Institutionelle Diskriminierung (häufigere Patrouillen in Gegenden mit höherer Kriminalität und damit stärkere Überwachung der Menschen, die dort leben).
- Statistische Diskriminierung (Verbrechensstatistiken bestimmter Gruppierungen lösen eine fatale Kettenreaktionen aus, da die Polizei diesen Grup-

pen mehr Aufmerksamkeit schenkt und in der Folge die statistische Überrepräsentation von Kriminalität innerhalb dieser Gruppen verstärkt).

Reiner war überzeugt, dass die kategoriale Diskriminierung – an die wir gewöhnlich denken, wenn es um Rassismus in der Polizei geht – der am *wenigsten* wirksame Mechanismus ist. In anderen Worten: Seiner Meinung nach sind es die **Spielregeln**, die Rassismus und Diskriminierung generieren (eher als der Rassismus unter den Polizeikräften selbst).[3] In meiner eigenen Forschung zur Polizeiethnografie ergaben sich viele Anlässe, die mich in meinem Glauben befestigten, dass Reiner recht hatte. Aus der Warte der Komplexität sieht man auch hier wieder, dass Rassismus ein emergentes Muster ist – ein Phänomen, das nicht aus den Handlungen von Einzelpersonen hervorgeht, sondern aus den Interaktionen verschiedener Menschen.

Ein weiteres Beispiel: sexistische Werbung. Viele Frauen fühlen sich von ihr zum Objekt gemacht und beim Gang durch die Innenstädte ständig dazu gedrängt, sich an irgendwelchen hochgesteckten und unmöglichen Idealen messen zu müssen. Sie sind überall: superdünne Models mit perfekter Haut in der aktuellen Unterwäschenmode, die Eiscreme essen und dabei ihre vollkommenen Zähne blitzen lassen. Es ist einfach zu viel. Es bereitet vielen Frauen und Mädchen ein Unwohlsein (und hat auch negative psychische Effekte bei Männern). Sicher ist es die gesellschaftliche Macht von Männern und dem Patriarchat im Verbund mit dem Kapitalismus, was uns alle einer solchen Behandlung unterwirft?

Naja, denken Sie mal so: Wenn nur *einige wenige* Menschen Dinge eher kaufen, wenn der Mensch in der Werbung ein *klein* wenig besser aussieht, heißt das, dass die Unternehmen mit besser aussehenden Menschen in ihren Werbeanzeigen etwas mehr verkaufen werden. Im Endeffekt werden sie Unternehmen im Wettbewerb übertreffen, die das nicht tun. Das bedeutet, dass die meisten Unternehmen für ihre Produktwerbung sehr wahrscheinlich gutaussehende Models wählen. Und nicht nur das: Die Unternehmen, die *noch besser* aussehende Menschen haben *und zudem* besser darin sind, sie attraktiv auszustellen, werden einen Vorteil vor all den anderen haben. Das kreiert einen Wettbewerb *ad absurdum* – einen bizarren Wettlauf um Sexiness, der im Gegenzug einen eigenen Markt für Marketingunternehmen, Models, Fotografinnen und Photoshopper schafft.

Und nun stellen Sie sich einmal die Frage – und beantworten Sie diese aufrichtig –, ob Sie selbst eine kleine Tendenz dazu haben, spontan gutaussehende Menschen vorzuziehen? Wenn Ihre aufrichtige Antwort ein Ja ist – und das ist sie –, heißt das, dass Sie gerade große Teile unserer supersexistischen, Frauen zum Objekt machenden städtischen Landschaften erklärt haben. Dieser kleine, relativ unschuldige Drang in uns selbst ist es, der sich zu komplexen Wechselwirkungen auswächst und die fürchterlich sexistische Gesellschaft hervorbringt, die niemand will und unter der viele von uns leiden.

Adam Smith, der Vater der Wirtschaftswissenschaften, beschrieb »die unsichtbare Hand« des freien Marktes, das heißt, die emergente Qualität wirtschaftlichen Wachstums und zunehmenden Wohlstands innerhalb sich industrialisierender freier Märkte. Tatsächlich gibt es allerdings überhaupt keinen Anlass, anzunehmen, dass die unsichtbare Hand lediglich Gutes bewirkt. In dem Augenblick, in dem wir wegsehen, kann sie uns auch Rassismus, Sexismus und Umweltzerstörung aussetzen.

Die Warte der Komplexität mag weniger aufregend erscheinen als die Bilder eines bösartigen Patriarchats oder der düsteren Türme des Kapitalismus. Irgendwie erscheint es albern, sich zu Hunderten zu versammeln, gemeinsam die Straße herunter zu marschieren und dabei zu rufen: »Lasst uns unsere Verhaltensweisen weiterentwickeln und die Spiele des Alltags ein klein wenig optimieren, sodass wir – zusammen und langfristig – dramatisch bessere emergente Eigenschaften hervorbringen!« Das hat einfach nicht diesen Wumms, nicht diesen »Schwung« – falls Sie wissen, was ich meine.

Das ist der Deal: Je primitiver und dümmer Ihre Vorstellungen von der Gesellschaft sind, desto kruder wird auch Ihre »Theorie vom Bösewicht« sein. Für die Nazis sind die Juden die Bösewichte, schlicht und ergreifend. Für die nationalistischen Konservativen sind die Bösewichte zwar nicht notwendigerweise die Araber, aber doch bestimmte problematische Aspekte ihrer Kultur und Religion. Für den modernen Liberalen sind die Bösewichte Faulheit und ein Mangel an Verantwortungsgefühl – sowie all diese lästigen linken Kontrollfreaks. Für die Linke ist es der Kapitalismus. Für die Gesellschaftskritikerin sind es die Machtstrukturen, für den Umweltschützer die Industrie- sowie eine Konsumgesellschaft, die von den ökologischen Kreisläufen entfremdet ist.

Für den Metamodernisten gibt es fast keine Bösewichte mehr, niemanden und nichts, das man beschuldigen könnte: nicht einmal eine unpersönliche Struktur. Aus der Warte der Komplexität gibt es nur noch die mühsame Optimierung vieler kleiner Dinge, die uns dabei helfen können, die Fehler unserer Gesellschaft zu korrigieren und die Tragik des Daseins abzumildern. Mag sein, dass es aufregender ist, Machtstrukturen zu bekämpfen oder mit Steinen zu schmeißen. Aber ich fürchte, das wird unsere Probleme nicht lösen.

Jenseits von Links und Rechts, endlich

Es ist mittlerweile zu einem Allgemeinplatz geworden, von der klassischen Links-Rechts-Skala zu sprechen, als sei sie überholt, doch gibt es nur wenige Menschen, die klar benennen können, was das bedeutet. Manchmal wird Ihnen auch ein ökonomisches Modell begegnen, in dem auf einer Achse das Bedürfnis nach (mehr oder weniger) Umverteilung eingetragen wird und auf der anderen das Eintreten für eher traditionelle oder liberalere Werte, wodurch sich ein Feld mit vier Quadranten ergibt. Manchmal bringen Menschen auch Progressivität gegen Konservativismus in Stellung – wobei sich dann in der Realität die nationalistischen Konservativen oftmals mit dem für den Sozialstaat eintretenden linken Flügel zusammentun. Jonathan Haidt lehrt uns, wie liberale und konservative Werte zueinanderpassen und ein Ganzes bilden, das mehr ist als seine Teile.[4] Anthony Giddens versuchte eine Synthese von Links und Rechts, um eine dynamische Wirtschaft zu erschaffen, die in der Lage wäre, einen fortschrittlichen Sozialstaat und Solidarität zu befördern (Tony Blairs New Labour hat uns das Resultat vor Augen geführt – keine sehr zufriedenstellende Radikalisierung von Politik aus linker Sicht).[5] Dann gibt es noch die »Vierte Politische Theorie« von Alexander Dugin, die man als russischen Neofaschismus betrachten muss, aber lassen Sie uns diesen Pfad gar nicht erst beschreiten.

Auch wenn jeder dieser Ansätze seine Vorzüge hat – vielleicht vor allem der Haidt'sche, der betrachtet, wie konservative und liberale Meinungen ein Ganzes hervorbringen, das größer ist als seine Teile –, denke ich, dass keiner von ihnen die Struktur metamoderner Politik voll und ganz einfangen kann. Keiner von ihnen erklärt auf zufriedenstellende Weise das philosophische Unterfangen und die politischen Konsequenzen einer Ideologie, die tatsächlich jenseits von Links und Rechts verortet ist.

Oberflächlich erscheinen metamoderne Politik und die skandinavische Ideologie – mit ihrem Grünen Sozialliberalismus 2.0, der Vision einer Gesellschaft des Zuhörens und einer enormen Ausweitung der Fürsorge in den sozialpsychologischen Bereich des Lebens – wie ein radikales linkes Projekt.

Und in vielerlei Hinsicht ist es das auch. Schließlich wollen wir die Qualität der gesellschaftlichen Fürsorge für jeden einzelnen Bürger und jede einzelne Bürgerin dramatisch erhöhen.

Bitte beachten Sie aber, dass wir noch nichts dazu gesagt haben, *wie* und durch welche Mechanismen solch eine Entwicklung zustande kommen soll: durch demokratisch kontrollierte Staatsbürokratie, durch Marktlösungen oder die Zivilgesellschaft (oder, vielleicht eher, die synergistische Entwicklung aller drei). Hier sind noch Diskussionen notwendig – wir wollen nicht *a priori* festlegen, wie diese Ziele erreicht werden sollen. Wir stellen lediglich fest, dass sie unbestreitbar eine politische Seite besitzen.

Sich »jenseits von Links und Rechts« zu verorten, bedeutet, dass wir alles, was die Beziehung zwischen Öffentlichkeit, Privatbereich und Zivilgesellschaft betrifft, offen zur Diskussion stellen und für jeden einzelnen Mechanismus jeweils die besten empirischen Beweise Berücksichtigung finden müssen. Zum Beispiel bei der Frage, ob »freie Märkte« besser funktionieren oder weniger effizient sind als Staatsapparate. Die Antwort hängt davon ab, welchen gesellschaftlichen Bereich wir betrachten, welche Werte im Rahmen unserer allgemeinen Ziele innerhalb dieses Bereichs in Betracht gezogen werden müssen, welche Art von Staatsapparat wir haben und wie funktional der zur Verfügung stehende Markt ist.

Menschen aufseiten der Linken gehen irrationalerweise oft von der Prämisse aus, dass demokratische Kontrolle durch eine Öffentlichkeit *a priori* besser ist. Die Rechte glaubt zumeist, dass »der Markt« (was auch immer dadurch jeweils bezeichnet wird) *an und für sich* einen intelligenteren Mechanismus als die Bürokratie darstellt und einer natürlich gegebenen Ordnung diene, die manchmal mit Darwins Evolution verglichen wird. Menschen mit einer grünen (und oftmals anarchistischen) Überzeugung glauben häufig, dass zivile, informelle und persönliche Beziehungen *an und für sich* freundlicher, gerechter und weniger unterdrückend sind als Märkte und bürokratische Strukturen.[6]

Haben wir diese Überzeugungen erst einmal laut ausgesprochen, liegen sie in aller Plattheit vor uns. Sie zeigen sich als das, was sie wirklich sind: Vorurteile. *A priori* anzunehmen, dass demokratische Kontrolle mittels öffentlicher Bürokratie der Idee eines »freien Marktes« hinsichtlich Effizienz, Gerechtigkeit und Moral überlegen ist, ist einfach unsinnig. Es handelt sich um ein religiöses Glaubensbekenntnis im negativen Sinne dieses Wortes. In der Zukunft werden Menschen diese Überzeugungen so betrachten, wie das heute für dem Mittelalter entstammende Überzeugungen gilt – also beispielsweise das Christlich- oder Muslimischsein.

Das sind fallspezifische Fragen. Die Antworten variieren. Es gibt nicht nur eine Antwort. Alles hängt davon ab, welche Institutionen, psychologischen Entwicklungsstufen, Techniken und informationsverarbeitenden Prozesse uns zur Verfügung stehen – und über welchen Bereich des gesellschaftlichen Lebens wir sprechen. Nichts an der öffentlichen Verwaltung ist genuin irrational oder ineffizient, genauso wenig wie das »Gleichgewicht des Marktes« inhärent rational und richtig wäre. Und auch die Zivilgesellschaft ist nicht von Natur aus menschlich, freundlich und gemütlich.

Es geht hierbei vor allem darum, die eigenen **politischen Allergien** zu überwinden. Lassen Sie uns einige Worte ausprobieren, die bei der Linken allergische Reaktionen auslösen: Markt, Macht, Kapitalismus, Autorität, Profit – und auf der Rechten: radikal, sozial, Feminismus, Revolution, Öffentlichkeit.

Wenn die Lektüre dieser Begriffe bei Ihnen einen spontanen Ekelreiz oder Aggressionen hervorruft, wenn Ihnen das Wort, allein wie es da auf dem Papier steht, abstoßend erscheint, haben Sie eine politische Allergie, die ihre politische Wahrnehmung gefangen hält. Man muss erkennen, dass es sich hierbei nicht um naturgegebene Bedeutungen oder Tatsachen handelt. Sie alle können, je nach Kontext, gut oder schlecht sein – und vor allem sind sie alle gut *und* schlecht. Solche vagen und offenen Kategorien wie »den Markt« zu »hassen« oder »gegen ihn zu sein« sind relativ sinnlos. Das begrenzt unser Denken. Es macht uns dumm.

Alle diese drei Systeme – die demokratische Staatsbürokratie, der Markt und die Zivilgesellschaft – sind einfach nur Formen der Staatsführung, die Informationen über menschliches Verhalten verarbeiten und unser Handeln koordinieren, um allgemein und individuell erwünschte Ergebnisse zu erzielen. Jedes der drei hat seine Pathologien, seine eigenen Krankheiten, seine eigenen Beschränkungen wie auch seine eigenen hervorragenden Eigenschaften. Es gibt intelligente und unintelligente Märkte, intelligente und unintelligente Bürokratien beziehungsweise demokratische Institutionen, und die Zivilgesellschaft kann ebenso inklusiv wie unterdrückerisch sein.

Die drei Systeme sind nicht nur, was ihre Funktion anbelangt, voneinander abhängig – ohne einander könnten sie nicht einmal existieren. Ohne Märkte gibt es keine Länder – und ohne regulierende Staaten und Bürokratien keine größeren Märkte (wie »der Vater der Soziologie« Max Weber aufgezeigt hat). Auch die Zivilgesellschaft – in dem Sinne, wie der Großmeister der deutschen Gesellschaftstheorie Jürgen Habermas sie als Erster beschrieben hat – wächst und gewinnt ihre Kraft erst mit dem modernen Staat. Mit der Einführung des modernen Staates bekommen Menschen diese eindringende, übergreifende Einheit vorgesetzt, die ihr Leben in weiten Teilen bestimmt, ihnen aber auch ein gemeinsames Gesprächsthema verschafft – in Form von nationalen Nachrichten, Zeitschriften oder Cafés. Der moderne Nationalstaat ermöglicht es uns wiederum, eine »Privatsphäre« zu haben, von der erwartet wird, dass sie – in einiger Entfernung von der Öffentlichkeit und der Berufswelt – für unsere eigenen »individuellen« Träume, enge Beziehungen und sexuelle Praktiken vorbehalten bleibt.[7]

In einigen wichtigen Aspekten haben diese Systeme in der Moderne mehr Unabhängigkeit voneinander gewonnen, und zwar im Laufe der letzten 200 Jahre etwa. Wie Webers klassische Soziologie feststellte, besteht der Genius der modernen Gesellschaft, ihr Geist, in ihrer Fähigkeit, aus der gesellschaftlichen Realität verschiedene Dimensionen herauszukitzeln: 1. die rationale/wissenschaftliche objektive Wahrheit, 2. die subjektive/persönliche Ästhetik und 3. das Reich des Zwischenmenschlichen und der Moral.

Man kann Menschen nicht mehr auf dem Scheiterhaufen verbrennen, weil sie eine wissenschaftliche These aufgestellt haben. Man kann sexuelle Beziehungen haben, ohne dass das notwendigerweise ökonomische Implikationen hat. Man kann staatliche Repräsentanten auf Grundlage ihrer Verdienste wählen anstatt auf Basis ihrer Beziehungen oder ihres Reichtums (zumindest theoretisch, seufz). Man kann ein Unternehmen gründen, ohne dass dies die familiären Beziehungen gefährdet und so weiter.

Diese Sphären gewinnen eine bestimmte Form von Unabhängigkeit oder Autonomie. Und das ist eine wundervolle Sache, wirklich: Gerechte Märkte sind idealerweise frei von lauschigen Freundschaften, die eine Vetternwirtschaft ausmachen; vor der Bürokratie sind alle Bürger und Bürgerinnen gleich und sie sollte idealerweise unabhängig von Marktinteressen agieren; auch die Liebe sollte idealerweise frei von Machtbeziehungen und finanziellen Interessen sein.

Dennoch ist so ein Herauskitzeln (mit einem schickeren Begriff: eine *Differenzierung*) der verschiedenen Dimensionen des Soziallebens nie abgeschlossen. Diese Systeme durchdringen sich wechselseitig und beeinflussen einander immer noch. **Scheitert eine moderne Gesellschaft daran, zwischen diesen**

drei Sphären zu differenzieren, hat das alle möglichen Gesellschaftskrankheiten zur Folge: Korruption, Günstlingswirtschaft, Ungleichheit vor dem Recht, Amtsmissbrauch, Kartellbildung und unfaire Monopole, Verletzung der Privatsphäre von Menschen – die Liste der Schrecklichkeiten ist endlos. Bedenken Sie, was passiert, wenn Ihre Chefin mit Ihrem Mann schläft oder wenn die Bürokratie bestimmte Ethnizitäten oder Clans anderen vorzieht. In der modernen Gesellschaft wollen wir so etwas los sein. Auf Nimmerwiedersehen.

Aber der Glanz der Modernität hat eine dunkle Seite: Sie hat uns zwischenzeitlich aufgespalten; dieselbe Person ist ein Familienmitglied, eine Bürgerin und eine Berufstätige. Diese Lebensbereiche werden voneinander in großem Abstand gehalten und das ist eine der Hauptquellen der Entfremdung in der modernen Gesellschaft. In der Soziologie trägt dieses hässliche Baby viele Namen (die jeweils leicht unterschiedliche Aspekte betonen): Fragmentierung, das postmoderne Wissen (*the postmodern condition*), der flexible Mensch (*the corrosion of character*) und so weiter.

Mittlerweile entwickelt sich die Gesellschaft über diese Stufe hinaus. In der Gegenwart entdecken Demokratie, Märkte und Zivilgesellschaft *neue* Wege der gegenseitigen Durchdringung. Sie werden wieder integriert – nicht wie in der traditionellen Gesellschaft, sondern auf eindeutig postindustrielle Art und Weise, wie sie dem Internetzeitalter entspricht. Diese neuen Formen der Reintegration sind nicht dasselbe wie ihre gescheiterte Ausdifferenzierung (die zu Korruption und Ähnlichem führt). Die neue Reintegration ist in gewissem Maße eine gute Sache. Wenn sie intelligent durchgeführt wird, kann das dazu beitragen, dass wir weniger gespalten und weniger entfremdet sind. Und dazu, dass Politik, Märkte und persönliche Beziehungen wesentlich intelligenter funktionieren.

Wir müssen also drei Stufen im Blick behalten. *Stufe eins:* Märkte, Politik und persönliche Beziehungen sind nicht klar voneinander getrennt. *Stufe zwei:* In der modernen Gesellschaft gewinnen diese drei Sphären ein größeres Maß an Unabhängigkeit voneinander. *Stufe drei:* In der metamodernen Gesellschaft werden diese drei Sphären reintegriert, idealerweise ohne dass eine der Sphären die beiden anderen dominiert oder kontaminiert.

Es gibt eine Fülle an Beispielen für eine solche Reintegration. Lassen Sie mich hier nur einige erwähnen: Marktmechanismen, die bei der Organisation des öffentlichen Sektors angewandt werden; die Planung des »Triple-Helix-Modells« für die regionale Wirtschaftsentwicklung (wobei mit der dreifachen Helix die Zusammenarbeit zwischen öffentlichen, privaten und universitären Akteuren in einer Region gemeint sind); der zunehmende Druck aus der Zivilgesellschaft, mit dem entfremdenden Charakter von Management und Bürokratie in privaten Unternehmen wie im öffentlichen Bereich grundlegend zu brechen; die Pflege von persönlichen Beziehungen und die Investition in dieselben durch professionelle Unternehmen. Auch das ist ein wichtiger Prozess, der gerade stattfindet. Dies sind nur einige wenige und oberflächliche Beispiele solcher Veränderungen, wie sie in der heutigen Gesellschaft sichtbar sind.

Die zunehmende Reintegration dieser drei verschiedenen Sphären des Soziallebens – der **bürgerschaftlichen** (Politik, Demokratie, Bürokratie, Öffentlichkeit), der **beruflichen** (Tauschverhältnisse des Marktes) und der **persönlichen** (der zivile Bereich, Familienleben, Gemeinschaften) – verlangt uns eine Art des politischen Denkens ab, die keine dieser Sphären als fundamental oder den anderen beiden als naturgemäß überlegen ansieht. Wir müssen die Gesamtheit des sozialen und politischen Lebens betrachten.

Das ist es, was es bedeutet, über Links und Rechts hinauszugehen, und das ist die Philosophie, die uns gestattet, die skandinavische Ideologie in Form einer erfolgreichen metamodernen Politik zu aktualisieren. Ein Beispiel für diese Reintegration ist die zunehmende Bedeutung des »vierten Sektors«, der aus hybriden Organisationen, Public-private Partnerships und vor allem sozialem Unternehmertum besteht – wie bereits erwähnt, ist der Social Entrepreneur der idealtypische Mensch der neuen globalen Ökonomie.

Es ist natürlich einfach nachzuvollziehen und damit irgendwie auch banal, dass keine einzelne politische Bewegung oder Richtung auf ewig die einzig »richtige« sein kann. Fast niemand würde in aller Ernsthaftigkeit glauben, dass alles, was die Linke im Laufe des letzten Jahrhunderts getan, gewollt und gedacht hat, gut gewesen ist, und dass alles, was die Rechte jemals getan hat, von Natur aus falsch und verfehlt war. Das ist einfach eine unhaltbare Position, die sich in dem Moment als Nonsens erweist, in dem man ihrer gewahr wird.

Natürlich muss es da irgendeine Art von Dialog, Wettbewerb, Entwicklung, Evolution – oder *Dialektik* – geben, in der verschiedene Ideen, Praktiken und Regelungen gegeneinander erprobt und in einem längeren Prozess, den keine einzelne Denkerin oder Bewegung vollends vorhersagen kann, ko-entwickelt werden. Selbst die schlimmsten Fehler können sich in der Rückschau als wertvoll erweisen. Wie ich bereits weiter oben erläutert habe, scheint diese dialektische Entwicklung in eine bestimmte Richtung zu gehen, wie es in den skandinavischen Ländern zunehmend sichtbar wird: Ko-Entwicklung.

Für all das gibt es auch eine sehr reale Grundlage, eine Kerneinsicht. So einfach, wie das philosophische Prinzip metamoderner Politik ist, so elegant ist es auch. Dieses Prinzip besagt, dass sich das gesellschaftliche Leben als ein *Fraktal* darstellt und dass die Gesellschaft aus drei gesonderten Elementen besteht, die sich jeweils selbst reproduzieren, aber letztlich voneinander abhängen: Solidarität, Handel und Wettbewerb.

- **Solidarität** – in allen Gesellschaften, die jemals existiert haben, gab es Kooperation und das, was der anarchistische Klassiker Peter Kropotkin »gegenseitige Hilfe« genannt hat. In unser aller Leben gibt es immer wenigstens einige Aspekte dieser Dinge wie Fürsorge, Brüderlichkeit, Freundschaft, Kooperation, Hilfe, Mildtätigkeit, Zugehörigkeit, Vorlieben, Liebe und so weiter. Das Prinzip ist: *eher du als ich.*
- **Handel** – in allen Gesellschaften, die jemals existiert haben und auch in jedermanns Leben und in jeglicher Beziehung gibt es ein Element des *Austauschs*: *quid pro quo*, etwas für etwas anderes. Das Prinzip ist hier: *ich und du, aber nur bedingt.* »Nur bedingt« dient der Unterstreichung der Tatsache, dass wir nur Handelsbeziehungen aufnehmen, wenn wir dadurch etwas zu gewinnen haben.
- **Wettbewerb** – in allen Gesellschaften, die jemals existiert haben und auch in jedermanns Leben und in jeder verdammten Beziehung gibt es ein Element des Wettbewerbs: widerstreitende Interessen, Machtbeziehungen, Kampf, Manipulationen, Gewalt, Feindseligkeit, Feindschaft und so weiter. Das Prinzip ist: *ich, nicht du.*

Der unhinterfragte, irrationale Glaube von Menschen ist, dass aus irgendwelchen Gründen eines dieser drei Elemente gegenüber den anderen beiden eine höhere Wahrheit darstellen würde. So glaubt die Linke aus irgendeinem Grund, dass Solidarität die höchste Wahrheit darstellt. Die libertäre Rechte hält den Handel für das Prinzip Nummer eins. Die Konservativen und die Faschisten glauben in ihrem Herzen, dass erbitterter Wettbewerb über den beiden anderen steht, dass er die soziale Realität in ihrer letzten Konsequenz beschreibt.

Der metamoderne politische Aktivist macht diesen Fehler nicht, hat keine solchen Vorurteile und erkennt, dass jede dieser drei Überzeugungen für sich genommen in gleicher Weise unaufrichtig ist und dem Charakter der Wirklichkeit Gewalt antut. Jedes dieser Vorurteile verursacht schreckliche Kosten in Hinblick auf menschliches und tierisches Leid – im Folgeband *Die skandinavische Ideologie* werden wir auf dieses Thema zurückkommen, wenn es um den »Spielwechsel« (*game change*) geht.

Wie Sie vielleicht wissen, beschreibt ein Fraktal eine (mathematische) Struktur, die – unabhängig davon, auf welche Stelle man hineinzoomt – überall die exakt selbe Funktion reproduziert. Das hat die ständige Rekreation selbstähnlicher Muster auf jeweils neuen Ebenen zur Folge – selbst wenn es sich um eine tausendfache oder noch stärkere Vergrößerung oder Verkleinerung handelt. Das Fraktal verwendet stets die gleichen Bestandteile oder Prinzipien (eine Funktion, die auf sich selbst angewandt wird) – und obwohl es auf jeder beliebigen Betrachtungsebene ständig neue Ergebnisse hervorbringt, bleiben die Muster jeder beliebigen Zoomebene sich irgendwie selbstähnlich, sodass man stets erkennen kann, mit welcher Art von Fraktal man es gerade zu tun hat. Anstelle von »drei Dimensionen« finden sich manchmal Bruchteile von Dimensionen (eineinhalb Dimensionen beispielsweise) – daher rührt der Begriff »Fraktal«. Bei einem Fraktal lässt sich jede beliebige Dimension in kleinere Teile aufspalten und beobachten, wie sie sich selbst reproduziert. In gleicher Weise kann man Freundschaft aufspalten und feststellen, dass sie aus Handel und Konflikt besteht.

Führen Sie sich nun irgendeine beliebige Beziehung vor Augen, aber lassen Sie uns bei einer freundschaftlichen bleiben. Enthält diese nicht wenigstens einen Funken von Wettbewerb? Enthält sie nicht auch Handel, einen Austausch, in dem beide Parteien etwas Wertvolles gewinnen? Tatsächlich ist es schwer vorstellbar, dass eine Freundschaft, aus der eine der Parteien keinerlei Nutzen zieht, dauerhaft sein könnte. Wäre eine einseitige Freundschaft nicht eine Form der Ausbeutung? Und schließt die Definition von Freundschaft nicht stillschweigend den Nicht-Freund aus – was wiederum bedeutet, dass sie sich auf Wettbewerb stützt?

Oder sehen Sie sich den Zweiten Weltkrieg an: Schloss dieser große Konflikt nicht unglaubliche Opfer, Liebe und Solidarität ein – waren diese nicht sogar die Grundlage seiner Existenz? Oder denken Sie an die Tatsache, dass Sie selbst in diese Welt hineingeboren wurden – ist es nicht ein gewalttätiger Akt, dass Sie sich Ihren Weg durch anderes organisches Material hindurchgegessen haben, so wie Sie auch das Resultat eines Paarungswettbewerbs wie auch eines genuinen Bandes zwischen Ihren Eltern darstellen? Ihr ganzer Körper besteht aus organischem Material, das gewaltsam der Kontrolle unterworfen wurde – abgetötet, zerkaut, verdaut und damit zugleich zum Teil neuer kooperativer Verbindungen gemacht. Neueste Forschungen haben selbst zwischen einer schwangerem Mutter und ihrem Fötus einen evolutionären Kampf offenbart – die evolutionären Anforderungen des sich entwickelnden Kindes sind gewissermaßen von denjenigen der Mutter unterschieden (die ihre Chancen erhöht, ihre Gene durch weitere von ihr geborene Kinder zu verbreiten, insofern sie von diesem bestimmten Fötus nicht allzu sehr ausgelaugt wird). Egal wie tiefgehend symbiotisch und liebevoll eine Beziehung auch ist, gibt es doch immer auch ein Element des Kampfes.

Das metamoderne politische Denken akzeptiert und bestätigt diese drei Dimensionen des Soziallebens (**Solidarität, Handel und Wettbewerb**) sowie ihr ineinander verwobenes, fraktales Wesen vollumfänglich. Deshalb vermeidet es die blinden Punkte, die sich Linke wie Rechte selbst auferlegt haben, und geht über diese beiden antagonistischen Ideologien als analytische Kategorien hinaus. Links oder rechts zu sein wird dadurch schlicht zu einer Angelegenheit des Geschmacks oder der Präferenz – wie man auch seinen Gott mit Allah, Brahman, Jehovah, als Pastafari-Monster oder auch gar nicht bezeichnen kann.

Hat man einmal die metamoderne fraktale Perspektive akzeptiert, strebt man nicht länger danach, fundamentale und notwendige Dimensionen des gesellschaftlichen Lebens zu kolonisieren und zu zerstören. Beispielsweise ist man nicht mehr gegen Feindschaft und Wettbewerb. Wenn Sie versuchen, »gegen Feindschaft« zu kämpfen, schaffen Sie Feindschaft zwischen sich und denen, die Ihre Ansicht nicht teilen. Und dann werden Sie unter dem Kampfruf »Gegen Feindschaft« versuchen, deren Weltsicht zu zerstören und ihnen die Ihrige überzustülpen. Sie sehen, man kann diesen drei Dimensionen nicht entkommen.

Beginnen wir also stattdessen mit der Frage, wie sich Solidarität, Handel und Wettbewerb gemeinsam entwickeln können: zu neuen Formen gesellschaftlichen Lebens – und auch, wie sie sich im Laufe der Geschichte bereits entwickelt *haben*. Das bedeutet, dass wir Staat und Markt oder auch das Privatleben (mit seinen oftmals irrationalen und ungerechten Implikationen) nicht länger hassen (oder romantisieren). Wir können nicht länger glauben, dass eine dieser Kategorien Lösungen für das »Böse« oder die »Probleme« der anderen beiden bereithält. Wir fangen einfach nur an, das gesellschaftliche Leben selbst als einen dialektischen Entwicklungsprozess zu sehen, der zumindest teilweise in unseren Händen liegt – und dass seine Kategorien (Staat, Markt, Zivilgesellschaft) sich stetig verschieben und im Wandel begriffen sind. Ihnen wohnen keine unveränderlichen, inhärenten Qualitäten von Gut oder Böse inne. Sie besitzen kein eigenständiges Wesen.

Dasselbe Spiel können Sie mit einer anderen, damit verbundenen Dreiheit spielen: **Gleichheit, Freiheit und Ordnung**. Manchmal arbeiten sie gegeneinander, manchmal schaffen sie Synergien – aber ohne einander könnten sie nicht einmal *existieren*. Wenn man Freiheit liebt, stellt man auch fest, dass Freiheit in ihrem ureigenen Kern aus Ordnung und Gleichheit hervorgeht, die für ihre eigene Existenz wiederum der Freiheit bedürfen. Oftmals sind es höhere Ebenen von Ordnung, die größere Freiheiten ermöglichen – allerdings nur, wenn die Ordnung von allgemeiner und abstrakter Gestalt ist. Menschen dergestalt zu »organisieren«, dass man sie einfach nur zusammen marschieren lässt wie in Nordkorea, wird kaum für eine freie Gesellschaft sorgen. Funktionale Polizeiarbeit, geordnete Statistik und eine Revision der öffentlichen Finanzen dagegen unter Umständen schon.

Nimmt man die Schaffung eines Grünen Sozialliberalismus 2.0 in Angriff, bedient man sich einer Philosophie der Fraktale, um über Links und Rechts sowie schwache, in der »Mitte« angesiedelte Kompromisse zwischen beiden hinauszugehen. Man beschäftigt sich damit, wie die neue Ökonomie uns in ihrer neuen politischen und psychologischen Landschaft zu einer höheren Form des Gleichgewichts führen kann, in dem die Gesellschaft weit entfernt von Links und Rechts und zudem viel nachhaltiger ist als heutzutage – wie also Synergien erreicht werden können.

Dafür müssen wir unserem Verstand erlauben, paradoxe Gedanken zu denken, experimentelle Sprünge zu machen und gefährliche Träume zu träumen.

Nicht-lineare Politik

Ein weiteres grundlegendes metamodernes Prinzip besagt, dass man seinen eigenen ideologischen Standpunkt beständig hinterfragen muss. Menschen sind gut darin, ihre Vergangenheit zu rekonstruieren, indem sie sich selbst sagen, dass sie immer schon diese oder jene Meinung oder Weltsicht gehabt hätten. In Wirklichkeit sind Menschen sehr viel flexibler und passen sich an, während sie sich fügen, um den Normen zu genügen. Wie um Himmels willen haben sich alle (zumindest in den skandinavischen Ländern) innerhalb weniger Jahrzehnte von homophoben Menschen in solche verwandelt, die die Rechte von Homosexuellen unterstützen? Wir alle haben unsere Sichtweisen feinsäuberlich und diskret geändert, als der gesellschaftliche Druck zunahm.

Werfen Sie einen aufrichtigen Blick auf sich selbst – wie viele Ihrer gegenwärtigen Überzeugungen vertraten Sie vor zehn Jahren *wirklich*? Hatten Sie irgendwelche neuen Einsichten, haben Sie neue Überzeugungen gewonnen oder neue Werte angenommen? Ich für meinen Teile habe mich im Laufe meines Lebens kontinuierlich gewandelt. Andere Menschen, hoffentlich oftmals (wenn auch nicht immer) besser informierte als ich, haben mich neu geschrieben und auf tausend verschiedene Weisen neu programmiert – was zumeist außerhalb meiner bewussten Wahrnehmung geschah, aber nicht unbedingt außerhalb der ihrigen. Mit allergrößter Wahrscheinlichkeit gilt für Sie dasselbe.

Ich erwähnte bereits, wie bizarr die Vorstellung ist, es gäbe eine »einzige richtige« Ideologie, Bewegung oder Ausrichtung wie »links« oder »rechts«. Im Nachhinein ist es ziemlich offensichtlich, dass das gegenseitige Aneinanderreiben verschiedener Ideen und Sichtweisen notwendig war, um die »richtigen« Überzeugungen von heute hervorzubringen – einschließlich derjenigen, die man gegenwärtig für richtig hält. Die Dialektik, die sich durch das Zusammenspiel verschiedener Sichtweisen entfaltet, scheint integraler und notwendiger Teil jeder politischen Bewegung. Es kann kein Links ohne ein Rechts geben. Die Linke braucht die Rechte, wäre ohne sie gar unmöglich: Sie verlöre jegliche Energie und Bedeutung ohne diese Polarität.

Anzuerkennen, dass Sichtweisen und Bewegungen in Ko-Entwicklung begriffen sind, heißt nicht, dass man sich nicht für eine Seite entscheiden dürfte. Immer noch stellt sich gelegentlich heraus, dass einige Menschen recht haben und andere fehlgehen. Dennoch hat keine einzelne Gruppe oder Bewegung kontinuierlich und in jedweder Hinsicht immer nur recht. Lediglich aus einer **überparteilichen** Position heraus kann sich die Metamodernistin für eine der beiden Seiten entscheiden – weil sie versteht, dass im Hintergrund immer ein umfassenderer Prozess abläuft, der die gegenwärtige ideologische, parteiische Position überschreitet und durchdringt. Man kann immer etwas lernen von anderen Parteien, selbst von seinen erbittertsten Gegenspielern. Zudem dient man seinen eigenen Bedürfnissen oft am besten, wenn man sich das Wechselspiel verschiedener Parteien und Perspektiven zunutze macht und nicht einfach nur einen vermeintlich einsinnigen Pfad beschreitet.

Wenden Sie nun dieses Prinzip der dialektischen Entwicklung auf sich selbst an, auf Ihre eigenen Sichtweisen und Überzeugungen – selbst auf die von Ihnen am meisten geschätzten Werte. Ist es nicht offensichtlich, dass, was auch immer Sie heute denken und glauben mögen, aus Sicht irgendeines zukünftigen Zeitpunkts, zu dem besseres Wissen verfügbar ist, nicht vollkommen richtig oder annehmbar sein kann?

Ist es außerdem nicht ganz offensichtlich der Fall, dass es heutzutage andere Menschen auf der Welt gibt, sehr wahrscheinlich sogar in ihrer unmittelbaren Umgebung, die Verständnis- und Sichtweisen besitzen, die über das, was Sie selbst in diesem speziellen Moment oder überhaupt jemals erkennen können, schlicht hinausgehen – und dass Sie dies nur deshalb nicht erkennen, weil Ihre gegenwärtige Sichtweise begrenzt ist?

Wir reden hier nicht von Expertenwissen. Wir alle würden bereitwillig zugestehen, dass ein Herzchirurg Fertigkeiten und Sachverstand besitzt, die uns fehlen, oder dass eine Physikerin über Wissen verfügt, das uns bei einer Diskussion über die Funktionsweise von Schallwellen an unseren Platz verweisen würde. Aber davon abgesehen neigen wir dazu, unser allgemeineres Alltagsverständnis von der Wirklichkeit, von uns selbst und von der Gesellschaft für ziemlich richtig zu halten.

Sehen wir uns in unserer Umgebung um, entdecken wir viele andere Menschen, die von offensichtlich falschen oder grotesken Gedanken und Sichtweisen überzeugt sind. Wenn wir nur für einen Moment heraustreten und uns von außen betrachten, erscheint es auf einmal hochgradig unwahrscheinlich, dass die jeweilige Deutung der Wirklichkeit, die eine bestimmte Person vertritt – genau dieser Organismus einer bestimmten Spezies in diesem Moment und an diesem bestimmten Ort der Welt und zu diesem genauen Zeitpunkt in seiner Lebensspanne –, besonders richtig, wissenschaftlich, ethisch, universal oder vernünftig sein sollte.

Bereits die Tatsache, dass wir es schaffen, uns derartig ernst zu nehmen, wo wir mit großer Sicherheit vollkommen blind und verwirrt sind beziehungsweise völlig falschliegen in Bezug auf so viele und so grundlegende Dinge, kann nur als eine Form des Wahnsinns beschrieben werden. Wir alle starren gebannt auf das unverständliche, absurde Durcheinander, das sich Realität nennt, und mit den glasigen Augen wahnhafter Überzeugung machen wir uns selbst glauben, dass wir den Durchblick besitzen. Das ist tatsächlich grotesk.

Wie man weiß, hat Sokrates gelehrt, dass der Weiseste der Griechen derjenige sei, der verstanden hätte, dass er nichts wisse (womit er sich im Übrigen selbst meinte). Einige chinesische Sprichwörter und konfuzianische Lehren kommen zum selben Ergebnis. Das sokratische Nichtwissen nährt das metamoderne Politikverständnis. Dieses Prinzip bedingt eine spezifische Annäherung an jegliche gesellschaftlichen und politischen Angelegenheiten: **den nicht-linearen Prozess.**

Die einfachste Definition eines nicht-linearen Systems ist, dass der Output (Ergebnis) nicht im proportionalen Verhältnis zum Input (den unternommenen Anstrengungen) steht. Mehr Geld muss nicht zugleich weniger Armut bedeuten. Weniger Regulierung muss nicht zugleich größere Freiheit bedeuten. Gesellschaftliche Probleme nehmen nicht notwendigerweise relativ zu den gesamtgesellschaftlichen Unkosten ab. Höhere Einwanderungsraten übersetzen sich nicht notwendigerweise in mehr Kosmopolitismus und globale Solidarität. Und so weiter.

Eine vielseits beliebte, hübsche Wendung bezeichnet deswegen sowohl den menschlichen Geist als auch die Gesellschaft als Ökosysteme. Ökosysteme regulieren und reproduzieren sich selbst, erhalten über Zeiträume hinweg eine gewisse »Homöostase« aufrecht und entwickeln sich dann entweder weiter oder brechen krisenhaft zusammen. Zur »Krise« kommt es, wenn einige Variablen des Systems in die Höhe getrieben werden und durch selbstverstärkende Rückkopplungszyklen, »weit entfernt von Gleichgewichtszuständen«, völlig aus dem Ruder laufen. Da es sich hierbei um ein breit diskutiertes Konzept handelt, das man in jeder beliebigen Quelle zu Chaos und Komplexität finden kann, halte ich mich hier zurück, tiefer in diese Diskussion einzusteigen. Der Punkt ist, dass das Ökosystem als ganzes das Ergebnis vieler autonomer Teile ist, die sowohl miteinander konkurrieren als auch auf komplexe (oder wie ich zuvor gesagt habe, *fraktale*) Weise kooperieren. Sollten Sie also glauben, dass Füchse schlecht sind und Tauben gut, und dass die Welt danach verlangt, dass wir die Füchse töten und die Tauben züchten, dann haben Sie wahrscheinlich unrecht. Das gesellschaftspolitische Denken und unser politisches Handeln sind sehr wahrscheinlich sich entwickelnde Ökosysteme.

Angesichts der Tatsache, dass wir es mit einer gesellschaftlichen Realität in Entwicklung zu tun haben – der wir selbst als ein integraler Bestandteil angehören –, müssen wir in Betracht ziehen, dass sich auch das Wesen unserer Einsichten selbst verändert, während wir uns weiter entwickeln. **Folglich entwickeln sich auch unsere Ziele und Anstrengungen; immer stellen sie sich als etwas anderes heraus, als wir zu Anfang gedacht haben.**

Eben deshalb müssen wir uns mit **nicht-linearer Politik** befassen. Auch wenn es eine Plattitüde ist und banal klingt, wenn man es ausspricht, ist dieser Punkt dennoch keinesfalls selbsterklärend oder überflüssig. Menschen haben eine starke Neigung zu linearem Denken. Nicht-lineares Denken macht uns oft konfus; es erscheint uns kontraintuitiv. Aber unsere Intuition hintergeht uns. Ohne es zu bemerken, stopfen wir permanent und wiederholt nicht-lineare Phänomene in lineare Modelle, mit denen unser Verstand sich am wohlsten fühlt – eine Art analytische Gewalt, die von der Unreife und entwicklungsbedingten Schlichtheit unseres Geistes herrührt.

Im Zentrum all dieser linearen Modelle von Politik steht der Glaube, dass »die Welt in Ordnung wäre, wenn nur alle Menschen wie ich wären und meine Überzeugungen besäßen«. Das ist der Nullpunkt politischen Verstehens. Wenn Sie dieses Gefühl haben, wissen Sie nichts.

Der springende Punkt ist, dass jeder und jede immer schon wie Sie *ist* – ein sehr begrenztes, verletzbares, gekränktes, menschliches Einzelwesen mit beinahe unbegrenzten Verzerrungen und blinden Punkten, das aus dem engen Rahmen seiner Emotionen, seines Intellekts und seiner Erfahrungen heraus handelt. Das ist der Grund, warum die Welt ein einziges, totales Durcheinander ist. Und weil die Welt ein Durcheinander ist, sind Sie es auch. Sie können sich und ihren momentanen Vorannahmen und Ideen nicht über den Weg trauen.

In was kann man denn *dann* sein Vertrauen setzen? Wir können den Prozessen vertrauen, die aus unserer Kommunikation miteinander entstehen, solange diese Prozesse gerecht, offen und befreit von übermäßigem emotionalem Druck sind und in einer gemeinsamen Sprache ablaufen. Das ist zumindest das Einzige, was uns übrig bleibt. Wir müssen unser Vertrauen darauf setzen, dass im Durchschnitt und im Laufe der Zeit etwas Besseres (Aufrichtiges, Widerstandsfähiges und Nachhaltiges) entstehen wird, wenn eine ausreichende Anzahl von Menschen mit ihren Ideen und ihren emotionalen Investitionen gegeneinander anbranden.[8]

In anderen Worten: Wir können an *nicht-linearer Politik* teilhaben, wenn uns bewusst ist, dass sich das, wofür wir zu arbeiten glauben, als etwas vollkommen anderes herausstellen wird, und dass wir die bestmöglichen demokratischen Prozesse brauchen werden, damit sich diese Dialektik so erfolgreich wie möglich entfalten kann.

In der metamodernen, nicht-linearen Politik gehen wir folglich nicht nach einem bestimmten Plan von A nach B vor, sondern wir nehmen die größeren, tieferen Strukturen einer sich entwickelnden globalen Gesellschaft wahr und spielen das Spiel des Lebens. Dabei erhöhen wir die Wahrscheinlichkeit, dass bestimmte wünschenswerte Ereignisse eintreten, indem wir die sich abzeichnenden Trends verfolgen. Metamoderne Aktivisten unternehmen unbarmherzig naive Versuche, Großes zu erreichen, Dinge, die sich aller Wahrscheinlichkeit nach nicht jedes Mal genau wie geplant ereignen werden, aber bei denen doch sehr wahrscheinlich ist, dass sie sich langfristig betrachtet irgendwo und irgendwann ereignen werden. Mag sein, dass sich das stellenweise ein bisschen jämmerlich und beschämend anfühlt. Aber es ist einfach ein Fakt, dass die Wir-gehen-auf-Nummer-sicher-Menschen in ihren Villas die Welt jedenfalls nicht ändern werden. Menschen, die immer wieder den Versuch unternehmen, etwas Großes zu erreichen, und die mit guten Landkarten arbeiten, dagegen schon.

Je richtiger, abstrakter und komplexer ihre Karte der Realität ist, desto mehr Nicht-Linearität kann man sich in seinem Denken und Handeln erlauben, weil man sich schließlich mit den tieferen und universelleren Strukturen verbindet, in denen sich eine Gesellschaft entwickelt. So funktioniert das: Die Herakles-, Prometheus- oder Achilles-Figur unseres Zeitalters ist derjenige, der abstrakter denken und am nicht-linearsten handeln kann – diejenigen, die mit Unsicherheit leben und kunstvoll mit ihr umgehen können und von ihr nicht paralysiert werden. Um das zu tun, muss es einem gelingen, entschlossen zu bleiben, auch wenn die erwarteten Wege und Resultate weitgehend unbekannt sind.

Der nicht-lineare Standpunkt ist heutzutage umso mehr vonnöten, angesichts dessen, wie komplex die Weltgesellschaft wird und wie schwer es ist, bestimmte Ereignisse vorherzusehen. Diese Feststellung ändert nichts daran, dass wir uns dennoch für eine bestimmte Richtung entscheiden müssen. Deswegen schreiten wir aufrichtig voran, um eine Gesellschaft des Zuhörens zu entwickeln, eine tiefgehendere Form des Sozialstaats, eine neue Form der Politik und Ökonomie. Wir schreiten voran mit wohlinformierter Naivität und einem ironischen Lächeln gegenüber unserer eigenen Selbstwichtigkeit.

Abschied vom liberalen Unschuldslamm

Als letzte Bemerkung dieses ersten Buchteils möchte ich etwas klarstellen, was erwähnt und angedeutet, aber noch nicht ausreichend deutlich ausgesprochen wurde.

Metamodernes politisches Denken stellt einen Bruch mit dem Liberalismus dar und mit der liberalen Demokratie, wie wir sie kennen. Wir können uns nicht länger auf die Position des liberalen Unschuldslamms zurückziehen. Eben dieses Unschuldslamm muss sterben. Hierfür müssen wir eine Fatwa aussprechen: Schießen Sie darauf, wo auch immer es ihnen begegnet.

Das liberale Unschuldslamm vertritt einige tief verwurzelte Überzeugungen, die einer modernen, industrialisierten Sicht auf Leben, Existenz und Gesellschaft entstammen – Überzeugungen, von denen ich behaupte, dass sie überholt und zunehmend schädlich sind.

Die erste dieser Überzeugungen ist, dass man eine »reine« oder »richtige« ideologische Position innerhalb eines parlamentarischen Parteiensystems vertreten könnte; dass man »auf der richtigen Seite« der Dinge stehen könnte, aufseiten der Linken oder der Rechten oder etwas Ähnlichem. Das entwickelt sich zunehmend zu einem unhaltbaren Standpunkt. Wie ich argumentiert habe, *schafft* sich die liberale Demokratie in dem Moment *selbst ab*, wo sie sich ihren eigenen Idealen nähert.

Wie? Die liberale Demokratie schafft sich selbst ab? Gestatten Sie einen kleinen Umweg, um noch einmal zu erläutern, was ich damit meine. Das ist ein schwieriger und abstrakter Teil meines Arguments, weswegen von Ihrer Seite vermutlich eine gewisse Anstrengung nötig ist. Los geht's: der Tod des liberalen Unschuldslamms.

Die Ideale der liberalen Demokratie sind um die Vorstellung des gebildeten »besorgten Bürgers« (eine Idealfigur, die von Alexis de Tocqueville bis John Dewey und George Herbert Mead, in Paolo Freires radikaler Pädagogik der 1960er sowie bei Jürgen Habermas und in anderen führenden Demokratietheorien auftaucht). Dieser mündige Bürger muss in der Lage sein, eine allgemeine Sichtweise auf die Gesellschaft einzunehmen und mit anderen als Gleichen über das Gemeinwohl zu beraten.

In Wirklichkeit war die liberale Demokratie in der Industriegesellschaft ein parteipolitischer Stellungskrieg zwischen Anliegen der Arbeiterklasse (Arbeitern und Angestellten) und denjenigen des Bürgertums (Industrie, Gewerbetreibenden, Konsumenten, Anteilseignern). Die Industriegesellschaft, ihre Klassen und Kategorien, haben verschiedene Aspekte von uns in verschiedene Scherben aufgebrochen, aus denen sich politische Identitäten geformt haben. Aus diesen verschiedenen Identitäten konnten wir dann Parteien bilden sowie Glaubenssätze dazu, was das moderne Leben ist und sein sollte.

Die liberale Demokratie stellt ein Gleichgewicht der Kräfte zwischen diesen verschiedenen Aspekten von uns selbst her, in Gestalt eines dialektischen Prozesses, der aus dem Zusammenspiel verschiedener Ideen resultiert – Ideen, die für sich genommen jeweils bruchstückhaft und weitgehend fehlerhaft sind, aber zusammen einen dynamischen Prozess bewirken, den wir als liberale, demokratische Marktwirtschaft in Verbund mit einem Sozialstaat kennen (und der uns zum Grünen Sozialliberalismus führt). Zu keiner Zeit funktionierte dieses System wirklich mithilfe des »mündigen Bürgers« und vor allem nicht mithilfe des »öffentlichen Intellektuellen«. Die ideologischen Positionen, Links und Rechts, waren immer schon falsch. **Was wir als liberale Demokratie willkommen hießen, gründete niemals auf Beratungen über das Gemeinwohl, sondern eher auf der Dialektik verschiedener konkurrierender Interessen, in Schach gehalten von einem dynamischen Machtgleichgewicht.**

Erst wenn die Industriegesellschaft sich vollständig entfaltet zur postindustriellen Gesellschaft (und Bildungsstandards dramatisch steigen und Klassenunterschiede sowie die Kategorie der Klasse selbst sich auflösen), beginnt die liberale Demokratie damit, ihrem eigenen Mythos des gleichberechtigen Austauschs unter ebensolchen Bürgern und Bürgerinnen gerecht zu werden. In solchen Gesellschaften werden wir Ansätze dessen sehen, dass Argumente und das logische Denken wohlunterrichteter Bürger *tatsächlich* eine Rolle spielen. Und das wird uns in Richtung der »skandinavischen Ideologie« und ihrer bewussten Entscheidung für eine reflektierte Ko-Entwicklung führen.

Oft heißt es, dass die Demokratie in unserer Zeit ihre Vitalität verloren hat. Politikwissenschaftliche Forschungen verschiedenster Länder kommen zu abschreckenden Ergebnissen – die jüngere Generation würde ihre Stimme verkaufen, sich nicht um die Demokratie scheren und sogar Diktaturen unterstützen. Dass die Demokratie an Boden verliert, ist allerdings eine sehr oberflächliche Analyse, eine Illusion. In Wahrheit wird die Demokratie (als Regierung mündiger, miteinander beratender Bürger) erst dann real, wenn die Gesellschaft sich aus den Stellungskriegen der klassengebundenen Parteien des Industriezeitalters herausentwickelt. Davor gab es sowieso zu keiner Zeit Demokratie in irgendeinem tieferen, qualitativen Sinne. Das ganze System wurde rings um die Tatsache errichtet, dass unsere Interessen einander entgegenstehen. Tatsächlich war es unmöglich, »das Volk« zu vereinen oder »das Volk regieren zu lassen«.

Ausrufe wie »Geeint und frei« (sowjetische Nationalhymne) oder »Daher im Namen der Demokratie, lasst uns diese Macht nutzen, lasst uns zusammenstehen!« (Charlie Chaplin in *Der große Diktator*) bleiben Oxymora, Widersprüche in sich selbst. Demokratie und Freiheit, wie wir sie bisher kennenlernen konnten, entstanden nämlich genau daraus, dass wir in hohem Maße gespalten sind, und zwar in die Klassen der Industriegesellschaft, national wie global, und dies auch bleiben werden.

Weil die sozialen Kategorien der modernen Industriegesellschaft ihre Relevanz verlieren, finden wir uns plötzlich in einer viel interessanteren Position wieder – einer, in der schwer herauszufinden ist, was lang- oder kurzfristig meinen eigenen Interessen dient, und in der Ihre und meine Interessen ununterscheidbar sind. **Es waren *Spaltungen*, die das Parteiensystem ermöglichten, das wir als »liberale Demokratie« kennen, – und keine Einheit – und diese Spaltungen befinden sich im Zusammenbruch.** Wenn also die Demokratie ihr Versprechen umsetzt, nämlich dass ein Volk sich selbst durch Beratungen regiert, ruiniert sie ironischerweise das gesamte Spiel, das wir als Parteipolitik kennen und um das herum unser demokratisches System errichtet ist, weil die nötigen Spaltungen in Parteieninteressen zusammenbrechen. So schafft sich die liberale Demokratie vermittels ihrer dialektischen Entwicklung, durch die Logik ihrer eigenen produktiven Widersprüche selbst ab.

In dieser merkwürdigen neuen Lage haben wir jeden Grund, an einem ergebnisoffenen, demokratischen Dialog teilzunehmen und uns miteinander zu beraten – »echte« Demokratie zu wagen, mehr im Einklang mit den Idealen von Klassik und Habermas. Doch immer noch läuft das System der Staatsführung mit dem Antrieb einer modernen Industriegesellschaft. Daraus resultieren die Frustrationen und Enttäuschungen über die anhaltenden politischen Debatten: Die Menschen erkennen, dass die Boxkämpfe zwischen Links und Rechts zunehmend frei von jeglicher Substanz sind. Wir fangen an, uns nach einem echten, aufrichtigen Gespräch über Gesellschaft und Zukunft zu sehnen. Aber wir bemerken unsere Unfähigkeit zum Sprechen und Zuhören – sehr viel schwerere Aufgaben, als wir uns das vorgestellt hatten.

Wenn man diesen Faden aufgreift, wenn man anfängt, sich über die gesamtgesellschaftliche Entwicklung Gedanken zu machen, muss man zugeben, dass die eigene Position in ideologischer Hinsicht immer parteiisch bleiben muss, von Natur aus schädlich und in gewisser Hinsicht begrenzt.

Die liberale Demokratie selbst offenbart, dass sie von vornherein niemals wirklich funktioniert hat. Die verschiedenen Positionen, die uns in diesem parteipolitischen Spiel angeboten werden, ergeben keinen tieferen Sinn mehr.

Das heißt: Man kann nicht länger auf unschuldige Weise links oder rechts sein, nicht länger daran glauben, dass man selbst der Gute ist und die anderen Standpunkte alle falsch sind, weil immer offensichtlicher wird, dass richtiges Handeln im aufrichtigen Abwägen zwischen den eigenen Positionen und denen der anderen liegt.

Man kann sich nicht länger vormachen, dass man selbst der liberale Verteidiger der Freiheit ist, im Widerspruch zu den vielen fürchterlichen Kontrollfreaks der Linken und Konservativen. Man kann nicht länger die Verteidigerin der Armen gegen die abgehobenen Bosse des Neoliberalismus und Kapitals sein. Man kann nicht länger der aufrechte Bürger sein, der auf den Multikulturalismus und eine relativistische Verkommenheit antwortet, und auch keine grüne Umweltschützerin, die auf die Exzesse der Industriegesellschaft reagiert.

Alle diese Positionen zeigen noch immer einen Glauben an diese kleinen Scherben, die ehemals Teil eines größeren Ganzen waren. Ist man erst einmal des breiteren Prozesses gewahr und identifiziert man sich mit der Dialektik der Gesellschaft als ganzer, enthüllen sich alle diese Standpunkte als parteiische, alberne Glaubenssätze, als kindischer Traum.

Fast ist daran etwas Liebenswertes, beinahe Niedliches, von den gegenwärtigen Formen der liberalen Demokratie derartig geblendet zu sein, dass man meint, man könne eine bestimmte Position darin einnehmen, und es wäre tatsächlich so, dass ausgerechnet diese die richtige sei. In gewisser Hinsicht ist das *unschuldig*. Es ist ungefähr so, wie wenn Menschen in vormodernen Zeiten gewöhnlich an Jesus oder Mohammed glaubten, einfach nur, weil sie auf unterschiedlichen Seiten des Mittelmeers geboren waren; man glaubte allen Ernstes, die höchste kosmische Wahrheit wäre von geografischen Zufällen bestimmt. **Moderne Menschen sind auf eine vergleichbare Weise »religiös«; sie glauben daran, dass genau die Menschen, die in ihre gesellschaftliche Stellung hineingeboren und in ihr erzogen wurden, die »richtigen« Glaubenssätze und Werte haben**; dass die Wahrheit irgendwie davon abhängt, wo man auf der soziologischen Landkarte verortet ist.

Übernimmt man erst einmal die metamoderne Sichtweise auf Politik, verliert man diese Unschuld. Man wird *säkular* auf eine tiefgehendere und systematischere Weise. Die modernen Weltanschauungen, wie beispielsweise diejenigen der Libertären oder Sozialisten, erscheinen ebenso irrational wie Kali, Göttin der Schöpfung, mit blauer Haut und vier Armen.

Es wird einem klar, dass es keine »abgesicherte« politische Position geben kann. Egal welche Position man einnimmt, sie wird sich auf nicht-lineare

Weise durch die Realität bewegen und sich davonschleichen, um zu morden, zu foltern, zu zermalmen, zu zerstören, auszubeuten, andere zu unterwerfen, andere ihrer Bedeutungsstiftung zu berauben und sich selbst der gesellschaftlichen und politischen Realität aufzudrängen. Die Wahrheit ist, dass Sie nicht im Besitz der Wahrheit sind – Sie werden sie niemals besitzen. Und selbst, wenn Sie bei irgendetwas einmal recht haben sollten, wird doch immer auch eine Zeit kommen, in der Ihre Meinung überholt oder zumindest unvollständig ist. Egal, in welche Richtung Sie sich bewegen – früher oder später wird ihre Wahrheit zu Widersprüchen, Selbstzerstörung und Verwesung führen. **Ihre Sichtweise oder Meinung hat immer eine systemisch bedingte Grenze, eine Sollbruchstelle; irgendwann bricht sie unter ihrem eigenen Gewicht zusammen wie jeder Motor oder Organismus und auch jedes Wirtschaftssystem.** Am Ende werden Sie niemals der Gute sein. Sie sind nicht unschuldig.

Und das führt uns zu einer zweiten, noch tieferen Überzeugung des liberalen Unschuldslamms: dass man sich entscheiden kann, nicht zu handeln, und nur ein normaler Bürger und deswegen unschuldig zu sein. Die Überzeugung besagt, dass man unschuldig sei, wenn »man andere nicht kontrollieren will« und »nur sein Leben lebt«; dass nur Politikerinnen, Reformer und Diktatorinnen die wahre Verantwortung tragen.

Tatsächlich sind Sie die Gesellschaft mehr, als Ludwig XIV, der Sonnenkönig, jemals der Staat war (das ist der, der gesagt hat: *l'état, c'est moi*). Sie sind die Gesellschaft – Linke und Rechte, Oben und Unten. Es gibt keine »Normalposition«, auf die man sich zurückziehen könnte, keine Art, auf die man »einfach nur normal sein« kann. Unsere Gesellschaft ist eine fleischfressende, Tiere ausbeutende, grausame, kapitalistische, entfremdende, ungerechte, unterdrückerische, unwissenschaftliche, undemokratische, nicht-nachhaltige. Wenn Sie an ihr teilnehmen, sind Sie an ihren Verbrechen, Fehlern und Übeln mitschuldig.

Und wenn Sie sie hinnehmen, sind Ihre Kinder als nächstes dran. Wenn ich Ihnen vorschlage, wie man die Gesellschaft verbessern könnte, und Sie antworten mit Nein, ohne einen Gegenvorschlag zu machen, sind Sie nicht unschuldig, kein liberaler Verteidiger der Freiheit – stattdessen töten Sie Kinder und begraben sie in unsichtbaren Gräbern. Wenn Sie sich als Anarchistin bezeichnen, einen Umweltschützer, eine Anti-Kapitalistin oder einfach einen aufrichtigen, arbeitenden Bürger, sind Sie nicht rein und schlagen auch nicht den »richtigen Pfad« ein und überlassen es anderen, die Welt durcheinanderzubringen. Sie verstecken sich hinter einer kleinen Scherbe der Ganzheit menschlichen Daseins und scheitern daran, Verantwortung zu übernehmen.

Drittens und letztens: Wenn Sie sich aus einer transpersonalen Perspektive heraus erst einmal darüber klar geworden sind, dass Sie selbst dieser ganze Prozess der sich entwickelnden Sprachspiele *sind*, dass Sie diese Polarisierung und Dynamik der gesellschaftlichen und politischen Entwicklungen *sind*, dann erkennen Sie auch, dass all Ihre Haltungen, all Ihre Überzeugungen, all Ihre Entscheidungen *zugleich* Gutes *und* Schlechtes verursachen. Sie richten Schaden an, Sie Weltverbesserer. Sie richten Schaden an.

Wenn Sie wie ich gegen die Ausbeutung von Tieren sind, sagen Sie gleichzeitig, dass Sie den gesellschaftlichen Status und das Auskommen von Millionen menschlicher Wesen verunglimpfen, nämlich die aufrichtigen Leute, die seit Generationen in der Tierzucht arbeiten. Ja, ich gebe es zu: Ich würde ihr Leben zugunsten des Gemeinwohls aller fühlenden Wesen zerstören, wenn das erforderlich wäre.

Wenn Sie wie ich eine liberale Einstellung zu Narkotika haben, sagen Sie gleichzeitig auch, dass Sie bei vielen jungen, unschuldigen Menschen irreparable psychische Schäden verursachen würden, dass Sie sie unvorstellbare Höllenqualen durchleiden lassen würden, um zugunsten der Menschheit den globalen Terrorismus, Bürgerkriege, Kriminalität und die Exzesse des Gefängniswesens zu beenden, die aus dem Verbot von Drogen hervorgehen. Ja, ich gebe es zu: Ich würde ihnen Schaden zufügen.[9]

Es geht darum, die Totalität der Partialität vorzuziehen. Partialität ist nur möglich, wenn man an das liberale Unschuldslamm glaubt. **Entscheidet man sich erst einmal für die Totalität und beginnt, die Gesellschaft als ein Ganzes zu sehen, ist diese liberale Unschuld für immer verloren.**

Das Universum scheint uns eine fiese, ironische Wendung vorzusetzen: Jedwede echte Freiheit, jede Revolution und jeder weite Horizont ist gleichzeitig ein Ruf zur Macht, eine zu ergreifende Krone, eine Gegnerin, die besiegt werden muss. Selbst der herzerwärmendste Idealismus, und sei es der Feminismus, die Friedensarbeit oder die Abschaffung der Tiersklaverei, muss gewaltvoll agieren, um neue Hierarchien und damit neue Gewinnerinnen und Verlierer zu schaffen. In diesem Gewaltakt wissen wir nie mit Sicherheit, ob wir gut oder schlecht sind; eine unbequeme Wahrheit, falls es so etwas überhaupt jemals gegeben hat. Das Einzige, was wir wissen, ist, dass wir uns für das Böse entscheiden, wenn wir die Unschuld wählen.

Wenn wir uns mit Ideen, Idealen und tiefgreifenden politischen Bewegungen identifizieren, fordern wir zugleich andere Denkmuster, andere »Meme« heraus. Der metamoderne Denker und Aktivist stellt die moderne Gesellschaft infrage. Das ist keine Revolution auf den Barrikaden und es müssen dafür keine menschlichen Körper versehrt werden. Allerdings haben sich die Menschen tief in ihren Vorstellungen und Weltanschauungen verschanzt. Ihre Weise des Denkens und Empfindens herauszufordern ist deswegen auch ein Akt der Grausamkeit und Aggression, der die Überzeugungen von Menschen zertrümmert, ihr Gefühl von Sicherheit, Selbst, Moral und Wirklichkeit. Nichts könnte weniger unschuldig sein.

Die Götter der Moderne sind falsche Idole – das individuelle Selbst, liberale Demokratie, die Unschuld, Links und Rechts, Humanismus, Rationalität (und »freier Wille«), Szientismus, viele Arten linearer Kausalzusammenhänge und bis zu einem gewissen Grad auch die Gleichheit (wie die folgenden Kapitel zeigen werden) sind alles überholte Ideen. Im Informationszeitalter und unter den neuen Lebensumständen, die es mit sich bringt, müssen diese goldenen Kälber geopfert werden – auch wenn der Preis hoch ist. Wir müssen uns selbst überwinden, um zu Tempelräubern zu werden und die Symbole der modernen Gesellschaft zu plündern und zu entweihen.

Während die Körper also verschont werden und keine physische Gewalt angewandt wird, werden die Seelen unserer Mitmenschen nicht unbeschadet bleiben. Wenn wir unser Programm zur Entwicklung einer metamodernen Gesellschaft durchziehen wollen, müssen wir zunächst den Widerstand überwinden, den die Verteidiger der liberalen Demokratie in Stellung gebracht haben. Dazu braucht es die richtige Mischung aus List und Sanftmut oder Zuckerbrot und Peitsche.

Die moderne Weltsicht wird beherrscht von inhärenten Selbstwidersprüchen; sie hat analytische Sackgassen, die unerträgliches Leid verursachen und sehr wahrscheinlich zum Zusammenbruch der Zivilisation führen werden. Dort, in diesen Sackgassen, vor diesen Backsteinmauern an Widersprüchen müssen wir die Vorstellungen vom modernen Leben zusammentreiben, all die fest verankerten Glaubenssätze von Menschen, die wir lieben und wertschätzen, und sie im Namen der Revolution hinrichten.

Wenn die Gewehre der Analyse Ideen zerschießen, treffen sie die Seelen der Menschen, die diesen Ideen anhängen. Wir greifen eure Zeit an, eure Gesellschaft und eure Lebensweise. Lasst uns ein Massaker unter den liberalen Unschuldslämmern beginnen.[10]

Zweiter Teil

Psychologische Entwicklung

Kapitel 7

Über Stufentheorien

Also gut, bevor wir weitermachen, sollten Sie wissen, dass eine Stufentheorie der Erwachsenenentwicklung Ihren Geist schärft und euphorisiert, als wären Sie auf Kokain. Diese Art von Entwicklungstheorie ist unglaublich nützlich, kann jedoch zu schwerwiegenden Wahnvorstellungen und nachgerade arroganten und anstößigen Attitüden oder Verhaltensweisen verleiten, wenn man nicht aufpasst. Nicht die liebenswerte Art von anstößig, wie das für die literarischen Exzesse von Hanzi Freinacht gilt, sondern die wirklich fiese Variante.

Schlecht konstruierte oder falsch verstandene Entwicklungstheorien wurden für jegliche Arten von Unterdrückung missbraucht – wie bei der Bildung von Sekten und Schlimmerem. Eine mögliche Erklärung dafür wäre, dass unsere Gehirne mit mächtigen Belohnungs- und Bestrafungsreaktionen ausgestattet sind, wenn es um die Frage des »Who's who« geht: Stehe ich über oder unter Ihnen? Ist diese oder jene Person wichtig? Das macht uns verwundbar gegenüber schlechten Stufentheorien der Entwicklung – oder auch der pervertierten Anwendung von guten.

Hat man sich erst einmal mit diesem Zeug vertraut gemacht und der Groschen ist gefallen, wird man die Welt und die Menschen in ihr möglicherweise niemals wieder betrachten wie vorher. Wenn Sie die nächsten Kapitel selbsterklärend oder trivial finden, dann seien Sie versichert: Der Groschen ist noch nicht gefallen. Das gilt übrigens auch für Menschen, die mit dem Thema der Erwachsenenentwicklung vertraut sind, da ich dieses Feld hier nicht nur vorstelle, sondern es gleichzeitig neu definiere.

Dies vorweg, nur um sicherzugehen, dass Sie wirklich wissen, auf was Sie sich im Folgenden einlassen: Vielleicht wollen Sie hier mit der Lektüre des Buches aufhören? Immerhin haben Sie im ersten Teil bereits das grobe Gerüst kennengelernt und vielleicht reicht Ihnen das vollkommen. Wenn das der Fall sein sollte, wäre das okay. Hören Sie hier auf, legen Sie das Buch weg und gehen Sie nicht weiter. Sie kennen Ihre Grenze, Respekt.

Das ist in Ordnung – und auch mit Ihnen selbst ist alles in Ordnung, sollten Sie sich entscheiden, an diesem Punkt aufzuhören. Schließlich ist das keine Therapie, und auch nicht notwendigerweise schön oder gesund. Ich verspreche, das ist nicht bloß angewandte Reverse Psychology: Vielleicht sollten Sie hier *wirklich* besser Schluss machen. Echte Philosophie ist eine Kettensäge in Ihren Eingeweiden. Und speziell in diesem Buch arbeiten wir uns mit der Kettensäge durch die Weltseele, als wäre es *Freitag der 13*.

Lesen Sie immer noch? Okay. Denken Sie dran – Sie können auch später noch aufhören, falls es irgendeinen Grund gibt. *Sie* sind hier derjenige, der liest. Niemand nimmt Ihnen das übel.

Im Anschluss an dieses Einführungskapitel stellen die darauffolgenden zehn Kapitel eine übergreifende Entwicklungstheorie menschlicher Wesen vor, wobei der Schwerpunkt auf der Erwachsenenentwicklung und ihren wichtigsten Dimensionen liegt.

- Die nächsten beiden Kapitel handeln von kognitiver Entwicklung (»Scharfsinn«);
- Kapitel 10 und 11 beschäftigen sich mit dem, was ich als »Codierung« oder einen »symbolischen Werkzeugkasten« bezeichne (»Lernen«);
- Kapitel 12 und 13 befassen sich mit gelebten oder erfahrenen »Zuständen« (»Wohlergehen«);
- Kapitel 14 und 15 behandeln »existenzielle Tiefe« (»Weisheit«) und
- Kapitel 16 und 17 setzen diese Teile zusammen zu dem politisch-psychologischen Konzept des »effektiven Werte-Mems« (eine Art Durchschnittswert anderer Entwicklungsformen).

Bevor wir die kognitive Entwicklung in Angriff nehmen, lassen Sie uns zunächst etwas allgemeiner über Entwicklungstheorie sprechen. Warum ist sie wichtig? Und – vor allem! – ist es tatsächlich okay, sich mit den Stufen menschlicher Entwicklung zu befassen?

In diesem Kapitel sprechen wir über Stufentheorien – ohne eine einzige von ihnen wirklich zu beschreiben oder die Stufen kennenzulernen. Geduld, Padawan, dazu später.

Und ja, Sie werden genug Wissen erhalten, um Ihre eigene Stufe ermitteln zu können, auch diejenige von Menschen, die Sie kennen, Ihrer Familie, Arbeitsumgebung und verschiedenen gesellschaftlichen Gruppen – und noch einmal: Ja, wenn Sie das hier lesen und verstehen, befinden Sie sich wahrscheinlich auf einer höheren Stufe als die meisten, einschließlich dieser oder jener Person, die Sie zu einfach gestrickt und lästig finden (oftmals ist das Ihr Chef). Aber lassen Sie uns die Dinge nicht überstürzen. Und denken Sie daran: Die Stufe ist nicht alles. Es handelt sich lediglich um eine nützliche Theorie.

Unintelligente Leute mögen keine Theorien. Sie verstehen nicht, dass das Wort Theorie lediglich »Anschauung« bedeutet, und dass man ohne sie Einsichten in lebenswichtige Aspekte der Realität verpasst. Tun Sie das nicht. Theoretikerinnen haben diese Welt errichtet, während der traurige Rest von uns sie lediglich bewohnt.

Das fehlende Puzzleteil

Wollen Sie wissen, warum die Moralphilosophie fast niemals irgendetwas bewegt, warum die meisten akademischen Moralphilosophen eher wirkungslos bleiben? Warum es ihnen nicht gelingt, Menschen vom Veganismus zu überzeugen oder dazu, ihre Autos zu verkaufen, mehr von ihrem Geld für gute Zwecke zu spenden und überhaupt selbstloser zu sein? Oder auch nur, uns zu einem Handeln zu motivieren, dass uns der Glücksforschung zufolge so oder so glücklich macht (seine Sachen weggeben, sich bewegen, Achtsamkeit praktizieren, gesund essen, in der Natur unterwegs sein, sich nicht stressen, mehr Sex haben und sich um andere kümmern)? Wenn wir uns auf eine gemeinsame Ausgangsbasis verständigen, kann Moralphilosophie uns helfen, zu richtigen Schlussfolgerungen zu gelangen, doch in der Praxis scheint es nur selten zu gelingen, dass sie die ethische Entwicklung der Gesellschaft vorantreibt.

Das liegt daran, weil weder die verhaltenswissenschaftlichen noch die psychologischen Grundlagen dieser Philosophien stimmig sind. Sie haben nicht begriffen, dass Menschen gewissermaßen Verhaltensroboter sind.

Natürlich sind wir keine Roboter in dem Sinne, dass wir keine echten Gefühle, Gedanken und Sinneseindrücke hätten. Die Metapher vom Roboter sollte uns nicht blind dafür machen, wie tief und vielfältig unsere in Ko-Entwicklung befindlichen Denkweisen und Emotionen sind. Dennoch unterstreicht sie einige harte verhaltenswissenschaftliche Fakten. Wir sind keine freien und vernünftigen Individuen, die man einfach zu der einen oder anderen rationalen Schlussfolgerung überreden und so auf drastische Weise unsere gesellschaftlichen Wertvorstellungen und Verhaltensweisen ändern könnte. Bei jeglicher Moralphilosophie muss man das Wer, Wann, Was und Wo bedenken: Sprechen wir über Kinder oder Katzen oder Mäuse oder gebildete Menschen, über reiche Menschen oder eingeschüchterte oder über geistig behinderte Menschen, und tun wir das in Dänemark oder Saudi-Arabien? Solche Fragen geraten in der humanistischen, analytischen Philosophie – und, leider, auch der Kontinentalphilosophie – grundsätzlich in den Hintergrund. Es gibt keinen »Standardmenschen«, von dem die Moralphilosophie ausgehen könnte.

Wenn man verstehen will, was für ein Verhalten (menschlicher, tierischer, instrumenteller oder moralischer Natur) von einem Organismus erwartet werden kann, ist dessen allgemeine **Entwicklungsstufe** der wichtigste Aspekt. Hier ist die Entwicklungspsychologie nützlich – und insbesondere sind dies die verschiedenen Stufen der Erwachsenenentwicklung. Wie in der Einleitung zu diesem Buch bereits erwähnt, haben Menschen oftmals große Schwierigkeiten, die metamoderne Politik zu verstehen, solange sie diesen Teil noch nicht begriffen haben.

Eine gute Verhaltens- und Entwicklungspsychologie, eine, die die Stufen menschlicher Lebewesen anerkennt, ist das fehlende Puzzleteil, um die Gesellschaft rationaler und ethischer zu machen.

Zur Verteidigung von Hierarchien unter Menschen

Entwicklungsstufen, ernsthaft? Aber wer darf sich anmaßen, zu entscheiden, ob sich irgendjemand oder irgendetwas auf einer »höheren« oder »fortgeschritteneren« Entwicklungsstufe befindet? Vielleicht sind Ameisen viel fortgeschrittener als Menschen – auf irgendeine Art und Weise, die wir uns nicht vorstellen können? Was ist mit Kindern, die ihren Eltern haushoch darin überlegen sind, das Leben in all seiner existenziellen Tiefe intensiv zu erfahren? Oder dem Volk der Jarawa auf der Inselgruppe der Andamanen, die ein Leben weit jenseits von dem führen, was sich ein zeitgenössischer Professor in Mexiko oder China überhaupt vorstellen kann?

Tatsächlich zählt die Entwicklung *sehr wohl* und sie *kann* auf kohärente und verlässliche Weise erforscht werden. **Die schreckliche Wahrheit ist diese: Erwachsene menschliche Wesen sind nicht gleich.** Wir unterscheiden uns voneinander ebenso wie Erwachsene von Kindern, wenngleich auf vielfältige Weisen und in verschiedenerlei Hinsicht.

Das ist ein trivialer Punkt, wenn es um einzelne Fertigkeiten geht: Ich habe Freunde, die auf der Bank mehr als viermal so schwere Gewichte drücken können wie ich, einige, die dreimal so schnell lesen, einige, die zweimal so viele Sprachen sprechen, und einige, die mehr von Medizin verstehen, als ich mir erträumen könnte, einige, die einen viel, viel höheren IQ haben, einige, die viel besser darin sind, Geld zu verdienen (und in einem bestimmten Zeitraum mit Leichtigkeit mindestens zwölfmal so viel verdienen wie ich), einige, die Bücher – das ist kein Scherz – fünfmal so schnell schreiben und so weiter.

Es gibt keinen Grund zu glauben, dass wir uns nicht ebenso stark *auch* in Hinblick auf die allgemeinen Entwicklungsstufen unterscheiden (bezogen auf die vier Dimensionen *kognitive Entwicklung*, *kulturelle Codierung*, *Zustand* und *Tiefe*, wie wir erörtern werden).

Und das bedeutet einen ungeheuren Unterschied, wenn es darum geht, Politik und Gesellschaft oder sogar persönliche Beziehungen zu verstehen. Diese wissenschaftlich vollkommen unstrittige – aber politisch äußerst sensible – Einsicht ist zentral für das Verständnis von Verhaltensweisen. Die Entwicklungsstufen von Menschen zu verstehen ist unabdingbar für alle, die die Gesellschaft verändern und weiterentwickeln wollen. Ohne die Einsicht, dass Menschen durch eine bestimmte Abfolge von Entwicklungsstufen beschrieben werden können, befindet man sich **im entwicklungstheoretischen Blindflug**. Das ist noch schlimmer, als betrunken Auto zu fahren, und tötet erheblich mehr Menschen – im wörtlichen Sinne.

Deshalb arbeiten wir uns in diesem zweiten Teil des Buches durch zehn Kapitel, in denen es darum geht, was persönliche, psychologische Entwicklung bedeuten kann. Das Schreckgespenst ist hier natürlich das H-Wort. Wir haben es weiter oben schon einmal kurz angesprochen, aber nun müssen wir es frontal angehen.

Hierarchie. Wir führen Hierarchie in das Studium des Menschen ein; eine wissenschaftlich abgesicherte und beständige – aber nicht unabänderliche – Hierarchie. Einige Menschen sind einfach viel weiter und umfassender entwickelt als andere. Autsch.

> »Hierarchie einführen! Wer wollte so etwas tun? Und warum? Ist das nicht ein Vorwand für die Behauptung, einige Leute sollten weit über anderen stehen, die unzulässige Legitimierung einiger ungerechter Privilegien? Schließlich arbeiten wir überall auf der Welt immer noch hart daran, unser postkoloniales Erbe loszuwerden, männliche Privilegien, weiße Privilegien, Eurozentrismus, die Ausbeutung des globalen Südens, die Diskriminierung der Tiere, den Anthropozentrismus in Bezug auf die

> restliche Biosphäre und die vielen verdeckten Beschädigungen durch gesellschaftliche Klassen! Und Sie wollen über *Hierarchie* sprechen? Welche dämonische Absicht bringt Sie dazu, solche *verbotenen Phantome*™ zu beschwören? Ich verbiete das! Dringen Sie nicht auf das Forschungsgebiet der Erwachsenenentwicklung vor! Tun Sie keinen Schritt in diese Richtung, um eine eigene Anschauung zu gewinnen! Im Namen der Gleichheit, wählen Sie die Ignoranz! Stellen Sie keine verbotenen Fragen!«

Sie haben recht, liebe Leserin, lieber Leser. Das können schlechte Vorboten sein. Und es ist sogar noch schlimmer. Haben wir erst einmal die Hierarchie-Büchse der Pandora geöffnet, wer weiß, was uns daraus entgegenkommt? Ausbeutung unter dem Vorzeichen wissenschaftlicher Legitimität? Eugenik? Eine neue Klassengesellschaft, wie die in Aldous Huxleys *Schöne neue Welt*, wo die Bevölkerung in biotechnologisch hergestellte Kasten unterteilt ist? Ich zittere wie Espenlaub.

Trotz dieser Risiken, die ich allesamt und vollumfänglich anerkenne, bin ich davon überzeugt, dass wir mit einer vernünftigen Entwicklungsstufen-Perspektive besser fahren als ohne eine. Um Entwicklung zu erforschen, müssen wir zunächst einmal anerkennen, dass es Hierarchien *gibt* – dass einige Meinungen, Verhaltensweisen oder Zustände der Psyche zumindest in gewisser Hinsicht weiter entwickelt sind. Es ist möglich, diese Position einzunehmen, ohne ein Arschloch zu sein.

Die mit Entwicklungsblindheit verbundenen Risiken sind einfach um ein Vielfaches größer, die Konsequenzen so enorm viel schädlicher. Ohne auch nur mit der Wimper zu zucken, verfechte ich, dass im globalisierten Internetzeitalter das Verständnis menschlicher Entwicklungsstufen ein Schlüssel zu Emanzipation, Freiheit und Gleichheit ist. In diesem merkwürdigen neuen Wunderland, werden die Entwicklungsblinden zu Unterdrückern, nicht unähnlich, wie aus der ursprünglich befreienden Kraft des Christentums eigene Eliten mit Landbesitz und die Inquisition hervorgegangen sind. **Eine progressive Denkerin oder ein progressiver Aktivist von heute müssen die Hierarchie kennen und akzeptieren**; ein rebellisches Herz muss hierarchische Entwicklung lieben – und sich ihrer bedienen, gegen alle Meister, gegen alle ungleichen Hierarchien und gegen das Chaos und die Entropie, die dem Kosmos innewohnen.

Moment mal, ich glaube, Sie haben mich noch nicht verstanden. Habe ich nicht langsam genug gesprochen, habe ich es nicht klipp und klar gesagt? Ich sage, wenn Sie daran *scheitern*, Hierarchien und menschliche Entwicklung zu verstehen, enden Sie als primitiver, konservativer Unterdrücker. *Sie*, nicht ich, sind dann der Unterdrücker. *Sie* sprechen die Sprache der Unterdrückung.

Lassen Sie mich einige wichtige Prinzipien erklären, um das deutlich zu machen. Für Hierarchie zu sein ergibt lediglich dann einen progressiven Sinn, wenn Sie die folgenden acht Prinzipien peinlich genau anwenden. Deswegen gibt es hier nun eine Gebrauchsanweisung.

Per Anhalter zur Hierarchie

1. Nicht-Bewertung. Das erste Prinzip besagt, dass die Entwicklungsstufen von Menschen und anderen Organismen vor dem Hintergrund einer *radikalen Akzeptanz* erforscht werden müssen, einer alles durchdringenden *Nicht-Bewertung* – wirklich nicht unähnlich, wie es das Christentum (in seiner befreienden Form) lehrt. Jede Kreatur hat ein unveräußerliches Recht, diejenige zu sein, die sie ist, selbst die am wenigsten liebenswerte von uns. Wann immer Sie weitersichtiger sind als jemand anderes, wann immer Sie ethischer oder intelligenter oder sensibler sind, manifestiert sich Ihr Privileg gegenüber dieser Kreatur. Der Grund, warum sie nicht ist wie Sie, liegt darin, dass Sie privilegierter sind, jedenfalls in diesem speziellen Fall. Selbst Dinge, die Sie durch Leid erfahren haben, oder Einsichten und Fähigkeiten, die für Sie schmerzvoll auszuhalten sind, verschaffen Ihnen in gewisser Hinsicht einen Vorteil. Wenn man diese Hierarchie anerkennt, sind Sie nicht länger im Modus der Bewertung. Der Blickwinkel verlagert sich dann weg von der Bewertung von Menschen, die nicht wie wir sind (die wir als Rassisten verfluchen oder die einfach keine Sozialistinnen sind oder ungebildet, nicht umweltbewusst, unsensibel, keine guten Zuhörer etc.). Stattdessen versuchen wir, aus dieser neuen Perspektive heraus eine universelle Erklärung dafür zu geben, warum unser eigener Standpunkt besser ist als derjenige anderer (warum er den Standpunkt anderer auch unter den von diesen gewählten Bedingungen übertrumpfen würde) und zu erläutern, warum diese Einsicht oder Fähigkeit in diesem Moment anderen nicht zur Verfügung steht. Solche Erläuterungen können sein: Er ist nur ein Kind, sie hatte nicht dieselben Chancen, das zu erfahren, ihr war nicht der Geistesfrieden gegeben, dies zu durchdenken, er ist in einer zu prekären Lage, um sich selbst Gedanken dieser Art zu gestatten – und so weiter. Auf diese Weise dient die Akzeptanz der Hierarchie der Nicht-Bewertung und Vergebung.

2. Keine moralische Ordnung. Das zweite Prinzip besagt, dass die Entwicklungsstufen *keine moralische Ordnung konstituieren*, in der eine höhere oder spätere Stufe moralisch »wertvoller« wäre als eine niedrigere oder frühere. Wie wir beispielsweise im nächsten Kapitel sehen werden, haben Kinder generell einen niedrigeren kognitiven Status als Erwachsene – dennoch haben sie aber natürlich denselben unbezahlbaren Wert. Außerdem können sie oftmals liebenswürdigere und »bessere Menschen« sein als Erwachsene, aufrichtiger, empathischer und so weiter. Auf die Streitfrage, wer in moralischer Hinsicht als wertvoller zählen sollte oder auch nicht, wurde bislang noch keine Antwort gefunden, aber als guter Ausgangspunkt könnte immer noch der Denkanstoß von Jeremy Bentham dienen: »Die Frage ist nicht, können sie denken? Können sie sprechen? Sondern: Können sie leiden?«[1]

3. Natürliche und Dominanzhierarchien. Das dritte Prinzip besagt, dass es einen Unterschied gibt zwischen *natürlichen Hierarchien* und *Dominanzhierarchien.* Dominanzhierarchien sind diejenigen, für die sich keine universelle Begründung finden lässt und die dazu gebraucht werden, um Ausbeutung zu legitimieren: von Männern gegenüber Frauen, Weißen gegenüber Nicht-Weißen, den Kundinnen und Besitzern eines großen Bekleidungskonzerns gegenüber den Näherinnen in Bangladesch, Menschen gegenüber Tieren, der Aristokratie gegenüber dem Bürgertum, Herren gegenüber Sklaven. Natürliche (man könnte auch sagen: funktionelle) Hierarchien sind anders – hier rechtfertigt die Hierarchie keine Ausbeutung; sie beruht auf einer universellen Begründung, von der alle Beteiligten profitieren, und sie ist begrenzt auf das spezifische Feld, für das ein solcher allgemeiner Gewinn reklamiert werden kann. Einige Beispiele: Fahrschüler und Fahrlehrerin (vermutlich das eindeutigste und beste Beispiel), Kind und Elternteil, Patientin und Arzt, Schüler und Lehrer. Natürlich können all diese natürlichen Hierarchien auch missbraucht und das Machtgefälle für andere Zwecke ausgebeutet werden (wenn der Arzt im Gegenzug für die Medizin beispielsweise Sex verlangt oder Ähnliches) – aber das ist dieser Definition von Hierarchie nicht an sich inhärent. Entwicklungsbezogene Hierarchien können, wo korrekt angewandt, solche natürlichen Hierarchien unterstützen. Denken Sie allerdings daran: Alle Dominanzhierarchien verkleiden sich als natürliche, um sich den Anschein »des dreifachen N« zu geben, das alle Formen versteckter Unterdrückung bestimmt: natürlich, normal, notwendig.[2]

4. Es gibt keine Übertragbarkeit. Das vierte Prinzip besagt, dass die Hierarchie *nicht übertragbar ist* auf andere, irrelevante Felder oder Machtverhältnisse.

Sie sollte eigentlich keine »Halo-Effekte« besitzen. Beispielsweise sollte die Tatsache, dass Sie eine höhere kognitive Stufe erreicht haben, nicht bedeuten, dass sie weniger Steuern zahlen oder mit meiner Frau schlafen können sollten. Zudem kann ich immer noch ein wesentlich besserer Eiskunstläufer, Zuhörer oder Mathematiker sein. Selbst wenn Sie in der Lage sein sollten, komplexere Gedanken denken zu können als ich, hätte ich auch dann immer noch Anerkennung für meine Talente verdient. Entwicklungsstufe ist nicht dasselbe wie Können.

5. Demut. Das fünfte Prinzip ist *Demut.* Hierarchische Modelle mit mehreren Stufen sind bescheidener – nicht weniger bescheiden – als nicht-hierarchische Visionen der Wirklichkeit. Lassen Sie uns beispielsweise sagen, dass Sie, die Sie sich selbst Medaillen dafür verleihen, dass Sie eine edle Verteidigerin von Pluralität und Gleichheit sind, sich »gegen« hierarchische Stufenmodelle in den Natur- und Geisteswissenschaften aussprechen. Dabei schaffen Sie im Effekt selbst eine Hierarchie: Die Menschen, die Ihrer Meinung sind, stehen »über« den Menschen, die das nicht tun – es ist besser, gegen Hierarchie zu sein als dafür, richtig? Genau diese Präferenz erschafft in gewisser Weise eine Zwei-Stufen-Hierarchie. Indem Sie das tun, sind Sie alles andere als bescheiden. Zuallererst reduzieren Sie den Reichtum möglicher Antworten lediglich auf Ihren eigenen Standpunkt und den »aller anderen«. Das heißt, dass Sie viele, vielleicht qualitativ unterschiedliche Antworten zusammenwerfen und sie unter einer Kategorie zusammenfassen (die Nicht-Richtigen). Es gibt nur Ihren Weg oder die Autobahn, und zwischen all den anderen denkbaren Antworten ist keinerlei internes Ranking möglich. Außerdem schließen Sie damit aus, dass es möglicherweise Stufen über Ihrer eigenen gibt – weil es lediglich zwei Stufen gibt und Sie sich bereits auf der höheren befinden. Sie müssen also nichts von anderen lernen, richtig? Dagegen erlauben sich hierarchische Stufenmodelle, die aus mehreren Stufen bestehen, solche Fehler nicht: Sie sind dazu verpflichtet, alle relevanten Stufen zu beschreiben, wie sie miteinander zusammenhängen, und Sie müssen immer zugeben, dass es höhere Stufen als Ihre eigene geben kann, Stufen, die Sie noch nicht verstanden haben. Auf eher kontraintuitive Weise dient Hierarchie, wenn man sie korrekt versteht, der Offenheit und Demut gegenüber den Sichtweisen anderer.[3]

6. Verschiedene Dimensionen. Das sechste Prinzip besagt schlicht, dass man wissen muss, dass hierarchische Stufentheorien der menschlichen Entwicklung *verschiedene Dimensionen* besitzen und dass Entwicklung in einer Dimension nicht notwendigerweise auch die Weiterentwicklung in einer anderen bedeutet. Dennoch besteht zwischen den Dimensionen eine Wechselwirkung – wie wir in den folgenden Kapiteln sehen werden. Tatsächlich werden Sie herausfinden, dass die Entwicklung in einer Dimension möglicherweise sogar die Entwicklung in einer anderen Dimension behindern kann.

7. Sensibilität. Das siebte Prinzip ist *Sensibilität.* Man muss erkennen, dass alle Hierarchien die Gefühle von Menschen verletzen können und das auch tun. Schließlich gefällt es niemandem, immer nur als Letzter für ein Fußballteam ausgewählt zu werden. Und wenn man dauerhafte, tiefsitzende Entwicklungsstrukturen enthüllt, die riesige qualitative Unterschiede zwischen echten Menschen beschreiben, sorgt das bei einigen für ein Gefühl der Erhabenheit und bei anderen für eines der Herabsetzung – schließlich sind die meisten von uns nicht auf der höchsten Ebene der menschlichen Entwicklung. Dass jemand auf einer »höheren Stufe« als ich sein sollte, schmerzt tendenziell mehr als der Fakt, dass jemand bessere Noten oder einen höheren IQ hat oder schwerere Gewichte heben kann. Entwicklungshierarchien sind einfach ein äußerst sensibles Thema. Wie fühlt sich das an, zu erkennen, dass jemand, den ich kenne, ein genuin tieferes Verständnis der Wirklichkeit hat als ich? Oder dass ich in moralischer Hinsicht weniger entwickelt bin als eine andere Person – eine Person, die an Werte und Ideale gebunden ist, die mir verschlossen bleiben? Dass mein Verstand mehr oder weniger dauerhaft unfähig ist, das zu tun, was Ihrer routinemäßig tut? Das tut ganz einfach weh. Vielleicht nicht, wenn ich aus großer Distanz an Einstein denke, aber wenn ich realisiere, dass dieser jüngere, unerfahrenere Kollege hierarchisch über mir steht und dass diese Entfernung einen qualitativen Unterschied bedeutet und von Dauer ist, schmerzt das tendenziell an den empfindlichen Stellen meines Inneren. Deswegen gilt: Wir müssen den Gefühlen aller Beteiligten gegenüber sehr sensibel sein, wenn wir mit diesen Themen umgehen. Die Sensibilität dieses Themas ist wahrscheinlich – nebenbei erwähnt – der Hauptgrund dafür, warum es dieses Forschungsfeld nicht nicht noch weiter gebracht hat: Keiner will ein unsensibler Scheißkerl sein.

8. Das ist nicht alles. Das achte und letzte Prinzip besagt, dass Entwicklungsstufen wichtig sind, aber ganz offensichtlich *nicht alles sind,* was das Leben, Wissen, Talente und Sinnerfahrung ausmachen. Deswegen sollten sie lediglich als nützliche psychologische Werkzeuge behandelt und niemals als etwas vermeintlich noch Wichtigeres als das verehrt werden. So wie man blind sein kann für die Stufen menschlicher Entwicklung, kann man davon erblinden, zu viel in ihre Richtung zu starren. Im Grunde ist es wie bei der Sonne: Ohne sie wandelt man in der Finsternis – aber wenn man sie den ganzen Tag über anstarrt, kann man irgendwann auch nichts mehr sehen. Richten wir den Blick dagegen auf andere Dinge, merken wir, dass es die Sonne ist, die dafür sorgt, dass man diese noch klarer wahrnehmen kann.

Man muss sich diese acht Prinzipien also merken, damit Hierarchie auf eine progressive und egalitäre Weise sinnhaft werden kann. Alles in allem macht einen das *Nicht*verständnis der hierarchischen Stufen menschlicher Entwicklung zu einer stärker wertenden, arrogant-engstirnigen, mit Vorurteilen behafteten Person. Nicht nur hindert es uns daran, Verständnis und Mitgefühl für andere aufzubringen, sondern auch daran, menschliches Verhalten (und gesellschaftliche Ereignisse) richtig zu interpretieren und vorherzusehen. Um die Stufen menschlicher Entwicklung zu verstehen, muss man zugeben, dass sie – jedenfalls irgendwie – hierarchisch geordnet sind. Weswegen, mit Hierarchie umzugehen, kein »notwendiges Übel« ist – nein, es ist übel, sie zurückzuweisen. Richtig verstandene Hierarchie dient dem größeren Ganzen. Auch das gilt natürlich nur, wenn wir den oben beschriebenen acht Prinzipien folgen. Sonst kann es uns passieren, dass wir Dominanzhierarchien legitimieren und zu allen Arten von Unterdrückung beitragen.

Der Punkt ist, nicht von Hierarchie besessen zu werden. Oder anders ausgedrückt: Man kann sich auf rationalere und abgeklärtere Weise auf Hierarchien beziehen, wenn man sie deutlicher wahrnimmt und ihnen keinen emotionalen Gehalt beimisst. Es gibt keinen Grund vorzutäuschen, man sei der Fahrlehrer, wenn man eigentlich der Fahrschüler ist – wovon beide Parteien profitieren. Das Ziel ist hier selbstverständlich, eine gleichere und egalitärere Gesellschaft zu erschaffen, wo Hierarchie weniger wichtig ist und lediglich dort verwendet wird, wo es sinnvoll ist.

Auch wenn Sie die Richtung meiner Gedanken immer noch nicht billigen, bin ich überzeugt, dass Ihr Herz weicher werden wird, wenn Sie erst einmal – nach dem Lesen der nächsten zehn Kapitel – erkennen, auf was die hierarchische Entwicklung zuläuft: auf mehr Inklusivität, Verständnis und Akzeptanz sowie die Herausforderung der eigenen Selbstgewissheit.

Einführung in die Erwachsenenentwicklung

Das Feld der Erwachsenenentwicklung zu erforschen kann einige verschiedene Dinge bedeuten. Oft verbindet man das Feld mit gesundem Altern und Ähnlichem. Wir meinen hier damit allerdings **die Erforschung hierarchisch organisierter Stufen psychologischer Entwicklung bei erwachsenen Menschen.**

Wir suchen nach erkennbaren Mustern im Denken und im Verhalten von Menschen – sogar in den Arten und Weisen, wie die Welt wahrgenommen und erfahren wird – und untersuchen, wie diese Muster dazu neigen, sich unter günstigen Bedingungen weiterzuentwickeln. Unzählige Forschungsarbeiten haben herausgefunden, dass Menschen sich von einer erkennbaren Stufe zu einer anderen verändern können und dass dies in erkennbaren Sequenzen passiert.

Verfechter der Erwachsenenentwicklung führen dieses Feld gelegentlich so ein, dass Sie fragen, was passiert, wenn jemand achtzehn oder zwanzig Jahre alt wird: Hört jegliche Entwicklung auf, wenn man erst einmal »erwachsen« ist, oder »reift«, wächst und entwickelt man sich weiter im Laufe der Lebensspanne?

Diese Form der inhaltlichen Rahmung gewinnt in der Regel die Sympathien von Menschen. Sicherlich muss ich mich, mit fünfundfünfzig, weiterentwickelt haben und ein »reiferer« Mensch sein, als ich es mit achtzehn war. Leider gibt es wenig Grund, in Bezug auf solche altersbezogene Entwicklung besonders optimistisch zu sein. Die meisten Menschen (sogar die überwiegende Mehrheit) bleiben im frühen Erwachsenenleben auf einer Entwicklungsstufe hängen. Die meisten von uns erleben niemals einen tiefgreifenden Wandel ihrer Weltsicht oder Perspektive nach der Adoleszenz, geschweige denn eine Zunahme in der allgemeinen Komplexität unseres Denkens und Verhaltens. Wir gehen durch die *Phasen* des Lebens in mehr oder weniger harmonischen oder stürmischen Sequenzen: Liebe, Gemeinschaft, Arbeit, Karriere, Familienleben, Alter – am besten hat dies der bekannte Psychoanalytiker Erik Erikson beschrieben, der vom Säuglingsalter bis zum hohen Alter insgesamt acht Phasen identifiziert hat. In diesem Sinne »reifen« wir alle. Aber solche Phasen sollten keinesfalls verwechselt werden mit den Entwicklungsstufen, von denen wir hier sprechen.

Die hier behandelten Stufen sind anderer Art: Sie stellen eine logische Sequenz dar, in der spätere Stufen die früheren miteinschließen, das heißt, die späteren Stufen **transzendieren und enthalten** die frühere Stufe. Sie bauen auf der jeweils früheren Stufe auf und fügen ihr etwas hinzu. So kann im Erikson'schen Modell eine junge, unheilbar kranke Person oder ein Mensch aus einer Bevölkerung mit geringer Lebenserwartung die Phase des hohen Alters erreichen, während es in dem hier behandelten Entwicklungsstufenmodell unmöglich ist, eine höhere Stufe zu erklimmen, wenn man die früheren Stufen ausgelassen hat (eine Aussage, die weiterer Ausführungen bedarf, bleiben Sie dran). Man muss erst das Zählen erlernen, bevor man addieren oder subtrahieren kann – das ist einfach ein Faktum des Lebens. Zwischen beidem gibt es einen deutlichen Unterschied in Hinblick auf die *Stufe*.[4]

Nach Säuglingsalter, Kindheit und Adoleszenz (wo die hierarchische Entwicklung einem grob vorhersehbaren Altersmuster folgt) sollten die weiteren Entwicklungsstufen *nicht* mit dem Altern oder der Zahl an Jahren, die man gelebt hat, verwechselt werden. In diesem Fall würde uns Jonathan, die Riesenschildkröte von den Seychellen, ausgeschlüpft im Jahr 1832 (und das älteste bekannte lebende Tier), in Hinblick auf die Frage der Entwicklung alle beschämen. (Tatsächlich hat man einige arktische Haifische aufgetan, die aufgrund ihres langsamen Stoffwechsels noch viel älter werden, aber egal.)

Und Stufe sollte auch nicht verwechselt werden mit »Können«; kein Mensch kann wohl so meisterhaft und lautlos durch den Regenwald navigieren wie der Kolibri – der kleine, schillernde Vogel besitzt aufgrund seiner biologischen Ausstattung – seiner Schnelligkeit und geringen Größe – in dieser Hinsicht mehr »Können«. Was jedoch die kognitive und psychologische Entwicklung anbelangt, befindet er sich sicher auf einer niedrigeren Ebene als irgendein menschlicher Bewohner dieses Habitats.

Und noch etwas: Psychologische Entwicklungsstufen sollten nicht verwechselt werden mit »Persönlichkeitspsychologie«. Persönlichkeitspsychologie ist viel bekannter, in akademischer Hinsicht deutlich koscherer und wird wesentlich breiter unterrichtet als Stufentheorien der Entwicklung. Es gibt berühmte Forschungen zur Persönlichkeit von Vertretern der frühen kritischen Sozialpsychologie, die damit versuchten, den Autoritarismus zu erklären oder wie Menschen sich unter den Bedingungen des Konsumkapitalismus verändern würden. Es gibt Persönlichkeitstests wie den »Big FIVE« (der Charakterzüge wie Extraversion und Gewissenhaftigkeit betrachtet), den Holland-Codes-Karrieretest, der ermittelt, wofür Menschen sich interessieren (ob man Autos reparieren, Kindern helfen oder wissenschaftlich tätig sein möchte), Studien zu kulturspezifischen Persönlichkeitsmustern (wie Hofstedes berühmte Forschung zur Arbeitskultur in verschiedenen Ländern), Geschwisterforschung (der mehr oder weniger die Nachweise fehlen, abgesehen von kleinen Unterschieden beim IQ) oder die Tests verschiedener Psychopathologien (die im klinischen Kontext verwendeten psychiatrischen Skalen). Aber abgesehen von den psychiatrischen Tests, hat keiner dieser Persönlichkeitstests auch nur annähernd dieselbe erklärende Kraft und Wichtigkeit wie Unterschiede in Entwicklungsstufen – in Hinblick auf Stufen sprechen wir von zehnfach stärkeren Korrelationen oder noch mehr. Die Entwicklungsstufe kann einen großen Teil dessen erklären, warum eine Person sich so verhält, wie sie es tut. Sie liefert sogar Erklärungen für deren Argumentation, Moralität, Ästhetik, Führungsstil, enge Beziehungen, Werte, Einkommen (sogar mehr als der Klassenhintergrund) und vieles mehr. Während es psychiatrischen Diagnosen lediglich gelingt, die Verhaltensweisen eines kleineren Bevölkerungsteils zu verstehen (er besteht aus den Menschen, die diese Diagnosen erhalten), helfen uns Stufentheorien dabei, »normales« Verhalten in der Gesellschaft im Allgemeinen zu begreifen. Denken Sie daran: Stufe ist etwas anderes als Persönlichkeit.

Wichtig und vielleicht die einfachste Falle, in die man tappen kann: Entwicklungsstufen sollten nicht verwechselt werden mit »gesunder« psychologischer Entwicklung, was in der Regel unter der Überschrift von »Entwicklungspsychologie« erforscht wird (ob jemand gesunde emotionale Bindungsmuster hat, ein positives Selbstbild, ob eine Person einen Umgang gefunden hat mit ihrem Trauma und was sonst noch). Das kann eine gesunde niedrigstufige Zweijährige sein (oder, was das betrifft, eine psychisch gesunde 190 Jahre alte Schildkröte) ebenso wie ein psychisch zerrütteter hochstufiger erwachsener Mensch. Aber beachten Sie, dass auch eine niedrige Stufe keine psychische Gesundheit garantiert – wir alle sind irgendwann mal einer verrückten Katze begegnet. Nichtsdestotrotz gibt es allen Grund zur Annahme, dass die Entwicklung der psychischen Gesundheit eines Menschen auf komplexe Weise dessen Entwicklung zu höheren Stufen beeinflusst. Gewöhnlich heißt das, dass eine gesunde, nicht übermäßig schmerzvolle psychologische Entwicklung höhere Entwicklungsstufen begünstigt, aber eben nicht immer. Psychopathologien (geistige Labilität oder Krankheiten) verschiedenster Art können ebenfalls psychologisches Wachstum *antreiben*, entweder dadurch, dass sie Unwohlsein verursachen und uns dadurch bestärken, unseren gegenwärtigen Beharrungszustand herauszufordern – oder einfach dadurch, dass sie irgendein uns innewohnendes psychologisches Hindernis zerstören, das andernfalls unser Wachstum gehemmt hätte. Hat man zum Beispiel überhaupt kein Schamgefühl, ist man unter Umständen in psychischer Hinsicht nicht »normal«, was dazu beiträgt, dass man »komisch« erscheint, aber einem gleichzeitig ermöglicht, einzigartige Erfahrungen zu machen und ohne große Hemmungen zu agieren – wodurch die eigene Lernkurve nach oben geht und das Erreichen höherer Entwicklungsstufen ermöglicht wird.

Und noch einmal: Entwicklungsstufe entspricht *nicht* der Erikson'schen Lebensphase, was ja bedeuten würde, dass die am meisten entwickelten Menschen in Altersheimen zu finden wären. Eine romantische und anziehende Vorstellung, aber das trifft einfach nicht zu.

Was soll das denn nun also sein: »eine Stufe«? **Es ist *ein Äquilibrium* mit einem bestimmten Grad an Komplexität, eine Form selbsttragender Balance in unserem Geist, Gehirn und Organismus**, die in einem offenen System kontinuierlicher Interaktionen mit der Umgebung verortet ist. Es ist das Muster eines sich selbst erhaltenden Rückkopplungszyklus im Organismus, ein Muster, das von der Umgebung unterstützt wird. Der lebende Organismus befindet sich immer in einer Art Flow, einer Verwirbelung, die sich durch neue Stoffe durcharbeitet (Stoffwechsel) ebenso wie durch neue Eindrücke, neue Aktionen und Interaktionen. Und dieser Flow folgt einem Muster, das der jeweiligen Entwicklungsstufe des Organismus entspricht. Beispiele, bitte!

Sehen Sie sich eine Dreijährige und eine (normal entwickelte) Achtzehnjährige an. Zwischen beiden Organismen besteht ein *qualitativer* Unterschied. Die Dreijährige wird durchgängig Verhaltensweisen an den Tag legen, die sich von denjenigen der Achtzehnjährigen unterscheiden – wir sprechen hier nicht nur von physiologischen Unterschieden in Hinblick auf Körpergröße, Zähne und geschlechtliche Reife. Ein Teenager hat bessere Chancen, das Verhalten des kleinen Kindes nachzuahmen als umgekehrt, und sie kann eine Reihe von Verhaltensweisen und Gedanken produzieren, die von ihren Klassenkameraden nachgeahmt werden können, aber nicht von der Dreijährigen (so wie Gitarre spielen oder Gleichungen im Mathe-Unterricht lösen). Jeden Tag, ab dem Moment des Aufwachens am Morgen, werden die Dreijährige und die Achtzehnjährige ständig Äquilibria reproduzieren, die sie voneinander abheben. Das setzt sich so fort, bis in der Dreijährigen irgendein dramatischer Wandel stattfindet, woraufhin sie schnell von einer Stufe zur nächsten wechselt – und sich der Abstand zwischen beiden verringert.

Zwanzig Jahre später, eine ist 23 und die andere 38. Lassen Sie uns nun annehmen, dass die Jüngere der beiden wesentlich besser aufgewachsen ist, eine bessere Ausbildung hatte, gesünder ist und auch eine bessere genetische Ausstattung zur Ausbildung ihres Scharfsinns (»hohe kognitive Stufe«) hat. Beide leben in derselben modernen Gesellschaft – aber die Jüngere könnte mittlerweile viel fortgeschrittenere Denkweisen und komplexere Handlungsweisen erreicht haben, vielleicht sogar eine größere emotionale Reife und existenzielle Tiefe als ihre ältere Mitbürgerin. Nicht dass die Ältere eine schreckliche Zeit oder etwas Ähnliches durchgemacht hätte, alles ist zwei Jahrzehnte lang einfach »ganz normal« gelaufen, und deshalb hat sie einfach keine grundlegenden Veränderungen durchgemacht. Sie befindet sich im selben Äquilibrium wie zwei Jahrzehnte zuvor, während die 23-Jährige immer wieder tiefgreifende Veränderungen erlebt hat. Das System von Denk- und Verhaltensweisen wurde erschüttert, sowohl durch biologische Veränderungen wie solchen der Umgebung, wodurch große Entwicklungssprünge stattgefunden haben. Ein Wechsel der Stufe passiert gewöhnlich in relativ kurzen Sprüngen, die längere und stabilere Zeiten eines Äquilibriums überbrücken. Allerdings sind solche Veränderungen der Stufe im Leben von erwachsenen Menschen relativ rar.

Unser ehemals kleiner Racker von drei Jahren ist nun zu einer *höheren Stufe* fortgeschritten als ihre fünfzehn Jahre ältere Mitbürgerin, hat beispielsweise philosophische Einsichten gewonnen und die Fähigkeit erworben, ihre eigene Gesellschaft systematischer Kritik zu unterziehen. Beachten Sie allerdings, dass die 38-Jährige immer noch der »bessere Mensch« sein kann, freundlicher, liebevoller etc. Und sie könnte Fähigkeiten besitzen, die der 23-Jährigen fehlen, zum Beispiel die, eine gute Konzertpianistin zu sein oder eine talentierte Ärztin. Noch einmal: Eine höhere oder niedrigere Stufe bestimmt solche Dinge nicht – selbst, wenn sie mit diesen in einem Wechselverhältnis steht.

Domänenspezifische Entwicklungstheorien

Was ist es *dann*, was eine höhere oder niedrigere Stufe bestimmt? Das hängt von einigen Faktoren ab. Grob gesprochen gibt es zwei Hauptgruppen von Entwicklungstheorien für Erwachsene: domänenspezifische Theorien (einen Teilbereich des Lebens betreffend) und »globale« Theorien (den Organismus als Ganzes betreffend). In der Forschungsgemeinschaft gibt es noch immer einige ungelöste Konflikte zwischen diesen beiden Ansätzen und deren Umfeld – wobei ich einen Großteil dieser Konflikte in den nachfolgenden Kapiteln aufzulösen versuchen werde.

Die bereichsbezogenen Theorien erforschen die Stufenentwicklung innerhalb eines bestimmten Lebensbereichs. Das klassische Beispiel hierfür sind Lawrence »Larry« Kohlbergs »Sechs Stufen der Moralentwicklung und Argumentation«, wo Menschen, wie Sie vielleicht wissen, verschiedene Antworten auf dasselbe moralische Dilemma fanden und ihre Antworten auf unterschiedliche Weise begründeten – die Antworten wurden gedeutet und kodiert als »präkonventionell«, »konventionell« und »postkonventionell«.

Präkonventionelle Antworten zogen die gesellschaftlichen Normen noch nicht umfassend in Betracht (waren eher »egoistischer« Natur), während *konventionelle* Antworten ebendies taten – und *postkonventionelle* kritisch reflektierten, was Menschen in ihrer Umgebung für richtig und falsch hielten. Kohlberg war ein schillernder und emotional schwieriger Genius in Harvard, der eine reiche Traditionslinie hinterlassen hat; seine Arbeit war grundlegend, aber ist seitdem auf viele Arten und Weisen infrage gestellt worden, besonders von Carol Gilligan, die behauptet, dass Frauen und Männer zwar parallel, aber durch leicht unterschiedliche Sequenzen voranschreiten.[5]

Seitdem hat man das moralische Urteilsvermögen für eine »Domäne« der Erwachsenenentwicklung gehalten. Aber die domänenspezifischen Theorien haben sich vervielfältigt und vielerlei Formen angenommen. So gibt es Stufen für:

- Führungsstile (Bill Torberts »Handlungslogik«, im Original: *action logic*, Bill Joiner & Stephen Josephs »agile Führung« oder *leadership agility* sowie der Ansatz von Jonathan Reims),
- den religiösen Glauben (James H. Fowler, James Meredith Day),
- Lehrmethoden und akademisches Lernen (Erik Jan van Rossum & Rebecca Hamers),
- kritisches Denken (Patricia King & Karen Kitchener),
- Psychotherapie (Michael Basseches & Michael F. Mascolo),
- ökologisches Bewusstsein (Sean-Esbjörn Hargens & Michael Zimmerman),
- Regelungsmuster von Organisationen (und den damit verbundenen Ansatz einer integralen Organisationsentwicklung von Frederic Laloux)

… und vieles mehr. Das alles sind Stufentheorien in dem Sinn, wie ich es beschrieben habe – sie beschreiben nicht nur Stufen, sondern auch eine Art von Reifung, die auf sich selbst nach dem Muster eines Fraktals aufbaut und eine konsistente *hierarchische* Ordnung erschafft. Es lassen sich Stufentheorien zu Malerei, Ästhetik, Sport, Pflegestilen, Sexualität, Männlichkeit, Liebesbeziehungen, politischem Denken, Bergsteigen, Konfliktlösung, Weitsichtigkeit und mehr finden.

Natürlich sind nicht alle diese Theorien von ausgezeichneter Qualität, und nicht alle von ihnen basieren auf fundierten empirischen Auswertungen. Andererseits gehören einige der empirisch am meisten erforschten Theorien zu den erbärmlichsten. Die Qualität der Theorie hängt im Allgemeinen davon ab, wie clever und gut informiert die Theoretikerin ist. Dennoch ist hier zweifellos eine Menge geistreicher Arbeit geleistet worden.

Allen diesen zu Sequenzen geordneten Stufen ist ein übergeordnetes Muster zu eigen. Es ist bis zu einem gewissen Grad möglich, sie nebeneinander aufzureihen, wobei Gemeinsamkeiten fast schon überdeutlich werden.

Das Muster, das sich zeigt, ist das einer Ausbildung von zunächst einfacheren, eher binären, mechanischen oder linearen Funktionsweisen in den früheren Stufen und der Entwicklung in Richtung selbstkritischer, nuancierter, vielfältiger und – ein wiederkehrendes Motiv – *dialektischer* Denk- und Handlungsweisen in den späteren. Einige Entwicklungstheoretiker haben die Rede vom dialektischen Denken und darüber, wie fabelhaft es ist, geradewegs zu ihrem Markenzeichen gemacht. Hegel war der Pionier dieser Art des Denkens, das von Theodor Adorno ausgeweitet wurde und letztlich dazu beiträgt, die eigenen Denkstrukturen weniger starr zu machen (ähnlich wie es in Kapitel 6 dargelegt wurde).

Ein anderes wiederkehrendes Muster all dieser Theorien ist, dass man den Blick von einem kleineren Bezugsrahmen (wie der eigenen Person) schrittweise auf einen größeren Bezugsrahmen ausweitet (wie universale Prinzipien, das Netzwerk von Beziehungen, an dem man teilhat etc.). Das wirkt sich dahingehend aus, dass die mittleren Stufen einem zu mehr und besseren *Differenzierungen* verhelfen und man in den späteren Stufen diese neuen Teile auf neue Weisen zusammensetzt und dadurch *integriertere*, übergreifende Ganzheiten erschafft. **Man geht vom Schwarz-Weiß-Denken zu komplexem und nuanciertem Denken über, um von dort *neue* Einfachheiten in Form von zugrunde liegenden, universalen Leitprinzipien zu finden: in Richtung einer – wenn man es so nennen möchte – »zweiten Einfachheit«.**

Das vielleicht offensichtlichste Muster ist, dass diese Stufen der Normalverteilung in der Bevölkerung folgen. Es gibt weniger Menschen, die sich auf frühen Stufen befinden, mehr Menschen auf mittleren Stufen und wiederum weniger Menschen, die sich auf einer späteren Stufe befinden. Dies gilt für sämtliche Bereiche, in denen man diese Stufen studiert.

Doch auch wenn einige übergeordnete Muster existieren, entwickelt das Boot ein Leck, sobald man versucht, diese Theorien zusammenzusetzen. Es gibt ein generelles Problem, was Vergleiche zwischen diesen verschiedenen Stufentheorien betrifft, nämlich die Schwierigkeit, den Unterschied zwischen den »Entwicklungslinien« nachzuzeichnen. Wie kann man verschiedene Entwicklungsbereiche auf logische und kohärente Art und Weise als eigenständige Entwicklungslinie oder »Domäne« definieren? Bislang liegt es einzig und allein im Ermessen des Forschenden, welcher Bereich eine eigenständige Linie darstellt – was albern und willkürlich ist. Das hat schnell absurde Konsequenzen: Sollte es eine Linie für Ballett und eine für Vogelbeobachtung geben? Wir landen schließlich bei Theorien zum Erlernen von Fertigkeiten im Allgemeinen. Und das bringt uns zum Feld allgemeinerer Lerntheorien (das ebenfalls wichtig ist, aber das wir hier links liegen lassen müssen).[6]

Kurt Fischers Theorie der »dynamischen Fertigkeitsentwicklung« (*dynamic skill theory*) besagt, dass es tatsächlich viele Entwicklungslinien gibt, sogar Tausende davon, und dass diese sich durch Interaktion miteinander sowie in ihrem Konkurrieren um Aufmerksamkeit und Zeit herausbilden.[7]

Sie entfalten sich als reiche Ökologie innerhalb von Geist und Körper einer Person – in einer Vielheit von Mikroentwicklungen. Dieser Vorschlag löst das Problem jedoch nicht wirklich. Auch dann brauchen wir immer noch eine extra Entwicklungslinie für Vogelbeobachtung (albern), zudem scheitern wir in gewisser Weise am Verständnis, was eine gute Einordnung der Stufe eines erwachsenen Menschen im Allgemeinen sein könnte – eine Einordnung, die uns für das Verständnis metamoderner Politik und der allgemeinen Entwicklung einer Bevölkerung nützlich sein kann.

Und das ist der Punkt, an dem gestufte Entwicklungstheorien ins Spiel kommen – sogar Fischer und seine Kolleginnen stellen schlussendlich eine übergreifende Entwicklungstheorie vor (»Entwicklungsebenen«). Aber lassen Sie uns noch einige andere Theorien betrachten.[8]

»Globale« Stufentheorien der Entwicklung

Gibt es denn nun überhaupt verschiedene Entwicklungslinien, gibt es verschiedene »Domänen«, die ihre jeweils eigenen Stufen benötigen – oder ist hier etwas wesentlich Grundsätzlicheres am Werk (wie der allgemeine, qualitative Unterschied zwischen einer Dreijährigen und einer Achtzehnjährigen), was all die anderen Unterschiede erklären könnte?

Die *globalen* Stufentheorien der Entwicklung versuchen, solch eine allgemeine Entwicklung einer Person zu beschreiben, was dem Anliegen dieses Buches mehr entspricht. Der erste Philosoph, der sich sehr explizit über solche Entwicklungsstufen geäußert hat, ist Rousseau in seinem 1762 erschienenen Roman Émile oder Über die Erziehung. Im amerikanischen Kontext wäre das Werk von James Baldwin zu erwähnen, der beide Hauptprotagonisten der Entwicklungspsychologie beeinflusst hat: Jean Piaget und Lev Vygotsky.

Der große klassische Theoretiker »globaler Entwicklung« ist der Schweizer Psychologe (und »Epistemologe« beziehungsweise Theoretiker der Wissensproduktion) Jean Piaget, der die hauptsächlichen Entwicklungsschritte untersucht hat, welche die kindliche Kognition im Übergang zum Erwachsenenalter durchläuft und von denen er vier identifiziert hat.[9] Zum Beispiel, dass man sich selbst in einem Spiegel erkennt oder versteht, dass weiter entfernte Dinge nicht tatsächlich kleiner sind. Auf jeder Stufe verändert sich für Sie Ihre ganze Welt und Sie fangen an, eine Menge neuer Verhaltensweisen zu zeigen, die mit dieser Stufe verbunden sind, während Sie schrittweise begreifen, dass die Welt, die Sie umgibt, nicht Sie selbst sind – dass sich die Dinge nicht um Sie drehen.

Das Piaget'sche Modell wird gewöhnlich in Erziehungswissenschaften und Psychologie gelehrt, aber in der Mainstreamwissenschaft als überholt angesehen – während die Vorstellung des frühen sowjetischen Theoretikers Lev Vygotskij über das kontextgebundene Lernen an Popularität gewonnen hat (zusammen mit ähnlichen, oft aus der Erziehungssoziologie stammenden Ideen). Die meisten Wissenschaftler sind halbwegs vertraut mit Piaget, verkennen im Allgemeinen allerdings seine fundamentale Wichtigkeit.

Dennoch tönt Piagets Tradition im Hintergrund weiterhin munter mit – und Forscherinnen haben sein Denken erweitert (oder in ähnlicher Weise andere Traditionen begründet).[10] »Globale« Theoretiker der Erwachsenenentwicklung versuchen, bei Menschen übergreifende Muster zu erkennen, von denen einige, in einem allgemeinen Sinne, als »weiter entwickelt« angesehen werden als andere.

Nicht alle »globalen« Theoretiker können als Nachfolger Piagets bezeichnet werden, aber sie alle wurden in mancherlei Hinsicht von seiner Tradition beeinflusst. Sechs dieser Forschungsansätze möchte ich hier gerne erwähnen:

- **Robert »Bob« Kegans** Selbstbildentwicklung, in deren Rahmen die Wahrnehmung des »Selbst« bei Menschen erforscht wird. Auf höheren Stufen entwickeln Menschen zunehmend abstraktere Vorstellungen davon, wer sie »wirklich sind« – Kegan verwendet fünf Stufen und besitzt dafür eine gute Datenlage. Mit jeder neuen Stufe wird die Fähigkeit errungen, die frühere Stufe und die Weise, wie man sich selbst gesehen hat, kritisch reflektieren zu können. Lediglich ältere Menschen jenseits der Fünfzig können ihm zufolge die höchsten Stufen erreichen.
- **Jane Loevingers** Theorie (und Susanne Cook-Greuters Weiterentwicklungen derselben): *Neun Stufen der Selbstentwicklung* (im Original: *Nine Levels of Increasing Embrace*), welche die übergeordneten Muster beschreibt, in denen sich die Persönlichkeit von Menschen im Laufe ihrer Entwicklung und Reifung verändert. Diese Ansätze bauen auf einem »Satzvervollständigungstest« auf, bei dem Forschende Punktwertungen für die Antworten von Menschen vergeben. Auch hier wird davon ausgegangen, dass vor allem alte Menschen die höchsten Stufen erreichen, wobei den späteren Stufen im Allgemeinen ein höherer spiritueller und existenzieller Wert beigemessen wird als den früheren.
- **Clare Graves**' Modell (entwickelt und bekannt gemacht von Don Beck und Chris Cowan unter dem Begriff der *Spiral Dynamics*), in dem Menschen bestimmte »ᵂMeme« (Werte-Meme) zugeordnet werden, die nach einem Farbcode benannt sind; ROT (kriegerische Gesellschaft), BLAU (traditionell), ORANGE (modern), GRÜN (postmodern), GELB (metamodern) und so weiter. Dieses Modell wurde stark kritisiert aufgrund allzu großer Farbigkeit, Simplifizierung und Popularisierung, aber es besitzt selbstverständlich auch einige Vorzüge: Es beschreibt auf elegante Weise, wie jedem Stufenmuster menschlichen Denkens und moralischen Urteilens in gewisser Hinsicht eine einheitliche Logik zugrunde liegt. Und es beschreibt, wie jede Stufe mit einer entsprechenden kulturellen Logik einherzugehen scheint.[11] Wir diskutieren diese Theorie genauer in Kapitel 16.
- **Ken Wilbers** Theorie, nach der die spirituelle und kognitive Entwicklung eines Menschen als zwei verschiedene Aspekte behandelt werden, die nicht immer übereinstimmen – ein Thema, das ich später erläutern werde. Andere, die in diesem Sinne forschen und arbeiten, sind Zachary »Zak« Stein und Terri O'Fallon (obwohl man O'Fallon unter Umständen zuvörderst als Nachfolgerin von Cook-Greuter sehen sollte), die beide in gewisser Weise

über Wilber hinausgegangen sind. Auch wenn Wilber keine eigenen Forschungen durchgeführt hat, ist er vielleicht der führende Globaltheoretiker der Erwachsenenentwicklung und Entdecker mehrerer grundlegender Entwicklungsmuster.[12]

- **Gerald »Gary« Youngs** explizit neo-piagetische Theorie, in der er kognitive und emotionale Entwicklung zu integrieren versucht (wie es auch Theorien der emotionalen Bindung und die Erikson'schen Lebensphasen versuchen). Sein 25-Stufen-Modell (fünf Hauptstufen, die sich in fünf wiederkehrende »Schritte« gliedern) erweckt intuitiv Interesse, geht aber leider in wesentlichen Teilen fehl, wenigstens in seiner gegenwärtigen Form. Youngs Theorie besagt, dass Emotionen und Kognition sich zusammen entwickeln müssen und dass nur ältere Menschen die höchsten Stufen erreichen – was ganz offensichtlich wirr ist, weil kognitive Genialität etwa mit 25 Jahren auftaucht, am häufigsten um die 30 und spätestens um die 40 – und bei den meisten Menschen überhaupt niemals erreicht wird.[13]
- **Michael Lamport Commons**' neo-piagetisches Modell hierarchischer Komplexität (Model of Hierarchical Complexity). Dieses Modell ist das in wissenschaftlicher Hinsicht bei Weitem tragfähigste und konsistenteste, und zudem dasjenige mit der stärksten empirischen Evidenz, dem größten Erklärungspotenzial und der breitesten Anwendbarkeit. Es ist rein verhaltenspsychologisch basiert und betrachtet ausschließlich, wie Organismen Aufgaben verschiedener »Komplexitätsordnung« lösen. Ein mathematisches System stuft diese Aufgaben in Hinblick auf die Frage ein, wo eine Aufgabe in Bezug zu dieser Komplexitätsordnung rangiert. Das Modell kann auch auf andere Tierarten als die menschliche angewandt werden, was häufig geschieht. Wir werden die nächsten beiden Kapitel mit dieser Theorie zubringen.

In Hinblick auf die globalen Theorien der Erwachsenenentwicklung besteht ein grundlegendes Spannungsverhältnis zwischen den *holistischeren* Varianten und dem reduktionistischeren Modell hierarchischer Komplexität (MHK) von Michael Commons. In diesem Sinne steht Commons' Theorie allein gegen alle anderen an.

Während sich Kegans psychoanalytisch beeinflusste Theorie (die sich eher auf die Geisteswissenschaften als die Verhaltenswissenschaft stützt) auf äußerst persönliche Angelegenheiten wie die sich entwickelnde Wahrnehmung des Selbst bezieht, tut die MHK nichts dergleichen. Sie betrachtet lediglich, mit welchen Aufgaben einer bestimmten Komplexitätsordnung jemand klarkommt. Von dort aus schreitet sie weiter zur Betrachtung, wie das mit anderen Variablen wie Einkommen[14] oder Einstellungen korreliert (wobei gewöhnlich starke Korrelationen bestehen, sehr viel mehr als bei irgendeiner der anderen Theorien).

Um die anderen naheliegenden Themen kümmert das MHK sich nicht – wie ist es beispielsweise mit dem allgemeinen Persönlichkeitswachstum einer Person? Wie ist es mit der Entwicklung seines oder ihres Wertekanons und ihrer Weltsicht, so wie im Ansatz der Spiral Dynamics? Was passiert mit jemandes emotionaler Entwicklung oder – was das betrifft – der existenziellen? Ist kognitive Komplexität wirklich ausreichend, um all das zu erklären? Ich glaube nicht, dass das zutrifft.

Sämtliche hier erwähnten Theorien, mit Ausnahme des MHK, versuchen, holistisch zu sein beziehungsweise das umfassende Bild eines facettenreichen Menschen zu erfassen, der sich auf vielerlei Weise entwickelt, und dennoch fallen sie im Allgemeinen weniger umfassend anwendbar aus als das MHK – eine Theorie, die zur Einstufung des Schwierigkeitsgrades von Aufgaben, zum Vorhersehen von Verhaltensweisen und zur Beschreibung von Tieren ebenso wie von politischen Meinungen und vielen anderen Dingen verwendet werden kann. Dennoch scheint es, als gäbe es in Hinblick auf das Wachstum eines Menschen mehr als die rein kognitive Entwicklung, die das MHK betrachtet.

Ich meine, dass alle holistischen Theorien der Erwachsenenentwicklung etwas Wichtigem auf der Spur sind, aber doch daran scheitern, wirklich das festzupinnen, worum es dabei geht. Sie alle machen denselben Fehler: **Sie *werfen* verschiedene Formen von Entwicklung in ein einziges Modell und *zwingen* diese (miteinander verbundenen, aber immer noch unterschiedlichen und sich oftmals unabhängig voneinander entwickelnden) Dimensionen in dieselbe Stufe.**

Einige Theorien vermischen diese Dinge sogar auf noch schlimmere Weise. Robert Kegan setzt in seiner Theorie Entwicklungsstufen mit den Erikson'schen Lebensphasen gleich, was ihn zu einem hoffnungslosen »Gerontophilen« macht: Alter wird in einem fast schon religiösen Ausmaß glorifiziert. Dasselbe gilt für Gary Young, vielleicht der schlimmste Gerontophile[15] dieser Truppe, dessen Theorie allen Ernstes impliziert, Menschen würden in ihren Fünfzigern und Sechzigern oder auch noch später zu kognitiven Genies, aber nur wenn sie es schafften, sich durch ihre emotionalen Familienangelegenheiten durchzuarbeiten, die mit diesem Lebensalter einhergehen. Ein ähnlicher Fehler offenbart sich in Loevingers und Cook-Greuters Ansätzen, denen es beiden gelingt, sogar Angelegenheiten der Persönlichkeit in die verschiedenen Stufen zu integrieren und sie auch noch mit ein wenig psychiatrischer Diagnostik zu würzen (wobei die niedrigeren Stufen, mehr oder weniger, als Psychopathen beschrieben werden).[16] Spiral Dynamics ist vielleicht das simplistischste Modell und vermischt dadurch ebenfalls jede Menge Dinge miteinander. In der Entwicklungsforschung ist es schick, diese Theorie zu verachten – dennoch ist sie immer noch die Theorie, die am meisten verwendet wird, vielleicht nur aufgrund ihrer Schlichtheit. Das Modell besitzt echte Vorteile dahingehend, dass es die allgemeine *kulturelle* Logik, die jeder Stufe inhärent ist, erfolgreich zu beschreiben vermag, wie ich in Kapitel 16 ausführlicher schildern werde.

Wilbers Modell nähert sich am allermeisten einem Verständnis dieser Thematik. Er spricht von zwei Entwicklungsarten, bei der die eine spirituelle Zustände erfasst und die andere kognitive Stufen. Dennoch ist auch sein Modell (das als Wilber-Combs-Matrix bezeichnet wird) immer noch ein ziemliches Kuddelmuddel, das äußerst wichtige Aspekte miteinander vermischt, was der Theorie zahlreiche Schwachstellen verpasst. Das größte seiner Vergehen ist vielleicht, die Spiritualität übermäßig zu betonen, sodass er zum Beispiel in seiner detaillierten Karte menschlicher Entwicklung die späteren Stufen spiritueller Entwicklung, wie sie der indische Mystiker Sri Aurobindo beschrieben hat, einfach auf Michael Commons' Stufen der kognitiven Entwicklung *obendrauf* packt – ein äußerst verworrener Schachzug. Terri O'Fallon arbeitet Wilbers Modell etwas weiter aus und löst dessen Probleme doch nicht so ganz – auch sie überbetont die Rolle der Spiritualität auf drastische Weise. Keiner der »Wilberianer« scheint bemerkt zu haben, dass Wilber vier Dimensionen in zweien *zusammenwirft* und dass seine Beschreibung spiritueller »Zustände« in wesentlichen Aspekten mangelhaft ist, da sie die Vielfalt der täglichen Erfahrung nicht zu erklären vermag (auch wenn man den Erkenntnisreichtum von Wilbers Schriften schwerlich leugnen kann).

Die Schwachstelle, die diese holistischen Modelle richtigerweise ausgemacht haben, ist, dass der ausschließliche Fokus auf die kognitive Entwicklung (wie sie Commons' Modell beschreibt) etwas Entscheidendes vermissen lässt. Aber in ihren Versuchen, dieses »andere Zeugs« unterzubringen, werden ihre Modelle unscharf und erheblich schwächer – und zweifellos wesentlich unklarer, unlogischer und uneleganter – als die Commons'sche Theorie.

Die übrigen theoretischen Versuche sind sämtlich daran gescheitert, einige wichtige analytische Unterscheidungen zu treffen: Sie differenzieren nicht zwischen den relevanten Dimensionen der psychologischen Entwicklung. Weil sie nicht die richtigen Dimensionen hervorgekitzelt haben, misslangen all ihre Versuche, diese Dimensionen in einem ganzen, »holistischen« Entwicklungsmodell zu integrieren.

Ich bin überzeugt: Commons ist der Einzige, der eine der *vier* grundlegenden Dimensionen der Entwicklung entdeckt hat – diejenige der kognitiven Entwicklung. Das ist der Grund, warum sein Modell mit so viel größerer Klarheit und Konsistenz hervortritt – und bessere Forschungsergebnisse hervorbringt.

Der Plan für die folgenden Kapitel ist, diese vier Dimensionen durchzugehen – und einige ihrer Querverbindungen zu besprechen –, beginnend mit Commons' MHK für die kognitive Entwicklung, dann fortfahrend mit *Code*, *Zustand* und *Tiefe*, für die wir jeweils vereinfachende, aber taugliche Arbeitsdefinitionen liefern werden. Bitte nehmen Sie allerdings zur Kenntnis, dass das MHK den einzigen Aspekt darstellt, der bislang ein zufriedenstellendes Forschungsprogramm besitzt. Sollten Sie eine intelligente Wissenschaftlerin sein, können Sie hier vielleicht aushelfen und eine der anderen drei Dimensionen zum Gegenstand eines entsprechenden Forschungsprojekts machen. Es winkt eine faszinierende Karriere voller Pionierarbeit. Danke schon mal!

Außerdem werden wir erkunden, wie diese vier Dimensionen gewöhnlich zusammenwirken, um die übergeordneten Muster zu generieren, die wir als **effektive Werte-Meme** bezeichnen – wobei es sich hierbei um eine stringentere Version des Spiral-Dynamics-Modells handelt, die dessen Hauptprobleme löst, einige damit verbundene Verwirrungen auflöst, aber doch auch den Blick aus der Vogelperspektive beibehält.

Es ist ebendieses *effektive Werte-Mem*, das in eigentlich allen gesellschaftlichen, ökonomischen und politischen Angelegenheiten die ausschlaggebende Rolle spielt. Sobald Sie diesen Teil verstanden haben, werden Sie imstande sein, selbst metamoderne Politik zu »betreiben« – und Sie beginnen zu verstehen, weshalb metamoderne Politik eine schiere Notwendigkeit darstellt, wenn wir eine Chance haben wollen, die Herausforderungen unseres Zeitalters zu meistern.

Kapitel 8

Kognitive Entwicklung

Wir haben uns also auf eine der vier grundlegenden Facetten der allgemeinen Stufe (beziehungsweise des *effektiven Werte-Mems*) eines Menschen eingezoomt, nämlich auf die kognitive Entwicklung und dabei vor allem auf das Modell hierarchischer Komplexität (MHK). Die Grundidee des MHK ist, dass Menschen sich über verschiedene Stufen der hierarchischen Entwicklung verteilen, sodass einige Menschen Gedanken denken und Aufgaben ausführen können, die *komplexer* sind als andere. Das Modell führt uns zu einigen eher kontraintuitiven Schlussfolgerungen, die schwer verdaulich sein können – und dennoch erschreckend offensichtlich sind, wenn man ihrer erst einmal gewahr wird.

In diesem Kapitel machen wir eigentlich nichts anderes, als einmal durch die MHK-Theorie zu gehen. Sie werden die Logik kennenlernen, nach der sie funktioniert.

Meister L. Commons

Zuallererst sollte ich vermutlich einige wenige Worte über Michael Lamport Commons verlieren, den »Haupterfinder« des MHK. Er wurde in den späten 1930er Jahren geboren und war seinerzeit ein Mitarbeiter von Larry Kohlberg (das ist der mit den Stufen der Moralentwicklung). Commons ist ein in der Wolle gefärbter knallharter Wissenschaftler der alten Schule: materialistisch, reduktionistisch, behavioristisch, empiristisch, positivistisch, ein Atheist und ein (auf Wahrscheinlichkeitserwägungen gestützter) Determinist. Es ist irgendwie ironisch, aber doch auch nicht erstaunlich, dass ein Mann wie er das bei Weitem beste Modell der Erwachsenenentwicklung erdacht hat – ein Feld, das im Allgemeinen dem Holismus zuneigende Menschen anzieht. Als junger Mann studierte Commons an der University of California in Berkeley bei Luis Alvarez (einem Teilchenphysiker, der den Nobelpreis erhielt und die These entwickelte, dass ein Komet die Dinosaurier getötet habe)[1] und war später als Mathematiker und Psychologe an der Universität Harvard tätig. Er liebt harte Forschung, rigide Theorien und solide Ergebnisse – und er verabscheut spekulative Philosophie und Spiritualität, und sogar die »weicheren« Wissenschaften, ganz zu schweigen von der Psychoanalyse. Er mag präzise, messbare Variablen und verlässliche Methoden – vage Dinge wie »Bildungsgrad« haben in einem Buch von ihm nichts verloren. In einer scheinbar von Bildung besessenen Welt kann man sein Murmeln vernehmen: »Was für eine beschissene, nutzlose Variable.«

Mit dreizehn war er inspiriert von Isaac Asimovs *Foundation*-Trilogie, den Romanen, in denen der prophetische Forscher Hari Seldon eine fiktionale »Psychohistorik« ausarbeitete, einen mathematischen Weg des Beschreibens und Vorhersagens menschlichen Verhaltens. Im späteren Leben fand er Inspiration in Ernst Mach, dem österreichischen Physiker-Philosophen (nach dem eine Maßeinheit der Schallgeschwindigkeit benannt ist) und Gustav Fechner, der als Erster die Grundlagen der Psychophysik beschrieb – die Disziplin, in der man erforscht, wie intensiv Organismen verschiedene Reize wahrnehmen und wie sie darauf reagieren. Zum Beispiel wissen Sie vielleicht, dass dasselbe Wasser einer kalten linken Hand als warm, einer warmen rechten Hand aber als kalt erscheinen wird – selbst wenn man sie beide gleichzeitig in das Wasser taucht. Also ein spaßbefreiter, eher mechanischer Weg, um menschliches Verhalten zu erforschen. Diese Art von Wissenschaft hat blinde Punkte, ganz bestimmt, aber sie kann auch sehr erhellend und nützlich sein.

Als Mensch ist Commons laut, konfrontativ und herrisch. Er ist ein alter Mann mit kahlem Kopf und weißem Bart; sein Körper ist kurz und rundlich, sein Blick stählern und direkt. Er spricht mit gebieterischer, knurriger Stimme, immer mit der Art von Selbstgewissheit, die man höchstens noch bei Filmfiguren vorfindet. Ich weiß das, weil ich eine ganze Weile in seinem Zuhause verbracht habe, einem klassischen New-England-Home, wo er mit seiner Familie in Cambridge, Massachusetts lebte. Obwohl ich ihm fast nur zuhörte und lernte – und zumeist das tat, was er mir sagte –, hatten wir doch gelegentlich erbitterte Diskussionen und Differenzen; er, der amerikanische (kulturelle) Jude aus Hollywood, der Autos und Business liebte, und ich, der romantisch und philosophisch geneigte Europäer, voller buddhistischer Sentiments und ohne Führerschein – Kämpfe, die aus irgendeinem Grund unsere Beziehung akademischen Mentorings und intellektueller Kameradschaft niemals infrage stellten.

Commons zuzuhören war eine ganz eigene Kunst. Er verstreute seine Gedanken gewöhnlich in kleinen Häppchen und in unregelmäßiger Verteilung über Tage oder sogar Wochen, wobei er plötzlich in lange Tiraden über etwas ausbrechen konnte, was wir zuvor diskutiert hatten, ohne irgendeine Vorwarnung oder einen Kontext zu nennen. Ich bemühte mich regelmäßig, Dinge niederzuschreiben, und lernte über einen gewissen Zeitraum, seine Gedanken in längeren Ketten zusammenzufassen, ringend um ein Verständnis, wie sie miteinander verbunden waren. Und das waren sie immer. Seine Ideen fanden sich im breiteren Muster dieser Gespräche wieder – dem Muster, das sie verband.

Dann konnte es sein, dass er plötzlich aufhörte zu sprechen, um einer seiner vielen Schrullen zu frönen: auf andere Gäste eines Restaurants zugehen und – ungeachtet ihrer Tischgespräche – beginnen, Details aus ihrem Leben zu erraten (wie Sherlock Holmes lag er immer richtig), oder von der Hauptstraße abbiegen, während er mit dem Auto unterwegs war, um die Industrieanlagen oder irgendwelche Stadtteile zu inspizieren, an denen er vorbeifuhr, oder über seine Ergebnisse im Orientierungslauf sprechen (dem Sport, bei dem man mithilfe einer Karte seinen Weg durch den Wald findet), oder eine riesige Tasse Schokoladenkaffee mit einer lächerlichen Menge künstlichen Süßungsmittels zubereiten (»es muss gesättigt sein«, sagte er gewöhnlich mit einem bestimmten Ernst, während sich ein grauenhafter weißer Zuckerberg auf der Oberfläche ansammelte) oder einfach ihm bekannte oder wildfremde Leute befragen – und zwar in einer herrischen Art und Weise, mit der er allein ungestraft davonkommen konnte. Andere Harvard-Professoren, Juristinnen und Psychiater, oftmals Menschen in eindrucksvolleren beruflichen Positionen, gestatteten ihm, sie in überraschender Manier herumzuschubsen. Ich war bei Weitem nicht sein einziger Bewunderer und Anhänger – aber ehrlich gesagt gab es auch viele Menschen, die ihn nicht mochten und ihn mieden, etwas, dessen Dr. Commons sich charmanterweise nicht bewusst zu sein schien.

Als Wissenschaftler ist Commons äußerst produktiv. Seine Lebensleistung ist um ein Mehrfaches größer, als man von einem normalen akademischen Professor erwarten würde. Ein großer Teil seiner Arbeit besteht aus Kollaborationen mit anderen Forschenden, die verschiedene Anwendungen seiner Theorie finden (über eine sehr große Bandbreite von Themen und Disziplinen hinweg). Ein anderer Hauptteil seiner Arbeit besteht aus substanziellen Verbesserungen am theoretischen Gerüst der MHK selbst.

Obwohl er kaum als mir verwandte Philosophenseele zu bezeichnen ist und trotz unserer ziemlich fundamentalen Unterschiede, muss ich zugeben, dass Commons bei Weitem die brillanteste Person ist, die ich jemals die Freude hatte kennenzulernen.

Deswegen: Ein Toast auf den Maestro.

Das Modell hierarchischer Komplexität (MHK)

Die Theorie, die heute das Modell hierarchischer Komplexität ist, war von Commons und Richards erstmals in den frühen 1980er Jahren vorgestellt worden. Sie baut direkt auf dem Piaget'schen Modell und der Arbeit von Kohlberg auf und kann als **neo-piagetisch** aufgefasst werden (auch wenn manche sie »post-piagetisch« nennen), weil sie größtenteils davon ausgeht, dass Piagets Modell (in Hinblick auf die kognitiven Stufen) korrekt ist. **Allerdings gibt es mehrere Stufen *oberhalb* dessen, was normale menschliche Erwachsene erlangen** – höhere Stufen, die nur eine Minderheit der Erwachsenenbevölkerung erreicht. Gemäß den Neo-Piagetikern kann die Erforschung dieser Stufen vieles in Hinblick auf Menschheit und Gesellschaft erklären.[2]

Commons formulierte diese Theorie das erste Mal, nachdem er sich ein Jahr von der Arbeit freigenommen hatte, um Mathematik zu studieren, wo die Sprache abstrakter Algebra ihm half, die formale Beziehung zwischen den verschiedenen Stufen zu beschreiben.

War dieses formale Bezugssystem erst einmal eingerichtet, konnten die verschiedenen Stufen mit generalisierbaren **Komplexitätsordnungen** beschrieben werden. Die Komplexitätsordnung meint die Komplexität einer bestimmten Aufgabe (wie beispielsweise die Aufgabe, drei grüne Bälle auszuwählen, bei der Sie Form, Anzahl und Farbe mit dem Verb »auswählen« koordinieren müssen – was unten im Modell einer Stufe 6-Sentential-Aufgabe entspricht). Der Forschungsansatz des MHK basiert auf einer **Aufgabenanalyse** und ist insofern abhängig von der Erfindung von Aufgaben und Dilemmata, um Menschen zu testen – es handelt sich um einen Zweig der experimentellen Psychologie. Wenn man mit den Stufen gut genug vertraut ist, wächst das Verständnis dafür, auf welcher Stufe Menschen auch bei der Verrichtung alltäglicher Dinge operieren (und ja, es wächst auch das Verständnis dafür, auf welchen Stufen ihre Kollegen in der Wissenschaft operieren und von welchem Komplexitätsgrad ihre Arbeit ist).

All die anderen Theoretiker bauten ihre Theorien auf der Beobachtung der kindlichen oder erwachsenen Entwicklung auf. Commons und Richards arbeiteten die Stufen dagegen mathematisch aus – und entdeckten dann, dass die empirischen Daten ihre Theorie sehr viel eleganter und präziser abbildeten als irgendeiner der anderen Ansätze. Zudem konnte man dieselben Modelle für Tiere verwenden. Zweifellos waren sie etwas Wichtigem auf der Spur.

Anfangs scheiterten Commons und Richards selbst daran, die weitläufigeren Implikationen ihrer Theorie zu erkennen. Sie hatten sie hauptsächlich als Antwort auf die Kritik an Kohlberg entworfen, da einige Wissenschaftler nicht glaubten, es gäbe höhere Stufen als diejenige, die ein normal entwickeltes menschliches Wesen zwischen elf und vierzehn Jahren erreicht (die formal-operationale Stufe). Trotz all seiner reduktionistischen Grobheit entwickelte Commons' und Richards' Modell ein Eigenleben und brachte zunehmend eindrucksvolle Ergebnisse hervor, indem es Menschen – und ihre Verhaltensweisen – anhand der verschiedenen Stufen mit fast schon furchteinflößender Präzision und Konsistenz abbildete.[3]

Ich werde hier nicht auf die Evolution des Modells eingehen, sondern springe zu einer Version aus dem Jahr 2017. Das Modell deckt von Bakterien und Amöben geradewegs bis zu Einstein alles ab. Wie wir sehen werden, beschreibt es allerdings keine existenzielle Tiefe, das heißt, es erklärt weder Buddha noch Kierkegaard.

Es sind sechzehn Stufen, *let's go, baby!* (Die vier relevantesten Stufen, die Stufen 10 bis 13, werden wir im nächsten Kapitel noch einmal betrachten; in der folgenden Liste habe ich sie mit einem Sternchen markiert.)

0. Kalkulatorische Stufe

(Moleküle)

- Kann zwischen 0 und 1 unterscheiden (etwas versus nichts), ziemlich genau so wie ein digitaler Computer
- Kann lediglich auf Reize reagieren ohne Unterscheidung der Reaktionsstärke; »Organismen am Rande der Lebendigkeit« wie die DNA selbst.
- Menschen durchlaufen diese Phase lange, bevor sie geboren werden, und – wenn man sich diesen etwas verrückten Gedanken gestattet – tatsächlich sogar schon, bevor sie auch nur gezeugt sind.

1. Automatische Stufe[4]

(Einzeller-Organismen)

- Kann auf Reize abhängig von der jeweiligen Quantität reagieren, aber lediglich in Form einer automatischen Antwort und niemals durch Lernen.

- Keine Koordination verschiedener Reize, es gibt lediglich ein einziges Reiz-Reaktions-Schema.
- Wir Menschen durchlaufen diese Stufe, bevor wir geboren werden.

2. Sensorische oder motorische Stufe

(frühe menschliche Föten, Amöben, Schnecken, Mollusken)

- Kann auf unterschiedliche Weise auf unterschiedliche Reize reagieren und kann Reaktionen auf zwei verschiedene Reize koordinieren (aber keine neuen Reaktionen erfinden). Bewegung von Körperteilen.
- Zum Beispiel kann man einen Blutegel, der mehrere Male zugleich von einer Lampe angeleuchtet und einem elektrischen Reiz ausgesetzt wird, dazu bringen, auch auf die Lampe (ohne elektrischen Impuls) so zu reagieren, als wäre sie ein elektrischer Schlag.

3. Zirkulare sensomotorische Stufe

(neugeborene Menschen, Insekten, die meisten Raubfische)[5]

- Kann Objekte erreichen, berühren, ergreifen und schütteln, brabbeln und einzelne Töne erzeugen (Phoneme)
- Kann in Reaktion auf wahrgenommene Objekte Körperteile bewegen und Dinge erkennen.

4. Sensomotorische Stufe

(menschlicher Säugling, Ratten)

- Kann eine Abfolge von Bewegungen durchlaufen, die aufeinander abgestimmt sind und aufeinander aufbauen, um etwas zu erreichen.
- Das schließt ein, mehrere Laute zusammenzusetzen, um ein Morphem zu bilden, wenigstens in der sprachbegabten menschlichen Spezies (man kann Kombinationen von Lauten verwenden, um »etwas auszudrücken«, aber noch keine vollständigen Wörter in konsistenter Weise gebrauchen).

5. Nominale Stufe

(üblicherweise einjähriges Kleinkind, Tauben)

- Kann die Beziehung zwischen Begriffen entdecken und sie in einzelne Worte fassen: Ausrufe, die Bedeutung eines Wortes kennen und so weiter. Heißt »Nominal«, da man Dinge benennen kann.
- Beginnt zu verstehen, was andere Organismen »meinen«.

6. Sententiale Stufe

(üblicherweise zwei-/dreijährige Kleinkinder, Katzen)

- Kann Worte zu *Sätzen* zusammensetzen und versteht eine Reihe simpler Aufgaben, die koordiniert werden müssen, kann eine Sequenz imitieren.
- Gestattet die Verwendung von Pronomen wie »ich«, »meins«, »du«, »deins«, »es« etc. – die abstrakter sind als die Bezeichnungen von Dingen.
- Auch trainierte Papageien (wie der aus der bekannten Beschreibung von Irene Pepperberg), können bis zu dieser Stufe gelangen).[6]

7. Präoperationale Stufe

(üblicherweise drei- bis vierjährige Kinder, Hunde)

- Kann einfache Schlussfolgerungen ziehen (aber keine Widersprüche erkennen), kann einer Sequenz aufeinander aufbauender Handlungen folgen und kurze Geschichten erzählen (indem mehrere Sätze aufeinander abgestimmt werden).
- Kann Konjunktionen verwenden (bezieht sich ausschließlich auf Menschen): wenn, dann, als etc. Setzt mehrere Sätze zu »Absätzen« zusammen.

8. Primarstufe

(üblicherweise fünf- bis siebenjährige Kinder, Schimpansen, Rhesusaffen)

- Kann logische Schlussfolgerungen ziehen und empirische Regeln anwenden; addiert, subtrahiert, dividiert, multipliziert, beweist, führt selbstständig eine Reihe von Tätigkeiten durch.
- Kann sich auf Zeiten und Orte beziehen, kann Handlungen zählen und sich auf verschiedene Akteure beziehen. Kann vergleichsweise kohärente Erzählungen konstruieren (»Gruppen von Absätzen«), die Erklärungen und Vorstellungen liefern, worum es geht.

9. Konkrete Stufe

(üblicherweise sieben- bis elfjährige Kinder)

- Kann schriftliche Division durchführen, komplexen sozialen Regeln folgen, übernimmt Rollen und koordiniert eigene Belange mit denen der anderen.
- Kann sich bedeutungsvolle, konkrete Geschichten ausdenken und diese über einen zeitlichen Verlauf intakt und folgerichtig fortführen. Stellt Gruppen von Absätzen zu einer Geschichte zusammen. Kann also auch Wechselwirkungen im Blick behalten (was das beste Werkzeug ist und wie man das überprüfen kann etc.), beispielsweise was bei gesellschaftlichen

Anlässen zwischen verschiedenen Leuten passiert ist, vernünftige Abkommen, Geschichte, Geografie.

- Gewöhnlich bei Menschen im Alter von sieben bis elf Jahren, aber auch bei einem bedeutenden Teil der Erwachsenenbevölkerung. Bei den berühmten Studien von Frans de Waal zu den Bonobo-Schimpansen finden sich Beispiele für Verhalten auf der konkreten Stufe, so zum Beispiel das Testen verschiedener Werkzeuge, um zu bestimmen, welches das beste ist.[7]

10. Abstrakte Stufe*

(üblicherweise ab dem Alter von elf Jahren)

- Kann abstrakte Ideen und Gedanken bilden: einzelne, generalisierte Variablen, die über die konkrete Abfolge von Ereignissen in einer Geschichte hinausgehen – kann abstrakte Aussagen machen und quantifizieren.
- Bezieht sich auf Kategorien und verwendet »Fallbeispiele«, um das Verständnis dieser Kategorien schrittweise zu verbessern.
- Ein bedeutender Teil der Erwachsenenbevölkerung, um die 30 Prozent, befindet sich auf dieser Stufe. Keine bekannten nicht-menschlichen Tiere.

11. Formale Stufe*

(üblicherweise ab dem Alter von vierzehn Jahren, wenn überhaupt)

- Kann Beziehungen zwischen abstrakten Variablen erkennen, diese Beziehungen reflektieren und Wege ersinnen, um sie zu überprüfen etc. Löst Probleme mithilfe von Algebra mit einer Unbekannten, verwendet Logik und empirische Verfahren.
- Kann eine volle, reiche Sprache sprechen, die Selbstreflexion beinhaltet, verwendet logische Reihungen von Konjunktionen: *wenn* das, *dann* dies, in allen Fällen.
- Die am meisten anzutreffende Stufe bei erwachsenen Menschen, etwa 40 Prozent der Erwachsenenbevölkerung – nur eine Minderheit entwickelt sich über diese Stufe hinaus.

12. Systematische Stufe*

(üblicherweise ab dem Alter von achtzehn Jahren, wenn überhaupt)

- Kann Muster entlang linearer Beziehungen erkennen und dadurch Beziehungssysteme zwischen abstrakten Variablen bilden und erkennen, wie diese miteinander zusammenwirken. Kann dadurch auch Gleichungen mit mehreren Unbekannten lösen. Die erste »postformale« Stufe, was bedeutet, dass sie von Piaget nicht beschrieben wird, aber in Kohlbergs Arbeit impliziert ist.

- Beginnt, Rechtssysteme zu diskutieren, gesellschaftliche Strukturen, Ökosysteme, wirtschaftliche Systeme und Ähnliches.
- Kann bei etwa 20 Prozent der erwachsenen Menschen vorgefunden werden.

13. Metasystematische Stufe*

(üblicherweise ab den frühen Zwanzigern, wenn überhaupt)

- Kann unterschiedliche Systeme mit unterschiedlicher Logik vergleichen und miteinander verbinden, »Metasysteme« zusammenfügen oder zu Schlussfolgerungen gelangen, die für verschiedene Systeme gleichermaßen gelten; kann die allgemeinen Eigenschaften von Systemen reflektieren und benennen.
- Versteht, dass Dinge »homomorph«, »isomorph« und so weiter sein können; erkennt also, wie ein System auf korrespondierende oder abweichende Weise in ein anderes System verwandelt werden kann.
- Kann bei etwa 1,5 Prozent der Erwachsenenbevölkerung vorgefunden werden.

14. Paradigmatische Stufe

(üblicherweise ab Mitte zwanzig, wenn überhaupt)

- Kann mit mehreren sehr abstrakten Metasystemen umgehen, um neue Wege des Denkens über die Welt, neue Paradigmen, neue Wissenschaften oder Zweige innerhalb von Wissenschaften zu erschaffen.
- Besitzt eine fraktale Denkweise, sodass die vorgefundenen universellen Prinzipien auf viele verschiedene Ebenen der Analyse und eine Vielzahl von Phänomenen anwendbar sind.
- Das Vorkommen ist unbekannt, aber wenn das Muster sich fortsetzt und jede Stufe mit einer vergleichbaren Standardabweichung zuzunehmen scheint,[8] sollte es wenig mehr als ein Erwachsener von tausend in einer normalen Bevölkerung sein, meistens über 25 Jahren alt. Menschen auf dieser Stufe sind selten, machen aber immer noch drei Millionen Menschen auf der Welt aus (ein Tausendstel der funktional Erwachsenen über 25). Obwohl diese Stufe theoretisch formuliert ist, gibt es für sie keinen verlässlichen Test.[9]

15. Crossparadigmatische Stufe

(üblicherweise ab den Spätzwanzigern, wenn überhaupt)

- Kann mit mehreren Paradigmen umgehen, um neue Felder zu kreieren.

- Beispiele sind: Newtons Neuformulierung der Physik, Darwins Theorie der Evolution, Einsteins Relativitätstheorie, die Erfindung der Quantenphysik, die Erfindung von Chaostheorie und Komplexität, die Erfindung der Datenverarbeitung, die Erfindung der postmodernen Philosophie, die Erfindung der holistischen »integralen Theorie« von Ken Wilber, die Erfindung der Stringtheorie, die Erfindung der MHK-Theorie.
- Die Häufigkeit ist unbekannt, vorgefunden lediglich bei Erwachsenen über zwanzig und unter besonders günstigen Umständen. Tritt zumeist um die dreißig auf. Keine verlässlichen Tests für diese Stufe.[10]

Man erhält hier ein Modell der kognitiven Komplexität, das Menschen und andere Tiere auf derselben Skala platziert. Diese Art des Denkens führt uns in Richtung einer Infragestellung der »speziesistischen« Vorannahmen unseres Zeitalters: dass Menschen in irgendeiner Weise »speziell« wären.

Zugegebenermaßen gibt es einiges, was Menschen einzigartig macht, wie beispielsweise unsere Neigung zum Sprachgebrauch – die eine bestimmte genetische Eigenschaft zu sein scheint; im Jahr 2009 transplantierten Forscher Mäusen die entsprechenden Gene und hörten sie interessantere Quietschlaute von sich geben.[11] Das entspricht auch dem, was Noam Chomskys linguistische Theorie vorschlägt: dass wir Sprache als eine biologische Eigenschaft des Menschen ansehen sollten.

Commons' Theorie ist natürlicherweise auf Sprache fokussiert (Worte, Sätze, zunehmend komplexere Grammatik, Erzählungen, Konzepte etc.), weil sie vornehmlich dazu verwendet wird, Menschen zu erforschen. Aber die MHK-Stufen oder »Komplexitätsordnungen« können ebenso gut auch in nicht-linguistischen Begriffen gefasst werden, beispielsweise in algebraischen Formeln, wie Commons es anfänglich getan hatte. Denn auch Tiere, die nicht sprechen (wie die Tauben von Stufe 5-Nominal), können Verhaltensweisen zeigen, die von gleicher oder höherer Komplexitätsordnung sind als die von jungen menschlichen Kindern zum Beispiel – selbst wenn Kinder sprechen und Tauben nicht. Sprachgebrauch ist ein nützliches Werkzeug, wenn es um die Erledigung komplexer Aufgaben geht, aber er ist für kognitive Komplexität nicht *an sich* erforderlich (übrigens auch nicht für ein Empfindungsvermögen: eine subjektive Erfahrung haben, Gefühle etc.). Das sollte uns vor einem linguistisch basierten Speziesismus wappnen, der den »speziellen Status« der Menschheit dadurch legitimiert, dass wir Sprache verwenden.

Bevor wir weitermachen, lassen Sie uns noch einmal festhalten, dass kognitive Stufen gemäß des MHK keine moralische Ordnung darstellen – wir haben beispielsweise festgestellt, dass menschliche Neugeborene auf derselben Stufe beschrieben werden können wie ein Insekt (Stufe 3-Zirkular-Sensomotorisch), aber wir würden schwerlich beiden denselben Wert zuschreiben. Darüber hinaus lassen sich Variationen der MHK-Stufe auch bei Tieren derselben Spezies feststellen. Das trifft für neugeborene Tierjunge im Vergleich mit erwachsenen Hunden zu wie auch für individuelle Unterschiede, die dafür sorgen, dass einige Hunde ihre Artgenossen weit übertreffen. Irene Pepperbergs Papagei war trainiert worden, sodass er sich nach Jahren harter Arbeit von Stufe 5-Nominal – auf der er einen Ball (unter einer Auswahl von Würfeln, Ringen etc.) holte, um eine Belohnung zu erhalten – zu Stufe 6-Sentential weiterentwickelte, auf der er nun »zwei gelbe Bälle« und so weiter holen konnte. Der Papagei musste nur sehr lange Zeit nachdenken, um das herauszufinden, weil sein Gehirn sehr viel kleiner als ein menschliches ist. Das heißt, dass ein Mensch auf derselben Stufe, aber mit einem sehr viel »höheren IQ« zur selben Schlussfolgerung wie der Papagei kommen würde, aber eben sehr viel schneller.

Wir nehmen also nichts weg von der Tatsache, dass Mitglieder zweier verschiedener Spezies, die auf derselben Stufe sind, trotzdem sehr verschieden voneinander sein können. Denken Sie nur an die Tatsache, dass einige Spezies ihre Partnerwahl auf blutige Turniere gründen, wie beispielsweise Paviane (wobei ein relativ kurzlebiger Alphamann mit Rock'n-Roll-Lebensstil alle Mumus und Nachfahren für sich reklamiert, bevor er gewaltsam entthront wird), während andere Spezies Paare bilden wie beispielsweise Bonobo-Schimpansen (wo der größte Teil der Bevölkerung sich fortpflanzt und die Kerle beim Nachwuchs mithelfen) – wobei sich Menschen irgendwo dazwischen befinden, wenn man unsere physiologischen Charakteristika betrachtet: die im Vergleich mit den Weibchen maßvoll größeren Männchen und mittlere Spermienkonkurrenz (wie sie durch die Hodengröße angezeigt wird, und, ähm, ich vermute auch durch unser Sexualverhalten). Diese Spezies (Paviane, Bonobo-Schimpansen und Menschen) sind in Verhalten und Psychologie ziemlich voneinander unterschieden, auch wenn ihre kognitiven Stufen teilweise überlappen.[12]

Natürlich formen solche gattungsspezifischen Züge das Verhalten, und natürlich gibt es eine Menge evolutionspsychologischer Theorien, die vieles von dem erklären, was in Menschen und anderen Tieren vor sich geht. Aber die beste Einordnung angesichts der *Komplexität* dieser Verhaltensweisen ermöglicht unser neuer Freund, das MHK, das alle Tiere auf derselben Skala positioniert – einer Skala, auf der erwachsene Menschen sich (vielleicht erstaunlicherweise) drastisch voneinander unterscheiden.

Dieser letzte Teil ist sowohl kontraintuitiv als auch kontrovers. Lassen Sie ihn uns deswegen näher untersuchen. Wir werden nun erörtern, was Intelligenz eigentlich ist, und uns dann im Folgekapitel den vier am häufigsten vorkommenden MHK-Stufen bei erwachsenen Menschen zuwenden.

Was ist Intelligenz? Der Papagei spricht

Eine Frage, die wir kaum vermeiden können, ist die nach einer Definition für Intelligenz. In älteren westlichen Quellen aus dem frühen 20. Jahrhundert oder dem 19. Jahrhundert wird das Wort »Intelligenz« manchmal synonym mit »Bewusstsein« verwendet, was ein bedauerlicher Fehler ist, einer, der die Alltagssprache bis heute heimsucht.

Als Erstes sei also gesagt, dass Intelligenz nicht dasselbe ist wie Bewusstsein. Das hat unter anderem Auswirkungen für die gesamte Debatte über »intelligente Maschinen«. Intelligenz meint hier einfach nur »Scharfsinn« beziehungsweise die Fähigkeit, bestimmte Aufgaben auszuführen.

Zweitens haben wir bereits Alex erwähnt, eine wichtige Persönlichkeit in der Welt der Wissenschaft, die tragischerweise im Jahr 2011 einer Virusinfektion erlag – dabei handelt es sich um Irene Pepperbergs berühmten Graupapagei. Alex erreichte Stufe 6-Sentential, und da Papageien linguistisch begabt sind, lernte er auch rund hundert Worte (die zwischen Gegenständen, Farben, Materialien und Formen unterschieden) und wusste, wie man sie richtig kombinierte. Das heißt, er plapperte nicht nur etwas nach – er sprach. Ein deutlicher Hinweis dafür war, dass er andere Papageien korrigieren konnte, wenn sie Fehler machten.

Wie erwähnt war Alex' Gehirn allerdings viel kleiner als das eines neugeborenen Menschen, der trotzdem nichts in der Art der intellektuellen Stunts vollbringen kann, zu denen der Graupapagei in der Lage war.[13]

Das menschliche Gehirn ist einfach riesig und superschnell, und in der frühen Kindheit ist es voll von sogenannten »Gliazellen«, die weiteres Wachstum und die Bildung neuer Muster fördern. Seine Wachstumsrate und Plastizität (die Fähigkeit des Gehirns, neue Muster zu formen) sind atemberaubend – obwohl ein neugeborenes Kind nicht einmal verschiedene Reflexe aufeinander abstimmen kann, was bedeutet, dass es sich, wie ein Insekt, auf Stufe 3-Zirkular-Sensomotorisch, befindet.

Wenn ein Mensch erst einmal Stufe 6-Sentential erreicht hat, ist er in der Lage, sehr viel mehr Aktionen pro Zeiteinheit sehr viel glatter und mit weniger Fehlern auszuführen. Außerdem wird er wesentlich schneller lernen und eine größere Gedächtniskapazität besitzen (mit Leichtigkeit mehr als hundert Worte).

Im Folgenden vergleichen wir **horizontale Komplexität** und **vertikale Komplexität**. Horizontale Komplexität ist schlicht ein Maß dafür, wie viele Berechnungen man anstellen muss (beziehungsweise wie viele Ja-Nein-Fragen Sie zu beantworten schaffen). Im Grunde sagt das also, wie schnell und effizient Ihr Gehirn ist. Ein menschliches Neugeborenes hat viel größere *horizontale* Komplexität als ein erwachsener Papagei, selbst wenn es sich auf einer niedrigeren Stufe befindet. Andererseits kann auch ein Computer eine größere horizontale Komplexität als ein Mensch besitzen (während er sich gleichzeitig immer noch auf Stufe 0-Kalkulatorisch befindet).

IQ-Tests messen vorrangig die horizontale Komplexität, vorausgesetzt, dass die Testperson sich auf einer bestimmten Minimalstufe befindet, sodass sie in der Lage ist, den Test zu absolvieren. Die schwierigeren dieser Tests können Fragen auf dem Niveau von Stufe 12-Systematisch beinhalten, aber nicht darüber. Vor allem messen sie, wie leicht Sie relativ einfache Muster erkennen. Offensichtlich ist der IQ (oder der »g-Faktor« beziehungsweise Generalfaktor der Intelligenz) nicht unwichtig und »Intelligenz« sollte als eine Kombination von horizontaler und vertikaler Komplexität gesehen werden.

Auf der anderen Seite gibt es Organisationen wie Mensa (für die 2 Prozent der Menschen, deren IQ bei 130 und höher liegt) und die Triple Nine Society (für Leute, die sich mit einem IQ von 146 und höher weit über dem Mensa-Niveau und über dem von 99,9 Prozent der Bevölkerung befinden) – in denen sich eher nicht die erfinderischen Genies tummeln, die damit beschäftigt sind, die Welt auf alle möglichen Arten und Weisen zu verändern. Was ist hier also los?

Es scheint, dass ein hoher IQ beim Menschen nur lose mit der MHK-Stufe korreliert. Die Mensa-Leute befinden sich selten auf den unteren Erwachsenenstufen, aber tendieren zu Stufe 11-Formal, oder Stufe 12-Systematisch. Deswegen finden sich dort Menschen, deren Gehirne sehr schnell und effizient sind – ohne dass sie sich notwendigerweise zu den abstrakteren Formen des Denkens und Handelns der *vertikalen* Komplexität aufschwingen. Etwa 67 Prozent Ihres IQ-Werts scheint von der MHK-Stufe abzuhängen (oder wenigstens scheint es, dass beide in diesem Maße Hand in Hand gehen).[14]

Was ist nun vertikale Komplexität? Die MHK-Stufen messen Ordnungen vertikaler Komplexität. Das bedeutet, dass **jede Stufe die Handlungen der vorherigen Stufe koordiniert.** Man geht von der Konstruktion von Geschichten hin zum Auffinden abstrakter Variablen in diesen Geschichten, von dort aus weiter zum Auffinden von ganzen Systemen von Bezügen und schließlich zum Auffinden von gemeinsamen Eigenschaften in Systemen und so weiter. Eigentlich gibt es fünf Regeln, welche die Beziehungen zwischen den Stufen bestimmen, aber wir beschränken uns hier auf die drei grundlegendsten – das ist ein bisschen technisch, aber bitte haben Sie Geduld.

- Aktionen einer höheren Ordnung werden auf der Grundlage von Aktionen niedrigerer Ordnungen definiert. Das führt dazu, dass die Aufgaben höherer Ordnung diejenigen der niedrigeren Ordnung einschließen, und erfordert, dass Aktionen der niedrigeren Ordnungsstufen in den Definitionen der Aufgaben höherer Ordnung hierarchisch gegliedert enthalten sind.
- Aktionen einer höheren Ordnung organisieren solche einer niedrigeren Ordnung. Das macht sie leistungsfähiger beziehungsweise folgenreicher, da sie sich umfassender auswirken. Aktionen niedrigerer Ordnung werden organisiert von den Aktionen, die in Ordnungen mit höherer Komplexität stattfinden, das heißt komplexeren Aufgaben.
- Aktionen mit höherer Komplexitätsordnung organisieren diese Aktionen einer niedrigeren Ordnung auf eine *nicht-beliebige* Weise.[15]

Ein einfaches Beispiel: Der Papagei Alex erreichte eine höhere Stufe, als er lernte, Worte zu Sätzen zu kombinieren, auf eine Weise, die Sinn ergab. Es gibt eine *Hierarchie* zwischen Sätzen und Einzelwörtern – und die Sätze sind leistungsfähiger.

Man kann sich das am Beispiel von Stufenpyramiden vorstellen, die errichtet werden aus den eigenständigen Gedanken und Verhaltensweisen von Menschen verschiedener Komplexitätsordnung und mit einem jeweils unterschiedlichen IQ. Die Organismen einer höheren kognitiven Stufe können höhere Pyramiden errichten und Menschen mit höherem IQ breitere. Wenn Sie das Pyramidenbild nicht mögen (weil es eine imperialistische Ausstrahlung besitzt oder warum auch immer), können Sie es mit etwas Gefälligerem oder Organischerem ersetzen wie zum Beispiel einem »Netzwerk aus Netzwerken«, um eine biologische Metapher zu beanspruchen.

Die superintelligenten Leute der Weltgeschichte sind diejenigen, bei denen *beides* zusammenkommt: ein außergewöhnlich hoher IQ *und* eine ebensolche MHK-Stufe – wobei das deutlichste Beispiel John von Neumann wäre, ein ungarischer Jude des 20. Jahrhunderts, der in die USA zog und wohl der klügste Mensch war, der jemals gelebt hat. Als absolutes Wunderkind zeigte er schon in seinen frühen Zwanzigern ein Verhalten, das eindeutig Stufe 15-Cross-paradigmatisch erreichte, weil er in der Lage war, sehr abstrakte Prinzipien auf eine breite Riege von Problemen anzuwenden. Er »erfand den Computer« (beinahe), entwickelte die Spieltheorie (die vielleicht dazu beigetragen hat, uns vor dem nuklearen Holocaust zu bewahren oder uns vielleicht auch an den Rand eines solchen gebracht hat), er sah den Zweiten Weltkrieg voraus, trug zur Kybernetik, Informatik und Quantenphysik bei – und arbeitete in mehr Bereichen der Mathematik und Physik als vielleicht irgendein anderer Wissenschaftler. Das alles, bevor er im Alter von 53 Jahren starb.

Warum tun dann nicht all die IQ-Bestien drüben in der Triple Nine Society genau das Gleiche wie von Neumann? Weil sie eben nicht *auch* eine außergewöhnlich hohe kognitive MHK-Stufe haben, das ist der Grund. Ihre »kognitiven Pyramiden« sind breit, aber nicht notwendigerweise hoch.

Andererseits ist von Neumann vielleicht ein Rollenvorbild für testosterongeschwängerte Jungs, die die Besten und Klügsten sein und »die Welt erobern« wollen, aber eher nicht das höchste Ideal einer reifen Menschlichkeit. Schließlich arbeitete er am Manhattan-Projekt mit, um Atomwaffen zu entwickeln. In Hinblick auf progressive Werte war er (als militaristischer Antikommunist) seiner Zeit nicht voraus, er hatte eine gescheiterte erste Ehe, war ein notorisch schlechter Fahrer, der Bücher las, während er am Steuer saß – und verriet auf seinem Totenbett seine agnostischen Prinzipien und konvertierte plötzlich zum Katholizismus (vielleicht aus Furcht vor dem Tod). In anderen Worten: Es könnte noch andere Dimensionen der menschlichen Entwicklung geben als intellektuelle Brillanz. Man kann mit relativer Sicherheit sagen, dass von Neumann, was die spirituelle oder existenzielle Entwicklung angeht, ungefährer Durchschnitt war, wie die meisten von uns. Er war außergewöhnlich intelligent, aber nicht außergewöhnlich »weise«.

Wie auch immer, wir können nicht alle solche Schlauköpfe sein wie von Neumann: Dafür scheint es eines glücklichen Zufalls der Natur zu bedürfen. Denn sowohl am IQ wie auch der MHK-Stufe scheint die Genetik einen ziemlich großen Anteil zu haben. Bei einer menschlichen Population scheint sie zu 70 Prozent erblich zu sein, was bedeutet, dass IQ und Stufe Ihrer Eltern eine Menge erklären, aber bei Weitem nicht Ihre ganze Intelligenz (aber ja doch, natürlich wäre die Debatte darüber viel differenzierter zu führen). Gegenwärtig gibt es (fast) keine genetische *oder* neurologische Forschung zu den MHK-Stufen beim Menschen.[16] Das lässt die Frage offen, wie denkbar es ist, die Weiterentwicklung von MHK-Stufen durch die Veränderung der Umwelt zu beeinflussen.[17] Nach Michael Commons selbst ist die MHK-Stufe bei den meisten erwachsenen Menschen ziemlich gefestigt, wenn man von einer relativ »normalen« Entwicklung ausgeht (zweifellos hemmt es die Stufenentwicklung, wenn man jemanden an seinem ersten Geburtstag in einen dunklen Keller sperrt und dort festhält, bis er 25 ist).

Beachten Sie jedoch, dass die Existenz von MHK-Stufen im Namen einer »genetisch determinierten Meritokratie« kaum als Entschuldigung für Einkommensunterschiede dienen kann. Wie der britische Politologe Brian Barry nachvollziehbar argumentiert hat (in einer parallel geführten Diskussion über Einkommen, Erblichkeit und IQ), können wir nicht schlussfolgern, dass es in jedem Menschen ein vorgegebenes »angeborenes Potenzial« gibt, weil es sehr gut sein könnte, dass Unterschiede in familiärem Umfeld, Bildungssystem, Ernährungsweise etc. je nach genetischer Konstitution die Entwicklung auf verschiedenen Ebenen vorantreiben könnten.[18] Einige könnten in einer musikalischeren Umgebung in der MHK-Stufe voranschreiten, einige in einer Umgebung mit mehr Herausforderungen und Widrigkeiten und so weiter. Somit ist es eine grob vereinfachende – und politisch unangebrachte – Idee, auf Menschen mit höherer MHK-Stufe abzuzielen und diese mit Privilegen zu versehen.

Wenn wir irgendwann mehr wissen über das Lernen und das Gehirn – und vielleicht die Epigenetik (die sich damit befasst, wie sich Gene im Zusammenspiel mit der Umgebung verändern) –, dann kann es durchaus sein, dass wir in der Lage sein werden, MHK-Stufe und IQ zu beeinflussen, wahrscheinlich durch die Gestaltung der Lebensbedingungen in der Kindheit und den späteren Phasen. Schließlich wissen wir um den sogenannten Flynn-Effekt, heißt die Beobachtung, dass der IQ in modernen Gesellschaften mit jeder

Generation zuzunehmen scheint – das gilt sowohl für das, was man *kristalline* Intelligenz nennt (abhängig von vorherigem Wissen und Gewohnheiten) und *fluide* Intelligenz (Arbeitsgedächtnis, Geschwindigkeit etc.). Wäre es denkbar, bei den MHK-Stufen ein ähnliches Muster festzustellen?

Ein Aspekt, der suggeriert, dass MHK-Stufen unbeständiger sein könnten, als Commons behauptet, ist die Tatsache, dass dieselben MHK-Stufen in Gehirnen von sehr verschiedener Größe und Form auftauchen können: Das Papageiengehirn zeigt dieselbe Stufe wie das eines menschlichen dreijährigen Kindes. Vielleicht ist die »Stufe« dann eine Art Muster in der allgemeinen Kommunikation des Gehirns, ein Muster, das sich wandeln kann durch Reize der Umgebung? Die Antwort liegt in der Zukunft.

Was wir trotzdem unbestreitbar tun *können*, ist, die Entwicklung der anderen drei Dimensionen zu beeinflussen: Code, Zustand und Tiefe. Bei diesen wissen wir bereits, dass sie sich beeinflussen lassen und was sie verändert. Und das ist entscheidend, wenn es um die Politik und einen tiefgehenderen Sozialstaat geht. Bleiben Sie dran.[19]

Kapitel 9
Die wichtigsten Stufen

Menschen wie das Supergenie John von Neumann sind höchst selten. Die meisten von uns sind auf einer niedrigeren MHK-Stufe und haben einen normalen IQ. Es ist wahr, dass Individuen wie er oder Einstein oder sogar Marx eine große historische Bedeutung erlangen können, aber das hilft uns nicht wirklich dabei, wenn es darum geht, die breitere Demografie (und uns selbst) in der Begrifflichkeit kognitiver Entwicklung zu verstehen. Während die qualitativen Unterschiede zwischen uns und solchen intellektuellen Giganten vielleicht offensichtlich und unstrittig sind, beinhaltet die MHK-Theorie gleichzeitig, dass es große Unterschiede auch zwischen Menschen in der »normalen« Bevölkerung gibt – Unterschiede, die sich über mehrere MHK-Stufen erstrecken.

Wenn wir uns die vier Stufen 10-Abstrakt, 11-Formal, 12-Systematisch und 13-Metasystematisch ansehen, decken wir damit etwa 90 Prozent der normalen Erwachsenenbevölkerung ab. Ein kleiner Prozentsatz liegt unter diesem Niveau (Stufe 9-Konkret, was immer noch innerhalb des Normalbereichs liegt, oder darunter, was ungewöhnlicher ist) und nur eine vernachlässigbare Fraktion liegt darüber (auf den Stufen 14-Paradigmatisch und 15-Crossparadigmatisch). Wenn Sie lernen, diese vier Stufen zu identifizieren, werden Sie auch die Stufen erkennen können, auf denen fast alle Menschen in Ihrer Nähe operieren.

In jedem der folgenden Unterkapitel zoomen wir uns auf eine dieser Stufen ein: Was Menschen auf dieser Stufe tun können, was sie nicht tun können und wie man einen Menschen dieser Stufe erkennt.

Bevor wir hier weitermachen, denken Sie daran, dass dieser Kram dazu neigt, sich schmerzhaft in die Weichteile Ihres Egos zu bohren, weil wir natürlich alle denken, dass es schmeichelhafter ist, Einstein zu ähneln als einem Graupapagei. Also: Lassen Sie die Schutzschilde sinken. Entspannen Sie Ihre Schultern. Atmen Sie tief durch.

Stufe 10-Abstrakt

Wer? Tritt im Alter von 11 bis 14 auf. Nur bei Menschen beobachtet.
Wie viele? Etwa 30 Prozent der normalen Erwachsenenpopulation in modernen Gesellschaften erreichen und bleiben im Laufe ihrer Lebenszeit auf dieser Stufe.

Einführung in Stufe 10-Abstrakt

»Auf dieser Stufe zu sein« bedeutet, ausschließlich Verhaltensweisen und kognitive Operationen dieser Komplexitätsordnung oder niedriger an den Tag zu legen – das heißt, dass Sie *eigenständige* Gedanken, Argumentations- und Verhaltensweisen produzieren, die maximal so komplex sind, wie es der jeweiligen Stufe entspricht. Dennoch hört Ihre Entwicklung mit 14 natürlich nicht zusammen mit dem Erreichen Ihrer MHK-Stufe auf. Sie lernen, entwickeln und verändern sich im Laufe Ihrer Lebenszeit auf andere Weise weiter.

Anschauliches Beispiel aus der Wissenschaftsgeschichte

Zur Erinnerung: In Hinblick auf den Sprachgebrauch bedeutet Stufe 9-Konkret, dass Sie viele verschiedene Absätze zu einer umfassenden Erzählung zusammensetzen und ihr einen Namen geben können: beispielsweise »Die Ilias«. Aber während Homers *Ilias* eine Menge prägnanten und interessanten Menschenverständnisses enthält, entdeckt man hier keine abstrahierenden Variablen und Definitionen.

Die vorsokratischen Naturphilosophen taten dagegen genau das: Die Essenz der Welt ist Wasser, schlug Thales vor; Heraklit behauptete, dass nur der Wandel konstant sei, und so weiter. Die alten Griechen konnten natürlich zahlreiche Aktionen ausführen, die aus Stufe 10-Abstrakt oder höher stammten: Schiffsbau, Handels- und Kriegsplanung, Verwaltung, Nautik und so weiter. Aber eine Stufe-10-Philosophie gab es in der frühen Literatur und Dramatik noch nicht. Diese trat erst mit den Vorsokratikern auf (etwa im 6. Jahrhundert vor unserer Zeitrechnung).

Ich habe das Beispiel der griechischen Literatur und Dramatik sowie der Geburt der westlichen Philosophie einfach nur deswegen ausgewählt, weil Sie hier einen deutlichen Umbruch von explizit vorgebrachten Stufe-9-Gedanken hin zu den abstrakten Ideen und Variablen von Stufe 10 haben. Natürlich kann es diesen Umbruch auch auf andere nicht-explizite und nicht-linguistische Weisen geben.

Das geht

Auf Stufe 10-Abstrakt können wir unsere eigenen **Abstraktionen** erfinden: nicht nur Stühle und Tische, sondern Einrichtungsgegenstände; nicht nur Einrichtungsgegenstände und Haushaltsgeräte, sondern »alle beweglichen Sachen, die zum Haushalt gehören«; nicht nur Haushalt und Büro, sondern jegliche Innenräume und so weiter.

Dabei geht es nicht einfach nur um die Nachahmung von Worten wie »Einrichtungsgegenstände«, die andere verwendet haben, sondern um die eigenständige echte *Erschaffung* neuer abstrakter Konzepte oder **Variablen**.

Die Stufe-10-Abstrakt-Denkerin kann dann Quantifizierungen dieser Variablen verwenden: einige in Bezug auf die Einrichtungsgegenstände, andere in Bezug auf die Zeit. Das kann die Variablen verfeinern, neue Unterscheidungen ermöglichen und den neuen abstrakten Konzepten neue Bedeutungen verleihen.

Diese Abstraktionen sind den Geschichten von konkreten Dingen, Menschen und Ereignissen entnommen. Diese Abstraktionen – Einrichtungsgegenstände, Liebe, Gerechtigkeit, Feindschaft, Gewicht, Größe – nehmen Bedeutungen in sich auf, die über eine bestimmte Geschichte, der sie angehören, hinausgehen.

Erfundenes Beispiel

Lassen Sie uns eine Variable erfinden, um das auszuprobieren: die Rauheit von Felsen im Gebirge. Davon kann es mehr oder weniger geben, und sie kann in Beziehung zur Zeit gesetzt werden – sagen wir zum Beispiel, dass diese Variable bestimmt, wie schnell Berge erklettert werden können. Wir können dieser Variable einen neuen Namen geben: Blefusität (das ist ein ausgedachtes Wort).

Anders als das Wort »Rauheit« bezeichnet Blefusität nun lediglich Rauheit in Hinblick auf die Rauheit von *Felsen* – nicht die Art und Weise, in der eine Person ein raues Aussehen haben kann. »Starke Blefusität« bedeutet, dass die Felsen viele scharfe Kanten haben, und »geringe Blefusität«, dass sie weniger Kanten haben und glatter sind.

Jetzt entwickelt Blefusität ein Eigenleben, jenseits konkreter Einzelfälle. Im nächsten Fall, über den wir berichten (sagen wir, es ist eine Bergsteiger-Geschichte), stellen wir nun aber fest, dass die Felsen langsam zu erklettern sind und dennoch unleugbar eine »geringe Blefusität« haben. Der Bergabhang ist steil und glatt. Deswegen treffen wir eine Unterscheidung zwischen »Blefusität« und »Steilheit«. Damit haben wir die Bedeutung von »Blefusität« präzisiert, wobei sie immer noch weiter präzisiert oder infrage gestellt werden kann.

So wird die Welt, in der wir leben, bald zu einer Welt von Abstraktionen, eine Welt abstrakter Konzepte, die Definitionen und quantifizierbare Eigenschaften besitzen. Wenn wir die Wirklichkeit auf dieser Stufe konzeptualisieren, behalten Erzählungen ihre Bedeutung (dies oder das passierte, ich komme aus dieser Gegend etc.), aber sie sind mit Abstraktionen verkoppelt: »eine Geschichte über Liebe« und so weiter.

Wow. Das ist doch ziemlich gut. Und die einzige Kreatur, von der man weiß, dass sie dazu in der Lage ist, ist Homo sapiens (wobei wir vermutlich die Neandertaler und andere Hominiden dazuzählen können). Wir können eine Welt abstrakter Dinge benennen, uns zu ihnen verhalten und sie quantifizieren.

Shakespeare hätte gesagt: »O, Wunder! Wie viele herrliche Geschöpfe es hier gibt! Wie schön der Mensch ist! O schöne neue Welt, die solche Bürger trägt!« Miranda: »Wie erstaunlich!«

Das geht nicht

Was auf der Stufe 10-Abstrakt allerdings *nicht* geht, ist die Beschreibung regelhafter Beziehungen *zwischen* verschiedenen solcher abstrakten Vorstellungen.

Immerhin können wir aber mittels einer geteilten Sprache an den Vorstellungen teilhaben, die andere Menschen im Rahmen höherer Komplexitätsordnungen produzieren. (Zudem können wir, wenn wir durch eine Abfolge von Handlungen geleitet werden, Aufgaben erledigen, die bis zu zwei Stufen darüber liegen; wir werden darauf noch einmal zurückkommen).

Die Definition besagt, dass wir »auf« Stufe 10-Abstrakt sind, wenn wir selbst niemals eigene Verhaltensweisen an den Tag gelegt haben, die oberhalb dieser Stufe liegen.

Lassen Sie uns zu unserem Beispiel mit »Steilheit« und der erfundenen Variable »Blefusität« zurückkommen. Zum Beispiel sorgt ein sehr hoher Steigungswinkel in der Regel für ein sehr gleichmäßiges Gefälle, was niedrige Blefusität (wenig scharfe Kanten) bedeutet – was immer noch für einen sehr schwierigen Aufstieg sorgt (während uns Stufe-10-Abstrakt-Denken uns glauben machen würde, dass geringe Blefusität den Aufstieg einfach machen sollte).

Das bedeutet, dass wir leicht bei falschen Schlussfolgerungen landen, weil wir in unserem Denken zwischen Steilheit und Blefusität alternieren, aber daran scheitern, klar und deutlich die noch abstraktere *Regel* zu formulieren, die bestimmt, wie wir diese beiden Variablen anwenden sollten. Wir scheitern daran, die *formale* Beziehung zwischen den verschiedenen abstrakten Variablen zu erkennen.

Warum ist das ein Problem? Weil, wie sich herausstellt, die Welt um uns herum – und in uns – sich so verhält, dass sie mithilfe einer einzigen abstrakten Variable nicht ausreichend und nutzbringend beschrieben werden kann. Das bedeutet, dass wir als Stufe-10-Abstrakt-Denker auf die Welt um uns herum in vereinfachender Manier antworten: in Schwarz-und-Weiß- und Entweder-oder-Weisen. Im täglichen Leben mag das mehr als ausreichend sein. Aber leider müssen moderne Menschen, wenigstens als Kollektiv, mit sehr viel komplexeren Angelegenheiten umgehen als der Bildung, Auswahl und Quantifizierung einzelner Variablen.

Einige Stufe-10-Abstrakt-Aufgaben

Wie schon erwähnt, gründet sich die MHK-Forschung auf eine »Aufgabenanalyse«, das heißt auf die Vorstellung, dass jede Aufgabe eine »Komplexitätsordnung« besitzt, die analysiert werden kann: Durch ein Labyrinth zu gelangen ist komplexer, als eine Straße herunterzulaufen, und so weiter. Die Komplexitätsordnung ist nicht dasselbe wie »Schwierigkeit«, die stärker kontextgebunden ist. Lassen Sie uns nun einige Aufgaben im alltäglichen Leben betrachten, die Stufe-10-Abstrakt-Denken erfordern würden. Wir werden zu einer entsprechenden Aufgabenliste zurückkehren, wenn wir die höheren Stufen behandeln.

- Das Schlusskapitel zu einem Aufsatz schreiben, das alles miteinander verbindet.
- Den gemeinsamen Nenner einiger verschiedener Geschichten aufzeigen (Liebesgeschichte, Geschichte von Täuschung und Rache, dieselbe Moral der Geschichte).
- Neue Worte für Dinge erfinden, die nicht konkret vorhanden sind.
- Einen Bus fahren (sich an Verkehrsregeln halten, sich die Länge des Busses im Bewusstsein halten sowie andere Faktoren, die sich außerhalb des Blickfeldes befinden).
- Einfache Fürsorgetätigkeiten (Kategorisieren von Patientenverhalten und Berichterstattung gegenüber dem Arzt, Quantifizieren mehrerer medizinischer Variablen, sich auf diese eher abstrakten Variablen beziehen etc.).

- Nicht-investigativer Journalismus: über Ereignisse berichten und abstrahieren, was »die Story« ist.
- Zweidimensionale Gegenstände akkurat zeichnen (ohne neue Stile oder Kunstformen zu erschaffen).
- Handwerkliche oder bauliche Tätigkeiten, die einen Plan erfordern (aber keine technischen oder physikalischen Berechnungen).
- Eine Karte erstellen oder eine ebensolche ohne Hilfestellung lesen.
- Kindern Lesen und Schreiben beibringen.

Wie Menschen auf Stufe 10-Abstrakt über Politik denken

Unsere Stufe hierarchischer Komplexität beeinflusst auch, wie wir Politik und Gesellschaft betrachten. Unabhängig von der politischen Überzeugung können wir mehr oder weniger komplex über politische Angelegenheiten denken. Lassen Sie uns einige Stufe 10-Abstrakt-Argumente unterschiedlicher politischer Couleur betrachten.

- **Anti-rassistisches Argument:** Rassismus ist schlecht: Es handelt sich dabei um eine in sich geschlossene und selbsterklärende Wesenheit, die sich fortpflanzt, außer man hält sie auf. Sie verursacht Diskriminierung und möglicherweise Tyrannei und Krieg.
- **Konservatives Argument:** Das Arabern inhärente Arabischsein verleiht diesen Züge, die mit der westlichen Zivilisation unvereinbar sind.
- **Feministisches Argument:** Feminismus bedeutet, sich für Frauen einzusetzen und das Patriarchat zu zerstören.
- **Liberales Argument:** je weniger Kontrolle durch den Staat, desto besser.
- **Grünes Argument:** Menschliche Gier verursacht Krisen und zerstört die Umwelt.
- **Tagespolitik:** Mich frustrieren hohe Steuern und niedrige Ausgaben gleichermaßen; oder auch hohe Arbeitslosigkeit und niedrige Einstiegsgehälter.

Wie man einen Menschen auf Stufe 10 erkennt

Als Stufe-10-Abstrakt-Denkende können wir die allgemeinen Regeln nicht erkennen, die bestimmen, *wann* unsere Abstraktionen anwendbar sind, unter welchen Umständen sie bestimmte Eigenschaften erfüllen und so weiter. Das bedeutet, dass wir uns tendenziell auf eine einzige Variable ausrichten und deren quantitative Größe entweder steigern oder verringern wollen: weniger Immigration, niedrigere Steuern, mehr Liebe, mehr Dialog, weniger Gier und so weiter.

Konfrontiert man eine Stufe-10-Denkerin mit einem Gegenargument (zum Beispiel, dass mehr Dialog auch mehr zeitaufwendiges Geplänkel bedeutet, was dem Zweck unter Umständen zuwiderläuft), wird sie schlicht darauf bestehen, beides haben zu wollen: mehr Dialog *und* weniger zeitaufwendiges Geplänkel. Das ist die weniger komplexe Form des Sowohl-als-auch-Denkens: ohne die produktive Spannung zwischen beiden zu berücksichtigen, und unter Verleugnung der Tatsache, dass das eigene Argument unerwünschte Effekte oder eine Kehrseite besitzt.

Als Stufe-10-Abstrakt-Denkende kann es sein, dass wir manchmal auf der Ausführung von Dingen bestehen, die für andere offensichtlich kontraproduktiv sind. Zum Beispiel kann die Managementabteilung entscheiden, das Budget zu kürzen, und deshalb einen Beschluss fassen, viele der Drucker stillzulegen. Das kann tatsächlich dazu führen, dass die Pflegekräfte viel weitere Strecken zu den nun weiter entfernten Druckern zurücklegen müssen, was effektiv höhere Lohnkosten verursacht, wenn man das in Bezug zu Arbeitsstunden und reduzierter Leistung betrachtet – einzig, um etwas Tinte zu sparen. In diesem Fall (der dem echten Leben entstammt) verwendet das Management eine einzige Variable (»Kostenersparnis«), aber scheitert daran, sie mit anderen Variablen zu koordinieren (»Kosten pro effektiver Arbeitsstunde«) und nimmt tatsächlich Budgeteinsparungen vor, die unmittelbar verschwenderisch sind.

Sind Sie jemals in einen Streit geraten, in dem Sie geduldig und höflich die Unstimmigkeiten im Argument der Gegenseite angesprochen haben, aber diese denselben Satz oder dasselbe Konzept zu wiederholen scheint, als sei es die Antwort selbst? Das ist dann wahrscheinlich ein Stufe-10-Abstrakt-Denker. Auf dieser Stufe können wir offensichtliche faktische Unstimmigkeiten erkennen, aber nicht die Unstimmigkeiten in unserer Anwendung abstrakter Variablen: wie beispielsweise bei »Niedrigere Steuern und mehr Sozialleistungen, bitte!«. Und wenn Sie darauf hinweisen, dass etwas einen unerwünschten Nebeneffekt haben könnte, wird die Stufe-10-Abstrakt-Denkerin sagen, dass Sie vage formulieren und nur mit Worten spielen.

Denker aller Stufen haben diese Art von Komplexitätsbias. Komplexitätsbias bedeutet, dass wir intuitiv Argumentationsweisen vorziehen, die mit unserer eigenen Komplexitätsstufe übereinstimmen. Erklärungen niedrigerer

Komplexität scheinen uns roh und grob vereinfachend, während Erklärungen einer höheren Stufe vage oder unplausibel erscheinen.

Stufe 11-Formal

Wer? Adoleszente und erwachsene Menschen. Tritt, wenn überhaupt, im Alter von 14 Jahren und älter auf.
Wie viele? Etwa 40 Prozent der erwachsenen Menschen in einer modernen Durchschnittsbevölkerung.

Einführung in Stufe 11-Formal

Das ist die bei erwachsenen Menschen weitverbreitetste Stufe und der Punkt, an dem Inhelder und Piagets ursprüngliches Modell aufhörte (das ist in gewisser Hinsicht eine Vereinfachung, aber egal). Sich auf dieser Stufe zu befinden bedeutet, dass man Aufgaben dieser Komplexitätsordnung ausführen kann – *eigenständiges* Verhalten, das nicht von anderen angeleitet wird. Noch einmal: Wir wissen nicht, was das in Hinblick auf das Innere eines Organismus bedeutet, aber wir können selbstverständlich *Verhaltensweisen* auf dieser Stufe *beobachten.*

Auch wenn diese Stufe in der Adoleszenz auftritt und sich relativ wenig Menschen über sie hinausentwickeln, verändern sich Menschen im Laufe ihrer Lebenszeit natürlich und entwickeln sich auf andere Arten weiter.

Anschauliches Beispiel aus der Wissenschaftsgeschichte

Im Bereich der Wissenschaftsgeschichte wäre ein Beispiel für Stufe-11-Formal-Denken, Newtons drei Gesetze der Bewegung verstehen zu können. Um diese drei Gesetze erfolgreich aufeinander abzustimmen, bedarf es allerdings der nächsten Stufe (Stufe 12-Systematisch) – ganz zu schweigen davon, diese Gesetze in einer Zeit zu erfinden, in der die Naturwissenschaften noch nicht richtig institutionalisiert waren (was eine sehr viel höhere Stufe erfordert).

Damit will ich lediglich ein anschauliches Beispiel für Stufe 11-Formal geben, wenn man sie in einer wissenschaftlichen Theorie formalisiert. Auch jenseits der Wissenschaft vollbringen selbstverständlich viele Menschen Stufe-11-

Formal-Aufgaben: Preise auf die Nachfrage hin anpassen, Investments mit Risiken und Erfolgschancen tätigen, Regeln und ein Rechtssystem einsetzen, komplexe Strukturen errichten, Beziehungen zwischen Menschen mit verschiedenen Interessen mithilfe von fairen Vorschriften regeln, Verfahren entwickeln, um verschiedene Maßeinheiten und Währungen miteinander zu vergleichen und so weiter.

Das geht

Wir können nun unsere eigenen Regeln oder Prinzipien erfinden, die die Beziehung zwischen mehreren abstrakten Variablen beschreiben oder lenken. Die Beziehungen können linear sein oder auch nicht, aber sie lassen uns eine Art vorgegebenen Pfad erkennen.

Das bedeutet, dass unser Denken und Handeln von Regeln oder Prinzipien der folgenden Art gelenkt werden: *wenn* das unter diesen Umständen, *dann* das.

Es bedeutet ebenfalls, dass wir den Wert einer abstrakten Variable einfach durch die Werte anderer mit ihr verbundenen Variablen erraten können, weil wir eben die Regeln kennen, die die Beziehungen zwischen verschiedenen abstrakten Variablen lenken. Wir können »um die Ecke sehen« und auf eine Weise vorausdenken, wie Kinder das nicht können.

Erfundenes Beispiel

Lassen Sie uns zu den erfundenen Variablen Blefusität (der Rauheit von Felsen) und Steilheit zurückkehren. Wir folgerten, dass Blefusität und Steilheit in Kombination bestimmen, wie schwierig ein Aufstieg wird.

Lassen Sie uns nun annehmen, dass man einen sehr steilen Fels nur dann besteigen kann, wenn er auch eine hohe Blefusität hat: Sonst gibt es einfach nichts, woran man sich festhalten kann.

Wenn man nur Blefusität erforscht, bemerkt man das nicht: Alle steilen Felsen mit hoher Blefusität sind schwierig zu besteigen, so wie das auch für nicht so steile Felsen mit hoher Blefusität gilt. Nur wenn man verschiedene steile Felsen miteinander vergleicht, bemerkt man, dass hohe Blefusität einen leichteren Aufstieg ermöglicht.

Was wir zunächst für eine Eigenschaft – eine Wesenheit, die der Variable inhärent ist – gehalten haben, war in Wirklichkeit nur wahr unter bestimmten

Umständen. Wir sind von einem Denken mit »Blefusität *und* Steilheit« zu einem fortgeschritten, in dem wir uns auf »Blefusität *und/oder/im-Falle-von* Steilheit« beziehen. Das verändert unsere Einschätzung der Lage vollständig.

Wir haben eine Regel erfunden, die die Beziehung zwischen drei Variablen beschreibt: Blefusität verursacht größere Schwierigkeiten bei niedriger Steilheit und weniger Schwierigkeiten bei höherer. Wir nennen das »die allgemeine Regel der Blefusität«. Eine elegante Regel des Universums. Es funkeln die Sterne.

Das geht nicht

Wozu wir als Stufe-11-Formal-Denker *nicht* in der Lage sind, und was die meisten Erwachsenen im Laufe ihrer Lebenszeit sogar niemals tun, ist, mehrere solcher formalisierten Regeln aufeinander zu beziehen und daraus ein kohärentes Gedankensystem zu bilden.

Hier wird die MHK-Theorie teilweise so schwer eingängig, dass sie viele Anhänger verliert: Das erscheint einfach unplausibel. Zu den einfachsten Systemen gehören Dinge wie ein Catch-22 (eine Zwickmühle), eine Rückkopplungsschleife oder ein Gleichgewicht zweier simultaner Prozesse. Kann es wirklich sein, dass fast 80 Prozent aller erwachsenen Menschen niemals solche Gedanken denken oder entsprechende Handlungen ausführen? Ich werde dies in einem eigenen Abschnitt ausführen, nachdem die vier Hauptstufen vorgestellt sind. Es genügt hier die Feststellung, dass wir von der Fähigkeit sprechen, *eigenständige* Gedanken und Verhaltensweisen auf dieser Stufe zu erschaffen. Das bedeutet, dass man in einer Zivilisation, die global ist und in der viele Millionen Menschen Verhaltensweisen und Konzepte oberhalb von Stufe 11-Formal erfinden, einfach von so vielen höherstufigen Aktionen und Konzepten umgeben ist, die gelehrt, mit Hilfestellung ausgeführt oder einfach missverstanden werden können. Deswegen übersehen wir tendenziell, dass es eigentlich eine Minderheit von Menschen ist, die den größten Teil der komplexeren Erfindungen verantwortet.

Wenn es so leicht ist, einen Catch-22 als Konzept zu erkennen, wie kann es dann sein, dass es vor John Hellers gleichnamigem Roman aus dem Jahr 1953 nicht einmal ein Wort dafür gab? Vielleicht haben Sie von Malcom Gladwells Buch *Überflieger* (im Original: *Outlier* aus dem Jahr 2008) gehört oder es gelesen. Es hebt die große Bedeutung hervor, die ungewöhnlichen, ganz besonders begabten, »Überflieger« genannten Menschen für die gesellschaftliche Entwicklung zukommt – obwohl er bekanntermaßen schnell hervorgehoben hat, dass solche Menschen immer gute Voraussetzungen haben, dass sie 10 000 Stunden in Training investieren und sich immer auch auf die Hilfe ihrer Freunde verlassen.

Oder vielleicht kennen Sie Clay Shirkys Buch *Here Comes Everybody* aus dem Jahr 2008 über das partizipatorische Potenzial des Internets, in dem er hervorhebt, dass schlussendlich nur eine kleine Minderheit der Nutzer von beispielsweise Wikipedia den Content kreiert. Das mag auch daran liegen, dass vergleichsweise wenige Menschen ein ausreichend komplexes Verständnis vieler dieser Themen besitzen.

Ich stimme hier mit Michael Commons überein: Es scheint, als würden die meisten Menschen niemals komplexe Denk- oder Verhaltenssysteme konstruieren. Andererseits können die meisten Aufgaben im täglichen Leben mit Stufe-11-Formal- und Stufe-10-Abstrakt-Verhaltensweisen oder auch darunter erfolgreich bewältigt werden.

Die Herausforderung von Stufe-11-Formal-Denken entsteht vorrangig dann, wenn wir es mit systematischen gesellschaftlichen Problemen zu tun haben, Ökologie, Ökonomie, Organisationen, Sozialpsychologie und Ähnlichem. Beispielsweise können wir ein Problem damit haben, zu erkennen, inwiefern die Unordnung einer studentischen Wohnheimküche eher ein Resultat systemischer Eigenschaften ist, die im Teilen einer Küche liegen und nicht das Ergebnis von irgendjemandes Regelbruch sind. Wir neigen zum Glauben, dass eine einzige Regel, oder deren Bruch, Angelegenheiten erklärt, die tatsächlich erfordern, dass wir das System als Ganzes betrachten.

Paul Haggis' Film *Crash* aus dem Jahr 2004 konzentriert sich auf Angelegenheiten von *race* und Klasse in Los Angeles. Er ist ein Lieblingsfilm von Soziologen und arbeitet sogar mit direkten Verweisen auf soziologische Forschungsarbeiten (die Zeilen der Eingangsszene sind direkt einer Ethnografie über Wut im Straßenverkehr des amerikanischen Sozialwissenschaftlers Jack Katz entnommen).[1] Der Film zeigt, wie die vielen Figuren an sich betrachtet alle ziemlich unschuldig sind. Sie alle sind Opfer ihrer eigenen Umstände – aber das gemeinsame Ergebnis der Wahrnehmungen und Handlungen aller Figuren erschafft eine angespannte, rassistische und gewalttätige Gesellschaft.

Sagen wir so: Der Film hätte vollkommen anders ausgesehen, wenn die Personen, die das Drehbuch verfasst haben, auf Stufe 11-Formal gewesen wären. Es hätte dann einen wesentlich lineareren Handlungsstrang und eine monokausale Erklärung von Rassismus gegeben.

Einige Stufe-11-Formal-Aufgaben

- Das Schlusskapitel zu einem Essay schreiben, das alles miteinander verbindet und fruchtbar mit anderen Texten vergleicht.
- Herausarbeiten der Muster, wie Handlungsstränge in Geschichten verschiedener Genres sich entwickeln, und die Logik erklären, warum das so ist.
- Neue Worte oder Ausdrücke für Prozesse, Regeln oder allgemeine Prinzipien erfinden.
- Einen großen Lkw mit mehreren Anhängern fahren (was bedeutet, dass Sie berücksichtigen müssen, wie die Anhänger sich gegenseitig beeinflussen, wenn Sie rückwärts aus der Garage fahren etc.).
- Medizinische Tätigkeit mit unabhängigen Entscheidungen (Stellen einer Diagnose, Abwägen, Auswählen und Anwenden von einer oder mehreren Behandlungsmethoden etc.).
- Wirtschaftsjournalismus: wie Unternehmen von Veränderungen in der Wirtschaft beeinflusst werden etc.
- Dreidimensionale Gegenstände akkurat zeichnen (ohne neue Stile oder Kunstformen zu erschaffen).
- Handwerkliche oder bauliche Maßnahmen, die einen Plan sowie technische oder physikalische Berechnungen erfordern.
- Erstellen einer Karte sowie einer Anleitung, wie diese gelesen werden kann.
- Kinder im Lesen und Schreiben unterrichten unter Rückgriff auf verschiedene Methoden, die von den Eigenschaften der jeweiligen Kinder abhängen.

Wie Menschen auf Stufe 11-Formal über Politik denken

- **Antirassistisches Argument:** Rassismus resultiert aus wirtschaftlichen und sozialen Ungleichheiten in der Gesellschaft und verursacht mehr Ungleichheit und Diskriminierung.
- **Konservatives Argument:** Einige kulturelle Normen, denen die arabische Bevölkerung folgt, könnten unvereinbar mit der westlichen Zivilisation sein.
- **Feministisches Argument:** Feminismus heißt, die Prinzipien der Geschlechtergerechtigkeit anzuwenden und diese Prinzipien in sämtlichen Bereichen der Gesellschaft durchzusetzen.
- **Liberales Argument:** Je weniger Kontrolle durch den Staat, desto besser – außer die Aufrechterhaltung von Recht und Gesetz ist notwendig.

Um Gesetz und Ordnung wiederherzustellen, kann zeitweise mehr staatliche Kontrolle in Bereichen notwendig sein, die in der Verantwortung des Staates liegen und in denen die bisherige staatliche Verwaltung versagt hat.

- **Grünes Argument:** Es ist die mangelnde Verhältnismäßigkeit zwischen unserer Betonung von menschlichen Interessen, vor allem derjenigen von reichen Menschen, und den Interessen von Tieren und Ökosystemen, die Krisen verursacht und die Umwelt zerstört.
- **Tagespolitik:** Ich sehe einen Zielkonflikt zwischen hohen Steuern und hohen Ausgaben, zwischen niedriger Arbeitslosigkeit und hohen Einstiegsgehältern.

Wie man einen Menschen auf Stufe 11 erkennt

Aufgrund ihres kognitiven Bias tendieren Stufe-11-Formal-Denkende dazu, gerne bestimmten Prinzipien anzuhängen. Natürlich kann die Entdeckung eines einfachen Prinzips oder einer einfachen Regel, die das offenkundige Durcheinander der Realität organisiert, Zeichen einer viel höheren kognitiven Stufe sein (siehe Newton). Wenn Menschen gerne Regeln und Prinzipien anhängen, die sie selbst nicht erfunden haben, und wenn sie dazu neigen, lineare Zukunftspläne zu machen und sich auf einzelne Wenn-das-dann-das-Prinzipien konzentrieren, haben Sie es vermutlich mit einem Stufe-11-Formal-Denken zu tun.

In der Politik haben Stufe-11-Formal-Denker im Allgemeinen einen Hang zu klaren Ideologien oder Doktrinen: Sozialismus, Libertarismus und Ähnliches. Sehr wahrscheinlich wiederholen sie Binsenweisheiten, beispielsweise die konservative Vorstellung, dass Dinge oftmals schiefgehen, wenn man sich an Utopien versucht, oder die radikale Idee, dass die meisten gesellschaftlichen Veränderungen durch Kampf zustande kamen.

Merken Sie sich: Das ist die weitverbreitetste Stufe. Erwachsene Mittelklasse-Menschen in einer modernen Gesellschaft werden sich sehr oft auf dieser Stufe kognitiver Komplexität befinden Auf dieser Stufe stellen wir nicht wirklich unsere eigenen Theorien oder Lösungen her, folgen einfach nur den Regeln und Gewohnheiten, die von anderen entworfen wurden. Natürlich können wir trotzdem immer noch intelligent (hoher IQ), künstlerisch, mit großer Vorstellungskraft begabt oder geschickt sein und so weiter.

Stufe 12-Systematisch

Wer? Erwachsene Menschen oder ältere Adoleszente.
Wie viele? Etwa 20 Prozent der normalen Erwachsenenbevölkerung in modernen Gesellschaften.
Intuitives Beispiel aus der Wissenschaft? Darwins Evolutionstheorie (Darwin selbst war natürlich auf einer höheren Stufe).[2]

Das geht

Als Stufe-12-Systematisch-Denkende können wir mehrere formale Regeln oder auch einfache Gleichungen aufeinander abstimmen (natürlich nicht notwendigerweise in einer formalisierten, mathematischen Sprache), um zu erkennen, auf welche Weise sie ein größeres System bilden.

Folglich können wir Gleichungen mit mehreren Unbekannten lösen. Sie erinnern sich vermutlich an Gleichungssysteme aus der Oberstufenmathematik. Das ist eine einfache Form von System, in dem wir zwei lineare Gleichungen zueinander in Bezug setzen und dadurch lösen (oder bestimmen, dass sie unlösbar sind oder verschiedene denkbare Lösungen haben).

Können denn die meisten Menschen diese Tests bestehen? Ja, sicher: unter der Bedingung, dass jemand uns durch die Lösungsschritte hindurchführt. Aber entwickelt unser Gehirn spontan und wiederholt Gedanken, die sich auf solche Systeme beziehen? Bei etwa 20 Prozent von uns ist das so. Bei den meisten von uns nicht.

Wenn Sie sich ansehen, wie unsere Politiker und die Wahlberechtigten in Bezug auf verschiedene Themen argumentieren oder wie ein großer Teil, wenn nicht die Mehrheit unserer akademischen Forschung betrieben wird, stellen Sie fest, dass dort die Argumentation sich nicht wirklich jenseits von Stufe-11-Formal-Modellen abspielt.

Erfundenes Beispiel

Wir hatten ja dieses Ding mit der Blefusität (Rauheit von Felsen), Steilheit und der Schwierigkeit des Aufstiegs: »die allgemeine Regel der Blefusität«. Lassen Sie uns nun noch eine weitere Regel hinzufügen: die Charakteristik der Bergsteigerin. Die Bergsteigerin kann groß oder klein sein (mit korrespondierenden Armlängen) und sie kann eine gute oder schlechte Bergsteigerin sein.

Fügen wir unserer Gleichung einfach nur mehr Faktoren hinzu? Ist das nicht einfach mehr vom selben? Nein. Wir blicken nun auf etwas vollkommen anderes: wie die Gesamtheit des Systems (das Besteigen der Berge) von der Wechselwirkung zweier sehr verschiedener Variablengruppen beeinflusst wird.

Sagen wir, dass die Bergsteigerin im Allgemeinen besser im Bergsteigen ist, wenn sie größer ist. Aber dann stellt man fest, dass *das* nur unter bestimmten Bedingungen gilt: Manchmal sind kürzere Arme und Beine besser. Kürzere Beine sind besser, wenn es im Felsen sehr geringe Abstände zwischen allen Spalten und Vorsprüngen gibt. Nun müssen wir also die Variable »Blefusität« in drei einzelne Bestandteile aufteilen: die Häufigkeit, Schärfe und Größe der Spalten/Vorsprünge des Felsen. Bei sehr hoher Frequenz (geringer Abstand zwischen den Spalten) sorgen kürzere Arme für eine bessere Bergsteigerin, und bei mittlerer oder niedriger Frequenz (größerer Abstand zwischen allen Spalten) sind längere Arme vorteilhaft.

Je besser die Bergsteigerin ist, desto mehr kann sie außerdem die Blefusität zu ihrem Vorteil nutzen. Tatsächlich sind lange, einfache Aufstiege für die besten Bergsteigerinnen eher demotivierend, weswegen die schwierigeren Berge in der Praxis mit größerem Elan und größerer Fertigkeit bestiegen werden.

Das führt uns dahin, die »allgemeine Regel der Blefusität« neu zu überdenken, die unser Freund auf Stufe 11-Formal formulierte (dass Blefusität für einen schwierigeren Aufstieg sorgt, *außer* es handelt sich um einen sehr steilen Felsen, bei dem das Gegenteil zutrifft). Sie erweist sich letztlich als doch-nicht-ganz-so-allgemein: Sogar Steilheit kann für einen einfacheren Aufstieg sorgen, weil sie, zusammen mit der *richtigen Art* von Blefusität, die Bergsteigerin motiviert und den Aufstieg in machbare und interessante Abschnitte aufteilt.

Aus Sicht von Stufe 12-Systematisch sehen wir also, dass weder Blefusität und Steilheit noch »Schwierigkeit« das ist, was es zu sein scheint. Sie alle sind sehr viel kontextabhängiger, als wir gedacht hätten.

In einer Diskussion können Stufe-10-Abstrakt-Denkende natürlich sicherer und vernünftiger erscheinen: Blefusität sorgt für einen schwierigen Aufstieg! Die systematische Stufe-12-Denkerin mag ihrer Sache weniger sicher erscheinen, da sie länger nachdenken muss, um sich auf technischere und wortreichere Weise verständlich zu machen, aber sie besitzt dennoch ein viel tieferes Verständnis. Und sie kann für das beste Bergsteigen sorgen. Und nur sie kann »die Theorie des Bergsteigens« formulieren. Glorreiche Tage.

Das geht nicht

Selbst als Stufe-12-Denker sind wir dergestalt begrenzt, dass wir immer nur an ein System nach dem anderen denken können. Wir erkennen nicht, dass Systeme grundsätzlich verschiedenen Logiken folgen.

Deswegen wollen wir auf Stufe 12-Systematisch tendenziell alles in ein und dasselbe System pressen und sind nicht in der Lage, verschiedene Systeme mit verschiedenen Eigenschaften zu vergleichen. Wenn wir Ingenieure sind, neigen wir zum Glauben, dass die Welt aus Systemen besteht, die dem Maschinenbau ähneln, wenn wir Soziologinnen sind, glauben wir, dass sie aus sozialen Konstruktionen gemacht ist, und neigen dazu, beispielsweise Biologie und Psychiatrie falsch zu verstehen und zu unterschätzen – und so weiter.

Das Hauptproblem vieler Erwachsenenentwicklungstheorien von Jane Loevinger und Susanne Cook-Greuter bis Robert Kegan wurzelt in der Tatsache, dass sich ihre Autoren auf dieser kognitiven Stufe befinden. Das ist der Grund, warum ihr Verstand Entwicklung in ein einheitliches Modell einer eindimensionalen Entwicklung zwingt. Sie scheitern an der Erkenntnis, dass es verschiedene Formen von Entwicklungssystemen gibt und dass die Logik einer solchen Dimension nicht problemlos auf die jeweils anderen angewandt werden kann. Diese Denker neigen zu großer existenzieller Tiefe (wie besprochen in den folgenden Kapiteln), aber das gleicht ihre kognitiven Mängel *nicht* aus.

Deshalb kann Stufe 12-Systematisch keine tiefen, verzwickten Probleme lösen, die gesellschaftliche und wissenschaftliche Bereiche überspannen. Die hohe Wertschätzung, die man heutzutage in der Wissenschaft »Interdisziplinarität« zuspricht, ist in Wirklichkeit ein vage formulierter Griff nach Stufe-13-Metasystematisch-Lösungen. Einfach nur gemischte Podien mit Wissenschaftlerinnen und Wissenschaftlern verschiedener Disziplinen zu haben, stellt in Anbetracht der Komplexität unserer Zeit ein reines Lippenbekenntnis dar.

Einige Stufe-12-Systematisch-Aufgaben

- Ein Schlusskapitel für einen Aufsatz verfassen, der die Denkweisen anderer, vergleichbarer Essays kritisiert und über sie hinausgeht (Lehre auf Hochschulniveau, ich muss sagen, dass nur wenige Studierende dies erfolgreich bewältigen, sogar unter denjenigen, die sehr fleißig studieren).
- Eine neue Art von Handlungsstrang/Genre innerhalb der Literatur erfinden.
- Neue Worte für Theorien, Systeme oder »Prinzipien über Prinzipien« erfinden.

- Das Verkehrssystem einer Stadt überblicken, Gefahren, Engpässe und Umweltverschmutzung reduzieren.
- Medizinische Tätigkeit mit angewandtem kritischem Denken im wissenschaftlichen Rahmen, verschiedene Forschungsergebnisse vergleichen und vielleicht neue Theorien und Methoden vorschlagen.
- Kritischer investigativer Journalismus: in der Lage sein, Brüche und Lücken im System zu entdecken und die Aufmerksamkeit darauf zu lenken.
- Multidimensionale Gegenstände akkurat zeichnen oder auf andere Weise darstellen (einschließlich der erfolgreichen Verwendung der Multiperspektivität der (post-)modernen Kunst).
- Handwerkliche oder bauliche Tätigkeiten, welche die Erfindung neuer Methoden oder die Anwendung der Physik beziehungsweise des Maschinenbaus auf unkonventionelle Weise erfordern.
- Anleitungen für die Erstellung guter Karten anfertigen sowie dafür, wie man Legenden für sie zur Verfügung stellt.
- Vergleichen und Erfinden verschiedener Methoden, um Kindern das Lesen und Schreiben beizubringen.

Wie Menschen auf Stufe 12-Systematisch über Politik denken

- **Antirassistisches Argument:** Rassismus ist eine emergente Eigenschaft aller Gesellschaften und interagiert mit Phänomenen wie z. B. Ungleichheit. Vorwürfe und Schuldzuweisungen sind in der Regel kontraproduktiv und man sollte stattdessen versuchen, die langfristigen Probleme zu adressieren, die unter diesen speziellen Umständen mutmaßlich für ethnische Spannungen sorgen.
- **Konservatives Argument:** Es liegen Herausforderungen in der Vereinbarung westlicher und islamischer Kultur, die eher davon abhängen, wie die Interaktion zwischen diesen beiden Kategorien aussieht, als davon, dass diesen Kategorien irgendwelche Fehler inhärent wären.
- **Feministisches Argument:** Feminismus bedeutet, auf ein langfristiges Gleichgewicht hinzuarbeiten, in dem sich selbst reproduzierende Ungleichheiten allmählich versanden und Menschen jeglichen Geschlechts und Genders weniger Grund haben, sich unsicher und frustriert zu fühlen.
- **Liberales Argument:** Staatliche Kontrolle und die Implementierung neuer Maßnahmen können unerwartete und unerwünschte Folgen haben, da

die Gesellschaft immer komplexer ist, als wir sie wahrnehmen. Deswegen ist es gut, mit Vorschriften und Regelungen zurückhaltend umzugehen.

- **Grünes Argument:** Es gibt ernsthafte systemische Fehler in unserem Wirtschaftssystem, die Krisen verursachen und zum ökologischen Zusammenbruch führen können.
- **Tagespolitik:** Staatsausgaben sollten internationalen Trends vorsichtig folgen und diese abfedern – das optimiert den Arbeitsmarkt. Dennoch kann man vom Arbeitsmarkt nicht erwarten, dass er perfekt funktioniert; er lässt immer einige Leute im Stich.

Wie man einen Menschen auf Stufe 12 erkennt

Stufe-12-Systematisch-Denkende haben tendenziell weniger starre Überzeugungen, aber rigidere Argumentationsweisen. Deswegen ist ein einfacher Weg, sie zu erkennen, ihnen Fragen zu ihren Überzeugungen zu stellen: Wenn es wenige Faustregeln und klare Schlussfolgerungen gibt, aber ein umfangreiches Abwägen zwischen verschiedenen Faktoren, könnte es sich um jemanden auf Stufe 12-Systematisch handeln.

Stufe-12-Denkende sind oftmals erfindungsreicher als andere – ist ein Mensch für unkonventionellere Innovationen verantwortlich, könnte das diese Stufe anzeigen.

Der leichteste Weg könnte allerdings der über ihre kognitiven Voreingenommenheiten sein: Stufe-12-Systematisch-Denkende neigen zum Glauben, das die Welt aus Systemen und deren Eigenschaften besteht. Deswegen findet sich ein starker Bias für Erklärungen dieser Sorte: Strukturen, Muster, Regelmäßigkeiten, die Wirtschaft, der biologische Körper, Darwins Evolution, Gendernormen und so weiter.

Stufe 13-Metasystematisch

Wer? Erwachsene Menschen ab den frühen Zwanzigern und älter.
Wie viele? Nur etwa 1,5–2 Prozent der normalen Erwachsenenbevölkerung.

Es kann sein, dass Sie in der Wissenschaftsgeschichte und Philosophie Ideen vorfinden, die diese Komplexitätsstufe verkörpern, und zwar in Form von relativ neuen Zweigen wie der Informatik, Kybernetik, Komplexitätswissenschaft, Chaostheorie, Systemwissenschaften, Metatheorie (Theorie über Theorien), Wilbers Integraler Theorie und vielleicht der Epigenetik. Natürlich bedeutet das reine Studieren eines solchen Faches nicht, dass eine Person automatisch eine Stufe-13-Metasystematisch-Denkerin wäre. Und die meisten der Innovatoren innerhalb dieses Feldes sind auf noch höheren kognitiven Stufen (14-Paradigmatisch oder 15-Crossparadigmatisch).

Ich werde diese Stufe etwas kürzer vorstellen. Der Punkt ist, dass Stufe-13-Metasystematisch-Denkende fähig sind, die allgemeinen Eigenschaften von Systemen miteinander zu vergleichen, ihre Eigenschaften zu benennen und darüber zu urteilen, wann diese generalisierbar sind und wann nicht. Lassen Sie uns direkt zum erfundenen Beispiel kommen.

Erfundenes Beispiel

Wir können also beobachten, dass es nicht Blefusität oder ihre Unterkategorien sind, auch nicht in Kombination mit Steilheit, die bestimmen, wie gut der Bergaufstieg gelingt (wieviel *Wert* er uns in Hinblick auf Erholung oder in der Praxis bietet). Es ist auch nicht die Charakteristik der Bergsteigerin, die den Aufstieg bestimmt. Seine Eigenschaft resultiert aus dem System als Ganzem. Deswegen bestimmt die *Gesamtausrichtung* des Systems den Aufstieg und nicht eine einzige Variable wie Blefusität. Unsere früheren Vorstellungen von Blefusität stellen sich als »wahr, aber unvollständig« heraus.

Mit dieser Beschreibung haben wir einen Begriff eingeführt, und zwar den der Ausrichtung (*alignment*), um das System als Ganzes zu beschreiben. Lassen Sie uns diesen Begriff erweitern: Wie sehr kann man die verschiedenen Variablen anpassen, um eine bessere Ausrichtung zu erhalten? Wir führen nun einen erfundenen metasystematischen Begriff ein: *Ausrichtungsfähigkeit (alignability)*.

Das Fels-Bergsteiger-System hat eine niedrige Ausrichtungsfähigkeit (eine Eigenschaft des Systems): Es ist schwierig – oder verursacht hohe Kosten –, irgendeine der Variablen zu verändern (beispielsweise indem man den Felsen weniger rau macht), und die verschiedenen Variablen beeinflussen sich gegenseitig so gut wie gar nicht. Aufgrund seiner geringen Ausrichtungsfähigkeit besitzt das Fels-Bergsteiger-System nur in wenigen Fällen einen echten Mehrwert.

Vergleichen Sie dies mit einem anderen System: der Marktwirtschaft. Jedes ihrer Teile ist viel abhängiger von den übrigen Teilen, weswegen sich

Dinge wie Angebot, Nachfrage, Distributionssysteme und rechtliche Rahmenbedingungen ständig verändern. Weil die Marktwirtschaft eine hohe Ausrichtungsfähigkeit besitzt, richtet sie sich andauernd auf wertschöpfende (und dadurch verhaltensbedingt selbsterhaltende) Gleichgewichte aus. Es ist nicht zwingend notwendig, einen Markt zu haben, um Lebensmittel herzustellen oder andere Werte zu schaffen – dementsprechend gibt es auch keine *zwingende Notwendigkeit*, warum das System des »Marktes« für die meisten Menschen so viel bedeutsamer sein sollte als das »Fels-Bergsteiger-System«. Der Grund, warum Märkte so weitverbreitet und wichtig sind, liegt an einer bestimmten Eigenschaft, an der es dem Fels-Bergsteiger-System mangelt: hoher »Ausrichtungsfähigkeit«. Besäße das System des Bergsteigens eine vergleichbar hohe Ausrichtungsfähigkeit, hätte es viel größere Bedeutung: Wir könnten einfach seine verschiedenen Teile auf Arten und Weisen ausrichten, die einen größeren Nutzen hervorbrächten, wie das im Falle eines Marktes möglich ist. Der Markt kann die richtigen Leute zu den richtigen Bergen lenken, inklusive der richtigen Ausrüstung – und die meisten anderen Menschen zu anderen Aktivitäten – wie zum Beispiel Skifahren.

Es besteht ein großer Abstand zwischen dem Stufe-10-Abstrakt-Konzept der »Blefusität« und dem Stufe-13-Metasystematisch-Konzept der »Ausrichtungsfähigkeit«. Wir haben hier einen enormen Aufstieg in abstraktere Höhen vollbracht und können die Welt nun von einem erhabeneren konzeptionellen Blickwinkel aus betrachten. Wir haben uns fortbewegt von der konkreten Realität: Auch wenn »Blefusität« ein abstraktes Konzept darstellt, können Sie diese immer noch mit ihren eigenen Augen *sehen* und mit ihren Händen *erfühlen*. Nun aber sind wir in einer viel weniger greifbaren Welt angekommen: in der Welt der »Ausrichtungsfähigkeit« von Systemen und deren Wertschöpfung/Nutzen.

Zudem haben wir konzeptionelle Sprünge vollbracht: von der Diskussion relativ konkreter und kleiner Dinge hin zum Erfassen einer größeren Welt.

Und wir haben das ursprüngliche Thema aufgegeben (Bergsteigen). So sieht ein kognitiver Fortschritt oftmals aus: Das, was auf einer früheren Stufe so wichtig schien, verliert diesen Anschein großenteils – und erscheint kontingenter –, wenn man es aus einem höheren kognitiven Blickwinkel betrachtet.

Lassen Sie uns von hier direkt zu den Beispielen politischer Denkweisen kommen.

Wie Menschen auf Stufe 13-Metasystematisch über Politik denken

- **Anti-rassistisches Argument:** Rassismus taucht auf als Wechselwirkung zwischen verschiedenen Kulturen und Statushierarchien, in denen ethnische Marker verwendet werden, um die eigene Position in der Statushierarchie zu erhöhen. Er sollte verhindert werden durch die Schaffung sowohl eines größeren psychologischen Sicherheitsgefühls als auch durch die Ermöglichung eines produktiven Dialogs über kulturelle Unterschiede.
- **Konservatives Argument:** In westlichen Ländern vorherrschende liberale Werte sind mutmaßlich funktionaler in spätmodernen Gesellschaften als die eher traditionalistischen Werte mancher arabischer Muslime. Um eine erfolgreiche Integration dieser verschiedenen Kulturen zu erreichen, muss man allerdings die Perspektiven aller Parteien ernst nehmen.
- **Feministisches Argument:** Feminismus ist die Bewegung einer Interessensgruppe ebenso wie eine Bewegung für soziale Gerechtigkeit. Als die Bewegung einer Interessensgruppe muss sie mit anderen Anliegen sozialer Gerechtigkeit wie Klasse, Ethnizität, globaler Ungleichheit, anderen Genderanliegen (speziell den Anliegen von Männern) und der Ausbeutung von Tieren und Natur abgestimmt werden.
- **Liberales Argument:** Staatliche Kontrolle und die Umsetzung von politischen Maßnahmen interagieren stets mit weiteren gesellschaftlichen Systemen und brauchen diese für ihr erfolgreiches Funktionieren. Deshalb ist es wichtig, staatliche Regelungen und Maßnahmen vorsichtig gegen andere Möglichkeiten abzuwägen: Märkte, Kultur und Zivilgesellschaft. Staatliche Regulierung ist oft nicht der beste denkbare Weg.
- **Grünes Argument:** Der dem Wirtschaftssystem inhärenten Logik ist die Logik von Ökosystemen vieler verschiedener Biotope vollkommen fremd. Das bedeutet, dass es zwischen unserer ökonomischen und technischen Ausdehnung und den Ökosystemen, von denen wir abhängen, keine selbstregulierende Rückkopplungsschleife gibt. Dieser Mangel an Rückkopplung bedeutet, dass wir das Ökosystem erst in den Zusammenbruch treiben müssen, bevor der Markt sich selbst anpasst. Deswegen müssen wir eine andere Art der Rückkopplung schaffen, zum Beispiel durch staatliche Regelungen, öffentliches Bewusstsein oder kulturelle Entwicklung.

- **Tagespolitik:** Staatsausgaben können höher oder niedriger sein, wobei höhere Ausgaben im Allgemeinen durch stärkere Institutionen ermöglicht werden, so beispielsweise Rechtsstaatlichkeit, Regulierung, Demokratie und eine freie Presse. Das hält Korruption auf einem niedrigen Niveau, mobilisiert öffentliche Unterstützung für Investitionen und macht diese weniger verschwenderisch. Es gibt nicht »die eine« Antwort auf die Frage hoher oder niedriger Steuern; man muss diese mit anderen gesellschaftlichen Systemen abstimmen.

Beachten Sie, dass die verschiedenen politischen Haltungen auf Stufe 13-Metasystematisch im Allgemeinen mehr miteinander vereint als mit den korrespondierenden ideologischen Positionen auf niedrigeren Stufen. Das hat wichtige Implikationen für die metamoderne Politik.[3]

Das beschließt hier unsere kurze Einführung in die vier wichtigsten Stufen der kognitiven Entwicklungen bei Erwachsenen. Auch wenn das noch nicht alles ist, ist es erst einmal alles, was Sie für den Zweck dieses Buches wissen müssen.[4]

Nein, ich kann es immer noch nicht glauben. Niemals!

Zweifellos müssen Sie einigen Widerstand gegen das MHK-Modell empfinden. Als ich das erste Mal von dem MHK erfuhr, erschien es mir ziemlich unplausibel. Die meisten Erwachsenen können keine Denksysteme konstruieren, die mehrere lineare Gleichungen enthalten? Sie können kein einfaches System mit Feedbackschleife oder einen »Catch-22« erkennen (die einfachste Form der Stufe-12-Systematisch-Denkweise)? Das schien mir nicht nur herablassend und respektlos, sondern einfach falsch. Ich dachte mir: »Nein, das ergibt keinen Sinn. In der Realität kann dieselbe Person manchmal klug und manchmal dumm sein, abhängig davon, ob sie etwas tut, was sie gut kann oder nicht, und abhängig vom Kontext, in dem sie sich befindet und so weiter. Niemand befindet sich auf einer festen Stufe!«

Aber dann geschahen zwei Dinge. Zum einen, dass ich mich irgendwann mit den Stufen vertraut gemacht hatte und anfangen konnte, die Menschen um mich herum (und mich selbst) mit ihrer Hilfe besser kennenzulernen. Ein fast schon furchteinflößendes Muster zeigte sich: Menschen, einschließlich von Kollegen und Nahestehenden, schienen niemals – wirklich niemals-jemals – Ideen oder Gedanken über einer bestimmten Stufe hervorzubringen, selbst wenn sie »clever« und in vielerlei Hinsicht begabt waren. Ihre Argumentation war immer – wirklich immer – innerhalb der Grenzen beispielsweise von Stufe 10-Abstrakt: Sie brachten Abstraktionen hervor, zogen aber niemals Schlussfolgerungen aus deren Wechselwirkungen.

Das waren wache, intelligente, bewusste Menschen in meiner direkten Umgebung – Menschen, die ich immer noch kenne und liebe –, bei denen mir plötzlich schien, dass sie »wie Roboter agierten«, in dem Sinne, dass sie den Mustern der MHK-Stufen mit beängstigender Genauigkeit folgten. Jede und jeder schien weniger »frei denkend« zu sein, als ich das zuvor empfunden hatte. Innerhalb des wissenschaftlichen Betriebs, in meinem Fall der Soziologie, dämmerte mir eine sehr ähnliche Einsicht: Fast niemals wartet jemand mit einer neuen Idee auf (einer wirklich neuen Theorie). Die präsentierten Ideen sind stets recycelte Versionen von Dingen, die bereits andere geäußert haben, reine Anwendungen dieser Ideen oder höchstens ein kleiner, meist eher fragwürdiger Twist einer Theorie von irgendjemand anderem. Die führenden Leute des jeweiligen Feldes schienen diejenigen zu sein, die mit *einer* neuen Theorie aufgewartet hatten – und unter diesen gab es nur sehr wenige Theorien, die tatsächlich sinnhaft schienen. Denken Sie nur an Leute wie Jürgen Habermas (eine ganze Weile der Platzhirsch aller Soziologen-Philosophen auf der Welt) und *voilà*: ab dem dreißigsten Lebensjahr eine lange Kette neuer Ideen, theoretischer Perlen, die die Vorstellungen anderer miteinander verknüpfen und einen Paradigmenwechsel innerhalb der Soziologie hervorgebracht haben. Hohe Stufe, Mann. Das wäre meines Erachtens eine Erklärung dafür, warum so wenig Menschen tatsächlich irgendwann mit etwas wahrhaft Neuem aufwarten.

Zum anderen ergab sich, dass ich mehr über kognitive Entwicklung (im umfassenderen Sinne und nicht nur in Hinblick auf das MHK) gelernt hatte und Ideen begegnete, die das Bild facettenreicher machen. Zwei davon würde ich hier gerne vorstellen: **abwärtsgerichtete Assimilation** (*downward assimilation*) und **Scaffolding** (von Englisch *scaffold,* Gerüstbau).

Abwärtsgerichtete Assimilation bedeutet, dass wir uns – aufgrund unserer Fähigkeit, eine Sprache teilen zu können – Worte, Symbole, Sätze oder sogar Haltungen aneignen können, die eigentlich einer höheren Komplexitätsordnung entstammen. Ihre *Verwendung* eines solchen Symbols wird dann jedoch unvermeidlich der Logik Ihrer eigenen Stufe folgen, kann aber immer noch einige Bedeutung mit sich führen und ermöglicht, dass Sie an Konversationen teilnehmen können, die andernfalls jenseits ihrer eigenen Komplexitätsstufe liegen würden. Das komplexe Symbol ist »abwärts« *assimiliert* worden.

Beispielsweise können wir uns vorstellen, Alex, dem afrikanischen Graupapagei ein Wort wie »Struktur« oder »negative Feedbackschleife« beizubringen. Während Alex sich über Cracker und gelbe Ringe tatsächlich »unterhalten« *konnte*, hätte er eine Diskussion über die strukturelle Ungleichheit zwischen den Geschlechtern lediglich imitieren können. Das ist natürlich eine extreme Form der abwärtsgerichteten Assimilation. Lassen Sie uns ein in soziologischer Hinsicht relevanteres Beispiel nehmen.

In Gesellschaften wie der schwedischen und vor allem innerhalb ihrer jungen Mitbürgerschaft ist es beliebt, über Dinge wie »Normen«, »Strukturen« und »Identität« zu sprechen. Trotzdem ist tendenziell nur eine Minderheit dazu in der Lage, diese Konzepte der Stufe 12-Systematisch oder höher tatsächlich zu verstehen. Das schließt natürlich auch Studierende der Soziologie ein – die oftmals idealistischen jungen Menschen, die ich erfreulicherweise unterrichten durfte. Stattdessen werden Menschen diese Konzepte auf den Stufen 10-Abstrakt und 11-Formal neu anlegen. Normen hält man hier für »gesellschaftliche Regeln, die Ungleichheit hervorbringen« und sie werden immer als schlecht angesehen. »Strukturen« werden zu einer Art von bösem Geist, der von hinreichend dogmatischen Anhängern der Linken ausgetrieben werden kann, oft mit linearen Interpretationen des »Feminismus« als einer guten Essenz, die man auf alles Mögliche anwenden kann, um es vom Bösen zu befreien – je mehr es davon gibt, umso besser. Und »Identität« wird zu »Selbstvertrauen«, anstelle der wechselseitigen Konstruktion eines »Selbst«, wie es in der klassischen Sozialpsychologie diskutiert wird.[5]

Das zweite Konzept, Scaffolding, bringt einen Hoffnungsschimmer in diese Misere. Es ist möglich und zwar mithilfe von Sprache und kommunikativem Handeln jemandes kognitive Stufe auf eine höhere zu *befördern* – nicht nur um eine, sondern sogar *zwei* Stufen. Sprache muss wirklich die tollste Erfindung der Natur sein! Durch Sprache und Interaktion schafft man ein »Gerüst«, das anderen dazu verhilft, an Verhaltensweisen partizipieren zu können, die sonst jenseits ihrer kognitiven Stufe liegen würden. Afrikanische Graupapageien tauschen im Allgemeinen nicht einmal ein einziges Wort aus – Alex tat dies dagegen schon: Durch den Gebrauch einer geteilten Sprache (Alex war anglophon) wurde er, wenn er mit sehr, sehr geduldigen Menschen interagierte, dazu befähigt, zwei Komplexitätsordnungen über der seiner Pa-

pageiengenossen zu denken und zu kommunizieren (wobei er von Stufe 4 zu Stufe 6 überging).

Dasselbe gilt für uns Menschen: Sprachliche Strukturen scheinen uns mehr als nur ein wenig zu helfen. So funktioniert Erziehung größtenteils. In der Regel bedarf es allerdings vieler Stunden der Interaktion mit Menschen, die sich auf einer höheren Stufe befinden als wir selbst und uns wirklich wieder und wieder durch die korrekten Abfolgen hindurchführen.

Dieser sozialpsychologische Aspekt der Entwicklung schafft also jede Menge Raum für Flexibilität (wenn Sie so wollen einen Kompromiss zwischen Piagets eher starren Stufen und Vygotskys Glauben an gesellschaftliches Umfeld und menschliche Formbarkeit).

Die gemeinsame Sprache hält für uns Strukturen und Muster zu unserer Verwendung »auf Lager«, was es leichter macht, uns einen bestimmten Gedanken oder eine bestimmte Verhaltensweise anzueignen. Beispielsweise ist es leichter zu verstehen, was ein »Gravitationsfeld« ist, seit Menschen dieses entdeckt, benannt und erklärt haben. Scaffolding ist also die andere Seite der Münze der »abwärtsgerichteten Assimilation«: Wenn wir um begriffliche Vorstellungen ringen, die außerhalb unserer kognitiven Tiefe liegen, dehnen wir gleichzeitig unseren Verstand aus, und wir geraten unter den Einfluss von Gedanken und Ideen, die sonst außerhalb unserer Reichweite wären.

Diese beiden Konzepte, abwärtsgerichtete Assimilation und Scaffolding, erklären zu einem großen Teil, warum die MHK-Stufen in dieser unscharfen Welt, die uns umgibt, so schwer auszumachen sind: Wir deuten einfach die MHK-Stufen falsch – aufgrund ihrer Abhängigkeit von Kontexten und Wechselwirkungen. Dem kann man hinzufügen, dass es noch drei weitere Dimensionen der Erwachsenenentwicklung gibt (Code, Zustand und Tiefe) sowie IQ, besondere Fertigkeiten, verschiedene Bildungsniveaus, psychische Gesundheit und verschiedene Arten, die mentale Leistungsfähigkeit des jeweils anderen einzuschätzen. Um die Sache zusätzlich zu verkomplizieren, scheint der Übergang zu einer Stufe in acht Schritten zu erfolgen, bei denen man allmählich lernt, die Elemente der vorhergehenden Komplexitätsordnung miteinander in Beziehung zu setzen (wobei ich eine ausführliche Diskussion dieses Themas aus diesem Text herausgehalten habe).[6] Puh! Es kann nicht erstaunen, dass man, was die MHK-Stufen angeht, den Wald vor lauter Bäumen nicht sieht.

Wenn die dem Chaos zugrunde liegende Ordnung derart schwer erkennbar ist, erscheint nicht nur das Fazit verlockend, dass die Welt eben einfach unscharf und ungeordnet ist, sondern auch, dass man diese skeptische Schlussfolgerung als Ehrenabzeichen eines Anti-Reduktionismus trägt, als Zeichen der eigenen Aufgeschlossenheit, Demut und Spiritualität. **Aber es liegt nichts Aufgeschlossenes, Bescheidenes oder Erleuchtetes darin, die unbestreitbaren Regelmäßigkeiten im menschlichen Verhalten, wie sie von der eleganten, aber gnadenlosen Schlichtheit experimenteller, empirischer Wissenschaft enthüllt werden, zu *verkennen* – und ungenügend auf sie zu reagieren.**

Menschen versuchen auf vielfältige Weise, sich gegen diese Perspektiven und Theorien zu wehren, wobei die verbreitetste Gegenwehr vielleicht darin liegt, die Stufen zu *typisieren*, sie also in verschiedene »Menschentypen« zu verwandeln, die nicht wirklich miteinander verglichen werden können, und damit die tatsächlich vorhandenen Unterschiede zu relativieren. Das ist ein verlockender Move, weil Typen ein sehr viel weniger sensibles Thema sind.

Diese Form der Relativierung ist tatsächlich eine Verkehrung dessen, was koloniale Denker des 19. Jahrhunderts taten, als sie verschiedene Typen (menschliche »Rassen«) in Dominanzhierarchien (weiß über schwarz etc.) »einstuften«. Gerade so, wie man in Europa falsche und willkürliche Stufentheorien erfand, um die eigenen kolonialen politischen Einstellungen zu rechtfertigen, erfinden auch heutzutage Menschen falsche und willkürliche Typentheorien, um *ihre* politischen Einstellungen zu verteidigen (und ignorieren dabei die relevanten Forschungsergebnisse der Stufentheorien) – beispielsweise um für Gleichheitsideale einzutreten.

Man kann die Unterschiede zwischen verschiedenen Entwicklungsstufen aber nicht einfach wegwünschen. Das ist schlicht unaufrichtig und kontraproduktiv. Diese Ordnung besitzt *tatsächlich* eine Logik, und auf Stufe 10-Abstrakt zu sein ist *nicht* einfach nur »das Gleiche oder das Gleiche, nur anders«, wie sich auf Stufe 13-Metasystematisch zu befinden. Da gibt es einen *riesigen* qualitativen Unterschied.

Entwicklungs*stufen* sollten nicht mit »Typen« (schwarz/weiß, männlich/weiblich, Ost/West, still/gesprächig etc.) verwechselt werden. Typen liegen tatsächlich jenseits hierarchisierender Vergleiche, sind also faktisch »das Gleiche oder das Gleiche, nur anders«. Stufen bilden eine logische, hierarchische und empirisch überprüfbare Ordnung.

Wenn Sie beweisen wollen, dass Stufentheorien unrecht haben, sind sie dazu verpflichtet, im bislang soliden Forschungsprogramm der Erwachsenenentwicklung eine Lücke auszumachen, in einem Feld, das überzeugendere Ergebnisse als irgendein anderer Bereich der Psychologie generiert. *Oder* Sie müssen dessen überzeugende Ergebnisse mit irgendeiner anderen Theorie erklären, die der Datenlage noch besser entspricht. Viel Glück bei diesem Unterfangen.

Wir können uns gegen diese Ideen aus Gründen des eigenen Selbstschutzes wehren (weil wir selbst sehr wahrscheinlich letztlich keine sehr hohe Stufe haben) oder aus anrührenderen Gründen wie der Abneigung gegen die Ungleichheit, die dieses Modell impliziert, und der Sorge darüber, wie solche Ideen missbraucht werden könnten.

Aber denken Sie daran, was David Hume uns gelehrt hat: Ein »Sollte« kann man nicht von einem »Ist« ableiten. Die Tatsache, dass sich etwas als wahr herausstellt, macht es nicht auch in moralischer Hinsicht *richtig*. Auch das Gegenteil trifft hier zu: Ein »Ist« kann nicht von einem »Sollte« abgeleitet werden. Dass etwas Faktisches einer *moralischen* Eingebung von uns nicht entspricht, macht aus Ersterer keine Fiktion. Egal wie provokativ – es bleibt immer noch wahr, ob wir wollen oder nicht, und wir müssen folglich das Beste daraus machen. Die Tatsache, dass die Atomspaltung zu einem explosiven Freisetzen von Energie und Atombomben führt (ebenso wie zu einem traurigen Abschied von Demokrit), macht die Tatsache, dass Atome gespalten werden können, nicht weniger wahr. Das ist die Wahrheit, ob es Ihnen gefällt oder nicht.

Hören Sie, es ist eine Tatsache, dass Menschen sich auf unterschiedlichen kognitiven Stufen befinden, das ist einfach so. Finden Sie sich damit ab und machen Sie davon Gebrauch zum Zwecke des Guten. Denn, um es noch einmal zu sagen, die gegebenen Tatsachen sind nur *ein* Teil der Realität. Die *wirkliche* Realität entsteht dann, wenn wir diese Fakten nutzen, um neue Geschichten zu erzählen und neue Wirklichkeiten zu erschaffen.

Konsequenzen für die Gesellschaft

Andererseits – was solls? Ist der springende Punkt hier, dass wir uns einen wohlwollenden Diktator auf Stufe 15-Crossparadigmatisch suchen sollten und dann alles super sein wird? Wenn nur Präsident Mao und Genosse Stalin auf Stufe 15-Crossparadigmatisch gewesen wären, wäre dann das Goldene Zeitalter angebrochen?

Darum geht es ganz offensichtlich *nicht*. Das wäre eine grob vereinfachende, »niedrigstufige« Anwendung der Theorie. Noch haben wir die Vorstellung einer »Demokratisierungspolitik« nicht diskutiert (dazu im Folgeband).

Leute auf einer höheren kognitiven Stufe haben nicht notwendigerweise »recht« mit ihren Einschätzungen. Wenn Sie Kinder haben, ist Ihnen möglicherweise aufgefallen, wie erstaunlich häufig uns diese kleinen Kreaturen korrigieren, trotz ihrer »niedrigeren« kognitiven Stufe. Und noch einmal, Stufe bedeutet nicht Fertigkeit – Sie müssen immer noch Dinge von anderen lernen, auch wenn Sie sich auf einer höheren kognitiven Stufe befinden.

In der Zukunft der Demokratie wird kognitiven Stufen unter Umständen eine wichtige Rolle zukommen. Aber der Punkt ist, die Stimmen all der Stufe-10-Abstrakt- und Stufe-11-Formal-Denkenden *nicht* auszuschließen – das wäre unethisch und hätte mit Sicherheit verheerende Rückwirkungen. Der springende Punkt ist, Prozesse zu entwickeln, in denen die Sichtweisen von Menschen Teil eines größeren Ganzen sind – eines Ganzen, das sich in einer höheren Komplexitätsordnung befindet.

Die hauptsächlichen politischen Schlussfolgerungen des bisher Gesagten haben mit der Kultivierung und Gestaltung einer *tieferen* Demokratie zu tun. In unserem gegenwärtigen politischen System sind wir nicht annähernd demokratisch genug, und das ist es, was komplexere Ideen und Lösungen nicht ausreichend zum Zuge kommen lässt. **In einer guten Demokratie können sich komplexere Antworten auf die Probleme des Lebens entwickeln, Antworten, die eine Vielzahl von Interessen und Sichtweisen einschließen. In einer schlechten Demokratie werden die Grenzen vom kleinsten gemeinsamen Nenner gesetzt.**

Merken Sie sich also, dass die MHK-Stufe hier nur Teil eines größeren Puzzles darstellt – sie kann uns bei der Erklärung helfen, wie wir fortschrittliche, kosmopolitische und nachhaltige Werte, Verhaltensweisen und Gesellschaften erschaffen können, aber wir brauchen immer noch die anderen Teile des Puzzles. Deswegen: Bleiben Sie dran.

Kapitel 10

Symbolische Entwicklung

Wenn die kognitive Entwicklung eines einzelnen Menschen zu einem guten Teil angeboren zu sein scheint, wie ist es dann mit den sprachlichen Strukturen, die ebendieser Person zur Verfügung stehen? Es sind doch sicherlich zwei verschiedene Dinge, ob einem nur die beiden Worte »Ja« und »Nein« beigebracht worden sind oder ob man eine zwanzigjährige Ausbildung hat? Ja, das bedeutet tatsächlich einen Unterschied.

Es gibt einen weiteren Weg, sich diesem Problem zu nähern. Zumindest Michael Commons und seinem Freund Albert Erdynast zufolge war Pablo Picasso in kognitiver Hinsicht auf Stufe 15-Crossparadigmatisch – folglich stellte er Kunst auf dieser Stufe her.[1] Bedeutet das dann, dass alle, die bei ihrer eigenen Arbeit von Picassos Erkenntnissen ausgehen, ebenfalls Kunst auf dieser Komplexitätstufe herstellen?Oder was ist mit Newtons Universum? Betreiben wir alle im Anschluss an das Newton'sche Stufe-15-Crossparadigmatisch-Genie nun Physik auf der höchsten bekannten kognitiven Stufe, weil seine Physik crossparadigmatisch war?

Stellen wir uns andererseits einen mittelalterlichen Philosophen wie Thomas von Aquin vor. Die Newton'sche Physik bedarf der Stufe-11-Formal-Logik, damit man ihr folgen und sie wirklich verstehen kann. Aquin verfasste seine Werke nun allerdings Jahrhunderte vor Newton, hatte keinen Zugang zur Newton'schen Weltsicht, sondern lediglich die Theologie sowie Aristoteles und die islamischen Kommentare zu Letzterem, wodurch Aquins Philosophie weitgehend im Rahmen der Vorgaben des zu seiner Zeit vorherrschenden katholischen Glaubens verblieb. Heißt das, dass der größte Philosoph des 13. Jahrhunderts lediglich auf Stufe 10-Abstrakt war?

In jedem dieser drei Fälle ist die Antwort ein laut tönendes »Natürlich nicht!«. Die kognitive Stufe des Individuums ist *nicht* dasselbe wie die Stufe des symbolischen Universums, das ihr zur Verfügung steht, die Worte und

Ideen, die es gelernt und »internalisiert« hat und in die es »hineinsozialisiert« wurde. Wir sprechen hier von zwei relativ unterschiedlichen Prozessen: dem Prozess einer individuellen Entwicklung (den MHK-Stufen) und dem Prozess einer **symbolischen Entwicklung**. Damit ist die Evolution der Welt der Sprache und des geteilten symbolischen Universums gemeint. Picasso und Newton haben den kulturellen »Code« auf einen neuen Stand gebracht beziehungsweise dessen Symbole, damit die Menschen nach ihnen neue symbolische Werkzeuge verfügbar hätten. Es war dieser »Code«, der einem mittelalterlichen Denker wie Aquin schlicht fehlte, in modernen Gesellschaften über die öffentliche Schulbildung nun aber jedem Vierzehnjährigen zugänglich ist.

Lassen Sie uns eine Computeranalogie verwenden, wie sie heute so populär sind. Während die letzten beiden Kapitel von der kognitiven *Hardware* (Verarbeitungsfähigkeit etc.) handelten, geht es in diesem um die *Software (*deswegen die Entscheidung für den Begriff »Code«). Wie klug ist die Software, mit der Sie »programmiert« sind?

Die Beziehung zwischen Hardware (Gehirn) und Software (Symbolen) ist zweifellos eine mit vielen komplexen Wechselwirkungen. Zum Beispiel kann man die am weitesten entwickelte Software nicht auf einem Computer laufen lassen, der dafür zu simpel ist (wir können dem Papageien »zwei gelbe Ringe« beibringen, aber nichts über die strukturelle Ungleichheit der Geschlechter). Gleichzeitig kann die richtige Software dabei helfen, ihren Computer zu beschleunigen, indem sie Viren oder dergleichen beseitigt (so wie der Schulbesuch Ihnen dabei helfen kann, komplexere Muster der Realität zu entdecken). Und dennoch sind Stufe und Code immer noch zwei klar unterscheidbare Dimensionen der Entwicklung. Wir sollten Entwicklung deswegen allerdings nicht in einen sich »im Schädelinneren« abspielenden Teil und einen »kulturellen« Teil auftrennen, da sich beide wechselseitig beeinflussen. Aber wir sollten *durchaus* den Unterschied zwischen einem mittelalterlichen Genie und einem durchschnittlichen Vierzehnjährigen anerkennen.

Meine These in diesem Kapitel ist, dass es zwischen den verschiedenen Formen kultureller Codes, die Menschen heutzutage zur Verfügung stehen, einen *Stufenunterschied* gibt, und dass dieser Stufenunterschied einer Logik folgt, die eher aus den Bedeutungen der Symbole und ihren wechselseitigen Bezügen erwächst als aus der kognitiven Stufe eines bestimmten Organismus. Jeder dieser Codes enthält selbst einen Werkzeugkasten, ein *Toolkit* miteinander verbundener Symbole, das dazu verwandt werden kann, die Welt zu interpretieren.

Diese symbolischen Toolkits bestimmen zum großen Teil, wie eine Person die Welt sieht und wie sie in ihr handelt.

Wir blicken hier auf eine Entwicklung, die sich stark von der Frage unterscheidet, wie weit unsere Gehirne kognitiv entwickelt sind. Diese Entwicklung ist abhängig von Gruppen von Menschen, die eine gemeinsame Sprache sprechen – genauer: von der *Weiterentwicklung* dieser Sprache, der **symbolischen Entwicklung** also.

Realdialektik

Eine zentrale These ist hier, dass dieser Stufenunterschied einer eigenen, dialektischen Logik folgt, einer Logik, die ich mit dem Begriff »**Realdialektik**« bezeichne. Im Englischen würde man vielleicht von »real dialectics« sprechen, aber bitte beachten Sie, dass die deutsche Bedeutung des Wortes »real« enger mit der Vorstellung von »faktischer Notwendigkeit« verbunden ist als die englische Konnotation von »das Gegenteil von irreal« oder »kein Schwindel«. Jede dieser Stufen erschafft einen Sprachcode, der in sich weiter entwickelt ist als derjenige der vorherigen Stufe. Es liegt etwas *Reales* in der Logik, wie jedes symbolische Universum konstruiert ist, und dieses Realsein *erzwingt* die Richtung der Menschheitsgeschichte. Es zwingt der Welt natürlich keine bestimmten Ereignisse auf, aber es nötigt der Gesellschaft *durchaus* ab, sich in bestimmte Richtungen entwickeln zu müssen und in andere eher nicht: Große und alte Gesellschaftssysteme sind diejenigen, die eine größere Zahl von Worten hervorbringen und zudem abstraktere Beziehungen zwischen diesen Worten entdecken etc.

> »Die Geschichte entwickelt sich in eine bestimmte Richtung? Pfff. Offensichtlich hat Hanzi in seinen geschichtswissenschaftlichen Seminaren nicht aufgepasst, als es um die letzten paar Jahrzehnte ging. Wir alle wissen, dass das Unsinn ist!«

Ja, wirklich? Denken Sie nach: Was kommt zuerst – das Rad, der Verbrennungsmotor oder das Flugzeug? Könnten wir uns eine »historische Eventualität« vorstellen, in der das Flugzeug an erster Stelle kommt? Es würde mir schwerfallen, einen Grund zu erdenken, warum Flugzeuge vor dem Rad auftauchen sollten. Man braucht Räder, um Wagen zu konstruieren und man braucht Wagen, die man beschleunigen möchte, um dann den Verbrennungsmotor zu erschaffen (der ebenfalls der Drehbewegung bedarf), und man braucht Verbrennungsmotoren, um einen Boeing-Jet anzutreiben. Wohnt dem nicht eine Realdialektik inne? Darin steckt doch eine gewisse Entwicklungslogik, oder bilde ich mir das nur ein?

Wir sprechen hier von der Evolution von Memen (nicht-biologischen kulturellen Mustern, die sich mittels Kommunikation ausbreiten) – wobei einige Meme nur in komplexeren Gesellschaften auftauchen können. Es ist einfach noch nicht vorgekommen, dass jemand aus einem Stamm von 150 Menschen auf einer entlegenen Insel eine moderne Physik oder eine poststrukturalistische Kritik der Literatur entwickelt hat.

Es geht in diesem Kapitel nicht wirklich darum, wie Gesellschaften solche *Meme* entwickeln – eine gründliche Erörterung dieser Frage findet sich in einem meiner anderen Bücher (*The 6 Hidden Patterns of World History*), das die historische Entwicklung von ***»Meta«-Memen*** behandelt. Damit sind übergreifende Muster gemeint, die die Logik festlegen, nach der auf verschiedenen Stufen der gesellschaftlichen Entwicklung mit dem Auftauchen bestimmter Meme zu rechnen ist.[2] In diesem Kapitel geht es vor allem um die Idee, dass verschiedene solcher Codes in das Individuum »heruntergeladen« werden – mit nachhaltigen Auswirkungen für seine oder ihre Entwicklungspsychologie.

Lassen Sie uns nicht auf dem Konzept der Realdialektik herumreiten oder darauf, wie es funktioniert. Die Hauptsache ist hier einfach, dass den Symbolen der Kultur eine dialektische Entwicklung inhärent ist, und dass dieselbe es ermöglicht, die Meta-Meme (oder die kulturellen Logiken, denen Menschen folgen) in verschiedene Stufen einzuteilen.

Während die späteren Stufen kultureller **Meta-Meme** notwendigerweise ebenfalls später in der Zeitgeschichte auftauchen müssen als frühere Stufen, ist ihre Verbreitung keineswegs gleichmäßig und kann nicht so einfach auf eine bestimmte »historische Periode« eingegrenzt werden. Denken Sie beispielsweise nur einmal an das Meta-Mem des säkularen modernen Lebens, das eigentlich aus der Renaissancekunst sowie der wissenschaftlichen Revolution des 17. Jahrhunderts und der Aufklärung im 18. Hervorgeht. Am Beginn des 20. Jahrhunderts, inmitten des ganzen Gewühles von Autos und elektrischen Lampen, hingen die meisten Menschen immer noch traditionellen Religionen und Weltanschauungen an. Selbst Hunderte von Jahre nach dem ersten Auftauchen dieses Meta-Mems, das so stark ist, dass es sich erbarmungslos seinen Weg durch die Geschichte pflügt, hatten die meisten Menschen diesen kulturellen Code immer noch nicht heruntergeladen. Selbst heute operiert eine Mehrheit der Weltbevölkerung, und zwar eine ziemlich deutliche, vorrangig mit dem vormodernen kulturellen Code.

Mittlerweile sind die modernen Symbole unter ihrem eigenen Gewicht zusammengebrochen. Daraus ist ein neuer kultureller Code hervorgegangen, den wir hier »Post«-Moderne nennen. Doch auch die Postmoderne ist zusammengebrochen und schon tritt der »Meta«-Modernismus auf den Plan. Darin zeigt sich ein Muster, eine Realdialektik: Sie können nicht von der traditionellen Religion direkt zum Metamodernismus gelangen. Es bedarf mehrerer Jahrzehnte des Postmodernismus, bevor metamoderne Symbolen allmählich der Durchbruch gelingen kann und sie Teil der Gesellschaft werden können.

In unterschiedlichen gesellschaftlichen, technischen und wirtschaftlichen Umgebungen erlangen verschiedene Meta-Meme einen Wettbewerbsvorteil vor anderen – was ebenfalls einer vorhersehbaren Dynamik oder Realdialektik folgt. In unserer Gegenwart sind die metamodernen Symbole besonders mächtig, was bedeutet, dass sie sich sehr wahrscheinlich ausbreiten werden. Aber auch diese entwicklungsgeschichtliche Diskussion lassen wir beiseite, um uns einzig auf das zu konzentrieren, was für unser Hauptargument Gewicht hat: die symbolsprachliche Entwicklung der einzelnen Person.

Die Sprache hat sich also durch die Menschheitsgeschichte hindurch entwickelt, sich in verschiedenen Zeichensystemen auskristallisiert, von denen einige weiter entwickelt sind als andere; eine heute lebende Person kann sie alle »herunterladen« und »installieren« – abhängig von ihren eigenen Fähigkeiten, ihrer Position in der Welt und so weiter. Die sieben Meta-Meme oder »Symbolstufen« (mit den ihnen zugeordneten Großbuchstaben A bis G) sind:

A.	Archaisch	Die frühesten Menschen und ihre engsten Verwandten, Neandertaler etc.
B.	Animistisch (oder »Post«-archaisch)	Das magische und ritualistische Denken der Stammesgesellschaften
C.	Faustisch	Das mythische Denken Landwirtschaft betreibender Kriegergesellschaften im Neolithikum und später
D.	»Post«-faustisch	Das mythisch-rationale, transzendentale Denken traditioneller, religiöser Gesellschaften

E.	Modern	Das rationale, wissenschaftliche Denken der entwickelten Welt
F.	»Post«-modern	Die postrationale, systemische Kritik von modernem Leben und moderner Gesellschaft
G.	»Meta«-modern	Bitte lesen Sie dieses Buch.

Jedes dieser Meta-Meme funktioniert als eine Zusammenstellung Tausender von Aussagen und Annahmen über die Welt, die so ineinandergreifen, dass sie ein sich selbst erhaltendes Ganzes bilden, eine Art Ökosystem oder Gleichgewicht. Sie alle bilden für die symbolischen Universen, die unsere gelebten und geteilten Realitäten hervorbringen, eine Art zugrunde liegender Struktur. Jedes Meta-Mem besitzt, grob gesprochen, eine Ontologie (eine Theorie der Realität und dessen, was »wirklich real« ist), eine Ideologie (eine Theorie, »was richtig und gut ist«) und eine Identität, eine Vorstellung davon, wer oder was das Selbst ist. Im Grunde beinhalten die Meta-Meme eine Idee oder Geschichte der Realität, gefasst in Kategorien, die man gelegentlich als dritte, zweite und erste Person bezeichnet.[3] Das ist das Muster, das ich hier verwende, um dann in Kapitel 16 das postfaustische, moderne, postmoderne und metamoderne »effektive Werte-Mem« zu beschreiben.

Da die Meta-Meme Muster sind, die dem Wissen zugrunde liegen (die Streben und Stützen unserer Denkweisen), können sie jede beliebige Form annehmen – stellen Sie sich nur die unerschöpfliche Fülle animistischer Erzählungen, traditioneller Religionen und moderner Wissenschaften vor. Wir bemühen uns hier also um die allgemeinen Muster solcher Symbole. Wenn Sie erst einmal anfangen, diese wiederzuerkennen, werden sie auch in der Lage sein, sie überall in ihrer Umgebung vorzufinden. Und Sie werden die tiefgreifende Bedeutung erkennen, die sie für das Verständnis der Gesellschaft und ihrer Dynamik besitzen.

Die Stufen der symbolischen Entwicklung tauchen als sprachliche Strukturen auf, logisch organisiert in immer komplexeren, differenzierteren und integrierteren Mustern. Sie alle erschaffen eine Blaupause für die Entwicklung von Narrativen: Deshalb sind die Sprachwerkzeuge nicht nur Meta-Meme, sondern auch **Meta-*Erzählungen***. Es gibt immer eine rohe, zugrunde liegende Geschichte (ein Narrativ) über die Wirklichkeit, von der aus Menschen agieren und von der aus sie neuen »Code« und neues Wissen erschaffen.

Code und kognitive Entwicklung

Die Fähigkeit, eine längere Geschichte oder ein Narrativ zu verstehen, erfordert – wie in den vorangehenden Kapiteln erörtert – die MHK-Stufe 9-Konkret. Seit über 200 000 Jahren haben sich die meisten erwachsenen Menschen auf dieser Stufe oder darüber befunden. Deswegen kann ein normal entwickelter Erwachsener alle dieser Meta-Meme »herunterladen« und »installieren«, zumindest als eine allgemeine Geschichte über die Wirklichkeit. Und trotzdem leben Menschen immer noch in symbolischen Universen sehr verschiedener Abstraktionsniveaus.

In der Intelligenzforschung gibt es eine zum Topos gewordene Geschichte: Sie handelt vom russischen Psychologen Alexander Luria, der in die entlegeneren Gebiete des sowjetischen Imperiums reiste und dort die usbekische Landbevölkerung interviewte, deren Intelligenz er testen wollte. Deshalb fragte er einen jungen usbekischen Mann: »Im hohen Norden, wo Schnee liegt, sind alle Bären weiß. Nowaja Semlja liegt im hohen Norden und dort liegt immer Schnee. Welche Farbe haben die Bären dort?« Er erhielt darauf einfach keine richtige Antwort; lediglich die, dass der junge Mann bislang immer nur schwarze Bären gesehen hätte. Als Luria immer weiter fragte, erklärte der Usbeke: »Wenn ein Mann sechzig oder achtzig Jahre alt gewesen wäre und gesagt hätte, er habe einen weißen Bären gesehen, und davon erzählt hätte, wäre ihm geglaubt worden. Aber ich habe niemals einen gesehen und kann daher nichts dazu sagen. Das ist mein letztes Wort. Nur diejenigen, die einen gesehen haben, können davon berichten, und alle, die keinen gesehen haben, können dazu nichts sagen!«[4]

Offenkundig hängt der junge Usbeke einer Art von Empirismus an. Er wird nicht einfach der Aussage irgendeines Fremden glauben, es gäbe weiße Bären, stattdessen erklärt er, es wäre anmaßend von ihm, etwas zu dieser Angelegenheit zu sagen. Zudem weist er auch darauf hin, wer in der Gesellschaftsordnung glaubwürdig sein könnte (ein Mann von sechzig oder achtzig) und unter welchen Bedingungen solch eine Behauptung zuverlässig wäre (selbst einen weißen Bären gesehen haben). Das sind natürlich alles vollkommen intelligente Erwiderungen. Der Unterschied zwischen ihm und dem russischen Wissenschaftler hat damit zu tun, wie abstrakt die symbolischen Welten sind, an denen die beiden teilhaben. Der junge Mann glaubt einfach nicht an Alexander Lurias Hätte-hätte-Fahrradkette.

Jede Gesellschaft ist mit dieser Welt von Symbolen verbunden, einer Welt des Wissens. Aber als was stellt sich dieses Muster des Wissens selbst dar – einschließlich des Alltagsverstehens –, wenn man es als eine alles verbindende Theorie begreift, die kulturübergreifend wirksam ist? Die Wissenssoziologie – von ihren Ursprüngen bei Marx und Engels über ihre Reife bei Scheler und Mannheim bis hin zu ihren späteren Entwicklungen bei Berger und Luckmann und heutzutage vielleicht bei Latour, Gibbons und Nowotny, Rabinow oder Knorr-Cetina – hat damit gerungen, die tieferen, zugrunde liegenden Muster des Wissens zu erkennen. Doch trotz all der augenöffnenden Perspektiven, die die Wissenssoziologie uns bislang beschert hat, bleibt sie uns bis heute eine wirklich nützliche Typologie oder allgemeine Theorie des Wissens-in-der-Gesellschaft schuldig. Die epistemologischen Debatten in Philosophie und Naturwissenschaft neigen dazu, dieses Thema komplett zu ignorieren.

Davon abgesehen haben einige Theoretiker von Jean Gebser über Jürgen Habermas (in *Der philosophische Diskurs der Moderne*) bis zu dem deutschen Entwicklungssoziologen Günter Dux argumentiert, dass es eine gewisse Verbindung zwischen der allgemeinen Entwicklung der kognitiven Stufe und der Entwicklung symbolischer Toolkits gibt, wie sie über Sprache verfügbar sind – und damit einen Zusammenhang mit der Entwicklung der Gesellschaft. Obwohl sie eigentlich nicht zwischen Kognition und Sprache unterscheiden, ist das die Idee, auf die sie alle hinauswollen, allerdings ohne das so recht zu begreifen. Sie alle *quetschen* die verschiedenen Dimensionen der Entwicklung zusammen in eine einzige Abfolge.

Michael Commons hat das ebenfalls ausprobiert, aber in meiner Sicht verfehlt auch er dabei die Zielmarke. Er hat natürlich Zugriff auf das MHK-Modell, aber stattdessen *reduziert* er Entwicklung darauf (in seinem Modell wird man »ultramodern«, wenn man die postformalen Stufen erreicht, weswegen sein Modell effektiv bei der Moderne aufhört). Der Fairness halber muss hier gesagt werden, dass Commons mit mir darin übereinstimmt, dass es einen Unterschied zwischen kognitiver Komplexität und Code gibt, aber er beschreibt den postmodernen und metamodernen kulturellen Code nur ungenau.

Also ja, es gibt es eine Verbindung: Der »Code« jedes Meta-Mems folgt der Logik, die zu einer bestimmten Komplexitätsordnung gehört. Das ist die grundlegende Realdialektik, die hier zur Geltung kommt. Das stellt sich folgendermaßen dar (wiederum mit den Großbuchstaben A bis G, die den Symbolstufen zugeordnet sind):

A. Archaisch	Stufe 7-Präoperational
B. Animistisch	Stufe 8-Primär
C. Faustisch	Stufe 9-Konkret
D. »Post«-faustisch	Stufe 10-Abstrakt
E. Modern	Stufe 11-Formal
F. »Post«-modern	Stufe 12-Systematisch
G. »Meta«-modern	Stufe 13-Metasystematisch

Bitte passen Sie jetzt genau auf. Was folgt, ist nicht einfach nur ein technisches Detail, sondern absolut entscheidend. Die Tatsache, dass jemand auf Stufe 13-Metasystematisch ist (oder sogar auf einer höheren), heißt nicht, dass er ein metamodernes symbolisches Toolkit verwendet, wenn er die Welt beschreibt. Die ganz überwiegende Mehrheit prominenter Wissenschaftler und Wissenschaftlerinnen überall auf der Welt verlassen sich heutzutage auf das symbolische Toolkit der Moderne, während sie sich *kognitiv* oftmals auf den MHK-Stufen 13, 14 und sogar 15 befinden.

Das bedeutet *auch*, dass Menschen, denen beispielsweise kein modernes symbolisches Toolkit zur Verfügung steht, sich dennoch auf der höchsten kognitiven Stufe befinden können, wie das bei Plato und Aristoteles der Fall war. Es sind immer wieder Leute auf der höchsten kognitiven Stufe, denen eine Schlüsselrolle dabei zukommt, die symbolischen Codes herauszufordern, zu verbessern und neu zu erfinden.

Und das bedeutet *auch*, dass Menschen Zugang zum postmodernen Code haben, ohne dass sie sich auf Stufe 12-Systematisch befinden müssen, was tatsächlich allerdings notwendig wäre, um stimmig agieren zu können. Im letzten Kapitel haben wir bereits die Angelegenheit der »abwärtsgerichteten Assimilation« angesprochen. **Die Mehrheit der Menschen mit Zugang zum postmodernen Code verwenden entsprechend eine »verflachte« und vereinfachte Version desselben.** Notwendigerweise gilt dasselbe für den metamodernen Code, der wohl nur von weniger als zwei Prozent der Menschen erfolgreich angewandt werden kann, weil sie die kognitive »Hardware« dazu besitzen. Das macht unseren weiteren Weg ziemlich gefährlich – beispielsweise ist es äußerst wahrscheinlich, dass Menschen grob vereinfachende Interpretationen des politischen Metamodernismus verwenden werden. Ein politisches Paradigma misszuverstehen ist eine gefährliche Angelegenheit. Menschen auf der MHK-Stufe 10-Abstrakt oder darunter neigen ebenfalls dazu, die moderne Wissenschaft misszuverstehen und zu vereinfachen.

Ihnen ist vielleicht aufgefallen, dass ich keine kulturellen Meta-Meme eingeschlossen habe, die in ihrer logischen Struktur den zwei höchsten Komplexitätsordnungen (14-Paradigmatisch und 15-Crossparadigmatisch) entsprechen. Das liegt einfach daran, dass diese symbolischen Universen noch nicht existieren – und sollte jemand behaupten, sie erfunden zu haben, handelt es sich entweder um Betrug oder um Selbsttäuschung. Es bedarf einer ganzen Zivilisation, um ein komplettes symbolisches Universum zu erfinden und auch das metamoderne Toolkit ist gerade erst im Entstehen begriffen. Also selbst wenn eine Person sich zufällig auf einer hohen kognitiven Stufe befindet und auch in anderer Hinsicht entwickelt ist (und zwar in Hinblick auf Zustand und Tiefe, worum es im Folgenden gehen wird), bedeutet das nicht, dass sie auf magische Weise Zugang erhält zu den symbolischen Welten zukünftiger Zivilisationen. Es bedeutet lediglich, dass sie mithelfen kann, in diesem jeweiligen Moment in der Geschichte neuen Code zu entwickeln – genau wie Plato, Aristoteles, Aquin oder Newton. Sie alle waren ihrer Zeit weit voraus, aber sie alle hatten nicht auf magische Weise Zugang zur Chaostheorie, Netzwerktheorie oder der poststrukturalistischen Literaturkritik unserer Tage.

Schreiben Sie es sich dick hinter die Ohren: Der Code ist eine *eigene* Entwicklungsdimension und darf nicht mit der kognitiven Hardware verwechselt werden. Außerdem wird er *kollektiv* entwickelt durch den andauernden Gebrauch von Sprache im Laufe der Geschichte, dann »heruntergeladen« von einem einzelnen menschlichen Organismus, der dann seine MHK-Stufe (und, wie wir sehen werden, auch die anderen beiden Dimensionen der Entwicklung) dazu verwendet, um den Code zu interpretieren, entweder in vereinfachender Manier oder entsprechend seiner Logik – und in seltenen Fällen auch in einer Weiterentwicklung.

Ja, hohe Menschen auf hohen MHK-Stufen können neuen Code entwickeln und damit im Endeffekt die symbolische Konstruktion der Welt, in der sie leben, neu erfinden oder verbessern. Natürlich sterben die meisten Entwicklungen neuen Codes im Darwin'schen Kampf verschiedener Meme aus. Die meisten symbolischen Verwandlungen haben einfach keine Überlebenschance, so wie das auch für die meisten genetischen Mutationen gilt.

Theoretisch sollten die Fächer der »analytischen Philosophie« und der »Moralphilosophie« die besten symbolischen Codes heraussieben. Praktisch funktioniert das allerdings nicht wirklich auf diese Weise; die akademischen Philosophen verbleiben im Allgemeinen innerhalb der sicheren Umgrenzungen ihrer eigenen Symbolstufen und kommunizieren nicht wirklich über diese hinweg.

Es gibt einen weiteren Aspekt, den wir ansprechen sollten, bevor wir weiterschreiten: die Menge an Informationen oder Code auf jeder Symbolstufe. Lassen Sie uns also mithilfe der Computeranalogie noch eine weitere Unterscheidung treffen: Es besteht ein Unterschied dazwischen, »eine komplette Symbolstufe zu *installieren*« oder »mehr Content auf dieser Stufe *herunterzuladen*«. Mit der Zeit kann der Content auf der Festplatte leicht mehr Speicherplatz beanspruchen als das Programm, und dennoch ist es das installierte Programm, das darüber entscheidet, wie gut die Daten verwendet werden können beziehungsweise ob sie überhaupt verwendbar sind.

Stellen Sie sich noch einmal den mittelalterlichen katholischen Gelehrten Thomas von Aquin vor. Musste er nicht *eine Menge* wissen, um die *Summa theologica* zu verfassen? Natürlich musste er das. Er brauchte dafür im Grunde das gesamte verfügbare Wissen, das es zu seinen scholastischen Zeiten (Symbolstufe D-Postfaustisch) gab. Obwohl es in unserer Zeit selbst eine durchschnittliche Dreizehnjährige schafft, den modernen Code zu *installieren*, wird sie natürlich unter keinen Umständen dem heruntergeladenen Content oder auch dem bloßen Wissen dieses vormodernen Denker-Genies gleichkommen.

Auf vergleichbare Weise scheitern die meisten Naturwissenschaftler heutzutage daran, auch nur die einfachsten postmodernen Ideen zu verstehen (weil sie die Symbolstufe F-Postmodern nicht »installiert« haben), aber sie kennen sich in der modernen Wissenschaft extrem gut aus (weil sie sowohl Symbolstufe E-Modern »installiert« als auch jede Menge Content auf dieser Symbolstufe »heruntergeladen« haben).

Die verschiedenen Stufen bringen neue Formen von Code hervor und das Individuum kann diese Stufen installieren und dann auf jeder Stufe unterschiedliche Mengen nützlicher Informationen (ebenso wie Informationen unterschiedlicher Qualität) herunterladen – oder selbst erschaffen.

Noch ein weiterer Aspekt der Beziehung zwischen Code und kognitiver Entwicklung sollte hervorgehoben werden. Wir haben bereits angemerkt, dass es eine nicht-offensichtliche, dynamische Beziehung zwischen MHK-Stufen und den Symbolstufen gibt; sie können sich gegenseitig unterstützen oder ausbremsen etc. Dennoch sollte angemerkt werden, dass **eine höhere MHK-Stufe die »Installation« und das »Herunterladen« von Code einer höheren Symbolstufe *wahrscheinlicher* macht** – gesetzt, dass mehrere Formen von Code in ein und derselben Gesellschaft zur Verfügung stehen.

So gibt es unserer Erwartung nach in westlichen Gesellschaften beispielsweise eine höhere Wahrscheinlichkeit dafür,

- dass MHK-Stufe-10-Abstrakt-Denkende von der Symbolstufe D-Postfaustisch angezogen werden (dass man eine Schwäche hat für traditionelle Religion, monolithischen Nationalismus etc.);
- dass Stufe-11-Formal-Denkende in Hinblick auf die Symbolstufe E-Modern überrepräsentiert sind (Mainstream-Gesellschaft, Liberalismus);
- dass es Stufe-12-Systematisch-Denkende in Richtung von Symbolstufe F-Postmodern zieht (kritisches Denken, Gegenkultur etc.),
- während Stufe-13-Metasystematisch-Denkende häufiger das Symbolstufe-G-Metamodern-Toolkit installiert haben (Ideen wie in diesem Buch).

Wie wir in den kommenden Kapiteln sehen werden, ist die MHK-Stufe einer Person nicht das Einzige, was beeinflusst, welchen Code man installiert oder wie man ihn tendenziell nutzt und interpretiert – dieser Zusammenhang ist also alles andere als festgezurrt.

Teleologie und Determinismus?

Folgt aus dieser ganzen Realdialektik-Angelegenheit mit der ihr eigenen Entwicklungsrichtung denn nun, dass das Geschick von Geschichte und Menschheit auf irgendeine Weise von einer Kraft oder einem Willen mit eigenen Zielen »gelenkt« wird? Ist die Zukunft der Gesellschaft vielleicht bereits vorherbestimmt? Vermutlich gehört diese Diskussion an eine andere Stelle, weil sie für alle im Buch vorgestellten Entwicklungsperspektiven gilt, aber ich werde sie hier kurz ansprechen und ihr den Todesstoß versetzen, bevor sie sich zu einem Hirntumor entwickelt.

Die Antwort ist nein. Nichts daran impliziert Teleologie (dass die Natur oder Gott oder wer auch immer »will«, dass bestimmte Dinge passieren) oder Determinismus (dass alles, was passieren wird, genau vorherbestimmt ist).

Fangen wir mit der Teleologie an. Nach Aristoteles und der mittelalterlichen Physik, die auf seiner Philosophie basiert, »will« alles in der Natur irgendetwas, hat also sein eigenes *telos* oder Ziel, das wiederum von Gott festgelegt ist. Modernes Bewusstsein und moderne Wissenschaften haben dieses Telos aus der Natur ausgetrieben und gezeigt, dass es tatsächlich ein hartnäckiges Gespenst, ein Aberglaube war, der für die Mechanik keine erklärende Kraft besitzt. Seitdem hat die Teleologie die merkwürdige, sturköpfige Angewohnheit an den Tag gelegt, immer und immer wieder in noch subtileren Verkleidungen aufzutauchen: zuerst als ein élan vital in der Biologie (die »Lebenskraft«, von der man im 19. Jahrhundert noch glaubte, dass sie Organismen beseelte), dann als »Wille der Evolution« im pathologischen Format des Sozialdarwinismus (wo Menschen glaubten, dass die Herrschaft bestimmter Klassen und »Rassen« über andere von der Evolution »erwünscht« war) oder auch recht aktuell, wenn Leute aus »evolutionären« Gründen für bestimmte Diäten argumentieren, die Leute machen sollten (wobei es gewöhnlich um jede Menge saftige Steaks geht). Gern tritt das Gespenst des Telos auch in Gestalt von Soziologen auf, die dazu theoretisieren, was »die Gesellschaft will« (sogenannter Funktionalismus), oder in Form von Argumenten, die gesellschaftliche Phänomene lediglich dadurch erklären, dass sie ein bisschen »historischen« Hintergrund vermitteln (als ob die Geschichte selbst sozialwissenschaftliche Probleme erklären könnte) – außerdem spukt es nur allzu gern durch die Populärwissenschaft, zum Beispiel wenn wir den Kindern beibringen, dass das Elektron die negative Ladung ausgleichen »will«.

Die Liste ist endlos. In spirituelleren Kreisen stoßen Sie vielleicht auf die Vorstellung vom *eros*, einer Kraft der Liebe, die die Evolution des Kosmos lenkt, oder teleologische Deutungen von Lovelocks berühmter Gaia-Theorie (einer Theorie, die in keiner Hinsicht eine Teleologie implizieren muss). Manche Leute beziehen sich auch auf die Konzepte der Komplexität und der Emergenz in entsprechender, teleologischer Manier. Dass sich die Teleologie fast überall einschleicht, ist ein guter Grund dafür, wachsam zu sein.

Wenn ich über Stufen spreche, die gemäß einer inhärenten Realdialektik geordnet sind, mache ich dann nicht denselben Fehler? Bin ich hier vielleicht teleologisch? Ich würde sagen nein. Ich sage nur, dass es ein *Muster* oder eine *Logik* gibt, die dieser Art von Entwicklung innewohnt, und dass dieses Muster beschrieben werden kann. Es ist das Gleiche, wie wenn man sagt, dass ein Kind, das größer und schwerer wird, wächst. Das ist alles. Wenn ein Kind mit der Zeit mehr Zentimeter und Kilos vorzuweisen hat, nennen wir das *per definitionem* Wachstum. Genauso verhält es sich mit der Bevölkerung: Wenn die Zahl der Menschen zunimmt, ist das *per definitionem* Bevölkerungswachstum. Es liegt nicht daran, dass die Natur oder Gott Größe, Gewicht oder eine größere Zahl von Menschen »will«; das ist lediglich eine Beschreibung wichtiger Aspekte dieser Formen von Wachstum. Es gibt hier eine inhärente Logik. Sie liegt *in der Definition* selbst.

Was ist nun mit Determinismus? Behaupte ich, indem ich von Stufen symbolischer Entwicklung spreche, dass bereits vorherbestimmt – gottgewollt – ist, was in der Zukunft passieren wird? Auch das würde ich verneinen. Zum Beispiel bedeutet die Aussage, dass Kinder zwischen dem Alter von fünf und sieben Jahren größer und schwerer werden, nicht, dass das für ein bestimmtes Kind notwendigerweise zutrifft. Sein Wachstum kann aufgrund von Mangelernährung oder Krankheit oder einer Reihe genetischer oder biochemischer Gründe gehemmt werden. Oder es kann auch von einem Auto angefahren werden und seine Beine verlieren.

Gleichermaßen ist kein Schicksal in Sicht, wenn Gesellschaften symbolische Meta-Meme entsprechend einer bestimmten Realdialektik entwickeln: Es kann uns morgen immer noch ein Komet oder der ökologische Kollaps treffen und das wars dann. In diesem Sinne: *shit just happens*. Wir sagen hier also nicht die Zukunft voraus, sondern weisen lediglich auf einige relevante Muster hin. Wir leben in einer *Hätte-hätte-Fahrradkette*-Welt, die von einer absurden Zahl von Eventualitäten abhängt.

Shit just happens. Aber doch geschieht es in erkennbaren Mustern, die mithilfe von Symbolen beschrieben werden können (oder wenigstens kann man sich ihnen metaphorisch nähern). Diese Muster können immer auch unterbrochen werden und zudem zieht die Beschreibung solcher Muster nicht jedes einzelne Detail des Geschehens in Erwägung.[5]

Dennoch gibt es ebensolche Muster der Entwicklung. Nachdem der Verbrennungsmotor erfunden und die Physik der Aerodynamik entdeckt worden war, war es mit Hinblick auf die Realdialektik irgendwie vorherbestimmt, dass irgendwann mal jemand ein Flugzeug bauen würde – und trotzdem bleiben Aufstieg und Fall des Roten Barons (des legendären deutschen Kampffliegers des Ersten Weltkrieges) eine Besonderheit, die außerhalb der Reichweite irgendeiner dialektischen Erklärung liegt, eine der vielen historischen Irrungen und Wirrungen unterhalb der übergreifenden Muster der Entwicklung.

Ein weiterer Aspekt des Ganzen sollte hier Erwähnung finden. Selbst wenn wir bestimmte Muster beschreiben können, wie Gesellschaften sich entwickeln und wie die Meta-Meme einer ihnen innewohnenden Realdialektik folgen, haben wir noch gar nichts darüber gesagt, welche Folgen oder *Bedeutungen* diese Muster vielleicht haben. In Abhängigkeit von anderen Themen wie technischer Entwicklung, ökologischen Krisen und anderem mehr können sich Entwicklungsverläufe auf eine Vielzahl von Weisen umsetzen und eine beliebige Anzahl von Bedeutungen haben. Außerdem hängt dies von der Perspektive der Interpretin ab: Sie können die Entwicklungsmuster, die ich beschreibe, auf jede beliebige Weise deuten und verwenden.

Vermutlich will ich einfach nur das sagen: *Nein,* die auf den nächsten Seiten beschriebene Abfolge von Symbolstufen ist keine Eisenbahnschiene aus einem Guss, der die Gesellschaft folgen kann und muss, keine Form, in die man Leute zwingen kann und sollte. Wovon hier noch gar nicht die Rede war, ist *Fatalismus,* der eine Kombination von Teleologie und Determinismus darstellt (»Schicksal«) – und natürlich noch viel schlimmer ist.

Symbolstufenentwicklung ist schlicht ein nützliches Muster, wenn man es erkennt – und die Leute, die daran scheitern, es zu erkennen, werden erheblich schlechter dran sein, als die Leute, die das schaffen. Okay, bereit?

Kapitel 11

Die Symbolstufen

Die ersten vier Symbolstufen sind weniger relevant für das Verständnis metamoderner Politik und dafür, wie man eine metamoderne Gesellschaft entwickelt. Diese Stufen behandele ich ausführlicher in meinem Buch *The 6 Hidden Patterns of World History*,. In diesem Buch werden sie später noch Erwähnung finden, doch zunächst werde ich sie nur ganz kurz vorstellen und dann weitermachen mit den traditionellen, modernen, postmodernen und metamodernen Toolkits.

Wir haben es hier also mit der Reise der Sprache durch die Geschichte zu tun, bei der die Sprache neue Symbole und Bedeutungen in sich aufnimmt – und zwar im Zuge der Entstehung größerer Gesellschaften und komplexerer Interaktionen zwischen einer größeren Anzahl von Menschen sowie über größere Distanzen hinweg. Dennoch bleiben sämtliche Symbolstufen über einen erstaunlich langen Zeitraum hinweg existent, selbst nachdem die ihnen nachfolgenden Stufen aufgetaucht sind.

Die ersten drei Symbolstufen: A, B und C

Schon aus vorgeschichtlicher Zeit kennen wir zahlreiche Spuren einer animistischen Kultur mit steinzeitlicher Kunst und Mystizismus, Totemismus, Verehrung der Vorfahren und Stammesbeziehungen. Und selbst lange vor der Zeit, aus der diese Spuren stammen, mindestens 70 000 Jahre vor unserer Zeit, lebten Menschen, von denen man annimmt, dass sie sowohl anatomisch als auch kognitiv sehr genau den heutigen Menschen ähnelten. Für einen langen Zeitraum gab es wenigstens sechs Spezies von Hominiden (darunter beispielsweise der Homo erectus und der Neandertaler). Merkwürdigerweise hinterließen sie keine derartigen Spuren. Insofern muss es menschliche Kulturformen gegeben haben, die der animistischen vorangingen, »archaische« Kulturen, die zwar nur in einem geringeren Grad imaginäre Welten von Kunst und Mystizismus heraufbeschworen, aber dennoch ihre Toten beerdigten (wenngleich ohne viel Ornamente) und die für Kranke und alte Menschen sorgten. Das ist **Symbolstufe A-Archaisch**.

Archaische Kulturen hinterließen keine Kunstwerke. Die Spuren, die wir von Höhlenmalereien und Ähnlichem haben – von vor 40 000 Jahren und später –, scheinen mehr den stammesgebundenen Jäger-und-Sammler-Kulturen von heutzutage zu ähneln. Solche Kulturen finden sich gut beschrieben in der modernen Anthropologie, in der die schwindelerregende Vielfalt an Stämmen und Völkern überall auf der Welt immer noch einigen erkennbaren Mustern folgt: Magie, Animismus, Geisteranbetung, Naturmythen etc. Während solche kulturellen Ausdruckformen auch bei modernen Völkern relativ häufig sind (Astrologie, Glaube an Zauberei, Engel, Geister, Vorfahren, geistliche Medizin etc.), prägen sie nicht wirklich irgendeine der politischen Bewegungen, Wissenschaften oder großen Religionen. Das ist **Symbolstufe B-Animistisch**.

Mit der Ankunft und Entwicklung der Landwirtschaft finden wir das vor, was ich das faustische Zeitalter nenne: Symbolstufe C. Ich spreche von »faustisch«, weil Menschen nun Macht, Ruhm und Herrschaft über andere erlangen können – durch organisierte Gewalt und Anhäufung militärischen Geschicks beziehungsweise die Kontrolle von Gebieten, Ressourcen und Bevölkerungen. Wie in der Geschichte über Faust kann man »seine Seele verkaufen« zugunsten von Aufstieg und Macht. Landwirtschaft bringt eine erste entsprechende Kontrolle über die Natur mit sich und das Ende des nomadischen Lebens ermöglicht die Anhäufung von Werkzeugen, die aus Handwerk entstanden sind. Diese ermöglichen und erfordern wiederum die Differenzierung von Arbeit (Menschen werden Schmiede, Töpferinnen und Bäcker). Im kulturellen Code dieser Stufe finden sich heroische Geschichten wie die von Gilgamesch, der nach seinem Tod ewig in den Mauern von Uruk fortlebt, und die vielen Götter des indoeuropäischen Pantheons, von den Griechen zu den Wikingern und Slaven sowie ihren Entsprechungen beispielsweise im Glauben der Azteken. In den Geschichten, die von diesen Mythologien hervorgebracht werden, können Helden den universalen Kräften der Natur entgegentreten und gegen die Götter rebellieren. Das ist auch der historische Moment, in dem »das Licht der Geschichte« entzündet wird, mit Herodots Berichten vergangener Zeiten und Homers Epen. Diese bestehen aus der Organisation von (Gruppen von) Absätzen zu kohärenten Erzählungen, die MHK-Stufe 9-Konkret entsprechen.

Symbolische Toolkits und symbolische Universen auf der faustischen Stufe werden auch heute noch erfunden und verwendet – man findet sie bei (oftmals kriminellen) Gangs, Organisationen von Neonazis, einigen der gruppen- und stammesgebundenen religiösen Praktiken in Westafrika und, bis zu einem gewissen Grade, in einigen der kulturellen Ausdrucksformen adoleszenter Jugendlicher in westlichen Ländern. Und dennoch ist die Symbolstufe, die aus diesem Meta-Mem entsteht, immer noch von geringerer Bedeutung für das Verständnis der politischen Realität in den skandinavischen Ländern – selbst, wenn sie in Hinblick auf andere Belange von großer Bedeutung ist. Wie auch immer: Das ist **Symbolstufe C-Faustisch**.

Symbolstufe D-Postfaustisch (oder -Traditionell)

Vor rund 2 500 Jahren gab es überall auf dem eurasischen Kontinent eine weitverbreitete Kritik an der Logik, wie sie vom »Recht des Stärkeren« der vermehrt entstehenden faustischen Gesellschaften ausgeht. Diese Kulturkritik behandle ich im Hanzi-Buch über Weltgeschichte unter dem Stichwort »Achsenzeitalter«. Weil es sich dabei um eine Kulturkritik des Faustischen handelt, nenne ich sie »postfaustisch« (genauso wie bei der »post«-modernen Kritik der Moderne).

Relevant ist an dieser Stelle, dass man eine ungefähre Vorstellung dieser Stufe der symbolischen Entwicklung erhält beziehungsweise ein Beispiel vor Augen hat. Es ist die Stufe, auf der sich alle klassischen Religionen befinden: vom Judentum zu Christentum und Islam, über den Zoroastrismus zum Hinduismus mit der Entstehung buddhistischer und jainistischer Traditionen sowie auch den konfuzianistischen und taoistischen Traditionen. Die griechische sokratische Philosophie zeigt viele strukturelle Ähnlichkeiten in Hinblick auf ihre Kritik des faustischen Pantheons.

Alle diese Traditionen *abstrahieren* von den Geschichten und Narrativen ihrer Zeit gewisse *universale* Übereinkünfte (man geht von MHK-Stufe-9-Konkret-Geschichten zu Stufe-10-Abstrakt-Konzepten über). Es gibt nicht nur »die Götter«, sondern einen »Gott über allen Göttern« – die ultimative Abstraktion. Dies findet man nicht nur in abrahamitischen Religionen; im Hinduismus gibt es das Brahman, im Buddhismus eine formlose Leerheit am Grund des Seins, im Taoismus das Tao, Tian (ein Himmel über all den Göttern) im Konfuzianismus, Ahura Mazda (Herr der Weisheit) im Zoroastrismus, ganz zu schweigen davon, wie Plato und Aristoteles begannen, von »Gott« im Singular zu sprechen, trotz der Tatsache, dass sie mit dem polytheistischen griechischen Pantheon und ohne jeglichen Kontakt mit den abrahamitischen Religionen aufgewachsen waren.

Natürlich behaupte ich nicht, dass es zwischen diesen Traditionen keine signifikanten qualitativen Unterschiede gab (oder dass irgendeine von ihnen ein monolithisches System darstellt); insbesondere sokratische Philosophie, Taoismus und Jainismus zeichnen sich meiner Meinung nach durch eine radikalere Kritik an ihren eigenen Gesellschaften aus. Behaupten würde ich *allerdings*, dass es kein Zufall ist, dass sie unter vergleichbaren historischen Umständen erscheinen (das heißt innerhalb von hochentwickelten agrarischen Staatswesen mit schriftlicher Überlieferung) und dass es eine zugrunde liegende Logik gibt, die diese Tatsache erklärt – ich verweise noch einmal auf das Geschichtsbuch *The 6 Hidden Patterns der Weltgeschichte*.

Welche Logik wird von den postfaustischen Symbolen kodiert? Die Grundidee ist, dass es jenseits aller Geschichten, die wir bloßen Sterblichen uns erzählen können, etwas nicht in Worte zu Fassendes gibt, eine universale Wahrheit jenseits von allem, was wir begreifen können, dem wir uns letztlich geschlagen geben müssen. Abgang des Gottkönigs, des Pharaos – Auftritt des rechtschaffenen Rebellen. Abgang von Prometheus und seiner Missachtung der Götter – und Auftritt einer Prozession der Heiligen. Abgang Rebellion, Gewalt und Macht – Auftritt von Kapitulation, Frieden und Harmonie. **Jenseits aller menschlicher Angelegenheiten, jenseits all unserer Dramen und Leidenschaften liegt etwas sehr viel Absoluteres, eine wirklichere Realität als unser alltägliches Leben.**

In diesem Denken gibt es einen Gott oder eine universelle Wahrheit und das menschliche Wesen besitzt eine eigene Seele. Zudem sagen die Postfaustianer uns: Verkaufen Sie Ihre Seele nicht für Vergnügen und Macht! Das ist es einfach nicht wert.

Diese Existenz einer universalen Wahrheit mit großem W bedeutet, dass Rebellion nutzlos ist: Der Rebell Satan ist nicht länger ein cooler Prinz oder Halbgott, sondern das ultimative Symbol des Bösen. Miteinander konkurrierende »Machtgötter« wie Baal werden auf Dämonenstatus herabgestuft; es gibt lediglich *einen* Gott (oder ein anderes grundlegendes Prinzip wie in den östlichen Traditionen).

Aber, und das ist ein großes Aber, **das bedeutet auch, dass kein König, keine Herrscherin und kein Machtausübender irgendeine letztgültige Autorität**

erlangen kann, die über die universelle Wahrheit hinausreicht. Deswegen sind die Heiligen und Propheten rechtschaffene Kritiker und Rebellinnen mit dem Wunsch, ihre Gesellschaften auf eine tiefere, universelle kosmische Ordnung auszurichten. Der chinesische Herrscher bleibt, aber nur solange wie er das himmlische Mandat erhält; er ist nicht länger ein Gott in irdischem Gewand, sondern nur noch ein Mensch in göttlicher Kleidung und im Besitz eines mit Gott geschlossenen Vertrags. Auch in Indien mussten sämtliche Herrscher sich dem *rajadharma* unterwerfen, einem Verhaltenskodex für Könige. Klar, gib Caesar, was Caesar gebührt, aber denken Sie daran, dass in letzter Instanz das Gesetz des Herzens irgendeinem geltenden Recht vorrangig ist. Zudem ist es die höchste Form des Dschihad, das Wort gegen einen ungerechten Herrscher zu ergreifen, wie ein weiterer Prophet anfügt.

Die traditionelle Gesellschaft entsteht aus einer radikalen postfaustischen Kritik an Ungerechtigkeit, Krieg, Sklaverei, Unterdrückung und Herabsetzung – an dem willkürlichen Gebrauch und Missbrauch von Macht. An dieser Stelle realisiert die Menschheit, dass es die Wahrheit ist, die sie erlösen wird. Obwohl sie immer noch in den Grenzen agrarischer, vorindustrieller Gesellschaften operieren, machen sich diese Traditionen auf, geregelte spirituelle Praktiken hervorzubringen, um die menschliche Seele in Richtung einer Verwirklichung dieser letztgültigen Wahrheit zu entwickeln, in Richtung irgendeiner Form der inneren Emporhebung. Und sie machen sich auf, um gerechte, harmonische Gesellschaften hervorzubringen, die auf diese Wahrheit gegründet sind, wie sie von den Erleuchteten offenbart wird, den Propheten oder Botschafterinnen Gottes. Immer mehr suchen die Könige zu zeigen, dass genau ihre Herrschaft wirklich die frömmste sei, dass ihre Macht ebenso universell gerechtfertigt sei wie die natürliche Ordnung der Dinge, dass ihre Vormachtstellung der Wahrheit diene …

Aber welcher Wahrheit? Immer legen die Propheten für uns *einen* wahren Pfad fest – sogar im relativ aufgeschlossenen Glauben des Jainismus – und alle anderen Sichtweisen sind letztlich falsch. Das bringt einen blinden Punkt gigantischen Ausmaßes hervor: **Ethnozentrismus**, das heißt, dass man sich ausschließlich der Sichtweise und Interessen einer bestimmten ethnischen Gruppe, Kultur oder Zivilisation bewusst ist.

Klar, jeder kann ein Christ sein, aber was passiert, wenn jemand das nicht ist. Sobald die »universelle Wahrheit« wie Jesu Wort ernsthaft infrage gestellt wird, eröffnet das in unserer gesamten Realität eine klaffende Wunde. Wenn diese anderen Menschen, wie die Muslime sagen, *nicht* an diese Wahrheit glauben, dann muss entweder die Wahrheit falsch sein oder sie alle müssen fehlgehen beziehungsweise fehlgeleitet oder verdorben sein.

Wenn diese Eine Wahrheit falsch ist, bedeutet das zugleich, dass die Realität selbst, in der ich lebe, die einzige Quelle des Guten, der Liebe und Hoffnung in dieser rauen Welt, nirgendwo gefunden werden kann – dass die Rechtfertigung all meiner Moralität falsch ist. Es bedeutet, dass meine Seele, die mir von Gott auf ewig gegeben ist, nicht existiert. Wenn andere Menschen Gründe entdecken können, diesen Glauben zu missachten, ist dessen Wahrheit vielleicht doch nicht so universell? Nein, das darf so nicht sein! Lasst die Ungläubigen sterben und in der Hölle schmoren – oder konvertieren.

Man wird bereit, andere zu unterdrücken und zu zerstören, um solchen Herausforderungen der eigenen Ontologie (Verständnis der Wirklichkeit), Ideologie (Verständnis, was eine gute Gesellschaft ist) und dem Selbstverständnis (die soziale Konstruktion eines Ichs) zu begegnen und die Grenzen des eigenen symbolischen Universums zu schützen und zu erhalten. Jede Ungläubige wird tatsächlich zur Bedrohung des gesamten symbolischen Universums. Und der Ketzer wird noch bedrohlicher – einer der Unsrigen, der die Wahrheit kennt, aber uns *dennoch* verrät. Beachten Sie, wie schauerlich das Wort »Ketzer« (im englischen Original: *heretic*) selbst in seiner geschriebenen Form erscheint; das ist ein Erbe der postfaustischen Symbolstufe.

In seinem Griff nach Universalität bringt dieser bestimmte Code eine geistlose Verteidigung seiner eigenen Besonderheit hervor, bei der Abtrünnige und Fremde scharf ausgegrenzt und bestraft werden. Wo er nach universeller Solidarität und Schwesterlichkeit greift, erzeugt er Grenzziehungen und heilige Kriege. Anstatt uns zur Suche nach der universellen Wahrheit zu führen, behauptet er, bereits im Besitz der Wahrheit zu sein, und richtet die Inquisition ein; er unterdrückt alle anderen Sichtweisen mit Eifer und missionarischem Wahnsinn. Und obwohl er nach Erbarmen und Freundlichkeit im Namen der Armen und Bedrängten verlangt, verschafft er so Königinnen und Bischöfen die Rechtfertigung, uns zu beherrschen und zu betrügen.

Selbst heutzutage schließen sich, global betrachtet, immer noch ein Großteil der Erwachsenen irgendeiner religiösen Glaubensrichtung an – oder wenigstens einer monolithischen und monoperspektivischen Tradition eines Landes oder einer Kultur. Obwohl dazu natürlich nicht die Mehrheit von Menschen in Ländern wie den skandinavischen gehört, ist dies immer noch der Code, der am häufigsten in menschlichen Organismen installiert und heruntergeladen wird. Obwohl vielleicht die meisten unserer Institutionen von modernem Denken geprägt sind, nutzt die Menschheit – hier verstanden in einem demografischen Sinne – immer noch hauptsächlich den Code von **Symbolstufe D-Postfaustisch**.

Und unsere Freunde, »die neuen Atheisten« (Richard Dawkins, Daniel Dennett, Sam Harris, der späte Christopher Hitchens) haben immer noch eine Menge Arbeit vor sich.

Symbolstufe E-Modern

Wenn die »Wahrheit« *im wahrsten Sinne* universell sein soll, so die Pioniere der wissenschaftlichen Revolution und der Aufklärung, sollte sie dann nicht für uns alle verifizierbar sein? **Heißt: Sollte sie nicht *intersubjektiv überprüfbar*** sein **(oder »falsifizierbar«, wie Blaise Pascal und Karl Popper klarstellten), sodass wir sicherstellen, dass das, was Sie sehen, auch das ist, was ich sehe?**

Warum sollten wir den Worten anderer vertrauen – und stammten sie auch von den Botschaftern Gottes –, wenn wir selbst nicht in der Lage sind, diese zu überprüfen, und unsere eigene Wahrnehmung dann von anderen gegenprüfen zu lassen. Wenn wir beide, Sie und ich, die Monde des Jupiters sehen, dann sind die Monde des Jupiters doch sicher vorhanden? Wenn nur ich Engel und Kobolde sehe und sonst niemand, ist es dann nicht sicherer anzunehmen, dass es keine Engel und Kobolde gibt?

Dieser Gedankengang führt uns den Pfad des Materialismus, Reduktionismus, Positivismus, Determinismus und Szientismus hinab: Es gibt »da draußen« eine wirkliche Realität und mithilfe von Intersubjektivität, Verifizierung, durch *Wissenschaft* und wissenschaftliche Methode (Induktion, Deduktion und Ableitung) können wir die Fesseln der subjektiven Illusion aufsprengen und die *wirkliche* Welt zum ersten Mal erkennen.

Jenseits unserer Sinne, unserer Geschichten, Gefühle, Gedanken und sozialen Konventionen liegt eine graue, farblose Welt, bestehend allein aus bedeutungslosem Zeug, das blind einer unveränderlichen, mechanischen Logik folgt, die von niemandem und nichts bei der Morgendämmerung unseres Universums festgelegt wurde. Die Welt der *Fakten*. Alles, inklusive unseres Bewusstseins, ist eine riesige Maschine, zusammengesetzt aus Partikeln oder

Wellen, die zusammenstoßen und zusammen sämtliche Phänomene hervorbringen, die wir kennen: Evolution, DNA, Energie, Entropie, Atome, Symmetrie, Quanten, Kosmologie, Raumzeit – alles zusammengehalten von derselben grundlegenden Arithmetik. Doch selbst die Partikel und Wellen sind nur oberflächliche Aspekte des allgegenwärtigen Feldes, die das Universum durchdringen und konstituieren. Die wissenschaftliche Methode sowie die Werkzeuge, die unsere eigene Wahrnehmung erweitern, verhelfen uns dazu, »unsere Sinne loszuwerden«: weil unsere Sinne uns betrügen. Sie taugen lediglich dazu, einen winzigen Teil der Realität wahrzunehmen und sich dazu zu verhalten, so wie das auch für unseren vernunftbegabten Verstand gilt. Indem wir unseren Verstand disziplinieren und verbiegen, sprengen wir die Fesseln der Illusion auf.

Physik wird Chemie wird Biochemie wird Biologie wird Psychologie wird Soziologie. Mit jedem Schritt verliert man einiges an Eleganz und Präzision – aber das liegt einzig an der Unvollständigkeit unseres Wissens. Auf jedem dieser Level steht dieselbe Bacon'sche wissenschaftliche Methode (erfunden von Francis Bacon) unangefochten an erster Stelle. Es gibt nur eine Realität, eine in Stein geschriebene Wahrheit. Und zwar in der Physik.

Anfänglich behielt René Descartes »die Seele« als einen eigenartigen Geist in der Maschine, doch bald genug konnten alle solche Geister ausgetrieben werden und zurück blieb allein die Maschine. Die Maschine – in ihrer blinden, end- und sinnlosen mechanischen Bewegung – ist die ultimative Realität, die letzte Wahrheit jenseits aller Wahrheiten. Laplace hat das formuliert: Wenn es einen »Dämon« gäbe, der sämtliche Positionen und Geschwindigkeiten aller Partikel im Universum kennen und errechnen könnte, wüsste dieses Wesen alle Dinge, die jemals geschehen würden. »Was ist mit Gott?«, fragte Napoleon und Laplace erwiderte: »Eure Majestät, für diese Hypothese habe ich keine Verwendung.«[1]

Abgang Gott. Abgang Jesus und Mohammed sowie sämtliche Heilige und ihre unbegründeten Geschichten, stets abhängig von subjektiver Meinung und historischen Zufällen. Letztlich wurden wir betrogen und manipuliert von einem Haufen, den man letztlich nur als machthungrige und selbstgerechte Kiffer bezeichnen kann, die sich Realitäten zusammengeträumt haben, die ihnen in den Kram passten. Doch nun erwachen wir, reifen heran und das *Individuum* kann Verantwortung übernehmen und sich seine eigene Meinung bilden, kann erkennen, ob das einen Sinn ergibt. Das Individuum ist befreit und ermächtigt durch die Wissenschaft – die Würde des Menschen wird zur Welt gebracht im Lichtschein ihrer elektrischen Lampe. Auch im wörtlichen Sinne: Todesfälle unter der Geburt sowie Kindessterblichkeit nehmen dramatisch ab.

Zurück lassen wir die *privaten Offenbarungen*, diejenigen, wie man sie in abgelegenen Höhlen nach vierzig Tagen der Einsamkeit erfährt, und bringen stattdessen öffentliche *Offenbarungen* hervor – die von jedem menschlichen Wesen kraft seiner eigenen Sinne, Verstand und Ratio bestätigt werden können. Nicht länger ist die Menschheit ein Sklave der maßgeblichen Behauptungen anderer. Menschen können sich ihres eigenen Verstandes bedienen und begegnen im universellen Wissen zum ersten Mal ihren Gefährten als Gleiche unter Gleichen: der informierte Mitbürger erblickt das Licht der Welt.

Auftritt Francis Bacon, Newton, Darwin und Einstein! Auftritt Erfindungen, angefangen bei James Watts Dampfmaschine zu Thomas Edisons Verfeinerung der Glühbirne, Nikola Teslas Wechselstrom bis zu Penicillin und dem Computer. Die lange Geschichte von Finsternis, Unwissenheit und Vorurteil ist vorbei. Der Fortschritt hat begonnen.

Haben wir, die Modernen, die Spiritualität verloren? Nein, wir sind *noch* spiritueller, als die Menschen der traditionellen Religionen es jemals waren. Wir sind aufgeklärt. Die religiöse Überlieferung spricht von Gott und göttlichen Universalitäten, vom Himmel und der individuellen Seele. Aber wir entdecken die wahren Universalitäten, die SI-Basiseinheiten des internationalen Einheitensystems, die Realität jenseits unserer Sinne – und in seiner umwerfenden Eleganz und unvorstellbaren Weite ist unser Universum viel größer, viel Ehrfurcht gebietender, schöner und mysteriöser als Eures. Sehen Sie sich diese makellosen, kristallklaren Linien an, die die kosmische Ordnung definieren, ruhend unterhalb jeder scheinbar chaotischen Oberfläche und in jedem ebensolchen Ereignis. Das ist objektiv. Können Sie dieses wunderschöne Wort schmecken? *Objektive* Wissenschaft einer *objektiven* Realität, durch die wir zu unseren gesellschaftlichen und individuellen Zielen (im Englischen: *objectives*) gelangen.

Das Individuum ist nicht länger durch Autoritäten definiert, sondern versteht sich nun in seinem Bezug zu den Naturgesetzen – Gesetzen, die wir fortlaufend erforschen müssen, im Rahmen einer aufrichtig miteinander diskutierenden Gemeinschaft Gleichberechtigter, in der jede Person die Würde besitzt, ihren eigenen Weg zu entdecken und sich ihres eigenen Verstandes zu bedienen.

Außerdem entdecken wir die *wirklichen* Himmel, indem wir die Lüfte erobern, den Weltraum selbst durchqueren, auf dem Mond landen und durch die genialen Fortschritte der Medizin Erlösung bringen – eine Medizin, die *wirkt*; besser, als irgendeines Ihrer Gebete es jemals getan hat. Wir ernähren die Menschen der Welt, wir erschaffen unermesslichen Überfluss.

Moses teilte und durchquerte nicht das Rote Meer; das war eine schmutzige Lüge, der man sich gebrauchte, damit die Menschen ihm folgten. Aber selbst wenn er das getan hätte, würde uns das nicht beeindrucken. Unser Gott Wissenschaft – das Wissen der Wahrheit selbst – ist immer noch um so vieles größer. Das Meer teilen? Ist das das Beste, was Ihnen eingefallen ist? Wir überqueren es in einer Boeing mit dem Hundertfachen der Geschwindigkeit, trinken Kaffee ohne eine einzige Blase an unseren Füßen und mit einer viel besseren Aussicht. Außerdem haben wir die Sklaverei abgeschafft, *weltweit*. Ätschibätsch, Moses.

Sie sagen, dass Ihr »Gott« eine universelle Ordnung schafft. Aber alle Gesellschaften, die Sie geschaffen haben, sind reich an bizarren Zufällen. Wir erschaffen eine geordnete Bürokratie mit Rechtsgrundsätzen, die einen hochproduktiven und -innovativen Markt organisiert, der seinerseits den Treibstoff für einen Sozialstaat liefert. Universeller Friede? Von Tag eins an waren Sie angriffslustig, Religionskriege toben bis zum heutigen Tag. Hat es jemals einen Krieg über Wissenschaft gegeben, auch nur ein einziges Scharmützel? Nein.

Vielleicht wäre es nett, wenn es tatsächlich einen Himmel gäbe, wenn Menschen wirklich Seelen hätten, die nach unserem Ableben weiterlebten, wenn es für uns eine vorgegebene Bedeutung gäbe, eingeschrieben in das Gefüge der Realität selbst. Aber letztlich waren das alles immer nur Fantasien. Menschen haben sie sich ausgedacht, entweder weil uns die *wirklichen* Erklärungen für die Dinge fehlten oder weil wir an sie glauben wollten. Einschlaflieder.

Aber *wirkliche* Reife kann der Wirklichkeit ins Auge sehen. Klar, wenn ich dann sterbe, sterbe ich, verdammt noch mal. Ist das so schlimm? Muss ich deswegen eine Heulsuse sein und denken, dass ich mit Oma und einer vergoldeten Harfe durch die Lüfte flattern werde? Klar, das Universum ist dann eine tote Maschine, die blind ist – das immer schon war und immer sein wird – und mir und dem Rest der Menschheit gegenüber gleichgültig. Na gut, das ist schon in Ordnung. Sehen Sie der Tatsache ins Auge und dann wird es auch nicht so beängstigend. Eigentlich fühlt es sich in gewisser Weise frisch, klar und gut an. So oder so ist das immer noch die Wahrheit, die einzige, die Sie je erfahren werden. Finden Sie sich einfach damit ab und fahren Sie mit Ihrem Leben fort.

Ich kann verstehen, dass Menschen in der Vergangenheit, die es wirklich nicht besser wussten, alle Arten von bizarren Dingen glaubten. Ich meine, ich würde das auch tun, wenn ich nichts über die Wissenschaft gelernt hätte, über die *wirkliche* Realität. In Anbetracht der modernen Welt und Wissenschaft ist dieses Festhalten an dem narzisstischen, selbstgerechten, inzüchtigen Unsinn, dass es bei der gesamten Realität ausschließlich um Sie und nur um Sie geht, allerdings irgendwie nicht mehr so nett. Das verletzt Menschen, das verursacht unnötige moralische Schuld, Vorurteile und Konflikte, und es verhindert echten Fortschritt und echte Lösungen für unsere Probleme.

Ihre Welt ist eine kleinere Welt, gemacht für ein kleineres menschliches Wesen. Ehrlich gesagt sind Ihre Vorstellungen tatsächlich Bockmist. Ein Universum, das keine vorgegebene Bedeutung besitzt, das lediglich reine, offene Bedeutungslosigkeit ist und in dem wir selbst Bedeutung erschaffen müssen – sei es durch wissenschaftliche Forschung, politischen Kampf, künstlerischen Ausdruck oder einfach nur durch Annehmlichkeiten, Liebe und Spaß – ist *um so vieles* aufregender. Außerdem ist Sterben, was lediglich die Tatsache des Geborenseins umkehrt, eigentlich viel tröstlicher als eine Ewigkeit müßigen Harfenspiels.

Nichtdestotrotz: Ich werde Sie nicht verurteilen. Wenn Sie dieses Wiegenlied wirklich brauchen, machen Sie damit weiter. Wer wäre ich, darüber ein Urteil zu fällen? Schließlich ist das eine Sache des *Individuums*. Das liegt bei Ihnen. Und anders als Sie bin ich mir meiner Wirklichkeit so sicher, dass ich kein Bedürfnis verspüre, andere mittels metaphysischer Nötigung (Hölle) zu bedrohen, oder ihnen unter Androhung von Gewalt irgendetwas aufzwinge. Ich bin nicht wie Sie – meine Universalität kommt nicht aus der Trommel einer Pistole (die ich erfunden habe), sondern aus Vernunft und fairer Debatte. Worauf ich dennoch bestehe, ist, dass alle die besten verfügbaren Informationen erhalten, damit sie eine informierte Entscheidung treffen können. Niemand sollte im Unklaren gehalten und dazu gezwungen sein, groteske Dinge aufgrund von Unwissenheit glauben zu müssen. Jeder und jede sollte eine faire Chance erhalten.

Was ich tatsächlich *nicht* verzeihen kann, Freundchen, ist der Missbrauch wissenschaftlicher Autorität für dubiose Zwecke und abscheuliche religiöse Ausflüchte: die violett und türkis strahlenden »subtilen Energien« und die »Quantenheilung« von New-Age-Scharlatanen, die uns immerzu Ratgeber und wertlose Edelsteine verkaufen und unsere Aufmerksamkeit von den wirklichen Problemen des Lebens ablenken. Louise Hay, die meint, Krebs sei von unseren eigenen Problemen verursacht und könnte von uns weggedacht werden.

Deepak Chopra, der gewohnheitsmäßig und auf rituelle Art der Quantenphysik Gewalt antut mit seinem tiefgründig klingenden, inkohärenten Nonsens. Sie haben die Grenze überschritten, Mister. Es kann kein Erbarmen geben für die Verbreitung von Pseudo-Wissenschaften sowie gegenüber Anführerinnen von Kulten und Vertretern von »Indigo-Kinder«-Ideen. Die Raubtiere und Heuchler, die all diese Pseudo-Wissenschaften hervorbringen, zeigen auch kein Erbarmen für die armen, verwirrten Menschen, die sie betrügen, ausbeuten und belästigen – und deswegen können sie auch von mir keines erwarten.

Die Wirklichkeit ist eine herbe Geliebte. Doch auf eine gewisse Weise ist die Wirklichkeit tatsächlich gerecht. Leute erhalten tendenziell, was sie verdient haben. Die Leute, die stark genug sind, der Wahrheit ins Gesicht zu blicken (und keine Ausflüchte suchen beziehungsweise damit anfangen, die Welt für eine endlose Nabelschau zu missbrauchen), werden am Ende siegreich sein. Während diese Loser auf ihren Knien lagen und von einem Geburtstagskuchen ihrer Götter fantasierten oder hofften, »besonders« mit geheimen magischen Kräften begabt zu sein, waren wir draußen in der wirklichen Welt und entdeckten die Evolution, die Relativitätstheorie, Quantenmechanik, Genetik und Informatik. Wir hatten mehr Spaß dabei *und* unser Wissen brachte Ergebnisse hervor: echte, klare, harte, wirksame, verlässliche, wiederholbare, köstliche Ergebnisse. Die Wahrheit belohnt – logischerweise – diejenigen, die um sie wissen. Und diejenigen, die vor ihr zurückschrecken, werden von ihr – gemäß derselben klaren Logik – abgestraft.

Wenn ihre Götter sie dann verlassen, kommen sie in unsere modernen Krankenhäuser gekrochen, bettelnd um ein Heilmittel, das nur eine akribische, schwer verdiente Wissenschaft ihnen gewähren kann. Wir flicken sie wieder zusammen und übernehmen für sie Verantwortung. Weil das eben jemand tun muss. Oh Mann …

Das also war **Symbolstufe E-Modern**, oftmals operierend ausgehend von einer MHK-Stufe-11-Formal-Logik.

Symbolstufe F-Postmodern

Aber Moment mal, sagen der »romantische« Kritiker aus dem 19. Jahrhundert, die Poststrukturalistin, der kritische Sozialtheoretiker, die gegenkulturelle Bewegung, der Tiefenökologe und der intellektuelle queer-feministische Hipster:

Wenn Ihr Anspruch auf Realität auf intersubjektiver Überprüfbarkeit **beruht, sollten dann nicht *alle* Perspektiven eingeschlossen werden und eine Stimme erhalten?**

Es liegt ein zentraler Fehler in dieser Idee intersubjektiver Überprüfbarkeit: Namentlich, dass sie voraussetzt, dass jedes Individuum von seinem gesellschaftlichen Kontext unabhängig ist. Was ist nun aber, wenn etwas in diesem Kontext *alle* anwesenden Individuen beeinflusst, sodass sie alle etwas für wahr halten, das unter anderen Umständen als falsch angesehen würde? Es gibt Dinge wie eine gemeinsame Sprache, soziale Hierarchien, Gruppenzwang, verdeckte oder unbewusste Annahmen, Vorurteile und ökonomische Interessen. Sie alle bilden den *Kontext*, innerhalb dessen jegliche intersubjektive Überprüfung stattfinden muss und der somit das beeinflusst, was dann für »die Wahrheit« gehalten wird. Diese Dinge tauchen allerdings nicht auf zufällige Weise auf: Sie folgen klaren Mustern, die einige Stimmen, Wahrheiten und Perspektiven wiederholt und systematisch ausschließen. Zudem werden die absurdesten, gewalttätigsten und unterdrückerischsten Überzeugungen als intersubjektiv überprüfte Wahrheiten willkommen geheißen, weil wir alle unter einer Decke stecken. Sicherlich können wir nicht alle falsch liegen? *Yes, Mr. President, we can.*

Wenn Ihre Wahrheit so universell ist, wie kann es dann sein, dass sie nur aus Perspektive einer modernen, gebildeten (oftmals weißen und männlichen) Mittelklasse wirklich sinnvoll erscheint? Ich argumentiere hier nicht mit den jeweiligen Ergebnissen aus der Wissenschaft – wenn man einen Fels fallen lässt, fällt er, da stimme ich zu, und wenn eine Medizin wirkt, dann wirkt sie –, aber wie kann es sein, dass Ihre moderne, universelle Weltsicht so viele Menschen und Tiere unterdrückt hat?

Lassen Sie uns mit den indigenen Kulturen beginnen. Als die moderne Zivilisation in Grönland auftauchte und die Inuit »zivilisierte« (durch die Hand dieser nervigen Dänen), fiel ihre Kultur wie ein Kartenhaus in sich zusammen. Das hatte unglaubliches Leid zur Folge und viele unter ihnen verfielen am untersten Ende der dänischen »modernen« Gesellschaft dem Alkoholismus. Wenn Sie noch ein wenig weiter in der Zeit zurückgehen, sieht man, wie die europäischen Mächte bewusst und planvoll andere im Namen der Zivilisation und Moderne eroberten und ausbeuteten, wobei sie behaupteten, dies sei die wissenschaftlich untermauerte Ordnung der Dinge. Aber selbst wenn Sie nicht bis zum Kolonialismus zurückgehen, auch heute werden die meisten der indigenen und traditionellen Kulturen überall auf der Welt schwer getroffen von einem nicht enden wollenden Ansturm der Kommerzialisierung, Instrumentalisierung, Bürokratisierung und sozialen Abwertung. Sind das lediglich überfahrene Tiere am Straßenrand der universellen Wahrheit, von der Sie behaupten, Sie hätten sie im gymnasialen Physikunterricht entdeckt?

Und was ist mit dem Modernisierungsprozess selbst? Sie behaupten, es gäbe keine Wissenschaftskriege. Aber haben Sie schon einmal festgestellt, dass andere Kriege geführt werden, die direkt von der Eitelkeit des modernen Projekts herrühren? Sehen Sie sich an, wie China und die Sowjetunion sich modernisiert haben – Millionen und Abermillionen von Menschen starben. Ach wie, das war keine *wirkliche* Modernisierung? Nur die westliche Modernisierung ist echt? Weil daraus moderne Länder wurden, oder was? Und was ist mit den USA? Warum ist das Schwarzbuch von Menschenrechtsverstößen dort derartig dick, wenn man dort doch so aufgeklärt ist? Erhalten diese Opfer denn kein Mitspracherecht, was die universelle Wahrheit angeht, der man im Einführungskurs der Chemie begegnet? Wo wir gerade bei Chemie sind: Wussten Sie, dass das britische Empire anfing, chemische Farben zu verwenden und damit quasi über Nacht den indischen Markt für Indigofarben – den das Empire selbst geschaffen hatte – zum Einstürzen brachte und Millionen den Hungertod sterben ließ? Ach wie, das war auch keine wirkliche Modernität oder was? Wie ist es mit der traditionellen indischen Gesellschaft, erhält sie kein Mitspracherecht? Wissen Sie beispielsweise, dass der größte und blutigste Krieg des Jahres 2016 im Kongo stattfand? Er war die Langzeitfolge einer der schlimmsten Gräueltaten in der Geschichtsschreibung, begangen von aufgeklärten, modernen Abendländern, weil die nämlich ihre ach-so-gepriesene Rationalität einsetzten, um die afrikanische Bevölkerung dazu zu zwingen, Kakao und Gummi arabicum anstelle von Nahrungsmitteln herzustellen, damit man die delikate belgische Schokolade genießen konnte. Ist Ihnen das klar? Ach ja, und woher kommen wohl die Mineralien in Ihrem Smartphone?

Wenn die universelle Ordnung der Aufklärung, die Sie so großzügig mit dem Rest der Welt teilen, alle Individuen befreit, wie kann es dann sein, dass eine weibliche *De-facto*-Sklavin aus Bangladesch das T-Shirt gemacht hat, das Sie tragen? Vielleicht nicht unter unmittelbaren Drohungen, aber doch damit ihre Kinder nicht an westliche Touristen prostituiert werden? Arbeitet sie erst einmal in einer Textilfabrik, wird sie *tatsächlich* auch körperlich bedroht und ihre physische Gesundheit ist gefährdet. Was für eine wundervolle universelle

Ordnung das ist. Gut, dass wir uns ständig intersubjektiv vergewissern können, dass das Leben dieser Menschen immer noch beschissen ist.

Oder was ist mit den Patienten? Die moderne Medizin ist mächtig, da haben Sie recht. Impfstoffe sind gut, meistens zumindest. Aber die Geschichte der modernen Medizin ist ein Marathon des Missbrauchs durch Ärzte, die davon überzeugt waren, sie hätten eine objektive Wissenschaft auf ihrer Seite. Wie viel Macht haben sie nicht missbraucht, um Menschen zu lobotomisieren oder zu kastrieren – bis *politische*, nicht wissenschaftliche gesellschaftliche Strömungen sich wandelten? Ach was, diese Patienten waren schwach und verrückt. Sie haben natürlich keinen Ausblick auf die universelle Wahrheit.

Und wie kann es sein, dass diese universelle Intersubjektivität immer dafür sorgt, dass Männer recht haben und Frauen übergangen werden? Ich meine, man muss wirklich gründlich suchen, um die Frauen in der Wissenschaftsgeschichte zu finden.

Und wie kann es sein, bei diesen superobjektiven Wissenschaften, dass die Paradigmen sich dennoch in so ziemlich jeder Generation verschieben, in Abhängigkeit davon, wer die akademischen Machtkämpfe gewinnt? Man bewegt sich von Newtons Universum zum Einstein'schen, wobei sich dann wieder herausstellt, dass Einstein in Hinblick auf die Quantenphysik falschlag und dass es im Universum schließlich doch »spukhafte Fernwirkungen« gibt – und Gott wahnsinnig viel mit Quantenwürfeln spielt. Alle sind sich ihrer Sache so sicher, dass sie im Besitz der *wirklichen* Wirklichkeit sind, dass sie objektiv sind – und doch stellt sich ständig heraus, dass sie falschliegen, dass ihre Einsichten, immer und immer wieder, mehr an die Kultur und ihre eigenen Interessen gebunden sind, als irgendjemand das erwartet hatte. Wohl doch nicht ganz so universell, was?

Und was ist mit der Überprüfbarkeit von so Zeug, das in Hinblick auf Bildung, Stufe der kognitiven Komplexität oder Zugang zu Informationen jenseits des Verständnisses einer Person liegt? Ich meine, was ist, wenn Leute eine große Entdeckung einfach deswegen nicht für wahr befinden, weil sie zu dumm oder zu ängstlich sind oder irgendeiner anderen Vorstellung mehr zuneigen? Sollte das irgendwann mal geschehen sein? Passiert das etwa immer noch all überall in den Wissenschaften? Na, darauf können Sie wetten.

Und wenn sich die wissenschaftliche Community *doch* einmal einig ist, spielt es dann eine Rolle, dass die meisten von ihnen mehr oder weniger aus denselben gesellschaftlichen Schichten stammen? Würden sie nicht andere Fragen stellen, wenn sie aus anderen Gruppen mit anderen Interessenslagen kämen? Und wie sieht es mit der Pharmaindustrie, der Fleischindustrie, der Zuckerindustrie und der Tabakindustrie aus? Stellen Sie sich vor, irgendeines dieser kleinen Schätzchen hätte irgendwann mal die Wissenschaft beeinflusst – diese heilige, objektive, supereffektive Kraft, der sich alle spaßbefreiten Typen, wie Sie selbst einer sind, sich verschrieben haben.

Und überhaupt, wer bestimmt eigentlich, was »effektiv« ist? Was, wenn ich die beste Methode hätte? Und deren Ergebnisse um ein Vielfaches effektiver »pro ausgegebenem Euro« wären wie Ihre Methode … bei der Tötung von Menschen. Ach, Sie denken, Menschen zu töten ist schlecht? Das ist Ihre *Meinung*. Ich sehe mir nur die *Fakten* an, jaja. Und es trifft sich, dass ich *objektiv* recht habe und Sie unrecht. Meine Methode ist effektiver. Sagt die Wissenschaft. Jawoll.

Noch bevor aus der Welt »objektive« Wissenschaft wird, mein lieber Modernista, ist sie **phänomenologisch**. Zunächst und vor allem haben Sie immer nur Ihre subjektive Erfahrung der Dinge-wie-sie-sind, und zwar immer in genau-diesem-Augenblick. Und das ist die einzige »objektive« Realität, die Sie jemals bekommen werden.

Zudem ist die phänomenologische Erfahrung der Realität immer gebunden an **gesellschaftliche Konstruktionen**. Es gibt keinen Zugriff auf die »wirkliche« Realität außer über den Gebrauch von Symbolen: Wenn Sie einen Stuhl betrachten, interpretieren Sie ihn im Moment der Betrachtung als Stuhl – also als Symbol, nicht als »objektive Realität«.

Selbst eine Idee aus der Physik wie zum Beispiel das Wasserstoffatom ist Ihnen lediglich zugänglich durch den Gebrauch sozial konstruierter Symbole. Egal wie viel Creditpoints Sie als Studierender im Fach Physik angesammelt haben oder ob Sie einen Nobelpreis gewinnen, stets verstehen Sie die Welt immer nur durch Symbole, die andere Ihnen beigebracht haben. Und, noch einmal, diese Symbole stellen *keine* direkte Verbindung zur objektiven Realität her. Es ist eben so, dass einige Symbole sich als nützlichere Metaphern herausstellen, wenn es darum geht, die Muster der Beziehungen zwischen anderen Symbolen zu beschreiben. Darum geht es. Sie haben in der Illusion gelebt, Sie seien über Illusionen erhaben.

Sie sagen, Sie seien gereift, hätten Gott getötet, und dass sie all dem entwachsen sind. Aber ich, der postmoderne Verstand, sehe in Ihnen einen hilflos gottesfürchtigen Gläubigen. Das liegt daran, dass Sie denken, es gäbe einen »objektiven« Standpunkt im Nirgendwo, eine universelle, graue Hintergrundwirklichkeit, die niemals von irgendjemandes Perspektive abhänge. Aber *wo* genau finden Sie diese Wirklichkeit außer denn als Teilmenge Ihrer subjektiven Erfahrung und Ihrer Symbole, die andere Leute Sie in der Schule gelehrt haben? Wie gelangen Sie *wirklich* über Ihre eigene Perspektive hinaus, die die Interaktion mit anderen in Ihnen hervorgebracht hat? Ich hoffe, meine Frage ist Ihnen nicht unangenehm?

Ach, Sie bleiben standhaft? Sie *wissen* einfach, dass etwas da ist, nicht wahr? Sie können es nicht sehen, anfassen oder fühlen, zumindest nicht außerhalb ihrer eigenen Subjektivität oder Symbole, aber Sie – wie heißt das Wort? – ja, Sie *glauben* fest daran. Sie legen einfach Ihr Vertrauen darein, dass es da draußen wirklich eine graue, farblose Maschinenwelt gibt, mit Einer Wahrheit, Einer universellen Existenz in den Nicht-Augen des Nicht-Gottes.

Yep, da haben Sie es. **Sie haben niemals damit aufgehört, an Gott zu glauben, Sie Penner. Sie haben Ihn lediglich mithilfe einer einfachen Negation auf eine Hinterbühne verbannt.** Aber diese Negation setzt immer noch einen Gott voraus. Sie folgen immer noch demselben Schachzug wie Newton und Descartes: mit der Ausnahme, dass Letztere noch zugaben, sie nähmen an, die Realität werde von den Augen Gottes ermöglicht. Sie haben Gott nicht getötet; Sie haben sich seiner entledigt.

Die ganze Zeit hatten Sie es sich in Seinem heiligen Schoß eingerichtet, wobei Ihr Nicht-Gott mit einem »Standpunkt im Nirgendwo« einfach nur vollkommener Unsinn ist. Das ist ein religiöser Glaube und nichts sonst. Und aus dieser »objektiven« Position, die immer schon eine schmutzige Lüge war, haben Sie die Welt objektifiziert und instrumentalisiert und außerdem ein riesiges Extraktionsprojekt gerechtfertigt, in dem Sie alles und jedes als eine Ihnen rechtmäßig zustehende Ressource ausbeuten. Das ist schamlos, unaufrichtig und zutiefst schädlich.

Noch einmal von vorn. Alle wissenschaftlichen Beweise verweisen auf eine einfache Tatsache: dass Menschen Tiere sind wie andere Lebewesen auch. Das bedeutet, dass ein Schwein oder eine Kuh ebenso wertvoll ist wie beispielsweise ein kleines Kind. Das lässt sich nicht leugnen, zumindest aus naturwissenschaftlicher Perspektive. Das ist vollkommen unstrittig. Erzählen sie mir deswegen noch einmal ganz genau, wie Ihre universelle Wissenschaft rechtfertigt, dass Sie jedes Jahr mahr als neunzig Milliarden Landtiere[2] – von denen etliche Milliarden in Hinblick auf ihr Lebensalter menschlichen Kindern entsprechen – versklaven, foltern und mit Messern aufschlitzen; ohne Prozess verurteilt zum Tod durch die Gabel. Erklären Sie mir bitte genau, inwiefern das »Fortschritt im Lichte universeller Wissenschaft« darstellt. Erzählen Sie mir noch einmal von Ihrem allgemeingültigen Standpunkt, davon, wie wundervoll intersubjektiv überprüfbar all das ist. Hab ich's mir doch gedacht...

Und diese Zivilisation, die Sie errichtet haben. Sie haben vor Kurzem damit geprahlt, besser zu sein als Moses, mit ihrer Boeing und alldem. Aber es war nicht Moses, der die Malediven durch globale Erwärmung in den Ozean versenkt hat. *Sie* sind dabei, das zu bewerkstelligen, nicht zuletzt mithilfe der CO_2-Emissionen Ihrer Düsenflugzeuge. Auch »unter dem Meer« ist kein besonders interessanter Lebensraum mehr – denn *Sie* haben all die Fische und Meereslebewesen getötet, über eine Billion pro Jahr. An alldem ist Moses unschuldig und Sie schuldig im Sinne der Anklage. Wissen Sie, dass Fische ein ziemlich fortgeschrittenes sensorisches Empfinden besitzen?[3] Und Sie lassen sie massenhaft einen wirklich grauenhaften Tod sterben. In Ihrer aufgeklärten Objektivität verschmutzten Sie dann auch noch das übrige Meer, weil Sie Plastiktüten brauchen für die Snacks, die Sie verzehren, während Sie Fernsehen gucken und Videogames spielen.

Es ist Ihnen bewusst, dass die Zivilisation, die Sie errichtet haben, nicht nachhaltig ist, oder? Jede »objektive« Analyse besagt, dass wir enorme Risiken eingehen, und noch immer gibt es von Ihnen darauf keine wirkliche Antwort, geschäftig, wie Sie sind, ausstaffiert mit einem Anzug und alldem und dabei, Geld zu verdienen und Zeug in Villen anzuhäufen. Dinge »von Bedeutung und Wert«.

> »HALT DIE KLAPPE! Halt die Klappe, du Arschgesicht! Oder ich werde Ihren Schädel spalten und zusehen, wie ihr ekelhaftes relativistisches, moralistisches Snob-Hipster-Gehirn die Straße beschmiert!«

Hoppla, halt! Moderne, sind das wirklich *Sie*? Wo sind Sie denn gewesen? Sie sehen schrecklich verwahrlost aus. Haben Sie getrunken? Legen Sie jetzt *bitte* die Brechstange weg. Ganz langsam, wo ich sie sehen kann. Hören Sie, selbst wenn Sie meinen Kopf aufspalten, werde ich schlussendlich doch nur wie ein Picasso aussehen; noch in meinem Tod wird meine multiperspektivische Kritik gegenüber Ihrer Weltsicht erneut siegreich sein. Das ist es nicht wert.

> »Wagen Sie nicht, auch nur ein Wort mehr zu sagen. Bislang war ich noch nett zu Ihnen. Lange Zeit habe ich Ihrer *gequirlten Scheiße* zugehört – ich kenne Ihren Typus nur zu gut. Sie gehören zu den Leuten, die einfach nur reden und reden und nicht wirklich darauf aus sind, irgendjemandem zu helfen. Sie sind lediglich darauf aus, alles zu relativieren und auf *meinem Rücken* billige moralinsaure Punkte zu erzielen, während Sie gleichzeitig von der Gesellschaft leben, DIE ICH FÜR SIE ER-

> SCHAFFEN HABE. Und dann sind SIE aufgetaucht und haben sie in eine dekadente Swinger-Orgie von prätentiöser ›moderner Kunst‹, Ironie und Selbstschmeichelei verwandelt – fast gänzlich ohne rigide Wissenschaft oder Ergebnisse –, und nun erhalten SIE die ganze Anerkennung dafür. Doch ich bin ein Individuum, das seinen eigenen Verstand einsetzen kann, und werde auf ihre Spitzfindigkeiten nicht hereinfallen.«

Das ist richtig, Sie haben mich erschaffen. Meine vielstimmige, postmoderne Perspektive wäre ohne Ihre harte Arbeit und Jahrhunderte modernen Fortschritts nicht möglich. Und Sie haben recht, dass es mir, was Privilegien und Status angeht, oft besser geht als Ihnen, nicht zuletzt deswegen, weil ich die kulturellen und psychologischen Aspekte der Welt tendenziell besser verstehe, als Sie das tun. Außerdem schieße ich im Allgemeinen die moralischen Tore und komme kultivierter rüber.

Ich muss aber auch sagen: Was haben Sie erwartet? Sie schaffen freie Ausdrucksmöglichkeiten und Institutionen, die das kritische Denken befördern – und erwarten, dass niemals jemand über Sie hinausgehen würde, niemals jemand das Wort gegen Sie ergreifen würde? Dass ich hier wie ein braves Schulkind sitzen würde und dankbar wäre für Ihre entfremdende, seelenlose, gedankenlose, heuchlerische und unterdrückerische Gesellschaft? Dass ich Reality-TV-Seifenopern gucken, Ihre Sportarten und Computerspiele spielen und niemals eine weitere Frage stellen würde? Danke für das Angebot, aber was für ein Hirnfick. Waren das nicht Sie, der gesagt hat, dass, wer auch immer mit der Realität am besten umgehen könne, gewinnen sollte? Tja, jetzt mal aufgepasst: Sie gehören zu den Verlierern der Geschichte.

Mir ist klar, dass das für Sie vielleicht gerade ein schlechter Zeitpunkt ist, um das von mir zu erfahren, aber Sie sind nicht *wirklich* ein Individuum mit unabhängigen Gedanken. In Wirklichkeit agieren Sie nur die strukturellen Beziehungen aus, die der Gesellschaft zu eigen sind, und der wahre Grund, dass Sie so reagieren, hat wenig mit Ihren eigenen Fertigkeiten als unabhängig denkender Mensch zu tun. Sie haben in diesem Sinne kein »Selbst«; Sie treffen keine Entscheidungen, sondern verhalten sich einfach wie Leute in Ihrer gesellschaftlichen Position das im Allgemeinen tun. Das sind lediglich Strukturen und Eigenschaften des kulturellen Systems. Sie haben also nicht nur Gott behalten, sondern auch die Seele, und Sie haben ihr ganzes Leben um sie herum gebildet, haben sie lediglich umbenannt in »das Individuum«.

Einige arme Modernistas glauben sogar, dass sich an dieses »Individuum« ein freier Wille knüpft. Gehören Sie auch dazu? Wie niedlich, aber albern von Ihnen. Sollten Sie nicht eigentlich total wissenschaftlich sein? Wie funktioniert das in einem mechanistischen, objektiven Universum, wo alles durch Ursache und Wirkung erklärt werden kann? (Okay, für den Fall, dass einige von Ihnen Daniel Dennetts durchdachtes Plädoyer für einen freien Willen in einem deterministischen Universum gelesen haben: Selbst dann gibt es immer noch ungelöste Fragestellungen.)

Sie haben einfach angenommen, nein Moment, Sie – und da ist das Wort schon wieder – *glaubten*, dass Sie irgendeine Art von individuellem Willen hätten, der all diese »rationalen« Entscheidungen trifft. Warum kommen Sie hier nicht einfach aus der Deckung, Sie eifernder Gläubiger metaphysischen Unsinns und ebensolcher Fantasiewelten. Warum geben Sie nicht einfach zu, dass Sie in Wirklichkeit keinen blassen Schimmer haben, sondern dass Sie Ihr Vertrauen in die große Bibel der Natur legen – ein Buch, bei dem Sie zugeben müssten, dass Sie es eigentlich nicht gelesen und höchstens Ihre Hand daraufgelegt haben.

Aber hey, wenn Sie dieses Wiegenlied brauchen, wer wäre ich, Sie zu verurteilen? Alles, was ich Ihnen hier erzähle, sind Dinge, die Sie, liebe Moderne, noch nicht verstehen. Aber seien Sie versichert, Ihre Kinder werden das vermutlich verstehen, wenn ich mit ihnen fertig bin. Und dann werden sie sich mir bei allen möglichen Arten von homoerotischen Possen anschließen, Ihre Weltsicht dekonstruieren, unbequeme Tischgespräche führen und über ihren alten grummeligen Papa lachen – all das bezahlt mit Geld aus Ihrer Tasche, überwiesen auf ein Konto der nächstgelegenen geisteswissenschaftlichen Fakultät.

Das ist für Sie und Ihr psychologisches Unwohlsein einfach eine Nummer zu groß. Die Art und Weise, wie Sie Ihre Perspektive auf »objektive Realität« beschränken, bedeutet, dass alle Arten von wichtigen Aspekten der Realität ausgeschlossen werden. Wenn beispielsweise immer nur das, was intersubjektiv verifizierbar ist, als universell zählt und deswegen real und wichtig ist, was passiert dann mit all denen, die an dieser intersubjektiven Debatte nicht teilhaben können? Wie den Tieren – oder Leuten mit mangelhafter Bildung. Man kann Tiere nicht befragen, aber heißt das, sie hätten keine subjektive Erfahrung? Ihre Perspektive verwandelt alles in ein einziges großes »Objekt« und bringt so viele Stimmen zum Verstummen. Das eröffnet den Weg für Missbrauch, da die Welt unter Ihrem mechanischen, ausbeuterischen Regime in tote, kalte Ressourcen verwandelt wird.

Es wird mir ein feierliches Vergnügen bereiten – das kann ich Ihnen sagen –, Ihren Koloss aus falscher Objektivität und Fortschritt bröckeln zu sehen, ihn einer Vielzahl von kritischen Perspektiven zu unterwerfen, die ihn von allen Seiten einreißen, und in dem Zuge auch Ihre wahre Natur zu offenbaren (ja, ich weiß, dass es keine »wahre Natur« gibt, das ist nur eine Redewendung). In diesen Rissen und Ruinen Ihrer Welt, in einer fortwährenden Befragung und Kritik findet die wahrhafte Emanzipation der Menschheit statt.

Sie sehen, das Problem ist nicht, dass Sie zu modern, zu wissenschaftlich oder zu objektiv wären. Das Problem ist, dass Sie nicht annähernd modern, wissenschaftlich oder *säkular* genug sind. Weil Ihre Vorstellungen von Wissenschaft, Objektivität und Realität allzu begrenzt sind, weil in all ihren Ecken und Winkel zu viel religiöser Kram fortlebt, erschaffen Sie immer nur eine Welt der Engstirnigkeit und Selbsttäuschung. Ihre »aufgeklärte Befreiung« und Ihr »Fortschritt« sind angreifbar für jegliche verdeckten, willkürlichen, ungerechten und partikularistischen Machtstrukturen. Sie behaupten zwar, gerecht und unparteiisch zu sein, aber in Wirklichkeit dienen Sie der Macht und unterdrücken die Schwachen. Und das auf systematische Weise, wieder und wieder.

Freud hatte recht, zumindest zum Großteil: Es gibt eine Menge von unbewusstem Kram, der abläuft. Wenn Sie mal Ihr eigenes Hirn durchforsten, werden Sie entdecken, dass das zutrifft. Zum Beispiel haben die Modernisten das starke Empfinden, dass man vom Universum belohnt wird, wenn man hart arbeitet und sich der *echten harten* Realität beugt (derjenigen, über die Ihr Nicht-Gott mit Seinen Heiligen Augen der Objektivität wacht). Oder dass man in der *echten* Welt leben dürfe, wenn man sich hart genug anstrenge. Oder dass man der Sieger – oder die Anführerin – sein müsste, wenn man *wirklich objektiv* sei und gut vorausplane. Oder dass »kluge« Menschen verdienstvoller seien.

In *Wirklichkeit* sind Sie dem Universum allerdings vollkommen egal. Geht alles am Arsch vorbei. Es geht nicht um Sie. Es geht nicht um Ihre »Wissenschaft« oder Klugheit. Sie sind *tatsächlich* völlig bedeutungslos, so wie Sie selbst gesagt haben (Sie haben nur dabei versagt, daraus umfangreiche Schlussfolgerungen zu ziehen). Zudem stoßen Sie bei der »wirklichen Wirklichkeit« niemals auf ein Endergebnis – es wird immer nur eine weitere Geschichte sein, die Sie selbst sich erzählen, und auch diese wird niemals Ihnen selbst eingefallen sein; sie wird Ihnen immer aufgedrängt von den gesellschaftlichen Strukturen, die sich außerhalb Ihrer selbst befinden. Selbst wenn Sie das beste Kind in der Matheklasse sind, ist das dem Universum egal. Das juckt es nicht und es wird sich Ihnen auch nicht offenbaren.

Hey, Modernista, tut mir leid, Ihnen das mitteilen zu müssen, aber es gibt einige Dinge, bei denen Sie sich auf den neuesten Stand bringen müssen. Sie wissen doch *hoffentlich*, dass Ihre Wissenschaft direkt aus der antiken Philosophie und der mittelalterlichen Scholastik hervorgegangen ist, den Disziplinen, gegenüber denen Sie sich so überlegen fühlen, oder? Und *auch*, dass die Philosophie nicht mit Ihnen geendet hat, dass Sie nicht das Ende der Geschichte sind? Sie wissen doch hoffentlich, dass Ihre ganze Weltsicht und Ihr Realitätssinn eines Tages ebenso infantil und dumm aussehen werden, wie Ihnen heute das Alte Testament erscheint? Beziehungsweise dass es bereits so ist: dass besser informierte und mit größerem wissenschaftlichem Verstand ausgestattete Leute als Sie selbst bereits seit fast zwei Generationen über Sie lachen und Sie lächerlich machen? Und Sie wissen doch hoffentlich – oder nicht? –, dass Sie der schwersten Verbrechen gegen das Leben und die Menschheit schuldig sind, die jemals begangen worden sind, sämtlich im Namen Ihres oberflächlich verstandenen »Fortschritts«?

Das war also die **Symbolstufe F-Postmodern**, die oft, aber bei Weitem nicht immer, von MHK-Stufe 12-Systematisch aus operiert. Abgang Newton, Auftritt Foucault. Michel Foucault, der führende französische Philosoph der 1960er und 1970er Jahre, ist vielleicht der emblematischste aller Innovatoren des postmodernen kulturellen Codes.[4] Der in philosophischer Hinsicht Stringenteste ist wahrscheinlich Jacques Derrida. Aber lassen Sie uns Derrida selbst zitieren:

> »Anstatt in der Euphorie des Endes der Geschichte die Ankunft des Ideals der liberalen Demokratie und des kapitalistischen Marktes zu besingen, anstatt das ›Ende der Ideologien‹ und das Ende der großen emanzipatorischen Diskurse zu feiern, sollten wir niemals diese makroskopische Evidenz vernachlässigen, die aus den tausendfältigen Leiden einzelner besteht: Kein Fortschritt der Welt erlaubt es, zu ignorieren, daß in absoluten Zahlen noch nie, niemals zuvor auf der Erde so viele Männer, Frauen und Kinder unterjocht, ausgehungert oder ausgelöscht wurden.«[5]

Heutzutage »installieren« natürlich eine Menge Leute den postmodernen Code, ohne dass sie jemals von diesen Philosophen gehört hätten. Sogar ohne irgendeine erwähnenswerte philosophische Untermauerung lässt er sich gut installieren – wie im Fall von Noam Chomsky.[6]

Wie Sie sehen können, folgt die Postmoderne einem Muster, welches dem des Postfaustianismus ähnelt: Beide kritisieren die vorherige Stufe (also das Faustische und die Moderne) von einem kulturellen oder philosophischen

Standpunkt und zeigen die ihnen inhärenten Unstimmigkeiten auf – sowie die negativen Folgen, die aus ihnen erwachsen. Beide sind eine Art »Moral«-Projekt, danach strebend, die Gesellschaft durch kritisches Denken und Selbstkritik zu reformieren.

Symbolstufe G-Metamodern

Um Symbolstufe G-Metamodern dreht sich natürlich dieses ganze Buch (wie auch die anderen Hanzi-Bücher). Das meiste davon bekommen Sie auch im Anhang in sehr komprimierter Form präsentiert – die Vorstellungen von Realität, Gesellschaft, Selbst und Menschheit, die diese Symbolstufe ausmachen. Lassen Sie uns hier trotzdem einen Blick darauf werfen.

Warte mal – sagt der Metamodernist[7] –, wenn alle Perspektiven berücksichtigt werden müssen, damit wir in Richtung universeller Werte streben können, wie kann es dann sein, dass die einzige Perspektive, die Ihr Pomos (Postmodernen)[8] wertzuschätzen scheint, eure eigene ist? Fordert der Einschluss aller Perspektiven nicht die erfolgreiche *Unterbringung* ebendieser Perspektiven, einschließlich derjenigen der Moderne, der Sie sich so heftig entgegenstellen? **Sie nehmen die anderen Perspektiven doch eigentlich gar nicht ernst, wenn Sie sie nicht bewerten, vergleichen und miteinander verbinden – und zudem jeder Perspektive die gebührende Anerkennung zollen.**

Sie behaupten, Sie gingen mithilfe von kritischem Denken über die moderne Gesellschaft hinaus, aber was haben *Sie selbst* uns denn eigentlich anzubieten? Sie sind gegen alle **großen Erzählungen**, alle Geschichten darüber, wie die Welt im Ganzen sich entwickelt, weil Sie diese monolithisch und unterdrückerisch finden. Sie sind gegen alle Gesamtdarstellungen von Gesellschaft und Realität, weil Sie denken, diese reduzierten den Reichtum von Leben und Dasein zu sehr. Und immer streben Sie danach, auf der kritischen Seite der Dinge zu stehen, immer gegen irgendwas. Außerdem sagen Sie, Sie glaubten nicht wirklich an Fortschritt und Entwicklung, nur an den Wandel von Kulturen, Deutungen und Machtstrukturen.

Wenn Sie wählen gehen, entscheiden Sie sich oft für die Linken oder die Grünen – und in einigen Fällen für intellektuelle Formen des Liberalismus. Doch sobald diese Kräfte sich der Regierungsmacht nähern, tauchen die immergleichen modernen, bürokratischen Strukturen auf.

Während Sie die oft übertriebene »Objektivität« der modernen Wissenschaft kritisieren – und in der Tat haben Sie einige interessante Forschungsprogramme in den Sozial- und Geisteswissenschaften entwickelt (wie Ethnomethodologie, Interaktionismus, Diskursanalyse, Kulturwissenschaften, Postkolonialismus-Studien, Ökofeminismus, queere Theorie etc.) –, haben Sie doch nicht wirklich eine neue Wissenschaft hervorgebracht, die der wissenschaftlichen Revolution des 17. Jahrhunderts gleichkäme.

Und wie sieht es mit der Aufklärung aus – ihre Ideen prägen die Verfassungen der meisten Länder dieser Welt. Sie hatten die Studentenrevolte der 1968er in Frankreich und die Gegenkultur in den USA und anderen Ländern, mit Autoren wie Herbert Marcuse und Aldous Huxley an der Spitze des Schlachtgewühls: Aber wo ist Ihre neue Gesellschaft?

Mehr und mehr Themen haben Sie sich aufgebürdet an den universitären Fakultäten, wo Sie sich mit der Kritik von allem und jedem befassen, angefangen bei Berichten des Internationalen Währungsfonds (IWF) bis hin zu Popsongs und Musikvideos – aber wo ist die Alternative, die Sie anbieten? Für eine gewisse Zeit mag das der »demokratische Sozialismus« gewesen sein, aber seit 1989 ist uns nicht wirklich jemand aufgefallen, der einen glaubwürdigen Anspruch darauf erhoben hätte. Dann war es die »Tiefenökologie«, und dennoch industrialisiert, konsumiert und modernisiert sich die Welt schneller als jemals. Dann fielen Ihnen der queere Feminismus sowie aktualisierte Fassungen des radikalen Feminismus ein, was schön ist, aber nirgendwo findet sich irgendein Beweis dafür, dass, »mit der Hetero-Norm zu brechen« und das »Patriarchat zu zerschlagen«, eine wahrhafte Revolution hervorbringt oder zu einer irgendwie gerechteren Gesellschaft führt. Ehrlich gesagt sind die Frauen eher durch die Pille und andere Fortschritte der Medizin befreit worden als durch die postmoderne Theorie. Und dann lassen Sie sich ständig über den Neoliberalismus aus, den Sie für einen bösen Geist halten, der die Welt in Besitz genommen habe, aber Sie haben noch keine Alternative jenseits bürokratischer Kontrolle hervorgebracht. Occupy Wall Street hatte nicht mehr zu bieten als einen Kick. Alle Ihre Projekte sind den Bach runtergegangen, ohne dass irgendeines von ihnen die Gesellschaft tiefgreifend verändert hätte. Es gab einige Umbrüche, ja, aber immer noch leben wir in einer Gesellschaft, die als modern bezeichnet werden muss: immer noch kapitalistisch, entfremdend, ungleich und in ökologischer Hinsicht desaströs.

Werfen wir einen Blick auf Ihre Pomo-Helden. Zugegeben, Foucault war gut darin, die moderne Gesellschaft zu kritisieren. Aber woran glaubte er?

Er wollte den Sex zwischen Erwachsenen und Kindern legalisieren (ohne Altersbegrenzung) und war schwer begeistert von der iranischen Revolution. Keine einzige nützliche Lösung ist ihm eingefallen. Was ist mit Erich Fromm, dem weisen Guru? Er wollte, dass eine Zentralplanung alle Produktionsprozesse übernähme, zudem wollte er sicherstellen, dass wir im Radio ausschließlich klassische Musik hören und ein Haufen außerordentlich weiser Menschen regieren sollten (wobei er sicherlich Typen wie sich selbst und Einstein im Kopf hatte), er liebte Suzuki (den japanischen Zen-Lehrer, der das japanische Regime im Zweiten Weltkrieg unterstützte, unter anderem mit einem Bericht, wie man ein Auge Zen-Style-mäßig mit einem Bajonett aussticht) *und* er verachtete homosexuelle Menschen. Ich könnte noch weitermachen. Der Punkt ist: Sobald Sie selbst an der Reihe sind, eine Vision und einen neuen Pfad vorzuschlagen, werden Sie verwundbar.

Ihr Problem, liebe Pomos, ist, dass Sie darin versagen, irgendetwas Nützliches oder Dauerhaftes zu erschaffen oder vorzuschlagen, weil Sie eigentlich nur daran interessiert sind, eine Antithese zur bestehenden Gesellschaft zu sein.

Sie bringen nicht *wirklich* eine Vielfalt von Perspektiven zur Anwendung: Ihre »Vielfalt von Perspektiven« beschränkt sich auf eine epistemologische (Ansichten über das Wissen und wie es erworben wird) – nie handelt es sich um eine ***ontologische* Vielfalt** (die die Realität selbst als eine ansieht, die sich je nach Perspektive wandelt).

Aus Sicht von Symbolstufe G-Metamodern reicht das einfach nicht aus. Sie müssen sich selbst verletzlicher machen als das: Sie müssen versuchen, eine Synthese all dessen zu wagen, was Sie von den früheren Symbolstufen wissen, um eine Gesellschaft zu erschaffen, die die drei Hauptprobleme des modernen Lebens löst: die exzessiven globalen Ungleichheiten, die Entfremdung oder neurotischen Angststörungen des modernen Lebens und die mangelnde ökologische Nachhaltigkeit.

Diese Synthese muss natürlich unabgeschlossen bleiben und kontinuierlich überprüft werden, eine **Proto-Synthese**. Sie selbst müssen einen Pfad zur Utopie vorschlagen und dieser muss das Traditionelle, Moderne und Postmoderne *wirklich* miteinschließen – auch wenn Sie wissen, dass dieser Pfad niemals der einzige oder »der einzig Richtige« sein wird. Wir machen das, weil wir müssen, trotz des sehr großen Risikos, dass wir falschliegen.

Das erfordert, dass Sie alle früheren Meta-Meme sehr viel ernster nehmen: Sie müssen sich wirklich auseinandersetzen mit der Aussicht auf *eine universelle Wahrheit*, mit der Tatsache, dass Sie in sich einem tiefen, aufrichtigen Glauben (Symbolstufe D-Postfaustisch) Unterschlupf bieten und ihn kultivieren; Sie müssen nach einer objektiven Wahrheit suchen, auf die wir alle uns einigen können, und sich ihrer bedienen, um Fortschritt zu erzeugen (Symbolstufe E-Modern); und Sie müssen sich bemühen, in dieser Geschichte alle denkbaren Fehlstellen und ausgeschlossenen Stimmen zu finden (Symbolstufe F-Postmodern).

Jede Symbolstufe bringt eine nicht-endende Schönheit hervor, Kavalkaden neuer Wahrheiten, neuer Wirklichkeiten, neuer Melodien des Universums. Vielfalt ist nicht die einzige Melodie des Universums: Sie spielt innerhalb eines größeren Orchesters bestehend aus Einheit, Universalität und Glaube, die allesamt wichtig – und einander vergleichbar – sind.

Liebe Pomos, Ihre Umarmung der Vielfalt war erstickend, Ihre Versuche der Aufgeschlossenheit waren engstirnig, Ihre Nichtbewertung war wertend und in Ihrem Eintreten gegen Hierarchie waren Sie hierarchisch. **Kurz gesagt, Ihr Problem ist nicht, dass Sie zu kritisch, postmodern und vielfältig gewesen wären – Sie waren nicht annähernd kritisch, postmodern und vielfältig genug.**

Wenn Sie so gut darin sind, verschiedene Perspektiven einzunehmen und alle miteinzuschließen, wie kann es dann sein, dass der Modernist vor Ihrer Tür auftaucht, total fertig, betrunken und mit einer Brechstange? Waren Sie etwa imperialistisch und unterdrückerisch, ohne es zu bemerken? Haben Sie Ihre kognitive und kulturelle Überlegenheit für das schäbige Vergnügen der Unterdrückung genutzt, und dazu, dass andere in schwächeren Positionen sich hilflos fühlen, beraubt ihres Sinns von Selbst, Moralität und Realität? Und haben Sie all das getan, während Sie sich gleichzeitig sagten, Sie würden die Schwachen verteidigen? Wenn all diese symbolische Gewalt gerechtfertigt sein soll, wo ist dann bitteschön die neue Gesellschaft, die Sie hervorbringen wollten?

Ich sage Ihnen, was ich glaube: **Um mit anderen solidarisch zu sein, müssen Sie auch mit ihrer Perspektive solidarisch sein.** Das bedeutet, dass man Machthierarchien begreifen muss – nicht nur als »böse Geister« in Form von Klassenstrukturen, Patriarchat, Diskursen etc., die durch »kritische Perspektiven« ausgetrieben werden – sondern als **Unterschiede zwischen verschiedenen Entwicklungsstufen.** Wobei Pomos sich generell auf einer höheren Entwicklungsstufe befinden als die Modernen.

Wenn Sie diesen Unterschied in der Entwicklungsstufe leugnen, übersehen Sie zugleich etwas Wichtiges: nämlich, dass man, wenn man in der Lage ist, jemanden in seinem eigenen Revier zu kritisieren, aus einer Position der Überlegenheit heraus handelt – aus einer Position der Macht. Gehört das Erkennen von Privilegien nicht zum Kern Ihrer Überzeugungen? Glaubten Sie wirklich, Sie wären ein Underdog, der die Mächtigen anbellt? Sie waren immer schon hochprivilegierte, gut informierte Elitärs, die nach unten treten. Sie, meine lieben Pomos, bewaffnet mit enormen Mengen von kulturellem Kapital und überlegenen Perspektiven, gehören zu den höchsten Schichten der Weltgesellschaft, der Upper Class der Spätmoderne – also erkennen Sie besser Ihr Privileg an und übernehmen Sie zumindest teilweise auch Verantwortung dafür, die Perspektiven Ihrer Mitbürger miteinzuschließen. Die Pomos sind in einer weit größeren Machtposition, als Donald J. Trump es jemals war.

Der metamoderne Geist nimmt alle früheren Perspektiven beim Wort beziehungsweise als *real* an; es ist nur so, dass einige dieser Perspektiven *mehr* von der Realität überblicken als andere. Sie werden eingeordnet, verglichen und gegeneinander ausbalanciert. Dafür muss man in der Lage sein, wirklich zuhören und verstehen zu können – bis zu einem gewissen Grad auch zuzustimmen –, sogar dem eigenen bittersten Feind. Wir müssen lernen, einer anderen Person zuzuhören, mit ihren eigenen Augen zu sehen und unsere Realität mir der ihrigen zu verschmelzen, um zu erkennen, auf welche Weise ihre Perspektive ein *echter*, ontologischer, Teil der Realität ist. Einem Fremden zuzuhören wird zur höchsten Form des Dschihad.

> »Sie wollen die Perspektiven von Menschen einstufen und sie in einheitlichen Visionen zusammensetzen, um die Gesellschaft zu verbessern? Wie arrogant und machthungrig Sie sein müssen! Sie denken, dass es viele gleichzeitige Realitäten gibt, nicht nur viele Sichtweisen derselben Realität? Wie vollkommen verwirrt und irre! Und Sie wollen definieren, was gesellschaftlicher ›Fortschritt‹ ist? Wie gefährlich! Für eine Weile schien es, als wären Sie ganz in Ordnung, aber jetzt, wo ich sehe, worauf Sie hinauswollen, erfüllen Sie mich mit äußerster Abscheu!«

Oh, sind das *Sie*, Postmoderne? Ich habe damit gerechnet, dass Sie vielleicht hier auftauchen. Nun, ich will wirklich nicht bösartig oder arrogant sein, wirklich. Es ist nur so, dass ich aus Ihnen hervorgegangen bin. Alles an Ihnen führt schlussendlich zu mir. Können Sie das nicht sehen? Ich bin Sie. Und wenn Sie meine Einsichten nicht akzeptieren, bleiben Sie in den Fängen der Moderne zurück.

> »In keinster Weise bin ich wie *die*! *Sie* sind wie die! Besessen von Rangordnungen und Stufen und Fortschritt und Macht! Aber ich bin nicht wie Sie; ich leiste Widerstand, Ich will Kritik!«

Hören Sie, wenn Sie nicht mögen, was ich sage, und Sie denken, dass ich zur Moderne regrediert bin, geben Sie eigentlich zu, dass ich recht habe – das heißt, dass es tatsächlich Stufen der Entwicklung *gibt*. Sonst wäre keine »Regression« möglich.

Wenn Sie alle Perspektiven miteinschließen und sie gerecht behandeln wollen, müssen Sie in der Lage sein, sie miteinander zu vergleichen, und erkennen, wie sie alle ein wichtiger Teil der Wirklichkeit sind und wie sie zusammenpassen. Andernfalls argumentieren sie hier selbst herablassend und monolithisch.

Wenn Sie über die Obsession mit Hierarchien hinauskommen und sie hinter sich lassen wollen, müssen Sie in der Lage sein, Hierarchien leidenschaftslos beschreiben und zueinander produktiv in Beziehung setzen zu können. Wenn Sie sich über Hierarchien ärgern und Sie verleugnen, befinden Sie sich immer noch in deren Bann, dann sind Sie immer noch von ihnen besessen. Genau durch die Entzauberung der Hierarchie können wir uns von dieser Obsession befreien.

Wenn Sie bescheiden und selbstkritisch sein wollen, ist es dann nicht bescheidener anzunehmen, dass es hierarchische Stufen jenseits Ihrer eigenen gibt, dass es Leute mit Weltanschauungen gibt, die Ihre eigenen übertrumpfen würden, sogar Leute, die Sie vielleicht kennen? Wie weiter vorne im Buch angedeutet, sorgen Stufentheorien für eine größere epistemologische Bescheidenheit.

Wenn Sie fortschrittlich sein wollen, müssen Sie zugeben, dass Fortschritt wenigstens vorläufig denkbar ist – was wiederum erfordert, dass Sie wenigstens bis auf Weiteres definieren, in welche Richtung ein solcher Fortschritt sich entwickeln könnte und sollte.

Wenn Sie anerkennen, dass die gesellschaftliche Realität konstruiert ist, dass sie eine Art musterförmiges »Meta-Narrativ« ist, und dass es schwerwiegende Lücken und Begrenzungen in diesem Narrativ gibt – sind Sie dann nicht dazu verpflichtet, es neu zu konstruieren? Eine neue Geschichte über Menschheit, Gesellschaft, Realität und Fortschritt zu erzeugen? Eine Proto-Synthese vorzuschlagen?

Und wenn Sie die ausgeschlossenen Stimmen miteinschließen wollen, müssen Sie dann nicht wenigstens etwas Solidarität mit all diesen Perspektiven an den Tag legen, sogar denjenigen, die Sie nicht mögen oder denen Sie sich überlegen fühlen?

Ich, der metamoderne Verstand, kann nicht länger an die postmoderne Kritik der modernen Gesellschaft glauben. Ich erkenne, dass sie in wesentlichen Aspekten mangelhaft ist. Wir müssen weitergehen. Kraft der ihr eigenen dialektischen Logik, der Struktur ihrer Symbole und deren Zusammenhänge sowie der ihr eigenen Selbstwidersprüche ist die Postmoderne die Hebamme des Metamodernismus.

Jetzt lassen Sie uns aber rausgehen und den Pomos zeigen, was eine Harke ist.

Letzte Anmerkungen zu den Symbolstufen

Das war nun aber ein sehr kurzer Einblick in **Symbolstufe G-Metamodern**, die der MHK-Stufe 13-Metamodern entspricht.

Okay, mir ist klar, dass wir gerade eine ziemliche Strecke zurückgelegt haben, und einiges auf dieser Reise hat bei Ihnen vielleicht Emotionen ausgelöst. Deswegen Glückwunsch, dass Sie es bis hierhin geschafft haben, ohne das Buch zu verbrennen.

Wie ich bereits angedeutet habe, mögen sich die verschiedenen Symbolstufen nicht so besonders. Jede von ihnen ist genau darauf ausgerichtet, all das, was der früheren Stufe das Heiligste ist, herauszufordern – und jede dieser Stufen schlägt (im Durchschnitt und über die Zeit hinweg betrachtet) die jeweils vorhergehende auf ihrem eigenen Spielfeld und zwingt sie dazu, Dinge zu schlucken, die nicht eingängig und nachgerade schmerzvoll sind. Jede Symbolstufe schreddert das symbolische Universum (Ontologie, Ideologie und Selbstbild) der jeweils früheren – es gibt eine Realdialektik, die bestimmt, wie sich diese symbolischen Universen entfalten, eine inhärente Entwicklungslogik, -richtung, -abfolge. Metamoderne Ideen können nicht aus dem Postfaustianismus hervorgehen und so weiter. Die Entwicklung muss grob dieser Sequenz folgen: Eine Person kann einer anderen **in der Verwendung des Codes** überlegen sein, weil sie ein weiter entwickeltes symbolisches Toolkit installiert hat. A, B, C, D, E, F und G – in *dieser* Reihenfolge.

Die Emotionen und einige der »Attitüden«, die ich in diesen Exempeln der Symbolstufen angedeutet habe, sind nicht wirklich Teil der Symbole selbst. Meine Beschreibung könnte – das muss man der Wahrheit halber sagen – in analytischer Hinsicht sehr viel reiner sein: Die Symbolstufen sind tatsächlich eine Abfolge *logischer* Konstrukte. Ich habe hier Emotionen mit aufgenommen, weil sie mit den Stufen relativ eng zusammenhängen, und deswegen machen sie es einfacher zu übermitteln, wie sich diese Stufen in echten Menschen manifestieren: Sie sind immer mit Hoffnungen, Träumen und brodelnden Ressentiments verknüpft.

Beachten Sie, dass Sie selbst in der Feindseligkeit zwischen den Symbolstufen eine bestimmte *Progression* sehen können – und zwar in der Art, wie die früheren Stufen miteinander unsensibel feindselig umgehen. Symbolstufe D-Postfaustisch tötet Abweichler einfach und droht mit ewiger Hölle; Symbolstufe E-Modern verachtet die frühere, aber lässt ihr das Leben; Symbolstufe F-Postmodern verhöhnt und verurteilt die Moderne, aber nicht mehr als das; während Symbolstufe G-Metamodern die Postmoderne ein bisschen aufzieht, aber dann eine Synthese und Versöhnung zwischen allen früheren Symbolstufen sucht. Ich weiß nicht, wie das bei Ihnen ist, aber ich fühle ein klein wenig mehr Hoffnung für die Menschheit, wenn ich dieses Muster sehe: die Entfaltung von Toleranz, Akzeptanz, Inklusion und Universalität (wie holprig diese Angelegenheit auch immer sein mag).

Und noch eine weitere Anmerkung. Es ist offensichtlich, dass wir hier nur die grundlegendsten »Installationen« der verschiedenen Symbolstufen besprochen haben. Sie können auf jeder dieser Symbolstufen mehr Content »herunterladen« (oder neuen Content kreieren). Eine zwanzigjährige Soziologiestudentin, die eine Pomo ist, hätte in einer politischen Debatte mit Milton Friedman, einem kompetenten Ökonomen mit fundiertem Wissen auf der modernen Symbolstufe, nicht die geringste Chance. Man hat also eine *vertikale* Achse (die Symbolstufe) und eine *horizontale* (die Menge und Qualität von Wissen und Informationen, die zu dieser Stufe gehören) – was in gewisser Weise der kognitiven Entwicklung entspricht (wo – wir erinnern uns – die MHK-Stufe eine vertikale und der IQ eine horizontale Achse beschreibt).

Ein weiterer Aspekt des Ganzen ist wiederum, dass Menschen die Symbolstufen unterschiedlich anwenden, je nach ihrer eigenen MHK-Stufe der kognitiven Komplexität. Und das bringt uns zur letzten Anmerkung, einer Sache, die wir bereits erwähnt haben. **Die kognitiven Anforderungen, um die Symbolstufen erfolgreich anwenden zu können, steigen pro Symbolstufe um eine MHK-Stufe.** Das hat zwei wichtige Implikationen.

Erstens sind die späteren Symbolstufen schwieriger zu installieren, was bedeutet, dass weniger Menschen dies bewerkstelligen (besonders bei den Symbolstufen E und G). Das erklärt größtenteils, warum die Mehrheit der erwachsenen Weltbevölkerung auch Hunderte von Jahren nach der wissenschaftlichen Revolution immer noch auf Symbolstufe D-Postfaustisch operiert. Man kann diese Stufen nicht einfach verpflanzen. Sie alle haben ihr vollkommen eigenes symbolisches Universum, eigene Glaubenssysteme und gefühlsmäßige Investitionen. Sie haben »Voraussetzungen« oder »Erfordernisse« – in kognitiver, psychologischer, physiologischer, kultureller und ökonomischer Hinsicht. Wir können nicht einfach alle Leute die metamoderne Symbolstufe herunterladen lassen und das war's dann.

Die zweite, vielleicht noch mutloser stimmende Implikation ist, dass **weniger und weniger Leute erwarten können, erfolgreich auf den späteren Symbolstufen operieren zu können.** Das bedeutet, dass selbst Leute, die schaffen, die Symbolstufe G-Metamodern zu installieren, zum Großteil eine »verflachte« oder »abwärtsgerichtet assimilierte« Version ihres Codes verwenden werden. Die Leute werden stark dazu neigen, sehr verzerrte und pervertierte Versionen metamoderner Ideen zu verwenden. Das liegt daran, dass im wahrsten Sinne des Wortes 98 Prozent der Erwachsenen in Hinblick auf ihre kognitive Komplexität schlicht unterhalb der Stufe 13-Metasystematisch liegen.

Autsch. Das ist eine unbequeme Wahrheit. Sie fordert die Menschheit in ihrer Entwicklung ganz wesentlich heraus. Falls diesbezüglich überhaupt etwas getan werden kann, wird dadurch umso wichtiger, dass Menschen auf der Stufe 13-Metasystematisch und noch höheren Stufen die Symbolstufe G-Metamodern erfolgreich »installieren«. Tatsächlich hängt die Zukunft der Welt davon ab.

Die Lektüre dieses Buches kann natürlich eher wenig zu Ihrer MHK-Stufe beitragen oder zu den Dimensionen von Zustand und Tiefe, die in den nachfolgenden Kapiteln erörtert werden. Aber es *kann* Ihnen helfen, die metamoderne Symbolstufe zu installieren. Vielleicht ist dieses Buch hier, zusammen mit den anderen Hanzi-Büchern, bislang sogar die ergiebigste Quelle für den metamodernen Code.

Kapitel 12
Subjektive Zustände

> *»Vom Stundenzeiger des Lebens.* – Das Leben besteht aus seltenen einzelnen Momenten von höchster Bedeutsamkeit und unzählig vielen Intervallen, in denen uns besten Falls die Schattenbilder jener Momente umschweben. Die Liebe, der Frühling, jede schöne Melodie, das Gebirge, der Mond, das Meer — Alles redet nur einmal ganz zum Herzen: wenn es überhaupt je ganz zu Worte kommt. Denn viele Menschen haben jene Momente gar nicht und sind selber Intervalle und Pausen in der Symphonie des wirklichen Lebens.«[1]

Wir richten unseren Blick nun nach innen.

Bislang haben wir zwei Facetten der Entwicklung in einem einzelnen Organismus untersucht: nämlich seine kognitive Komplexität und die Entwicklung des kulturellen »Codes«, den er durch seine Partizipation an der Gesellschaft »installiert« hat. Beide stellen eine Art »äußerliche« Realität dar, was bedeutet, dass sie intersubjektiv erkannt und in mancher Hinsicht »objektiv« untersucht werden können. Beide haben eine empirisch *beobachtbare* Seite: Sie können Menschen oder Tiere kognitive Tests absolvieren lassen und diese werden sich stets in Übereinstimmung mit einer bestimmten kognitiven Stufe verhalten, und Sie können das Muster ihres symbolischen Verständnisses der Welt untersuchen, in welchem Fall sie konsequent zum postfaustischen, modernen oder postmodernen Code hinstreben werden.

Was aber ist mit der eigenen *inneren* Erfahrung eines Organismus? In der Einführung zu diesem Buch habe ich Ihnen versprochen, dass wir uns nicht nur mit Entwicklungsblindheit beschäftigen würden, sondern auch mit der **Blindheit gegenüber subjektiven Empfindungen** – das Versagen, die grundlegende Bedeutung zu erkennen und zu verstehen, die das innere Erleben von Menschen für die Gesellschaft besitzt. Hier sind wir nun angelangt.

Aus verständlichen Gründen ist dieses Gebiet viel weniger erforscht und wissenschaftlich entwickelt als die leichter zu beobachtenden Seiten des menschlichen Verhaltens. Ich möchte nicht respektlos sein gegenüber den reichen Traditionen der Phänomenologie auf den Feldern von Psychologie, Soziologie und Philosophie – zum Beispiel der existenziellen Therapie –, aber man muss doch einfach zugeben, dass diese Felder noch keine systematische Entwicklungstheorie hervorgebracht haben, die dem MHK gleichkäme.

Außerdem gibt es das Feld der »transpersonalen Psychologie« (beachten Sie, dass das Wort »transpersonal« in diesem Kontext anders gebraucht wird, als ich es verwende), aber es interessiert sich vor allem für spirituelle Erfahrungen und andere »veränderte« Zustände des Geistes, was es schwierig macht, es auf das tägliche Leben anzuwenden, und noch weniger auf eine politische Psychologie wie in diesem Buch.[2] Wie Sie feststellen werden, gibt es in diesem Kapitel einige ziemlich lange Endnoten, einfach weil es so viele Dinge zu bedenken und zu erläutern gibt. Falls Neugierde oder ein gesunder Skeptizismus Sie dazu antreiben, suchen Sie bitte diese Endnoten auf.

Wir werden jetzt etwas tun, wozu die Romantiker und Existenzialistinnen zu sentimental waren, und wofür der Mainstream unserer Tage zu reduktionistisch ist: und zwar **eine messtaugliche Skala subjektiver Zustände** skizzieren.[3]

Rachegelüste

Heute früh hörte ich dem Klavierspiel zu, einem Lied von Ludovico Einaudi, *Una Mattina*. Die Melodie ist klar, elegant und zart. Ich frühstückte auf dem Balkon und sah hinaus in die Berge, konnte aber nicht sehr weit blicken. Sogar an einem Frühlingstag wie diesem gibt es dort eine sterlingsilbrige Schneedecke und die Bergspitzen sind von Nebel umhüllt. Während die Musik spielte, nur für einige Augenblicke, erinnerte ich mich an den Kindergarten, als ich vielleicht vier Jahre alt war, an einen Frühlingstag wie diesen.

Ich muss damals viel weniger Worte gekannt haben, hatte weniger Gedanken, verstand weniger. Mit Sicherheit hatte ich weniger Erfahrungen. Noch war ich nicht einmal eine wirkliche »Person«; vollumfänglich abhängig von meinen Eltern und anderen Fürsorgenden, unfähig, für mich selbst Verantwortung zu übernehmen.

Und dennoch, wenn mich meine vagen Erinnerungen nicht trügen, sah ich den Frühlingstag mit größerer Klarheit als meine blasierten Erwachsenenaugen sich das erhoffen könnten, selbst bei einer Aussicht auf die Alpen. Es lag etwas wortlos Selbstverständliches in Anmut und Neuheit von Frühling, Tageslicht, Nebel, grünen Sprossen und schmelzendem Schnee. Wenn mich meine Erinnerung nicht trügt, war ich damals frei von jedem Verlangen, »den Moment festhalten zu wollen«, und sogar von dem bloßen Gedanken, dass dies genau das war, was ich mir wünschte? Die Schönheit und das ihr innewohnende Geheimnis waren so augenscheinlich präsent, dass ich darüber nicht nachdachte – ich denke tatsächlich, dass ich dazu nicht in der Lage war. Die *Erfahrung* eines Frühlingstages.

Wie wäre es mit einem raffinierteren Beispiel als einem rotznäsigen kleinen Hanzi. Hier ist eine Anekdote über Master Zhuang (in der deutschen Übersetzung Richard Wilhelms: Dschuang Dschou), den taoistischen Philosophen, die dem zweiten Kapitel des klassischen Texts *Zhuangzi* entstammt:

> »Einst träumte Dschuang Dschou, daß er ein Schmetterling sei, ein flatternder Schmetterling, der sich wohl und glücklich fühlte und nichts wußte von Dschuang Dschou. Plötzlich wachte er auf: da war er wieder wirklich und wahrhaftig Dschuang Dschou. Nun weiß ich nicht, ob Dschuang Dschou geträumt hat, daß er ein Schmetterling sei, oder ob der Schmetterling geträumt hat, daß er Dschuang Dschou sei, obwohl doch zwischen Dschuang Dschou und dem Schmetterling sicher ein Unterschied ist. So ist es mit der Wandlung der Dinge.«[4]

Diese kleine Geschichte unterstreicht, wie **subjektive Erfahrungen**, nicht die Tatsachen der Welt, im Herzen der Realität liegen. Es spielt in letzter Instanz nicht wirklich eine Rolle, ob man Meister Dschuang Dschou oder ein Schmetterling ist; wir befinden uns immer auf irgendeine Weise in einem Traum. Subjektive Erfahrung ist und bleibt alles, was wir haben. Wenn die Welt sich wandelt, liegt das an der subjektiven Erfahrung, die sie transformiert. Aus jeder Realität, die wir gegenwärtig als selbstverständlich und wahr erleben, können wir auf eine gewisse Weise doch immer auch erwachen. Alles, was real erscheint, schmilzt wie Schnee in der Sonne eines jungen Frühlingsmorgens.

Ich vertrete hier natürlich nicht die These, dass »unsere Gedanken die Welt erschaffen« und dass es »keine objektiven Tatsachen gibt«. Wenn man etwas auf mehr als eine Art erfassen kann (beispielsweise sowohl Gewicht als auch Größe angeben kann), dann besitzt es eine objektive Existenz, die andere ihrerseits überprüfen können. Ich meine damit lediglich, dass unsere subjektive Erfahrung einen integralen, grundlegenden Aspekt der Realität darstellt, und ich würde behaupten – falls diese Art von Aussage einen Sinn ergibt –, dass sie der wichtigste Aspekt überhaupt ist.

Lassen Sie uns nicht verweilen bei der Philosophie der Romantiker und ihren Erben in Spiritualismus, Phänomenologie und Existenzialismus (von Schiller, Schelling, Herder und Goethe zu Kierkegaard, Bergson, Camus und Sartre bis hin zu Emerson sowie Blake und William James oder Whitehead, Heidegger und darüber hinaus), auch nicht bei den Zen-Lehren oder dem Taoismus, auch nicht bei den inneren Landschaften, wie sie von christlichen und westlichen Mystikern wie Johannes vom Kreuz, Teresa von Ávila, Meister Eckhart oder in der anonym verfassten *Cloud of Unknowing* beschrieben werden.

Der Punkt, auf den ich hier hinauswill, ist einfach, dass subjektive Zustände des Organismus – unabhängig von Dingen wie kognitiver Stufe oder »Wissen« – das sind, was in unserem Leben und in unserer Gesellschaft die allergrößte Bedeutung zukommen muss.

Insofern halte ich fest, dass andere Dinge wie zum Beispiel das ökonomische System, Wissenschaft und Logik, sogar die Entwicklung unserer Gehirne und symbolischer Universen nur insofern einen *Wert* besitzen, als sie sich in subjektive Erfahrungen übersetzen oder diese anderweitig beeinflussen. **Der Grund, warum wir wissenschaftlich und objektiv sein müssen, liegt letzten Endes darin, dass es einem Empfinden für Wahrheit und Bedeutung dient, und dass es uns helfen kann, das Leben zum Besseren zu verändern – oder uns davon abhält, es schlimmer zu machen.** Denn wie wir bereits in der sogenannten Achsenzeit (dem Zeitraum von 800 bis 200 v. u. Z.) entdeckt haben, befreit uns die Wahrheit. Das muss uns nicht zu einen plumpen Utilitarismus führen (die quantitative Maximierung von Vergnügen), sondern lediglich zur Erkenntnis, dass innere Erfahrungen für alle fühlenden Lebewesen vorrangig sind, und dass alle Perspektiven wechselseitig miteinander verknüpft sind.

Die inneren Landschaften der subjektiven Erfahrung sind ebenso ausgedehnt wie der physische Raum. Wir können uns leicht in ihrer endlosen Räumlichkeit verlieren, in tragischen Irrgärten der Verwirrung, in Schmerz und Furcht und Wahnsinn.

Die Fähigkeit des Bewusstseins beziehungsweise jedes lebenden Organismus zur *Erfahrung* ist wohl unvorstellbar groß – wenn nicht endlos. Was erlebt ein kleines Kind, wenn es sich nach seiner Mutter gesehnt, sich verloren gefühlt hat und plötzlich umarmt wird von Wärme und bedingungsloser, fürsorglicher Liebe? Was erlebt der Schizophrene, wenn die Realität in dunkelste Verwirrung zerbricht? Was erlebt das Folteropfer? Was passiert, wenn man eine schreckliche Wahrheit anerkennt, sich der Realität in tiefer Akzeptanz ausliefert und das Herz aufreißt wie der Himmel?

Das alles sind *reale* Aspekte der Realität. In diesem Augenblick gibt es in unserer Welt Gefängnisse innerhalb von Gefängnissen, rasende Höllen unvorstellbarer Schrecknisse und Dunkelheit, und ja, es gibt Himmel über Himmeln – es gibt Liebe, tief und unbeugsam, und es gibt intensives Vergnügen und intensiven Schmerz ebenso wie Verlangen und Lust. Außerdem gibt es Frische und Schönheit – und unendliche, geheimnisvolle Weiten von Ehrfurcht und Verwunderung. Und es gibt das tägliche Leben: Langeweile, Frustration, Zweifel, Spaß, Erleichterung, Befriedigung, Unzufriedenheit, Faszination, Aufregung und Wohlgefühl – endlose Variationen von Sensationen, Stimmungen und Gefühlen.

Das sind ausgedehnte **innere Landschaften**. Die bedeutendste Fähigkeit dieses Universums ist nicht so sehr diejenige, sich in Form eleganter Natur-»Gesetze« oder -»Gesetzmäßigkeiten« zu organisieren und ihnen zu folgen (beispielsweise den vier grundlegenden Kräften, die das Standardmodell der Physik ausweist). Vielmehr ist es die ihm innewohnende Fähigkeit, zu *erleben*, zu *leben*. Die Macht zu *fühlen* beziehungsweise zu *sein*. Wobei zu »sein« hier eine tiefere Bedeutung besitzt, als nur als Objekt zu existieren; es bedeutet, eine subjektive bewusste Wahrnehmung zu haben.

Nicht unähnlich wie bei Adam und Eva, als sie von der Frucht der Erkenntnis kosteten, hat dieses Vermögen allerdings einen fürchterlichen Preis: In diesem Universum gibt es **keine Gleichgültigkeit** mehr. Die Realität ist nicht mehr nur eine mechanische Maschine, tote Materie, sondern Dinge werden wichtig. Und während »wir, das Universum«, uns selbst – obgleich Organismen mit vergänglichen Körpern und flüchtigen Erfahrungen –, in lebende, mit Bewusstsein ausgestattete Wesen organisieren, beginnen wir die Welt zu *erkennen*, sie zu fühlen, zu schmecken und zu wissen. Wir beginnen damit, uns selbst zu kennen. Das Gefüge von Glückseligkeit und Leid erwacht zum Leben und wir können nicht länger gleichgültig bleiben. Eine Perspektive zu haben, irgendeine Perspektive, sei es die eines vierjährigen deutschen Kindes, eines Meister Dschous oder eines Schmetterlings, bedeutet in mancher Hinsicht, sich zu sorgen. **Wenn die Welt Bewusstsein hat, wenn sie sieht und fühlt, dann sorgt sie sich auch.**[5]

Für unseren Zweck hier ist es ausreichend festzuhalten, dass solche inneren Landschaften existieren, dass sie untrennbar mit roher, unverhüllter Subjektivität verbunden sind, dass sie eine Reihe von Formen annehmen können und dass jeder ethische »Wert« (das heißt alles, worum wir uns sorgen) sich aus den enormen qualitativen Unterschieden ableitet, die innerhalb dieser Landschaften möglich sind.[6]

Wir sollten außerdem festhalten, dass die inneren Landschaften **wandelbar** sind – nicht nur mithilfe von Bildung (also kultureller und erzieherischer Verfeinerung), sondern auch und vorrangig durch gefühlte und verkörperte Begegnungen mit den Schönheiten, Mysterien und Tragödien des Lebens selbst (was nebenbei bemerkt das ist, was die Romantiker in erster Linie unter Bildung verstanden). Und ja, unsere inneren Horizonte sind ebenfalls veränderbar durch bewusste Eingriffe am Organismus selbst, mithilfe von angewandter medizinischer ebenso wie verhaltens- oder sozialwissenschaftlicher Forschung – sowie zunehmend auch durch Anwendung technischer Verbesserungen und andere Manipulationen; ein Potenzial, das uns erst allmählich so recht bewusst wird. Natürlich kann subjektives Erleben auch mithilfe von spirituellen und kontemplativen Praktiken verändert werden, wie beschrieben von den Weisheitstraditionen vormoderner Gesellschaften.

Wir können immer (zumindest theoretisch) *verändern*, wie die Realität von einem Organismus erfahren wird: Wir können eine dunkle Welt von ihren unaussprechlichen Schrecklichkeiten befreien und sie stattdessen mit einem stillen Meer von Trost und Erleichterung anfüllen; umgekehrt können wir auch ein zauberhaftes Universum trist und glanzlos machen. Wenn man zu lang in der Wüste unterwegs ist, kann ein einfacher Schluck frischen Quellwassers den gesamten Kosmos verändern. Verbitterung kann in Akzeptanz und konstruktives Handeln verwandelt werden. Das Verlangen und die Leidenschaft des Herzens kann vor sich hinfaulen und sich in Selbsthass zersetzen oder in die perverse Absicht, Schaden anzurichten. Die ausgedehnten inneren Landschaften können sich wandeln (und tun das auch beständig) – so wie Meister Dschou sich in einen Schmetterling und dann wieder zurück in Meister Dschou verwandelte, dessen Erinnerungen und Erfahrungen sich nun geändert haben.

Noch hinzu kommt die unstrittige Tatsache, dass **diese enormen Potenziale des Fühlens, Wahrnehmens und Seins im Laufe der Weltgeschichte noch nicht einmal annähernd ausgeschöpft worden sind.** Überlegen Sie nur: Sind die schlimmstmöglichen Schrecklichkeiten bereits geschehen? Haben Organismen es wirklich schon erlebt, dass ihre Fähigkeit, die Welt wahrzunehmen, zur bestmöglichen Umsetzung gelangt ist? Wurde das größtmögliche Glück bereits vollständig erreicht? Wurden alle vorstellbaren Gemütslagen, Stimmungen und Emotionen bereits kennengelernt, geteilt und erfahren? Die Möglichkeiten des inneren Erlebens sind weitaus größer als die zusammengenommenen Erfahrungen der Weltgeschichte, der Geschichte allen Lebens auf unserem Planeten. Die unvorstellbaren Möglichkeiten unserer inneren Erfahrungen: Sie sind eine ernste Angelegenheit.

Auch nachdem in Sachen Wissenschaft und Theorien, Wissen und Empirie alles gesagt und getan sein mag, hört man die Welt immer noch singen, immer noch schreien. Sie lebt. Und wie es die Römer uns gelehrt haben, ist dieses Fundament der Realität wandelbar. Am Ende sind es solche Wandlungen, die wirklich zählen. Ein Respekt vor der Wissenschaft erfordert nicht, dass wir aus der Welt einen toten Gegenstand machen und aus dem Universum eine Maschine. Den subjektiven Raum zu sehen, seine Landschaften zu beschreiben, wie auch immer provisorisch, ist ein wichtiges Werkzeug, um Politik und die gesellschaftliche Entwicklung zu verstehen.

Zu lange haben wir »das Kind« der subjektiven Erfahrung und dessen grundlegende Bedeutung mit »dem Badewasser« partikularistischer, willkürlicher Meinung ausgeschüttet. Das haben wir im Namen der Objektivität getan, im Namen der Wissenschaft.

Nun raten Sie mal. Das Kind ist zurück. Und es ist ordentlich gewachsen und schlimmer als Chucky, die Mörderpuppe. Rachegelüste einer enttäuschten Liebe. Aufrichtigkeit hat in postmoderner Ironie einen neuen Freund gefunden. Weil Ironie uns eine selbstkritische Spielfreude erlaubt, können wir damit beginnen, über die Verwandlung unserer inneren Landschaften zu sprechen. Hier kommt er: ein **pragmatischer Romantizismus**.

Hohe Zustände, niedrige Zustände

Das Erste, was ich hier postuliere ist, dass – gegründet *auf meine eigene Erfahrung*[7] – jeder gelebte Moment, den ich jemals hatte, sich *angefühlt* hat wie etwas und dass dieses »Etwas« wenigsten teilweise gut oder schlecht war. Aus einem sehr tiefen philosophischen oder spirituellen Empfinden heraus kann man das vielleicht leugnen: »dass die Realität einfach *ist*«. Aber lassen Sie uns das für einen Augenblick beiseitelassen.

Ich postuliere weiterhin, dass wir alle uns manchmal besser und manchmal schlechter fühlen – *und* dass jeder Augenblick eine Art Summe oder Totalität dessen ist, wie wir uns fühlen. Selbst wenn unsere Erfahrungen gemischt sind, gibt es einen klaren Unterschied zwischen einem Moment leichter, hoffnungsvoller Freude und einem Moment von tiefer Angst und Terror. **In jedem Jetzt** gibt es eine Summe oder **Totalität des inneren Erlebens.** Ich behaupte nicht, dass man das als eine Angelegenheit schlichter Addition ansehen sollte. Wenn Sie das Wort »Summe« nicht mögen, halten Sie sich einfach an Totalität.

Ich gehe grundsätzlich davon aus, dass sich jeder Organismus, in jedem Augenblick seines Lebens in gewisser Weise in einem nicht-gleichgültigen subjektiven Zustand befindet. Wir könnten hier eine Debatte über den Verlust des Bewusstseins, das Fallen ins Koma oder das Tieffrieren von Bakterien anfügen – aber lassen Sie uns auch das hier beiseitelassen.

Sind Sie mir bis hierhin gefolgt? Okay, dann lassen Sie uns weitermachen. Hier sind einige Worte, die für Sie vielleicht in unterschiedlichem Maße bedeutsam sind; sie können in Ihnen ein Empfinden oder ein Gefühl hervorrufen. Ich will, dass Sie diese Liste langsam lesen und sich jedes dieser Worte auf der Zunge zergehen lassen, sie *wirklich* schmecken und beobachten, ob Sie ein Gespür für sie besitzen.

- Großartigkeit, Erhabenheit, Weite, Größe, Pracht, Liebe, Freude, Klarheit, Offenheit, Mitgefühl, Gewissheit, Flow, Jubel, Verspieltheit, Fülle, Erleuchtung, Leichtigkeit, Frieden, Präsenz, Kraft, Echtheit, Bescheidenheit, Freiheit, Schöpfung, Frische, Geburt, Wunder, Sieg, Gelassenheit, Göttlichkeit, Reinheit, Bedeutung, Einheit, Vereinigung, Gemeinschaft, Einzigartigkeit, Auserwähltsein, Ehrfurcht, Erfüllung, Einsicht, Anmut, Kultiviertheit, Feinsinnigkeit, Einfachheit, Dankbarkeit, Substanz, strahlende Leere.

Wie fühlt sich *Großartigkeit* an? Wie erkennt man eine endlich erlangte enorme, offene *Freiheit*? Zweifellos lassen einige der Worte Sie kalt oder lösen einfach nichts in ihnen aus. Egal. Konzentrieren Sie sich auf diejenigen, für die das nicht gilt – diejenigen, die Sie erkennen und von innen heraus kennen. Hatten Sie jemals einen großen Sieg? Haben Sie sich jemals in einem Augenblick vollständig präsent gefühlt? Haben Sie Erinnerungen an Momente völliger, sorgloser Leichtigkeit oder daran, dass Ihr Herz demütig vor Dankbarkeit war?

Ich nehme an, Sie erkennen mehr als ein Wort in dieser Liste als eine gefühlte Erfahrung, die Sie von innen heraus kennen? Gut. Jetzt hören Sie bitte für einen kurzen Moment auf, darüber nachzudenken, *welche Gemeinsamkeiten* diese verschiedenen Worte haben. Auch wenn sie letztlich alle sehr verschieden sind, sind sie doch irgendwie miteinander verbunden.

Ich bin mir sicher, dass Neurowissenschaften und Verhaltensmedizin uns helfen können, diesen Sachverhalt aufzuklären, aber an diesem Punkt würde ich gerne einfach einen Weg vorschlagen, wie man die Gemeinsamkeit all dieser Worte und Begriffe auf der obigen Liste fassen kann: **Sie alle sind Ausdruck *höherer* subjektiver Zustände.**

Höhere Zustände sind die gelebten, erfahrenen Augenblicke, in denen die Realität selbst kristallin, klar, augenscheinlich wird: wenn es eine tiefe innere Stille gibt und die Erfahrung des Lebens selbst ganz zutage tritt. Wenn der Verstand in die Knie gezwungen wird, die Seele sich unterwirft und die Realität siegt und sich selbst offenbart.

Hohe Zustände. Sie verschaffen die Erfahrung, dass das Leben groß und die Realität riesenhaft ist. Die Dinge sind magisch; die Realität wird verzaubert, und wenn auch nur für einen kurzen Moment. Wir neigen dazu, Vorstellungen und Erwartungen zu haben, *wie* solche hohen Zustände erreicht werden: angesichts eines Sonnenuntergangs, am Tag unserer Hochzeit oder wenn wir Plato lesen. Aber solche Pläne oder Erwartungen rühren das Leben nicht.[8] Der höchste Zustand eines gesamten Lebens könnte genauso gut dieser eine Frühlingsmorgen im Kindergarten gewesen sein. Diese hohen Zustände durchzucken unser Leben wie Blitze, in all ihrer Bedeutungslosigkeit und in den merkwürdigsten Momenten – möglicherweise nur einige wenige Male im Laufe unseres Daseins, im Abstand von vielen Jahre oder was sich anfühlt wie die Spanne mehrerer Leben.

Nicht alle höheren Zustände gleichen sich wie ein Ei dem anderen. Natürlich liegt zwischen ihnen eine Welt an Unterschieden; so zum Beispiel zwischen der Großartigkeit des Zaren, wie sie in Tolstois *Krieg und Frieden* beschrieben wird, und dem schmerzenden, aber zufriedenen Herzen, das wir fühlen, wenn wir von tiefem Mitgefühl bewegt werden. Dennoch sind diese sehr verschiedenen Formen der Erfahrung miteinander verbunden; sie haben eindeutig einen gemeinsamen Nenner.

Höhere Zustände sind nicht an bestimmte Emotionen gebunden, auch wenn sie vielleicht in einem tiefgreifenden Sinne sogar die Essenz von »Bedeutung und Glück im Leben« darstellen könnten. Höhere Zustände können auftauchen in schweißtreibender Arbeit, bitteren Kämpfen, in einem Ausbruch rechtschaffener Wut, in Rache, in der tiefen Genugtuung der Kapitulation, in einer Traurigkeit, die das Herz aufschließt, wie auch in überschießender Sorge.[9]

Solche subjektiven Zustände können auf beliebige Art und Weise mit den Inhalten unserer Gedanken, Gefühle und Sinneseindrücke interagieren. Es ist möglich, angenehme Erfahrungen zu machen, die von höheren Zuständen unberührt bleiben, und es ist möglich, höhere Zustände während Momenten großen Ärgers und großer Traurigkeit zu erleben.

Deswegen noch einmal: **Der allgemeine Zustand eines Organismus meint nicht seine Emotionen. Er ist etwas Grundlegenderes.** Wenn wir uns Glück für uns selbst und andere wünschen, wünschen wir uns im engeren Sinne höhere subjektive Zustände und die Vermeidung oder das Vorbeigehen niedrigerer: Wir meinen nicht notwendigerweise *Gefühle* des Glücks, auch wenn das ebenfalls wichtig sein kann.

Was würde das im physiologischen Sinn bedeuten, also etwa in Hinblick darauf, was wir mit biologischen Messungen erkennen können? Wenn wir nach den physiologischen Korrelaten zu selbst berichteten subjektiven Zuständen suchen, könnte die sogenannte »Herzfrequenzvariabilität« ein vielversprechender Ausgangspunkt sein, da sich gezeigt hat, dass sie mit Dingen wie niedrigem Stress und hoher Willenskraft korreliert.[10] Im Fall von Tieren können die Stresslevel entweder anhand von Signalen in Verhaltensexperimenten oder chemisch durch die Untersuchung des Urins oder Ähnlichem gemessen werden; das sind Versuche, die subjektiven Zustände von Lebewesen zu verstehen, die wir schlicht nicht fragen können. Aber lassen Sie uns die Biologie hier beiseitelassen und uns den niedrigeren Zuständen zuwenden.

Wenn subjektive Zustände hoch sein können, suggeriert das irgendeine Art von Richtungsorientierung beziehungsweise dass sie also auch niedrig sein können. Welches sind nun also niedrige Zustände?

Ich habe bereits angedeutet, dass sie nicht gleichbedeutend sind mit Wut und Traurigkeit oder dem mangelnden Gefühl von Glück. Stattdessen schlage ich vor, niedrigere Zustände eher als Momente des Daseins anzusehen, in denen der Realität »die Ganzheit fehlt«: wenn Spaltung, Zerbrochenheit und Trennung unsere Erfahrung bestimmen; wenn die Realität verloren und formlos ist und chaotische Verwirrung zusammen mit Unwahrheit herrscht. Versuchen Sie diese Worte:

- Sorge, Angst, Wut, Hass, Bitterkeit, Gefangenschaft, Sklaverei, Demütigung, Verlust, Einsamkeit, Bedeutungslosigkeit, Unwirklichkeit, Verwirrung, Langeweile, Schmutz, Folter, Unterdrückung, Erstickung, Verunsicherung, Dunkelheit, totes Fleisch, Fäulnis, schmerzhafte Leere, Ohnmacht, Schwere, Ungewissheit, Abscheulichkeit, Hoffnungslosigkeit, Unleben, Dahinvegetieren, Schreien, Verwundung, Leiden, unerträglicher Schmerz, Komplikation, Terror, Ausgesetztsein.

Lösen diese Worte etwas in Ihnen aus? Einige der Worte zeigen natürlich niedrigere Zustände an als andere. Aber ich würde argumentieren, dass diese vielen Worte ein gemeinsames Thema haben: Sie alle zeigen eine Art Gefangenhalten der Seele, Fluch für ein freies und volles Leben in Frieden. Ein verhungerter, beschädigter oder kranker Körper bringt im Allgemeinen niedrigere subjektive Zustände hervor. Aber wie Michel Foucault bekanntermaßen (in Überwachen *und Strafen*) beobachtet hat, ist »die Seele« auch das Gefängnis des Körpers: Der Körper wird zurückgehalten und leidet unter den Gebrechen der Seele – der Seele, die von den gesellschaftlichen Machtstrukturen geformt wird.

Ich lebte einmal mit einer Frau zusammen, die ich von ganzem Herzen liebte und die unter großen Angstgefühlen litt und bei der später eine schwere psychische Erkrankung diagnostiziert wurde (mit der sie meines Wissens nach immer noch lebt). Ich schwöre bei meinem Herzen, dass es keine Übertreibung ist, wenn ich sage, dass die meisten der obigen Worte beschreiben würden, was sie an den meisten Tagen des Jahres im Laufe eines einzigen Tages erlebte (und vielleicht immer noch erlebt). Das Vermögen des menschlichen Organismus, Leid zu empfinden, ist immens.

Der Organismus trägt keine metaphysische »persönliche Verantwortung« für sein eigenes Leiden. Wenn wir einander Verantwortung zuschreiben, handelt es sich dabei lediglich um eine gesellschaftliche Konvention, die dem Zweck dient, Verhaltensweisen zu regulieren. Es ist ganz offensichtlich, dass jeder Organismus versucht, sich so zu organisieren, dass er höhere subjektive Zustände erreicht. Aber die Begrenzungen und Widersprüche der Existenz erzeugen unharmonische und formlose, zerbrochene subjektive Zustände. Das ist die Tragik, die dem selbstbewussten, nicht-gleichgültigen Universum innewohnt. Mit den gleichen selbstverständlichen und automatischen Abläufen, durch die Leben erzeugt und erhalten wird und in denen die physische Welt ihren Gesetzen folgt, erzeugt die Natur auch niedrige Zustände in Organismen.

Niedrige Zustände sind nicht dasselbe wie schwierige Emotionen. Sie werden manchmal Leute Dingen sagen hören wie: »Ich habe im Leben gekämpft. Ich hatte so viel Angst, war so traurig, und ich habe hart gearbeitet, solchen Schmerz erlitten. Aber es war *intensiv* und, auf merkwürdige Weise, schön. Es war all das wert.« Das ist eine Aussage über schmerzhafte und schwierige *Gefühle*.

Was Sie noch nie einen Menschen sagen hörten und auch nie zu Gehör bekommen werden, ist das Folgende: »Ich habe ein Leben voller Sorge und Angst gelebt; Selbsthass hat meine Tage angefüllt. Ich habe niemals einen Sinn gefunden und die Realität war außerordentlich verwirrend und ist es immer noch. Ich bedauere fast alles. Ich fühle mich erstickt, abgewertet, schmutzig, ekelhaft, wertlos. Ich hasse meine Mutter, Ich würde sie gerne auf die grausamste Weise ermorden; und ich hasse mich selbst dafür, dass ich diese Gedanken und Gefühle habe … Aber, ach ist das wunderschön! Das war es alles wert. Könnte ich dieses Leben noch einmal leben, würde ich das tun, sogar eintausend Mal!«

Können Sie den Unterschied zwischen diesen beiden Aussagen bemerken? Warum ist die erste realistisch und die zweite nicht? Weil die erste auf Emotionen blickt – und Herausforderungen, die überwunden wurden – und die zweite von anhaltenden niedrigen Zuständen erzählt.

Dem haftet nichts Schönes an. Aber natürlich gehören die niedrigen Zustände zum Leben, sie eignen der Realität und deshalb muss ihr Vorhandensein akzeptiert werden. Die niedrigeren Zustände können vielleicht für gewisse Zeiträume vermieden werden, bei einzelnen Personen vielleicht sogar für ein ganzes Leben. Aber sie existieren immer noch als Teil unserer geteilten Realität, der wir nicht entkommen können.

In den Religionen und Weisheitstraditionen in Ost und West finden sich Konzepte wie die Hölle, das Fegefeuer, das Reich der Hungergeister im Buddhismus und weitere Variationen. Wie man oft beobachten kann, sind diese Konzepte zu »Glaubensvorstellungen« im täglichen Leben geworden, zu Geschichten, die verwendet werden, um die gesellschaftliche Ordnung und symbolische Universen aufrechtzuerhalten, um Menschen mithilfe von Angst zur Erfüllung von Normen zu bewegen. Dennoch liegt eine tiefere, esoterische Bedeutung in solchen Lehren. Sie zeigen wie bitterernst das Leben in einem nicht-gleichgültigen Universum ist: Welten um Welten von scheinbar ewigem Zerfall und Leid sind überpräsent, sowohl als *Möglichkeiten* (in dem Sinne, dass solche Schicksale jedes einzelne lebendige Wesen ereilen können) als auch als *Aktualitäten* (in dem Sinne, dass solche niedrigen Zustände in der Welt in jedem Moment existieren). Wir leben in einer schreienden Welt. Weil es unsagbares Leid gibt, hält die Existenz uns für alle Ewigkeit bei den Eiern gepackt. Dieses unentrinnbare, unnachgiebige **Bei-den-Eier-Gepacktsein**[11] beschreibt unsere missliche Lage – auf die es letztlich nur eine Antwort geben kann: Sich kümmern. Die Frage ist dann nur noch, *wie* diese genau aussehen soll.

Halten Sie einen Moment inne, um darüber nachzudenken: Wir vernehmen das Schreien der Welt, genau-in-diesem-Moment – das ist eine Tatsache und unabhängig davon, wie Ihr eigenes Leben aussieht. Zudem ist es hochgradig unwahrscheinlich, dass unser (des Universums) größtes Leid in der Vergangenheit liegt; dagegen ist es sehr, sehr wahrscheinlich, dass es uns noch bevorsteht.

Dieses Bei-den-Eiern-Gepacktsein ist es, wovor uns die religiösen Überlieferungen gewarnt haben: Wir sollten besser vor Gott auf die Knie fallen, und ja, wir sollten Gottes Zorn fürchten, und ja, die Hölle ist real, und ja, Leiden ist ein notwendiger und unvermeidlicher Teil des Lebens in *samsara* (dem weltlichen Reich der Illusion in östlichen Traditionen).

Ich weiß nicht, ob Sie den klassischen deutschen Philosophen des 20. Jahrhunderts Martin Heidegger und sein Werk *Sein und Zeit* aus dem Jahr 1927 mögen oder nicht. Aber ich würde gerne eine wichtige Unterscheidung aufbringen, die er in diesem Buch macht: diejenige zwischen Sein und Da-sein. Wenn wir über Subjektivität als einer Skala von niedrigeren bis höheren Zuständen sprechen, reden wir nicht eigentlich über das reine Sein, was manchmal als reines »Sosein« bezeichnet wird. Der Grund ist, dass die Bewusstseinsqualität selbst konstant zu sein scheint: Wir sind uns immer schon mühelos all dessen bewusst, was in unserer inneren Welt aufsteigt. Das ist Sein – einfach reines Sein.

In diesem Kapitel sprechen wir stattdessen vom Da-sein oder dem In-der-Welt-sein, womit gemeint ist, *wie* wir in der Existenz erscheinen (einschließlich dessen, als *wer* wir erscheinen). Das ist eine stärker relative oder relationale Kategorie: Der Organismus kann fühlen, wie es ist, in ebendiesem Augenblick dieser Organismus zu sein. Es ist also das Da-sein, was die wandelbare Seite des Bewusstseins darstellt: die Seite des Bewusstseins, die höher oder niedriger sein kann.[12]

Okay. Sind Sie mir bis hierhin gefolgt? In unserem sich selbst organisierenden Universum gibt es die subjektive Erfahrung, die gegenüber diesem Universum nicht gleichgültig ist, was bedeutet, dass Organismen subjektive Zustände haben, die höher oder niedriger sind. Die Existenz höherer und niedrigerer subjektiver Zustände kann als eine allgemeine Eigenschaft des Universums angesehen werden. In einem Kompositum: Bei-den-Eiern-Gepacktsein.

Die Skala subjektiver Zustände

Es steht noch aus, dass wir die »mittleren« Zustände erörtern, die im Allgemeinen für die meisten von uns das tägliche Leben ausmachen. Mittlere Zustände bilden denjenigen Abschnitt der Skala, der unserer normalen Erfahrung entspricht: Unbehagen, Behagen, Spaß, Vergnüglichkeit, Langeweile, Frustration, Irritation, Plackerei, Müdigkeit, die Stimmung im Büro, das Gefühl, das ein Stapel dreckigen Geschirrs in uns auslöst, die allzu kühle Morgenfrische.

Aber was ist »das erlebende Selbst« *wirklich*?[13] Zu jedem beliebigen Zeitpunkt haben wir ein ganzes subjektives Universum, einen inneren Horizont, in dem alle Phänomene, die von uns erfahren werden, auftreten: die Kälte unserer Zehen, unsere Gedanken, unterschwellige Emotionen und mehr Dinge, als wir benennen könnten.

Offensichtlich ist die Totalität subjektiver Erfahrungen unmöglich in einer Zahl von eins bis zehn einzufangen. Aber wenn wir postulieren, dass subjektive Zustände höher oder niedriger sein können, ist es möglich, den jeweiligen Beschreibungen Zahlen zuzuordnen. So entsteht eine hierarchische Skala, die deutlich weniger willkürlich ist als einfach ein »Eins bis zehn«.[14]

Auch wenn die von mir vorgeschlagene Skala natürlich noch sehr grob sein muss, weil sie den Inhalt der Erfahrung (wie beispielsweise die Emotionen) weglässt und verschiedene Formen subjektiver Zustände in derselben eindimensionalen Skala zusammenschmeißt. Zum Beispiel wissen wir, dass einige Menschen sich in tiefen »Flow-Zuständen« befinden und hohe Dopamin-Level haben, während sie hochaktiv und in Aktivitäten versunken sind, was etwas ziemlich anderes ist, als von Oxytocin überflutet zu werden und von Mitgefühl und Nähe zu den Mitmenschen überwältigt zu werden, oder einfach auf einer Welle von Serotonin- und Endorphin-Wellness zu reiten. Einige werden auch von der großen Klarheit und Gelassenheit religiöser Hingabe erfüllt. Das sind sicherlich sehr verschiedene Phänomene in unseren Gehirnen, nicht zuletzt in biochemischer Hinsicht. In gleicher Weise gibt es viele Schattierungen der Hölle: Hier ist die Skala, von den niedrigsten Zuständen zu den höchsten.

Niedrigere Zustände

1. Höllisch
2. Entsetzlich (Zusammenbrechen der phänomenologischen Realität)

3. Gequält
4. Schikaniert

Mittlere Zustände

5. Sehr unbehaglich
6. Unbehaglich, unangenehm
7. Irgendwie unbehaglich, »in Ordnung«, voller kleiner Mängel
8. Zufrieden, gut (*well*)
9. Gut (*good*), lebendig
10. Freudig, lichterfüllt, gestärkt

Höhere Zustände

11. Weit, großartig, offen
12. Glückselig, heilig
13. Erleuchtet, spirituelle Einheit

Die verschiedenen Höhen des subjektiven Zustands bedürfen unter Umständen genauerer Definitionen – aber diese Diskussion wäre zu langwierig. Die wichtige Erkenntnis ist hier, dass man beginnt, die subjektiven Zustände zu erkennen und wahrzunehmen, dass sie höher oder niedriger sein können, um ein ungefähres, intuitives Empfinden dafür zu entwickeln, was solche Zustände vielleicht beinhalten. In der hier skizzierten Form handelt es sich um eine sogenannte »Ordinalskala« (man kann sagen, welche Zustände höher oder niedriger sind, aber man kann nicht sagen, dass sie den gleichen Abstand voneinander haben).

Was ich hier behaupte, ist, dass sich der Organismus in jedem beliebigen Moment – wach oder schlafend und unabhängig vom sensorischen und gefühlmäßigen Inhalt der jeweiligen Erfahrung – in einem dieser subjektiven Zustände befindet. Ich behaupte auch, dass diese subjektiven Zustände extrem unbeständig sind; dass sie sich von einem Moment zum nächsten drastisch verändern können. Die höheren Zustände dauern oft nur einen kurzen Augenblick, manchmal Bruchteile von Sekunden. Genau hier, genau jetzt kann Ihre allgemeine Erfahrung in einem von diesen Zuständen beschrieben werden. Ihr ganzes Leben hat sich ereignet, ereignet sich und wird sich ereignen in irgendwie gearteten subjektiven Zuständen, einige davon höher, andere niedriger – obwohl es subjektive Zustände geben mag, niedrigere oder höhere, die Sie niemals erfahren haben und das auch niemals werden.[15]

Der Vorteil der Skala ist, dass viele von uns sie intuitiv erfassen können und dass sie dabei hilft, die subjektiven Zustände verschiedener Organismen effektiv zu unterscheiden. Der amerikanische Philosoph Thomas Nagel ist für seine Frage berühmt: »Wie fühlt es sich an, eine Fledermaus zu sein?« Seine Absicht war einfach, Subjektivität als etwas zu erkennen, das sinnvollerweise als Erfahrung beschrieben werden kann. Mit dieser Skala gehen wir noch einen Schritt weiter: Wir stellen die Frage, wie es ist, eine kranke und verängstigte Fledermaus zu sein, oder eine, die das erste Mal in die Geräuschkulisse der offenen Nacht fliegt. Auch wenn wir also keinesfalls behaupten, wir hätten eine erschöpfende Liste subjektiver Zustände, kommen wir doch wenigstens einer wichtigen Sache etwas näher.

Können die subjektiven Zustände denn wirklich in klar voneinander unterscheidbaren Schritten beschrieben werden (in ganzen Zahlen, wie Stufen)? Vielleicht nicht. Vielleicht wäre ein kontinuierliches Spektrum besser. Aber auch wenn solch ein Spektrum der Theorie unter Umständen mehr Präzision verleihen würde, wäre das auf dieser frühen Stufe irreführend. Lassen Sie uns deswegen, aus Bequemlichkeit und Klarheit, mit unterscheidbaren Schritten arbeiten.

Jenseits der Emotionen

Aus Sicht der Verhaltenswissenschaft (welche die Muster oder Regeln des Verhaltens von Organismen von außen erforscht und dabei deren Innenleben nicht berücksichtig) sind Zustände *grundlegender* als Emotionen. Wenn man das Verhalten von Organismen vorhersagen will, scheint die Annahme, diese optimierten einfach ihren Zustand, hilfreicher zu sein als die Idee, sie strebten nach bestimmten Emotionen. Die Emotionen werden als sekundärer Ausdruck dieser Zustandsoptimierung angesehen. **Organismen suchen oder vermeiden nicht wirklich bestimmte Emotionen, sondern sie streben danach, den Level ihres subjektiven Zustands anzuheben und niedrige Zustände zu vermeiden.**[16]

Die meisten von uns verbringen den größten Teil unserer Lebenszeit in den mittleren Zustandsrängen, in nur vagem Bewusstsein der sehr realen Möglichkeiten höherer oder niedrigerer Zustände. Hinzu kommt, dass relativ wenig Leute die höchsten und niedrigsten Zustände überhaupt erfahren haben.

Einige Beispiele: Die normale erwachsene Person in einem modernen Land befindet sich zumeist in Zustand 7, »in Ordnung«, aber mit einem leichten, andauernden Unbehagen. Einige wenige befinden sich tatsächlich öfter in Zustand 8, fühlen sich gut und zufrieden. Und dann gibt es eine größere Minderheit, die sich zumeist in niedrigeren Zuständen wie Nummer 6 befindet, sich unbehaglich und unangenehm fühlt. Ich kann das nicht mit Daten belegen und wenn Sie dazu imstande sind, können Sie gerne solche Daten kreieren (oder Daten, die meinen Behauptungen widersprechen), aber das ist meine Erfahrung: basierend auf den Leben und Berichten meiner Bekannten, Freunde, Verwandten und Liebhaberinnen wie auf meinen eigenen. Ich vermute, dass Sie dieses Bild unter Umständen wiedererkennen werden.

Zustände entwickeln sich in der Regel durch positive Verstärkung Ihrer Umgebung weiter (zum Beispiel durch erfolgreich bewältigte Arbeit, Beziehungen, Liebe und Sex) und Dinge, die der Gesundheit und dem physischen Wohl zugutekommen. Zustände können aber auch, und oftmals sogar tiefgreifender, mithilfe von Meditation sowie anderen Praktiken von Körper und Geist weiterentwickelt werden.[17]

Wie immer gilt, behalten Sie im Hinterkopf, dass es sich hierbei lediglich um *eine* Dimension der Erwachsenenentwicklung beim Menschen handelt: Ein höherer Zustand meint nicht unbedingt höhere Komplexität der Denkstrukturen und so weiter (wie wir in Kürze näher besprechen werden). Dies vorausgeschickt, schauen wir uns nun einmal genauer an, was es bedeutet, einen subjektiven Zustand »weiterzuentwickeln«.

Das ist das Thema des nächsten Kapitels.

Kapitel 13

Nach Höherem streben

Zunächst einmal ist es wichtig zu erkennen, dass die subjektiven Zustände – abgesehen davon, dass sie sich »weiterentwickeln« können – einer vollkommen anderen Logik folgen als die Stufenentwicklung, wie sie von Commons' MHK in Hinblick auf die kognitive Komplexität beschrieben wurde (Kapitel 8 und 9) oder wie sie sich in der Diskussion der Symbolstufen (Kapitel 10 und 11) darstellte. **Zustände sind nicht dasselbe wie Stufen.**

Eine Definition von »Spiritualität«

Ein grundlegender Unterschied zwischen Zuständen und Stufen liegt darin, dass jede Stufe die früheren Stufen transzendiert und *miteinschließt* (wie es in Hinblick auf die Stufen kognitiver Komplexität oder auch die Symbolstufen der Fall ist), während Zustände die vorangegangenen Zustände transzendieren und *ausschließen*. Wie Ken Wilber in einem seiner Vorträge angemerkt hat, können Sie nicht gleichzeitig nüchtern und betrunken sein, oder wach und schlafend – Sie müssen sich für eines von beiden entscheiden. Veränderte Zustände bauen nicht einfach auf dem auf, was vorher war; jeder gelebte Moment radiert ausnahmslos alle früheren Momente aus und reklamiert für sich die volle Realität des Jetzt.

Sicherlich sind Zustände miteinander vergleichbar. Viele Mystiker und kontemplativen Traditionen haben stufenartige Muster beschrieben, in denen subjektive Zustände als Fortschritte im spirituellen Prozess erfahren werden: wofür die neun *yanas* (Ebenen der Vertiefung) im Buddhismus vielleicht das symbolträchtigste Beispiel darstellen. Die vergleichende Religionswissenschaft hat angemerkt, dass es eindeutige Parallelen gibt zwischen den verschiedenen »Abfolgen von Zuständen«, wie man sie auf allen Kontinenten, in verschiedenen Kulturen und über lange Zeiträume hinweg identifiziert hat. Es scheint, als gäbe es vielleicht eine gemeinsame Blaupause subjektiver Zustände – vielleicht kein allzu überraschender Befund.[1]

Selbst wenn man Abläufe innerer Erfahrungen (bei Langzeit-Meditierenden und anderen disziplinierten Praktizierenden der Kontemplation) beobachten und zumindest in teilweise erkennbaren und vergleichbaren Muster anordnen könnte, sollte man subjektive Zustände nicht mit Stufen wie denjenigen im MHK verwechseln. Die kognitive Komplexität eines Organismus ist relativ starr: Es gibt einfach keine Sechsjährigen, die neue Stufe-14-Paradigmatisch-Theorien erfinden; die einzigen Menschen, die das jemals tun, sind diejenigen, die durch alle früheren kognitiven Stufen hindurchgegangen sind. Das ist einfach eine Tatsache. Und eine Person, die den Code der Symbolstufe D-Postfaustisch »installiert« hat, kann einfach keine postmodernen Gedanken denken: Im Mittelalter gab es keinen Picasso.

Subjektive Zustände sind sehr viel unregelmäßiger und unberechenbarer als Entwicklungsstufen. Ganz sicher erleben nur wenige Leute überhaupt die höchsten Zustände; und sehr wenige, wenn überhaupt, erleben sie regelmäßig und den größten Teil der Zeit. Unser subjektiver Zustand schwankt ständig – und er kann im Handumdrehen Sprünge in höhere und niedrigere Zustände machen. Es ist nicht unüblich, dass wir Erfahrungen gemacht haben (oft während der Kindheit), in denen wir einen erhöhten Aufmerksamkeitszustand erlebt haben, oder dass wir Momente der Psychose erfahren haben, in denen die Realität zerbricht und all unsere Alpträume wahrwerden.

Üblicherweise sieht man solche außerordentlichen Zustände so an, dass man ihnen einen *niedrigeren ontologischen Status* zuordnet (sodass sie als »weniger real« angesehen werden als die Realität des täglichen Lebens). Das alltägliche Leben wird für die »wirklich reale« Wirklichkeit gehalten und alles andere für Träume, Halluzinationen oder Fantasien. Was diese Sichtweise oft übersieht, ist, dass das mentale Leben niemals eine »korrekte Repräsentation« irgendeiner objektiven Realität darstellt. Mittleren Zuständen auf Kosten niedriger und höherer Zustände einen ontologischen Prämienstatus zu verleihen ergibt einfach keinen Sinn. Unsere Erfahrung der Wirklichkeit ist immer eine gefühlte, verkörperte; das bedeutet, dass die Realität, die wir in einem sehr hohen Zustand erleben, nicht »weniger real« ist. Wenn Ihnen Dämonen und Engel erscheinen, sollten Sie diese natürlich nicht für bare Münze nehmen. Aber wenn die Realität Ihnen für einen kurzen Moment kristallklar und tiefgründig bedeutsam erscheint, ist das nicht »weniger real« als Ihre alltägliche Erfahrung.

Wir sehen und erkennen verschiedene Aspekte der Realität in Abhängigkeit davon, in welchem subjektiven Zustand wir uns befinden. Folglich sollten wir die konventionelle Sichtweise vermeiden – welche die Bedeutung aller subjektiven Zustände außer demjenigen der »Normalität« des täglichen Lebens herunterspielt. Es gibt keinen Grund, den Realitätsbezug weder für das Empfinden glückseliger Klarheit noch für das Gefühl einer tiefen, schreienden Verwirrung zu leugnen. All das ist Teil der Realität.

Ebenso denke ich, dass die mystischen Traditionen und die transpersonale Psychologie, die die höheren, spirituellen Zustände erforscht haben, dazu neigten, diese auf Kosten der niedrigen und mittleren Zustände überzubetonen. Sie werden weder der Vielfalt des täglichen Lebens (im mittleren Bereich) ausreichend gerecht noch der Tatsache, dass dieser Abschnitt sich unvermeidlich in einem Kontinuum mit den höchsten wie den niedrigsten Stufen befindet.

Nach meiner Definition sind hohe Zustände diejenigen, die wir zu den spirituellen oder tiefgreifend lebensverändernden Erfahrungen zählen würden, wenn wir ihnen das erste Mal ausgesetzt sind. Der erste dieser Zustände und der einzige, den ich persönliche kenne, ist der einer großen, offenen Weite (Zustand 11); eine Art bedeutungsvoller Leere, die sich zeitweise eröffnet, wenn ich philosophiere und meditiere, ganz selten auch, wenn ich soziologische oder psychologische Erkenntnismomente habe oder auf längeren Spaziergängen fundierte Lebensentscheidungen treffe.

Von langjährigen, vertrauten Freunden wie auch von Lehrenden und aus den Schriften und Aufnahmen von Mystikern und spirituellen Lehrern weiß ich, dass es mindestens zwei weitere Zustände über dem geben muss, den ich persönlich erlebt habe; ganze Welten von Gefühlen, Stimmungen und Empfindungen, die ich noch nicht kennengelernt habe. Aller Wahrscheinlichkeit nach gibt es diese höheren Zustände nur bei Menschen – angesichts der Tatsache, dass sie innigst mit dem menschlichen Unterfangen der Spiritualität verknüpft sind. Natürlich können wir uns dessen nicht sicher sein (und nein, es ist kein Grund, nicht-menschliche Tiere zu versklaven, zu ermorden und zu foltern).

Wenn wir denjenigen glauben, die behaupten, »spirituell erleuchtet« zu sein, ereignen sich die höchsten Zustände wahrscheinlich dann, wenn (das reine) Sein und Da-sein (In-der-Welt-sein) in eins fallen. Dabei werden spirituelle

Lehrer wie Rupert Spira, Eckhart Tolle und Jiddu Krishnamurti Ihnen sagen, dass Sie »bereits erleuchtet« sind: dass es etwas gibt, über das Sie stolpern und das Sie als unmittelbar einleuchtend erkennen können. Man bezeichnet das als *Nicht-Dualität*: dass Sie aufhören, sich von allen Dingen in der Welt um sich herum getrennt zu fühlen (und selbst diese Beschreibung ist falsch, meinen die spirituellen Lehrer, weil Sie eigentlich nicht »aufhören« können, etwas zu tun). Dies ist kein Buch über Spiritualität und existenzielle Einsichten; es genügt zu sagen, dass einige Leute höhere Zustände zu beschreiben scheinen – und dass diese real zu sein scheinen und mit physiologischen Zuständen im Gehirn korrelieren.

Das führt uns zu einer Definition von Spiritualität, und zwar im Hanzi-Style: **»Spiritualität« ist ein massentaugliches Schlagwort für diejenigen menschlichen Aktivitäten, Erfahrungen und Praktiken, die die drei höchsten Kategorien subjektiver Zustände betreffen – und für diejenigen Perspektiven auf Leben und Welt, die aus solchen Zuständen (sowie aus der Erläuterung und Lehre dieser Perspektiven) entspringen.** Nach diesem Verständnis hat Spiritualität wenig oder nichts mit bestimmten religiösen Inhalten oder Glaubenssätzen zu tun. Vor dem Hintergrund ebendieser Definition behaupte ich, dass Spiritualität für die Gesellschaft als ganze wichtig ist.

Wie sich das tägliche Leben im Durchschnitt anfühlt

Aber lassen Sie uns die Spiritualität nicht überbetonen. Schließlich gibt es auch niedrigere Zustände. Gemäß meiner Definition **sind niedrige Zustände diejenigen, in denen der Organismus seinen Lebenswillen verliert.** In den niedrigeren Zuständen haben Sie keinen Anteil mehr an »normalem Leben« oder »normaler« Existenz. Die Wirklichkeit wird so fremd, irreal und unfreundlich, dass der übliche Lebenswille verschwindet. Die fürchterliche Wahrheit ist nun aber, dass es auch jenseits dieses Punktes zusätzliche Schichten über Schichten unglaublichen Leids gibt. Unsere ganze Realität kann zusammenbrechen und zu nichts als Chaos unaussprechlichen Leids werden. Um es mit unserem alten Kumpel, dem französischen Philosophen Henri Bergson zu sagen: Eine Sekunde kann sehr, sehr lange dauern. Deswegen können diese Höllen, selbst wenn sie nur von geringer Dauer sind, unseren Planeten in etwas einhüllen, das wie Ewigkeiten unfassbaren Leids erscheint.

Einem gequälten Organismus kann selbst Selbstmord zu schwierig erscheinen: Die Schwere dessen, was uns in den niedrigeren Zuständen packt, kann uns derart ängstlich und unentschlossen machen – oder auf andere Weise hilflos –, dass wir es nicht schaffen, uns selbst zu töten. Die niedrigen Zustände sind wahrhafte Gefängnisse: trostlose Ausdehnungen von Schmerz, Schmutz und Abwertung.[2]

Die mittleren Zustände umfassen alles, was zwischen diesen höheren und niedrigeren Zuständen liegt. Sie sind bei uns und den Menschen in unserer Umgebung so verbreitet, dass wir leicht vergessen können, dass es höhere und niedrigere Zustände gibt, oder dass uns die Tatsache, dass Letztere existieren, ein Leben lang unbewusst bleibt. Trotzdem ist der mittlere Bereich subjektiver Zustände von nicht geringer Ausdehnung: **Jeder »Zustandslevel«, den man sich hinauf- oder herunterbewegt, bedeutet wirklich einen enormen Unterschied.** Werfen wir einen Blick auf die mittleren Zustände:

5. Sehr unbehaglich
6. Unbehaglich, unangenehm
7. Irgendwie unbehaglich, »in Ordnung«, voller kleiner Mängel
8. Zufrieden, gut (*well*)
9. Gut (*good*), lebendig
10. Freudig, lichterfüllt, gestärkt

Wo würden Sie sich selbst einordnen an irgendeinem beliebigen Montagnachmittag gegen 14 Uhr? Einige Menschen (oder andere Organismen) haben höhere durchschnittliche Zustände als andere. Wenn wir uns vorstellen, dass wir den Zustand eines Lebewesens über einen gewissen Zeitverlauf messen und dann einen Durchschnitt errechnen, würde das einen durchschnittlichen Zustand ergeben (wobei diejenigen subjektiven Zustände, in denen man sich über einen längeren Zeitraum befindet, das Ergebnis stärker beeinflussen würden).

Ein besseres Maß ist möglicherweise aber auch der **Medianzustand**, der (fast immer) mit dem Zustand gleichbedeutend ist, in dem man sich am häufigsten befindet. Stellen Sie sich vor: Wie viele Welten müssen liegen zwischen einem Leben, das man zumeist in Zustand 5 verbringt, im Gefühl starken Unbehagens, wo jegliche Erfahrung der Welt heikel, unsicher und verwirrend ist – und Zustand 9, bei dem man sich in einer leichten und freundlichen Welt vorfindet, die einen kontinuierlich auf positive Weise beschäftigt und stimuliert. Einfach ausgedrückt, könnte man sagen, dass ein höherer Medianzustand das Leben *unbeschwerter* macht; es macht es leichter, am Morgen aufzustehen. Waren Sie jemals glücklich verliebt? Dann haben Sie vielleicht bemerkt, wie Ihre ganze Welt sich auf subtile, aber durchdringende Weise veränderte: wie die Tage leichter und unbeschwerter wurden. Oder vielleicht hatten Sie eine Depression und haben das glatte Gegenteil erfahren: eine schwerere, dunklere Welt.

Wie erwähnt scheint der üblichste Medianzustand das zu sein, was ich unter 7 eingestuft habe, sich »in Ordnung«, aber leicht unbehaglich fühlen. Dieser Zustand gestattet immer noch viel Glück, Spaß und Wohlgefühl, aber das Leben ist nicht immer »nur das«. Stellen Sie sich vor, welchen Unterschied es bedeuten würde, wenn der Medianzustand 8 wäre (zufrieden, sich gut fühlen). Möglicherweise hatten Sie solche Phasen in Ihrem Leben? Ich vermute, dass das oftmals im frühen oder späten Leben passiert und eher seltener während des aktiven Erwachsenenalters – und den meisten modernen Menschen passiert das schlicht gar nicht.

Wie viel freier und auch sicherer und produktiver muss eine Person mit einem Medianzustand 8 im Vergleich zu einer mit Medianzustand 7 sein bei ansonsten gleichen Bedingungen? Nur ein Zustand höher, aber der Verhaltensunterschied muss massive gesellschaftliche und politische Implikationen haben.

Doch wie stabil oder unbeständig ist Ihr subjektiver Zustand? Wie sehr schwankt er? Einige Leute sind beständig wie ein Fels; ihr Zustand scheint sich nur wenig zu verändern. Andere scheinen extrem sprunghaft zu sein, mit zahlreichen tiefgreifenden Veränderungen am Tag und sogar von einem Augenblick zum anderen. Das ist Ihre **Zustandsvariabilität**: ein Maß dafür, wie leicht und bis zu welchem Grad und wie oft Ihr Zustand sich verändert (aus welchem Grund auch immer und einschließlich sowohl endogener wie exogener Faktoren).

Ist es gut oder schlecht, eine größere Zustandsvariabilität zu besitzen? Das hängt davon ab. Wenn Ihr Zustand mehr variiert und Ihr Durchschnitt hoch ist, macht es das wahrscheinlicher, dass Sie die höchsten Zustände erfahren, was unglaublich wertvoll sein kann. In einem niedrigen Bereich kann ein instabiler subjektiver Zustand einen natürlich in tiefste Angst versetzen und uns auf vielerlei Arten zurückhalten. In Berufen mit stärker kreativer oder künstlerischer Ausrichtung könnte eine höhere Zustandsvariabilität vorteilhaft sein, weil uns dadurch ausgedehntere Formen des Bewusstseins zugänglich werden, elegantere Flow-Zustände, und wir uns auf wildere innere Dämonen stützen können. In den meisten Positionen innerhalb der Wirtschaft scheint dagegen auch heute noch Stabilität besser zu sein, da wir die Maschine gleichmäßiger am Laufen halten können.

Der subjektive Zustand eines Organismus variiert also in einem gewissen Spektrum, mit einem **Minimalzustand** und einem **Maximalzustand**. Dabei handelt es sich einfach um die niedrigsten und höchsten Zustände, die ein bestimmter Organismus erfahren kann oder während eines bestimmten Zeitabschnitts erfahren hat.

Offensichtlich gibt es hier viele unbeantwortete Fragen: Wie ist es mit Tieren verschiedener kognitiver Komplexitätsstufen und unterschiedlich entwickelten Nervensystemen; ist es sinnvoll, bei Insekten oder Fischen von subjektiven Zuständen zu sprechen? Was sind die physiologischen Korrelate? Welche Rolle spielen Emotionen – sicherlich unterscheiden sie sich nicht vollkommen von subjektiven Zuständen? Wie ist es mit der Unterscheidung dazwischen, wie lustvoll ein Zustand ist, und seinem Intensitätsgrad? Sind wir in einem niedrigeren Zustand egoistischer (oder selbstbezogener) als in einem höheren?

Bitte entschuldigen Sie meine theoretische Bastelei: Sie haben recht, dass das hier nur eine halbe Theorie darstellt. Aber ich würde wetten, dass Sie vor meinen Erörterungen hier noch gar keine entsprechende Theorie hatten. Stimmt's? Sind wir für den Anfang nicht besser dran mit einer halben Theorie als mit gar keiner?

Was es bedeutet, seinen Zustand weiterzuentwickeln

Ausgehend von dem Blickwinkel, den unsere Halbtheorie uns hier erobert hat, können wir damit beginnen, folgende Frage zu beantworten: Was bedeutet es, seinen Zustand weiterzuentwickeln? Hier kommt eine Definition. Den subjektiven Zustand eines Organismus weiterzuentwickeln bedeutet entweder

- den Medianzustand anzuheben,
- den durchschnittlichen Zustand anzuheben,
- den Minimalzustand anzuheben,
- den Maximalzustand anzuheben,

- die Zustandsvariabilität in einem Organismus anzuheben (beziehungsweise die Stabilität zu mindern) – *wenn* das in Hinblick auf den gegenwärtigen durchschnittlichen Zustand und Kontext vorteilhaft wäre,
- die Zustandsstabilität in einem Organismus anzuheben (beziehungsweise die Variabilität zu mindern) – *wenn* das in Hinblick auf den gegenwärtigen durchschnittlichen Zustand und Kontext vorteilhaft wäre.

Ihr durchschnittlicher, Median-, Maximal- und Minimalzustand kann im Laufe Ihrer Lebenszeit also steigen oder sinken. Wir reden hier nicht von einer Stufenentwicklung oder von »Wachstum« (wie im Falle von jemandes Körpergröße), sondern von einer viel wackligeren Angelegenheit. Dennoch ist es möglich, subjektive Zustände auf eine Art und Weise zu ändern, dass sie über einen bestimmten Zeitraum hinweg anhalten und in diesem Sinne weiterentwickelt werden können.[3]

Manchmal heißt es, nur die Depressiven sähen die Welt klar – oft wird dieses Zitat dem französischen Psychoanalytiker Jacques Lacan zugeschrieben. In alltäglichen Situationen neigen wir dazu, in Hinblick auf alles, angefangen beim Zeitbedarf bis hin zu unseren eigenen Fähigkeiten und der Einschätzung der Zukunft, übermäßig optimistisch zu sein. Davon abgesehen würde ich behaupten, dass wir jenseits solcher eher banalen Fehleinschätzungen die Welt in höheren Zuständen sehr viel klarer sehen. **Je höher der eigene Zustand ist, desto weiter und entspannter die eigene Perspektive: In höheren Zuständen nehmen wir uns selbst, die Welt und unseren Ort in ihr klarer wahr.** Aber noch einmal: Das ist nur in dem Sinne zu verstehen, dass wir die Welt ohne die Verzerrungen der Verwirrung wahrnehmen, die innere Zerbrochenheit und Leid mit sich bringen, und bedeutet nicht, dass wir in Bezug auf faktische Angelegenheiten »richtiger« lägen oder komplexer dächten.

Beispiel einer Person in hohem Zustand

Wie sieht eine Person in einem hohen Zustand aus? Das ist jemand, der in sich ein Gefühl von Frieden und bei den alltäglichen Tätigkeiten und dem Leben als Ganzem einen natürlichen Flow verspürt. Zum Beispiel Doktor Höhenflug.

Doktor Höhenflug ist natürlich der fiktive Name einer Person, die ich kenne. Er ist ein Arzt in seinen Mittdreißigern, der viele Jahre eifrig mit sportlicher

Betätigung, Yoga, Meditation, mit der Lektüre von Weisheitslehren und entsprechenden Vorträgen, mit Ernährungsoptimierung, psychotherapeutischen Sitzungen, künstlerischer Tätigkeit, Liebesbeziehungen und Sex beschäftigt war, um höhere subjektive Zustände zu erreichen. Sein Antrieb war – nicht ganz überraschend – ein zugrunde liegendes Gefühl von Angst, das ihn seit seinen frühen Teen-Jahren verfolgt hatte. Er wollte sich dieser alles durchdringenden Angst leidenschaftlich gerne entledigen. Ich lernte ihn als jemanden kennen, der vielleicht allzu schnell nach spirituellen Antworten griff und sich Dingen auf etwas beunruhigende Weise »verschrieb«. Trotzdem hielt die Angst an. Noch vor einigen Jahren hielt er daran fest, dass Leute sich ihrer existenziellen Angst niemals grundlegend entledigen könnten und sagte, dass das Leben Stress und Angstgefühle nicht nur enthalten müsse, sondern auch *sollte.* Das hört man oft von Leuten, die durchgängig unter Angstgefühlen leiden.

All das hat sich mittlerweile verändert. Ich befragte ihn, kurz bevor ich mich auf dieses Kapitel vorbereitete, wobei ich feststellte, dass er von einer positiven Veränderung seines subjektiven Zustands berichtete. Er erzählte mir von einer bis dato mehrere Monate währenden Phase, in der er fast keinen mentalen Widerstand gegen irgendetwas verspürt hatte. Seine Lebenssituation hatte sich nicht verändert: selber Job, selbe Wohnung, selbe Ehefrau. Sein Leben dagegen schon. An jedem Morgen ist er für einige Momente vollkommen »offen« und nicht identifiziert mit sich selbst; er ruht in »all dem, was hervortritt« und sieht es als Teil seines eigenen Bewusstseins. Er geht zur Arbeit und erledigt seinen Job ohne Frustrationen und geistige Ermüdung, wobei er sich wahrlich gesegnet fühlt, weil er in der Lage ist, so vielen Menschen zu helfen und ihnen vermittels seines medizinischen Berufs Liebe zu schenken. Seiner Frau und anderen Familienmitgliedern gegenüber praktiziert er bedingungslose Liebe und empfindet ihnen gegenüber sehr wenig Frustration. Während er mir diese Geschichte erzählt, strahlen seine Augen einen unverkennbaren inneren Frieden aus.

Doktor Höhenflug hat also außergewöhnlich hohe Zustände, wenigstens in diesen wenigen letzten Monaten, nach einer Phase, die sich wie ein ganzes Leben voller Unzufriedenheit und Kampf anfühlen muss. Der springende Punkt ist hier, die Zustände dieser einzelnen Person nicht zu idealisieren – wer weiß, vielleicht wird er auch wieder in niedrigere Zustände zurückfallen. Ich möchte nur gerne aufzeigen, dass **ausgedehntere und stabile Perioden eines hohen Gleichgewichts von subjektiven Zuständen möglich und erreichbar**

sind. Mit Blick auf die selbst entworfene Skala würde man Doktor Höhenflugs Zustand vermutlich als von 6 (unbehaglich, unangenehm) bis 12 (glückselig, heilig) reichend beschreiben, wobei der höchste Zustand vielleicht nur zwanzig Minuten am Tag auftritt, aber dafür relativ häufig, nämlich fast täglich. Zustand 6 ist nicht sehr häufig; der Medianzustand (der am häufigsten erfahrene) wäre vermutlich 9 (gut, lebendig). Denken Sie nur, was für einen riesigen Unterschied zwischen dieser Art von Zustand liegt und dem Zustand, sich den ganzen Tag oder die meiste Zeit angstvoll und unsicher zu fühlen. Man kann mit großer Sicherheit sagen, dass Doktor Höhenflug jemanden wie mich selbst **an Zustand übertrifft**, heißt, dass er einen viel höheren durchschnittlichen Zustand hat (dasselbe trifft zu für Median- und Maximalzustand sowie die Stabilität).

Stellen Sie sich vor, wie anders die Gesellschaft funktionieren würde, wenn viel mehr von uns sich für einen größeren Teil der Zeit in höheren Zuständen befänden. Nicht nur scheint die Weiterentwicklung des subjektiven Zustands ein moralischer Imperativ zu sein (das richtige Ziel, das im Interesse des Wohlgefühls von Menschen verfolgt werden sollte); wir dürfen annehmen, dass dies gleichzeitig eine sehr viel funktionalere Gesellschaft in einem weitreichenden und vielfältigen Sinne erschaffen würde. Ich würde sagen, dass Doktor Höhenflug eine bestimmte Form von *Wohlsein* erreicht hat, ein allgemeines Wohlbefinden, dass sich auf alle Aspekte seines Lebens und all seine Beziehungen hauptsächlich positiv auswirkt.

Vielleicht wären wir in ausgedehnteren Zuständen des subjektiven Bewusstseins auch in der Lage, visionäre, universellere und inklusivere Perspektiven auf Gesellschaft, Leben und Existenz zu erlangen. Deshalb geht es hier nicht nur darum, den Medianzustand von einzelnen Menschen weiterzuentwickeln, sondern auch ihren Maximalzustand.

Natürlich ist der Fall von Doktor Höhenflug nur ein anekdotisches Beispiel. Aber es gibt einige Forschungsarbeiten, die seine Schilderungen plausibel machen. Die zufriedenstellendste der mir bekannten Studien ist dabei Jeffry A. Martins Doktorarbeit aus dem Jahr 2010.[4] Diese Studie beobachtete 36 Erwachsene, die behaupten, andauernd – in Martins Begrifflichkeit – »nicht-symbolische« Erfahrungen zu machen, was bedeutet, tagtäglich höhere Zustände spiritueller oder mystischer Art zu erfahren. Verglichen mit den Stufen der »Selbst-Entwicklung« (wie beschrieben in Susanne Cook-Greuters Entwicklungstheorie *Neun Stufen zunehmenden Erfassens* (*Nine Levels of Increasing*

Embrace), die ich weiter oben kurz erwähnt habe, fallen alle diese Leute in die postkonventionelle Kategorie (auf einer vergleichsweise hohen Stufe). Trotzdem gab es unter ihnen immer noch eine große Streuung in Hinblick auf die Stufe, heißt einige von ihnen waren auf einer viel höheren Stufe als andere. Daher lassen sich die höheren Zustände nicht auf hohe Stufen persönlicher oder kognitiver Entwicklung reduzieren.

Wie es scheint, steht der Zustand mit der Persönlichkeitsentwicklung *in Zusammenhang*, ist aber nicht dasselbe. Stufenentwicklungen können einen Zustand nicht *vorhersagen* und umgekehrt. Was war dann für diese Leute charakteristisch? Viele von ihnen praktizierten Meditation bereits seit vielen Jahren, aber nicht alle von ihnen. Das Alter reichte von 23 bis 69, mit einem Durchschnittsalter von 51. Das Durchschnittsalter, in dem sie begonnen hatten, zuverlässig höhere Zustände zu erfahren, lag etwa bei 40. 15, weniger als die Hälfte, berichteten, irgendwann mal halluzinogene Drogen angewandt zu haben. Die Hälfte von ihnen besaß einen fortgeschrittenen Bildungsabschluss. Abgesehen davon schienen sie zu sein wie alle anderen auch. Es ist beachtenswert, dass es eine geringe, jedoch nicht unbedeutende Zahl solcher Menschen gibt – was meines Erachtens wichtige Implikationen hat.

Ich behaupte *nicht*, dass alle Menschen (oder andere lebendige Kreaturen) hohe Zustände haben können. Es steht fest, dass einige Menschen dafür eine größere Disposition haben als andere: Einige Menschen haben starke spirituelle, schamanische oder ozeanische Erlebnisse früh im Leben – andere durchlaufen Jahre von Meditationsretreats ohne jemals solche Erfahrungen zu machen. William James beispielsweise, derjenige US-amerikanische Autor, der am meisten zu diesem Thema beigetragen hat, hatte selbst keine mystischen Erfahrungen, wobei er diesbezüglich – so James – von seiner »Konstitution« abgehalten wurde. Charles Sanders Peirce, der eher mathematische und weniger psychologische Philosoph, hatte mystische Erlebnisse (eher spät im Leben und zwar in einer Kirche in New York): »Ich war niemals mystisch, aber nun bin ich es«.[5]

Was ich *allerdings* behaupte, ist, dass Zustände unbeständiger und leichter zu beeinflussen sind als Stufen kognitiver Komplexität – und dass das enorme Folgen für die Gesellschaft als ganze und für das Leben in der Zukunft besitzt. Ich würde argumentieren, dass es ein moralischer Imperativ ist, die Gesellschaft auf eine Weise zu organisieren, die die Wahrscheinlichkeit für höhere subjektive Zustände von lebenden Organismen optimiert.

Können niedrigere Zustände gut sein?

Wie sieht es mit den niedrigen Zuständen aus; können sie niemals etwas Gutes haben? Wir werden zu diesem Thema in den nächsten beiden Kapiteln zurückkehren – existenzielle Tiefe kann durch die Erfahrung niedriger subjektiver Zustände entwickelt werden. An dieser Stelle müssen wir vor allem zwei Dinge zur Kenntnis nehmen.

Der erste Punkt ist, dass größere Zustandsvariabilität hin und wieder vorteilhaft sein kann, und das schließt natürlich die Erfahrung von niedrigeren Zuständen ein: Das kann es uns tatsächlich »wert sein«. Empfindsamere Menschen sagen manchmal Dinge wie: »Die Musik war so wunderschön, dass ich zusammenbrechen und weinen musste.« Empfindsame Menschen neigen meines Erachtens dazu, sowohl verletzbarer für die Widrigkeiten des Lebens zu sein *als auch* mehr im Einklang mit der tiefgreifenden Schönheit der Existenz. Heutzutage gibt es eine wachsende Diskussion über HSPs (*highly sensitive persons*). Leider sind diese schönen Seelen[6] sehr viel anfälliger für Depression und Angststörungen und sind im Allgemeinen in der heutigen spätmodernen Gesellschaft im Nachteil. Eine gesündere, empfindsamere Gesellschaft könnte diese erhöhte Zustandsvariabilität in ein Potenzial verwandeln.

Der zweite und entscheidendere Punkt ist, dass es eine Art Dialektik zwischen den niedrigen und höheren Zuständen gibt: Niedrigere Zustände können maßgeblich sein für das Erreichen höherer Zustände. Ähnliche Ideen finden sich in den kontemplativen Traditionen: Jesus trifft den Teufel, während er vierzig Tage in der Wüste verbringt; die »dunkle Nacht der Seele« ist in der kontemplativen christlichen Tradition ein anerkannter Zustand; auch der tibetische Buddhismus ist voll von Monstern, denen man mit Gleichmut begegnen muss, um erkennen zu können, dass sie in Wirklichkeit immer schon Aspekte des eigenen leeren, leuchtenden Bewusstseins waren.[7]

Das bedeutet, dass niedrige Zustände niemals-jemals einfach so abgetan werden sollten. Ernst und Schwere der Existenz sind ein Faktum eben deswegen, weil es diese Horrorshow-Gefängnisse gibt; weil sie, was die Erfahrung angeht, real sind. Vielleicht könnte man in einem tiefen, spirituellen Sinne sagen, dass es sich dabei lediglich um Illusionen handelt und dass die feurige Hölle letztlich doch immer zufriert. Ich nehme an, dass das wahr ist, aber trotzdem dürfen wir dieses Thema nicht auf die leichte Schulter nehmen. Welten voller Leid sind immer möglich und wir haben kein Recht, irgendeiner Kreatur solch enormes

Leid zu wünschen. Das Lob niedriger subjektiver Zustände – also erstickende, quälende und herabsetzende Universen zu loben – führt uns zu unhaltbaren ethischen Positionen. Also lassen Sie das bitte bleiben.

Das Glaubwürdigkeitsproblem höherer Zustände

So wie Leute auf niedrigem Komplexitätsniveau lediglich verflachte und karikierte Versionen von Ideen, Perspektiven und Verhaltensweisen höherer Komplexität verstehen, ist es gleichermaßen schwierig, Menschen höhere Zustände zu vermitteln, die solche Erfahrungen selbst nicht gemacht haben.

Das bringt für alle, die höhere Zustände erlebt haben und davon erzählen, das Problem mangelnder Glaubwürdigkeit hervor: Andere Leute werden ihnen schlicht nicht glauben. Im Allgemeinen ist Menschen nicht bewusst, wie unterschiedlich die phänomenologischen Erfahrungen der Realität wirklich sind; wir neigen dazu, mit anderen so zu kommunizieren, dass unsere subjektiven Zustände unausgesprochen bleiben. Sie verbleiben im Hintergrund und uns fehlt gemeinhin die Vorstellungskraft, wie verschieden die Welt durch die Augen unseres Nachbarn oder sogar unserer Ehepartnerin aussieht.

Nehmen wir also eine Person in einem hohen Zustand, die in einem relativ unbeschwerten Universum lebt und manchmal in die tiefe, unberührte, offene Leere fällt, die in den höheren Zuständen zutage tritt. Diese Person neigt dazu, ihr tiefes Staunen vermitteln zu wollen. Sie könnte das Bedürfnis haben, der tiefen Bedeutung spiritueller Einblicke Ausdruck zu verleihen. Das könnte dann ungefähr so klingen:

> »In der Stunde der Vision empfinden wir nichts, was Dankbarkeit, ja nichts, was eigentlich Freude genannt werden könnte. Die über alle Leidenschaften erhobene Seele schaut die Identität und ewigen Kausalzusammenhang, erfaßt und begreift die Selbstexistenz der Wahrheit und des Rechts, und wird immer ruhevoller in der Erkenntnis, daß alles wohl geordnet ist. Die weiten Räume der Natur, der Atlantische Ocean und die Südsee, die ungeheueren Zeiträume, Jahre und Jahrhunderte schwinden.«[8]

Diese Zeilen stammen von dem US-amerikanischen »Nationaldichter« des 19. Jahrhunderts, dem großen Ralph Waldo Emerson. Werfen Sie einen Blick darauf, was hier gesagt wird. Wenn wir Emerson als »Nur-ein-Dichter« lesen, erscheint dieser Absatz eher unschuldig. Das sind wunderschöne und beruhigende Worte mit einer aufregenden, aber feierlich-ernsten Spur von Weisheit. Wir könnten sie uns als eine Art Dekoration vorstellen, auf einer Stufe mit Blumen an der Decke eines schönen marmornen Hauses. Und so werden genuine Spiritualität und die dazugehörigen Ausdruckformen in der Regel natürlich behandelt: als unschuldige Worte, als Art Déco, angenehme kirchliche Traditionen, vielleicht sogar als süßlicher Kitsch – etwas, was wir »wertschätzen« können, um dann in unser »wirkliches« Leben zurückzukehren, wo solche Worte über Seelen, Schönheiten, ewige Wahrheiten, Ozeane und Zeitalter, vor allem wenn sie »schwinden«, reiner Unsinn sind.

Stellen Sie sich jetzt vor, wir würden Emerson tatsächlich ernst nehmen, wir verstünden seine Worte wörtlich beziehungsweise als eine Beschreibung der Realität. Okay, jetzt geht es aber los. Was sagen Sie da, lieber Emerson? Heißt das,

- dass es Augenblicke gibt, in denen Sie die Realität klarer und tiefgreifender sehen, und dass das eine Erfahrung weit jenseits dessen ist, was wir »Dankbarkeit« und »Freude« nennen könnten;
- dass Sie in solchen Augenblicken erkennen, dass Ihre eigene Seele mit allem, was geschieht, mit aller Kausalität in der Welt identisch ist;
- dass Sie eine selbstevidente Wahrheit sehen und ein ebensolches Recht, mit denen Sie vollkommen identifiziert sind;
- dass Sie verstanden haben, dass alles und alles, was jemals war, »wohl geordnet« ist;
- dass egal welche Weite oder Schönheit wir uns mit unserem normalen Verstand und unseren Sinnen auch immer vorstellen mögen, diese nur ein blasser Schatten dieser Erkenntnis sind.

Okay, Ralphi. Wenn Sie das *ernst* meinen, sind wir verpflichtet, nachzufragen: Was zum Teufel haben Sie da geraucht, mein Lieber? Sie sagen erstens, dass alle tiefgreifenden Erfahrungen jenseits dessen liegen, was ich jemals erfahren habe oder verstehen könnte, aber dass *Sie* davon wüssten.

Dann fahren Sie damit fort, dass Ihre Seele »alles« wäre. Nein, Dummerchen. Sie sind Sie – nur Ralphi – nicht der Kausalzusammenhang. Es ist mir egal, ob sie so »gefühlt« haben; Sie sind auch nur *eine* Person, begrenzt auf *einen* Körper.

Und *dann* behaupten Sie unverblümt, dass Sie tatsächlich Wahrheit und Recht seien. Und dann besitzen Sie auch noch die Frechheit zu behaupten, dass – trotz der Tatsache, dass mein Leben ein vollkommenes Durcheinander von Schmerz und Chaos gewesen ist – »alles« wohl geordnet sei, während meine Liebsten an Krebs sterben und ich mich mit Stress und Ängsten plage. Sie haben leicht reden, wenn Sie selbst solch eine prima spirituelle Zeit verbringen.

Zu guter Letzt behaupten Sie *auch* noch gerade heraus, dass die coolsten und allergroßartigsten Dinge, die ich kenne, wie die Weite und Schönheit der Meere, lediglich ein Fliegenschiss sind im Vergleich zu dem, was Ihnen gewahr wird im Moment der Erkenntnis, wie schön Sie selbst sind.

All das bringt uns in eine unangenehme Position: Wir müssen Emersons Worten Vertrauen schenken. Dabei trifft er Aussagen über die Realität, die nicht einfach nur fremd erscheinen, sondern den meisten von uns sogar verletzend und nachgerade grotesk vorkommen. Verglichen mit der subjektiven Erfahrung, wie sich das alltägliche Leben gewöhnlich anfühlt, erscheint Emerson zu fantasieren und zu übertreiben. Warum sollten wir ihm glauben?

Wir können uns jede Menge Gründe vorstellen, warum Emerson (oder irgendjemand anderes, der auf ähnliche Weise spricht) so etwas sagen würde: Vielleicht will er sich selbst trösten, weil er der Härte des Lebens nicht ins Gesicht blicken kann; vielleicht hat er halluziniert und glaubt an eine Art funkelndes Wunder; vielleicht ist er einfach sehr dumm und naiv und glaubt deswegen, dass die Realität ein einziger großer Süßigkeitenladen ist; vielleicht will er uns beeindrucken und »besonders« erscheinen, weswegen er sich selbst hinstellt, als hätte er wundersame innere Qualitäten, die ihn praktischerweise keinerlei Anstrengungen bedürften, keinerlei Bemühungen zugunsten anderer und die der ganze Rest von uns nicht überprüfen kann; vielleicht spielt sich hier aber auch etwas noch Zwielichtigeres ab – das könnte ein Köder sein, der uns dazu verführen soll, ihn blind anzuhimmeln und ihm zu folgen, damit er uns an der Nase herumführen kann und … unsere Ehefrauen stehlen.

Manchmal erzählen Leute Geschichten davon, wie ihre Herzen sich öffnen und in lebensverändernden Momenten überfließen, oder davon, wie ihr Geist sich ausdehnt zu einer Art kosmischem Einblick in die Realität und unseren Platz darin, oder wie sie tiefen Frieden gefunden haben und in der Nicht-Dualität von all-dem-was-hervortritt ruhen, oder wie sie in der Leere aller Erfahrung einen intimen Liebhaber gefunden haben, oder wie ein schockierendes »Kundalini-Erwachen«[9] sie jahrelang mit Schlaflosigkeit und Ekstase quälte, bevor es ihnen gelang, das unter Kontrolle zu bekommen, und wie sie nun zehn Minuten lange Orgasmen haben, wenn sie Tantra-Sex praktizieren (ja, das gibt es).[10] In den Heiligen Schriften finden wir zahllose Berichte über ein inneres Leben, ein »inneres Königreich« oder einen Glanz, der sich »heller als tausend Sonnen« zeigt.[11]

Im Allgemeinen gilt, dass man solchen Behauptungen nicht glaubt beziehungsweise sie nicht ernst nimmt, auch wenn viele der Menschen, die das behaupten, in Bezug auf ihre subjektive Erfahrung die Wahrheit sagen. Es ist allgemein bekannt, dass sehr hohe Zustände existieren – siehe zum Beispiel die Arbeiten des Neurowissenschaftlers Andrew Newberg.[12] Die Tatsache, dass spirituelle Erfahrungen eindeutige physiologische Korrelate besitzen und deswegen in gewisser Hinsicht »real« sind, bedeutet nicht notwendigerweise, dass wir den Erzählungen von Menschen in Hinblick auf die Details ihrer Erfahrungen glauben sollten. Und natürlich heißt es auch nicht, dass wir ihre Deutungen für bare Münze nehmen sollten (wenn beispielsweise jemand sagt, er sei einem Engel begegnet oder etwas Ähnliches). Es ist nur so, dass das Auftreten von höheren Zuständen ernst genommen werden sollte und dass Letztere große Intensität und Bedeutung für das Leben von Menschen haben können. In vielen Quellen findet sich beschrieben, dass solche spirituellen Zustände sehr oft einen langanhaltenden Einfluss auf die allgemeine psychologische Entwicklung haben.[13]

Kurz gesagt: Weil die höheren Zustände eher subjektive Erfahrungen denn intersubjektive Tatsachen darstellen, können sie denjenigen unter uns, die diese selbst nicht erlebt haben, weder kommuniziert noch »bewiesen« werden. Wenn Menschen über die Distanz weit entfernter subjektiver Zustände hinweg kommunizieren, erscheinen diejenigen, die von höheren Zuständen sprechen, frivol, naiv, verwirrend, verletzend – oder sogar zutiefst unaufrichtig: »Warum versprechen Sie mir diese Dinge, von denen ich weiß, dass sie nicht wahr sind? Was wollen Sie damit erreichen? Was ist ihre geheime Agenda? Ich frage, weil ich mit jeder Faser meines Körpers weiß, dass Sie nicht die Wahrheit sagen.«

Das ist ein wichtiger Grund dafür, warum so viele Weisheitslehrer und spirituellen Autorinnen solch tiefes Misstrauen und zuweilen sogar Abscheu hervorrufen bei vielen, wenn nicht den meisten modernen Menschen. Nicht nur sagen sie uns, dass wir die Großartigkeit des Lebens noch nicht erkannt haben; sie scheinen uns außerdem unrealistische und übertriebene Dinge zu versprechen – und diese Dinge beziehen sich eher auf den *subjektiven* Bereich als den *intersubjektiven* (der, wie wir besprochen haben, die ontologische Homebase der Moderne ist, das heißt, was moderne Menschen als das »wirklich Reale« ansehen – weswegen moderne Menschen dazu neigen, subjektive Erfahrung als »weniger wirklich« anzusehen). Die Weisheitslehrer erscheinen als bombastisch, deplatziert, sogar betrügerisch.

Natürlich können Weisheitslehrer auch als außerordentlich inspirierend wahrgenommen werden und bei den ihnen Nachfolgenden Staunen und spirituelle Erfahrungen wachrufen. Aber das trifft eher für diejenigen zu, die selbst spirituelle Erfahrungen gemacht oder sich anderweitig einer spirituellen Weltanschauung verpflichtet haben. Für die meisten anderen erscheinen sie tendenziell gruselig.

Es ist gut, dass diese Art von Skepsis existiert: Sonst könnten alle behaupten, erleuchtet zu sein, und eine Gefolgschaft gläubiger Sklaven um sich scharen. Ebenso ist es allerdings ein Problem, weil es dazu führt, dass wir die Entwicklung höherer Zustände viel weniger wichtig nehmen, als wir dies idealerweise tun sollten.

All das sorgt für eine große Kluft zwischen Menschen, die höhere spirituelle Zustände erlebt haben, und denen von uns, für die das nicht gilt – was für alle beteiligten Parteien verwirrend und frustrierend sein kann. In der absehbaren Zukunft wird sich die Menschheit in Spirituelle und Nicht-Spirituelle teilen. Das muss so sein.

Wir können die Weiterentwicklung von subjektiven Zuständen entweder als eine unmittelbare Transformation der Erfahrung betrachten (eine »romantischere« Sichtweise) oder als eine Optimierung des psychophysischen Zustands eines Organismus, bei der es um die Regulierung der Verhaltensantworten und die Veränderung seiner Umgebung geht (eine »behavioristischere« Sichtweise).[14] Ich bin der Meinung, dass diese Perspektiven Hand in Hand gehen. Gesellschaft ist eine Sammlung von Organismen, die allesamt in jedem beliebigen Moment in irgendeiner Art von psychophysischem Gleichgewichtszustand sind. Solche Zustände können auch in Form von inneren, subjektiven Erlebnissen beschrieben werden. Das sollte hier als Zusammenfassung reichen.

Warum sich spirituelle Gemeinschaften in Kulte verwandeln

Ich würde dieses Kapitel gerne mit einer leisen Warnung beenden. Es gibt Gemeinschaften, deren proklamiertes Ziel es ist, Menschen höhere subjektive Zustände zu ermöglichen. Ich denke hier nicht vorrangig an mittelalterlich-klösterliche Traditionen (zu denen wir im Folgeband noch einmal zurückkehren, wenn es um »existenzielle Politik« geht). Das klösterliche Leben hatte viele andere Aufgaben und war außerdem ein derart zentraler Ort in der europäischen Gesellschaft, dass es von einer rein spirituellen Gemeinde weit entfernt war. Historisch betrachtet waren es buddhistische Klöster und die vedische Yoga-Tradition, die einer wahrhaft kontemplativen Gemeinschaft am nächsten kamen, obwohl auch diese viele weitere gesellschaftliche Aufgaben zu übernehmen hatten.

Ich würde behaupten, dass spirituelle Gemeinschaften in ihrer Reinform eigentlich ein *modernes* Phänomen sind, das im 19. und 20. Jahrhundert auftauchte – bei dem Menschen sich freiwillig Gurus, Meistern oder Lehrerinnen unterwarfen, die man für erleuchtet hielt. Vielleicht sind Sie bereits einer oder mehreren dieser spirituellen Gemeinschaften begegnet, oftmals bewohnt von Hippies und New-Age-Ideen (oder auch der Neugeist-Bewegung, Varianten der Theosophie, zeitgenössischen Interpretationen östlicher Traditionen oder dem Mystizismus jeglicher religiösen Orientierung).

Ein bemerkenswertes Muster in diesen Gemeinschaften ist das Vorherrschen von Machtmissbrauch – von finanzieller oder sexueller Ausbeutung, physischer und emotionaler Gewalt (die sich manchmal sogar Ziele außerhalb der Gemeinschaft sucht), eindeutiger Anwendung von Strategien der Gehirnwäsche, wundertätigen Trickbetrüger-Yogis oder allerwenigstens falschen Behauptungen und endlosen Intrigen und Rechtsstreitigkeiten. Betrachtet man Lehrende wie Sri Aurobindo, Osho, Adi Da (Da Free John), Andrew Cohen, Amma (»die umarmende Mutter«) und Chögyam Trungpa – sogar Jiddu Krishnamurti, der noch nicht einmal eine Organisation gründete –, sieht man, dass all ihre Gemeinschaften missbräuchliche oder zumindest kommerzialisierte und dysfunktionale Verhältnisse ausgebildet haben. Während einige dieser widerlichen Geschichten vielleicht durch planvolle Manipulationen vonseiten der Lehrer selbst erklärt werden können, muss es angesichts der Häufigkeit, mit der diese Gemeinschaften kultähnliche und zutiefst unterdrückerische Tendenzen zeigen, noch eine umfassendere, soziologische und strukturelle Erklärung geben.

Mein eigener Erklärungsversuch sähe so aus: Wann immer eine Gemeinschaft gebildet wird, entsteht eine Hierarchie. Irgendeine Hierarchie ist notwendig, damit Menschen erfolgreich kooperieren und die Bemühungen wechselseitig bewerten können: Wer investiert die größten Anstrengungen, wer ist verlässlich und so weiter. Spirituelle Gemeinschaften wie diese werden vorrangig um Hierarchien eines »subjektiven Zustands« gebildet. Von der Person des Anführers nimmt man an, dass sie sich in einem höheren subjektiven Zustand befindet als andere Mitglieder der Gemeinde, was der Grund dafür ist, warum Menschen ihm oder ihr folgen wollen. Um in dieser Hierarchie aufzusteigen, sollte man ebenfalls in der Lage sein, für längere Zeiträume in höheren subjektiven Zuständen zu verweilen.

Das Hauptproblem ist, dass ein subjektiver Zustand nichts ist, was leicht messbar ist, und sich zudem von Augenblick zu Augenblick verändert. Wissenschaftliche Ergebnisse, athletische Leistungen, selbst ein Reingewinn von einem Euro – all diese Dinge können intersubjektiv bestätigt oder falsifiziert werden, was bedeutet, dass Sie leicht feststellen können, wer eine qualifizierte Wissenschaftlerin, ein Athlet oder eine Geschäftsfrau ist. Spirituelle Gemeinschaften gründen eine soziale Hierarchie auf etwas, das nur individuell erfahren und vorgestellt werden kann. Natürlich kann man mit der richtigen Ausrüstung für einen kurzen Moment jemandes Gehirnwellen messen, aber dann weiß man immer noch nicht, ob der angegebene subjektive Zustand wirklich so ist wie gesagt, und man kann ihn auch nicht ständig messen. Man versucht, eine intersubjektive Gemeinschaft rund um eine subjektive Angelegenheit zu errichten. Das geht einfach nicht. Das ist eine unlogisch konstruierte soziale Struktur und diese schwache Konstruktion hat sehr schlimme gesellschaftliche Konsequenzen.

Oft ist es nicht einmal leicht zu erkennen, in welchem subjektiven Zustand wir selbst uns befinden; oft erfordert es eine große Anstrengung, das festzustellen. Haben Sie schon einmal jemanden laut rufen hören, er sei »nicht wütend«? Das ist nur ein Beispiel unter vielen, bei denen wir daran scheitern, einen offensichtlichen inneren Zustand oder eine Emotion in uns selbst zu erkennen. Wenn jede einzelne Person kaum ihren eigenen Zustand erkennen kann, wie kann man dann von uns erwarten, eine verlässliche Gemeinschaft auf Basis nicht nur unseres eigenen Zustands, sondern auch der Zustände einer ganzen Gruppe von Menschen zu errichten.

In spirituellen Gemeinschaften baut sich der soziale Druck auf, sich so zu präsentieren, als befände man sich in einem möglichst hohen Zustand (sowohl für das persönliche Prestige als auch weil Leute gerne hören wollen, dass sie sich gut machen, um das spirituelle Unterfangen als solches für gültig zu erklären). Deshalb beginnen Menschen, sich selbst und andere auf subtile Weise zu belügen in Hinblick darauf, wie unbeschwert und tiefgründig sie die Welt in jedem beliebigen Augenblick erleben. Haben Sie schon einmal diese merkwürdige hysterische Fröhlichkeit bemerkt, die Sektenleute an den Tag legen? Das ist es, was ich meine: Sie beharren darauf, Verhaltensweisen an den Tag zu legen, die hohe innere Zustände anzeigen; deswegen dieses merkwürdige Starren. Das gilt nicht zuletzt für den Guru: Wenn er oder sie schlecht gelaunt ist, werden die Schüler auch dieses schlecht gelaunte Handeln als Zeichen eines hohen Zustands deuten.

Die ganze Sache hat also einen sozialpsychologischen »Dreh«, der Menschen etwas vorschützen lässt, was sie nicht sind. Das wird für beinahe alle in solchen Gemeinschaften zu einem streng gehüteten, schmutzigen Geheimnis, was wahrscheinlich dazu führt, dass äußerst aggressiv reagiert wird, wann immer dieses droht, an die Oberfläche zu kommen. Das ist der zentrale Grund, warum diese Gemeinschaften so unterdrückerisch und aggressiv werden, wenn das Bild der Harmonie von all den Konflikten und Problemen infrage gestellt wird, die zwangsläufig in allen spirituellen Gruppen auftauchen.

All das wird durch die Tatsache verschlimmert, dass subjektive Zustände zutiefst persönliche und emotionale Phänomene darstellen. Wenn eine Gemeinschaft um das Erreichen höherer subjektiver Zustände errichtet ist, muss das notwendigerweise dazu führen, dass Menschen viel von ihrem Innenleben preisgeben. Das lässt wenig oder keine Privatsphäre beziehungsweise keinen Rückzugsraum – was bedeutet, dass Menschen eng miteinander verstrickt werden in Situationen, die reich an Vorwänden, Lügen und Selbstbetrug sind. Es gibt wenig, was toxischer wäre als das.

Aber damit fängt der Ärger erst an. Traditionelle Klöster früherer Jahrhunderte waren keine rein spirituellen Gemeinschaften; sie waren auch und vielleicht vorrangig um Arbeit, Theologie, Philosophie und anderes errichtet. Folglich konnten Hierarchien um Dinge herum konstruiert werden, zu denen Menschen eine Beziehung entwickeln und die intersubjektiv bewertet werden konnten. Moderne spirituelle Kommunen sind anders. Wenn Sie eine Gemeinschaft rund um die Idee errichten, dass »dieser Typ«, sagen wir der US-Guru Adi Da, »erleuchtet« ist, kann dafür nicht nur niemals ein Beweis erbracht werden, sondern **man übersieht gleichzeitig auch alle anderen Entwicklungsdimensionen**.

In anderen Worten, selbst wenn Ihr Guru *tatsächlich* höhere subjektive Zustände aufsucht, kann er oder sie immer noch eine niedrige MHK-Stufe haben, ausgehend von einem veralteten kulturellen Code arbeiten oder jegliche Art von psychologischen Problemen haben.

Hören Sie einfach mal einer Person wie Eckhart Tolle zu, dem Autor des Buches *Die Kraft der Gegenwart*, der in Oprah Winfreys Talkshow gefeaturt wurde und große Zugkraft entwickelte. Er hat ganz offensichtlich höhere Zustände. Aber seine Antworten auf irgendein soziales oder gesellschaftliches Problem und auch die Theorien, die er in seinem Buch vorgelegt hat, sind von durchschnittlicher Komplexität (MHK-Stufe 11-Formal, um genau zu sein). Er ist einfach nicht im Besitz der Antworten. Was in Ordnung ist. Das einzige Problem ist, dass er eine Vielzahl von Gesellschaftsanalysen macht, von der Politik zur geistigen Gesundheit bis zu Gender und Sexualität, und viele Leute ihm zuhören. Es muss ganz klar gesagt werden, dass dieser Mann, obwohl freundlich und weise, wenig gebildet ist und ehrlich gesagt nicht sehr clever. Daran ist nichts falsch, aber man sollte das erkennen.

Dasselbe gilt für eigentlich fast alle Gurus. Sie haben die Perspektive hoher Zustände – das heißt, diejenigen, die echte Gurus sind –, aber sie gehen fehl in der Annahme, dass ihnen diese existenzielle Perspektive auch Autorität in allen anderen Angelegenheiten verschaffen sollte. Und das gilt ebenso für ihre Anhängerschaft.

Ein Thema, dass wir uns hier noch nicht so recht getraut haben anzusprechen, aber das ebenfalls kurz erwähnt werden sollte, ist das Thema von **Pathologien höherer Zustände**. Pathologien niedrigerer Zustände sind ziemlich offensichtlich – Sie fühlen sich wie der letzte Dreck und das kann dazu führen, dass Sie sich dysfunktional verhalten, destruktive Verhaltensweisen an den Tag legen und gegen die Welt austeilen wollen. Aber auch höhere Zustände können Komplikationen aller Art mit sich bringen. Wenn Sie sich zum Beispiel plötzlich extrem vergrößert und angefüllt mit kosmischer Liebe fühlen, kann das leicht zu hochtrabenden Vorstellungen von Ihnen und Ihrem Platz in der Welt führen. Zu Größenwahn und nicht-nachhaltigem Optimismus. In Momenten, in denen man fühlt, dass alles miteinander auf innigste Weise verbunden ist und dass alle Dinge eins sind, wächst darüber hinaus die Wahrscheinlichkeit, dass Sie zu fragwürdigen Schlussfolgerungen darüber gelangen, wie Dinge *kausal* miteinander verknüpft sind. Es konnte sogar gezeigt werden, dass Menschen, die gerade Achtsamkeitsübungen gemacht haben, leichter eingebildete und falsche Erinnerungen haben und dass sie gewissermaßen beeinflussbarer sind.[15] Bei allem Guten, was ich über höhere Zustände zu sagen habe, kann ich nicht deutlich genug betonen, wie verführerisch und gefährlich sie sind. Ich werde zu diesem Thema in Kapitel 17 zurückkehren, wenn ich die Gefahren des Zauberglaubens erörtere – da dieser bei einer Vielzahl von Menschen mit hohen Zuständen vorkommt.

Unkritisches Lob für Menschen in hohen subjektiven Zuständen ist ein Rezept dafür, beherrscht, betrogen und missbraucht zu werden, wie auch für sehr plötzliche und enttäuschende Auflösungserscheinungen von früher sehr eng geknüpften Gemeinschaften. Das trifft sogar dann zu, wenn sich einzelne Gurus als nett erweisen (was nur für eine Minderheit zu gelten scheint, zum Beispiel für Eckhart Tolle, Rupert Spira und vielleicht den jamaikanischen Guru Mooji) – ja, sogar auch, wenn sie sich als intelligent herausstellen (wie Shinzen Young). Auch nette und intelligente Lehrerinnen können die von mir aufgebrachten strukturellen Probleme nicht aus der Welt schaffen: Man kann einfach keine gute Gemeinschaft errichten mit Hierarchien, die man aus subjektiven Zuständen abgeleitet hat. Das ergibt keinen Sinn. Weil Gemeinschaften und ihre Hierarchien, *mon ami*, intersubjektive und relativ dauerhafte Strukturen sind; innere Zustände sind subjektiv und sehr vorübergehend.

Damit soll nicht gesagt sein, dass alle spirituellen Gemeinschaften schlecht sind. Tatsächlich haben die Orte, an denen Menschen eine gemeinsame, konzentrierte und angeleitete Anstrengung unternehmen, um höhere Zustände zu entwickeln, oftmals positive Effekte auf das Leben von Menschen – und das mag auch andere Aspekte der Gesellschaft positiv beeinflussen. Es ist nur so, dass dieses Unternehmen von bestimmten Risiken begleitet wird, die mit dem sozialpsychologischen Gebiet zu tun haben; und diese Risiken sind ziemlich groß, wie bei allen Gemeinschaften, die sehr tiefes Engagement und Leidenschaft erzeugen.

Ein mögliches Gegenmittel für dieses sozialpsychologische Übel könnte sein, die Spiritualität zu demokratisieren; sie partizipativer und transparenter zu machen und auf messbaren Ergebnissen zu begründen. Solche Versuche werden gegenwärtig in und rund um die Burning-Man-Festival-Kultur unternommen und insbesondere in der syntheistischen (»religiös-atheistischen«) Bewegung, die seit den 2010er-Jahren in Stockholm aufgetaucht ist – einige interessante Ausblicke, die sich mit diesen Themen befassen, gibt es auch von öffentlichen Intellektuellen wie Sam Harris (in seinem Buch *Erwachen*, im Original aus dem Jahr 2014 mit dem Titel *Waking up*, plädiert Harris, ein bekannter Kritiker aller religiösen Gegenstände, für eine wissenschaftlich gestützte Untersuchung der Spiritualität). Trotzdem bleibt dies ein schwieriges Unterfangen; bislang haben fast alle spirituellen Gemeinschaften den langen Abstieg in kultische Gefilde unternommen, deswegen ist es ziemlich wahrscheinlich, dass diesen Bewegungen Ähnliches bevorsteht. Wir werden sehen.

Um das abzuschließen: Ja, der subjektive Zustand von Organismen ist die wichtigste Sache der Welt, und ja, er sollte deswegen zum zentralen gesellschaftlichen Gegenstand gemacht werden. Außerdem: Ja, er besitzt eine große Bedeutung für die allgemeine Entwicklung von Menschen und Gesellschaft. Aber nein, höhere Zustände zu haben, ist keine Antwort auf all Ihre Fragen. Und nein, wir sollten *keine* Gesellschaft errichten, die Hierarchien auf einem vagen und nicht überprüfbaren Phänomen wie dem subjektiven Zustand gründet. Und *ja*, es braucht hier mehr Forschung.[16]

In jedem Fall *müssen* wir versuchen, subjektive Zustände zu optimieren, sowohl als Gesellschaft wie als einzelne Organismen. Wir sind alle immer schon in irgendeiner Art von subjektivem Zustand. Es ist eine unentrinnbare, gnadenlose Tatsache, dass das Universum uns diesbezüglich für alle Ewigkeit bei den Eiern gepackt hält.

Kapitel 14
Tiefe

Uns bleibt hier nur noch die vierte Dimension der Entwicklung zu erörtern, bevor wir sie alle in einem Modell zusammensetzen können. Wir können diese Dimension als das Maß der inneren *Tiefe* eines Menschen bezeichnen.

Während subjektive Zustände von Augenblick zu Augenblick variieren (und die Rede von Median- und Durchschnittszuständen nur dann sinnvoll ist, wenn wir auch danach streben, diese positiv weiterzuentwickeln), ist die »innere Tiefe« einer Person ein sehr viel dauerhafterer Aspekt der psychologischen Entwicklung – einer der in Stufen beschrieben werden kann, obgleich diese Stufen von anderer Art sind als die von kognitiver Entwicklung und Code.

Dennoch sind Zustand und Tiefe auf das Engste miteinander verbunden. Lassen Sie uns mit einer eher formalen Definition einsteigen:

- **Tiefe ist die intime, *verkörperte* Vertrautheit einer Person mit subjektiven Zuständen.** Die innere Tiefe einer Person nimmt zu mit dem empfundenen, gelebten und intuitiven Wissen um einen neuen subjektiven Zustand (niedriger oder höher als der zuvor erfahrene) – *und zwar dann*, wenn diese intime Vertrautheit mit diesem Zustand zu einem integralen Teil ihrer psychologischen Konstitution wird – wenn man so will: ein Teil ihrer Persönlichkeit.

Diese Definition greift natürlich ein bisschen zu kurz. Vermutlich bedarf es einer ausführlicheren Erklärung und einiger Beispiele. Instinktiv kann man sich das, was ich »Tiefe« nenne, als eine Art existenzieller oder spiritueller *Weisheit* vorstellen. Auch diese »Weisheit« bedeutet nicht, Sie wären ein kluger oder komplex denkender Mensch, hätten in Bezug auf irgendetwas recht oder gar eine ausgewogene, gesunde Persönlichkeit. Es bedeutet allerdings *sehr wohl*, dass Sie mit den grundlegenderen Aspekten der Wirklichkeit, wie sie subjektiv erfahren wird, auf tiefgründigere Weise in Beziehung stehen. Was soll *das* nun aber wiederum bedeuten?

Nehmen wir zum Beispiel eine alte tibetische Nonne, die zu großem Gleichmut gelangt ist, zur tiefgründigen Akzeptanz ihrer eigenen Sterblichkeit wie auch der Tatsache, dass alle Dinge dahinschmelzen, wobei ihr gleichzeitig gelingt, ein Leben in einfacher Wertschätzung für jeden Tag und dessen kleine Gaben von Schönheit zu führen. Sie wird kaum diejenige sein, die wir herbeiholen, um die Wartelisten von Kliniken zu verkürzen, die wir anstellen, um die Krise am Horn von Afrika lösen, oder die wir zu Kants Philosophie befragen – aber vielleicht ist sie trotzdem auf irgendeine Art *weise*, mehr vielleicht als es irgendein durchschnittlicher promovierter Psychologe ist. Oder nehmen wir einen dreißigjährigen Schamanen eines des Lesens und Schreibens unkundigen Volkes in einem abgelegenen Teil der Mongolei, der durch Halluzinationen und Krisen hindurchgegangen ist, einen Mentor gefunden hat, gelernt hat, sich in Trance zu versetzen und ihre negativen Folgen in den Griff zu bekommen, der durch »den Tod des Selbst« gegangen ist und zusammen mit seinem Bewusstsein auch sein Vermögen für Empathie ausgeweitet hat – wäre er nicht auf eine gewisse Art als *weise* anzusehen, wie die meisten von uns es nicht sind? Oder wie ist es mit einem Philosophen wie Martin Heidegger – wie unterscheidet er sich von einem Wissenschaftsgenie wie dem Mathematiker John von Neumann?

Mein Vorschlag zum Verständnis dieser Beispiele ist, dass all diese Menschen eine »größere Tiefe« entwickelt haben und dass sie deswegen die meisten von uns **an Tiefe übertreffen**. Auf diese Weise verstanden, ist spirituelle oder existenzielle Tiefe ihre eigene Entwicklungsdimension: Das meint etwas ganz anderes, als eine große kognitive Komplexität oder Zugang zu einem neueren symbolischen Code zu besitzen, und auch etwas anderes, als einen hohen Medianzustand zu haben.

Agonie und Ekstase

Leute mit »großer Tiefe« sind diejenigen, die **eine größere Spannbreite subjektiver Zustände** erlebt haben, die mit solchen Zuständen wohlvertraut sind und die gelernt haben, mit ihnen umzugehen. Das gilt für niedrigere und höhere Zustände gleichermaßen. Ein Beispiel für Tiefe durch die Erfahrung niedrigerer Zustände wäre Viktor Frankl, der ein Konzentrationslager der Nazis überlebt hat, indem er für sich einen höheren Sinn entdeckte. Tiefe kann sich auch bei den gequälten Seelen einstellen, die philosophische Kunstgriffe anwandten, um ihre missliche Lage zu akzeptieren (Kierkegaard, Schopenhauer, Nietzsche), oder bei Menschen wie Mutter Teresa, welche die »dunkle Nacht der Seele« durchlebt haben (eine depressionsartige Phase, die tiefreligiöse Menschen in den späteren Stufen ihrer spirituellen Entwicklung befällt).

Die Vertrautheit mit höheren Zuständen kann sich auch bei den Ausübenden spiritueller und kontemplativer Praktiken einstellen, aber auch bei Philosophinnen, begabten Künstlern und Athletinnen, vielleicht insbesondere innerhalb der Kampfkünste und »Extremsportarten«. Positive Nahtod-Erfahrungen (bei Weitem nicht alle sind positiv) und sogar ein Hirnschlag können solche höheren Zustände eröffnen, so wie in dem bekannten Bericht der Neurologin Jill Bolte Taylor darüber, wie ihr Schlaganfall ein intensives spirituelles Erwachen auslöste. Natürlich können auch »normale« Lebensereignisse unser Bewusstsein verschiedener subjektiver Zustände ausdehnen, so zum Beispiel die Geburt von Kindern, eine große Liebe, das Auffinden eines inneren Friedens in der Einsamkeit des Waldes oder das Erreichen tief ersehnter Ziele.

»Tiefe« ist also der Abschnitt zwischen den niedrigsten Zuständen, an die wir uns deutlich erinnern, um die wir wissen und die wir akzeptieren, und den höchsten Zuständen, von denen wir gekostet haben und denen wir zustreben. **Tiefe meint die Zahl an Zuständen, die zu einem unabtrennbaren Teil unseres Selbst geworden sind; integriert in unsere Erinnerungen und Persönlichkeiten**. Bitte beachten Sie, dass eine Person einen relativ niedrigen Durchschnitts*zustand*, aber immer noch große *Tiefe* besitzen kann, weil sie in der Vergangenheit höhere Zustände erfahren und diese immer noch klar im Gedächtnis hat – sie »kennt sich mit ihnen aus« und kann andere Leute verstehen, die ausgehend von solchen Zuständen leben, handeln oder denken, auch wenn sie selbst diese Zustände vielleicht niemals mehr erleben wird.

Eine andere Art der Annäherung wäre zu sagen, dass **Tiefe die im Inneren verankerte Anerkennung darstellt, die eine Person gegenüber der Größe und/oder Ernsthaftigkeit der Realität empfindet**. So wie das auch für subjektive Zustände gilt, haben wir diesbezüglich keine relevanten Daten, was bedeutet, dass wir nicht sehr viel dazu sagen können, wie Tiefe in der Bevölkerung verteilt ist. Aber wir können vernünftige und überprüfbare Hypothesen aufstellen. Eine solche Hypothese wäre, dass ältere Menschen junge Erwachsene im Allgemeinen an Tiefe übertreffen – was nicht der Fall ist, wenn es um MHK-Komplexität und Code (Symbolstufe) geht, und vermutlich auch nicht hinsichtlich des Zustands. Angesichts der Tatsache, dass ältere Leute im Allgemeinen im Leben mehr Erfahrungen gemacht haben und mehr Zeit hatten, um diese Erfahrungen zu verarbeiten und zum Teil ihrer Identitäten, Angewohnheiten, Einstellungen und Fertigkeiten zu machen, erscheint es wahrscheinlich, dass ältere Leute im Allgemeinen junge Erwachsene an Tiefe übertreffen werden.[1]

Lediglich wenn solche Erfahrungen zum integralen Bestandteil unserer Sichtweisen auf die Welt und unserer Bezugnahme zur Existenz werden, kann davon die Rede sein, dass sie Teil unserer Tiefe geworden sind. Nur Psychedelika nehmen und sich für eine Weile herausbeamen, um dann auf dem Trip zu sein, »Dude, ich sehe Dinge! Was ein … heißer Scheiß!«, ist nicht das, wonach wir hier suchen. Eine Person mag sehr wohl äußerst tiefe subjektive Zustände erlebt haben, aber keinerlei Werkzeuge besitzen, diese mit dem Rest ihres Lebens und Alltagsverständnisses zu integrieren. In solchen Fällen erscheinen niedrige Zustände einfach nur als verwirrender Höllenschlund und höhere Zustände als merkwürdige Ausnahmen, Halluzinationen oder sogar als übernatürliche Interventionen (was sie nicht sind).

Größere Tiefe bedeutet tatsächlich nichts anderes als eine bestimmte psychologische Qualität der Beziehung einer Person zu Universum und Existenz: Es ist das erinnerte, verkörperte Wissen von Agonie und Ekstase. Oder genauer gesagt von Agonie *und/oder* Ekstase.

Tiefe vermessen

Ein intuitiver Weg, Tiefe zu vermessen, wäre vielleicht, Leute zu fragen – unter guten Bedingungen und mithilfe einer Vielzahl geeigneter Fragen zur Überprüfung –, was ihrer Meinung nach von »höchster Bedeutung« ist.[2] Was ist Ihnen im ganzen weiten Universum das Allerwichtigste? Meines Wissens ist diese Methodologie nicht ausreichend entwickelt, aber fügen wir einige einführende Bemerkungen an, damit wir eine bessere Vorstellung davon erhalten.

Was ist von allerhöchster Bedeutung? Wahrscheinlich verstehen, interpretieren und beantworten Leute diese Frage sehr unterschiedlich. Ungeachtet, wie gut wir solchen Interviewfragen Genüge tun, haben wir doch alle eine irgendwie geartete Antwort (vorausgesetzt, wir sind zur Sprache fähig). Wir alle beziehen uns auf die Welt, das Universum, weil wir das müssen. Wie erwähnt hält uns das Leben für alle Ewigkeit bei den Eiern gepackt, was von uns fordert, uns auf die eine oder andere Weise auf die Welt zu beziehen.

Befragt man jemanden in den USA im Jahr 2023, wäre eine Antwort von »geringer Tiefe« eine, welche die philosophischen Implikationen solch einer Frage vollständig verfehlt. Einige Leute könnten einfach nur etwas erwähnen, woran sie gerade arbeiten und wovon sie denken, es sei wichtig. Andere Antworten geringer Tiefe könnten Dinge einschließen wie Glücksgefühle, Spaß, Lebenserfolge, sich der Familie gegenüber gut verhalten, ein guter Mensch sein, Fortschritte machen, so viel wie möglich zu erleben und Ähnliches.

Antworten mittlerer Tiefe (auch hier in Bezug auf eine moderne Gesellschaft) schließen universellere Werte wie Liebe, Wahrheit und Schönheit ein. Eine eher mitteltiefe Antwort eines Erwachsenen wäre: »Ein Leben zu leben, das der Liebe in all ihren Formen dient, ist von allerhöchster Wichtigkeit.« Wir werden vielleicht Leute finden, die antworten, dass das eine oder andere Prinzip im Universum am bedeutendsten erscheint: zum Beispiel, Leid zu verhindern.

Eine Antwort von großer Tiefe schließt noch universellere Werte ein, die nicht notwendigerweise mit Gesichtspunkten im Alltag übereinstimmen: Göttlichkeit in der Welt manifestieren, radikale Akzeptanz finden, dem Werden der tiefsten vorstellbaren Einheit und Vielfalt zu dienen, sich Gott oder der Existenz voll und kompromisslos unterwerfen, wortlose Leerheit »sein« und die reine Bedeutungslosigkeit der letzten Wahrheit zu erkennen. Vielleicht erinnern Sie sich an den Abschnitt in Kapitel 2, wo wir erörterten, ob Glück wichtig ist oder nicht. In dem Zusammenhang hatte ich für die Wichtigkeit des Glücks plädiert, aber zugleich versprochen, dass wir diese Diskussion später vertiefen würden. Nun, jetzt ist es so weit – bei größerer Tiefe erscheint Glück tatsächlich als ein weniger selbstgenügsames Ziel, weniger als eine »allerletzte Bedeutung« und nicht länger als Selbstzweck.

Ein diffiziler Teil bei der Interpretation von Antworten mit großer Tiefe ist, dass diese Antworten dazu neigen, sich auf die Realität als ganze sehr direkt und pauschal zu beziehen – sie neigen dazu, in gewisser Hinsicht *religiös* zu sein. Das Wort Religion wird oft aus seiner lateinischen Wurzel abgeleitet, vom »Zusammenbinden« beziehungsweise dem Wiederzusammenfügen aller Dinge zu einem nahtlosen Ganzen. Sehr hohe oder niedrige Zustände zu erleben oder eine der Weisheitstraditionen zu erlernen bringt sie auf eine vollständigere und direktere Art und Weise mit der Existenz als Ganzes in Berührung. Bezieht man sich also tiefer auf die Realität, werden Ihre Antworten dazu neigen, religiös zu klingen, weil sie von »allen Dingen« und irgendeiner Art von »letzter Wahrheit« sowie einem sehr allgemeinen Modus des Bezogenseins sprechen. Das ist ein Problem, weil das auch für jede Person zutrifft, die gemäß einer traditionellen Religion lebt (heißt, sich auf Symbolstufe D-Postfaustisch bezieht); das klingt sehr ähnlich. Dennoch besitzen die meisten normalen Katholiken keineswegs eine größere Tiefe als ihre eher atheistischen oder agnostischen Mitbürger (auch wenn das für einige wenige kontemplative Katholiken bestimmt zutrifft). Wenn man sich mit dieser Sache befasst – entweder in der Forschung oder auch wenn man einzelne Menschen untersucht –, müssen Sie vorsichtig sein, religiöse Überzeugungen, die Symbolstufe D-Postfaustisch oder einer Stufe darunter entstammen, nicht mit Antworten von großer Tiefe zu verwechseln.

Leider machen auch Anthropologen manchmal diesen Fehler und glauben, dass indigene Kulturen auf Symbolstufe B-Animistisch per Definitionem eine größere Tiefe besitzen (wie auch immer das in ihrer jeweiligen Theorie konstruiert wird) als beispielsweise die moderne oder westliche Gesellschaft. Wahrscheinlicher ist es, dass moderne Kulturen und indigene sich in Hinblick auf ihren Bevölkerungsdurchschnitt auf einem vergleichbaren Tiefe-Niveau befinden.

Tiefe entwickeln

Um zu verstehen, wie Tiefe sich entwickelt, müssen wir noch einmal den Unterschied zwischen Zustand und Tiefe unterstreichen. Der subjektive Zustand eines Organismus existiert immer nur im »Jetzt«, in jedem beliebigen Moment. Tiefe ist dagegen etwas, was sich über die Zeit entwickelt und aufbaut. Zustände kommen und gehen; die Tiefe nimmt selten jemals ab (außer man wird senil oder etwas in der Art) – hat man erst einmal ein bestimmtes Niveau von Tiefe erreicht, bleibt dieses erhalten.

Lassen Sie uns nun näher an die Beziehung zwischen subjektivem Zustand und Tiefe heranzoomen. Im Grunde müssen wir lediglich drei Konzepte im Kopf behalten: a) Zustand (wie in den beiden vorangehenden Kapiteln beschrieben), b) Tiefe und c) die erfolgreiche Integration des inneren Erlebens. Erinnern wir noch einmal an die dreizehn vorgeschlagenen subjektiven Zustände:

Niedrigere Zustände

1. Höllisch
2. Entsetzlich (Zusammenbrechen der phänomenologischen Realität)
3. Gequält
4. Schikaniert

Mittlere Zustände

5. Sehr unbehaglich
6. Unbehaglich, unangenehm
7. Irgendwie unbehaglich, »in Ordnung«, voller kleiner Mängel
8. Zufrieden, gut (*well*)
9. Gut (*good*), lebendig
10. Freudig, lichterfüllt, gestärkt

Höhere Zustände

11. Weit, großartig, offen
12. Glückselig, heilig
13. Erleuchtet, spirituelle Einheit

Okay. Nun stellen Sie sich eine Person vor, Lonny, die ein hochfunktionaler Mensch ist und ihr Leben in den Zuständen 6, 7 und 8 zugebracht hat. Es mag absurd klingen, lediglich eine derart geringe Spannbreite von Zuständen zu erfahren, aber bedenken Sie: Ist es nicht sehr oft so, dass Wochen, Monate oder sogar Jahre in unserem Leben verstreichen – oder wenigstens im Leben der meisten Menschen – ohne irgendwelche superstarken Erlebnisse? Sicher, Sie haben Emotionen und Aufs und Abs, aber Sie haben sich in jüngster Zeit nicht gerade in einer orgiastischen Fontäne kosmischer Liebe ergossen (oder irgendetwas entsprechend Widerwärtigen am unteren Ende der Skala), oder? Eine solche Person wird relativ stabil sein, aber nicht notwendigerweise dazu gezwungen, vor den Ehrfurcht einflößenden und erschreckenden Mysterien der Existenz in die Knie zu gehen. Nehmen Sie zum Vergleich eine andere Person, Cinderella, die jahrelang in den Zuständen 4, 5, 6, 7 und 8 zugebracht hat.

Diese Person muss sehr viel mehr gelitten haben als ihre oben erwähnte stabilere Mitbürgerin. Gleichzeitig könnte Cinderella allerdings mehr über das Leben und die Existenz gelernt haben als Lonny. Sie hat dunklere Seiten von sich selbst, der Gesellschaft, des Lebens und der Realität kennengelernt. Sie hat sich zudem mit größeren Dämonen auseinandergesetzt und gelernt, mit ihnen umzugehen, und insofern einen viel, viel längeren Lebensweg zurückgelegt.

Haben nun Lonny oder Cinderella größere Tiefe? Das hängt davon ab. Es hängt davon ab, ob jede von ihnen die Möglichkeit gehabt hat, **ihre inneren Erlebnisse erfolgreich zu integrieren**. Denken Sie an das traurige Leben von Cinderella. Vielleicht hat sie in Malerei und Poesie einen Ausweg gefunden, vielleicht Mittel und Wege kennengelernt, ihren eigenen Geist zu beruhigen, vielleicht hat sie eine innere Stärke entwickelt, um durch intensiven Schmerz hindurchzuwaten und inmitten stürmischer Turbulenzen frei atmen zu können. Eines der grundlegendsten Prinzipien der Psychotherapie ist ebendas: die Integration von subjektiven Zuständen zu ermöglichen, sie zum festen Bestandteil ihrer psychologischen Konstitution zu machen. Natürlich konzentriert sich eine solche Therapie gewöhnlich auf das Umgehen und Integrieren von niedrigeren Zuständen. In einem klinischen Setting wurde das als »posttraumatisches Wachstum« beschrieben, insbesondere in Calhoun und Tedeschis Buch mit dem gleichnamigen Titel.[3] Es gibt immer mehr empirische Belege, dass ein erfolgreich verarbeitetes Trauma zu positiver psychologischer Entwicklung führen kann. Du schaffst das, Cinderella.

Vielleicht werden wir in der Zukunft auch mehr Wissen und Expertise besitzen, was die Integration höherer Zustände angeht. Dieses Wissen war bislang hauptsächlich im Besitz spiritueller Traditionen, verschiedener Arten vormodernen Yogas und so weiter. Hoffen wir darauf, dass sich das ändert: Wir sehen einige vielversprechende Trends in der »positiven Psychologie« und der Forschung zu Achtsamkeit.

Was es bedeutet, die eigenen Erfahrungen erfolgreich zu integrieren, ist eine vollkommen eigene Wissenschaft. Es hat damit zu tun, aus einer neuen Art von Erfahrung zu lernen und die eigene Wahrnehmung der gesamten Realität neu zu ordnen: das Verständnis von Selbst, Ethik und Ontologie (was man für »wirklich real« hält). Wir können dem Stand der Diskussion hier in keinster Weise Genüge tun; es reicht der Hinweis, dass die erfolgreiche Integration höherer und niedrigerer Zustände notwendig ist für eine größere Tiefe. Beispielsweise können extrem schmerzhafte existenzielle Angstgefühle Sie dazu bringen, innere Fähigkeiten zu entwickeln, so etwa meditative Praktiken, bei denen Sie sich mit tieferen und verletzbareren Teilen ihrer inneren Landschaft vertraut machen und sich mit ihnen zunehmend wohler fühlen. Entsprechend gibt es sehr verkorkste und verwirrte Menschen, die höhere und niedrigere Zustände erfahren, die noch nicht Teil ihrer allgemeinen psychischen Konstitution sind.

Zurück zu unseren beiden Beispielen Lonny und Cinderella. Selbst wenn Cinderella von Lonny *hinsichtlich des Zustands übertroffen wird* (wie ausgeführt im vorigen Kapitel), kann sie Lonny doch *an Tiefe übertreffen*, vorausgesetzt, dass Cinderellas »negative« Erfahrungen in ihrer allgemeinen Persönlichkeit erfolgreich integriert worden sind. Sie kann einen *größeren* Teil der Realität wahrnehmen und wenn sie sich auf die Welt bezieht, ist sie sich der fundamentalen Ernsthaftigkeit der Realität sehr viel klarer bewusst. Sie ist in gewisser Hinsicht eine empfindsamere Seele geworden, die tiefer in die Realität blickt.

In gleicher Weise wird Tiefe natürlich auch durch die erfolgreiche Integration von Erfahrungen hoher Zustände entwickelt, sodass diese nicht länger nur »festliche Gelegenheiten« sind, sondern zum Teil dessen werden, wie man die Realität und das Universum sieht. Man fängt an, Dinge zu erkennen wie das unergründliche Potenzial des Lebens, die »Herrlichkeit Gottes«, die Leerheit aller sinnlichen Erfahrung und – wie wir in der Beobachtung Ralph Waldo Emersons im letzten Kapitel gesehen haben – dass alles, in letzter kosmischer Instanz, in Ordnung sein wird.

Die Menschen, die wir uns gerne als »spirituelle Meister« vorstellen, sind diejenigen, die sowohl einen höheren Durchschnittszustand *und* größere Tiefe besitzen. Andererseits sollten wir solche Typen aber wirklich nicht vergöttlichen; erstens haben auch sie schlechte Tage und zweitens könnten wir einer Fehleinschätzung aufsitzen (und es gibt keinen verlässlichen Weg, um das zu überprüfen). Zudem gibt es eine Vielzahl von möglichen Pathologien (Krankheiten), die mit dem Feld größerer Tiefe und höheren Zustands Hand in Hand gehen (spirituelle Arroganz, Tendenzen zu holistischen Visionen, die dem Totalitarismus zuneigen und anderes mehr; diese Dinge müssen uns hier nicht bekümmern). Darüber hinaus können diese Meister von anderen Faktoren begrenzt werden (niedrige Komplexität, altmodischer Code etc.). *De facto* ist das sogar häufig der Fall.

Tiefe zu entwickeln bedeutet also, neue Zustände zu erfahren und in die eigene psychologische Konstitution so zu integrieren, dass sie **die eigene Bezogenheit auf die Welt und das Dasein in Gänze und »permanent« verändern**. Es wird manchmal gesagt, dass Buddha »implizites Wissen« durch Meditation erlernt habe, was in den Buddha-Statuen als ruhiger, geheimnisvoller Hauch eines Lächelns sichtbar wird. Ich fühle, dass dieser Satz viel von dem einfängt, worum es uns hier geht: Tiefe ist nicht die Kenntnis irgendwelcher bestimmten Fakten, sie ist kein »Code«, keine Theorie oder irgendein bestimmter Glaube. Sie ist lediglich die eigene wortlose Beziehung zur Existenz selbst: die Art und Weise, wie wir die Wirklichkeit in all ihrer stummen Bedeutungslosigkeit erfassen. Implizites Wissen.

In einer Randnotiz würde ich hier gerne auf eine problematische Situation hinweisen, wie man sie häufig in der Versorgung psychischer Erkrankungen und in der Psychiatrie vorfindet: nämlich dann, wenn Therapeuten und Psychiaterinnen von ihren eigenen Patienten an Tiefe übertroffen werden. Einige psychiatrische Patienten haben unter Umständen subjektive Erfahrungen, die denjenigen, die medizinische oder eine anderweitige rechtliche Verfügungsgewalt über sie haben, grundlegend fremd sind. Die Patienten haben Welten an Leid erfahren oder haben spirituelle Erfahrungen, die von Therapeutinnen und Psychiatern schlecht oder falsch interpretiert werden.

Ich erinnere mich deutlich an die verwirrten Augen meiner Psychotherapeutin, als ich ihr als junger Mann erklärte, wie sich existenzielle Angst anfühlt, und wie all ihre Fragen, Andeutungen und Vorschläge sich vorhersehbar, naiv und völlig daneben anfühlten. Im Rückblick verstehe ich, dass mein Fall den inneren Horizont meiner Therapeutin an Tiefe übertroffen hatte: Sie war eine alte, gebildete Frau, die schlicht niemals mit dieser Art von inneren Dämonen selbst hatte kämpfen müssen. Aber mein Fall war kein gravierender. Menschen, die Schwierigkeiten haben, höhere spirituelle Zustände zu integrieren (ausgelöst durch ein »Kundalini-Erwachen« oder Ähnliches), was oftmals eine äußerst wilde Angelegenheit ist, können von Fachleuten für psychische Gesundheit beispielsweise die Diagnose einer bipolaren Störung erhalten. Psychiater niedriger oder mittlerer Tiefe haben im Allgemeinen keine Vorstellung davon, was diese Menschen durchmachen. Idealerweise sollten Therapeutinnen und Psychiater ihre Patienten an Tiefe übertreffen, aber leider ist das schwer zu erreichen.

Viele der weniger-als-voll-funktionsfähigen Leute in der Gesellschaft neigen dazu, die meisten von uns an Tiefe zu übertreffen – oder wenigstens haben sie das Potenzial dazu. Trotz all ihrer Begrenzungen leben zerbrochene und verrückte Menschen oftmals in größeren Welten. Sie sind zur Hölle und zurück gelaufen, und viele von ihnen sind auf dem Rückweg einfach nur gestolpert.

Schönheit, Geheimnis und Tragödie

Ich möchte hier gerne drei besondere Formen innerer Tiefe vorschlagen, die eine Person entwickeln kann. Diese folgen der grundlegenden philosophischen Form von Platos »Großen Drei«: Schönheit, Wahrheit und Gerechtigkeit – auch wenn es in diesem Zusammenhang meines Erachtens passender ist, von den drei Kategorien Schönheit, Geheimnis und Tragödie zu sprechen.

Besteht nicht letztlich ein tiefgreifender Unterschied dazwischen, beispielsweise von einem vollkommenen, sternenerfüllten Nachthimmel gerührt oder vom Leid eines Fremden absorbiert zu werden? Gibt es nicht eine enorme Kluft zwischen einem Gefühl verzauberter Neugierde, welche das Herz des analytischen Philosophen befällt, und dem blutenden, zerbrochenen Herz einer Heiligen? Dennoch laufen all diese Formen von Erfahrung – Schönheit, Tragödie, Geheimnis – merkwürdigerweise insofern zusammen, als sie Formen wortlosen Bezogenseins auf die Realität darstellen: Jedes Einzelne ist ein Aspekt existenzieller Tiefe.

Tiefe als Schönheit

Beginnen wir mit **Schönheit**, diesem Bezogensein auf die Realität, das in letzter Instanz immer ohne Worte und andere symbolische Repräsentationen auskommt. Die Erfahrung von Schönheit ist definitionsgemäß rein subjektiv – auch wenn sie natürlich abhängig ist von dem kulturellen Kontext und anderem. Sie kann letzten Endes immer nur in der unmittelbaren Begegnung erfahren werden. Selbst wenn ich von der Größe und Schönheit der Existenz erzählen kann, müssen Sie sie selbst erleben, damit meine Worte Ihnen sinnhaft erscheinen. Wie der Geschmack von Erdbeeren. Wie würden Sie jemandem den Geschmack von Erdbeeren beschreiben, der ihn nie geschmeckt hat?

Aus irgendeinem merkwürdigen Grund ist diese Wirklichkeit, trotz all ihrer bedeutungslosen Schinderei und Qual, *auf erhabene Weise schön.* Erhabenheit, Klarheit, Gelassenheit – woher kommen diese Qualitäten? Wie kommen sie zustande? Wie kommt es, dass man sie erkennt und um ihre Bedeutung weiß? Man muss sie irgendwann einmal gewusst und gefühlt haben. Und Sie werden sie zweifellos wieder fühlen und erkennen, bevor Ihre Zeit abgelaufen ist. Die Schönheit der Welt zu sehen ist etwas, das auf innige Weise mit der subjektiven Erfahrung verbunden ist: Nur bei lebenden Wesen können wir davon ausgehen, dass sie die Schönheit der Welt erfahren.

Ich will hier herausstreichen, dass die Schönheit der Existenz von verschiedenen Menschen in unterschiedlichem Maße gewusst und erkannt wird. Kann man nicht mit einiger Sicherheit davon ausgehen, dass die größten Malerinnen und Komponisten Aspekte der Schönheit dieser Welt wahrnehmen, für welche die meisten von uns blind sind?

Was für ein merkwürdiges Vermögen! Wie kann es sein, dass ein menschliches Wesen durch ein Weltraumteleskop blicken und weit entfernte Galaxien als ästhetisch angenehm oder Ehrfurcht einflößend erkennen kann? **In diesem Sinne ist Schönheit eine Art *Erkennen*.** Wir *erkennen* Dinge wie Harmonie, Gleichgewicht, Proportion, Kontrast, Muster, Variation, Rhythmus, Wiederholung: Aspekte der Welt, die wir spontan würdigen zu können scheinen. Wir sind offenbar in der Lage, unsere Beziehung mit der Wirklichkeit durch die Ausweitung unserer Wahrnehmungsfähigkeit zu vertiefen.

Einige werden mehr als andere von den Feinheiten der Welt gerührt. Das ist eine Art bleibende Beziehung zur Realität: Das ist Tiefe in ihrem subjektiven Aspekt, verknüpft mit der Perspektive der ersten Person. Und irgendwie erkennen wir diese Schönheit, trotz all ihrer momentanen Zufälligkeiten, trotz all ihrer Abhängigkeit vom Standpunkt des Betrachtenden als »die Wahrheit«. Haben wir die Schönheit Rembrandts, Mozarts oder des Meeres oder des Kosmos selbst erst einmal erkannt, kehren wir nicht mehr dahin zurück, sie nicht zu erkennen.

Selbst wenn wir daran scheitern, ihr in einem bestimmten Moment gewahr zu werden (wenn wir uns nicht einem hohen Zustand befinden), wissen wir immer noch um sie auf direkte und intime Weise (weil wir immer noch die Tiefe besitzen). Die Schönheit der Wirklichkeit zu erkennen ist nicht nur eine »Angelegenheit der Meinung« – es ist ein *Vermögen*, eine Fähigkeit. Schönheit zu sehen scheint merkwürdigerweise die *richtige* Sichtweise zu sein. Es bedeutet, tiefer in die Realität zu blicken.

Tiefe als Geheimnis

Apropos Wahrheit. Es gibt eine erhabene Form der Realität, die nicht von einem ästhetischen Sinn erfasst wird, sondern vom *Willen, wissen zu wollen*, einer Suche nach Wahrheit um der Wahrheit willen, die durch die Erkenntnis des fundamentalen **Geheimnisses** der Realität geschieht. Sind nicht eigentlich alle Wissenschaften und wissenschaftlichen Paradigmen auf ein grundlegendes Geheimnis gegründet: die Fähigkeit, Fragen zu stellen und sich zu wundern?

Der soziologische Blick entsteht, wenn Menschen fragen: Was ist Gesellschaft? Biologie wurzelt in einem anderen Geheimnis: Was ist Leben?

Wie fühlt es sich an, eine universelle, philosophische Wahrheit zu entdecken, die über Zeit und Raum hinweg Gültigkeit besitzt? Wie fühlt es sich an, Plato zu sein oder Newton oder Einstein? Es liegt ein tiefgründiges und fast schon schmerzhaftes Gefühl von Bedeutung in der Suche nach der Wahrheit um der Wahrheit willen. Die Fähigkeit, durch das Fenster zu blicken und nicht nur eine banale Straße mit Autos und Fußgängern zu sehen, sondern Komplexität zu erfassen, selbstorganisierende Prinzipien, verblüffend bizarre Gesellschaftsordnungen, die Wirkungen politischer Macht im Leben jedes Kindes und jeder alten Frau.

Ich erinnere mich an dieses Gefühl von Geheimnis, als ich als junger Mann den großen Soziologen begegnete. Noch immer fühle ich es, wenn der Verstand aufklart und Klick macht und mich eine neue Einsicht in mein Notizbuch niederschreiben lässt. Auch bei anderen Leuten kann ich manchmal erkennen, was ich für dasselbe Empfinden von Reinheit und Ehrfurcht halte, wenn sie über ihre Lieblingswissenschaften sprechen, sei es Physik oder Medizin. Das ist das Bezogensein des Subjekts (des »Ichs«) auf die Realität in der dritten Person, Realität als ein »Es« zu sehen, und die Wahrheit zu sehen, die ewig mit diesem »Es« verknüpft ist.

Ein menschliches Wesen kann Tiefe entwickeln, das heißt seine Bezogenheit auf die Realität – nicht notwendigerweise durch das »Studium der Wissenschaft«, sondern ja, durch das Wissen selbst, durch *Wissenschaft* (»*knowingness*«) als existenziellem und spirituellem Unterfangen. Es ist nicht einmal notwendig, klug zu sein, recht zu haben in Bezug auf irgendwelche Dinge oder komplexe Gedanken zu haben: Wir sprechen hier nur von einem allgemeinen Gefühl von Geheimnis und Ehrfurcht, das Ihr Herz ergreift. Der anerkannte Biologe Richard Dawkins hat keine Mühe gescheut, diesen Sinn für das Wundersame zu beschreiben, während er seine Beweisführung entfaltet, dass wir die traditionellen Religionen nicht brauchen. Aber er ist bei Weitem nicht der Einzige. Carl Sagan ist ebenfalls ein Liebling der populären Medien. Der römische Philosoph Seneca und einige Zeit später der frühe katholische Philosoph Boethius (*Der Trost der Philosophie*) schreiben über ähnliche Dinge. Auch in einer Welt von Elend und Übel gibt es wenigstens immer noch eine Wahrheit.

Die vormodernen Weisheitstraditionen waren in dieser Hinsicht ziemlich schwach (und sind es noch immer), trotz der reichen akademischen Traditionen unserer Klöster. Aus der Anerkennung der offenen Horizonte, welche die

Geheimnisse des anmutigen Universums betreffen wie auch die Natur und die Realität selbst, rühren Ehrfurcht und Neugierde her – Sentiments, die unter Menschen in Zen-Retreats gewöhnlich eher nicht kultiviert werden. Stattdessen erhalten sich dort tendenziell vormoderne Irrationalitäten und Glaubensvorstellungen, die jede aufrichtige Suche nach Wahrheit missachten, oftmals befördert von einem expliziten Antiintellektualismus. Andererseits neigt unsere wissenschaftsorientierte Mainstream-Gesellschaft dazu, Wissenschaft und Wissen in einem exzessiven Maße zu instrumentalisieren durch die Neurahmung als »akademische Errungenschaften«. Die spirituelle Bedeutung von Forschung und Wissenschaft (*knowingness*) wird gröberen menschlichen Bedürfnissen wie Anerkennung, Status, Leistung, materiellem Reichtum und Überleben unterworfen. Unter dieser Voraussetzung ist das Erkennen des Geheimnisses vielleicht die akzeptierteste und meistunterstützte Form der Entwicklung von Tiefe in der modernen Gesellschaft. Vermutlich sollte es bessere Wege geben, an diese Tiefe heranzukommen, um eine in existenzieller Hinsicht reifere und transnationalere Zivilisation zu entwickeln.

Tiefe als Tragik

Trotz all seiner blendenden Schönheit und geheimnisvollen Eleganz ist das Universum stets zerbrochen. Es war bereits die Rede davon, dass die Schreie unseres Planeten fortdauernd in die Stille des umgebenden kalten, leeren Kosmos dringen. Alle Systeme, alle lebenden Organismen sind stets im Zerfall begriffen. Andauernd können eine Million Dinge schrecklich schieflaufen und das wird auch weiterhin so sein.

Die dritte Form der Tiefenentwicklung ist die Anerkennung dieser **Tragödie**. Sie betrifft das Gefühl und die Erkenntnis, dass wir in einem tragischen Universum leben. Wenn es eine fundamentale Kluft zwischen der Unschuld einer (gesunden) Kindheit und der Reife des Erwachsenenalters gibt, liegt sie darin, dass Kinder im seligen Unwissen dieser vollkommenen Tragödie unserer Existenz leben, während (spirituell reife) Erwachsene in vollem Bewusstsein dieses Leids leben. Spirituelle Reife zu erlangen bedeutet, sowohl die Unvermeidbarkeit von Leid anzuerkennen als auch entschlossen zu sein, dieses, so weit wie möglich, zu verhindern und abzumildern.

Doch solche Reife entsteht nicht so einfach. Selbst wenn wir als Kinder traurig sind oder traumatisiert werden, oder wenn man uns von Kriegen oder anderen schlimmen Dingen erzählt, verstehen wir doch nicht so ganz die Tragik der Realität. Selbst wenn unsere Kindheit ziemlich hart ist, haben wir als Kinder noch nicht die Fähigkeit, die Universalität des Leids zu erkennen und das weiche, schmerzende Herz zu spüren, das aus der Entwicklung innerer Tiefe wächst.

Tragödie. Damit sind nicht nur Kriege oder Krankheiten gemeint, und auch nicht nur der Tod. Dazu gehört alles. Mir bekannte Menschen wuchsen mit psychischen Krankheiten auf, andere waren einsam, andere unsicher, andere furchtsam und manipulativ – und dann gibt es auch immer Millionen von gequälten Ferkeln überall im Staate Dänemark. So viel Missbrauch, Selbsthass, so viel Elend: Die Realität selbst ist auf eine grundlegende und logisch notwendige Weise zerbrochen. Und ehe Sie sich versehen, brechen Sie selbst allmählich auseinander, weil Ihnen ein Crashkurs über den Tod verordnet wurde. Alles, was blüht, einschließlich der Kindheit, Liebesbeziehungen und Freundschaften (besonders die), muss entweder verrotten oder dahinwelken, um für ewig verloren und vergessen zu sein.

Ganz offensichtlich entsteht ein Empfinden für diese Tragik aus der Bekanntschaft mit den niedrigeren Zuständen und ihrer erfolgreichen Integration in unsere Weltsicht. Tiefe wächst aus dem Erkennen der tiefgründigen Ernsthaftigkeit dieser Angelegenheit: dass Ihre eigenen Kinder Qualen erleiden werden. Sie werden gequält werden. Das ist die Wahrheit. Und selbst wenn Ihre eigenen Kinder es schaffen, die meiste Zeit ihres Lebens im mittleren Bereich der Zustände zu verbleiben (oder wenn Sie gar keine Kinder haben sollten), wird es immer noch anderen Kindern, die ebenso wertvoll sind, auf diese Weise ergehen. Das ist eine ernste Angelegenheit. Bei-den-Eiern-Gepacktsein.

Die tiefgründige Ernsthaftigkeit nicht anzuerkennen und daran zu scheitern, sie zum Hauptantrieb des eigenen Lebens zu machen, nenne ich die **Verleugnung der Tragödie**. Menschen neigen dazu, der Forderung zu widersprechen, wir sollten nach dem Glück aller Menschen in der Gesellschaft streben, weil sie annehmen, eine solche Absicht beinhalte eine Verleugnung der Tragödie. Aber wie ich bereits zuvor argumentiert habe: Es ist *keineswegs* eine Verleugnung der Tragödie, für das Glück aller zu arbeiten.

Aus der klaren Erkenntnis der Tragik der Existenz erwächst keineswegs ein Genuss des Schmerzes oder eine Entschuldigung von Elend und Ungerechtigkeit. Sie bedeutet lediglich eine Unterwerfung unter die Vorherrschaft des »Du«, der Du-heit der Realität – das »Duniversum« (*youniverse*), falls Sie

Lust auf ein Sprachspiel haben. So wie Philosophen wie Martin Buber und Emmanuel Levinas das vorgeschlagen haben, die sich mit unserer Beziehung zur zweiten Person beschäftigen (und wie die jüdisch-christliche Tradition, auf der Buber und Levinas aufbauen).

Was bedeutet *das* nun aber? Lange Rede, kurzer Sinn, es bedeutet, dass ich ohne Sie nichts bin. Ich komme durch Sie zur Welt und ich muss mein Leben letztlich im Dienst an Ihnen verbringen. Es bedeutet die Anerkennung, dass ich Sie grundsätzlich liebe – dass Liebe ein grundlegendes Vermögen und eher das *Realisieren* dieser Tatsache ist als ein bestimmtes Gefühl. Ihnen gegenüber lediglich »Mitleid« zu empfinden, muss für immer eine Untertreibung bleiben – eigentlich sogar eine Beleidigung. Ich muss im Dienst an Ihnen leben.

Tiefe entwickelt sich durch die Anerkennung der Tragik, durch die erfolgreiche Akzeptanz derselben und durch den Entschluss, gegen sie anzuarbeiten – wie der auf ewige Zeit Felsbrocken schleppende Sisyphus. Entschlossenheit im Angesicht fundamentaler Hoffnungslosigkeit und völliger Bedeutungslosigkeit. Das ist Tiefe-als-Tragik.

Tiefe als Tragik meint die Entwicklung des Realitätsbezugs in Hinblick auf unser Verhältnis zur zweiten Person. Das ist die Tiefe der Heiligen, des Bodhisattwa (einem östlichen Äquivalent des Heiligen) und dessen, was in der westlichen Philosophie »philosophischer Pessimismus« genannt wird (wofür Schopenhauer vielleicht das beste Beispiel ist). Es ist die Tiefe, die aus einem Leben mit zerbrochenem Herzen erwächst. Die Tragödie ist für uns notwendig, um über unsere gegenwärtige, begrenzte Form des »Menschseins« hinauszureifen und Verantwortung für alle fühlenden Wesen aller Zeiten zu übernehmen. Nur ein Empfinden für die Tragödie kann uns dazu bringen, uns für die Elenden der Erde einzusetzen: Lieben, bis es wehtut; so wie mittelalterliche Nonnen des kontemplativen Christentums die Wunden der Leprakranken lecken.

Aus diesem Grund kann ich – aus vollkommener Überzeugung – sagen, dass nur gebrochene Herzen die Welt retten können.

Kapitel 15

Probleme mit Weisheit

Ich haben Ihnen nun also vorgestellt, was ich für die drei Aspekte existenzieller Tiefe halte, wie Menschen »weiser« werden und wie sie eine innigere Beziehung zur Wirklichkeit entwickeln. Innerhalb der Vielheit menschlicher Bemühungen habe ich diese verschiedenen Formen von Tiefe hervorgehoben, die das Bezogensein auf die erste, zweite und dritte Person betreffen. Verschiedene Menschen scheinen empfänglich dafür zu sein, diese drei Formen von Tiefen in unterschiedlichem Maße zu entwickeln. Wir unterwerfen uns der Vorherrschaft der subjektiven Erfahrung (Schönheit), unter das unschuldige Gesicht, dem wir dienen und das wir beschützen müssen (Tragödie) oder der Suche nach der Wahrheit (Geheimnis).

Doch es gibt noch eine weitere Unterscheidung, die ich gerne einführen würde: diejenige zwischen »heller« und »dunkler« Tiefe. **Helle Tiefe ist die Vertrautheit mit höheren Zuständen und dunkle Tiefe ist die Vertrautheit mit niedrigeren Zuständen.**

Helle und dunkle Tiefe

Wie soll man Menschen, die niedrigere Zustände erlebt haben, mit solchen vergleichen, die höhere Zustände erfahren haben? Stellen wir uns eine Person namens Betty mit Erfahrungen der Zustände 2 bis 7 vor und stellen wir ihr eine Person namens Sue gegenüber, die ihrerseits innige Erfahrungen mit den Zuständen 6 bis 11 gemacht hat. Falls die von mir vorgestellte Skala Sinn ergibt, würde das bedeuten, beide von ihnen hätten sechs Zustände internalisiert. Aber welche von ihnen besitzt nun »größere Tiefe«?

Hier brauchen wir die Unterscheidung zwischen heller und dunkler Tiefe. Betty besitzt natürlich mehr tiefgründiges Wissen um die sinnlose Schinderei und das Elend des Universums, sogar davon, wie die Wirklichkeit auseinanderbrechen und sich in völligen Schrecken verwandeln kann. All das hat sie durchlebt und kann nun davon erzählen.

Sue weiß darum, welches große Potenzial und welche Schönheit dem Leben und dem Universum innewohnen und hat tiefgründige spirituelle Fähigkeiten und Einsichten entwickelt. Natürlich übertrifft Sue Betty *hinsichtlich des Zustands*. Aber sie ist tendenziell blind für die Tragödien der Wirklichkeit, um die Betty aus erster Hand weiß. Sue lebt, trotz all ihrer Spiritualität, in etwas, was als schwerwiegende *Verleugnung der Tragödie* bezeichnet werden muss. Sie spricht zwar von universeller Liebe und Schwesternschaft, aber ihre Augen werden glasig und verständnislos, wenn sie mit realem, sinnlosem Terror konfrontiert sind, wie er ebenfalls Teil der Realität ist: Punkt – Verleugnung. Sie hat eine »helle Tiefe« entwickelt, wie man sie häufig in heutigen Yoga-Kreisen und spirituellen Zirkeln antrifft, aber sie besitzt tatsächlich keinerlei Auffassung von den deprimierenden Einsichten Schopenhauers oder auch einigen der zentralen Lehren Buddhas – denjenigen über das Leid. Sue hat unter Umständen niedrigere Zustände erfahren (wie wir alle), aber sie hat sie nicht erfolgreich integriert. Dennoch ist sie viel »weiser« als eine große Mehrheit von Menschen; in ihrer Beziehung zum Universum liegt eine Tiefgründigkeit, die man bei den meisten von uns schlicht nicht antrifft.

Andererseits gilt auch für die Person, die wir Betty genannt haben, eine entsprechende Blindheit, die ihrer »dunklen Tiefe« zusetzt: Sie kann einfach nicht sehen oder glauben, dass die Wirklichkeit leicht und freudvoll sein kann, geschweige denn spirituell inspirierend. Hier kommen mir Denker wie Sigmund Freud in den Sinn, bei denen das Ziel von Leben und Existenz ist, sich etwas weniger elend zu fühlen, eine nicht-allzu-dysfunktionale Liebesbeziehung zu führen und zur Arbeit fähig zu sein. Wenn Freud von einer inneren Herrlichkeit mit der »Strahlkraft tausender Sonnen« erfuhr, glaubte er das einfach nicht und deutete es um als tröstliche Fantasie, die auf einem unterdrückten Sexualtrieb gründete. So wie das auch die meisten modernen Menschen tun. Kierkegaard, Schopenhauer und die Existenzialisten (darunter vielleicht vor allem Sartre) habe ich bereits erwähnt: Das ganze Ziel dieser Philosophie dreht sich um die (einigermaßen unrichtige) Vorstellung, dass ausgedehntere Phasen mit höheren subjektiven Zuständen schlicht nicht erreichbar sind. Es bedarf keiner Erwähnung, dass diese Leute keinerlei Training in irgendeiner spirituellen Disziplin erfahren haben, ganz zu schweigen von ernsthaft betriebener Meditation, was ein großer Teil der Erklärung dafür ist, warum ihre Philosophien so düster aussehen. Sie haben keine spirituelle Praxis entwickelt, die ihnen gestattet hätte, höhere Zustände zu erreichen.

Was uns hier begegnet, berührt einen bitteren Konflikt, der die Menschheit auch in der vorhersehbaren Zukunft wohl begleiten wird: **Er betrifft die doppelte Grenzziehung zwischen Menschen von unterschiedlicher Tiefe und mit unterschiedlichen Formen von Tiefe.**

Es macht *keinen* Spaß, an Tiefe übertroffen zu werden. Wenn andere uns an Tiefe übertreffen, bedeutet das, dass sie entweder eine Ernsthaftigkeit wahrnehmen, die wir nicht erkennen können, dass unsere Persönlichkeit und Ausdrucksweisen in Sachen Lebenszielen, Geschmack und Künsten oberflächlich und frivol sind – *oder* dass die tiefere Bedeutung des Lebens vollkommen an uns vorbeigegangen ist und wir im Endeffekt eine ziemlich reduzierte und verarmte Existenz erfahren. Das ist nichts, was leicht zu schlucken wäre – nicht zuletzt deswegen, weil Tiefe kaum von einer Person zur anderen übertragen werden kann, weswegen wir uns angesichts von größerer Tiefe, die sich vor uns entfaltet, hilflos fühlen. Sie bleibt nebulös, vage, angsteinflößend, merkwürdig und sinnlos.

Tiefe ist eine Form des Bezogenseins, stets intim und immer persönlich; starrt man in den Abgrund, wirft dieser seinerseits einen Blick in unser Inneres. Wird man an Tiefe übertroffen, blickt man plötzlich der Begrenzung der eigenen Wirklichkeit ins Gesicht; man wird in einen Abgrund schreckenerregender Nichtigkeit geworfen. Einem Weisen zuzuhören, der eine echte Tiefgründigkeit verkörpert, zu der wir keinen Zugang haben, lässt uns mit einem wahrhaft üblen, schaudernden Gefühl zurück. Im besten Falle, lässt es uns einfach nur gleichgültig zurück.

Geschieht es andererseits, dass wir in gesellschaftlichen Settings oder in Beziehungen feststecken, in denen unsere innere Tiefe – sei sie hell oder dunkel – *nicht* wertgeschätzt und miteinbezogen wird, empfinden wir unsere eigene Unfähigkeit, das Handeln an unseren tiefgründigsten Impulsen und Motiven auszurichten. Wir sind nicht in der Lage, uns erfolgreich auszudrücken und unser tägliches Leben auf die Dinge zu fokussieren, die für uns am meisten Bedeutung haben. Unter diesen Umständen wird es schwer, sich nicht allein und entfremdet zu fühlen – und nicht eine unterschwellige Wut gegenüber dem allzu einfältigen sozialen Umfeld zu hegen. Außerdem neigen wir dann wahrscheinlich dazu, eifrig und manchmal hysterisch darauf zu drängen, dass unsere Tiefe Genugtuung, Anerkennung und Einbeziehung erfährt.

Diese Konfliktlinie, welche die Untiefe von der Tiefe und das Helle vom Dunklen unterscheidet, ist schlicht unvermeidlich. Menschen werden stets darum kämpfen, die Konsistenz ihrer eigenen Universen (Selbst, Ideologie und Ontologie) um jeden Preis zu erhalten: durch Ignoranz, Selbstzensur, Lächerlichmachen, Drohen, Anrufen der Inquisition, Alarmieren der Gedankenpolizei und Verbrennung der Ketzer.

Alltagskonflikte werden größtenteils dadurch vermieden, dass wir uns darauf beschränken, die meisten Institutionen des Alltags lediglich auf die oberflächlichen Aspekte des Lebens zu beziehen. Es ist wesentlich leichter, soziale Settings und Institutionen zu errichten und zu erhalten, die auf eine niedrigere Tiefe ausgerichtet sind: Es bedarf erheblich weniger Sensibilität und Geschicklichkeit, einen Arbeitstrupp, eine Filmnacht oder ein Golfspiel zu organisieren als eine erfolgreiche psychotherapeutische Behandlung, ein aufrichtiges Gespräch über den Sinn des Lebens oder ein geteiltes, wahrhaft erhabenes spirituelles Erlebnis zu realisieren. Werden solche spirituellen Gemeinschaften, sensiblen Diskussionen und zielgerichteten Bewegungen *tatsächlich* umgesetzt, haben sie sehr oft einen unterdrückerischen Charakter und sind reich an schmerzvollen Widersprüchen. Je größer die Tiefe, desto sensibler die sozialen Prozesse, die involviert sind: Mehr Dinge können schieflaufen, was auch die sensiblen Teile unserer Seele berührt.

Je größer die Tiefe ist, der ein gesellschaftliches Setting Raum bieten soll, umso schwieriger ist es, diese soziale Situation reibungslos und produktiv zu bewältigen. Traditionellerweise hat das klösterliche Leben dieses Problem mit einem extremen Grad an Verhaltensregulierung in Angriff genommen – eine Strategie, die natürlich schwierig auf andere gesellschaftliche Settings übertragbar ist.

Die Schwierigkeit, die darin liegt, gesellschaftliche Settings zu schaffen, die eine größere Tiefe auf funktionale Weise bewältigen, bedeutet, dass die meisten Einrichtungen des täglichen Lebens – Schule, Arbeit, Familienleben, sogar Kirche – im Allgemeinen danach streben, eine geringere Tiefe zu betonen – heißt die banaleren und »oberflächlicheren« Aspekte des Lebens. Das sorgt in der Bevölkerung für eine weitverbreitete Illusion: das Gefühl, dass es *wirklich nur mir so geht.* Ein Großteil der Menschen in der modernen Gesellschaft glaubt, dass sie eine von Tränen angefüllte, profunde innere Tiefe besitzen, die bei anderen nur selten anzutreffen ist. Aber wie gesagt: Das ist ein Trugbild. Die Wahrheit ist, dass sehr viele von uns eine größere innere Tiefe beherbergen, als sich in unserem Leben gewöhnlich abzeichnet und andere normalerweise in uns erkennen. Uns werden die sozialen Situationen, in denen sich diese innere Tiefe manifestieren könnte, einfach nicht angeboten. Deswegen behalten wir sie für uns. Eine weitere sinnlose und qualvolle Tragödie der Existenz.

Darüber hinaus sind wir im Allgemeinen lediglich dazu in der Lage, diejenigen Formen von Tiefe zu erkennen, die wir selbst entwickelt haben. Die geheimnisgetriebene Wissenschaftlerin scheitert daran wahrzunehmen, dass ihr einfältiger Nachbar einen viel tiefgründigeren Sinn für die Tragik der Welt entwickelt hat und so weiter. Mit »der Stimme in unseren Köpfen« (unserem normalen verbalisierten Denken) halten wir über die Jahre lange Monologe im Glauben, wir würden uns von anderen Menschen unterscheiden. Gleichermaßen denken Letztere ihrerseits, *sie* würden sich von uns unterscheiden. In gewisser Hinsicht sprechen wir hier über das gegensätzliche Problem zu dem, was uns in spirituellen Gemeinschaften begegnet, wo jeder und jede vorgibt, einen höheren Zustand zu haben, als dies tatsächlich der Fall ist: In der Mainstream-Gesellschaft schützen wir im Allgemeinen vor, weniger Tiefe zu haben, als dies tatsächlich der Fall ist.

Wir haben es uns als Gesellschaft nicht eingestanden, wie besonders verletzlich, wunderschön und auf erbärmliche Weise tragisch wir sind – und in unserer Einsamkeit neigen wir dazu, uns selbst mit der unbegründeten Annahme zu schmeicheln, was für einzigartige tiefgründige »Individuen« wir sind und wie sehr wir uns von »den meisten anderen Leuten« unterscheiden (was nicht zutrifft).

Ein entscheidender Aspekt in Hinblick auf den Reifeprozess der Menschheit ist, dass wir nicht nur damit beginnen, Tiefe in all ihren drei Facetten (Schönheit, Geheimnis und Tragödie) sowie in ihrer hellen und dunklen Form aktiv und überlegt zu kultivieren, sondern dass wir darüber hinaus **im täglichen Leben Institutionen und gesellschaftliche Settings erschaffen, die besser dazu geeignet sind, wenn es darum geht, unserer inneren Tiefe Raum zu bieten**. Dazu gehört auch, mit der unausweichlichen und beunruhigenden Tatsache umzugehen, dass Menschen sich hinsichtlich ihres jeweiligen Niveaus von Tiefe unterscheiden.

Weisheit ist überbewertet

Wie schon beim Thema hoher Zustände möchte ich auch hier einen Warnhinweis mit Ihnen teilen. Er hat zu tun mit dem Konzept der »Weisheit« und der damit verbundenen Idee eines »höheren Bewusstseins«.

Während dieser Text hier entsteht, gibt es eine zunehmende Betonung von »Weisheit« an den Universitäten und in anderen Zusammenhängen, in denen Menschen für das Starkmachen des Begriffs und seiner Bedeutung für die Gesellschaft argumentieren. Vieles darunter ist interessant und vielversprechend. Die beste Informationsquelle dafür ist immer noch die Webseite *Evidence Based Wisdom* des Mathematikers Charles Cassidy.

Unter den Verfechtern der Weisheit finden sich Forschende aus Philosophie, Theologie, Psychologie, Soziologie und den Erziehungswissenschaften, Lehrkräfte für Achtsamkeit, Führungspersönlichkeiten aus der Wirtschaft und ziemlich viele dem Spirituellen zuneigende Autoren – oftmals verwenden sie Begriffe wie »transformatives Lernen« (*transformational learning*) und Selbstführung (*self-leadership*). Die Erwachsenenentwicklungsforschung neigt dazu, sich den Besten unter ihnen anzuschließen (wobei mein Lehrer Michael Commons eine Ausnahme zu dieser Regel darstellt).

In diesen verschiedenen Settings wurde Weisheit auf viele verschiedene Arten definiert. Die drei bekanntesten Definitionen sind das sogenannte *Berliner Weisheitsparadigma*, die *Gleichgewichtstheorie der Weisheit* und die *dreidimensionale Weisheitsskala*.

Weisheit wird immer als etwas vollkommen Nützliches und Unproblematisches definiert. Mehr Leute, als ich hier aufzählen könnte, argumentieren, dass die Menschheit »Weisheit« bräuchte, um ihre vielfältigen Krisen zu bewältigen. In Anbetracht der starken Betonung, die ich in diesem Buch auf die Erwachsenenentwicklung (und ihre existenziellen Aspekte) gelegt habe, könnte man denken, ich müsste diesen Trend begeistert unterstützen. Über die Jahre habe ich diesbezüglich allerdings eine zunehmend skeptische Position eingenommen.

Der Grund für diesen Skeptizismus ist eher schlicht: Ich muss erst noch einen glaubwürdigen Versuch sehen, dieses Konzept zu »operationalisieren« – es praktikabel zu machen. Wenn Weisheit solch eine ernste Angelegenheit ist, wie kann es dann sein, dass deren Verfechter immer nur mit vagen und indirekten Sichtweisen und Möglichkeiten zur Messung aufwarten? Und was genau ist es, was Weisheit »tut« – *wie* genau löst sie alle Arten von Schwierigkeiten und »komplexen Fragen«? Einige sagen, dass die Menschheit eines »höheren Bewusstseins« bedarf, um die großen Probleme zu lösen, denen wir uns gegenübersehen. Was genau ist es, was Menschen mit all dieser Weisheit und »höherem Bewusstsein« tun können, wozu andere nicht in der Lage sind? Diese Fragen wurden zwar beantwortet, aber nicht sehr zufriedenstellend.

Die Fürsprecher der Weisheit sind zweifellos etwas Wichtigem auf der Spur. Sicher ist die Aussage sinnvoll, die Menschheit bedürfe eines höheren Bewusstseins. Aus meiner Sicht erkennen die Anhänger der Weisheit richtigerweise, wie wichtig es ist, die inneren Dimensionen von Menschen und Gesellschaft sowie die Möglichkeit einer aktiven und überlegten Weiterentwicklung derselben zu erkennen.

Das Problem ist allerdings, dass das Team Weisheit seine analytischen Hausarbeiten noch nicht gemacht hat. In anderen Worten: Die Forschenden auf diesem Feld – und andere Fürsprecher – haben noch nicht genau herausgefunden, worüber sie eigentlich sprechen. Und das Ergebnis ist alles andere als produktiv. Vermutlich sollte ich sagen: alles andere als »weise«.

Finden Sie meine Haltung übertrieben und ungerecht? Andreas Fischer, damals wissenschaftlicher Mitarbeiter an der Universität Heidelberg, veröffentlichte 2015 im *International Journal of Humanities and Social Sciences* den Aufsatz »Wisdom – The Answer to All the Questions Really Worth Asking«.[1] Soweit ich es beurteilen kann, war der Titel nicht ironisch gemeint und er unterscheidet sich nicht wesentlich von anderen Beiträgen dieses Forschungsfeldes. Er ist ein Wissenschaftler, der sich durch viele der verschiedenen Definitionen bei antiken Lehrern ebenso wie in der modernen Forschung hindurchgearbeitet hat; der Stand seines Wissens ist absolut auf der Höhe der Zeit. Sein Aufsatz ist gut geschrieben und ziemlich interessant – wie die Aufsätze vieler anderer auf diesem Gebiet –, aber unterstreicht sein Titel nicht, dass Menschen dazu neigen, die Weisheit für ein Wundermittel zu halten?

Fischers eigener Vorschlag ist, unter Weisheit grundlegende und allgemeine Einsichten zu verstehen, wie man ein gutes Leben leben kann. Aber diese Definition besagt mehr oder weniger nur, dass Weisheit gut und ein Mangel von Weisheit schlecht ist. Fischer führt einige universell anzutreffende Einsichten von Weisheitslehrern an wie beispielsweise, andere gut zu behandeln, über Materialismus und Egoismus hinauszugehen, die Wichtigkeit, eher gutherzig als erfolgreich zu sein und so weiter. Er zeigt zudem, dass es Forschungen gibt, die diese Behauptungen unterstützen (dass, ein Leben gemäß diesen Richtlinien zu führen, in der Regel Glück und geistige Gesundheit zur Folge haben). Solche Ratschläge *können* nützlich sein, aber sie berücksichtigen kaum die unterschiedlichen Entwicklungsmöglichkeiten und Persönlichkeiten von Menschen, geschweige denn die Gesellschaft, in der diese leben, und die Art und Weise, wie sich diese Weisheit weiterentwickeln und verändern kann. Wie kommt es, dass so wenige der klassischen Weisheitslehren uns Nachhaltigkeit gelehrt haben (mit einigen nordamerikanischen Ausnahmen) oder Tierrechte (mit einigen östlichen Ausnahmen)?[2]

Argumente für »Weisheit« und »höheres Bewusstsein« zu liefern, ohne genau zu wissen, worüber man spricht, kann leicht dazu führen, dass die Dinge außer Kontrolle geraten. Sämtliche Forscher *versuchen*, spezifisch zu sein. Aber das Problem besteht weiter – was mit dem Konzept der Weisheit selbst zu tun hat. Sie ist schon deshalb keine hochqualitative Variable, weil sie einsinnig für unambivalent gut gehalten wird. Mein Mentor Michael Commons hätte vermutlich gesagt: »Was für eine beschissene, nutzlose Variable.«

Unsere Suche nach einer weisen Person wird leicht zur Suche nach einer vollkommenen. Es sollte uns also nicht überraschen, dass die meisten Leute halbmythologische Figuren wie Jesus, Buddha, Laotse oder Konfuzius für »Weise« gehalten haben? Reale Menschen stoßen immer auch an ihre gleichermaßen realen Beschränkungen.

Glaube an »Weisheit« ist der Glaube, es gäbe eine Variable, die immer gut wäre, und je mehr davon vorhanden sei, desto besser wäre es. Hat es jemals solch eine Variable gegeben? Wenigstens nicht in der Welt, in der ich lebe. Wo ich herkomme, wirken viele Variablen zusammen, um Muster und ein Gleichgewicht herzustellen. Zu viel von einer einzigen Variable hat immer Nachteile.

Die Fürsprecher der Weisheit verteidigen somit faktisch ein Projekt, das notwendigerweise eine Wunschfantasie sein muss. Wenn sie nicht sagen können, in welchem Kontext diese Weisheit gut ist und in welchem nicht, ist es keine echte Variable. Und wenn sie nicht erklären können, *wie* Weisheit zunimmt, durch welche Mechanismen, und *wie* sie wirkt und was ihre Einschränkungen sind, handelt es sich augenscheinlich um ein eingebildetes Wundermittel. Das sind kühne Hoffnungen und Träume, nicht sehr viel mehr.

Über Weisheit und Klugscheißer

Die Fürsprecher der Weisheit schaffen es nicht, zwischen all den Dimensionen zu unterscheiden, die wir in diesen Kapiteln untersucht haben: kognitive Komplexität, IQ, symbolischer Code, subjektiver Zustand, existenzielle Tiefe (und die Helle oder Dunkelheit dieser Tiefe), psychische Gesundheit und eine gut integrierte Persönlichkeit zu haben, die Erikson'schen Lebensphasen – so die unvollständige Liste. Insbesondere findet sich bei Menschen der unwiderstehliche Drang, alles mit den Erikson'schen Lebensphasen zu überblenden, was ihre Theorien durcheinanderbringt.

Natürlich haben diejenigen, die Weisheit studieren, in ihren Modellen in der Regel mehrere Variablen (sowohl klug, als auch geduldig, demütig, emotional stabil zu sein und so weiter – siehe zum Beispiel Stephen Halls Buch aus dem Jahr 2010 *Wisdom: From Philosophy to Neuroscience*), aber sie alle werden tendenziell für unambivalent gut gehalten und es gibt kein ernsthaftes Erwägen, was geschieht, wenn Menschen sich in Hinblick auf eine dieser Variablen entwickeln, aber hinsichtlich einer anderen nicht.

Ohne analytische Unterscheidungen, wie sie in diesem Buch gemacht werden, wird es ziemlich schwierig herauszufinden, worüber man eigentlich spricht. Versuchen Sie das hier:

- Ist Nelly, eine alte, erfahrene und psychisch stabile Person mit niedriger kognitiver Komplexität (MHK-Stufe 10-Abstrakt), großer Tiefe und niedrigem Zustand, welche die Symbolstufe E-Modern »installiert« hat, »weise« oder nicht?
- Ist Eckhart Tolle weise (ein New-Age-Weisheitslehrer mit hohem Zustand und großer Tiefe) oder ist er einfach nur dumm (er glaubt, dass Blumen »erleuchtete Pflanzen« sind, dass eine Welle von New-Age-Unbekümmertheit die Menschheit vor der drohenden Zerstörung retten wird und dass er diesen Kampf anführt, indem er Leuten, die eigentlich psychiatrischer Unterstützung bedürften, oftmals lausige therapeutische Ratschläge erteilt)? Besitzt er ein »hohes Bewusstsein«?
- Oder wie ist es mit Ashoka, dem großen Herrscher über Nordindien im dritten Jahrhundert vor unserer Zeitrechnung? Nach Zeiten von Eroberungen und Kriegen wandte er sich Buddhismus und Pazifismus zu.[3] In seinem großen Mitgefühl entschied er unter anderem, allen Gefangenen einmal im Jahr einen Aufenthalt an frischer Luft zu ermöglichen.

In diesen Beispielen hängt die Antwort davon ab, wie man Weisheit definiert. Was uns zum dritten Problem führt. Mit schlampigen Variablen gibt es keine verlässlichen Messungen und keine stringenten Definitionen (auch dann, wenn die Forschenden selbst *versuchen*, stringent zu sein), was das Feld weit öffnet für Menschen, die was auch immer im Sinn haben, wenn sie von »Weisheit« sprechen. Zudem scheinen Menschen immer anzunehmen, sie selbst besäßen Weisheit, aber die Leute, die sie nicht mögen, nicht. Die Weisheitsbewegung klingt in etwa so: »Oh yeah, du bist auch ein Fan der Weisheit? Ich auch! Also los geht's, ihr alle!«

Bedenken Sie: Das Konzept der Weisheit wird zu einer Projektionsfläche, auf die sich hübsche, sehnsuchtsvolle Bilder projizieren lassen. Wir können einfach alles in diese »Super-Duper-Variable« hineinbasteln, was sich gut anfühlt. Das Problem dabei ist, dass es zu einem gigantischen Schlagabtausch von Enttäuschung und Missgunst käme, wenn sie dergestalt in der Gesellschaft umgesetzt würde: Die Leute müssten anfangen, darüber zu streiten, wer wirklich weise ist und warum und was das bedeutet. Und viele Menschen würden anderen Menschen eine Menge von »Weisheit« niedriger Qualität aufzwingen. Oder ihnen diese im Rahmen teurer Consulting-Sitzungen oder Motivationsvorträgen verkaufen. Zu guter Letzt bedeutet Weisheit oftmals nicht mehr als: »Ihr Leute solltet mehr wie ich sein«. Dergestalt erweist sich die Weisheit schlicht als das, was der Sprecher selbst dafür hält.

Hier wäre nun meine eigene engere und striktere Definition: **Weisheit ist schlicht und einfach große Tiefe**. Nicht mehr und nicht weniger. So wie ich den Begriff benutze, hat er mit Dingen wie Spiritualität und Transzendenz zu tun, aber nicht wirklich damit, klug zu sein oder »fähig, ein gutes Leben zu führen«. Bei dieser Definition heißt die Antwort: Ja, Eckhart Tolle ist weise. Hochkomplexen Denkern, die aber wenig Tiefe besitzen, wie beispielsweise Richard Dawkins, erscheint Eckhart Tolle einfach wie ein Betrüger; seiner begeisterten Anhängerschaft erscheint er dagegen wie ein weiser Mann. Die Wahrheit ist ziemlich einfach: Er hat einen hohen Zustand, große Tiefe und relativ wenig kognitive Komplexität.

Die erste Beispielperson, Nelly (große Tiefe, niedriger Zustand, niedrige kognitive Komplexität), ist ebenfalls weise, auch wenn sie in einer dunkleren subjektiven Welt lebt als Eckhart Tolle. Sie sind beide weise, aber vielleicht nicht sehr clever. So ist das eben.

Vor dem Hintergrund dieser strikteren Definition kann der ländliche mongolische Schamane, den wir in Kapitel 14 beschrieben haben, im Vergleich mit irgendeinem modernen Menschen als weiser angesehen werden. Dasselbe gilt für die tibetische Nonne. Mit der Definition, die ich hier vorschlage, kann sie als »weiser« bezeichnet werden, einfach nur, weil sie eine größere Tiefe besitzt. Wir sind präzise in Bezug auf das, was wir meinen. Eine psychisch gesunde, komplexe Denkerin, die alt ist und im Frieden mit sich selbst, ist *nicht* weise, außer sie besitzt *außerdem* große Tiefe – auch wenn das Klischee besagt, dass sie weise sein »sollte«.

All das macht Weisheit zu etwas Spezifischem, Messbaren und lediglich zu einem Puzzleteil (anstatt eines universalen Allheilmittels). Das, was wir vielleicht durch die Verengung des Begriffs verlieren, gewinnen wir um ein Vielfaches zurück durch die Klärung dessen, worüber wir eigentlich reden.

Wir könnten auch eine andere Definition ausprobieren, wenn Sie wollen, eine inklusivere: Weisheit ist eine Kombination aus psychischer Gesundheit, hoher kognitiver Komplexität und großer Tiefe. Das hätte unter Umständen zur Folge, dass Ashoka sich ebenfalls als Weiser qualifiziert (vorausgesetzt, dass er ebenfalls ein komplex Denkender war). Mit dieser Definition können Menschen »weise« sein ungeachtet des symbolischen Codes, dessen sie sich bedienen (man kann also eine weise Person im alten Indien sein, auch wenn man im Vergleich mit modernen Standards kaum als progressiv bezeichnet werden kann). Mit dieser Definition wird es jedoch schwieriger, die Frage zu beantworten, wer weise ist. Streng angewandt fielen allerdings weder Nelly noch Eckhart Tolle in diese Kategorie. Ashoka vielleicht.

Der Teufel steckt hier nicht allein im Detail. Er steckt in den Definitionen. Und vor allem steckt er in den *analytischen Unterscheidungen*: in der Fähigkeit, verschiedene Dinge auseinanderzuhalten. Dinge nicht miteinander zu vermischen. Bevor Sie das Hohelied der Weisheit anstimmen, sollten Sie also unbedingt Rücksprache mit dem Teufel halten. Das wäre weise.

Am Beispiel Bertrand Russells'

Schließen wir diese Vorstellung ab mit einem Beispiel aus der Autobiografie eines des größten westlichen Philosophen des 20. Jahrhunderts: Bertrand Russell (1872–1970).

Das folgende Zitat Russells berührt ganz eindeutig die Themen, die im vorherigen Kapitel adressiert wurden. Dabei besitzt sein Schreiben eine Eleganz, die seinen Einsichten Leben einhaucht. Achten Sie auf seine Behauptung, er habe sein Leben mindestens zwei Formen der Tiefe gewidmet, zwei Formen der Bezogenheit auf die Realität. Dieser Abschnitt stammt aus dem Prolog zu seiner Autobiografie, verfasst im Jahr 1956:

> »Wofür ich gelebt habe. Drei einfache, doch übermächtige Leidenschaften haben mein Leben bestimmt: das Verlangen nach Liebe, der Drang nach Erkenntnis und ein unerträgliches Mitgefühl für die Leiden der Menschheit. Gleich heftigen Sturmwinden haben mich diese Leidenschaften bald hier-, bald dorthin geweht in einem launenhaften Zickzackkurs über ein Weltmeer von Qual hinweg bis zum letzten Rand der Verzweiflung. Nach Liebe trachtete ich, einmal, weil sie Verzückung erzeugt, eine Verzückung so gewaltig, daß ich oft mein ganzes, mir noch bevorstehendes Leben hingegeben haben würde für ein paar Stunden dieses Überschwanges. Zum anderen habe ich nach Liebe getrachtet, weil sie von der Einsamkeit erlöst, jener entsetzlichen Einsamkeit, in der ein einzelnes erschauerndes Bewusstsein über den Saum der Welt hinabblickt in den kalten, leblosen, unauslotbaren Abgrund. Und letztens habe ich nach Liebe getrachtet, weil ich in der liebenden Vereinigung in mystisch verkleinertem Abbild die Vorahnung des Himmels erschaute, wie er in den Vorstellungen der Heiligen und Dichter lebt. Danach habe ich gesucht und, wiewohl es zu schön erscheinen mag für ein Menschenleben: Ich habe es – am Ende – gefunden. Mit gleicher Leidenschaft habe ich nach Erkenntnis gestrebt. Ich wollte das Herz der Menschen ergründen. Ich wollte begreifen, warum die Sterne scheinen. Ich habe die Kraft zu erfassen gesucht, durch die nach den Pythagoräern die Zahl den Strom des Seins beherrscht. Ein wenig davon, wenn auch nicht viel, ist mir gelungen.
>
> Liebe und Erkenntnis, soweit sie erreichbar waren, führten empor in himmlische Höhen. Doch stets brachte mich das Mitleid wieder zur Erde zurück. Widerhall von Schmerzensgeschrei erfüllt mein Herz: verhungernde Kinder, gefolterte Opfer von Unterdrückern, hilflose alte Menschen, ihren Kindern zur verhaßten Bürde geworden – die ganze Welt der Verlassenheit, der Armut, des Leids, all das macht ein hohnvolles Zerrbild aus dem, was Menschenleben eigentlich sein soll. Es verlangt mich danach, dem Übel zu steuern, allein ich vermag es nicht, und so leide auch ich. So war mein Leben. Ich habe es lebenswert gefunden, und ich würde es mit Freuden noch einmal leben, wenn sich mir die Möglichkeit dazu böte.«

Im Nachsinnen über sein eigenes Leben erwähnt Russell explizit zwei der Aspekte von Tiefe, die wir im vorherigen Kapitel besprochen haben. Anstelle von Schönheit nennt er Liebe, insbesondere als ekstatischer Erfahrung.[4] Das sollte uns vielleicht nicht überraschen; schließlich war Russell vor allem ein Philosoph und Aktivist; weniger ein Mystiker und Künstler.

Trotzdem, immer noch zwei von dreien. Nicht schlecht, alter Berti.

Kapitel 16

Das effektive Werte-Mem

Endlich ist es so weit. Nun können wir die vier Entwicklungsdimensionen von Komplexität, Code, Zustand und Tiefe in einem einzigen Modell niederlegen: dem **effektiven Werte-Mem** eines Menschen. Ist das nicht aufregend?

Die Theorie des effektiven Werte-Mems hat einen »seltsamen Onkel« – einen, von dem ich einiges gelernt habe, auf den ich mich allerdings dennoch weder verlassen noch ihm eng verbunden sein möchte.

Der seltsame Onkel

Es ist wieder einmal eine ironische Wendung des Schicksals, die dafür gesorgt hat, dass eines der besten Modelle menschlicher und gesellschaftlicher Entwicklung von den unintelligentesten und intellektuell unaufrichtigsten Menschen auf diesem Gebiet erfunden und vorgestellt wurde.

Ich beziehe mich hier natürlich auf das Modell der Spiral Dynamics von Don Beck und Chris Cowan (von denen sich der Letztere meines Wissens seitdem von diesem Modell losgesagt hat).[1] Die Spiral Dynamics, die auf dem Spätwerk der Psychologin Clare Graves aufbaut, postuliert, dass Menschen sich in einer klaren, erkennbaren Abfolge von Werte-Memen (auch »wMemen«) entwickeln, die weitgehend das übergeordnete Muster ihrer Werte, Logiken, Persönlichkeiten und Verhaltensweisen bestimmen.

Wie ich im Prolog erwähnte, braucht es manchmal einen Scharlatan, um die Wahrheit auszusprechen. Mit Bezug auf die transpersonale Perspektive, die wir erörtert haben, sollte es vielleicht nicht überraschen, dass die besten Ideen an den verrücktesten Orten entstehen können. Ganz zu schweigen von der dialektischen Sicht auf Wissen und die nicht-lineare Entwicklung von Gesellschaft: Die Dinge tauchen immer in den merkwürdigsten Ordnungen und Mustern auf. Alle diese Einsichten sprechen laut und deutlich gegen einen intellektuellen Puritanismus. Manchmal ist das wuchernde Kraut, das wilde Denken (*pensée sauvage*) einfach viel eindrücklicher als die gepflegte Rose im Garten.

Aus irgendeinem verrückten Grund, der sich mir entzieht, haben es die Schöpfer dieses Modells geschafft, ein einfaches, aber elegantes Muster in der psychologischen und gesellschaftlichen Entwicklung von Menschen zu fassen zu bekommen, und haben es mit einer Präzision und Klarheit beschrieben, wie sie mir an anderen Orten noch nicht begegnet ist: Selbst wenn große Soziologen wie Jürgen Habermas und Günter Dux sich an ähnlichen Theorien versucht haben, greifen diese doch allesamt zu kurz. Zum Beispiel im Fall von Habermas' Theorie des »kommunikativen Handelns«, in der er zwar Kohlbergs Stufen der Moralentwicklung berücksichtigt, wobei ihm allerdings entgeht, wie die verschiedenen WMeme notwendigerweise beschränkt sein müssen in ihrer Fähigkeit, miteinander kommunizieren zu können und eine gemeinsame »rationale« Basis zu finden – also beispielsweise wie schwierig es ist, einen traditionellen Christen mit einer postmodernen queer-feministischen Perspektive unter einen Hut zu bringen. Dieselbe Schwachstelle wird auch in seinen späteren Arbeiten zur deliberativen Demokratie sichtbar (und sogar in den Theorien seiner Kritikerin Iris Marion Young).[2] Wie könnte die Spiral Dynamics uns Dinge lehren, wie es die wichtigsten Vertreter der Soziologie nicht vermögen? Vernehmt die Geschichte von den Wildkräuter und Rosen.

So merkwürdig das auch ist: Dieses Modell ist auf Gold gestoßen. Es muss lediglich ernsthaft überarbeitet werden, wobei einige seiner Teile komplett in die Tonne gehören. Glücklicherweise ist es genau das, was wir in den Kapiteln bis hierher bereits gemacht haben.

Lasst uns also den seltsamen Onkel Spiral Dynamics noch einmal auf ein Bier hereinbitten. Keine Angst: Sobald wir fertig sind, schmeißen wir ihn wieder raus.

Warum »Spiral Dynamics« nicht funktioniert

Das Spiral-Dynamics-Modell quetscht jegliche Entwicklung in *einen einzigen* Rahmen und nennt das »die Stufen der Entwicklung«. Diese Stufen werden als lebhaft beschriebene Farbcodes vorgestellt (oftmals dargestellt als farbenfrohe Spirale, die aussieht wie ein Lutscheis), die in Großbuchstaben geschrieben sind (warum das so ist, ist unklar):

- PURPUR (Menschen in Stammesgemeinschaften),
- ROT (Mitglieder einer Gang),
- BLAU (traditionell religiöse Menschen),
- ORANGE (moderne Mainstream-Menschen),
- GRÜN (postmoderne Menschen),
- GELB (metamoderne Menschen) und
- TÜRKIS (»holistische« oder »integrale« New-Age-Menschen).[3]

Diese rohe und ahistorische Formulierung von Stufen verursacht eine Menge Probleme.[4] Neben einigen merkwürdigen Fehlern, einem offenkundigen Mangel an Grundwissen aufseiten der Schöpfer und schlechtem Geschmack (alles drei kann man letztlich entschuldigen), kann das Modell nicht einmal die einfachsten Fragen beantworten. Zum Beispiel die, wer ein höheres ^{W}Mem hat, eine zeitgenössische Dreizehnjährige mit moderner Schulbildung oder ein mittelalterliches Genie wie Thomas von Aquin (um ein früheres Beispiel aufzugreifen)?

Mit meinem eigenen Modell wird das deutlich: Die Jugendliche übertrifft Thomas von Aquin *in Bezug auf den Code* (obwohl Aquin natürlich einen »breiteren« Code hat, was bedeutet, dass er ein größerer Experte des mittelalterlichen Denkens ist, als die Jugendliche in Hinblick auf das moderne Denken Expertin ist), aber Thomas von Aquin übertrifft sie sowohl *in Hinblick auf Komplexität und Tiefe*. Vermutlich übertrifft Aquin sie auch *in Hinblick auf den Zustand*, wenigstens in dem Sinne, dass er einen höheren Maximalzustand besitzt (wenn nicht notwendigerweise auch einen höheren Durchschnittszustand). Wenn wir uns an der Spiral Dynamics orientieren müssten, müssten wir annehmen, dass die Jugendliche ein »höheres ^{W}Mem« hätte: Sie ist ORANGE und Thomas von Aquin BLAU.

Darüber hinaus stellt das Spiral-Dynamics-Modell eine Menge von Behauptungen in Bezug zur jeweiligen Psychologie auf, zum Beispiel besagt es, dass die Jugendliche »leistungsorientiert« sein müsse, nur weil sie aus einer modernen »ORANGE-farbenen« Kultur stammt. Auch dieser unglückliche Effekt ergibt sich daraus, dass viele verschiedene Dinge in eine einzige Entwicklungsabfolge gestopft werden.

Sollten wir in unserem Bestreben, die politische Psychologie der Welt und ihre Entwicklungsdemografie zu verstehen, vielleicht die Idee von ^{W}Memen besser aufgeben und einfach bei den vier Dimensionen bleiben, die ich vorgestellt habe (Komplexität, Code, Zustand und Tiefe), sowie einigen anderen psychometrischen Variablen (IQ, psychische Gesundheit etc.)? Letztlich erscheinen die vier Dimensionen ziemlich unabhängig voneinander. Es ist nicht viel an einer hohen MHK-Stufe, was Ihnen eine größere existenzielle Tiefe schenken würde, und es liegt wenig in einer großen existenziellen Tiefe, was Ihnen Zugang zu einer fortgeschrittenen Symbolstufe verschaffen würde. Es scheint offensichtlich: Weder werden wissenschaftliche und gesellschaftliche Durchbrüche in erster Linie von Zen-Meistern oder Ähnlichem verantwortet, noch die am meisten inspirierten Schriften von theoretischen Physikerinnen verfasst. Wenn Komplexität, Code, Zustand und Tiefe überhaupt miteinander verbunden sind, bleiben sie trotzdem immer noch weitgehend unabhängig voneinander, und ihre wechselseitigen Beziehungen sind alles andere als unkompliziert. Uns fehlen hier wieder die Daten, weswegen wir das nicht genau wissen können, auch wenn wir eine qualifizierte Vermutung anstellen können. Wenn das wMem weder mit dem einfachen Problem von mittelalterlichem Philosophen versus Teenager fertigwird, wozu ist es dann gut?

Und dennoch: Haben Sie die wMeme der Spiral Dynamics einmal gesehen, fällt es natürlich schwer, wieder wegzusehen. Irgendetwas verbindet christliche und muslimische Traditionalisten (BLAU) oder wissenschafts- und wirtschaftsorientierte Mainstream-Westler (ORANGE), Post-1968-Hippies und radikal-feministische, ultraliberale Umweltschützer, die Tierrechte lieben (GRÜN). Zumindest in der Welt, in der ich aufgewachsen bin, ergibt das jede Menge Sinn.

Und tatsächlich scheint es bei dieser Sache eine Entwicklungs*abfolge* zu geben: Vor einigen hundert Jahren waren die meisten Menschen BLAU oder darunter, dann wurden Menschen in den reichsten Ländern schrittweise ORANGE (beginnend bei der Aufklärung und der Amerikanischen und Französischen Revolution), und nachdem das eine ganze Weile so weitergegangen war, gab es einen starken Anstieg von GRÜNEN Leuten in Kalifornien, den liberalen urbanen Zentren an der Ostküste und später in den skandinavischen Ländern.

Diese wMeme scheinen sich zu entwickeln, während die Menschen allmählich wohlhabender werden, nicht nur in materieller Hinsicht, sondern auch in gesellschaftlicher. Wenn Sie sich den Mittleren Osten oder Afrika ansehen, scheint es dort sehr viel mehr Leute zu geben, die den christlichen Fundamentalisten im Süden der USA (BLAU) entsprechen als, sagen wir, in Schweden. Und wenn Sie sich neureiche Länder wie Südkorea ansehen, scheint die Bevölkerung hier ziemlich augenscheinlich das ORANGE wMem zu offenbaren. Wenn Menschen bedroht werden, scheinen sie niedrige wMeme zu zeigen, wie in Israel, wo eine hochgebildete Bevölkerung im Allgemeinen für Tradition und Nationalismus Stimmung macht – oder warum nicht auch der seit geraumer Zeit feststellbare plötzliche Anstieg des Nationalismus in Europa, weil Migration und Globalisierung im Verbund die Interessen und Absicherung der Arbeiterklasse und der unteren Mittelschicht untergraben haben.

Trotz all seiner Schwachstellen bekommt das Spiral-Dynamics-Modell etwas Entscheidendes zu greifen. Dabei ist seine Haupteinsicht weit davon entfernt, selbstverständlich zu sein; tatsächlich ist diese an den allermeisten gesellschaftswissenschaftlichen Disziplinen vorbeigegangen, worunter die Welt im Endeffekt leidet.

Sie glauben mir nicht? Niemand aus den Sozialwissenschaften aus der Zeit vor 1968 sah die gesellschaftliche Umwälzung vorher, die in vollem Gange war; es gab einfach kein klares Verständnis dafür, dass die Werte-Mem-Demografie sich überall in den Wirtschaftszentren der Welt wandelte. Viele andere Menschen sind zutiefst verwirrt, weil sie daran scheitern, das Werte-Mem wahrzunehmen und zu erkennen. Beispiele:

- Die »Humanisten« und »neuen Atheisten« (Kritiker von traditioneller Religion und Aberglauben) verstehen nicht, warum so viele Menschen immer noch religiös sind (weil sie bei dem BLAUEN ^{W}Mem sind; es liegt nicht an der Theologie oder einem Mangel an wissenschaftlicher Stringenz – es ist die Entwicklung, Dummkopf!);
- Die öko-feministischen und kritischen Soziologen erkennen nicht, warum die Mainstream-Gesellschaft so blind kapitalistisch, anthropozentrisch und materialistisch ist (weil sie ORANGE sind; es liegt nicht am Kapitalismus oder seiner Ideologie – es ist die Entwicklung, Dummkopf!),
- und auch die Kritiker der Einwanderung in Europa sagen uns, dass die arabische Kultur nicht kompatibel ist mit der westlichen Kultur (selbst wenn die Kultur wichtig ist, liegt die Krux nicht in kulturellen Unterschieden, die modernisierten Araber kommen gut klar – es ist die Entwicklung, Dummkopf!).

Da ist *wirklich* etwas dran. Es gibt *tatsächlich* ein übergeordnetes Entwicklungsmuster. Wir müssen lediglich die Schwachstellen der Spiral Dynamics ansprechen und einige Aktualisierungen vornehmen. Lassen Sie uns also einen Schritt weitergehen. Gehen wir vom ^{W}Mem zum effektiven Werte-Mem. Wie wäre es, das Badewasser auszuschütten, aber das Baby zu behalten? Schließlich sind Babys echt süß.

Vom WMem zum effektiven Werte-Mem

Ich möchte Ihnen hier die folgende Liste an effektiven Werte-Memen vorschlagen. Bei der Benennung der effektiven Werte-Meme werde ich dieselben Begriffe nutzen, wie wir sie für die Symbolstufen in den Kapiteln 10 und 11 verwendet haben.

Archaisch	entspricht BEIGE
Animistisch (oder Postarchaisch)	entspricht PURPUR
Faustisch	entspricht ROT
Postfaustisch	entspricht BLAU
Modern	entspricht ORANGE
Postmodern	entspricht GRÜN
Metamodern	entspricht GELB

Das effektive Werte-Mem ist ein übergeordnetes mentales Muster; es ist ein Äquilibrium, in dem sich die eigenen Werte und die eigene Weltanschauung zu stabilisieren scheinen, was den Rahmen schafft für das jeweilige politische, bürgerschaftliche Verhalten. Das effektive Werte-Mem ist gewöhnlich kein ausbuchstabierter Korpus von Denkweisen – eher wie das Wasser, in dem der Fisch schwimmt; beziehungsweise wie Ihre ganze Realität Ihnen erscheint, noch *bevor* Ihnen irgendetwas auffällt, was sich in dieser Realität aufhält.

Jede Bevölkerung hat irgendeine Art von **Entwicklungsdemografie**, bei der einige Leute sich bei früheren und andere bei späteren effektiven Werte-Memen aufhalten. Spätere Werte-Meme sind in logischer und funktionaler Hinsicht eher im Einklang mit größeren und komplexeren Gesellschaften. Eine Vielzahl der Probleme heutzutage haben diesen Charakter: Sie sind **Unausgewogenheiten in der Entwicklung.**

Die Welt ist ein heilloses Durcheinander, *weil* das Weltsystem, in dem wir leben, einem sehr hohen effektiven Werte-Mem entspricht, während sich fast die gesamte Weltbevölkerung immer noch bei einem früheren effektiven Werte-Mem aufhält.

Wir leben im Wesentlichen in einer **retardierten Welt**. Unsere Wertesysteme entsprechen nicht der Gesellschaft, in der wir leben. Unsere Sicht-, Empfindungs-, Fühl-, Handlungs- und Verständnisweisen entsprechen nicht mehr dieser Gesellschaft, die wir selbst erschaffen haben. Dieser Störfall kostet Leben. Und das ist die Aufgabe unseres Zeitalters: die politische Psychologie der Weltbevölkerung zu entwickeln. Leider ist es eine enorm knifflige Angelegenheit, solch eine politisch-psychologische Entwicklung anzustoßen.

Das effektive Werte-Mem der allgemeinen Bevölkerung zu entwickeln, ist im Moment eine der wichtigsten Aufgaben auf der Welt. Nicht immer ist ein hohes Werte-Mem gut: Jede Entwicklungsstufe hat ihre eigenen Risiken und ihre eigenen Pathologien – immer gibt es Dinge, die auf entsetzliche Weise schieflaufen (die Frage ist nicht ob, sondern wann das passiert).

Ihr effektives Werte-Mem ist eine Art Durchschnitt zwischen Komplexität, Code, Zustand und Tiefe. Wir bezeichnen es als »effektives« Werte-Mem, weil die Arten, wie Menschen in der Gesellschaft funktionieren, dazu neigen, einem übergeordneten Muster zu folgen, selbst wenn sie nicht so einfach in ein ^{W}Mem à la Beck und Cowan gequetscht werden können; folglich können Menschen »im Endeffekt« bei einem Werte-Mem verortet werden, sogar wenn sie in mehr als einer Hinsicht davon abweichen mögen (also beispielsweise eine geringere Komplexität oder größere Tiefe besitzen).

Die verschiedenen Dimensionen der Entwicklung kommen zusammen

Es gibt zwar einige knifflige Aspekte, aber im Großen und Ganzen ist das Bild relativ unkompliziert: **Entwicklung in jeder dieser vier Dimensionen, die ich vorgestellt habe, trägt zu Ihrem übergreifenden Werte-Mem bei.**

- Komplexität beziehungsweise MHK-Stufe trägt zu Ihrem effektiven Werte-Mem bei, weil sie Ihnen dazu verhilft, abstraktere Ebenen der Welt zu erkennen und sich auf sie zu beziehen. Einfache Gesellschaften bedürfen keines so komplexen Denkens wie größere, komplexere (auch wenn sie oftmals erfordern, dass man mehr praktische Fertigkeiten entwickelt und schwierigere Aufgaben verrichten kann).
- Eine fortgeschrittenere Symbolstufe »installiert« zu haben und so Zugang zu einem fortgeschritteneren symbolischen Toolkit zu besitzen, trägt zu Ihrem effektiven Werte-Mem bei. Das liegt daran, dass die symbolischen Codes jüngeren Datums speziell mit Blick auf diejenigen Wirklichkeiten entwickelt wurden, denen wir uns in größeren und komplexeren Gesellschaften gegenübersehen.

- Eine höhere Stufe (in Hinblick auf Durchschnitt, Median, Minimum oder Maximum) trägt zu Ihrem effektiven Werte-Mem bei, weil es bedeutet, dass Sie in einer helleren Welt leben, die Ihnen den emotionalen Antrieb gibt, eine universalistischere und weniger egoistische Sicht auf die Gesellschaft zu akzeptieren. Das ist notwendig in größeren und komplexeren Gesellschaften.
- Größere Tiefe trägt zu Ihrem effektivem Werte-Mem bei, weil sie Ihnen ermöglicht, sich auf tiefgründigere und universellere Aspekte von Wirklichkeit und Existenz zu beziehen, was im globalisierten Internetzeitalter ebenfalls zunehmend notwendig ist.

Auch wenn ich mich hauptsächlich auf vertikale Entwicklung konzentriere, sollte man beachten, dass auch horizontale Entwicklung – Breite – eine wichtige Rolle spielt. **Jede der vier Dimensionen hat ihre eigene Art von Breite.** Die Stufe hat den IQ und weitere Maßeinheiten kognitiver Kapazität. Beim Code wird sie dadurch bestimmt, wie viel Wissen Sie haben und von welcher Qualität dieses ist. In Hinblick auf den Zustand meint Breite die Länge des Zeitabschnitts, in dem es Ihnen gelingt, in verschiedenen (höheren) Zuständen zu verbleiben. Bei der Tiefe meint Breite die Zeit, die Sie in den Zuständen verbracht haben und die Vielfalt der unterschiedlichen Erfahrungen, die Sie erfolgreich integriert haben.

Verbinden wir nun die verschiedenen Arten von Entwicklung mit den effektiven Werte-Memen. Die Betrachtung, wie MHK-Stufe und Symbolstufen dem effektiven Werte-Mem entsprechen, ist ziemlich einfach: Dies gestaltet sich in linearen, parallelen Mustern.

Effektives Werte-Mem	**Entsprechende MHK-Stufe der kognitiven Komplexität**	**Entsprechende Symbolstufe**
Archaisch	Stufe 7-Präoperational	Symbolstufe A-Archaisch
Animistisch	Stufe 8-Primär	Symbolstufe B-Animistisch
Faustisch	Stufe 9-Konkret	Symbolstufe C-Faustisch
Postfaustisch	Stufe 10-Abstrakt	Symbolstufe D-Postfaustisch
Modern	Stufe 11-Formal	Symbolstufe E-Modern
Postmodern	Stufe 12-Systematisch	Symbolstufe F-Postmodern
Metamodern	Stufe 13-Metasystematisch	Symbolstufe G-Metamodern

Ich hoffe, dass ich Sie bis hierhin von zwei Dingen überzeugt habe. Zum einen davon, dass Werte-Meme wirklich wichtig sind und dass Sie uns dabei helfen, die Welt zu verstehen, einschließlich der hauptsächlichen Herausforderungen unserer Zeit. Und zum anderen davon, dass wir das grob vereinfachende Modell der ^W^Meme hinter uns lassen müssen und uns stattdessen auf das Konzept der effektiven Werte-Meme verlassen sollten. Der Unterschied zwischen ^W^Memen und effektiven Werte-Memen liegt darin, dass die letztere Theorie uns vier Arten der Unterscheidung erlaubt:

- Sie können eine andere Person **an Komplexität übertreffen** oder selbst von jemandem auf einer höheren kognitiven Stufe übertroffen werden.
- Sie können eine andere Person **in Hinblick auf den Code übertreffen** oder selbst von jemandem, der eine fortgeschrittenere Symbolstufe »installiert« hat, darin übertroffen werden.
- Sie können eine andere Person **in Hinblick auf den Zustand übertreffen** oder selbst von jemandem mit größerem Wohlbefinden und/oder mehr spirituellen Erfahrungen darin übertroffen werden.
- Sie können eine andere Person **an Tiefe übertreffen** oder selbst von jemandem, der eine große Bandbreite von subjektiven Zuständen internalisiert hat, darin übertroffen werden.

Beachten Sie, dass Ihr effektives Werte-Mem sehr oft »verzerrt« ist. Zum Beispiel wird eine Stufe-13-Metasystematisch-Denkerin, die den Symbolstufe-E-Modern-Code installiert hat, tendenziell ein höheres effektives Werte-Mem haben als ein Stufe-10-Abstrakt-Denker, der denselben Code installiert hat. Das liegt daran, weil sie geneigter ist, über komplexe und abstrakte Angelegenheiten nachzudenken, wodurch sie eine breitere Perspektive auf die Wirklichkeit einnimmt, selbst wenn die übergreifenden Vorstellungen der Realität grob dieselben sind. Denkbar ist auch eine Person auf Stufe 10-Abstrakt, die Symbolstufe-F-Postmodern-Code installiert hat; sie wird eine verflachte und vereinfachte Version des Codes gebrauchen.

Also gut, wenden wir uns nun Zustand und Tiefe zu. Wie passen sie in das Schema des effektiven Werte-Mems? Mein Vorschlag ist, dass **sowohl Zustand als auch Tiefe bei unserem effektiven Werte-Mem für saftige Zulagen oder Abzüge sorgen.**

Jede Gesellschaft hat eine Art **Schwerpunkt**, der von ihrer Gesamtentwicklung abhängt: ein effektives Werte-Mem, dem die Mitglieder dieser Gesellschaft zustreben. Entwickelt eine Gesellschaft komplexere Strukturen, kann ihr

Schwerpunkt sich zu höheren Werte-Memen verlagern. Zerfällt eine Gesellschaft oder erleidet massive Rückschläge, verlagert dies ihren Schwerpunkt im Allgemeinen in Richtung eines niedrigeren Werte-Mems. Typischerweise liegt der Schwerpunkt gegenwärtiger Gesellschaften beim postfaustischen Werte-Mem (Indien, Iran etc.) oder dem modernen Werte-Mem (Frankreich, die USA etc.).

Hoher Zustand und große Tiefe verleiten Menschen oft dazu, mit den Konventionen ihrer Gesellschaft zu brechen. Nehmen Sie eine Person wie Jesus. Er wächst zu Zeiten der Römer auf und hat insofern lediglich Zugang zu faustischen und einigen postfaustischen Symbolen. Nichtsdestotrotz bricht er daraus vollständig aus und formuliert eine sehr universelle und allgemein anwendbare Ethik, die eindeutig Ansichten zum Ausdruck bringt, die seiner Zeit weit voraus sind. Er muss sowohl große Tiefe und eine lange Reihe von hohen Zuständen gehabt haben (die wenigstens mehrere Monate anhielten) als auch eine hohe MHK-Stufe (sehr wahrscheinlich Stufe 13-Paradigmatisch). Jesus – sowie andere Heilige und Weise der Achsenzeit – brachten Ansichten zum Ausdruck, die selbstverständlich weit jenseits der normalen traditionalistischen Religionen der Zeit lagen. Ihre Weltsicht wurde universal, liebevoll und optimistisch. Sie rangen mit sehr grundlegenden Angelegenheiten von Leben und Existenz. Natürlich erhielten sie nicht auf magische Weise Zugang zu den symbolischen Codes zukünftiger Zivilisationen, aber ihr »implizites Wissen« über die Wirklichkeit nötigte sie zu sehr radikalen und progressiven Ansichten: buddhistische Nicht-Gewalt und Geschlechtergleichheit, christliches Klassenbewusstsein, taoistische Selbstentwicklung in der Sexualität, jainistische Tierrechte, islamischer Sozialreformismus und so weiter. Diese Ideen haben uns Menschen gebracht, die sich aufgrund von Tiefe und Zustand bei einem höheren effektiven Werte-Mem aufhielten als ihre Zeitgenossen.

Wie ist es andererseits mit einem modernen Menschen, der – sagen wir – in Schweden aufwächst, der in der Schule den modernen Code erlernt, aber ein äußerst raues Leben hat und sich kontinuierlich in niedrigen Zuständen befindet (sich ängstlich, unzufrieden und gequält fühlt) und niemals einen Sinn für die Tragik des Lebens entwickelt oder dafür, dass die Welt grandios und wunderschön ist? Können wir wirklich erwarten, dass diese Person das moderne effektive Werte-Mem voll ausschöpfen kann als faire, demokratische Mitbürgerin, die Leistung respektiert und wissenschaftliche Wahrheit anerkennt? Nicht wirklich. Es ist wahrscheinlich, dass diese Person ein niedrigeres effektives Werte-Mem entwickelt. Womit wir beim Gangster wären. Obwohl er ein normal-komplexer Denker in einer modernen Gesellschaft ist, könnte er das faustische effektive Werte-Mem ausbilden. Das entspricht einer gesellschaftlichen Logik, wie man sie beispielsweise in der Wikinger-Gesellschaft vorfindet: Machismo, Ehrencodex, Tötungen, Familienfehden und ein eher kleiner Kreis, in dem solidarisch gehandelt wird.

In der Kriminologie finden sich dafür zahlreiche Beispiele: Dazu gehören der *Convict Code*, wie Lawrence D. Wieder ihn in seinem gleichnamigen Buch aus dem Jahr 1988 beschrieben hat, sowie das positive Selbstbild von Straftätern, das Malin Åkerström in ihrer interviewbasierten Studie *Crooks and Squares* aus dem Jahr 1983 geschildert hat. Die Kurzfassung lautet: Es gibt unter Dieben eine Vorstellung von Ehre und sie beschreiben sich selbst explizit als stärker und wilder als diese langweiligen, gesetzestreuen Spießbürger. In unserer eigenen Begrifflichkeit könnte man sagen, sie halten aktiv und bewusst ihr faustisches effektives Werte-Mem aufrecht.

Hier meine grob formulierte These:

- Niedrigerer Zustand und weniger Tiefe tragen dazu bei, dass Sie tendenziell ein niedrigeres effektives Werte-Mem entwickeln, als es vom »Schwerpunkt« der umgebenden Gesellschaft vorgegeben wird.
- Mittlerer Zustand und mittlere Tiefe tragen dazu bei, dass Sie beim durchschnittlichen effektiven Werte-Mem Ihrer Gesellschaft verharren – so wie das für die meisten »Mainstream«-Leute heutzutage gilt, die sich beim modernen effektiven Werte-Mem aufhalten.
- Tiefgründige Erfahrungen höherer Zustände und die Entwicklung großer innerer Tiefe (»hellen« oder »dunklen« Charakters) sorgen dafür, dass Sie über die Begrenzungen Ihrer eigenen Gesellschaft hinausblicken und auf universellere Fragen verwiesen werden, was Ihnen in der Folge dazu verhelfen kann, höhere Werte-Meme zu zeigen als die Menschen in Ihrer Umgebung.

In der modernen westlichen Gesellschaft ist es unbestreitbar so, dass Menschen mit höheren Zuständen und größerer Tiefe diejenigen sind, die am häufigsten dem postmodernen und metamodernen Werte-Mem zuneigen. Das kann dazu verleiten, bestimmten Werte-Memen verschiedene Höhen von Zustand und Tiefe zuzuordnen. Aber das würde uns auf ziemlich verrückte und unlogische Pfade führen. Würden Sie ernsthaft behaupten, dass Menschen aus Steinzeit- oder animistischen Kulturen sich kontinuierlich in niedrigeren Zuständen befanden als moderne Menschen? Wenn man sich heutige Jäger-und-Sammler-Kulturen ansieht, findet man nichts, was diese Behauptung stützen könnte. Ebenso wenig könnten wir behaupten, ein Mensch im Mittelalter sei in Hinblick auf Tiefe durchgängig auf einem niedrigeren Niveau gewesen – auch wenn der Durchschnittszustand *ein wenig* niedriger gewesen sein mag, da das Leben einfach härter und das gesellschaftliche Leben gnadenloser war.

Deswegen sollten wir vorsichtig damit sein, Zustände und Tiefe spezifischen effektiven Werte-Memen zuzuordnen – das ist im Vergleich zu Stufen kognitiver Komplexität und symbolischem Code eine deutlich kniffligere Angelegenheit.

Bevor wir mit einer Vorstellung der effektiven Werte-Meme fortfahren, sollte ich also den Unterschied zwischen Letzteren und den Symbolstufen ansprechen. Zweifellos werden Sie feststellen, dass sich in diesen Beschreibungen Ähnlichkeiten abzeichnen. Das ist nicht besonders überraschend in Anbetracht der Tatsache, dass die Symbolstufen den am leichtesten zu *beobachtenden* Anteil der Gesamtentwicklung eines Menschen darstellen; sie versorgen uns mit Worten und Vorlagen, deren wir uns für unseren Bezug zur Welt bedienen. Während Zustand, Tiefe und sogar Entwicklungsstufe der unmittelbaren Beobachtung allesamt schwer zugänglich sind, ist die Symbolstufe relativ manifest.

Symbolstufen und effektive Werte-Meme sind allerdings *nicht* dasselbe. Die Symbolstufen sind die abstrakte Logik, die den Symbolen inhärent ist, während effektive Werte-Meme Beschreibungen *verkörperter Verhaltensweisen* darstellen. Deswegen können sogar Leute mit früheren Symbolstufen sich gemäß höheren Werte-Memen verhalten, wenn sie einen hohen Zustand und einen hohen Durchschnittszustand haben und große Tiefe besitzen. Dementsprechend können Sie in einer modernen Gesellschaft leben, aber immer noch ein vormodernes effektives Werte-Mem haben.

Annäherung an das effektive Werte-Mem

Dank der umfangreichen Wenn und Aber, die wir vorausgeschickt haben, sollte es nun möglich sein, Ihnen eine Beschreibung verschiedener Werte-Meme zu präsentieren. Immer dran denken: Das effektive Werte-Mem ist lediglich ein »Grundmuster« der vier Dimensionen ihrer Entwicklung. Menschen innerhalb der verschiedenen effektiven Werte-Meme können sich *sehr* stark voneinander unterscheiden.

In meinem Buch zur historischen Entwicklung, *The 6 Hidden Patterns of World History*, stelle ich sogenannte **Meta-Meme** vor, die dieselbe Bezeichnung tragen wie diese Werte-Meme (und die Symbolstufen). Der Unterschied zwischen Meta-Memen und Werte-Memen besteht darin, dass es bei Ersteren um Muster in der Entwicklung von Gesellschaften geht, während Letztere die Psychologie einer einzelnen Person oder eines überschaubaren gesellschaftlichen Settings beschreiben. Es stimmt, dass die Meta-Meme und Werte-Meme einander entsprechen und auf interessante Weise miteinander in Wechselwirkung stehen, aber lassen Sie uns für den Augenblick bei dem Versuch bleiben, die Werte-Meme zu verstehen.

Archaisches Werte-Mem

Dieses effektive Werte-Mem taucht in den frühen Hominiden-Kulturen auf, wahrscheinlich bereits vor zwei Millionen Jahren zusammen mit Homo erectus. Es gibt hier keine wirklich systematisierten Wertsysteme, man bezieht sich lediglich auf Angelegenheiten des Körpers und des Überlebens (trotzdem kommuniziert man und hat eine symbolisch konstruierte Welt). Unter modernen Menschen findet sich dieses Werte-Mem bei Personen mit geistigen oder auch starken psychischen Einschränkungen, bei den sogenannten »wilden Kindern« (*enfants sauvages* beziehungsweise Kindern, die in einer wilden Umgebung mit streunenden Hunden und dergleichen aufgewachsen sind), bei Kindern unter fünf Jahren sowie einigen sehr unterprivilegierten Menschen, die auf der Straße leben, wie beispielsweise in Indien oder in afrikanischen Ländern. In anderen Worten: Keine Gesellschaften, die bis heute überlebt hätten, folgen diesem Werte-Mem; es taucht lediglich bei wenigen Menschen auf, die aus verschiedenen Gründen nicht an der sie umgebenden Kultur teilhaben können.

Animistisches Werte-Mem

Dieses Werte-Mem scheint vor etwa 40 000 Jahren entstanden zu sein, als Kunstwerke, Bilder imaginärer Realitäten und fortschrittlichere Werkzeuge aufzutauchen begannen und sich überall auf der Welt ausbreiteten. Sie haben an einer Welt von Geistern und Magie teil, in der die Menschheit von der Natur nicht unterschieden ist und die Natur im Gegenzug stark anthropomorphisierte Züge trägt (beziehungsweise als von menschenähnlicher Intentionalität und Gefühlen erfüllt angesehen wird). In der heutigen Welt zeigt sich dieses Werte-Mem natürlich immer noch bei Jäger-Sammler-Kulturen, aber wird auch von einer Minderheit in der modernen Gesellschaft repräsentiert. Es gibt alle Arten von »Heilern« und »Wahrsagerinnen« sowie den Glauben an Astrologie, Geisterjäger (eine moderne Form der Ahnenverehrung), Zaubersprüche und Hellseher – samt all der Leute, die an diese Dinge glauben. Dieselben Menschen werden dazu neigen, Haustiere zu vermenschlichen und der westlichen Schulmedizin alternative Heilmethoden vorzuziehen. Ich werde auf dieses Thema noch einmal zurückkommen im Zuge der Diskussion über das **Astrologie-Prekariat** im Folgeband.

Ich habe in diesem Buch einige Male auf die Aufteilung in Erste-, Zweite- und Dritte-Person-Sichtweisen zurückgegriffen. In Hinblick auf die Weltsicht entspricht die Erste-Person-Sicht unserer Vorstellung vom »Selbst« (wie ich das »Ich« in der Welt sehe), die Zweite-Person-Sicht entspricht unserer Vorstellung von richtig und falsch, was Sie Ethik oder Ideologie nennen könnten (weil sie davon handelt, wie ich *Sie* behandle), und die Dritte-Person-Sicht entspricht unserer Ontologie, wie wir die Welt selbst sehen (was wir für »wirklich real« halten).

Eine Möglichkeit, sich einen Überblick darüber zu verschaffen, was es für eine Person bedeutet, sich beim animistischen Werte-Mem aufzuhalten, ist, das allgemeine Muster von Selbst, Ideologie und Ontologie dieser Person zu betrachten:

- **Animistisches Selbst:** Ihre soziale Identität ist weder vollständig differenziert von der gesellschaftlichen noch von der natürlichen Umgebung und Ihr Selbst ist eng an die direkte, unmittelbare körperliche Erfahrung geknüpft. Sie *sind* Ihre Beziehungen. Das bedeutet, dass Ihre Vorstellungen vom Selbst auf die sehr direkten und körperlichen Beziehungen zwischen Ihnen und anderen zentriert sind: Nahrung, Wärme, Schutz und Trost spenden, etwas Nützliches für andere Menschen herstellen und so weiter.
- **Animistische Ideologie:** Sie schließt tendenziell die Ihnen am nächsten stehenden Menschen – und oftmals Haustiere – ein und befasst sich stark damit, dass soziale Tabus nicht überschritten werden. Die Interessen der Kleingruppe überschatten diejenigen des Individuums. Auch wenn es gut sein kann, dass indigene Kulturen das Gesamt der Natur in diesen Kreis der eigenen Zuständigkeit aufgenommen haben, kann es genauso gut sein, dass ihr Wort für Mensch synonym ist mit dem Wort für ein Mitglied ihres ei-

genen kleinen Stammes. Es gibt eine Tendenz, diesen Aspekt des animistischen Werte-Mems zu romantisieren. Wir sollten allerdings bedenken, dass die menschliche Nähe zur Natur im Sinne einer Nicht-Differenzierung zwischen Mensch und Natur zu verstehen ist. Zudem sollte uns bewusst sein, dass es tatsächlich Menschen dieses Werte-Mems waren, welche für das Aussterben eines Großteils der »Megafauna« (der großen Landtiere), verantwortlich waren. (Das passierte vor Beginn der Geschichtsschreibung, wie erörtert im Hanzi-Buch über Geschichte).

- **Animistische Ontologie:** Da Ihre semantische Welt (die Welt der Worte) nicht von der natürlichen Welt differenziert ist, glauben Sie, dass Worte und deren Gegenstände dasselbe sind. Folglich können Gegenstände in der natürlichen Welt miteinander in Verbindung gebracht werden, nur weil sie ähnlich klingen oder eine bestimmte Zahl gemeinsam haben (wie in der Astrologie). Das wird in der Ethnomedizin offenkundig (der Erforschung medizinischer Praktiken indigener Bevölkerungsgruppen), wo Dinge als Medizin gebraucht werden aufgrund des *Klangs* der Worte, die man für sie verwendet (wobei dieser Klang mit der heilenden Eigenschaft verbunden wird). Weil Sie nicht zwischen der natürlichen und menschlichen Welt unterscheiden, glauben Sie daran, dass alle Dinge einen Geist besitzen und dass Tiere ein menschenähnliches Innenleben und entsprechende Motive besitzen. Mit diesen Geistern kann man sprechen – das heißt, man kann Magie oder Regentänze oder Ähnliches verwenden. Weil dieses Werte-Mem MHK-Stufe 8-Primär entspricht (auf der Gruppen von Absätzen koordiniert, aber nicht unterschiedliche Absatzgruppen zu längeren kohärenten Erzählungen zusammengesetzt werden können), neigen Ihre Erklärungen der Welt dazu, nur wenige Absätze lang zu sein und sich teilweise gegenseitig zu widersprechen.

Faustisches Werte-Mem

Dieses Werte-Mem taucht erstmals im Neolithikum auf, als die Gesellschaft beginnt, Landwirtschaft zu betreiben. Das kommt einer Art »Unabhängigkeitserklärung« gegenüber der Natur und ihren Geistern gleich. Sie gehen von Geistern zu ambivalenten Göttern über, die verschiedene gesellschaftliche Funktionen repräsentieren. Diesen Göttern können Sie trotzen, um sich über Gesellschaft und Natur zu erheben. Das ist natürlich der historische Abschnitt, in dem die ersten Kriegsherren und Armeen auftauchen. Ein System von Ehre und demonstrativer *gesellschaftlicher* Stärke entsteht.

Nehmen wir die Wikinger des 10. Jahrhunderts: Diese Menschen waren vor ihrer Bekehrung zum Christentum im Allgemeinen beim faustischen effektiven Werte-Mem verortet. Es gab kein klares Rechtssystem, es gab Familienfehden und die Menschen kämpften darum, in den Augen der Götter als würdige Krieger zu erscheinen. Außenseiter zu töten hielt man für völlig in Ordnung, ganz zu schweigen von der Plünderung und Versklavung slavischer Menschen. Jüngste archäologische Beweise zeigen, dass Birka, die größte Wikingersiedlung in der Nähe des heutigen Stockholms, *de facto* etwas Ähnliches wie ein Zwangsarbeiterlager war. Dennoch drehte sich der Großteil des täglichen Lebens immer noch um die Landwirtschaft.

Dieses effektive Werte-Mem entspricht grob den heutigen sozialen Strukturen der Mafia. In der modernen Welt können sie hier und da solche Äquivalente des faustischen Werte-Mems entdecken: in sogenannten *failed states* (Somalia und Afghanistan[5]) und bei den Warlords, die diese Gebiete beherrschen, in maoistischen Rebellengruppen, im organisierten Verbrechen überall auf der Welt, in Streetgangs, Rockergruppen und Ähnlichem. Bei modernen Religionen könnte man Gemeinden wie die Church of Satan, Dragon Rouge und einige der westafrikanischen magischen Praktiken betrachten, ebenso wie solche aus Wicca-, heidnischen oder Voodoo-Kulten. Diese religiösen Praktiken sind bei Jugendlichen westlicher Länder bezeichnenderweise überrepräsentiert. Das liegt daran, weil solche Vorstellungen, psychologisch gesprochen, mehr im Einklang sind mit der Entwicklungsstufe adoleszenter Jugendlicher.[6] Es kann sein, dass Ihnen entsprechende Motive auch im Hip-Hop und im Heavy Metal begegnen.

- **Faustisches Selbst:** Das Selbst ist Teil einer weitläufigeren Ideenwelt, die mit Göttern (oder gegenwärtigen Äquivalenten wie beispielsweise einem Ehrbegriff) und einer verallgemeinerten Gesellschaft verbunden ist. Taten offenbaren Ihr Schicksal. Sie können nach Macht in der Gesellschaft streben und danach, die Herrschaft über andere zu erlangen. Das menschliche Selbst ist nicht länger dasselbe wie die Natur. Ihr Selbst ist Teil eines größeren Clans, einer imaginären Gemeinschaft, aber es kann sich über das normale Leben erheben: durch einen Akt des Heroismus.
- **Faustische Ideologie:** Macht und Interesse des Clans (oder irgendeiner Gemeinschaft) bilden die ethische Grundlage: der Identität Respekt zollen,

um eine imaginäre Identität der Macht für eine größere Gruppe sichtbar zu halten. Um zu überleben, müssen sie weniger die Natur, sondern eher andere Menschen besänftigen (oder einschüchtern und kontrollieren); folglich haben Götter (und andere Symbole menschlicher Rollen) Vorrang vor Geistern. Auf dieser Stufe taucht die »Auge um Auge«-Moral auf: Sie sollten nicht die ganze Familie eines Feindes töten, wenn dieser Ihrem Bruder ein Auge ausgestochen hat. Stechen Sie einfach einem Familienmitglied Ihrerseits eines aus und sie sind quitt.

- **Faustische Ontologie:** Hinsichtlich kognitiver Komplexität korrespondiert dieses Werte-Mem mit der MHK-Stufe 9-Konkret: Das bedeutet, dass es Geschichten oder Erzählungen von Göttern, Monstern und Helden gibt – und dass diese Geschichten viele Absätze miteinander verbinden und Themen aufeinander abstimmen. Die frühesten Absätze der Bibel tun das nicht (die ersten paar Absätze in der Genesis widersprechen einander), die späteren schon. Wenn man bei Homer anlangt, trifft man auf einen kohärenten Epiker. Aber es werden keine abstrakten Prinzipien ausbuchstabiert. Diese Geschichten können Ihnen von der Welt erzählen, aber nicht wirklich etwas über die abstrakten Prinzipien, die sie regieren. Die menschliche und nicht-menschliche Welt erscheinen als voneinander getrennte Teile.

Postfaustisches Werte-Mem

Dieses Werte-Mem ging online mit dem Auftreten größerer, geordneter Gesellschaften und gelangte zu voller Blüte im Achsenzeitalter vor rund 2500 Jahren – woraufhin es die Welt eroberte. Sämtliche Hauptreligionen sind direkte Manifestationen dieses Werte-Mems. Anders als das faustische ist das postfaustische Werte-Mem gegen Dinge wie Krieg, Töten, Sklaverei, Unterdrückung der Schwachen und den willkürlichen Gebrauch von Macht (zumindest in der Theorie, wenn auch nicht immer in der Praxis). Dieses Werte-Mem hat den größten Teil der aufgezeichneten Geschichte dominiert.

In der heutigen Welt können Sie das postfaustische Werte-Mem bei Leuten finden, die traditionell religiös sind: von den Amischen und christlichen Fundamentalisten bis zu orthodoxen Juden und buddhistischen Eiferern in Sri Lanka oder auch den meisten Menschen hinduistischen Glaubens in Indien und natürlich einer Vielzahl von Muslimen. Aber Sie könnten auch viele der nationalistischen und ethnozentrischen Konservativen überall in Europa und anderswo zur Kategorie der Postfaustischen hinzuzählen – vielleicht insbesondere die traditionalistischen Werte im ländlichen Russland und der in diesem Land herrschenden Partei. Selbst wenn diese Gruppen innerhalb von modernen Gesellschaften leben, um die modernen Wissenschaften wissen und kaum mit mittelalterlichen Christen verglichen werden können, streben sie dennoch danach, eine stärker ethnozentrische Ordnung wiederherzustellen und machen im Allgemeinen Stimmung für eine Gesellschaft, die mehr wie die monolithischen und hierarchisch geordneten Gesellschaften der Vergangenheit aussieht. Denken Sie an die traditionalistische Bewegung in der Türkei unter ihrer gegenwärtigen Führung: Würden Sie sagen, dass diese Typen eine wissenschaftliche Weltsicht verkörpern und den Paradigmen der Aufklärung folgen?[7]

Viel von unserem Verständnis der effektiven Werte-Meme hat damit zu tun, wo die Grenzen gezogen werden und wie die eigenen Definitionen lauten. Wenn es um Doktrine geht (symbolischen Code), findet man den Postfaustianismus in Reinform sogar ziemlich spät in der Geschichte, kurz bevor er dialektisch überholt und zum Modernismus wurde. Im 17. Jahrhundert sehen wir all diese Religionskriege, in deren Verlauf die protestantischen Bewegungen sämtliche dem katholischen Glauben entstammenden Heiligen und magischen Rituale verbannten. Im selben Jahrhundert sehen wir in Frankreich die Einrichtung eines Gottesgnadentums, des Absolutismus, in dem der Monarch als Diener des Volkes gesehen wird (zumindest theoretisch).

- **Postfaustisches Selbst:** Das typische postfaustische Selbst gründet sich auf den Glauben an eine Seele, die moralische Eigenschaften besitzt, welche über die eigenen Fertigkeiten und Möglichkeiten hinausgehen. Es existiert die universelle Vorstellung, dass Sie als Mensch gut oder schlecht sein können und dass es in Ihnen eine Essenz gibt, die mit der Wahrheit in Verbindung steht. Sie »werden jemand«, indem Sie der höheren Wahrheit dienen (die entweder in religiösen oder ethnisch-nationalistischen Begriffen definiert ist), was gleichbedeutet damit ist, Ihren Platz in der gesellschaftlichen Ordnung zu finden und zu behalten: Königin oder Bauer zu sein, aber doch auch die Rolle im größeren Ganzen zu spielen. Ihre Seele kann folglich rein sein oder auch nicht. Die Seele ist eine Frühform der modernen Konzeption des Individuums.
- **Postfaustische Ideologie:** Hier betritt eine generalisierte Moral die Bühne: Bis zu diesem Punkt waren die Interessen der Gruppe oder des Stammes

die Grundlage für die Moral. Im Postfaustianismus sind es dagegen alle Menschen, die dem wahren Glauben zu Diensten sind, deren Seelen erlöst werden. Sklaverei, ungerechtfertigte Aggression und Ausbeutung werden als unethisch angesehen. Alle Macht müssen Sie sich durch die moralischen Qualitäten und Tugenden Ihres eigenen Charakters verdienen.

- **Postfaustische Ontologie:** Diese Welt ist zweitrangig gegenüber der ewigen Welt Gottes oder des Geistes. Die Gesellschaft sollte in Bezug zur ewigen Welt geordnet sein. Die Menschheit ist unvollkommen, aber kann sich dem Perfekten oder Absoluten annähern. Unsere Verbindung zum Universalen läuft nicht über den Körper, sondern die abstrahierte Seele und ihre ethische Essenz. Die letztendliche Existenz Gottes ist die Abstraktion, auf der jegliche Mythologie beruht – weswegen Sie Theologie studieren und sich mit der Frage auseinandersetzen können: »Was ist die höchste Abstraktion?«

Modernes Werte-Mem

Wie erwähnt ist dieses Werte-Mem in der modernen Gesellschaft vorherrschend. Selbstverständlich beginnt es mit der französischen Aufklärung, aber man kann es bereits in der italienischen Renaissance wahrnehmen und in einem gewissen Ausmaß im antiken Griechenland, obschon in einer sehr vagen Protoform.

Das moderne Werte-Mem bringt auf den Punkt, was die Mainstream-Westler ausmacht: Sie glauben an Menschenrechte, Fortschritt, Wissenschaft, Demokratie, bürgerliche Freiheiten, fairen Wettbewerb, rechtsstaatliche Prinzipien. Sie können religiös sein oder auch nicht, aber ihr Glaube wird eher als Privatangelegenheit behandelt und dient im Allgemeinen nicht als Quelle für Autorität in Politik oder Debatte. Das Familienleben ist immer noch wichtig, aber es ist nicht länger alles: Es ist in Ordnung, eine eigene Karriere zu haben, auszugehen, mit wem man will, unverbindliche sexuelle Kontakte oder eine eigene Meinung zu haben – ein Individuum zu sein. Und es gibt Sportarten: faire Wettbewerbe, bei denen die Leistung gewertet wird und sich alle Teilnehmenden an die Regeln halten müssen. Man neigt dazu, ausschließlich Erklärungen zu akzeptieren, die nachvollziehbar sind und sich nicht mehr auf die Autorität der Bibel oder Ähnliches verlassen.

Der moderne Mainstream-Verstand lebt immer noch in einer entschieden anthropozentrischen Welt, wo alle Aspekte der Realität mehr oder weniger von Menschen und ihren Bedürfnissen handeln. Deswegen hat man kein Problem mit der massenhaften Tötung und Folter von Tieren im Interesse trivialster menschlicher Anliegen wie Würstchen oder Profit. Noch empfindet man die übermäßige Ausbeutung der Ökosysteme, die Zerstörung allen Lebens auf dem Planeten nicht als falsch, solange nur Menschen profitieren – selbst wenn man in Gesprächen oder Hollywood-Produktionen ein Lippenbekenntnis für Ökologie, Spiritualität, Tierrechte und fremde Kulturen ablegt. Man neigt dem Glauben zu (zumindest in der Theorie), dass alle Menschen den gleichen Wert besitzen und dass nicht nur die Menschen des eigenen Clans oder Glaubens echte Menschen sind.

Liberalismus, (klassischer) Konservatismus und Sozialismus sind allesamt Ausdruck des modernen Werte-Mems – die Idee einer vernünftigen Gesellschaftsordnung, in der Menschen frei sind. Lediglich in den letzten paar Jahrzehnten hat die Mehrheit der Sozialisten das postmoderne Werte-Mem aufgegriffen.

- **Modernes Selbst:** Menschen sind Individuen und haben das Recht, ihre Individualität auszudrücken, nicht nur im Jenseits (ihre moralische Seele), sondern auch im Diesseits, wodurch sie in der sozialen Ordnung den Platz einnehmen können, den sie sich verdient haben. Dieses Individuum hat unveräußerliche Menschenrechte, die selbst über ihre Nation und ihren Glauben hinausgehen. Eines der Hauptvermögen von Menschen ist, dass sie rational denken können. Da Menschen die einzige Quelle dieser Rationalität in der Welt sind, werden sie als das Zentrum der Wirklichkeit angesehen.
- **Moderne Ideologie:** Die Modernen sehen sich selbst als Vorboten des Todes aller Mythen und irrationalen Glaubensvorstellungen. Monarchen können sich nicht mehr auf die Götter berufen, um ihre Macht zu rechtfertigen; nur die Demokratie ist gerechtfertigt. Menschen sind nicht nur Individuen, sondern auch *Bürger*. Das ist eine extrem mächtige Idee. Selbst die Diktaturen des 20. Jahrhunderts haben auf sie zurückgegriffen: in Form der Behauptung, sie seien von Bürgern für Bürger gemacht. Die Befriedigung aller menschlichen Bedürfnisse kann erreicht werden durch das Einnehmen einer wissenschaftlichen Perspektive auf die materielle Welt, durch die Schaffung von wirtschaftlichem Wachstum und die gerechte Verteilung des Gewinns unter gleichen und verdienten Bürgern. Die Wissenschaft sollte so weitgehend wie möglich bei der Organisation der Gesellschaft zum Einsatz kommen. Sie haben eine Leistungsgesellschaft, Sport: Das Leben ist

ein Spiel. Man muss die Regeln kennen und gewinnen. Das beste Individuum ist dasjenige, das die Wahrheit am genauesten kennt.

- **Moderne Ontologie:** Das Universum besteht aus seinen materiellen Bestandteilen und dem Weltraum dazwischen. Diese stellen eine absolute Wahrheit dar und Menschen können diese Wahrheit kennenlernen durch Wissenschaft und den Gebrauch ihrer Vernunft. Die Wahrheit kennenzulernen hängt allerdings von intersubjektiver Überprüfbarkeit ab; sonst könnte es sich um eine Illusion der Sinne oder eine Täuschung des Verstandes handeln.

Postmodernes Werte-Mem

Dem postmoderne Werte-Mem kann man begegnen bei den vielen Kritikern, die aus der modernen Gesellschaft in ihren späteren und reiferen Formen hervorgegangen sind. Ich vermute, man kann sagen, dass Protoformen der Postmoderne bereits am Anfang des 19. Jahrhunderts existierten, als man zuerst Immanuel Kants Kritik der reinen Vernunft hatte, dann die deutsche Romantik (welche die Betonung des rationalen Verstandes in Frankreich und Großbritannien hinterfragte) und von dort an – als wachsende Unterströmung in der modernen Gesellschaft – in Stimmen von Dissens und Protest. Echter Teil der Mehrheitsgesellschaft wurde das postmoderne Werte-Mem allerdings erst nach 1968, als postmoderne Werte begannen, breitere Bevölkerungssegmente zu erreichen. Wie Sie vielleicht wissen, führten die kritische Soziologie, Anthropologie und Literaturwissenschaften den Kampf an, als Studierende – vor allem in Paris – versuchten, die moderne Gesellschaft zu Fall zu bringen.

In der heutigen Welt gibt es einige Gesellschaften wie die skandinavischen Länder, wo das postmoderne Werte-Mem stärker Fuß gefasst hat. Die meisten schwedischen Menschen sind selbst natürlich nicht bei diesem Werte-Mem verortet, aber die gesamte politische und mediale Landschaft wird dominiert von Themen wie Antirassismus, Geschlechtergerechtigkeit, Normenkritik, allgemeiner Political Correctness, Umweltschutz, Multikulturalismus und dem Zurschaustellen postmaterialistischer Werte (wenigstens in dem oberflächlichen Sinne, dass man mit Ökoreisen und was sonst nicht allem angeben kann). Die Menschen loben sich selbst für ihre Einzigartigkeit, dafür, kritisch Denkende zu sein, nicht dem Mainstream anzugehören. Sogar Tierrechte scheinen es allmählich ins Bewusstsein zu schaffen – gemäß einiger Quellen leben vier Prozent vegan (was vermutlich übertrieben ist in Anbetracht dessen, dass es sich dabei um neue gesellschaftliche Normen handelt und solche Studien auf Selbstauskünften beruhen).

Das postmoderne Werte-Mem glaubt im Allgemeinen nicht an den »Fortschritt«, sondern eher, dass sich Gesellschaften im Laufe der Zeit verändern. Kann man schlussendlich wirklich sagen, dass die heutige Gesellschaft »besser« ist als die im Mittelalter – in Anbetracht all der Umweltzerstörung, des materialistischen Überkonsums, der Einsamkeit und der Angstgefühle? Der postmoderne Verstand konzentriert sich auf das Hinterfragen, Kritisieren und Auseinanderpflücken von Dingen, die man gewöhnlich für selbstverständlich hält.

- **Postmodernes Selbst:** Das Individuum kann die Kategorien der modernen Gesellschaft hinterfragen und wird in *Opposition* zu ihnen definiert: Auf welche Weise ist es von diesen verschieden, eine Unregelmäßigkeit, eine Ausnahme. Die Menschheit ist nicht länger in schöpferischer Opposition zur Natur, sondern eher in schöpferischer Opposition zur Kultur. Sie können kein Individuum sein, außer Sie widersetzen sich in irgendeiner Weise der Gesellschaft – Erich Fromm und andere Menschen dieses Werte-Mems haben darüber geschrieben, inwiefern normale moderne Menschen »Roboter« oder »Automaten« sind. Authentizität wird wichtig: Der große geisteswissenschaftliche Gelehrte Walter Benjamin argumentiert, dass es in der Kunst eine Authentizität gibt, wie es sie in der Mainstream-Gesellschaft nicht gibt. Dieselbe Vorstellung findet sich in Heideggers Ausführungen über »das Man«. Aus der Entfremdung wächst das Bedürfnis nach einem Sinn von Einzigartigkeit. Entfremdung macht Sie unglücklich, sodass Sie ein durchdringendes Gefühl haben, irgendetwas könne nicht stimmen: Ist es die Welt oder ich? Da wir alle ein positives Selbstbild aufrechterhalten müssen, müssen wir schlussfolgern, dass der Fehler eher bei der Welt als bei uns liegt, dass wir irgendwie eine Ausnahme von der Welt sind und folglich nicht an ihrer Schlechtigkeit teilhaben. Dementsprechend ist es sehr wichtig zu beweisen, dass wir eine authentische Ausnahme sind – einzigartig. Wie der erste proto-postmoderne Philosoph, Rousseau, spottete: »Bin ich auch nicht besser, so bin ich doch anders.«
- **Postmoderne Ideologie:** Die moderne Gesellschaft ist entsetzlich schiefgelaufen. Große Erzählungen (*grandes histoires*) sind totalitär. Postmoderne Menschen betonen Vielfalt, Detail, Nuance, Ausnahme, Widerstand, Kritik. Man neigt zum kulturellen Relativismus, um die Unterdrückung von

kulturellen Minderheiten zu vermeiden. Ein zentrales Anliegen ist es, die Ausgeschlossenen einzubeziehen. Ein anderes ist es, Machtstrukturen zu bekämpfen. Es gibt etwas Authentisches jenseits der Strukturen der modernen Gesellschaft. Alle fühlenden Wesen aller Zeiten müssen letzten Endes einbezogen werden. Wie wir im nachfolgenden Kapitel erörtern, teilen die »hellen« Pomos (nicht-intellektuelle Yoga-Leute und andere) nicht notwendig alle diese *Vorstellungen* auf explizite Weise, aber sie empfinden ein gewisses *Hingezogensein* zu den Themen von Postmaterialismus, Relativismus, Solidarität mit allen fühlenden Wesen, Umweltschutz, Lob der Authentizität (vor allem bei Emotionen) und dem Streben danach, inklusiv zu sein.
- **Postmoderne Ontologie:** Symbole, Strukturen und Kultur sind aus rein praktischen Gründen die ultimative Realität – was jenseits davon liegt, wissen wir nicht wirklich. Sogar die Phänomenologie (die unmittelbare Erfahrung aus Sicht der ersten Person) ist durchdrungen von symbolischer Bedeutungsproduktion. Das Universum ist sozial und interaktiv. Alles Wissen ist kontextgebunden. Sogar die Naturwissenschaften sind nur eine Perspektive unter anderen und basieren auf wissenschaftlichen Communitys, Kulturen, Praktiken. Wir haben keinen Zugang zu einer letztgültigen Realität.

Metamodernes Werte-Mem

Das metamoderne Werte-Mem wird gerade erst geboren, in diesem Moment, deswegen können wir nicht wirklich ein historisches und ein zeitgenössisches Beispiel anführen. Das einzige historische Beispiel *ist* das zeitgenössische.

Die hauptsächliche Charakteristik von Menschen dieses Werte-Mems ist, dass sie die qualitative Entwicklung von Menschen wertschätzen: dass Menschen sich in Stufen entwickeln, dass die psychische Entwicklung gefördert wird und dass man daran arbeitet, eine neue Gesellschaft jenseits der modernen zu erschaffen. Weil Sie eine eher entwicklungsorientierte Perspektive haben, können sie ältere Werte-Meme **akzeptieren, von ihnen lernen und versuchen, sie alle miteinzubeziehen**. Das unterscheidet dieses Werte-Mem von all den anderen, die daran glauben, sie allein hätten den richtigen Weg gefunden. Das metamoderne Werte-Mem ist weniger wertend; es strebt danach, Elemente all seiner Vorgänger zu integrieren; in ihnen allen sucht es nach partiellen Wahrheiten; es strebt danach, sie in einem groß angelegten synergistischen Schema zu integrieren und ihnen Raum zu bieten – eine Gesellschaft zu erschaffen, in denen traditionelle, moderne und postmoderne Menschen harmonisch zusammenleben können.

In diesem Sinne ist das metamoderne Werte-Mem weniger offensichtlich auf ein politisches Rechts oder Links ausgerichtet. Menschen mit anderen Werte-Memen wie die ausbeuterischen Vorstände großer Unternehmen oder sogar fundamentalistische Terroristen werden nicht als böse betrachtet. Sie sind – um es unverblümt zu sagen – entwicklungsmäßig herausgefordert. Retardiert. Das bedeutet, dass man diese Leute verstehen muss, man muss begreifen, warum sie nicht anders sein können und warum ihnen keine Schuld zukommt. Es ist eine soziologische Entwicklungssicht auf das Leben. Wenn man sich auf Entwicklung ausrichtet statt auf moralische Verantwortung, birgt das natürlich das Risiko der Herablassung. Das ist schlicht und ergreifend Teil der Herausforderung: Wenn Sie als herablassend gesehen werden, bedeutet das einfach, dass Sie die Perspektive der anderen noch nicht erfolgreich übernommen haben und ihre Kommunikation noch nicht entsprechend angepasst haben.

Der metamoderne Verstand realisiert aber auch, dass eine inklusive und harmonische Gesellschaft nicht innerhalb der Begrenzungen des modernen Lebens verwirklicht werden kann, und auch nicht mithilfe der postmodernen Kritik an diesem Leben. Deswegen muss aus der modernen Gesellschaft heraus eine neue erschaffen werden, was bedeutet, dass die Metamodernisten letztendlich gegen die moderne Gesellschaft sein müssen.

Die zweite Charakteristik der Metamodernisten ist, dass sie inneren Dimensionen sehr viel größere Bedeutung beimessen. Sie werden deswegen feststellen, dass Menschen dieses Werte-Mems danach streben, in der Organisation ihrer Arbeit für mehr Authentizität und Intimität zu sorgen und Institutionen durch clevere soziale Innovationen zu demokratisieren, dass sie sich für die Verbreitung von Achtsamkeit und meditativen Praktiken einsetzen und in ihrer Arbeit eher philosophische und existenzielle Fragen betonen. Sie neigen zu einer starken Prozessorientierung und versuchen, Menschen mithilfe umfangreicher interaktiver Prozesse zu beteiligen.

- **Metamodernes Selbst:** Das Selbst ist ein »Dividuum«, wie von Deleuze beschrieben, ein transpersonales Selbst. Ich bin nicht die Stimme in meinem Kopf, ich bin all das, was hervortritt. Sie bringen mich hervor, so wie ich Sie hervorbringe, wir sind keine versiegelten Behältnisse, wir sind oftmals sehr viel transparenter für unsere Mitmenschen als für uns selbst und werden stärker von diesen kontrolliert, als wir selbst uns zu kontrollieren vermögen. Wir gehen gemeinsam hervor (*co-emerge*), wir sind lediglich Körper und fiktive Geschichten; Bewusstsein ist veränderlich und alle Geschichten können weiterentwickelt werden.

- **Metamoderne Ideologie:** Die Mission ist, der Menschheit und anderen Kreaturen zu helfen, sich auf harmonische und nachhaltige Weise zu entwickeln. Metamodernisten streben nach Solidarität mit allen Wesen und ihren Perspektiven. Das bedeutet, dass man Menschen nicht aufgrund ihrer Meinungen verurteilt. Der metamoderne Verstand versucht, eine Entwicklung in Richtung höherer Stufen anzustoßen und gleichzeitig mit den vorhandenen Beziehungen zwischen all diesen nebeneinander existierenden Stufen umzugehen. Alle Kreaturen haben das Recht, diejenigen zu sein, die sie sind. Aber zum Wohle aller fühlenden Wesen sollte die langfristige Transformation zu höheren Stufen auf möglichst angenehme Weise und so schmerzlos wie möglich unterstützt werden. Man vermeidet sowohl eine »Verweigerung des Spiels« als auch eine »Akzeptanz des Spiels« und arbeitet stattdessen an einem »Spielwechsel« (besprochen im Folgeband). Man erschafft eine Proto-Synthese, die allen Perspektiven dienlich ist, indem sie die wechselseitigen Beziehungen zwischen ihnen produktiv gestaltet und allen dabei hilft, sich gemeinsam auf die harmonischste Weise, die vorstellbar ist, weiterzuentwickeln.
- **Metamoderne Ontologie:** Eher Potenziale und Potenzialität als Fakten und Gegebenheiten konstituieren die grundlegendste oder »wirklichere« Realität. Was wir gewöhnlich Realität nennen, sind lediglich Gegebenheiten beziehungsweise ist »Aktualität«: ein schmales Stück einer unendlich größeren, hyperkomplexen Torte. Gegebenheiten sind nur ein »Fall von« einer tieferen Realität, die »absolute Totalität« genannt wird. Realdialektik: Geschichte entwickelt sich aus Gründen der Logik in bestimmte Richtungen. Perspektive, Physik und Bewusstsein sind unauflöslich miteinander verwoben, keine der drei bilden für sich genommen den Boden der Realität.

Da das metamoderne Werte-Mem fast noch gar nicht existiert, kann es sein, dass Sie danach an dem Platz suchen müssen, wo ein Werte-Mem immer zuerst auftaucht: den Künsten. Ich habe die Arbeit der Kunstwissenschaftler Timotheus Vermeulen und Robin van der Akker bereits kurz erwähnt, die Kunst und Architektur erforschen (siehe Anhang). Wir müssen hier allerdings in Hinblick auf ihre Arbeit nicht ins Detail gehen. Greifen wir lediglich einige einfache Beispiele heraus.

Metamoderne Künstler werden über die postmoderne Ironie und Kritik hinausgehen und sich stattdessen auf Dinge wie Authentizität und existenzielles Wachstum konzentrieren (ich erörtere die Beziehung zwischen Authentizität und postmoderner Ironie in meinem Geschichtsbuch).

Vielleicht haben Sie im Kino Darren Aronofskys *The Fountain* (aus dem Jahr 2006) gesehen, ein Film über Tod, Trauer, Akzeptanz des Unausweichlichen, die Grenzen der Wissenschaft und die Wichtigkeit, mehrere Perspektiven zu haben. Oder vielleicht haben Sie Spike Jones' *Her* (2013) gesehen, der davon handelt, wie unsere Liebe gesellschaftlich konstruiert ist und dass die Tatsache, dass Liebesbeziehungen, die allzu große Entwicklungsunterschiede überbrücken müssen, tragischerweise unmöglich sein könnten. Er stellt zudem auf spielerische Weise einige soziologische Trends heraus, die anzeigen, wie die Gesellschaft in Zukunft aussehen könnte. Immer wenn diese Filme mit Ironie spielen, bringen sie durch die Hintertür gleichzeitig eine tiefgründige Verletzbarkeit ins Spiel.

Im Großen und Ganzen können Sie metamoderne Werte-Meme bei Menschen feststellen, die postmoderne Werte und postmodernes Denken erfolgreich verinnerlicht haben, aber *zusätzlich* eine Entwicklungsperspektive hinzugefügt haben und damit beginnen, inneres Wachstum und Authentizität in viel größerem Ausmaß wertzuschätzen. Sie besitzen außerdem eine transpersonale Perspektive und erkennen, dass die eigentlichen Ursachen sozialer Probleme im Allgemeinen im großen Beziehungsgefüge zu finden sind, welches die Gesellschaft ausmacht, und dass dieses wiederum untrennbar mit den Tiefen des inneren Selbst aller ihrer Mitglieder verbunden ist. **Das metamoderne Werte-Mem akzeptiert die Wichtigkeit von Eliten und Hierarchien – etwas, worauf die Postmodernen zutiefst allergisch reagieren – und es akzeptiert die Tatsache, dass nicht alle Menschen in alle Settings einbezogen werden können: zum Beispiel, dass nicht alle Menschen Metamodernisten werden können.**

An allererster Stelle aber urteilen Metamodernisten nicht über die Perspektiven anderer. Der postmoderne Geist versucht, alle Stimmen einzubeziehen, aber nur insofern, als diese Stimmen Dinge sagen, die für die Postmodernen selbst akzeptabel sind. Der Ruf, der von allen Metamodernisten vernommen wird, besagt: Solidarität mit allen fühlenden Wesen erfordert zugleich Solidarität mit ihren Perspektiven.

Kapitel 17
Wesentliche Schlussfolgerungen

Ich hoffe, Sie haben nicht nach dem letzten Kapitel mit der Lektüre dieses Buches aufgehört, im Gefühl, Sie hätten bereits alle Antworten erhalten, die Sie bräuchten. Das wäre schlecht. Sehr schlecht. Immer und immer wieder habe ich Sie davor gewarnt, dass ein sorgloser oder schlampiger Gebrauch dieser Theorien äußerst gefährlich ist. Er kann zu Sekten, Unterdrückung, Rechtfertigung von Ungerechtigkeiten, einem Marathon der Selbsttäuschung, Manipulationen, Totalitarismus und sogar Genozid führen.

Noch einmal: Eben *weil* diese Theorie gut ist – weil sie mächtig ist –, ist sie auch gefährlich. Wenden wir uns deswegen der Erörterung einiger sehr, sehr wichtiger Dinge zu, die Sie diesbezüglich verstehen müssen. Erst dann sollten wir Schlussfolgerungen für die Gesellschaft und uns selbst ziehen.

Tod dem TÜRKIS

Wir haben das letzte Kapitel mit einer Kurzvorstellung des metamodernen Werte-Mems beschlossen. Das bringt uns zur Frage des höchsten Werte-Mems – gibt es wirklich nichts jenseits des effektiven Werte-Mems Metamodern? Schließlich schlagen Beck und Cowan ja vor, es gäbe ein TÜRKISES ʷMem und auch Autoren von Ken Wilber bis Susanne Cook-Greuter und andere arbeiten mit entsprechenden Konzepten sehr hoher Stufen. Menschen auf diesen sehr hohen Stufen werden im Allgemeinen als außerordentlich weise, ausgeglichen, reif und spirituell beschrieben.

Meine Antwort darauf ist: Nein. An diesem Punkt in der Geschichte gibt es in praktischer Hinsicht kein höheres effektives Werte-Mem als das metamoderne (und auch das ist so gut wie nicht vorhanden, wie wir sehen werden).

Der erste und wichtigste Grund dafür ist, dass kein symbolischer Code zur Verfügung steht, der den metamodernen Code so radikal umwälzen und für obsolet erklären würde, wie der metamoderne Code das mit dem postmodernen tut. Alle Theorien, die behaupten, es gäbe nach der Postmoderne mehrere Stufen, beschreiben für diese grundsätzlich dieselben Werte und Ideen: nämlich eine radikal holistische, auf Akzeptanz und Entwicklungstheorien beruhende Perspektive auf die Realität einzunehmen, wie sie in diesem Buch vorgestellt wurde. In anderen Worten: Sie alle weisen denselben metamodernen Code aus und verbringen viel Zeit damit, die Postmoderne zu kritisieren, aber niemals den Metamodernismus selbst. **Gäbe es *wahrhaftig* ein Werte-Mem jenseits des metamodernen, wäre das eine vernichtende Kritik des metamodernen Codes – die sich allerdings nirgendwo abzeichnet.** Damit sich ein Werte-Mem in der Gesellschaft zur Geltung bringen kann, braucht es einen Code und eine Sprache, mit der die Gesellschaft und ihre Institutionen programmiert werden können. An diesem Punkt in der Geschichte gibt es einfach keinen Code, aus dem ein höheres Werte-Mem als das metamoderne bewerkstelligt werden könnte.

Der zweite Grund ist *Seltenheit.* Selbst wenn wir die Tatsache unberücksichtigt lassen, dass ein richtiges Werte-Mem eines Codes bedarf, gibt es noch ein weiteres Problem. Wir haben festgestellt, dass die Symbolstufe G-Metamodern nur von Denkern der Stufe 13-Metasystematisch *richtig* verstanden werden kann, was mutmaßlich weniger als 2 Prozent der normalen Erwachsenenbevölkerung betrifft. Wenn man eine Symbolstufe weiter gehen will, müsste man gleichzeitig auch eine Komplexitätsstufe nach oben gehen – auf Stufe 14-Paradigmatisch. Stellen Sie sich nun einen Code vor, der für die erfolgreiche Implementierung von Stufe 14-Paradigmatisch erforderlich wäre: Er würde lediglich ein oder zwei Erwachsene betreffen (wobei die Verfasser dieses Codes sich außerdem auf Stufe 15-Crossparadigmatisch befinden müssten, was noch seltener ist).

Und stellen Sie sich *nun* vor, welche Tiefe und welcher Zustand erforderlich wären, um ein volles Verständnis des philosophischen und spirituellen Fundaments eines solchen Werte-Mems besitzen zu können. In Anbetracht der Tatsache, dass sich Tiefe und Zustand offensichtlich relativ unabhängig voneinander entwickeln und dass Menschen mit starken spirituellen Erlebnissen vergleichsweise rar zu sein scheinen, wären wir so vielleicht bei *einer Person unter hunderttausend* (oder sogar einer Million), bei der man sich vorstellen könnte, dass sie sich stabil bei diesem Werte-Mem aufhält. Angesichts eines solch kleinen Ausschnitts der Bevölkerung – wie sollte eine solche neue Form von Kultur auf glaubwürdige und stabile Weise überhaupt Form annehmen können?

Was uns zum dritten Argument bringt: Damit ein Werte-Mem in irgendeinem substanziellen Sinn existieren kann, braucht es ein gesellschaftliches Setting, das heißt, es muss verschiedene Institutionen, Organisationen oder Communitys definieren. Wie soll das vorstellbar sein, dass sich irgendwo auf der Welt solch eine Gemeinschaft hochkomplexer Denker versammelt, die außerdem noch große Tiefe und einen hohen Zustand besitzen? Nein, das TÜRKISE wMem (oder etwas anderes, was dem entspricht) existiert einfach nicht. Es ist eine unreife Fantasievorstellung.

Was fraglos *tatsächlich* existiert und gar nicht selten ist, ist ein Entwicklungsstand in einer oder mehreren Dimensionen, der über die Erfordernisse der Teilhabe am metamodernen Werte-Mem hinausgeht. Zum Beispiel gibt es viele Menschen, die eine viel größere Tiefe und/oder Zustand haben, als erforderlich wäre, um an diesem Werte-Mem teilhaben zu können. Einige wenige Prozent der Bevölkerung erleben gewohnheitsmäßig sehr hohe Zustände und einige entwickeln große Tiefe; oft finden sie sich in der Umgebung von Zen-Retreats und Ähnlichem. Innerhalb der wissenschaftlichen Community finden sich eine Reihe von Denkern, die sich auf Stufe 14-Paradigmatisch befinden.

Die relative Häufigkeit von Menschen mit hohem Zustand und großer Tiefe ist meines Erachtens der Grund, warum viele Theoretiker geglaubt haben, es gäbe tatsächlich höhere effektive Werte-Meme. Das ist auch der Grund, warum sie im Allgemeinen diese Stufen der Entwicklung in sehr rosigen, spirituellen Farben zeichnen. Aber in der Realität sind alle diese vermeintlich TÜRKISEN Menschen sogar nicht einmal ausreichend komplex Denkende, um das metamoderne Werte-Mem stabil anzuwenden. Gewöhnlich halten Sie sich beim postmodernen Werte-Mem auf oder darunter. Es findet sich hier ein nicht enden wollendes Aufgebot von Trugbildern und Selbsttäuschung, von Menschen, die sich brüsten und übertreiben. All das hat einen eher unschuldigen Ursprung: schlechte Theorie. Das Heilmittel für diese Verrücktheit ist gute Theorie.

Unausgewogenheiten in der Entwicklung (wenn zum Beispiel Tiefe und Zustand sich weit über Komplexität und Code hinausentwickeln) bringen leider oftmals Pathologien mit sich – unterschiedliche Gesellschaftskrankheiten. Ich habe bereits erörtert, warum sich spirituelle Gemeinschaften sehr oft in Kulte verwandeln, was teilweise mit solchen Unausgewogenheiten zusammenhängt. Eine spirituelle Tiefe und sehr hohe Zustände zu entwickeln, aber nicht den Code und die Komplexität zu besitzen, die dem entsprechen, hat häufig ziemlich krasse Folgen, die in zutiefst regressiven und schädlichen Verhaltensweisen enden, worauf ich in Kürze noch einmal zurückkommen werde.

Um es so deutlich wie möglich zu sagen: Wenn Sie sich selbst mit dem TÜRKISEN WMem identifizieren, unterliegen sie wahrscheinlich einer gefährlichen Selbsttäuschung. Sie sollten aufhören, sich selbst zu schmeicheln, und anfangen, sich ernsthaft zu hinterfragen. **Nur weil Sie einen hohen Zustand und große Tiefe haben, bedeutet das nicht, dass Sie außerdem auch noch ein komplex denkender Mensch sind und dass Sie Zugang zu einem fortgeschrittenen Code haben – also an einem hohen effektiven Werte-Mem teilhaben.**

Selbst das metamoderne Werte-Mem kommt kaum vor. Gemäß Beck und Cowan halten sich bis zu vier Prozent der durchschnittlichen Erwachsenenbevölkerung bei GELB auf, was in ihrem Modell den Gegenpart zum metamodernen Werte-Mem darstellt. Wenn Sie alle Menschen zählen würden, die sich auf Stufe 13-Metasystematisch befinden, dann die Menschen hinzufügen, die starke spirituelle Erfahrungen haben, außerdem alle Leute mit großer »dunkler Tiefe« hinzurechnen und schließlich auch die Menschen mitzählen, die wenigstens Teile der Symbolstufe G-Metamodern heruntergeladen haben (Komplexitätswissenschaftlerinnen, wilberianische Integralisten und Ähnliches), dann könnten das meinetwegen insgesamt rund vier Prozent der Bevölkerung ergeben. Aber wenn man nach denjenigen Menschen sucht, die sich sicher und stabil beim effektiven Werte-Mem Metamodern aufhalten, müssen Sie Ausschau halten nach der Untergruppe von Menschen, die *alle* diese Eigenschaften gleichzeitig aufweisen! Damit würden wir weit unter einem halben Prozent landen. Weltweit betrachtet sind es sogar weit weniger als ein zehntel Prozent der Bevölkerung, das sich beim metamodernen Werte-Mem aufhält.

Angesichts einer Welt, in der das metamoderne Werte-Mem selbst in den wohlhabendsten und am meisten entwickelten Gesellschaften wie Schweden wohl weniger als ein halbes Prozent der Bevölkerung betrifft, und angesichts der Tatsache, dass dieses Werte-Mem und eine Gesellschaft, die diesem entspricht, gerade erst im Entstehen sind: Können Sie erkennen, wie aberwitzig der Glaube ist, es gäbe ein noch höheres Werte-Mem?

Was passiert, wenn Sie die Tatsache ignorieren, dass dieses Werte-Mem nicht existiert und dennoch eine Gemeinschaft errichten, die auf der Vorstellung von hochgradig erleuchteten, emotional reifen und kognitiv komplexen Menschen basiert? Sie verwandelt sich in eine missbräuchliche Sekte, durchseucht von Konflikten – das ist es, was passiert. Weil sie auf einer Lüge errichtet ist – auf einer inkorrekten Einschätzung der menschlichen Entwicklung und auf dem verzweifelten Versuch, etwas wahr zu machen, was unwahr ist. Sekten – wie oft hat es das schon gegeben. Und wie viele werden in der Zukunft zweifellos noch entstehen?

Deswegen Tod dem TÜRKIS (und seinen gleichermaßen unrealistischen Gegenparten in anderen Theorien). Lang lebe das metamoderne effektive Werte-Mem. Selbst wenn es gerade erst geboren wird, kann und wird es die Welt verändern. Natürlich wird es jenseits des metamodernen weitere Werte-Meme geben, aber die Zeit ist einfach noch nicht reif, noch lange nicht. Das »postmetamoderne« Werte-Mem kann sich erst auftauchen, wenn sich eine metamoderne Gesellschaft manifestiert hat und auf dem Boden ihrer eigenen Voraussetzungen kritisiert werden kann.

Bis dahin bleibt der Glaube an höhere Werte-Meme Katzengold.

Eine höhere Form des Säkularismus erhebt sich

Die Steigerung des effektiven Werte-Mems ist in gewisser Weise gleichbedeutend mit der Einnahme eines zunehmend säkulareren Standpunkts. Natürlich bedeutet Säkularismus, so wie wir den Begriff gewöhnlich verstehen, einfach nur den Wandel vom postfaustischen zum modernen Werte-Mem (von der Bibel zur Wissenschaft). Aber das ist noch lange nicht alles.

Man könnte sagen, dass das animistische Werte-Mem säkularer ist als das archaische, weil es das, was den Sinnen zugänglich ist, nicht als die einzige Realität ansieht; es fragt danach, wie Geister, Vorfahren, Absichten oder andere unsichtbare Faktoren die Geschehnisse beeinflusst haben könnten. Dergestalt abstrahiert es von der unmittelbaren Erfahrung und nimmt die wahrgenommene Welt damit weniger für bare Münze. Das ist Säkularisierung.

Das faustische Werte-Mem geht darüber noch hinaus: Es zeigt auf, dass Menschen ihren Willen dazu gebrauchen können, die Natur zu unterwerfen, und dass sie aus diesem Kampf siegreich hervorgehen können. Zudem können

Menschen die Gesellschaft selbst umgestalten: eigene Ordnungen erschaffen. Die Frage ist nicht länger, wer vom besten Geist unterstützt wird, sondern wer die größte Armee besitzt. Geister werden nicht länger als die grundlegenden Wesenheiten angesehen. Das ist Säkularismus.

Das postfaustische Werte-Mem zeigt dagegen auf, dass es tatsächlich eine universelle Ordnung gibt, welche die menschlichen Angelegenheiten überschreitet, und dass man sich nicht auf Schutzgötter verlassen kann, sondern nur auf die Wahrheit selbst. Diese Wahrheit darf nicht den Launen von Machthabern beziehungsweise dem Auf und Ab politischer Macht folgen, sondern muss einen höheren, ewigen Ursprung haben. Wenn man sich gegen die Wahrheit stellt, wird man bestraft. Auch das ist, relativ gesprochen, eine Art von Säkularismus.

Und schließlich gibt es das moderne Werte-Mem beziehungsweise das, was wir klassischerweise für Säkularismus halten, das aufzeigt, dass es keine universellen Wahrheiten geben kann außer dem, was von einer Gemeinschaft der Gleichen universal überprüfbar ist. Zudem muss man die Untersuchungs*methode* in Betracht ziehen. Wie gesagt kann der Protestantismus – sowohl bei Luther und Calvin als auch in seinen späteren Erscheinungen – entweder als Gipfel des Postfaustianismus gesehen werden oder als Frühform des Modernismus: Die Bibel wird ins Deutsche übersetzt und jedem und jeder Einzelnen gestattet, die Deutungen kirchlicher Autoritäten selbst zu überprüfen. Die Kirche selbst wird ihrer farbprächtigen Roben entkleidet, all ihres Goldes und ihrer vielen Heiligen. Diese Heiligen sind tatsächlich eine Art Reminiszenz dieser Geisterverehrung.

Im Großen und Ganzen erklärt das moderne Werte-Mem gesellschaftliche Probleme als das Ergebnis irrationalen Verhaltens von Menschen oder als deren Verweigerung, Verantwortung zu übernehmen. Probleme tauchen auf, weil Menschen die falschen Entscheidungen treffen. Wenn die Dinge schiefgehen, liegt das also nicht daran, dass Sie ein schlechter Mensch sind und gegen Gottes Gebote verstoßen haben, sondern dass Sie etwas Unkluges oder Unethisches getan haben.

Und dann gibt es das postmoderne Werte-Mem, wo die Dinge nun wirklich interessant werden. Der postmoderne Geist glaubt nicht an die vorgebliche Rationalität der modernen Gesellschaft und des »modernen Menschen« – dafür sind einfach zu viele Risse in der Wand. Die Postmoderne erkennt, dass Wissen und Rationalität immer bestimmten Perspektiven und Machtstrukturen zu folgen scheinen. Und dass die Wissenschaft von zahlreichen Vorurteilen und blinden Punkten bestimmt wird. Eigentlich wird unser ganzes Universum lediglich durch symbolische Repräsentationen erfahren – durch soziale Konstruktionen. Außerdem scheint das Leben so viel mehr auszumachen, als die Wissenschaft in ihren vielen Zeitschriftenbeiträgen zu fassen bekommt. Deswegen ist kaum vorstellbar, dass die moderne Gesellschaft auch nur annähernd so rational ist, wie sie meint. Man glaubt nicht länger an den Mythos vom rationalen Menschen, der eine rationale Ordnung erschafft. Stattdessen sieht man die riesige gesellschaftliche Maschinerie hinter dem Vorhang, die bestimmt, was Menschen tun – und das schließt das, was wir Wissenschaft nennen, größtenteils mit ein. Das ist Säkularismus. Und zwar eine säkularere Variante als beim modernen Geist.

Das bringt uns zum metamodernen Werte-Mem. Der postmoderne Geist glaubt an Dinge wie »Machtstrukturen«, »Ideologie«, »Postkolonialismus«, »Patriarchat« und »Diskurse«. Der metamoderne Geist blickt durch diese Erklärungen hindurch: Er versteht, dass der postmoderne Geist immer noch essenzialistisch ist, was bedeutet, dass er an Wesenheiten glaubt, die diesen unsichtbaren Kräften innewohnen. Der postmoderne Geist denkt, dass es eine Art von metaphysischem Bösen gibt, genannt »Machtstrukturen«, und dass man das Böse dadurch beseitigen kann, dass man sein Gegenteil anruft: emanzipative Kritik, Dekonstruktion, Inklusion, weichere und relativistischer Werte und so weiter. Aber das bedeutet, dass man immer noch glaubt, es gäbe »da draußen« etwas Böses und man selbst wäre der oder die »Gute«: Es sind nicht länger die bösen Absichten der anderen, aber dennoch ein kollektives und soziologisches Böses, das zerstört werden muss. Das metamoderne Werte-Mem glaubt an nichts Derartiges. Es erkennt, dass sich alle diese Dinge aus schierer Notwendigkeit herausbilden – als emergente Eigenschaften komplexer Systeme. Es betrachtet die Welt eher als mechanisch und weniger als gut oder böse – alle Dinge sind erklärbar und es gibt keine bösen Patriarchatsdämonen oder Gespenster der kolonialen Vergangenheit. Das sind Illusionen, lediglich Deutungen der Effekte von selbstorganisierenden Systemen. Und der geeignete Ansatz, diese Probleme zu lösen, liegt nicht in der »Zerstörung des Patriarchats«, sondern in einem echten Verständnis der Vorstellungen, Perspektiven und Verhaltensweisen aller Beteiligten – und der Entdeckung von Mitteln und Wegen, um diese weiterzuentwickeln oder anderweitig auf sie einzuwirken. Noch säkularer als der postmoderne Geist.

Schritt für Schritt wird so der Glaube an einen »soliden Boden der Wirklichkeit«, an »wahre Wesenheiten« immer weiter an den Rand gedrängt. Schritt für Schritt erlangen Menschen eine Weltsicht, in der größere Teile der Realität hinterfragt und dadurch erklärt und geregelt werden können. Wieder und wieder werden die Dämonen und Gespenster ausgetrieben. Die Hauptschlussfolgerung daraus ist, wie ich bereits mehrfach angedeutet habe, dass wir Menschen, die am modernen Werte-Mem partizipieren, nicht als »säkular« ansehen können. Sie glauben an alle möglichen zutiefst irrationalen und verrückten Dinge, und man kann ihnen nicht zutrauen, in Sachen der gesellschaftlichen Entwicklung rational zu handeln. Das liegt daran, dass sie dazu neigen, sich allzu starr auf unhinterfragte Annahmen über die Realität zu verlassen. Nur das metamoderne Werte-Mem kann die Welt mit einer ausreichenden Nüchternheit betrachten. **Beim Säkularismus geht es nicht wirklich um die Frage Religion versus Nicht-Religion oder Spiritualität versus Nicht-Spiritualität – es geht um die Ausweitung der Fähigkeit, die Wirklichkeit zu hinterfragen und umzugestalten.**

Eine säkulare Welt zu erreichen hat nichts damit zu tun, Menschen den Glauben an Jesus oder Allah abzugewöhnen – das ist nur ein kleiner Fleck auf einer größeren Landkarte. Eine säkulare Welt müsste von metamodernen Prinzipien regiert werden. Darum geht es. Schafft man das nicht, bleibt die Welt ein Ort, an dem verrückte, irrationale und überholte Ideen regieren. Man geht von Geistern über Götter zu einem universalen Gott, von dort zur reduktionistischen Wissenschaft, zu Kritik und Wissenssoziologie und schließlich zu einem Verständnis von Transpersonalismus und Komplexität. Mit jedem Schritt töten Sie die Geister und Götter vergangener Zeiten. Das metamoderne Glaubensbekenntnis ist im Kern verheiratet mit einem so durchdringenden und radikalen Atheismus, dass sich selbst die modernen und postmodernen Götter als Illusionen herausstellen.

Sowohl das moderne als auch das postmoderne Werte-Mem reklamiert für sich, säkular zu sein. Alle Werte-Meme behaupten, von einer universalen Wahrheit zu sprechen. Das Problem ist, dass sie über ihr eigenes Werte-Mem nicht hinausblicken können; folglich glauben sie alle, dass sie die Mythen vertrieben und die »Realität« erreicht haben. Sie alle haben unrecht. Sogar der Metamodernismus hat unrecht. Aber anders als bei allen anderen ist uns das selbst bewusst.

Eine höhere Form des Säkularismus erhebt sich. Und hinkt furchtbar hinterher.

Warum sich mit einem Baby abmühen?

Es ist sehr wichtig, hier nicht naiv zu sein – das metamoderne Werte-Mem wird gerade erst geboren. Deswegen nein, Sie werden derzeit nirgendwo auf der Welt auch nur eine einzige wahrhaft metamoderne Bewegung oder Organisation finden. Machen Sie sich besser nichts vor.

Obwohl ich vorgeschlagen habe, dass Die Alternative in Dänemark (die politische Partei, die ich in Kapitel 5 beschrieben haben) eine interessante Adresse darstellt, um sich diesbezüglich umzusehen, sind fast alle Mitglieder dieser Partei im Endeffekt immer noch beim postmodernen Werte-Mem verortet. Es ist nur so, dass sich bei *einigen* aus ihrem Führungskreis *einige* metamoderne Werte zeigen. Das ist alles.

Wenn das metamoderne Werte-Mem noch so winzig ist, warum sollten wir uns dann damit abmühen? Es ist nur ein Baby. Dafür gibt es zwei Gründe: Der erste ist, dass es wichtig ist für die erfolgreiche Entwicklung einer nachhaltigen, gerechten und nicht-entfremdeten Weltgesellschaft, die dazu befähigt ist, mit den großen Herausforderungen und Chancen umzugehen, die auf uns zukommen. Ohne das metamoderne Werte-Mem ist schwer vorstellbar, wie wir das schaffen sollen, weil nur Metamodernisten produktiv mit den Beziehungen zwischen all den anderen Werte-Memen umgehen können.

Der zweite Grund ist der Wind beziehungsweise die Richtung, in die er weht. Der Metamodernismus hat sämtliche Strukturen der Weltentwicklung auf seiner Seite: Alles weist in Richtung Metamodernismus, da diese Werte in einer globalen postindustriellen Internetgesellschaft, in der Menschen jeglicher Werte-Meme sich auf Augenhöhe begegnen, am effizientesten sind. Und nicht nur das: Die technischen, ökonomischen und gesellschaftlichen Strukturen unserer Zeit befördern automatisch metamoderne Vorstellungen und Werte. Je jünger Sie sind, je besser es Ihnen in Ihrem Leben geht und je mehr Sie mittendrin sind in dieser neuen Weltgesellschaft, desto wahrscheinlicher ist, dass Sie metamoderne Werte aufgesammelt haben, und desto wahrscheinlicher ist es, dass Ihnen eine einflussreiche Position im Geschehen zukommt.

Zu unserem Glück ist ein Werte-Mem nicht ausschließlich von einzelnen Menschen abhängig, sondern kann sich aus den vielen verschiedenen Teilen eines größeren Puzzles zusammensetzen. Das wird offensichtlich, wenn man eine transpersonale Perspektive einnimmt. **Das metamoderne Werte-Mem kann sich in einem *transpersonalen* Raum entwickeln**; es braucht nicht notwendigerweise wahnsinnig viele Leute, die überblicken, was abläuft. Was man *allerdings* braucht, ist eine große Zahl von Menschen, die zu diesem umfassenden Umbruch einer Gesellschaft von einem Muster zum anderen beitragen, jede und jeder mit einem eigenen Puzzleteil.

Damit eine Gesellschaft einige metamoderne Charakteristiken ausbilden kann, ist es ausreichend, dass einige Menschen im Besitz des Codes sind, andere die kognitive Komplexität besitzen, einige einer metamoderne Ästhetik Ausdruck verleihen, dass es einige mit einer besonderen existenziellen Tiefe gibt, einige in hohen Zustände, einige, die metamoderne Organisationen aufbauen, einige, die zu komplexer Ökonomie forschen und einige, die metamoderne ökonomische Strukturen schaffen (wie ich in meinem anderen Buch mit dem Titel *Outcompeting Capitalism* erörtere). Aus den Strukturen der entstehenden globalen Gesellschaft heraus nimmt das metamoderne Werte-Mem allmählich Form an – langsam, aber sicher.

Es formt sich aus »sich selbst heraus«, durch die Selbstorganisation des Weltsystems. Oder eher: aus den Mustern, die sich aus den Interaktionen vieler unabhängig handelnder Menschen und Umstände herausbilden. Aber es gibt eine Gruppe, die sich des metamodernen Werte-Mems bewusst ist und seine Herausbildung aktiv vorantreibt. Wir kennen sie aus dem Kapitel 5: **die metamoderne Aristokratie**. Der Hauptunterschied zwischen dieser Aristokratie und allen anderen ist ebendieser: Die Aristokratie hat eine systematische und klare Vorstellung davon, was vor sich geht – und sie besitzt die Ressourcen, gemäß ihrem eigenen Verständnis zu handeln.

Warum also sich mit einem Baby abmühen? Weil es eben schnell größer wird, deswegen.

Vorsicht vor Klischees

Der wichtigste Mangel der Werte-Mem-Theorie ist, dass sie uns – wie viele Gesellschaftstheorien – dazu verleitet, die Welt zu stark zu vereinfachen. Sie bietet sich leicht für vage und dumpfe Karikaturen an.

Solche Karikaturen werden oft beschworen. Das faustische Werte-Mem wird ein Krieger, das postfaustische eine Priesterin, das moderne ein gewitzter Geschäftsmann und das postmoderne eine Greenpeace-Aktivistin. Muss ich wirklich ausführen, wie nutzlos die Theorie wäre, wenn das alles wäre, was sie zu bieten hätte? Leider erreicht die Mehrheit der Anhängerschaft der Spiral Dynamics und ähnlicher Theorien niemals jemals mehr als dieses Verständnislevel – und fügt gewöhnlich auch noch das Klischee an, die höchste Stufe sei ein New-Age-Mensch. Seufz.

Ich denke mir das nicht einfach nur aus: 2010 führte ein Forscherteam der Universität Harvard, bestehend aus Zak Stein und Katie Heikinnen, eine Studie über die sogenannte »integrale Community« durch (innerhalb derer viele Leute sich Stufentheorien anschließen wie derjenigen, die ich hier vorgestellt habe). Sie fanden heraus – *surprise, surprise* –, dass die meisten Menschen Entwicklungstheorien nur auf einer vergleichsweise niedrigen Komplexitätsstufe verstanden. Die meisten Menschen fassten die Entwicklungsstufen lediglich als eine Art von Stereotypen auf.[1] In der Tat nährt solche »verflachte« Theorie mehr Vorurteile, als dass sie zum Verständnis der sozialen Welt und unseres Platzes in ihr beiträgt. Nichts davon sollte uns eigentlich überraschen. Schließlich habe ich angemerkt, dass es für das erfolgreiche »Installieren« des metamodernen symbolischen Codes und den erfolgreichen Umgang damit einer kognitiven Komplexität der Stufe 13-Metasystematisch bedarf, die scheinbar weniger als 2 Prozent der Erwachsenenbevölkerung haben.

Deswegen müssen wir zuallererst feststellen, dass Menschen, die an verschiedenen effektiven Werte-Memen teilhaben, sich stark voneinander unterscheiden können und das auch tun: Was verbindet beispielsweise eine Hellseherin im ländlichen Raum der heutigen Ukraïne (nehmen wir an, sie hat auch schizotypische Tendenzen, eine psychiatrische Erkrankung, die oft mit unkonventionellen Überzeugungen einhergeht) mit einem Mitglied der San, den sogenannten »Buschmännern«, die als Jäger und Sammler in ländlichen Teilen des südlichen Afrikas leben? Sie beide halten sich beim animistischen effektiven Werte-Mem auf. Das effektive Werte-Mem als solches verhilft uns zwar dabei, verschiedene Aspekte ihres Denkens und ihre Sichtweisen auf die Welt zu verstehen, aber abgesehen davon gleichen sie sich ganz und gar nicht.

Menschen des faustischen Werte-Mems können aztekische Stadtbewohner sein, sumerische Machos mit riesigen Bärten und langen Speeren oder auch eine wirklich taffe Lady aus dem harschen Lebensumfeld der Bronx. Menschen, die beim postfaustischen Werte-Mem verortet sind, können ein russischer nationalistischer Teenager sein oder intellektuelle und spirituelle Traditionalisten und Modernekritiker (wie Frithjof Schoun und René Guenon, die beide die meisten von uns an Tiefe und Komplexität übertreffen würden) oder auch eine heutige ägyptische Hausfrau. Das moderne Werte-Mem kann irgendjemand sein, angefangen bei Robespierre zu Ayn Rand, Richard Dawkins oder Frank Sinatra. Das postmoderne Werte-Mem verkörpern Judith Butler (die queer-feministische Theoretikerin), Arne Næss (der Tiefenökologe), Lady Gaga und Lisa Simpson (ja, die Komikfigur).

Der Punkt ist: Sie müssen *Muster und Logik* des Werte-Mems verstehen; einfache Klischees schaden mehr, als dass sie nützen. Trotzdem: Es geht hier um etwas Wichtiges. Eine postmoderne Welt voll von Judith Butlers und Lisa Simpsons ist einfach eine sehr, sehr andere Welt als eine mit lauter Richard Dawkins und Frank Sinatras.

Einige dringend benötigte Zwischentöne

Dieser Theorie möchte ich im Folgenden zwei dringend benötigte Zwischentöne hinzufügen, Zwischentöne, die sich unmittelbar aus der Erkenntnis der vier Dimensionen ergeben, die ich erörtert habe. In der Reihenfolge ihrer Erwähnung sind das: **helle versus dunkle** Werte-Meme und **progressive versus regressive und retardierte Werte-Meme**.

Helle versus dunkle Werte-Meme: Wie bereits angedeutet, kann man ein bestimmtes Werte-Mem mithilfe von Komplexität, Code, Tiefe und Zustand erreichen. Zeigen sich Werte-Meme bei Menschen mit großer Tiefe und hohem Zustand nun allerdings auf dieselbe Weise wie bei Menschen mit hoher Komplexität und gutem Zugang zu einem komplexen Code? Ich würde sagen nein. Es gibt einen großen qualitativen Unterschied zwischen den beiden. Folglich gibt es »helle Postmoderne« und »dunkle Postmoderne« und so weiter. Helle Postmoderne sind eher wie Hippies: Sie lieben Umweltschutz, Selbstentwicklung, Bio-Lebensmittel, Gemeinschaft, Taoismus und Ähnliches. Akademisches Zeug oder zynische Theorien über die Welt mögen sie nicht so sehr. Dunkle Pomos sind eher so etwas wie Akademiker, Anarchistinnen, kritische Soziologen, Literaturkritikerinnen, Queer-Theoretikerinnen und Neomarxisten. Sie mögen Theorien und Kritik und suchen nach neuen Wegen, die Ungerechtigkeiten und Verrücktheiten der modernen Lebensweise bloßzustellen. Sie verachten die dummen und naiven hellen Pomos, die sie als unauthentisch empfinden und für lachhafte Drückeberger halten. Dunkle Pomos nehmen zahlreiche Anti-Depressiva. Und dann gibt es noch die Hipster: Leute in der Kreativwirtschaft, in Designfirmen und kunstaffinen Digitalunternehmen, welche die postmoderne Lebensweise begriffen haben – durchdrungen von Ironie und Selbstdistanz, reich an Retro-Stilen, dicken Brillengläsern und raffinierter Secondhandmode, werkelnd an Indie-Computerspielen, elektronischer Underground-Musik und partizipativen Museen.

Die hellen Pomos errichten diese Kuppelgewächshäuser, machen viel Yoga und ernähren sich ausschließlich auf Basis von Früchten. Während die dunklen Pomos rauchen und trinken und, oftmals mit großem intellektuellem Talent, das Dilemma des modernen Lebens diskutieren. Insgeheim verspüren die hellen Pomos eine Abneigung gegen sie, weil sie unproduktive und negative Snobs sind. Sie haben das Prinzip verstanden. Dennoch werden diese beiden Gruppen *eine ganze Menge* gemein haben: Sie sind sehr liberal, sie sind antirassistisch eingestellt, sie sind für die Umwelt, sie ziehen sanftere Werte gegenüber Härte vor, sie mögen keinen Kommerz, sie neigen zum Multikulturalismus und Relativismus – die Liste ist lang! In aller Kürze: Sie sind beide beim selben Werte-Mem verortet. Sie sind allerdings kraft verschiedener Eigenschaften dort hingelangt. Hier eine Skizze:

»Helle« Version des Werte-Mems	»Dunkle« Version des Werte-Mems
• Hoher Zustand • Große Tiefe, »helle« Tiefe • Niedrige Komplexität • Unvollkommener Code	• Hohe Komplexität • Gut entwickelter Code • Niedriger Zustand • »Dunkle« Tiefe (heißt, Tiefe, die von der Vertrautheit mit niedrigeren Zuständen herrührt)

Helle Pomos haben also einen höheren Zustand und/oder eine größere Tiefe, was ihnen gestattet, eine universalistischere und solidarischere Perspektive einzunehmen als viele moderne Menschen des Mainstreams, während dunkle Pomos zu ebensolchen werden, weil sie komplexe Denker sind, mit schmerzvollen Erfahrungen ringen und sich in der modernen Gesellschaft fürchterlich entfremdet fühlen und daraufhin ihren Weg zu den kritischen Geisteswissenschaften finden. Viele der hellen Pomos werden nicht wirklich dazu in der Lage sein, den modernen Code zu kritisieren; sie fühlen sich lediglich instinktiv zu mehr postmodernen Werten hingezogen.

Sie können dasselbe mit so ziemlich allen Werte-Memen machen, aber wir müssen an dieser Stelle nicht allzu tief in diese Diskussion einsteigen. Es reicht hier die Bemerkung, dass Richard Dawkins für einen dunklen Modernismus steht und Frank Sinatra für einen hellen: Der eine kennt den Code supergut und verbringt sein Leben damit, das postfaustische Werte-Mem zu kritisieren, während der andere einfach ein individualisiertes Leben lebt und mit *I Did It My Way* all das erreicht, was das moderne Leben zu bieten hat. Auf vergleichbare Weise gibt es dunkle Metamodernisten – eher wie ich selbst und andere Wissenschaftler – und helle Metamodernisten, die eher spirituell geneigten Spiral-Dynamics-Anhängern ähneln.

Ich besitze keine Datengrundlage, um das zu beweisen, aber soweit ich es überblicke, scheinen die hellen Varianten jedes dieser Werte-Meme die dunklen zahlenmäßig zu übertreffen. Es scheint so, dass die meisten normalen Leute einfach nicht so komplex sind oder derartig besessen von symbolischen Codes. Dagegen ist es üblicher, lediglich einen höheren Zustand und größere Tiefe zu haben.

Die Progressiven versus die Regressiven und die Retardierten: Der zweite Zwischenton hängt damit zusammen, wie Ihr Werte-Mem sich im Verhältnis zum gesellschaftlichen Schwerpunkt sowie den politischen, technischen und ökonomischen Strukturen gestaltet, an denen sie teilhaben. Denken Sie beispielsweise an den »Gründervater« Thomas Jefferson. War er progressiv? Er hat vielleicht mehr getan für die Entwicklung und Voranbringung des demokratischen Regierungssystems als irgendeine andere Figur der Geschichte. Gleichzeitig besaß er Sklaven. Vergleichen Sie ihn mit Donald Trump. Trump hat keine Sklaven. Vermutlich würde er die Vorstellung entsetzlich finden wie die meisten Menschen heutzutage. Nichtsdestotrotz verteidigte Jefferson Werte, die zutiefst universalistisch und demokratisch waren. Trump steht dagegen für das Errichten von Mauern und Handelsbarrieren, für das Zusammentreiben von Mexikanern und Muslimen, den Gebrauch von Folter, die Tötung der Familien von Terroristen, die Ignoranz gegenüber dem Klimawandel – Sie kennen den Drill. Wer von beiden folgt Ihrer Ansicht nach dem höheren Werte-Mem? Es geht hier darum, das Auftreten von Werte-Memen mit den Gesellschaften abzugleichen, in denen sie auftauchen. Menschen mit hohem Zustand sowie hoher Komplexität und Tiefe neigen dazu, progressiver zu sein als die Gesellschaften, in denen sie leben. Menschen mit niedrigerem Zustand sowie niedriger Komplexität und Tiefe neigen dazu, sich regressiv zu verhalten im Vergleich zum allgemeinen Werte-Mem ihrer Gesellschaft (und dem Werte-Mem, das ihre Gesellschaft benötigt, um in systemischer Hinsicht nachhaltig zu sein).

Wenn eine Gesellschaft sich weiterentwickelt und die ökonomischen Systeme, technischen Anwendungen und sozialen Beziehungen komplexer werden, bringt das immer Sieger und Verlierer hervor. Menschen mit niedrigerer Komplexität, die nicht die Gelegenheit hatten, den komplexeren Code zu »installieren«, und die anderweitig benachteiligt sind (und deswegen mit einem niedrigeren Wohlbefinden und in niedrigeren Zuständen leben), wird die von der Gesellschaft eingeschlagene Richtung selbstverständlich nicht behagen. Sie haben alles Recht der Welt, ihr eigenes früheres Werte-Mem zu verteidigen. Auf lange Sicht ist der Kampf allerdings immer schon verloren. Die auf einem früheren Werte-Mem Hängengebliebenen werden versuchen, Werte zu verteidigen und zu verbreiten, die schlicht nicht mehr den systemischen Gegebenheiten ihrer eigenen Gesellschaft entsprechen. Beispielsweise kann man in den USA Menschen Dinge sagen hören wie »Nur durch den Glauben an Jesus können wir Amerika wieder groß machen; lasst uns Gott nach Amerika zurückholen!«. Natürlich wird, Gott zurückzuholen und über Jesus zu predigen, wenig dazu beitragen, die Angriffe von Globalisierung und postindustrieller Internetgesellschaft aufzuhalten; es wird sie im Rahmen der neuen globalen ökonomischen Umgebung lediglich noch weiter in Nachteil setzen. Postmoderne und metamoderne Werte sind die effizientesten, wenn man gut abschneiden möchte und die Probleme der Globalisierung angehen will.

Wenn Gesellschaften aus vielerlei verschiedenen Gründen große Bevölkerungsteile hervorbringen, die in Hinblick auf die Entwicklung des Werte-Mems hinterherhinken, stellt sich eine Retardierung des Werte-Mems ein. Das Wort Retardierung bedeutet »sich verspäten« und das ist es, worum es hier geht. Es ist wichtig, das zu verstehen: Genau darum geht es hier.

Bitte entschuldigen Sie den kontroversen Begriff der Retardierung; mir ist bewusst, dass das klingt, als wäre ich hier despektierlich gegenüber denjenigen meiner zeitgenössischen Mitbürger und Mitbürgerinnen auf der Welt, die mit Behinderungen leben. Das ist nicht der Fall. Ich folge dem ganzen kritischen Diskurs in Soziologie und Anthropologie über »Crip ist hip« mit großem Enthusiasmus und bin dieser Art von Diskriminierung zutiefst abgeneigt. Falls Sie oder irgendjemand in Ihrer Familie mit Behinderungen lebt, nehmen Sie bitte daran keinen Anstoß, sondern gestatten Sie mir die Verwendung des Wortes. Alles, was ich mit diesem Begriff will, ist aufzuzeigen, dass wir als globale Gesellschaft in *entwicklungs*psychologischer Hinsicht zurückfallen. Außerdem habe ich es um des Effekts willen getan. Wir leben im Prinzip in einer retardierten Welt. Also nicht in einer bösen Welt, einer gefallenen Welt, einer Welt von Gier und Kapitalismus, einer Welt, die den Kontakt zu Mutter Natur verloren hat, einer rohen materialistischen Welt – sondern eben einer retardierten Welt.

»Regressive« politische Bewegungen können definiert werden als diejenigen, welche die Gesellschaft in Richtung früherer Werte-Meme ziehen, oft dadurch, dass sie sich mit den Werte-Mem-Retardierten verbünden. Wenn sich der hell-moderne Trump auf postfaustische ethnozentrische Werte bezieht, verhält er sich regressiv; wenn Jesus die römische Unterdrückung einer postfaustischen Kritik unterzogen hätte, wäre er progressiv gewesen. Und als Jefferson die moderne Verfassung der USA plante, hielten die Götter ihren Atem an, während die Menschheit einen großen Sprung nach vorne machte. Dieselben Werte-Meme – *sehr* verschiedene Bedeutungen.

Raten Sie mal, was das für den IS, al-Qaida und den Nazismus bedeutet. Diese Bewegungen tauchen im Gewand des faustischen Werte-Mems und mit einer sehr dünnen postfaustischen Fassade auf. Vielen Menschen überall auf der Welt erscheint die »Wikinger«-Sicht auf das Leben, die diese Bewegungen anbieten, einfach sinnhafter (wo man sich einem Kriegerkodex unterwirft, plündert, Sklaven nimmt und was sonst nicht alles) und diese Bewegungen bieten ein Ventil für ein Leben nach dem faustischen Werte-Mem. Natürlich sind sie zutiefst regressiv in unserer heutigen Welt, wo wir dafür Sorge tragen müssen, Komplexität zu bewältigen und Wege zu finden, um psychologisches Wachstum zu unterstützen (um eine nachhaltige, gerechte und nicht-entfremdete Zivilisation zu erschaffen, die in der Lage ist, globale Ungleichheit und Tiersklaverei zu beenden), anstatt uns um unsere Ehre und die Tötung der Heiden zu bekümmern.

Sogar bei nationalistischen Parteien in Europa werden Sie ein ähnliches Muster entdecken: Auch in den Reihen von Bewegungen, die sich mit den striktesten Verfechtern von Gerechtigkeit, Befürworterinnen schwerer Strafen und Verteidigern ehrenhafter Tugenden alter Schule zur Geltung bringen, mangelt es nicht an Einträgen im Strafregister, Gewalt gegen Ehefrauen, Korruptionsskandalen, Erfahrungen im Straßenkampf und beim Sexkauf. Aus irgendeinem Grund gibt es diese Probleme weder in den grünen Parteien noch in ihrem Dunstkreis.

Die Werte-Mem-Retardierung hört nicht beim Trumpismus und anderen offensichtlichen Dingen wie Nazi- und Terrororganisationen auf. Sie ist überall. Das moderne Werte-Mem kann bereits seit Längerem als retardiert gelten;

und selbst aus dem postmodernen Werte-Mem wird heutzutage eine Form von Verzögerung. Ich sage das, weil keines der beiden Werte-Meme voll und ganz die Verantwortung für unsere galoppierende Welt übernehmen kann. Nur der Metamodernismus kann das.

Eine unausgewogene Entwicklung macht Sie krank

Die Welt entwickelt sich niemals glatt. Sie ist immer und auf ewig zerbrochen, stets nach einer unmöglichen Balance strebend, die niemals erreicht wird. Die Dinge entwickeln sich nie im Gleichschritt miteinander und das verursacht ständig allerlei Ärger. Unsere ökonomischen Systeme entwickeln sich auf Arten und Weisen, mit denen unsere Psychologie nicht Schritt hält, eine Zivilisation entwickelt sich so, dass sie andere zerstört, eine Spezies entwickelt sich dergestalt, dass sie im Ökosystem und der gesamten Biosphäre zu einem Geschwür wird. Die Herrlichkeit der Welt und ihre größten Sorgen haben dieselbe Quelle: Unausgewogenheiten in der Entwicklung beziehungsweise Entwicklungsrückstände – die Tatsache, dass einige Dinge sich vor anderen entwickeln und einige immer hinterherhinken. Es sind ebendiese merkwürdigen Störungen und Paradoxe, welche die Welt auf nicht-lineare Weise bei ihrer dialektischen Reise in Richtung Schönheit, Tragik und Geheimnis vorantreiben. **Um die Welt zu verstehen, muss man nicht nur das Prinzip der Entwicklung verstehen, sondern auch die grundlegende Rolle, die solchen Entwicklungsrückständen im Universum zukommen.**

Menschen können sich an Tiefe und Komplexität übertreffen. Aber können wir uns selbst an Tiefe und Komplexität übertreffen? Ja. Wenn wir uns in einer Hinsicht weit entwickeln, aber nicht in einer anderen, neigen wir dazu, verschiedene Arten solcher Entwicklungsrückstände zu zeigen. Zwei möchte ich hier gerne hervorheben: den **magischen Rückstand** und den **Reduktionismus**.

Haben Sie schon einmal bemerkt, dass es scharf- und weichkantigere Menschen gibt? Aus irgendeinem Grund ziehen manche Typen konsequent »härtere« Erklärungen vor, um die offensichtlichen und harten mechanischen Aspekte der Wirklichkeit zu erkennen. Andere scheinen sich stärker hingezogen zu fühlen zu weichen, holistischen Bildern der Wirklichkeit: wie alles miteinander verbunden ist und Teil eines größeren Ganzen. Idealerweise strebt der metamoderne Geist danach, diese beiden Aspekte des Lebens miteinander zu vereinen. Aber in Wirklichkeit sind die meisten von uns der einen oder anderen Seite zugeneigt.

Im Allgemeinen sind die weichkantigeren Menschen – welche das Vage mehr schätzen als Gewissheit, Offenheit mehr als das Ziehen von Grenzen und die Ganzheit den einzelnen Teilen vorziehen – diejenigen, die **ihre *eigene* Komplexität und ihren *eigenen* Code an Tiefe und/oder Zustand übertreffen.** Warum gilt das für alle Ausdrucksformen von New-Age-Kultur und Yoga-Studios? Wo sind all die Hardliner unter den Yoga-Leuten, die Vertreter von Analyse und Materialismus? Der Yoga-Bereich ist vielleicht das deutlichste Beispiel für diese Tendenz zum Weichkantigen: Sie ist sichtbar im Verhalten dieser Menschen, in ihrer Ästhetik, in der Struktur ihres Denkens.

Woher kommen nun die erwähnten »magischen Überzeugungen«? In einer animistischen Gesellschaft ist es natürlich normal, an Magie zu glauben. Merkwürdigerweise begegnet man magischen Überzeugungen jeglicher Art allerdings auch bei modernen Menschen – sogar unter den gebildetsten und intelligentesten. Beispielsweise bin ich zahllosen erfolgreichen modernen Menschen begegnet, die denken, dass das Schicksal etwas für sie bereithält, dass die Welt um sie herum sich verschworen hat, um ihre Besonderheit zu offenbaren, dass sie »spüren«, was geschehen wird, dass es so etwas wie »Synchronizität« gibt (die Idee, dass sehr unwahrscheinliche Dinge passieren, weil die Welt Sie bei Ihrer spirituellen Reise unterstützt), dass ein liebendes Herz jemanden aus der Ferne buchstäblich heilen kann, dass wirklich fortgeschrittene Zen-Meister durch Wände gehen können oder levitieren (über dem Boden schweben) – die Liste ist lang. Natürlich ist nichts davon wahr. Das sind alles Märchen und Unsinn, oder es gibt vollkommen natürliche Erklärungen dafür (zum Beispiel kann die Erfahrung von »Synchronizität« durch eine Kombination aus selektivem Gedächtnis, Selbstbetrug, Narzissmus, Wahrscheinlichkeitstheorie und Netzwerken von Clustereffekten erklärt werden). Wir leben in einer magischen und wundersamen Welt, aber es gibt keine Magie und auch keine Wunder.

Womit wir es bei diesen vielen Fällen zu tun haben, ist das Ereignis **des magischen Rückstands**, das heißt, dass Menschen ein Mehr an Tiefe, Geheimnis und Schönheit in der Welt erfahren haben, als ihr kognitiver Verstand und der ihnen zur Verfügung stehende symbolische Code bewerkstelligen können. Deswegen kommt es zu einer *Störung*, einer Unausgewogenheit in der Entwicklung, durch die magische Überzeugungen und andere Formen des Aberglaubens sich einschleichen können.

Gewöhnlich gehen wir davon aus, dass intelligente und komplex Denkende ebendie sind, die vor magischen Überzeugungen gefeit sind. Natürlich gibt es auch viele Forschungserkenntnisse, die diese Behauptung unterstützen. Ich meine allerdings, dass das nur eine Halbwahrheit ist. Die Forschenden haben nicht die richtige Frage gestellt. Man sollte danach Ausschau halten, wie Tiefe, Zustand, Komplexität und Code miteinander in Beziehung stehen. Sie finden magische Überzeugungen bei Menschen vor, die *im Vergleich zu* ihrer Komplexität und ihrem symbolischen Code eine größere Tiefe und einen höheren Zustand besitzen. Magie kann auch auf höheren Komplexitätsstufen immer wieder aufs Neue in kleineren Dosen eingeführt werden. Während Kinder an Fabelwesen und Zaubertricks glauben, können durchschnittlich komplexe Erwachsene an »Synchronizität«, Reinkarnation, Astralebenen, subtile Energieflüsse, spirituelle Familienaufstellungen, Telepathie und den Maya-Kalender glauben, ebenso wie daran, dass sich Dinge in ihrem Leben durch Gedanken und Wünsche »manifestieren« lassen oder auch nur dadurch, dass Gott ihre Gebete erhört (alles wie gesagt völliger Blödsinn).

Ich habe zahllose seriöse Psychotherapeuten und promovierte Wissenschaftlerinnen über solches Zeug reden hören (selbst aus dem Bereich der Naturwissenschaften). Das liegt nicht daran, weil diese Typen dümmer wären als der moderne Durchschnittsmensch – im Gegenteil: Sie sind überdurchschnittlich intelligent –, sondern weil **sie sich selbst in Hinblick auf Tiefe und Zustand übertreffen**.

Das schafft eine eher merkwürdige Situation: Bei Menschen, die sich bei den höchsten Werte-Memen aufhalten – wie dem metamodernen –, ist es eher *wahrscheinlicher*, an absurde und magische Dinge zu glauben, und nicht umgekehrt. Der magische Rückstand hat sich eingeschlichen. Ebenjene Offenheit für Schönheit und Geheimnis des Universums, dieser Sinn für grandiose Ganzheit und Ehrfurcht bricht ihren Schädel auf, sodass sich die allerdümmsten Ideen einschleichen und festsetzen können.

Falls Sie irgendwann einmal den Debatten zwischen dem New-Age-Autor Deepak Chopra und neuen Atheisten wie Sam Harris oder Richard Dawkins (beides Religionskritiker) zugehört haben, ist Ihnen vielleicht aufgefallen, wie sie daran scheitern, eine gemeinsame Basis zu etablieren. Es kann wenig Zweifel daran geben, dass Chopra die neuen Atheisten an Tiefe übertrifft; aber das ist auch der Grund dafür, warum er als ansonsten intelligente Person seine eigene Komplexität und seinen eigenen Code an Tiefe übertreffen kann.

Während sein Geist es schafft, die Höhen spiritueller Erfahrung auszudrücken, schleichen sich gleichzeitig alle Arten von magischen Überzeugungen durch die Hintertür: Er versucht, sich der Quantenmechanik zu bedienen, um seine spirituelle Weltsicht zu retten. Harris bringt lediglich vage spirituelle Erfahrungen zum Ausdruck und Dawkins überhaupt keine. Doch wann immer einer von ihnen Chopras Behauptungen und Argumente infrage stellt, fallen diese einfach in sich zusammen. Sie werden enthüllt als magischer Rückstand – obwohl Chopra selbst behauptet, ein Denken zu vertreten, das jenseits der traditionellen Religionen liegt und vorgeblich auf dem Boden solider Wissenschaft steht.

Dieses Ungleichgewicht zwischen Ihrer Tiefe/Ihrem Zustand und Code/Komplexität stellt sich besonders in Lebensphasen ein, in denen Sie tiefgründige spirituelle Erfahrungen oder existenziellen Wandel erlebt haben. Beispielsweise werden Menschen, die einen langen und sehr einschneidenden LSD-Trip hinter sich haben, für eine Weile magischen Überzeugungen anhängen, trotz einer langen und gründlichen Ausbildung in Computertechnik – wenigstens so lange, bis ihre Entwicklung in Sachen Code und Komplexität aufholt (oder die Erinnerung an ihr Erlebnis verblasst). Ein weiteres Beispiel: Angesichts eines tiefgehenden Kundalini-Erwachsens kann in einem gutbürgerlichen Vernunftmenschen durchaus der Glaube entstehen, dass sich tatsächlich ein Dämon in seinem Wohnzimmer aufhält. Was nicht der Fall ist.

Wir haben hier also eine ironische Wendung: Magische Überzeugungen sind bei Menschen, die dem metamoderne Werte-Mem dicht auf den Fersen sind, *drastisch überrepräsentiert* – obgleich sie oftmals von komplexerer Natur sind. Das erklärt, warum intelligente Typen wie Ken Wilber an die verblüffendsten und absurdesten Dinge glauben können (Wilber glaubt an Wunder, an eine Liebeskraft genannt Eros, welche die Evolution vorantreibt, und ist von der Lamarck'schen Evolutionstheorie überzeugt). Sie übertreffen ihre eigene kognitive und symbolische Stufe an Tiefe und Zustand.

Ich habe Ihnen ja gesagt, dass Entwicklung keine leichte, geradlinige Angelegenheit ist. Außerdem habe ich Ihnen schon erzählt, dass höhere Werte-Meme nicht immer besser sind. Ist es denn dann so schlecht, wenn diese Typen an ein bisschen Magie glauben? Hat das jemals Schaden angerichtet?

Ja. Das ist zutiefst und auf schwerwiegende Weise schädlich. In der heutigen globalen kapitalistischen, postindustriellen Internetgesellschaft sind magische Überzeugungen eine soziale Pathologie, eine Krankheit des Geistes. Warum?

Weil sie Tür und Tor öffnen für beliebige Fälle von Machtmissbrauch. Wenn es in der Welt Magie gibt, gewinnen alle, von denen sie glauben, sie hätten eine größere Nähe zu dieser Magie als Sie selbst, willkürliche Macht über Sie. Diesen zugunsten geben Sie Ihre eigenen mentalen Fähigkeiten ab, woraufhin sehr schlimme Dinge geschehen können und werden. Das ist der Königsweg zum Totalitarismus.

Außerdem sorgen magische Überzeugungen dafür, dass Sie Zeit und Energie darauf verschwenden, Dinge zu tun, die einfach nicht funktionieren. Diese fehlerhaften Gedankenketten können unangenehme Blockaden verursachen, die Ihnen das Leben vermiesen. Angesichts des Zustands der Welt haben wir einfach keine Zeit für Ihre »energetische Reinigung« und Zaubersprüche. Nicht einmal für Ihre Gebete – außer Sie meinen kontemplative Gebete, deren Sinn und Zweck es ist, Ihre eigene Psychologie zu entwickeln. Vor allem aber macht diese Art des Denkens es schwer, richtige, komplexe und analytische Gedanken zu denken: Es kann *verhindern*, dass Sie Komplexität erfolgreich bewältigen können.

Es gibt eine weitere Art von Entwicklungsrückstand, der mindestens ebenso schädlich ist: **Reduktionismus**. Er betrifft die scharfkantigen Menschen. **Dazu kommt es, wenn Sie Ihre eigene Tiefe und Ihren eigenen Zustand an Komplexität und Code übertreffen**. Während das Unheil magischer Überzeugungen ziemlich offensichtlich ist, entfaltet sich die Schädlichkeit des Reduktionismus auf subtilere Weise – und zwar wenn Ihr Geist alles zerpflückt und den Verstand auf viel-zu-instrumentelle Weise gebraucht. Die Welt erscheint dann allzu tot, allzu sinnlos, allzu mechanisch, als dass Sie Ihnen wirklich noch etwas bedeuten könnte.

Auf einer unterschwelligen Ebene empfindet der Reduktionist eine vage Aggression gegenüber Realität und Dasein: »War das alles?« Sie gewinnen ein Gefühl von Befriedigung, ein leichtes Rachegefühl, die Wirklichkeit als das sinnlose, tote Stück indifferenter Scheiße zu enthüllen, die sie in Wahrheit ist. Sie zerpflücken sie und erkennen, dass hinter der Weiche immer eine Härte steht, Egoismus hinter der Liebe, Mechanik hinter dem Wunder und so weiter. Der reduktionistische Geist ist blind für das größere Ganze, blind dafür, einem tieferen Lebensprinzip zu dienen. Das wird zum Krebs: Denken, denken, denken, kleinen und egoistischen Bedürfnissen dienen, indem man das Dasein gänzlich in ein Extraktionsprojekt verwandelt. Und warum auch nicht? Schließlich ist die Realität tot, sinnloser Müll. Und ich werde meine harte, effiziente Vernunft einsetzen, um zu zeigen, dass alles, was glänzt, immer nur Schmutz ist. Aber wenigstens werde ich bekommen, was ich will.

Muss ich – nachdem bereits so viele Tiefenökologen, Heideggerianer und sogar katholische Päpste darauf hingewiesen haben – überhaupt noch erwähnen, dass es ebendas ist, was auf globaler Ebene in Hinblick auf die Umweltkrise und viele weitere Aspekte unserer gesellschaftlichen Realität geschieht? Unser reduktionistischer, manipulativer Verstand ist vollkommen durchgedreht. Nichts ist mehr heilig oder göttlich. Dieser Prozess, der die Welt auf tote Teile reduziert, verhindert eine holistische Einsicht: Er verhindert höhere Zustände und die Entwicklung größerer Tiefe.

Weil das metamoderne Werte-Mem oftmals einen Ausdruck hoher Komplexität darstellt, ist schwerwiegender Reduktionismus bei Menschen mit einem hohen Werte-Mem *ebenfalls* überrepräsentiert. Niemand hat behauptet, die Entwicklung einer vernünftigen Zivilisation wäre eine einfache Angelegenheit. In der Idealvorstellung vereint der metamoderne Geist Verstand und Seele – und vermeidet damit sowohl magische Überzeugungen als auch Reduktionismus. Natürlich werden alle sagen, dass das ein Klischee sei, auf das alle sich verständigen können. Aber das ist leichter gesagt als getan. Die Welt strebt nach einer stets unmöglichen Balance. Die Realität befindet sich stets in einem Zustand der Verworrenheit, sie ist immer weit von einem Äquilibrium entfernt, ja sogar regelrecht zerbrochen – und wir sind es auch.

Aber solche Unausgewogenheiten in der Entwicklung betreffen nicht nur die Psychologie einer einzelnen Person. Sie sind natürlich auch insgesamt in der Gesellschaft verbreitet. Was passiert, wenn Sie einen modernen Staat haben, mit all seiner Macht, Bürokratie und Technologie – und Sie regieren ihn mit dem mentalen Bezugsrahmen von Dschingis Khan? Die Antwort lautet: Nazismus. Nazismus ist kein reines Böses; es ist eine Werte-Mem-Retardierung, ein Entwicklungsrückstand. Nichts anderes.

Was passiert, wenn Sie in einem supereffizienten, selbstorganisierenden globalen Netzwerk von Computern (sprich: dem Internet) einen freien Informationsfluss haben und einige Menschen es für einen heiligen Krieg verwenden, der dem faustischen Werte-Mem folgt, sodass dessen Krieger nach Walhalla gelangen können? Die Antwort lautet: Al-Qaida und der IS.

Was passiert, wenn Nanotechnologie und biologisches Hacking frei verfügbar sind und Millionen von Menschen diese Supertechnologien in streng profitmaximierender kapitalistischer Manier nutzen? Was passiert, wenn eine autoritäre chinesische Regierung in den Besitz metamoderner Theorie (oder etwas Vergleichbarem) gelangt und beginnt, sie auf nicht-demokratische, manipulative Weise zu gebrauchen? Ich vermute, wir werden das nur zu bald herausfinden.

Können Sie nun verstehen, warum Entwicklung wichtig ist? Dass innere Dimensionen wichtig sind? Können Sie nun verstehen, dass wir Wissenschaft und kognitive Komplexität mit innerem Wachstum in ein Gleichgewicht bringen müssen – und auch umgekehrt?

Der Stein der Weisen

Als kurze Randnotiz möchte ich Ihnen hier meine Idee zur Rolle hervorragender Menschen in der Geschichte anbieten. Das meiste, worüber ich hier spreche, hat mit umfassenderen Themen zu tun: transpersonalen Dingen, Clustern und Strukturen, Tiefenschichten unserer geteilten Wirklichkeit – das Resultat von Interaktionen zwischen vielen verschiedenen Menschen in ausgedehnten Netzwerken und vielen verschiedenen Zusammenhängen. Man sollte allerdings *auch* beachten, dass relativ wenige Leute den Code tatsächlich *um*schreiben, unsere Glaubensvorstellungen, Ansichten über die Welt und anderes wirklich verändern. Das sind zumeist Menschen mit außergewöhnlichen Entwicklungsqualitäten.

Mindestens seit dem 20. Jahrhundert hat sich unsere Geistesgeschichte vornehmlich um Philosophen gedreht. Der Soziologe Randall Collins hat das in seiner Analyse des Netzwerks großer Philosophen und ihrer wechselseitigen Beziehungen beschrieben: Die Geistesgrößen der Philosophie bilden ein Zentrum oder einen Kern der Kultur: Sie verbinden die Punkte – zumindest in einem intellektuellen Sinne.[2] Aristoteles war ein Lehrer des Burschen, der sich seinen Weg nach Indien eroberte und West- und Osteurasien miteinander verband (Alexander der Große), die Lehre des Augustinus durchdrang die katholische Kirche, Voltaire beriet Friedrich den Großen und war eine Inspiration für die Französische Revolution, Philosophen formulierten die Prinzipien, auf denen die USA gegründet wurden, der Wiener Kreis und angelsächsische Philosophen legten den Grundstein für Datenverarbeitung und Informatik, Foucault erschuf das Gerüst, auf das queere Feministen und postkoloniale Bewegungen überall auf der Welt zurückgreifen ... und so weiter.

Darüber hinaus sind diese philosophischen Geistesgrößen außergewöhnliche Menschen. Wie Randall Collins anmerkte, können die Menschen im Umkreis großer Philosophen – genauer gesagt: ihre Mentoren, die ebenfalls Philosophen sind – oftmals im Voraus erraten, dass sie eine wichtige Rolle spielen werden, wobei das beste Beispiel hierfür vielleicht Bertrand Russell ist, welcher der Schwester des jungen Wittgenstein gegenüber erwähnte, er und seine Kollegen erwarteten, der nächste wichtige Schritt in der Philosophie würde von Wittgenstein kommen. Auch Jürgen Habermas bekam Ähnliches zu hören.

Was sind denn dann die Eigenschaften dieser Geistesgrößen? Ungeachtet ihrer unterschiedlichen Geschmäcker, Vorlieben, Persönlichkeiten, historischen Hintergründe und symbolischen Codes, teilen all diese Philosophen eindeutig zwei Dinge: hohe kognitive Komplexität *und* große Tiefe. Das trennt sie von Mystikern, Yogis, Weisen, Heiligen und Propheten, die große Tiefe und einen hohen Zustand haben (aber keine ebensolche Komplexität), und *auch* von wichtigen Wissenschaftlern und Erfindern, die eine hohe Komplexität besitzen (aber nicht notwendigerweise große Tiefe). **Der Stein der Weisen ist schlicht die Überkreuzung von großer Tiefe und sehr hoher Komplexität (Stufe 14-Paradigmatisch und darüber)**. Natürlich befinden sich einige wie Plotin oder Schelling mehr aufseiten der Tiefe, und andere wie Kant oder Hume eher aufseiten der Komplexität.

Typen außergewöhnlicher Menschen	**Größen im Bereich von Wissenschaft oder Erfindung**	**Größen in Mystik oder Religion**	**Größen in der Philosophie**
Eigenschaften, die den Genius hervorbringen	• hohe MHK-Stufe • hohe Intelligenz	• hoher Zustand • große Tiefe	• Große Tiefe, die »hell« oder »dunkel« sein kann *und* • hohe MHK-Komplexität

Der »Farbton« philosophischer Tiefe kann hell oder dunkel sein, was bedeutet, dass diese Philosophen nicht notwendigerweise hoher Zustände bedürfen: Das Innenleben von Kierkegaard, Nietzsche, Schopenhauer, Adorno und Sartre war eher kein Volksfest. Menschen wie Plotin und Schelling haben dagegen ziemlich offensichtlich sehr hohe Zustände erfahren.

Bei der Aufbereitung dieser Philosophen durch den akademischen Mainstream wird der Aspekt der Tiefe in der Philosophie im Allgemeinen übersehen. Wie kann es zum Beispiel sein, dass Plato und Aristoteles von »Gott« sprechen, wo sie doch in einer polytheistischen Gesellschaft leben? Besitzt das Höhlengleichnis nicht eindeutig eine mystische Färbung, ebenso der ewige Gott, dessen einzige Beschäftigung es ist, über sich selbst nachzudenken? Woher haben sie dieses Zeug?

Diese Philosophen bringen eindeutig komplexe Gedanken über *mystische, spirituelle* Erfahrungen zum Ausdruck. Tatsächlich ist bereits bei der Geburt der Philosophie eine schwingende mystische Unterströmung vorhanden, als Thales fragt, was der Urgrund aller Dinge sei, und Protagoras feststellt, dass der »Mensch das Maß aller Dinge [sei], der seienden, dass sie sind, der nicht-seienden, dass sie nicht sind.«

Spricht er hier nicht über das reine Sein, eine Erfahrung, die den begrifflichen Verstand überschreitet? Wer wäre Hegel gewesen, wenn er keine große Tiefe besessen hätte? Oder selbst Marx? Sie wären Wissenschaftler gewesen, aber keine Philosophen. Und ohne hohe MHK-Stufe wären sie vielleicht spirituell gewesen, aber nicht philosophisch.

An der Universität Philosophie zu studieren verleiht Ihnen leider weder große Tiefe noch Komplexität. Ebenso wie auch ein Studium der Kunstgeschichte Sie nicht in einen Rembrandt verwandelt. Das ist der Grund, warum es so einen großen Unterschied zwischen Philosophieprofessoren und Philosophen gibt. Die akademische Philosophie ist gut für allerlei Dinge, aber man findet dort nicht den Stein der Weisen.

Reißt sie in Stücke, verschont niemanden

Wir müssen uns nicht wirklich damit abmühen, die anderen Theorien der Erwachsenenentwicklung durchzugehen. Ich möchte nur kurz darauf hinweisen, dass sie nicht wirklich funktionieren – obwohl sie alle gute Punkte und ihre Verdienste haben. Natürlich bin ich ihnen allen dankbar und es gibt selbstverständlich einiges, was ich von ihnen gelernt habe. Aber sie alle scheitern am selben Problem: daran, zwischen Stufe, Code, Zustand und Tiefe zu unterscheiden.

Nehmen Sie beispielsweise die Theorie der Selbstbildentwicklung des Harvard-Psychologen Robert Kegan. Er sagt, es gebe fünf Stufen, durch die sich das »Selbst« hindurch entwickelt – zunächst erfahren Menschen eine Sozialisierung und erlernen die Konventionen, manche entwickeln sich dann zu selbstbestimmten Individualisten weiter, manche (und das sind noch weniger) durchlaufen eine Transformation: Sie betrachten sich als Teil einer umfassenderen dialektischen Entwicklung der Realität als ganzer und müssen insofern stets in Bewegung bleiben – sie sind ständig im Wandel begriffen.

Seine Theorie ist nützlich und besitzt einige Vorzüge. Aber denken Sie ausführlicher darüber nach: – Meint er, Menschen könnten in Hinblick auf sich selbst abstrakter *denken*, weil sie eine höhere Komplexität besitzen, oder meint er, dass sie Zugang zu einem besseren Code erhalten, der ihnen eine fortgeschrittenere Sprache gewährt, um mit sich selbst zu diskutieren (über Ideen wie »Identität«, »Geschlechterstrukturen« und »das Unbewusste«), oder meint er, dass einige Leute sich in ganzheitlicheren und erfüllteren subjektiven Zuständen befänden, in denen unser Selbstempfinden selbstverständlicher wird (wie in Emersons spirituellem Gedicht beschrieben), oder meint er, dass eine größere Tiefe internalisiert wird durch posttraumatisches Wachstum oder psychedelische Erfahrungen? Oder auch irgendeine Kombination der vier? Wovon genau spricht er?

Kegans Theorie vermittelt uns keine sehr spezifische oder verlässliche Vorstellung von Menschen und ihrer Entwicklung. Und Kegans Schlussfolgerungen selbst leiden unter den Lücken in seiner Theorie. Zum Beispiel verlautbarte er vor einigen Jahren in einem Seminar, dass »der Grund« für das Älterwerden der Menschen (also dass Menschen heutzutage länger leben als noch vor einigen Jahrzehnten) darin zu finden sei, dass die Welt von uns »will«, dass wir weise werden, so dass wir zu einer weiseren, ökologischen Zivilisation fortschreiten können. Das ist exakt die Art von teleologischem Denken, vor der ich Sie in Kapitel 10 gewarnt habe. Das ist absolut lächerlich und ein unverzeihlicher intellektueller Ausverkauf an magische Vorstellungen. Gemäß meiner eigenen Theorie ist das eine Folge davon, dass Kegans Tiefe seine Komplexität übertrifft. Das ist der magische Rückstand in Aktion – magische Überzeugungen schleichen sich durch die Hintertür ein. Wie Sie sehen können, gibt es das wirklich – und es macht auch vor Harvard-Professoren nicht halt.

All die anderen Theorien wie die von Susanne Cook-Greuter, Gerald Young oder auch Larry Kohlberg selbst – selbst diejenigen des sehr intelligenten Theo Dawson und der spirituell einfühlsamen Terri O'Fallon – können Sie nach demselben Schema in Stücke reißen: Wie sie alle daran scheitern, zwischen den vier Dimensionen von Stufe, Code, Zustand und Tiefe zu unterscheiden. Viel Spaß.

Wir bleiben zurück mit Michael Commons' Stufen der Komplexität und meiner eigenen Rekonstruktion der Spiral Dynamics. Commons' Theorie hält immer noch stand. Es ist nur so, dass wir ihr die drei anderen Dimensionen, die ich vorgeschlagen habe, hinzufügen müssen, ebenso wie eine allgemeine Auseinandersetzung mit Werte-Memen. In gewisser Weise hält sich auch unser seltsamer Onkel noch, die Spiral Dynamics. Wir haben ihn zerpflückt, das stimmt, aber dann haben wir ihn neu zusammengesetzt. Das alles gemäß dem metamodernen Diktum: **nach der Dekonstruktion muss die Rekonstruktion folgen**.

Lassen Sie uns hier auch eine Bestandsaufnahme einiger weiterer Dinge machen, die wir im Rahmen dieser Theorie *nicht* angesprochen haben. Dazu gehören zuallererst Theorien der Kompetenzentwicklung, die einige der erwähnten Autoren erläutern. Genau genommen ist es schwer vorstellbar, wie die Entwicklung, von der ich gesprochen habe, möglich sein soll ohne das Erlernen von Kompetenzen. Zweitens haben wir nicht wirklich weitere Aspekte der Psychologie erörtert, wie zum Beispiel Persönlichkeitstypen, Interessen, den Grad emotionaler Selbsterkenntnis, das Vorkommen von Selbsttäuschung und anderen Vorurteilen, die psychologische Gesundheit im Allgemeinen und so weiter. Folglich lässt dies viel Raum dafür, dass Leute eine Psychologie haben, die sich von derjenigen anderer stark unterscheidet, selbst wenn sie in Hinblick auf Komplexität, Code, Zustand und Tiefe (und folglich des Werte-Mems) vergleichbar sind. Auch über Dinge wie Lebensphasen haben wir nicht gesprochen: Ein alter Mensch, der kurz vor dem Tod steht, unterscheidet sich natürlich von einem Zwanzigjährigen, auch wenn beide zufällig dasselbe Werte-Mem haben. Dasselbe gilt für Kultur: beispielsweise inwiefern japanische Menschen sich von schwedischen unterscheiden. Und wir haben das Thema psychischer Störungen nicht berührt und wie diese unter Umständen mit den Werte-Memen interagieren. Oder auch wie soziologische Aspekte wie Privileg, Kapital und Exklusion sich auf sie auswirken (diesen Dingen wende ich mich in meinem anderen Buch, *Outcompeting Capitalism*, zu).

Was ich wohl sagen will: Die Werte-Meme leisten viel für die Erklärung der Welt und für das Verständnis von Gesellschaft, Politik und den Menschen, die uns umgeben. Aber ganz offensichtlich beantworten sie nicht all Ihre Fragen. Wenn Sie sich also aufmachen, um diese Einsichten in Ihrem Leben anzuwenden, behalten Sie bitte im Hinterkopf, dass Psychologie, Soziologie und die Politik noch viel mehr umfassen.

Trotzdem ist es meine aufrichtige Überzeugung, dass Sie hier ausgestattet wurden mit einer der besten und mächtigsten Theorien, die es derzeit gibt. Gebrauchen Sie sie mit Bedacht.

Folgen für die globale Gesellschaft

Kann es wirklich so einfach sein? Kann man wirklich so viel von der Welt und ihrer Entwicklung anhand von Werte-Memen und ihren vier Dimensionen verstehen? Ja. Aber ist die Welt nicht viel verschwommener und komplexer? Natürlich ist sie das. Dennoch gibt es in diesem Chaos zugrunde liegende Muster. Ganz wie unsere Augen eigentlich nur drei Farben sehen und wir vergleichsweise wenige Geschmacksrichtungen schmecken können und dennoch eine große Bandbreite von sinnlichen Erfahrungen machen können. In der Physik studieren Sie die einfachen, klaren zugrunde liegenden Prinzipien, die all diese erstaunliche Komplexität hervorbringen, die uns umgibt. Und die Gesetze sind immer erstaunlich einfach.

So ist das auch mit psychologischer und soziologischer Entwicklung. Der Grund dafür, dass die Welt so verschwommen scheint, ist schlicht, dass Sie die Muster, in denen sie geordnet ist, noch nicht entdeckt und verstanden haben. Das schließt die gesellschaftliche Welt ein. Auch wenn es viele Dinge gibt, die wir mit dieser Theorie noch nicht erklärt haben, verhilft sie Ihnen dazu, in Ihrer Umgebung eine Einfachheit zu entdecken – ein Muster, das verbindet, eine »zweite Einfachheit«.

Während eines Fluges traf ich einmal einen jungen Amerikaner; wir überquerten zufällig gemeinsam den Atlantik, als ich auf dem Weg zu einem Besuch bei Michael Commons war. Dieser 21-Jährige – ich glaube, sein Name war Andrew – hatte gerade den Sommer in Rom verbracht, um bei einigen ziemlich bekannten Theologen zu studieren. Er hinterließ bei mir einen nachhaltigen Eindruck.

Andrew hatte einen Bachelorabschluss in Philosophie und einen in klassischer Philologie. Er hatte als Bester seines Jahrgangs abgeschnitten und nun schlussendlich entschieden, doch kein Mönch, sondern ein Arzt zu werden und eine Familie zu gründen. Das war also ein kluger junger Mann. Die Geschichte, die er von sich selbst erzählte, hinterließ bei mir einen tiefen Eindruck, sein Glaube, wie er seine Vorstellungen verteidigte – und seine freundlichen, glühenden Augen. Scheinbar hatte er bereits als Teenager schwere Krisen durchlitten und Orientierung bei einem katholischen Priester sowie im Glauben und im kontemplativen Gebet gefunden. Sein Leben hatte sich vollkommen verändert: Sein Herz brach auf und seine Seele wurde von Licht und Demut erfüllt. Seine Augen hatten eine unverkennbare Weichheit, ein Glühen, einen Idealismus, eine Art von Liebe – oder vielleicht auch Weisheit. Niemals habe ich etwas Vergleichbares bei einem nicht-spirituellen Nichtgläubigen vorgefunden – nicht einmal bei den idealistischsten Tierrechtsaktivisten.

Dieser junge Mann war in einer modernen Kultur herangewachsen. Nichtsdestotrotz glaubte er an die Transsubstantiation (dass Wein im wörtlichen Sinne zum Blut Christi wird etc.), den freien Willen, die Sünde, den Himmel, die Seele, dass Jesus im buchstäblichen Sinne der Sohn Gottes ist und allerlei weitere absurde katholische Dinge. Politisch unterstützte er die Republikaner und sah ein Problem in all den »Blutegeln«, die der Gesellschaft das Blut aussaugten, indem sie nicht arbeiteten und von Sozialhilfe lebten. Dennoch leistete er selbst viel Wohltätigkeitsarbeit zugunsten der Armen. Als ich erklärte, dass Sozialhilfe besser sei als karitative Arbeit, weil dadurch einiges an gesellschaftlicher Herabsetzung vermieden werde wie auch die Machtbeziehungen, die Letztere mit sich brächte, leuchteten seine freundlichen Augen auf – er hatte darüber einfach noch nie auf diese Weise nachgedacht.

Wenn ich es mir recht überlege, habe ich schon einmal jemanden getroffen, dessen Augen auf dieselbe Weise sanft glühten, ebenfalls ein schöner junger Mann. Sein Name war Jonas, ein Student der Umweltwissenschaften aus Stockholm. Ich traf ihn zuletzt einen Tag vor seinem 25. Geburtstag und wir liefen gemeinsam durch Stockholm, an einem klaren Tag im Mai, und sprachen über den Metamodernismus und die Zukunft der Gesellschaft. Als wir auseinandergingen sah mich Jonas mit diesen innigen, freundlichen Augen an und meinte, er hätte neue Hoffnung gefunden. Einige Monate später nahm er sich das Leben.

Ich komme nicht umhin zu denken, dass unsere im Entstehen begriffene globale Gesellschaft mehr Menschen wie Andrew braucht – die zudem aber *auch* politisch progressive, komplex Denkende sind und die sich nicht auf Mythologien verlassen, die von Symbolstufe D-Postfaustisch abgeleitet sind. Ist das zu viel verlangt? Können wir eine Gesellschaft erschaffen, in der Menschen diese Art von Tiefe und innerem Strahlen haben können, ohne sich auf Dinge wie den traditionellen Katholizismus zu verlassen?

Und auch mehr Menschen wie Jonas – deren innere Tiefe allerdings einen Widerhall findet und deren freundlichen, weichen Seelen gestattet wird, sich konstruktiv in unsere Welt einzubringen.

Die technische und ökonomische Entwicklung der Welt (und die mehrdimensionale Krisenrevolution) verlangen von uns, dass wir in Hinblick auf alle vier Dimensionen wachsen: Komplexität, Code, Zustand und Tiefe.

Müsste ich allerdings eine auswählen, würde ich Zustand nehmen. Wir müssen vor allem den subjektiven Zustand von Menschen verbessern. Dabei handelt es sich um die einzige Dimension, bei der es ethisch unproblematisch ist, sie sich für alle Menschen gleichermaßen zu wünschen. Wenn wir Menschen »komplexer« machen wollen oder etwas in der Art, schließt das ein, dass wir sie verändern wollen, um sie passender für die Bedürfnisse und Anforderungen anderer zu machen. Höhere Zustände bedeuten dagegen einfach, dass wir uns gegenseitig Gutes wünschen. Dazu ist der Zustand unbeständiger, folglich also auch leichter zu beeinflussen. Eine glücklichere Welt ist wahrscheinlich auch eine vernünftigere. Ich bin überzeugt, dass es möglich wäre, viel mehr von uns für einen längeren Zeitraum in hohen Zuständen und in liebevollen Umarmungen des Lebens zubringen zu lassen.

Damit das umgesetzt werden kann, müssen wir damit beginnen, eine metamoderne Perspektive auf die Realität und die Politik einzunehmen. Wir brauchen eine Gruppe von Menschen – eine metamoderne Aristokratie –, die komplex Denkende sind, sich niemals auf magische Vorstellungen *oder* einen Reduktionismus verlegen und von einer profunden inneren Tiefe bewegt werden; die zudem transnational arbeiten können und dabei mithelfen, eine Gesellschaft zu schaffen, die ihren Mitgliedern besser zuhört und es schafft, all den anderen Werte-Memen mit Freundlichkeit und Respekt zu begegnen.

Es steht viel auf dem Spiel.

Falls Sie es immer noch nicht begriffen haben

Entwicklung ist wichtig I

> »Ground Control to Major Tom
> Ground Control to Major Tom
> Take your protein pills and put your helmet on
> Ground Control to Major Tom (ten, nine, eight, seven, six)
> Commencing countdown, engines on (five, four, three)
> Check ignition and may God's love be with you (two, one, liftoff)«

Dringe ich zu Ihnen durch? Oder sind Sie im Weltraum verloren wie David Bowies Major Tom? Hier ist meine Botschaft: **Entwicklung ist real und sie ist wichtig**. Menschen entwickeln sich über eine Reihe von Stufen – obschon auf knifflige, komplexe und oft scheinbar widersprüchliche Weise. Doch unterhalb der Verwirrung verbirgt sich, in eleganter Schlichtheit, ein relativ einfacher Satz von Entwicklungsschritten.

Als Gesellschaft das Wachstum hin zu höheren Stufen zu unterstützen, ist nicht nur ein ethischer Imperativ – da unsere gegenwärtigen Gesellschaften voll von unentschuldbarem Leid sind –, sondern auch ein Erfordernis, damit die sich formierende globale Gesellschaft überleben und gedeihen kann.

Die Grundidee metamoderner Politik ist es, eine **Gesellschaft des Zuhörens** zu erschaffen, die das Leid des »normalen« Lebens abmildert und sich der ganzen Palette sozialer Technologien und politischer Strategien bedient, um das psychologische Wachstum aller Mitbürger und Mitbürgerinnen zu unterstützen.

Das umzusetzen ist keine leichte Sache. Aber warum beginnen wir nicht einmal ein Gespräch darüber, wie das bewerkstelligt werden kann? Als Gesellschaft vollbringen wir alle möglichen Arten von schwierigen Dingen: alle impfen, Beschulung garantieren, Flugzeuge in der Luft halten, neue Wege zur Nutzung des

Internets erfinden. Liegt es wirklich jenseits unserer Fähigkeit, Institutionen zu erschaffen, die unserem Glück und unserer Entwicklung förderlich sind?

Bevölkerungen höherer Stufen

Der Grund, warum die skandinavischen Länder sich in eine progressive Richtung entwickelt haben, liegt einfach darin, dass den Menschen in Skandinavien bessere Gelegenheiten dafür zur Verfügung gestanden haben. Wie Freunde von mir in einem anderen Buch, *The Nordic Secret*, schreiben, steht dahinter *ein expliziter Plan* des Gründers der schwedischen Sozialdemokratie, Hjalmar Branting. Dennoch gibt es in den skandinavischen Ländern erst seit einigen Jahren einen signifikanten Prozentsatz in der Bevölkerung, der beim postmodernen und metamodernen Werte-Mem verortet ist. Immer noch sind die Postmodernen weitaus zahlreicher als die Metamodernen, was ein Problem darstellt. Wenn die Dinge schlecht laufen, könnten die Länder ihre diesbezüglich einzigartige Position verlieren und stagnieren – oder sogar regredieren.

Was macht nun aber den Unterschied aus, ob man eine entwickelte Bevölkerung hat oder eben nicht? Auf einer individuellen Ebene bedeutet das wirklich keinen großen Unterschied: Eine Person kann mit jedem beliebigen Werte-Mem glücklich und produktiv sein. Das Problem ist hier, dass größere, komplexere Zivilisationen mit Zugang zu mächtigeren Technologien Menschen brauchen, die sich bei einem höheren effektiven Werte-Mem aufhalten, damit sie nachhaltig sind. Bedenken Sie nur den Unterschied zwischen einer modernen, einer postmodernen und einer metamodernen Bevölkerung, wie sie in der Tabelle unten vorgestellt wird.

Modern	**Postmodern**	**Metamodern**
Ist nicht besonders um die Umwelt besorgt	Ist sehr um die Umwelt besorgt	Nachhaltigkeit ist integraler Bestandteil des Denkens hinsichtlich aller Angelegenheiten des Lebens
Hält alle vormodernen Menschen für dumm und abergläubisch	Nimmt eine relativistische Haltung ein und begrüßt den Multikulturalismus	Ist davon überzeugt, dass man die Perspektiven aller früheren Stufen integrieren muss, aber frühere Stufen keine Macht gewinnen lassen darf

Hat keine echte Vorstellung von Tierrechten und konzentriert sich ausschließlich auf Menschen	Schließt alle Tiere in den Kreis der Solidarität ein	Schließt sowohl Tiere und die Perspektiven derjenigen ein, die an Tierrechte glauben
Ist leistungsorientiert	Ist davon überzeugt, dass Machtstrukturen die Menschen unterdrücken und zurückhalten	Ist davon überzeugt, dass man die Qualität menschlicher Beziehungen verbessern muss
Ist davon überzeugt, dass es der Gesellschaft gutgehen wird, wenn wir auf dem gegenwärtigen Weg weitermachen und uns weiterentwickeln	Ist davon überzeugt, dass die Gesellschaft verdorben ist und moralisch gereinigt werden muss	Ist davon überzeugt, dass die Gesellschaft nicht ausreichend entwickelt ist und dass Schritte unternommen werden müssen, um uns dabei zu helfen, uns psychologisch zu entwickeln

Hier ein Gedankenspiel: Was ist eher vorstellbar – dass es einer Weltgesellschaft von acht Milliarden am besten geht, wenn die Mehrheit der Menschen modern (oder vormodern) ist oder wenn diese post- und metamodern ist? Behalten Sie diese Fragen im Hinterkopf:

- Welche Bevölkerung würde stabilere Märkte hervorbringen?
- Welche Bevölkerung würde am ehesten die Tiersklaverei beenden (das schlimmste Verbrechen in der Geschichte des Planeten)?
- Welche Bevölkerung würde eine weichere, inklusivere Gesellschaft für Menschen aller Kulturen und Werte-Meme erschaffen?
- Welche Bevölkerung wäre am besten in Hinblick auf ökologische Nachhaltigkeit?
- Welche Bevölkerung würde ihre wirtschaftlichen Ressourcen am effizientesten nutzen, wenn das Ziel darin bestünde, Menschen und Tiere glücklich zu machen?
- Bei welcher Bevölkerung wäre es am wahrscheinlichsten, dass sie die unglaubliche Macht der Nanotechnologie, AI und Bioengineering verantwortungsvoll einsetzt?
- Welche Bevölkerung wäre am effizientesten darin, Ungleichheit und Armut zu bekämpfen – sowohl relative wie absolute?

Dies sind die Hauptaufgaben unserer Zeit. Und sie können einfach nicht von Menschen gelöst werden, die vom modernen Werte-Mem ausgehen. Das moderne Werte-Mem wurde nicht für den Zweck entwickelt, eine superproduktive, ökologisch furchterregende, hyperverbundene, hypermobile Megazivilisation von acht-und-irgendwann-neun Milliarden Menschen zu erhalten, die sich über sämtliche Kulturen der Welt und alle möglichen Werte-Meme erstreckt. Das war nicht ihr Zweck und das kann er auch nicht sein. Keine der modernen Positionen – links sein oder ein Liberaler oder eine Konservative – bedeuten einen großen Unterschied. Es ist, als hätte man einen Sandwichbelag aus fauligem Ei und dürfte sich dafür die Brotsorte aussuchen. Wie die Sache heutzutage aussieht, lieber Major Tom, fürchte ich, dass wir eine globale Bruchlandung erleben werden.

Wir müssen bei Millionen unserer Zeitgenossen eine psychologische Entwicklung stimulieren. Das ist einer der Hauptgründe, warum wir eine Gesellschaft des Zuhörens brauchen. Während wir nicht genau wissen können, wie man in einer Bevölkerung das Wachstum in Richtung höherer Werte-Meme anregt, können wir *durchaus* wissen, dass das machbar ist.

Wie könnte es sonst sein, dass die schwedische Bevölkerung ein sehr viel höheres durchschnittliches effektives Werte-Mem hat als die US-amerikanische Bevölkerung, die diesbezüglich wiederum sehr viel besser dasteht als die indische Durchschnittsbevölkerung? Und wie kann es sein, dass die Werte-Meme dieser Bevölkerungen in einer historischen Abfolge aufgetaucht sind – vom traditionellen zum modernen zum postmodernen zum metamodernen Werte-Mem? Warum gab es um 1800 keine queer-feministischen Veganerinnen?

Es ist ziemlich offensichtlich, dass eine sichere, effiziente und technologisch fortschrittliche Gesellschaft, die sich um ihre Mitbürger und Mitbürgerinnen kümmert, das Wachstum in Richtung höherer Werte-Meme anregt. Aber die Ziele der Gesellschaft sind *ihrerseits* in den Begriffen von Werte-Memen gefasst. Es ist unwahrscheinlich, dass Menschen früherer Werte-Meme die Ziele von Menschen späterer Werte-Meme teilen. Das durchschnittliche Werte-Mem anzuheben wird zudem erst zum gesellschaftlichen Ziel, wenn man sich selbst beim metamodernen Werte-Mem aufhält.

Der postfaustische Geist *will* nicht, dass die Gesellschaft ein moderner, rationaler und grenzenloser Marktplatz wird. Der moderne Geist *will* keinen Queer-Feminismus, Fahrradwege, Tierrechte, weniger Materialverbrauch, die Entkopplung von Arbeit und Geld, Grundeinkommen oder Yoga und Achtsamkeit. Und der postmoderne Geist *will* keine Gesellschaft, in der Postfaustische und Moderne sich willkommen fühlen und die planvoll darauf ausgerichtet ist, das Wachstum von Menschen in Richtung der metamodernen Stufe zu befördern.

Letztlich schleicht sich Entwicklung immer von hinten an Sie heran: Sie entfaltet sich stets auf nicht-lineare Weise. Die postfaustischen Gesellschaften der Vergangenheit erwarteten nicht, von den Modernen überholt zu werden. Tatsächlich kämpften sie verbissen dafür, ihr symbolisches Universum gegen die Moderne zu verteidigen. Die Modernen erwarteten nicht, von den Pomos überholt zu werden, die plötzlich sämtliche Universitäten und weite Teile der Künste und Medien zu kontrollieren scheinen. Und die Pomos mögen es auch *nicht im Geringsten*, wenn auf einmal der Metamodernismus auftaucht und ihnen sagt, dass sie nicht annähernd so inklusiv, kritisch und multiperspektivisch sind, wie sie von sich selbst angenommen hatten.

Die Mainstream-Modernen können das Postmoderne nicht wirklich vom Metamodernen unterscheiden. Dennoch sind die Metamodernisten immer noch ein bisschen weniger nervig als diese postmodernen Hipster-Snobs und gruseligen Yoga-Hippies (weil die Metamodernisten mit der modernen Perspektive solidarisch sind).

Dasselbe gilt für die Postfaustischen – sie mögen keine Modernen oder Postmodernen (und sie können beide nicht wirklich voneinander unterscheiden –, während die Metamodernisten in ihrer eigenen Begrifflichkeit über Religion, Nationalität und Spiritualität sprechen können (ohne Erstere allzu sehr gegen sich aufzubringen). Deshalb sind die Metamodernisten selbst für die Postfaustischen irgendwie akzeptabler.

Im Großen und Ganzen ist die metamoderne Position allen anderen näher als diese es untereinander sind. Das macht daraus eine ziemlich mächtige Position.

Warum die Postmodernen die Welt nicht retten können

Den Pomos erscheint die metamoderne Revolution wie etwas, das geradewegs aus der Hölle hervorgekrochen ist. Plötzlich ist alles wieder da: Hierarchien und Entwicklungsmodelle und große Erzählungen und Social-Engineering – sogar Spiritualität.

Außer dass Sie, lieber Pomo, von nun an die Streitgespräche verlieren. Jedes Mal, wenn Sie dieses offensichtliche Böse angreifen, werden Sie selbst zum Bösewicht. Auf Ihre Feststellung, die Metamodernisten seien hierarchisch, geben diese das unverblümt zu und entgegnen, Sie selbst seien ja ebenfalls wertend, wenn Sie *keine* Hierarchien akzeptierten. Wenn Sie den Metamodernisten vorwerfen, sie würden rassistischen Hinterwäldlern Raum bieten, entgegnen diese, dass die Perspektiven von Hinterwäldlern nicht ausgeschlossen werden könnten und Sie selbst diese aus einer Position mit größerem kulturellem Kapital aus angriffen, also aus einer privilegierten Position. (Wenn man außerdem Hinterwäldler und Weiße verachtet, nicht aber ebensolche Positionen in anderen Gemeinschaften, wertet man implizit andere Ethnien ab, da Weiße als moralisch verantwortlicher angesehen werden als Minderheiten.) Wenn Sie die Metamodernisten beschuldigen, den Kapitalismus zu entschuldigen, weisen diese darauf hin, dass sie besser darin sind, eine Alternative bereitzustellen, als sie das gewesen sind (siehe mein anderes Buch, *Outcompeting Capitalism*). Wenn Sie sagen, dass die Metamodernisten deterministische, plumpe Entwicklungsgläubige sind, halten sie Ihnen empirische Beweise vor und stellen fest, dass sie eigentlich nicht erklären können, warum Feminismus und Tierrechte besser sind als der Mainstream-Kapitalismus, wenn sie *nicht* an Entwicklungsverläufe glauben würden. Wenn Sie sagen, dass die Metamodernisten irgendwie mystisch und »new-age-mäßig« klingen, weisen diese Sie darauf hin, dass auch Ihre eigene Position auf Überzeugungen basiert, die nicht bewiesen werden können, und dass Sie Minderheiten ausschließen und herabsetzen, wenn Sie all ihre spirituellen Erfahrungen entwerten. Wenn Sie den Metamodernisten sagen, dass ihre Entwicklungssicht elitär ist, weisen diese Sie darauf hin, dass eine riesige Mehrheit in der Bevölkerung sich von Ihren Werten entfremdet fühlt, aber dass die Metamodernisten wenigstens einen Entwicklungspfad aufzeigen, der zu ihrer eigenen Position führt. Wenn Sie sagen, dass die Metamodernisten nicht gegen das Patriarchat sind, weisen diese Sie darauf hin, dass das Patriarchat kontextabhängig ist und man es deswegen nicht kategorisch hassen kann. Wenn Sie gegen die Maschine und den Neoliberalismus wüten, weisen die Metamodernisten Sie darauf hin, dass Ihre Sichtweise essentialistisch ist, weil Sie komplexen Phänomenen, die unmöglich ein »inneres Wesen« haben können, immanente Qualitäten zuschreiben. Wenn Sie sagen, dass die Metamodernisten nicht egalitär genug sind, weisen diese Sie darauf hin, dass Sie selbst eine elitäre, enge Vorstellung von Gleichheit haben. Wenn Sie sagen, dass die Metamodernisten denken, sie wären im Besitz der einen Wahrheit, entgegnen diese, dass das metamoderne Entwicklungsmodell impliziert, dass es auch noch höhere Werte-Meme geben muss, was bei Ihrem Modell nicht der Fall ist. Wenn Sie sagen, die Metamodernisten seien von der Idee der Entwicklung besessen, weisen diese Sie darauf hin, dass Entwicklung immer unordentlich, kontextabhängig und fraglich ist und die von Ihnen vorgeschlagene Alternative eigentlich ein Moralismus zu sein scheint.

Mit dem Metamodernismus konfrontiert zu sein, ist für den postmodernen Geist eine extrem frustrierende Erfahrung. Die Leute wollen so wahnsinnig gerne glauben, dass sie selbst die Guten sind. Aber im Angesicht eines höheren effektiven Werte-Mems werden sie mit ihren eigenen Waffen geschlagen.

Es ist zugegebenermaßen verlockend, dieser schmerzvollen Verwirrung, die Menschen mit nicht-metamodernen Meinungen und Perspektiven verspüren, mit Schadenfreude zu begegnen. Die Postmodernen haben sich den modernen Mainstream-Menschen gegenüber in den letzten Jahrzehnten nicht gerade gnädig gezeigt: Mit allen möglichen wertenden Beschämungsstrategien und politischer Korrektheit sollen die Menschen dazu gebracht werden, sich moralischen Anliegen wie der Gleichstellung der Geschlechter, dem Antirassismus und den Tierrechten zu unterwerfen.

Beachten Sie jedoch, dass der wahre Unterschied zwischen Postmodernen und Metamodernisten ist, dass Letztere mit den Perspektiven aller anderen solidarisch sind. Folglich verurteilen sie Menschen nicht für ihre Meinungen – im Gegensatz zu den Postmodernen. Deswegen werden die Metamodernisten verstehen, dass eine normale postmoderne Person ihr ganzes Leben lang darum gekämpft hat, in dieser düsteren Welt Sinn und einen moralischen Kompass zu finden. Und nun, wo sie Letzteren endlich gefunden hat und ihn im Dienste ihres Gewissens gebraucht, taucht irgendeine merkwürdige Person auf und nimmt ihnen das weg – und lässt sie allein und verwirrt in einer Welt der Düsternis zurück, in der das Böse herrschen kann und wird. (Beziehungsweise fühlt sich das eben so an.)

Weil der metamoderne Geist das erkennen kann, weil er Verantwortung für diese Menschen übernimmt und ihnen allen zugetan ist, unabhängig davon, von welcher Perspektive sie ausgehen, ist er dem postmodernen Geist überlegen. Er verurteilt weder die kapitalistische Gesellschaft noch konservative Christen und nicht einmal terroristische Attentäter. Er erkennt, dass man das Verhalten anderer nur durch ein Verständnis ihrer Perspektiven beeinflussen kann – und durch die Synthese dieser verschiedenen Perspektiven, damit diese zusammenwirken können oder wenigstens weniger destruktive Ventile finden. Zudem verurteilt der Metamodernismus die Postmoderne nicht, sondern ist mit ihr solidarisch.

Es ist eine Tatsache, dass es eine solide Mehrheit der Weltbevölkerung aufseiten des postmodernen Werte-Mems bräuchte, damit die Weltgesellschaft wirklich friedvoll, nicht-ausbeuterisch, nachhaltig und frei von Tiersklaverei würde. Da dies in absehbarer Zeit nicht der Fall sein wird – vielleicht sogar erst in einem Jahrhundert – **kann und wird unsere Gesellschaft verunglücken, wenn die Menschen mit all den vorhandenen Werte-Memen nicht aktiv und bewusst umgehen: vom animistischen bis zum metamodernen.**

Da das postmoderne Werte-Mem die Existenz von Werte-Memen nicht zugibt – und glaubt, dass alles gut wird, solange man nur weitermacht mit der »Bekämpfung des Patriarchats«, »Belehrung über die Notwendigkeit von Tierrechten«, »Eindämmung des Rassismus«, »Zerschlagung des globalen Kapitalismus«, »Schaffung einer Protestbewegung«, »Kritik an den gesellschaftlichen Machtstrukturen« oder der Tabuisierung von saloppen Worten und Wendungen –, können sie mit den anderen Werte-Memen einfach nicht produktiv umgehen.

Die Postmodernen verprellen schlussendlich eine riesige Mehrheit normaler moderner Menschen, sorgen bei diesen für ein Gefühl der Verwirrung, Verletzung und Frustration. Wenn das lange genug so weitergegangen ist, revoltiert die Mehrheit und fängt an, für Leute wie Trump und andere Nationalisten zu stimmen. Bei nicht-postmodernen Leute wächst ein unterschwelliges Rachegefühl heran, wann immer jemand die Stimme gegen Political Correctness erhebt.

Das metamoderne Werte-Mem kann und möchte auch mit Menschen mit niedrigeren Werte-Memen zurechtkommen und Wege finden, diese auf produktivere Weise einzubinden. Dazu sind die Postmodernen nicht in der Lage. Sie können auch keinen Plan ersinnen, mit dem man das effektive Werte-Mem über einen Zeitraum von mehreren Jahrzehnten anheben könnte.

Das metamoderne Werte-Mem ist also gekommen, um zu bleiben. Es ist einfach eine Tatsache, dass die verschiedenen Werte-Meme keine wahren Freunde sein können. Schließlich definiert sich jedes Werte-Mem in Opposition zu seinem Vorgänger.

Aber noch einmal – warum können wir nicht einfach beim postmodernen Werte-Mem verharren? Schließlich war doch alles so nett. Wir waren die Guten: anarchistisch, gemeinwohlorientiert, multikulturell, umweltbewegt, vegan und queer-feministisch eingestellte Menschen, Menschen im interreligiösen Dialog, ehrenamtliche Aktivisten und Kreativwirtschaftlerinnen, die viel von ihrem Einkommen für karitative Zwecke spendeten. Warum können wir nicht einfach so weitermachen?

Weil das nicht funktioniert. Deswegen. Die meisten Menschen halten sich bei anderen Werte-Memen auf – sie wollen das, was Sie Ihrerseits wollen, einfach nicht. Der andere Grund ist, dass Sie niemals die Mehrheit der Menschen auf

Ihre Seite ziehen werden, weil Sie diese Menschen verwirren, verprellen und sogar anekeln – deswegen werden sie nicht mit Ihnen kooperieren. Sie teilen schlicht Ihre Voraussetzungen nicht. Ist Ihnen schon einmal aufgefallen, dass der Aktivismus den meisten Menschen völlig egal ist? Auch Sie selbst sind ihnen egal.

Die Postmodernen können die Welt nicht retten. Keinesfalls Noam Chomsky. Der arme alte Mann – trotz seiner Intelligenz und Freundlichkeit ist er zutiefst verblendet. Noam Chomsky ist zutiefst verblendet. Die Welt funktioniert nicht so, wie er behauptet. Nicht einmal Bono kann uns retten.

Was kann uns dann retten? Das metamoderne Werte-Mem. Und wie? Indem wir eine Gesellschaft des Zuhörens erschaffen – eine, die einen Großteil der Leute zum postmodernen Werte-Mem befördern kann und einen soliden Prozentsatz zum metamodernen – vielleicht sogar mehr als zwei Prozent der Bevölkerung. Wir können sowohl Code, Zustand und Tiefe entwickeln. Es bleibt abzuwarten, in welchem Umfang kognitive Komplexität in der menschlichen Bevölkerung vorangebracht werden kann.

Da es gegenwärtig nirgendwo auf der Welt metamoderne Regierungen gibt, wendet allerdings niemand Zeit und Mittel auf, um das herauszufinden. Was ein Problem sein könnte.

Die große Bandbreite

Das neue Spiel des Lebens sieht ziemlich genau so aus: Wer auch immer die meisten Perspektiven bewältigt hat, bevor er oder sie stirbt, gewinnt.

Wenn man sich die heutige Welt anschaut, ist die große Bandbreite in Hinblick auf Werte-Meme offensichtlich. Je mehr Menschen modern werden, desto mehr werden postmodern und desto mehr werden metamodern. Man hat heutzutage eine größere Vielfalt von Werte-Memen als jemals zuvor in der Geschichte – durch den globalen Markt interagieren diese miteinander und durchbrechen dabei kulturelle und sprachliche Barrieren, oftmals mithilfe des Internets.

Sie haben postmoderne junge westliche Frauen, welche die Straßen von Kalkutta herunterlaufen und sich darüber wundern, warum die postfaustischen und verarmten indischen Männer sie anstarren. (Weil in dem gesellschaftlichen Universum dieser Männer eine sich frei bewegende junge Frau sehr wenig Sinn ergibt, was ein sowohl intensiv verlockendes und zutiefst frustrierendes Gefühl hervorbringt – eines, das an ihrem Realitätssinn nagt.)

Es gibt Internetcommunitys, die junge Männer, die ihr Leben lieber als Wikinger zugebracht hätten, in gefährlichen Rebellen- und Terroristengruppen versammeln. Es gibt moderne Südkoreaner, die damit zu prahlen suchen, wie hartarbeitend und materialistisch sie in den Augen von Westlern geworden sind, die ihrerseits damit beschäftigt sind, postmaterialistische Werte aufzugreifen und die ihren eigenen Wohlstand und ihre eigenen Privilegien peinlich finden. Auf derselben Straße, aneinander vorbeilaufend, passieren sich eine alte Romni mit dreijähriger Schulausbildung, der materialistische und reduktionistische Geschäftsmann, die postmoderne Linguistik-Professorin, welche die Realität als zutiefst mit Bedeutungen verknüpft ansieht, und der metamoderne Hacker, der die Welt als Möglichkeitsraum für sich entwickelnde Perspektiven in einer zunehmend virtuellen Realität betrachtet.

Wir leben in einem Zeitalter **der großen Bandbreite**. Niemals zuvor gab es so intensiven und nahen Kontakt zwischen so vielen verschiedenen Werte-Memen. Nicht nur das: Die Interaktionen durchwirken sämtliche Stufen der Komplexität, symbolischen Codes, inneren Zustände und Tiefengrade.

Glauben Sie wirklich, dass eine moderne Perspektive, die einfach nur die Wissenschaft und das Individuum verteidigt, ausreichen wird? Wird sie all diese verschiedenen gelebten Erfahrungen und ihre Wechselwirkungen erfolgreich handhaben?

Und wird ein endloser Ansturm von postmoderner Political Correctness all diese Perspektiven besser im Verbund funktionieren lassen? Moderne und Postmoderne können uns auf diesem Weg unter Umständen ein Stück weiter voranbringen. Aber keine von beiden kann uns bis zur nächsten Stufe unserer Gesellschaft führen – auf der die Hauptprobleme des modernen Lebens weitestgehend gelöst sind.

Die große Bandbreite bedeutet, dass die verschiedenen Werte-Meme anfangen, offen miteinander zu konkurrieren. Die Metamodernisten mögen aus offensichtlichen Gründen zahlenmäßig unterlegen sein, aber sie stellen auch die am weitesten entwickelte und am meisten privilegierte Gruppe dar. Folglich werden ihre Werte sich auf lange Sicht durchsetzen.

Mit jedem Werte-Mem, das man emporklettert, stellt man eine sich klar abzeichnende Tendenz in Richtung zunehmender Kooperation fest. Ein Blick auf die Faustischen zeigt, dass sie außerhalb von Clans und Gangs nicht mit anderen zusammenarbeiten. Postfaustische kooperieren mit anderen Postfaustischen, die ihren eigenen Glauben teilen, aber blicken mit Argwohn auf

Postfaustische anderer Religionen (zum Beispiel traditionelle Christen versus Muslime). Die Modernen neigen dazu, religiöse Unterschiede zu übersehen, aber können nicht über verschiedene Ideologien hinweg miteinander auskommen (links oder rechts sein etc.). Die Postmodernen scheinen sich besser zu vertragen, aber sie sind stets aufgeteilt in die hellen Pomos (die Yoga-Bourgeoisie und so weiter) und die dunklen Pomos (die kritische Intelligenzia), was bedeutet, dass sie ein Problem damit haben, sich selbst zu organisieren. Die anarchistische Linke ist immer in zahlreiche Fraktionen und Splittergruppen aufgespalten.

Die Metamodernisten definieren sich selbst durch den Kampf der Werte-Meme gegen Werte-Meme: Es zählt nicht am meisten, ob Sie rechts oder links sind, sondern wie komplex ihr Denken ist. Folglich können sie über Religionen, politische Ideologien und verschiedene Entwicklungsprofile (hell versus dunkel) hinweg zusammenarbeiten, solange ihre Interessen gegen die Interessen anderer Werte-Meme verteidigt werden. Außerdem sind sie in den Augen aller anderen Werte-Meme weniger abscheulich, als diese sich untereinander finden (das heißt, Postfaustische verachten die Metamodernisten etwas weniger, als sie die Postmodernen verachten etc.).

Daraus geht eine Tendenz zur planvollen Organisation aufseiten des metamodernen Werte-Mems hervor. Die metamodernen Kräfte in der Welt haben aller Wahrscheinlichkeit nach mehr Einfluss, als ihr Anteil an der Bevölkerung suggerieren könnte. Angesicht ihrer »großen Bandbreite« verlangt die Welt danach, dass die Metamodernisten einander finden und sich organisieren – damit sie an der Erschaffung einer metamoderneren Welt arbeiten können, einer Gesellschaft des Zuhörens, in der jeder und jede gesehen und gehört wird.

Das Paradox ist nur, dass Menschen anderer Werte-Meme wirklich keine metamoderne Gesellschaft wollen. Wir werden anfangen müssen, gemäß solchen Paradoxien zu leben. Werte-Meme können nicht miteinander befreundet sein.

Entwicklung ist wichtig II

Das führt uns zurück zur Vorstellung einer metamodernen Aristokratie. Wenn die Karte, die ich vorgeschlagen habe, gültig ist – und das ist sie –, werden die Menschen, die mit ihrer Hilfe durch die Welt navigieren, anderen gegenüber große Wettbewerbsvorteile besitzen.

Dennoch gibt es natürlich viele weitere Puzzleteile. Ein solches Teil sind prozessorientierte Parteien wie Die Alternative in Dänemark und einige andere interessante Bewegungen in Europa. Ein weiteres Teil ist der fundamentale Umbruch innerhalb der politischen Landschaft in den skandinavischen Ländern – und vielleicht auch entsprechende Entwicklungen in anderen Ländern –, wo die alten politischen Paradigmen ihren Sinn verlieren. Das sind transpersonale Entwicklungen: Viele Teile kommen zusammen und erschaffen in dieser Welt neue Muster.

Wir sehen Weiterentwicklungen in den Künsten, radikale neue technische Möglichkeiten und progressive Wirtschaftszentren an verschiedenen Orten der Welt, die sich in einem gigantischen globalen Netzwerk verschalten, das transnational ist und den Gesetzen einer Logik und Interessen folgt, die weit über den modernen Nationalstaat hinausgehen. Wir nähern uns einer neuen Stufe der Gesellschaft, für die neue Regeln gelten. Die Menschen, die diese neuen Regeln zuerst verstanden haben, werden in der kommenden Zeit eine zentrale Rolle bei der Gestaltung der Gesellschaft spielen.

Viele Menschen werden nicht an diese Karte glauben und auch ohne sie gut klarkommen. Aber diese Leute werden – im Durchschnitt und über die Zeit hinweg – von denjenigen ausgestochen werden, die ihre Nützlichkeit erkennen. Diejenigen, die diese Karte verwenden, werden viel genauer das Verhalten anderer vorhersehen können, die Entwicklungstrends der Gesellschaft registrieren und die Schlüsselfragen und -probleme dieser Welt identifizieren. Ihre Macht wird wachsen.

Wir müssen hier niemanden überzeugen. Sollten Sie sich – aus welchen Gründen auch immer – vor einem Verstehen abschirmen, werden wir Sie bei den vielen Spielarten von Politik und Leben einfach übertreffen.

Da sind wir nun also. Wir fragen nicht höflich, weil wir das nicht müssen. Wir müssen einander nur finden und gemeinsam an der Erschaffung einer metamodernen Gesellschaft arbeiten.

Dabei können wir einfach weiter daran arbeiten, einen Grünen Sozialliberalismus 2.0 zu entwickeln, der sich auf nicht-lineare Weise zur Geltung bringt und uns gemeinsam in Ko-Entwicklung in die Richtung einer Gesellschaft des Zuhörens bringt. Wir schreiten voran mit pragmatischem Idealismus, mit magischem Realismus und wohlinformierter Naivität. An der Kreuzung von Fakten und Fiktion arbeiten und spielen wir mit religiösem Eifer und bewahren uns ein ironisches Lächeln angesichts unserer eigenen Selbstwichtigkeit.

Sollten Sie es immer noch nicht begriffen haben: Entwicklung ist wichtig.

Anhang
Metamodernismus

Dieses Buch hat uns einen kurzen Vorgeschmack dessen gegeben, wie metamoderne Politik vielleicht aussehen könnte. In diesem Anhang sollten wir unser Verständnis der Materie gewissermaßen vertiefen, indem wir vorrangig den Begriff des »Metamodernismus« betrachten. Wir werfen einen Blick auf den philosophischen Antrieb des Buches.

Um mit einer wirklich *sehr* groben Skizze einzusteigen: Zuerst haben wir eine **vormoderne** Gesellschaft wie im mittelalterlichen Europa. Dann haben wir eine **moderne** Gesellschaft. Es folgt eine **postmoderne** Kritik der modernen Gesellschaft. Und schließlich entsteht die **metamoderne** Gesellschaft, die das Beste aus moderner und postmoderner Gesellschaft aufgreift. Also merken Sie sich: 1. modern, 2. postmodern, 3. metamodern. Das ist es im Grunde. Lassen Sie uns das zum Spaß jetzt noch ein bisschen ausarbeiten, in Ordnung?

Drei Bedeutungen des Begriffs Metamodernismus

Im Grund ist Metamodernismus ein Begriff, der das beschreibt, was nach der modernen Gesellschaft kommt (und nach ihrer »postmodernen« Kritik), ein Punkt in der Geschichte, an dem Menschen beginnen, *durch* die moderne Gesellschaft *hindurch* und über sie hinaus*zublicken*; deswegen das Wort »Meta«. Es gibt drei Versionen des Metamodernismus, drei verschiedene Bedeutungen des Begriffs, von denen alle drei hier angewandt werden. Ein kluger Mensch wird den Begriff gelegentlich unverkennbar im Sinne einer dieser drei Bedeutungen gebrauchen, und manchmal die Bedeutung des Wortes aber auch gleiten lassen, sodass man im selben Moment mehr als eine Bedeutung abdecken kann. Unabhängig davon besteht zwischen den drei Bedeutungen eine profunde wechselseitige Beziehung.

Bedeutung 1: eine kulturelle Phase. Die erste Bedeutung und in anderen Quellen bislang die am häufigsten verwendete besagt, dass der Metamodernismus eine gewisse *kulturelle Phase* auf den Gebieten von Kunst, Architektur, Medien, Philosophie und Politik darstellt. In diesem Sinne ist der Metamodernismus eine Art von »Stimmung« oder Zeitgeist, beziehungsweise ist er Stilepochen wie der Romantik, dem Barock, dem *fin de siècle*, der Aufklärung oder Realismus, Naturalismus, Kubismus und Postmoderne vergleichbar. Falls Sie jemals Kunstwissenschaft, Philosophie oder Literaturwissenschaft studiert haben, sind Sie mit dieser Denkweise in kulturellen Phasen vertraut. Jede Epoche hat ihre eigene Stimmung, ihren eigenen Vibe, der auf einer bestimmten kulturellen Logik basiert, die auf die Umstände und Ereignisse dieser Periode antwortet.

Bedeutung 2: eine Entwicklungsstufe. Die zweite Bedeutung, der ich mich hier im Buch vorrangig bediene, spricht vom Metamodernismus als einer *Entwicklungsstufe*. Das ist etwas sehr anderes als eine kulturelle Phase. Die Idee einer Phase wie dem Romantizismus, die nach der Aufklärung kam, sagt nichts darüber aus, welche von beiden »weiter fortgeschritten« oder »weiter entwickelt« ist. Sie besagt lediglich, dass diese Phase auf eine andere folgte (zum Beispiel, weil die deutschen Idealisten sich vom französischen Rationalismus distanzieren wollten). Stufentheorien sind etwas anderes. Sie behaupten beispielsweise, dass das Erwachsenenalter nach der Kindheit kommt, die ihrerseits auf das Säuglingsalter folgt und dieses wiederum auf das Leben in der Gebärmutter – diese Stufen sind umfassend theoretisch beschrieben und lassen sich durch Ergebnisse der Entwicklungspsychologie stützen. Ein anderes Beispiel wäre, dass die industrialisierte Gesellschaft auf die traditionellen Agrarkulturen folgt, die sich an die Kriegergesellschaften anschließen, die ihrerseits stammesgebundene Jäger-Sammler-Gesellschaften abgelöst haben – wobei jede dieser Gesellschaften mit der ihr gemäßen Form von Informationstechnologie ausgestattet ist.

Stufentheorien stellen größere Behauptungen auf als Phasentheorien. Sie behaupten, dass es einen viel tieferen qualitativen Umbruch zwischen jeder Stufe gibt und dass es ein bestimmtes Muster oder eine bestimmte Logik gibt, welche die Beziehung zwischen all den untersuchten Stufen beschreibt – was ich in Kapitel 10 **Realdialektik** nenne. Phasen kann kein »Rang« im Sinne eines Höher oder Tiefer zugeordnet werden, lediglich im Sinne eines Früher oder Später. Zum Beispiel ist das »Greisenalter« sicherlich eine spätere Phase als das »Erwachsenenalter« – aber es befindet sich gewöhnlich nicht auf einer höheren Stufe. Es gibt einen gewaltigen Unterschied zwischen einem Neugeborenen und einem Zehnjährigen in Hinblick auf die Entwicklungsstufe – aber es gibt keinen solchen Unterschied zwischen einem Siebzig- und einem Achtzigjährigen. Tatsächlich ist im Falle des Letzteren wahrscheinlicher, dass der Entwicklungsunterschied ein negativer ist: Der Achtzigjährige ist wahrscheinlich auf einer niedrigeren Entwicklungsstufe aufgrund der Belastungen des Alterns.

Bedeutung 3: ein philosophisches Paradigma. Die dritte Bedeutung ist eine, die sich noch nicht etabliert hat, aber die wir in diesem und späteren Hanzi-Büchern einzuführen versuchen. Es handelt sich einfach um einen Begriff, der das Denken von Hanzi Freinacht und der mit ihm verbundenen Philosophie beschreibt – wie auch die Weltsicht und Politik, die mit dieser Philosophie einhergehen. Um es in aller Deutlichkeit zu sagen: Unsere Behauptung ist, dass Hanzis Denkansatz eine höhere Entwicklungsstufe repräsentiert *und* den dazugehörigen Zeitgeist einer neuen Gesellschaftsform, die sich im Entstehen befindet. Weil dieser Denkansatz sowohl anspruchsvoll ist als auch innig verbunden mit einem breiten und tiefen Verständnis der Dynamik dieser neuen Ära, ist er für allerlei Dinge nützlich. In diesem Sinne ist der Metamodernismus ein *Paradigma*. Ein Paradigma, wie ich das Wort hier gebrauche, ist eine fundamentale Weltsicht mit eigenen Formen von Wissenschaft, Politik, Markt, Kultur und Selbsterkenntnis – genau so, wie das Denken der Aufklärung mit der modernen liberalen Demokratie, Kapitalismus (und Staatssozialismus), der Vorstellung vom Individuum und der modernen Wissenschaft verbunden ist.

Das metamoderne Paradigma

Um eine Vorstellung davon zu vermitteln, was das metamoderne Paradigma alles umfasst, können wir eine Reihe von Dingen auflisten, die ich hier in sechs Kategorien eingeteilt (Leben, Wissenschaft, Realität, Spiritualität, Gesellschaft und der Mensch) und etwas pauschalisierend zusammengefasst habe.

Zum Zeitpunkt der Entstehung dieses Textes rechne ich nur mit sehr wenigen Menschen auf der Welt, die in innigem Einverständnis nicken, während sie über diese Liste blicken. Für den ganzen Rest gilt: Markieren Sie diese Seiten ruhig mit einem Lesezeichen und kehren Sie in ein paar Jahren zu ihnen zurück. Ich garantiere Ihnen, dass Sie dann auf dieser Liste noch mehr

Dinge und neue Bedeutungen entdecken werden – als läsen Sie ein Buch zum zweiten Mal und sagten sich: »Ich bin relativ sicher, dass dieser Satz hier beim letzten Mal noch nicht stand.« Hier ist er nun: ein kurzer Abriss des metamodernen Paradigmas. Dies ist der konzeptionelle Motor, der dieses Buch antreibt und Hanzis analytischen Vorsprung ausmacht.

Die Metamoderne Haltung zum Leben

- Gleichzeitig ausnehmend ironisch *und* aufrichtig sein.
- Gleichzeitig extrem idealistisch *und* extrem machiavellistisch sein.
- Erkennen, dass Gott tot ist und der Humanismus (also die aus der Renaissance stammende anthropozentrische Weltsicht) im Sterben liegt; und dies akzeptieren und feiern, indem man die Sinnproduktion in die eigenen Hände nimmt.
- Die innige Verbundenheit aller Dinge intellektuell verstehen und intuitiv spüren: »das Universum in einem Sandkorn.«
- Die paradoxe, widersprüchliche, stets unvollständige und zerbrochene Natur von Gesellschaft, Kultur und der Realität selbst akzeptieren und sich von ihr beflügeln lassen.
- Eine allgemeine **Sowohl-als-auch-Perspektive** haben. Aber beachten Sie, dass dies nicht *entweder* »Sowohl-als-auch« *oder* »Entweder-oder« bedeutet, sondern *sowohl* »Sowohl-als-auch« *als auch* »Entweder-oder«. In jedem Fall ist es immer noch möglich, gut begründete Präferenzen zu haben:
  - sowohl die politische Linke *als auch* die Rechte (*und* keine von beiden!);
  - sowohl Top-down- *als auch* Bottom-up-Governance;
  - sowohl historische Individuen *als auch* soziale Strukturen;
  - sowohl objektive Wissenschaft *als auch* subjektive Erfahrung;
  - sowohl Kooperation *als auch* Wettbewerb;
  - sowohl extremer Säkularismus *als auch* aufrichtige Spiritualität.
- Sowohl die manifeste, systematisierende Philosophie (wie Platon oder die Naturwissenschaften) als auch die nicht-manifeste, prozessorientierte, ergebnisoffene Philosophie (wie Nietzsche oder die kritische Sozialwissenschaft) akzeptieren und sich von ihr beflügeln lassen.
- Erkennen, dass alle Dinge unbeständig sind und Leben und Existenz sich stets im Fluss befinden, einem Prozess des Werdens, des Auftauchens, der Immanenz und des allgegenwärtigen Todes.

- Erkennen, dass das normale, bürgerliche Leben und die damit verbundene Normalität und professionelle Identität die Größe und Schönheit der Existenz nur unzureichend wiedergeben.
- Eine wirklich spielerische Haltung gegenüber Leben und Dasein einnehmen, eine Verspieltheit, die uns in Anbetracht der allgegenwärtigen Möglichkeiten für unvorstellbares Leid und unvorstellbare Glücksgefühle den allergrößten Ernst abverlangt.

Die metamoderne Sicht auf Wissenschaft

- Die Wissenschaft als eine unentbehrliche Form des Wissens respektieren.
- Erkennen, dass Wissenschaft immer kontextabhängig und die Wahrheit stets eine vorläufige ist, sowie dass die Wirklichkeit immer tiefere Wahrheiten bereithält. Alles, was wir für real halten, wird eines Tages dahinschmelzen wie Schnee in der Sonne.
- Verstehen, dass unterschiedliche Wissenschaften und Paradigmen gleichzeitig wahr sein können; dass viele der augenscheinlichen Widersprüche oberflächlich sind und auf Fehlannahmen oder Übersetzungsfehlern und mangelnder Integration basieren.
- Erkennen, dass es substanzielle Einsichten und relevantes Wissen auf allen Stufen der menschlichen und gesellschaftlichen Entwicklung gibt, einschließlich Stammesleben, Polytheismus, traditioneller Theologie, moderner Industrialisierung und postmoderner Kritik. In einem anderen Buch nenne ich das die Evolution von »**Meta-Memen**«.
- Die Nicht-Linearität in all ihren nicht-mechanischen Ausprägungen – so zum Beispiel in Gesellschaft und Kultur – feiern und verkörpern. Nicht-Linearität bedeutet in ihrer einfachsten Definition, dass der Output eines Systems nicht-proportional zu seinem Input ist.
- Ein fallspezifisches Misstrauen gegen mechanische Modelle und lineare Kausalzusammenhänge hegen.
- Einen »Systemblick« auf das Leben haben, erkennen, dass Dinge Teile von selbstorganisierenden Bottom-up-Systemen sind: von subatomaren Einheiten zu atomaren Teilchen über Moleküle zu Zellen und Organismen.[1]
- Erkennen, dass Dinge lebendig sind und sich im Zustand der Selbstorganisation befinden, *weil* sie in Auflösung begriffen sind, dass alles Leben immer ein Wirbelwind der Zerstörung ist: Der einzige Weg, ein geordnetes

Muster zu erschaffen und aufrechtzuerhalten, ist, eine entsprechende Unordnung anzurichten. Das sind die Prinzipien der **Autopoiese**: Entropie (dass Dinge sich zersetzen und zerfallen) und »negative Entropie« (es ist ebendieses Auseinanderfallen, das Leben ermöglicht).

- Akzeptieren, dass alle Menschen und andere Organismen Teil einer verbindenden, übergreifenden Weltsicht sind, einer großen Geschichte oder großangelegten Erzählung (einer *Religion* im ersten Wortsinn dieses Begriffs: etwas, das alle Dinge miteinander verbindet), und deswegen auch die Notwendigkeit einer großen Erzählung (*grande histoire*), einer allumfassenden Erzählung über die Welt anerkennen.[2] Die Metamodernistin hat ihre eigene mit Selbstverständlichkeit vertretene Erzählung, welche die ihr zugänglichen Einsichten zusammenbringt. Aber diese Erzählung wird mit Leichtigkeit vertreten, da man erkennt, dass sie immer teilweise fiktiv ist – eine **Protosynthese**.
- Ontologische Fragen sehr ernst nehmen, das heißt zulassen, dass wir uns in der Wissenschaft und Politik von der Frage leiten lassen, »was wirklich real ist«. Man nennt das *den ontologischen Turn*.

Die metamoderne Sicht auf die Realität

- Die **fraktale** Natur der Realität und der Entwicklung erkennen sowie die Anwendbarkeit von Ideen, und zwar dass alles Verstehen sich aus den wiederverwerteten Elementen anderer Verständnisweisen zusammensetzt.
- **Anti-essentialistisch** sein, nicht an »letzte Wesenheiten« glauben wie Materie, Bewusstsein, das Gute, das Böse, Männlichkeit, Weiblichkeit oder Ähnliches – sondern eher daran, dass all diese Dinge kontextabhängig sind und Deutungen darstellen, die aus Beziehungen und Vergleichen entstehen. Selbst die heutzutage so gepriesene »Relationalität« ist keine Essenz des Universums.
- Nicht länger an ein atomistisches, mechanisches Universum glauben, in dem die Materie eine endgültige Wesenheit darstellt, sondern die endgültige Natur der Realität als eine große Unbekannte begreifen, die wir in unseren Symbolen, Worten und Geschichten metaphorisch einfangen müssen. Die Sichtweise akzeptieren, dass die Welt immer und immer wieder neu geboren wird.
- Erkennen, dass die Welt radikal, unnachgiebig und vollständig sozial konstruiert ist, immer relativ und kontextgebunden.
- Erkennen, dass die Welt durch komplexe Wechselwirkungen ihrer Teile hervorgebracht wird und dass unsere intuitiven Verständnisweisen dazu

neigen, viel zu statisch und monokausal zu sein. Das nennt man **Komplexität**. Sie ist das fundamentale Prinzip nicht nur der Meteorologie, sondern auch der Sozialpsychologie, wo Muster (wie beispielsweise das »Selbst«) durch Wechselwirkungen miteinander verbundener, unabhängiger **Dividuen** hervorgebracht werden.

- Die Notwendigkeit von **Entwicklungshierarchien** anerkennen – aber sehr kritisch und vorsichtig damit sein, wie sie beschrieben und gebraucht werden. Hierarchien werden empirisch erforscht, nicht willkürlich angenommen.
- Erkennen, dass die Sprache und dadurch alle unsere Weltanschauungen einen viel größeren Raum möglicher, noch-nie-entworfener Welten passieren und dass Sprache sich entwickelt.
- Die Welt holistisch betrachten, wo Dinge wie wissenschaftliche Fakten, Perspektiven, Kulturen und Gefühle miteinander in Wechselwirkung stehen (diese Form der Interaktivität nennt man **Hyperkomplexität**, weil sie nicht nur viele interagierende Einheiten einschließt, sondern auch interagierende Perspektiven und qualitativ voneinander unterschiedene Dimensionen der Realität wie zum Beispiel subjektive versus objektive Realität).[3]
- Erkennen, dass Informationen und das Handhaben von Informationen allen Aspekten von Realität und Gesellschaft zugrunde liegen: von den Genen zu Memen zu Geld und Wissenschaft sowie politischen Revolutionen.
- Eine informationell-darwinistische Sichtweise einnehmen, in der sowohl Gene (Organismen) als auch Meme (kulturelle Muster) miteinander ums Überleben konkurrieren, und zwar durch einen evolutionären Prozess, der eine negative Selektion verschiedener Entwicklungsformen beinhaltet (sodass weniger günstige Gene und Meme aussterben, aber als Möglichkeit erhalten bleiben).
- Erkennen, dass die Darwin'sche Evolution gleichermaßen von wechselseitiger Kooperation und Wettbewerb abhängt; dass Wettbewerb und Kooperation stets ineinander verwickelt sind.
- Das dynamische Zusammenspiel zwischen dem Universellen und dem Besonderen erkennen, das beispielsweise dazu führt, dass Menschen in komplexeren Gesellschaften individualisierter werden, was wiederum die Entwicklung komplexerer Gesellschaften antreibt, in denen Menschen stärker voneinander abhängig und universellere Werte vonnöten sind, um einen Zusammenbruch zu vermeiden.
- Erkennen, dass die Weltentwicklung einer **dialektischen Logik** folgt, in der die Dinge stets zerbrochen sind, sozusagen immer »rückwärts stolpernd«;

in dem Sinne, dass die Dinge immer nach einer unmöglichen Balance streben und in dieser zufälligen Bewegung den ganzen Tanz hervorbringen, den wir als Wirklichkeit erfahren. Deswegen hat die Entwicklung der Realität eine Gerichtetheit, nur dass wir stets blind sind für die eingeschlagene Richtung – das meint die Metapher vom »Rückwärtsstolpern«.

- Erkennen, dass die Realität grundsätzlich unabgeschlossen, sozusagen zerbrochen ist, sogar in ihren mathematischen und physischen Strukturen, wie es in Gödels Unvollständigkeitssatz und einigen der wichtigsten Erkenntnisse der modernen Physik deutlich wird.
- Anerkennen, dass eher Potenziale und **Potenzialität** als Fakten und Aktualitäten die grundlegendste oder »wirklichere« Realität konstituieren. Was wir gewöhnlich Realität nennen, ist reine »Aktualität«, ein kleines Stück einer unendlich größeren, hyperkomplexen Torte. Aktualität ist nur »ein Fall« einer tieferen Realität, die man »absolute Totalität« nennt.
- Visionen des **Panpsychismus** erforschen, das heißt, dass Bewusstsein überall im Universum ist und »ebenso wirklich« wie Materie und Raum. Panpsychismus sollte allerdings nicht mit animistischen Visionen verwechselt werden, denen zufolge allen Dingen ein »Geist« innewohnt.

Die metamoderne Spiritualität, Existenz und Ästhetik

- Existenzielle und spirituelle Angelegenheiten sehr ernst nehmen; die Menschheit, Intelligenz und Bewusstsein als Ausdruck höherer Prinzipien ansehen, die dem Universum innewohnen.
- Anerkennen, dass die esoterischen, spirituellen Disziplinen und die Weisheitstraditionen in Ost und West auf echte Erkenntnisse von großer Bedeutsamkeit verweisen – eine Anerkennung der Wichtigkeit des Mystizismus.
- In Sachen von Spiritualität und Dasein eine vorsichtige, unwissende und explorative Einstellung besitzen.
- Verstehen, dass erhabene, erweiterte subjektive Zustände auf höhere existenzielle und spirituelle Wahrheiten verweisen, als das für die meisten unserer alltäglichen Erfahrungen gilt.
- Erkennen, dass die innere Erfahrung – sowie die unmittelbare Entwicklung der Subjektivität von Organismen – in jeglicher Hinsicht entscheidend ist, dass sie vielleicht sogar die wichtigste Zutat ist, die der modernen Weltsicht

fehlt; das innere Erleben anzuerkennen ist oft der goldene Schlüssel, um gesellschaftliche Probleme zu bewältigen.

- Philosophische, kulturelle und ästhetische Fragen sehr ernst nehmen, da sie als der Realität inhärente Dimensionen angesehen werden, nicht nur »zusätzliches Bohei«, das man der Physik überstülpt.
- Kunst und Architektur erschaffen, die auf die Tiefe und das Geheimnis der Existenz anspielen, ohne dass man sie Menschen »direkt vors Gesicht« hält oder versucht mitzuteilen, was man darüber denken soll oder was man für real hält.
- Eher eine demokratische, intersubjektive, partizipative, wissenschaftlich fundierte spirituelle Peer-to-Peer-Community unterstützen als traditionelle Wege, Lehrerinnen, Gurus und andere Autoritäten.
- Erkennen, dass sowohl spirituelle als auch nicht-spirituelle Lebenserfahrung und Weltsicht grundlegend in Ordnung sind. Spiritualität und Nicht-Spiritualität: Keine von beiden ist von sich aus besser als die andere.
- Verstehen, dass Menschen grundlegend verrückt sind, dass unser Alltagsbewusstsein keine mental gesunde Widerspiegelung der Wirklichkeit darstellt, sondern eine bizarre, psychotische Halluzination, die völlig kontingent ist, ausgedacht und willkürlich.
- Intuitiv erfassen, dass die zentrale spirituelle und existenzielle Einsicht diese ist: die Einsicht in die Vollkommenheit der absoluten Totalität, wie sie immer schon ist; dass hinter Chaos und Widersprüchen eine makellose, reine Klarheit hervorblickt; dass es selbst in der oftmals tragischen, höllischen Erfahrung des Lebens eine zugrunde liegende Eleganz gibt; gleichsam an der Oberfläche versteckt. Das kann man die Anerkennung einer »grundlegenden Gutheit« nennen.

Die metamoderne Sicht auf Gesellschaft

- Zwischen Natur und Kultur keine grundlegende Trennung erkennen.
- Erkennen, dass wir in einer neuen technologischen Ära leben (dem Informationszeitalter), und dass die menschlichen Gesellschaften sich durch verschiedene Entwicklungsstufen hindurch entwickeln – zum Besseren wie zum Schlechteren.
- Davon überzeugt sein, dass der Geschichte eine Art von Direktionalität innewohnt, die aus einer Logik heraus entsteht, aber auch davon, dass die

jeweilige Ausrichtung niemals mit Sicherheit erfasst werden kann, ausschließlich mithilfe von Metaphern und in Form einer Geschichte, die man erzählt – spielerisch und zielgerichtet.

- Davon überzeugt sein, dass wir das Wissen, das wir über die Gesellschaft haben, immer auch zu irgendeiner Art von übergreifender Erzählung zusammensetzen können, einer **Meta-Erzählung**, aber dass diese Meta-Erzählung niemals als vollständige Synthese angesehen werden kann, sondern stets eher als eine notwendige, aber selbstkritisch zu betrachtende **Protosynthese**.
- Eine **nomadische** Sicht auf das gesellschaftliche Leben haben; wissen, dass unser »Selbst« Teil eines sozialen Flusses beziehungsweise einer Reise ist – und dass wir zusammen mit den virtuellen Identitäten des Internetzeitalters wieder stammesgebundener und nomadischer werden.
- Die Kultur der Partizipation feiern sowie die Ko-Entwicklung in der Gesellschaft mithilfe von nicht-linearen, interaktiven *Prozessen*, in denen das Ganze mehr ist als die Summe seiner Teile.
- Die Wichtigkeit **kollektiver Intelligenz** erkennen (und sie nicht mit kollektivem Bewusstsein verwechseln, wie das leider oft passiert – oftmals in Verbund mit Carl Jung und anderen, was nicht zum metamodernen Paradigma gehört). Kollektive Intelligenz ist schlicht die Fähigkeit einer Gruppe oder Gesellschaft, Probleme zu lösen und auf kollektive Herausforderungen zu antworten.
- Verstehen, dass Technik nicht neutral ist, nicht lediglich »ein Werkzeug in unserer Hand«, sondern dass sie ihre eigene Agenda und Logik annimmt und die Geschichte formt und steuert.
- Erkennen, dass Nachhaltigkeit und Resilienz in Hinblick auf jegliches gesellschaftliches Leben grundlegende Fragen darstellen.
- Erkennen, dass Sexualität und sexuelle Entwicklung ein weitgehend übersehenes Kernstück im Mainstream-Verständnis aller menschlicher Gesellschaften darstellen. Sexualität besitzt eine außerordentliche erklärende Kraft in Hinblick auf die Vorhersage von Verhaltensweisen.
- Das »alltägliche Leben« als etwas erkennen, das die Menschheit zugunsten einer eigentlicheren und authentischeren Form von Leben und Gemeinschaft transzendieren kann und sollte.
- Die Rechte und gelebten Erfahrungen *aller* Tiere sehr ernst nehmen – der menschlichen wie der nicht-menschlichen. Die menschliche Gesellschaft

ist lediglich eine kognitive Kategorie, und diese Kategorie kann ebenso gut alle Kulturen, alle tiefenökologischen Entitäten (Ökosysteme, Biotope) einschließen sowie sämtliche fühlenden Wesen.

Die metamoderne Sicht auf den Menschen

- Erkennen, dass Menschen in Hinblick auf ihr Verhalten organische »Roboter« sind, kontrolliert von Stimuli aus der Umgebung, *und* dass wir gleichzeitig subjektive, selbstorganisierende und lebendige Wesen von großer existenzieller Tiefe sind.
- Erkennen, dass meine Identität und mein »Selbst« letztendlich nicht mein Körper sind und auch nicht die Stimme in meinem Kopf; oder wenigstens: dass meine grundlegende Identität *nicht* von dieser alltäglichen Konzeption eines Selbst *erschöpft* wird (mein Körper plus die Stimme in meinem Kopf), also von dem, was manchmal als »das Ich« bezeichnet wird. Das Ich ist nur eine Idee, ein Objekt des Bewusstseins wie jede andere erdachte Kategorie, die ein Objekt beschreibt.
- Eine **tiefenpsychologische** Haltung gegenüber der Menschheit einnehmen, erkennen, dass ihr Bewusstsein dadurch verändert werden kann, dass sich ihr Selbstbild und ihre Vorstellung der Realität verändern. Das ist erreichbar mithilfe der Psychoanalyse (oder »Schizoanalyse«) und Liebesbeziehungen ebenso wie durch sportliche, ästhetische, erotische, intellektuelle und spirituelle Praktiken – bei denen sich ein kontemplativer Mystizismus als äußerst wertvoller Pfad abzeichnet.
- Erkennen, dass jede Person ihre eigene dreidimensionale Sicht der Realität besitzt, bestehend aus einer **Ontologie** (einem starken Empfinden dafür, was real ist), einer **Ideologie** (einem starken Empfinden dafür, was richtig ist) und einem **Selbst** (einem starken Empfinden, was der eigene Platz in der Wirklichkeit ist) – und dass diese drei Dimensionen in einem Muster von sich sequenziell entfaltenden Entwicklungsstufen beschrieben werden können.
- Erkennen, dass verschiedene menschliche Organismen sich auf grundlegend verschiedenen Entwicklungsstufen befinden und deswegen sehr verschiedene Verhaltensmuster zeigen.
- Die **transpersonale** Sicht auf den Menschen verstehen, in der die tiefsten inneren Tiefen einer Person auf das Innigste mit den scheinbar starren gesellschaftlichen Strukturen verwoben sind. Dabei handelt es sich nicht um

ein Individuum – dessen tiefere Identität reicht durch das Individuum hindurch und überschreitet die einzelne Person. Die »Person« ist lediglich eine Maske oder eine Rolle, die vom jeweiligen Kontext abhängt. Sie ist nicht dem Individuum inhärent – selbst wenn der menschliche Organismus natürlich mithilfe der Verhaltenswissenschaften beschrieben werden kann.

- Erkennen, dass in dieser transpersonalen Perspektive individuelle Menschen nicht wirklich für irgendetwas verantwortlich gemacht werden können. Jeglicher Moralismus ist sinnlos. Das übersetzt sich in eine radikale Akzeptanz aller Menschen, wie sie sind; eine radikale Nicht-Bewertung, die auch als bürgerschaftliche, unpersönliche und säkulare Fassung des Gebots der Nächstenliebe beschrieben werden kann.
- Erkennen, dass das menschliche **Dividuum** viele Schichten besitzt, dass es in Hinblick auf die Vielzahl an Rollen, die es übernimmt, sowohl von tierischer Natur ist, als auch von »menschlicher« und dass dieses Dividuum umfangreiche Potenziale in sich trägt – und dass es durch Interaktionen (oder sogar **Intraaktionen**) zwischen solchen verschiedenen Schichten in verschiedenen Menschen hervorgebracht wird.[4] Daraus ergeben sich wichtige Schlussfolgerungen:
  - Die vielschichtige Psyche hat sowohl unbewusste, bewusste als auch überbewusste Prozesse (wobei die überbewussten Prozesse von einer höheren und subtileren Intelligenz getragen werden als unsere normalen Gedanken, wie zum Beispiel bei universeller Liebe, philosophischen Einsichten, tiefer künstlerischer Inspiration und Ähnlichem).
  - Die höheren Schichten der Psyche folgen allgemeineren, abstrakteren und universelleren Logiken, während die niedrigeren Schichten roheren, egoistischeren und konkreteren Logiken folgen. Aber sie sind simultan am Werk und interagieren miteinander.
  - Die vielschichtige Natur der Psyche des Dividuums bedeutet, dass unbewusste und überbewusste Schichten oftmals ineinanderlaufen; wir entwickeln uns zusammen in einem großen, mehrdimensionalen Netzwerk. Dieses Netzwerk folgt einer Logik, die unseren individuellen Gedanken- und Handlungsprozessen oft weitgehend fremd ist.
- Die unveräußerlichen Rechte jeder Kreatur anerkennen, die zu sein, die sie ist.
- Eine **nicht-anthropozentrische** Sicht auf die Realität einnehmen, wo menschliche Erfahrung nicht als das Maß aller Dinge angesehen wird.

- Die Idee akzeptieren, dass sich die Biologie der Menschheit und grundlegende Erfahrungen des Lebens durch Wissenschaft und Technologie verändern können und werden, was man **Transhumanismus** nennt.
- Die Solidarität in Richtung weitestgehender Universalität ausdehnen: Liebe und Fürsorge für **alle fühlenden Wesen**, in allen Zeiten, aus allen Perspektiven und aus der größtmöglichen Tiefe unserer Herzen.

Puh, das ist ein relativer Brocken. Einundsiebzig Punkte und einige Unterpunkte. Wenn Sie nicht bereits wissen, wovon wir hier sprechen, klingt das vermutlich wie ein Haufen von Modeworten. Einige darunter lösen bei Ihnen darüber hinaus zweifellos heftige allergische Reaktionen aus.

Aber es sind nicht nur Schlagworte, wie die Zeit erweisen wird. Diejenigen, die meinen, dass dies leere Phrasen sind, werden den Wettbewerb auf vielerlei subtile Arten und Weisen verlieren gegenüber denjenigen, die ihre Bedeutung verstehen und dementsprechend handeln können.

Herkunft des Begriffs »Metamodernismus«

Wo waren wir stehen geblieben? Richtig, wir sprachen davon, dass der Metamodernismus drei verschiedene Bedeutungen hat: **Phase**, **Entwicklungsstufe** und **Paradigma**. Wir diskutieren die Entwicklungsstufe durchgängig in diesem Buch und dem nächsten. Wenn es um das Paradigma geht, habe ich mich dafür entschieden, kein Philosophiebuch zu schreiben, sondern ein Buch über politische Psychologie. Wir machen hier gewissermaßen ein »Show it, don't tell it«, indem wir einige der Stärken enthüllen, die dieses neue Paradigma besitzt. Wir zeigen, dass der Metamodernismus uns helfen kann, die sehr realen Probleme der Gesellschaft zu lösen. Später können wir – falls Sie das interessiert – über die Philosophie selbst sprechen und die obigen Punkte noch erweitern.

Bleiben wir also noch einmal bei der ersten Bedeutung, die vom Metamodernismus als einer kulturellen Phase spricht. Die Vorstellung vom Metamodernismus als kultureller Phase tauchte irgendwann nach 2000 in Kunst, Architektur und den akademischen Fachbereichen zunehmend auf – obwohl der Begriff bereits 1975 von Mas'ud Zavarzadeh geprägt wurde, einem Vertreter der kritischen Theorie in den Literatur- und Filmwissenschaften.

Der amerikanische Autor und Kulturtheoretiker Seth Abramson (der auch ein bisschen mein Freund ist) behauptet, dass Zavarzadeh die wichtigste und grundlegendste Quelle ist, wenn es darum geht, den Metamodernismus als eine kulturelle Phase anzusehen.[5] In einem akademischen Beitrag besprach Zavarzadeh einen Roman, der auf einer wahren Gegebenheit beruht. Aber was geschieht, wenn die Geschichte – obschon wahrheitsgemäß wiedergegeben – so unglaublich ist, dass sie für die Lesenden zur Fiktion wird? Sie sind irgendwie zur selben Zeit ironisch und aufrichtig; Sie haben eine neue Art von literarischem Territorium betreten. Um hier Zavarzadeh damit zu zitieren, wie er selbst den Begriff 1975 eingeführt hat:

> »Die Fusion von Fakten und Fiktion lässt die Dichotomie zwischen ›Leben‹ und ›Kunst‹ verschwimmen und tatsächlich existiert solch eine scharfe Trennung zwischen den beiden nicht in der sich entwickelnden Ästhetik, die ich aus Ermangelung eines besseren Begriffs ›metamodernistisch‹ nennen werde.« In der Literatur »verbindet [der Metamodernismus] solche angeblich antithetischen Elemente wie das ›Fiktionale‹ und das ›Faktische‹, das ›Kritische‹ und das ›Kreative‹, ›Kunst‹ und ›Leben‹.«[6]

Zarvarzadeh hielt den Metamodernismus also für eine Art von Fusion zwischen sich gegenüberstehenden Kategorien der Literatur. Kündigte das eine neue kulturelle Phase an?

Der Unterschied zwischen Postmoderne und Metamodernismus

So wie das Wort heutzutage von Forschenden verwendet wird, ist die Grundannahme des Metamodernismus, dass er an eine frühere kulturelle Phase anschließt, die **Postmoderne** genannt wird und die der Metamodernismus komplettiert. Die Postmoderne bedeutet dagegen »das, was nach der modernen Gesellschaft kommt«. Die moderne Gesellschaft gründet sich auf Überzeugungen in der Wissenschaft, auf Fortschritt, eine objektive und unabhängige Realität, das Individuum und so weiter. In diesem Sinne ist der »Modernismus« die Standard-Weltsicht säkularer westlicher Gesellschaften heutzutage (außer wir besuchen zufällig sehr religiöse Schulen oder machen einen Universitätsabschluss in Geisteswissenschaften, wo andere Paradigmen dominant sind).

Die Postmoderne ist ein Sammelbegriff für die Vorstellungen und kulturellen Strömungen, die das herkömmliche moderne Weltbild zunehmend infrage gestellt haben, wenigstens seit den späteren 1960ern und danach. Wobei die Postmoderne nicht wirklich eine akademische Schule ist. Wenn die Menschen von der Postmoderne sprechen, haben sie gewöhnlich die Intellektuellen des französischen *Poststrukturalismus* vor Augen. Dazu gehören Michel Foucault, Jean Baudrillard, Jacques Derrida, Roland Barthes, Jean-François Lyotard – und vielleicht Amerikaner wie Richard Rorty, Daniel Bell oder Frederic Jameson und Judith Butler. Ich werde hier nicht versuchen, die Postmoderne im Detail darzustellen. Es genügt hier die Feststellung, dass die Postmoderne nicht an »Fortschritt« glaubt und misstrauisch ist gegenüber den großen Erzählungen der heutigen Zeit; dass sie sich gerne auf Details, Ausnahmen und Peripherien konzentriert und kritisch ist gegenüber Macht und Prestige, die der Wissenschaft im modernen Leben zukommen.

Die postmoderne Kunst (wobei es sich – um die Angelegenheit noch komplizierter zu machen – um das handelt, was Menschen gewöhnlich »moderne Kunst« nennen)[7] kann uns ein intuitives Verständnis dafür vermitteln, was die Postmoderne ist. Sie lässt sich vielleicht am besten mit dem Bild von Andy Warhol beschreiben, der – in dem Sinne, in dem ich den Begriff hier verwende – als postmoderner Künstler bezeichnet werden kann. Warhol zeigt uns, dass die schönen Künste und die Populärkultur sich nicht so stark voneinander unterscheiden: Oberflächen und Erscheinungen innerhalb von Kontexten sind alles, was zählt. Seine Triptyche und Gemälde zeigen an, dass weltliche und populäre Phänomene wie beispielsweise Bilder von Tomatensuppe in Konserven oder Marilyn Monroe, die wiederholt in schreienden Farben ertränkt werden, ebenfalls hohe Kunst sein können – weil da hinter dem Vorhang wirklich nichts ist, keine Tiefe, kein zu enthüllendes Geheimnis, nichts »Besonderes«, was Künstler und Kunstwerk zu eigen wäre. Die Postmoderne blickt durch all diese Illusionen hindurch. Es gibt nur die Oberfläche. Und man kann mit diesen Oberflächen auf pietätlose Weise spielen: Pablo Picasso quetschte mehrere Dimensionen und vielfältige Perspektiven in denselben zweidimensionalen Rahmen – auch das *pastiche* wird zunehmend populär. Pastiche bedeutet in der bildenden Kunst die Mischung verschiedener Stile, Moden oder Epochen auf überraschende und oftmals ironische Weise.

In Frühformen zeigt sich das postmoderne Denken zuerst in der Literatur des späten 19. Jahrhunderts: Sie erinnern sich vielleicht an den Zauberer von Oz, der – nachdem er als Betrüger enthüllt wird – Dorothy darauf hinweist, er sei kein schlechter Mensch, nur ein schlechter Zauberer. Oder Lewis Carrolls *Alice im*

Wunderland, in dem die stumpfsinnigen Dialoge den absurden und kontingenten Charakter von Rede und Sprache offenbaren. Oberfläche, Kontext, Absurdität.

Die Postmoderne ist eng verbunden mit Dingen wie dem Relativismus, Sozialkonstruktivismus und einer Art von Zynismus, der aus der Erkenntnis vieler verschiedener Perspektiven entsteht, daraus, nicht länger naive Gläubige in religiösen, politischen oder sogar wissenschaftlichen Bewegungen zu sein. Die Postmoderne ist nicht so sehr daran interessiert, was wahr ist oder was getan werden sollte, sondern eher daran, alles infrage zu stellen, alles zu zerpflücken, es zu *dekonstruieren*, uns zum Denken zu bringen, uns weniger sicher zu machen – und damit das Leben derer zu erschweren, die uns ansonsten kontrollieren oder manipulieren würden: Politisch Verantwortliche, Medienmogule, Forschende und medizinische Profis. Das Ziel des postmodernen Geistes ist es, eine *antithesis* zu erreichen – die Hinterfragung oder Kritik am Bestehenden wird als echtes Ergebnis gezählt; es geht nicht um das Geben von Antworten, sondern darum, alte Antworten zurückzuweisen und über neue Fragen nachzudenken.

Während die Postmoderne in irgendeiner vagen Protoform in den Künsten und der Philosophie bereits während des 19. Jahrhunderts auftauchte und in Kunst und Literatur im frühen 20. Jahrhundert aufblühte, wurde sie erst in den 1960ern und 1970ern deutlich ausformuliert – und zu einem mächtigen akademischen Trend in den 1980ern und 1990ern. Nichtsdestotrotz haben Soziologen angemerkt, dass der Rest der Gesellschaft, in dem von den französischen Theoretikern beschriebenen Sinne, kaum »postmodern« genannt werden kann – weshalb man andere Epochenlabels wie »Spätmoderne« und »zweite Moderne« ausprobiert hat, um diese Periode zu beschreiben.[8] Erst jetzt, im Zeitalter des Internets und der sozialen Medien, nähern wir uns einer Zeit, die wahrhaftig als postmodern bezeichnet werden kann – wo die Oberfläche wirklich alles ist und alles eine Collage versprengter Ausschnitte, ein einziges endloses Pastiche.

Die Geschichte ist immer im Aufbruch – wir scheinen ihrer nie wirklich habhaft zu werden. Während die Gesellschaft in den reichen Teilen der Welt schließlich postmodern wird, haben Philosophen und Kulturtheoretikerinnen bereits die nächste Tendenz ausgemacht: den Metamodernismus.[9]

Das Wort Metamodernismus ist in gewisser Weise eine törichte Anverwandlung. »Meta« bedeutet im Altgriechischen »nach« ebenso wie das lateinische »post« – insofern ergibt sich im Grunde dieselbe Bedeutung wie bei dem Ausdruck »Postmoderne«. Aber die Assoziationen sind andere. Das Präfix »Meta« lässt an Dinge wie »Meta-Theorie« oder »Meta-Diskussion« denken, worunter man eine Diskussion über Diskussionen versteht. Die metamoderne kulturelle Phase bringt also eine Art Vogelperspektive auf das moderne Leben mit sich. Sie beginnt, bewusster darüber zu reflektieren, und sucht es, neu zu formen.

Viele meinen, Meta würde über oder *jenseits* bedeuten – manchmal auch beides zusammen. Als kulturelle Phase kommt der Metamodernismus nach der Postmoderne, aber das tut er, indem er *noch* postmoderner ist als die Postmoderne – ganz wie die Postmoderne der 1980er noch säkularer und entzauberter war als der moderne Mindset.

In einem mittlerweile berühmt gewordenen Aufsatz aus dem Jahr 2010 beschreiben die beiden Theoretiker Timotheus Vermeulen und Robin van der Akker einen Trend in Kunst und Architektur, den sie in den Jahren zuvor ausgemacht hatten – einen Trend, den sie Metamodernismus nennen. Kunst, Architektur und bis zu einem gewissen Grad die Populärkultur entwachsen ihrer zynischen, ironischen, kritischen postmodernen Phase mit Manifestationen abstrakter Kunst und Comedy wie *Die Simpsons*, *Family Guy* und *South Park*. Die Postmoderne war antithetisch zu vielem, was das moderne Zeitalter uns beschert hatte: Sie war darum bemüht, eine *Antithese* zu sein, eine Hinterfragung all dessen, was wir für gesichert angesehen hatten.

Der Metamodernismus sieht sich stattdessen als eine Synthese von Moderne und Postmoderne – oder eher eine *Protosynthese* (eine »Proto«-Synthese deswegen, weil er anerkennt, dass alle Geschichten, die wir uns selbst erzählen, inkonsistent und vorläufig sind).[10] Wie Vermeulen und van der Akker schreiben, »oszilliert« der Metamodernismus zwischen Moderne und Postmoderne. Oszillieren bedeutet, sich wie eine Welle vor und zurück zu bewegen – vielleicht erinnern Sie sich an das Wort aus dem Physikunterricht. Ich sollte hier am besten Vermeulen und van der Akker selbst zitieren (das Ganze ist ein bisschen akademisch):

> »In ontologischer Hinsicht oszilliert der Metamodernismus zwischen dem Modernen und dem Postmodernen. Er oszilliert zwischen einer modernen Begeisterung und einer postmodernen Ironie, zwischen Hoffnung und Melancholie, zwischen Naivität und Gelehrtheit [*knowingness*], Empathie und Apathie, Einheit und Pluralität, Totalität und Fragmentierung, Reinheit und Ambiguität.«[11]

Mit dem Wort Ontologie bezeichnet man das, was Sie über die Wirklichkeit denken, also darüber was »wirklich real« ist. Wenn Vermeulen und van der Akker behaupten, dass der Metamodernismus in ontologischer Hinsicht »oszilliert«, dann wollen Sie sagen, dass die metamodernen Künstler eine neue

Sicht auf die Realität selbst einnehmen. Und in dieser Sicht sind Sie sowohl ein moderner Anhänger von Wissenschaft und Fortschritt und gleichzeitig eine skeptische, ironische Kritikerin der eigenen naiven Überzeugungen.

Wir werden nicht tiefer in die Analyse von Kunst und Architektur einsteigen, die diese Autoren mit einem reichen Aufgebot an Beispielen präsentieren. Im Grunde behält der Metamodernismus das postmoderne Misstrauen gegenüber dem Fortschritt und den »großen Erzählungen« (Wissenschaft, Sozialismus etc.), aber führt eine moderne Hoffnung und ein modernes Empfinden von Richtung durch die Hintertür wieder ein – als vage angedeutete offene Potenziale.

Vermeulen und van der Akker sind in erster Linie Linksintellektuelle wie die meisten ihrer Sorte, und sie verbinden diesen neuen Trend mit einer breiteren Hoffnung an eine politische Erneuerung, Kapitalismus(- oder auch Neoliberalismus)kritik etc. Ihr Aufsatz zog erhebliche Aufmerksamkeit auf sich und es gab sogar einen Blog, der nach ihm benannt war, *Notes on Metamodernism*, zu dem viele verschiedene Intellektuelle beitrugen. Einen davon sollten wir erwähnen: Kunstwissenschaftler Luke Turner, der den Hollywood-Star und skandalumwitterten Universalgelehrten Shia Laboef (bekannt aus dem *Transformers*-Film – sicherlich kennen Sie diese Riesenroboter – und außerdem Tänzer in Shias Musikvideo zu *Elastic Heart*) als Autor des 2011 erschienenen *Metamodern Manifesto* ausgab. Dieser Text umreißt einige der Prinzipien dieser künstlerischen und kulturellen Strömung. Das Manifest schlägt Konzepte wie **wohlinformierte Naivität**, **magischen Realismus** und **pragmatische Romantik** vor – deren Spuren Sie in diesem Buch wahrscheinlich feststellen können.

Wenn wir vom Metamodernismus als kultureller Phase sprechen beziehungsweise als einem Zeitgeist, könnte man argumentieren, dass er sich gegenwärtig in allen möglichen Zusammenhängen zeige – dass viele der gegenwärtigen Ereignisse »metamoderne Phänomene« seien. Beachten Sie noch einmal, dass dies nicht diejenige Bedeutung des Begriffs ist, die in diesem Buch am meisten zur Anwendung kommt.

Aber beachten Sie auch, dass das, was wir über die Postmoderne gesagt haben, ebenso wahr ist für den Metamodernismus: Die Tatsache, dass es einige französische Intellektuelle gab, die darüber schrieben, bedeutet nicht, dass die Gesellschaft als ganze plötzlich »postmodern« war. Diese Menschen waren ihrer Zeit voraus und ihre Analysen haben die Dinge natürlich beschleunigt. Entsprechend sind Menschen, die denken, dass wir heutzutage in einem metamodernen Zeitalter leben, frühreif und ihrer Zeit voraus. Wenn Sie die heutige Gesellschaft erforschen, anstatt die Philosophie auszuarbeiten, die der metamodernen Perspektive innewohnt, riskieren Sie, späte oder extreme Formen der Postmoderne mit dem Metamodernismus zu verwechseln. Dabei ist der Metamodernismus qualitativ sehr, sehr verschieden von der Postmoderne: Er akzeptiert Fortschritt, Hierarchie, Aufrichtigkeit, Spiritualität, Entwicklung, große Erzählungen, Parteipolitik, Sowohl-als-auch-Denken und vieles mehr. Er stellt Träume vor und macht Vorschläge. Und er ist immer noch im Entstehen begriffen.

Einige gesellschaftliche Phänomene unseres Zeitalters *könnten* als metamodern beschrieben werden, weil sie ein metamodernes Mindset erfordern, um sie korrekt zu verstehen und angemessen auf sie zu antworten. Nehmen Sie zum Beispiel den IS (den Islamischen Staat). Kann man ihn als Teil des metamodernen Zeitgeistes ansehen? Um wirklich zu verstehen, was mit dem IS los ist, warum er mit solcher Wucht auftrat, muss man in der Lage sein, die Logik der globalisierten Informationsgesellschaft zu verstehen, in der Aufrichtigkeit und Ironie miteinander verschmelzen.

Obwohl der IS kaum von Menschen angeführt wird, die sich auf der metamodernen Entwicklungsstufe befinden, ist sein Auftauchen in gewisser Hinsicht ein metamodernes Phänomen – sein Aufstieg ist der Logik einer globalisierten Online-Gesellschaft und ihren *entwicklungsmäßigen* Pathologien zuzurechnen. Aus dieser Perspektive betrachtet ist der Metamodernismus, wie Seth Abramson beobachtet hat, die vorherrschende, zugrunde liegende kulturelle Logik des Internetzeitalters. Noch steht aus, dass sich diese kulturelle Logik voll und ganz ins Spiel bringt.

Einem neuen Metamodernismus zur Existenz verhelfen

Was ich in diesem Buch tue (und im Folgeband dazu), ist etwas, das eng mit Kulturtheorien verbunden ist, aber doch auch etwas ziemlich anderes. Ich teile vieles in der Analyse dieser verschiedenen Forscher und Forscherinnen des Metamodernismus (deren Werke ich hier vereinfachend vorgestellt habe – was der Fairness halber erwähnt werden muss). Ich habe allerdings auch einige Dinge hinzugefügt, von denen ich glaube, dass sie von diesen kaum wertgeschätzt würden. Ich glaube, dass diese Wissenschaftler in ihren Analysen im Großen und Ganzen recht haben und ich teile ihren Impetus. Aber sie verfehlen ihr Ziel; ihr Projekt landet nicht wirklich bei Hoffnung und pragmatischem Idealismus. Es nimmt sich nicht wirklich die moderne Gesellschaft vor und richtet den Blick darüber hinaus, in Richtung dessen, was danach kommt.

Ich zolle diesen Denkern als Wissenschaftlern meinen Respekt, aber ich prangere sie als Kleingeister und feige Memmen an. Sie sind zu vorsichtig, zu selbstkritisch, zu ängstlich, um Visionen des Fortschritts und der Weiterentwicklung vorzuschlagen. Sie haben Angst davor, den Anschein eines existenziellen oder spirituellen Glaubens hervorzurufen. Sie sind, in einem Satz, nicht ausreichend aufrichtig in ihrer Aufrichtigkeit – oder tatsächlich ironisch genug in ihrer Ironie. Das führt sie eher zu späten oder extremen Formen der Postmoderne, als dass es sie wahrhaft metamodern macht.

In Hanzi Freinachts Version des Metamodernismus, geben wir uns nicht damit zufrieden, den Metamodernismus als kulturelle Phase zu betrachten. Wir fügen die Dimension einer gestuften Entwicklung hinzu (nämlich dass Menschen und Gesellschaften sich in Richtung einer metamodernen Stufe entwickeln, entsprechend der psychologischen Entwicklung bei Erwachsenen etc.) sowie eine allgemeine philosophische Dimension (das Paradigma, das ich oben umrissen haben) und – was der Hauptfokus dieses Buches ist – eine *politische* Dimension: eine genaue Analyse unserer Zeit, die die Richtung aufzeigt, in der die Gesellschaft sich entwickelt, und wie wir als Gesellschaft vernünftigerweise voranschreiten können und sollten sowie eine Vision davon, welche Form von Politik wir brauchen.

Ich entreiße hiermit den Ausdruck »Metamodernismus« seinem ursprünglichen Kontext und *erweitere* damit seine Bedeutung. Wie alle wilden Dinge muss auch die Information frei sein. Eines der metamodernsten Phänomene, wenn wir noch einmal auf dessen Bedeutung als kulturelle Phase zurückgreifen, ist die Piraterie von Symbolen in idealistischer Absicht. Der Metamodernismus wird hiermit gewaltvoll an Bord verbracht.

Als ich auf ihn stieß, war dieses »Metamodernismus« genannte Phänomen eine nette kleine Obsession für akademische Tagungen und Kunstausstellungen, vielleicht eine Quelle der Inspiration für Architektinnen und Filmemacher. Wenn ich mit ihm fertig bin, werden Sie im Besitz einer mächtigen, leistungsfähigen Ideologie sein, die Gesellschaften vor dem Zusammenbruch bewahren und die Leben von Millionen verbessern kann – eine Strömung des Denkens, die in der Lage ist, die liberale Demokratie und den Kapitalismus zu übertreffen und zu ersetzen.

Wenn Sie mir das glauben, sind Sie entweder ein naiver Trottel, oder Sie fangen gerade an, die Sache mit dem »magischen Realismus« zu begreifen.

Endnoten

Prolog

1 Anm. d. Verlags: Arne Næss (1912–2009) ist der Begründer der Tiefenökologie, einer ganzheitlichen ökologischen Philosophie – einer Ökosophie.

2 Für weitere Informationen zu den moralischen Fragestellungen und Problemen in Bezug auf Sex mit Studierenden siehe Bruce, M. & Steward, R. M., 2010: *College Sex: Philosophers With Benefits.* Oxford: Wiley-Blackwell. Für weitere Informationen zu Psychodrogen siehe Harris, S., 2010: *The Moral Landscape: How Science Can Determine Human Values.* New York: Free Press.

3 Nietzsche, F., 19933. *Also sprach Zarathustra I–IV. Kritische Studienausgabe.* Hg. von Giorgio Colli und Mazzino Montinari. Frankfurt am Main: dtv/de Gruyter, S. 26.

Einführung

1 Siehe Foster, J. G.; Rzhetsky, A. und Evans, J. A., 2015. »Tradition and Innovation in Scientists«. *American Sociological Review,* 80. Jg., S. 875–908.

2 Es ist ebenfalls ein Fakt, dass die »wissenschaftliche Glaubwürdigkeit« sozial konstruiert wird; dass Äußerlichkeiten entscheidend sind, wenn es darum geht, ob wir etwas glauben. Während den 2010er Jahren haben wir zunehmend eine wissenschaftsinterne Kritik an der Wissenschaft wahrnehmen können. So hat beispielsweise eine Studie gezeigt, dass weniger als die Hälfte der in großen akademischen Fachzeitschriften veröffentlichten Psychologiearbeiten auf reproduzierbaren Ergebnissen beruhen (Open Science Collaboration, 2015. »Estimating the Reproducibility of Psychological Science«. *Science,* 349. Jg., Nr. 6251, S. 943–953). Allerdings wurden dieser Studie *ihrerseits* grobe Fehler nachgewiesen und zwar in einem 2016 erschienenen Aufsatz in *Science* – siehe Gilbert, D. u. a., 2016. »Comment on ›Estimating the reproducibility of psychological science‹«. *Science,* 351. Jg, Nr. 6277, S. 1037–1038. Ähnliche Kritik gibt es auch im Rahmen der Medizin – siehe Begley, C. G. und Ellis, M. L., 2012. Drug Development: Raise Standards for Preclinical Cancer Research. *Nature,* Bd. 483, S. 531–533.

3 Nein, ich glaube nicht an die Existenz von Seelen. Ich verwende den Begriff hauptsächlich metaphorisch. Lesen Sie den Rest des Buches und Sie werden den Dreh rauskriegen.

Kapitel 1 | So hat sich Politik gewandelt

1 Dies besagt der *Human Rights Watch World Report* des Jahres 2015, siehe dort unter »Ägypten«.

2 Ja, die skandinavischen Länder scheinen bis dato die stabilsten Gesellschaften der Welt zu sein. Siehe *The Fragile State Index 2016,* ein von der Non-Profit-Organisation Fund For Peace veröffentlichter Report.

3 Nein, ich glaube nicht an die Existenz von Göttern. Ich verwende das Wort vor allem metaphorisch. Lesen Sie den Rest des Buches und Sie werden den Dreh rauskriegen.

4 Gemäß dem *Global Peace Index Report* aus dem Jahr 2016 besetzte Schweden unter den friedlichsten Ländern der Welt den vierzehnten Platz (mittlerweile Platz 28). Island besetzt dort den ersten und Dänemark den zweiten Platz (und das gilt auch für das Jahr 2023).

5 Ehrlich gesagt ist das nur ein Teil der Geschichte. Es gab auch kleine elitäre Gruppen, die dem entsprachen, was ich in diesem Buch als »metamoderne Aristokratie« bezeichne. Zu diesen Gruppen gehörte zum Beispiel der Gründer der Sozialdemokratischen Partei Hjalmar Branting, der stark von den deutschen Romantikern beeinflusst war. Meine Freunde Lene Andersen und Tomas Björkman haben ein Buch darüber geschrieben (*The Nordic Secret*).

6 Ich habe andernorts auch das Konzept des Postmaterialismus ausgearbeitet (was hier bedeutet, dass Menschen in entwickelten Volkswirtschaften dazu neigen, kulturellen, nicht-materiellen politischen Fragen mehr Bedeutung beizumessen) und kritisierte Inglehart dafür, dass er den Vormaterialismus (in religiösen, traditionellen Ländern) mit dem Postmaterialismus (in säkularen, reichen, liberalen postindustriellen Ländern) verwechselt.

7 Für den Moment verwenden wir nun den Begriff »modern« – aber wie Sie sehen werden, sprechen wir eigentlich über den schrittweisen Übergang von traditionellen zu modernen, zu postmodernen und schließlich zu metamodernen Werten.

8 Easterlin, R. A., 1974. »Does Economic Growth Improve the Human Lot? Some Empirical Evidence«. In: P. A. David & M. W. Reder, Hg. *Nations and Households in Economic Growth: Essays in Honor of Moses Abramovitz*. New York: Academic Press.

9 Stevenson, B. und Wolfers, J., 2008: *Economic Growth and Subjective Well-being: Reassessing the Easterlin Paradox*. Brookings Papers on Economic Activity, S. 1–87.

10 Postmaterialismus meint hier, dass Menschen Sex wertvoller finden als Autos, und sollte nicht mit der philosophischen Strömung des »Postmaterialismus« verwechselt werden, die dem Posthumanismus, Postkonstruktivismus, Bruno Latour und Ähnlichem verbunden ist.

11 Tatsächlich bietet dieses Narrativ des Postmaterialismus eine gute Antwort auf die alte Debatte des 20. Jahrhunderts zwischen linken Intellektuellen, die glaubten, dass die wirtschaftliche Nachfrage durch eine wachsende Wirtschaft gesättigt sein würde, und (libertären) rechten Ökonomen wie Friedrich von Hayek, die glaubten, dass dies Unsinn sei und dass die Nachfrage mit der Wirtschaftsleistung weiter anwachsen würde. Bisher hatte es den Anschein, dass die letztgenannte Gruppe recht hatte, doch nun haben wir Anlass, dies zumindest teilweise zu überdenken; der zunehmende Postmaterialismus bedeutet, dass sich die Marktnachfrage qualitativ verändert (das heißt, die Menschen wollen andere Dinge, wie zum Beispiel Yogakurse und Bio-Lebensmittel), je nachdem, wie sich die Werte und psychologischen Bedürfnisse von Konsumenten und Bürgern entwickeln. Das wiederum verändert das Wesen des Marktes selbst.

12 Ein interessanter Versuch der Neuinterpretation von Maslows Modell findet sich bei Harrigan W. J. und Commons M. L., 2015. »Replacing Maslow's Hierarchy of Needs with an Account Based on Stage and Value«. *Behavioral Development Bulletin*, 20. Jg., Nr. 1, S. 24–31. Ebenfalls eine Diskussion sowie Vorschläge zur Überarbeitung des Modells finden sich in Young, G., 2015. *Development and Causality: Neo-Piagetian Perspectives*. New York: Springer, S. 447–456.

13 Bauman, Z., 1997. *Postmodernity and Its Discontents*. New York: New York University Press.

14 Bauman, Z., 2000. *Liquid Modernity*. Malden, MA: Polity Press.

15 Giddens, A., 1991. *The Consequences of Modernity*. Stanford, CA: Stanford University Press.

16 Bitte entschuldigen Sie meinen platten Speziesismus – Stiere sollten nicht definiert sein durch den Gebrauch, den wir von ihnen machen: also das Zähmen und »bei den Hörnern packen«. Sie haben einen Wert, der in ihnen selbst liegt, als Dividuen mit ihren eigenen Interessen.

Kapitel 2 | Krisenrevolution

1 Florida, R., 2011/2014. *The Rise of the Creative Class, Revisited.* New York: Basic Books.

2 Taub, A. »The Rise of American Authoritarianism«. *Vox.* 1. März 2016.

3 »Vast Majority of Swedish MPs Support Hillary Clinton«. *The Local.* 19. Oktober 2016 sowie »Here's How many Swedes Would Vote for Clinton«. *The Local.* 10. Oktober 2016. Siehe auch »From Thailand to Denmark, Saudi Arabia to Vietnam, the World Wants President Clinton«. *YouGov.* November 6th 2016.

4 Laloux, F., 2014. *Reinventing Organizations: A Guide to Creating Organizations Inspired by the Next Stage of Human Consciousness.* Brüssel.

5 Eine Diagnose aus dem Jahr 2016, die 2023 weiterhin Bestand hat.

6 Dafür eignet sich beispielsweise Schwab, K., 2016. *The Fourth Industrial Revolution.* Cologny/Genf: World Economic Forum.

Kapitel 3 | Der politische Metamodernismus in Kurzform

1 Was ist mit dem Konservativismus? Ja, auch der ist hier eingeschlossen. Eine ausführliche Antwort auf diese Frage findet sich im Folgeband *Die skandinavische Ideologie.*

2 Rodriguez, T., 2013. »Negative Emotions Are Key to Well-being«. *Scientific American Mind,* 1. Mai.

3 Mir ist klar, dass ich hier einen Strohmann benutze; nur wenige Menschen würden explizit in diese Richtung argumentieren. Aber viele, wenn nicht sogar die meisten Menschen stellen den Versuch, die Gesellschaft wesentlich glücklicher und freundlicher zu machen, gewohnheitsmäßig infrage und das oft mit einem merkwürdig intensiven Groll – daher denke ich, dass viele Menschen unbewusst so empfinden könnten. Vergessen Sie nicht, dass ich manchmal mit dem Reiter und manchmal mit dem Elefanten spreche. So oft lassen die Menschen ihren Elefanten für sich argumentieren, und dann fühlt sich der Reiter beleidigt, wenn er mit der Zusammenfassung genau dieser Positionen konfrontiert wird.

4 Calhoun, L. G., Tedeschi, R. G., 2013. *Posttraumatic Growth in Clinical Practice.* London: Routledge.

5 Feldman Barrett, L., 2017. *How Emotions Are Made: The Secret Life of the Brain.* Boston: Houghton Mifflin Harcourt.

6 Siehe Fowler, J. H. & Christakis, N. A., 2008. »Dynamic Spread of Happiness in a Large Social Network: Longitudinal Analysis over 20 Years in the Framingham Heart Study«. *British Medical Journal* – eine Studie, die zwischen 1983 und 2003 insgesamt 4 739 Einzelpersonen folgte.

7 Stineman, M. G. und Streim, J. E., 2010. »The Biopsycho-ecological Paradigm: a Foundational Theory for Medicine«. *PM&R: The Journal of Injury, Function and Rehabilitation,* S. 1035–1045.

8 Cripps, E., 2011. »Climate Change, Collective Harm and Legitimate Coercion«. *Critical Review of International Social and Political Philosophy,* XIV. Jg., Nr. 2, S. 171–93.

9 Smith, A., 1759/2010. *Theorie der ethischen Gefühle.* Auf der Grundlage der Übersetzung von Walther Eckstein neu hg. von Horst D. Brandt. Hamburg: Meiner, S. 380.

10 Thaler, R. H. und Sunstein, C. R., 2009. *Nudge. Improving Decisions About Health, Wealth and Happiness.* New York: Penguin Press. Sunstein, C. R., 2014. *Why Nudge? The Politics of Libertarian Paternalism (The Storrs Lectures).* New Haven: Yale University Press.

Kapitel 4 | Möglich und notwendig

1 Siehe beispielsweise Heckman, J. J., 2006. »Skill formation and the Economics of Investing in Disadvantaged Children«. *Science Magazine*, 30. Juni, S. 1900–1902 – Investitionen in Vorschulkinder scheinen einen sehr viel größeren ökonomischen Nutzen zu haben als beispielsweise Trainingsmaßnahmen für den Arbeitsmarkt.

2 Kegan, R., 1994. *In Over Our Heads: The Mental Demands of Modern Life*. Cambridge, MA: Harvard University Press.

3 Dies ist Hauptthema eines zukünftigen Hanzi-Buches, einem metamodernen Guide zur Wirtschaft.

4 Kok, B. E.; Singer, T., 2016. »Phenomenological Fingerprints of Four Meditations: Differential State Changes in Affect, Mind-wandering, Meta-cognition and Interception before and after Daily Practice across Nine Months of Training«. *Mindfulness*, August.

5 Dafür hat die britische Education Endowment Foundation sehr überzeugende Belege vorgelegt. Eine Verringerung der Klassengröße ist zwar sinnvoll, aber sehr teuer. Es gibt andere Strategien, auf die wir unsere Ressourcen und unsere Aufmerksamkeit richten sollten: Metakognition (Lernen, um zu lernen), Feedback an die Schüler (detaillierte Berichte über ihre Arbeitsanstrengungen), Strategien für das Leseverständnis, Peer-Tutoring, gemeinsames Lernen in Gruppen, Hausaufgaben und mehr. Siehe www.educationendowmentfoundation.org.uk.

6 Machado, A., 2014. »Should Schools Teach Kids to Meditate?« *The Atlantic*, 27. Januar.

7 Bringen wir hier zum Spaß schnell noch einige andere Studien ins Gespräch, die die gesellschaftliche, psychologische und medizinische Wirksamkeit von Meditation gezeigt haben (ich habe die Quellenangaben abgekürzt, aber sie lassen sich bei Interesse leicht auffinden).

Verbesserte Lebensqualität für Menschen mit kongestiver Herzinsuffizienz: *Ethnicity and Disease*, March 2007. **Verlängerung der Lebenszeit:** *American Journal of Cardiology*, May 2005. **Senkung von Blutdruck und Einsatz von blutdrucksenkenden Medikamenten:** *American Journal of Hypertension*, January 2005. **Senkung des Blutdrucks bei gefährdeten Jugendlichen:** *American Journal of Hypertension*, April 2004. **Verminderung von Stress, Ängsten und Hyperaktivität bei gefährdeten Jugendlichen:** Vortrag auf dem Jahrestreffen der Society for Behavioral Medicine, March 2008. **Erhöhte Flexibilität der Hirnfunktion:** *Biological Psychology* 55 (2000); *Psychophysiology* 14 (1977). **Bessere Informationsübertragung im Gehirn:** *Progress in Brain Research* 54 (1980) 447–453; *International Journal of Neuroscience* 10 (1980) 165–170; *Psychophysiology* 26 (1989) 529. **Intelligenzsteigerung bei Sekundarschülern und Studierenden:** *Intelligence* (2001) 419–440; *Journal of Personality and Individual Differences* (1991): 1105–1116; *Perceptual and Motor Skills* 62 (1986) 731–738; *College Student Journal* 15 (1981) 140–46; *Journal of Clinical Psychology* 42 (1986): 161–164. *Gedrag: Tijdschrift voor Psychologie* [*Behavior: Journal of Psychology*] 3 (1975) 167–182; *Dissertation Abstracts International* 38(7) (1978) 3372B-73B; *Higher Education Research and Development* 15 (1995) 73–82. **Kreativitätssteigerung:** *Journal of Personality and Social Psychology* 57 (1989) 950–964; *The Journal of Creative Behavior* 19 (1985) 270–75; *Dissertation Abstracts International* 38(7) (1978) 3372B-3373B. **Verbesserung des Erinnerungsvermögens:** *Memory and Cognition* 10 (1982) 207–15. **Verbesserung der Studienleistung:** *Education* 107 (1986) 49–54; *Education* 109 (1989) 302–304; *British Journal of Educational Psychology* 55 (1985) 164–166. **Vorteile in der Sonderpädagogik:** *Journal of Clinical Psychiatry* 42 (1981) 35–36; *Journal of Biomedicine* 1 (1980) 73–88. **Steigerung von Selbstvertrauen und Selbstverwirklichung:** *Journal of Social Behavior and Personality* 6 (1991) 189–147; *Higher Stages of Human Development: Perspectives on Adult Growth* (Oxford University Press, 1990) 286–341; *British Journal of Psychology* 73 (1982) 57–68; *College Student Journal* 15 (1981) 140–146; *Journal of Counseling Psychology* 20 (1973) 565–566; *Journal of Counseling Psychology* 19 (1972) 184–187. **Verminderte Feindseligkeit:** *Criminal Justice and Behavior* 5 (1978) 3–20; *Criminal Justice and Behavior* 6 (1979) 13–21.

Verminderte Depression: *Journal of Counseling and Development* 64 (1986) 212–215; *Journal of Humanistic Psychology* 16(3) (1976) 51–60; *Gedrag: Tijdschrift voor Psychologie* [*Behavior: Journal of Psychology*] 4 (1976) 206–218. **Verminderte Ängste:** *Journal of Clinical Psychology* 45 (1989) 957–974; *Anxiety, Stress, and Coping: International Journal* 6 (1993) 245–262; *Journal of Clinical Psychology* 33 (1977) 1076–1078; *Dissertation Abstracts International* 38(7) (1978) 3372B-3373B; *Hospital & Community Psychiatry* 26 (1975) 156–159. **Schulisches Verhalten: Verringerung von Ärger, Fehlzeiten, Disziplinarverstößen und Suspendierungen:** *Annals of Behavioral Medicine* 23 (2001) 100; *Health and Quality of Life Outcomes* 1 (2003) 10. **Gesteigerte Toleranz:** *The Journal of Psychology* 99 (1978) 121–127; *International Journal of the Addictions* 26 (1991) 293–325; *Dissertation Abstracts International* 38(7) (1978) 3372B-3373B. **Reduzierter Drogenmissbrauch:** *Alcoholism Treatment Quarterly* 11 (1994) 1–524; *Bulletin of the Society of Psychologists in Addictive Behaviors* 2 (1983) 28–33; *The International Journal of the Addictions* 12 (1977) 729–754; *Journal of Offender Rehabilitation* 36 (2003) 127–160; *American Journal of Psychiatry* 132 (1975) 942–945; *American Journal of Psychiatry* 131 (1974) 60–63. **Verminderung der Schlaflosigkeit:** *The New Zealand Family Physician* 9 (1982) 62–65; *Journal of Counseling and Development* 64 (1986) 212–215; *Japanese Journal of Public Health* 37 (1990) 729; **Gesünderes Familienleben:** *Psychological Reports* 51 (1982) 887–890; *Journal of Counseling and Development* 64 (1986) 212–215. **Geringere Inanspruchnahme von Krankenversicherungen:** *Psychosomatic Medicine* 49 (1987) 493–507; *American Journal of Health Promotion* 10 (1996) 208–216. **Steigerung der Effizienz von Behörden:** *Impact of Vipassana in Government* (2004). **Geringere Kriminalitätsneigung von Gefängnisinsassen:** *Vipassana: Its relevance to the present world* (Delhi, 1994) 38–55; Forschungsbericht des Vipassana Research Institute (1995) *Psychological effects of Vipassana on Tihar Jail Inmates*; Forschungsbericht des Vipassana Research Institute (2002) *Effect of Vipassana Meditation on Quality of Life, Subjective Well-Being, and Criminal Propensity among Inmates of Tihar Jail.*

8 Wänköö, U., 2015. »Happarandas unga mår bättre.« *SVT Nyheter Norrbotten*, 27. November. [»Die Jugend von Happaranda fühlt sich besser« Schwedisches Fernsehnachrichten-Netzwerk.]

9 Nelis, D., Quoidbach, J.; Mikolajczak, M. und Hansenne, M., 2009. »Increasing Emotional Intelligence: (How) Is it Possible?« *Personality and Individual Differences*, 47. Jg., Nr. 1, Juli, S. 36–41.

10 Eine ausgezeichnete Besprechung dieser Untersuchung leisten Williams Woolley, A.; Aggarwal, I. und Malone, T. W., 2015. »Collective Intelligence and Group Performance«. *Current Directions in Psychological Science*, 24. Jg., Nr. 6, S. 420–424.

Kapitel 5 | Die Alternative

1 Standing, G., 2011. *The Precariat: The New Dangerous Class.* Kindle edition: Bloomsbury Publishing Plc. Siehe auch Standing, G., 2014. *A Precariat Charter: From Denizens to Citizens.* New York: Bloomsbury Publishing Plc.

2 Bourdieu, P., 1979/1992. *Distinction: A Social Critique of the Judgment of Taste.* London: Routledge.

3 Beck, U. und Levy, D., 2013. »Cosmopolitanized Nations: Re-imagining Collectivity in World Risk Society«. *Theory, Culture and Society*, 30. Jg., Nr. 2, S. 3–31.

4 Nach Schubert ist A-Dur eine Tonart, die sich für »unschuldige Liebeserklärungen, […] die Hoffnung auf ein Wiedersehen mit dem Geliebten beim Abschied, jugendlichen Frohsinn und Gottvertrauen« eignet. Steblin, R., 2007. *A History of Key Characteristics in the Eighteenth and Early Nineteenth Century.* Rochester: University of Rochester Press, S. 127 [eigene Übersetzung].

5 Täuschen Sie sich nicht, Wladimir Lenin war ein übler Kerl – seine Handlungen und Doktrinen offenbaren eindeutig eine autoritäre Abkehr vom liberalen und linken Marxismus seiner Zeit (u. a. Rosa Luxemburg). Aber er war auch unglaublich intelligent und die Sowjetunion

bleibt neben den USA und der ersten Französischen Republik einer der wenigen Staaten, die wirklich von einem politisch-philosophischen Genie geprägt wurden. »Er hat nie einen Satz geschrieben, der für sich selbst genommen von Interesse ist«, sagte der amerikanische Dichter Ezra Pound über Lenin, »aber er hat fast ein neues Medium entwickelt, eine Art des Ausdrucks auf halbem Weg zwischen Schreiben und Handeln.« (zitiert in Robin, C., 2016. »How Intellectuals Create a Public«. *The Chronicle of Higher Education*. 22. Januar, www.chronicle.com/article/how-intellectuals-create-a-public/, letzter Zugriff: 14.3.2023).

Wir brauchen etwas in dieser Richtung. Wir müssen uns zu neuen Formen des Wirtschaftens durchringen, zu neuen existenziellen Einsichten, und wir müssen die politischen Diskurse verschiedener wichtiger Länder »hacken«, damit die Menschen anfangen, mehr nach metamodernen Prinzipien und Ideen zu handeln.

6 Wie wir später erörtern werden, ist diese Definition von Unterdrückung die oberflächlichere Version eines komplexeren Arguments – nämlich der informationellen Perspektive auf Unterdrückung, in der diese als ein kurzgeschlossener Rückkopplungsprozess von Informationen definiert wird, der ein sich selbst organisierendes System daran hindert, sich anzupassen und deswegen in den Modus übergeht, lieber den »Überbringer der Botschaft zu erschießen«.

7 Bard, A. und Söderqvist, J., 2012. *The Futurica Trilogy*. Stockholm: Stockholm Text.

Kapitel 6 | Politische Philosophie

1 Urry, J., 2002: *Global Complexity*. Cambridge, UK: Polity Press.

2 Siehe ihre exzellenten Einführungen auf www.complexityexplorer.org, letzter Zugriff: 7.2.2023.

3 Reiner, R., 1992: *The Politics of the Police*. London: Wheatsheaf.

4 Haidt, J., 2013. *The Righteous Mind: Why Good People Are Divided by Politics and Religion*. New York: Random House.

5 Giddens, A., 1994. *Beyond Left and Right: The Future of Radical Politics*. Stanford, CA: Stanford University Press.

6 Siehe dazu die Erörterung der hellen und dunklen Seite der Zivilgesellschaft in Alexander, J. C., 2006. *The Civil Sphere*. New York/Oxford: Oxford University Press.

7 Habermas, J., 1962. *Strukturwandel der Öffentlichkeit: Untersuchungen zu einer Kategorie der bürgerlichen Gesellschaft*. Neuwied am Rhein: Luchterhand.

8 Man könnte das mit dem vergleichen, was Habermas »kommunikatives Handeln« nennt, von diesem vorgestellt in ders., 1981. *Die Theorie des kommunikativen Handelns*. Band 1: *Handlungsrationalität und gesellschaftliche Rationalisierung*. Frankfurt am Main: Suhrkamp.

9 Die Freigabe von Drogen ermöglicht im Übrigen ihre Regulierung durch den Staat, reduziert negative, auf Stigmatisierung fußende Feedbackzyklen und erleichtert die Schadensvermeidung, wodurch die allgemeine Todesrate und psychiatrische Beeinträchtigungen verringert werden – und trotzdem, ja, einige Menschen, die sonst keine Drogen genommen hätten, werden dadurch zu Anwendern, und obwohl ein Teil von ihnen profitieren wird, ist es unvermeidlich, dass andere durch sie geschädigt werden.

10 Nicht im wörtlichen Sinne, Sie Dummerchen. Seien Sie nett und nicht gewalttätig.

Kapitel 7 | Über Stufentheorien

1 Heutzutage nimmt die Kritik am »Humanismus« zu, also an der dominanten Denktradition, die Menschen und die Menschheit als das Maß aller Dinge ansieht. Immer mehr stellen den Anthropozentrismus infrage, der allen gesellschaftlichen Institutionen inhärent ist. Schritt für

Schritt treten wir aus dieser verlängerten Phase einer ungesunden Fixierung auf »Menschen« und »Menschheit« heraus. Vielleicht sind Sie schon einmal auf Gary Franciones Tierrechte oder Corey Lee Wrenns soziologische (feministische und intersektionale) Weiterentwicklung derselben gestoßen? Oder auf eine dieser posthumanistischen Denkströmungen wie Manuel DeLandas »flache Ontologie«, welche die von uns übernommenen Annahmen hinsichtlich der Menschheit als »über und jenseits« dem Rest der Schöpfung infrage stellt? Oder vielleicht auf Ideen aus der Tiefenökologie, die von Arne Næss und Sigmund Kvaløy bis hin zu Leuten wie Gary Snyder and seinem Öko-Buddhismus reichen?

Ein wichtiger Teil dieser Infragestellung des Humanismus besteht darin, Geschichtsbücher zu schreiben, die weniger anthropozentrisch sind, was sich eine Disziplin, die als »Big History« bezeichnet wird, zur Aufgabe gemacht hat. Unglücklicherweise leidet auch dieses faszinierende Feld unter derselben destruktiven Selbstfixierung. Denken Sie nur an Yuval Noah Hararis Buch über Big History aus dem Jahr 2012. Obwohl es kritische Sichtweisen auf den Umgang mit Tieren miteinschließt, trägt es den Titel *Sapiens*.

Hat man die Vorrangstellung menschlicher Wesen erfolgreich hinterfragt, gibt es immer noch entscheidende Fragen zu beantworten, wie etwa die Priorisierung widerstreitender Interessen, den Vorzug eines Weges vor einem anderen oder das Erfordernis, unterschiedlichen Lebewesen einen ethischen Wert zu verleihen: beispielsweise einer Amöbe und einem zweijährigen menschlichen Kind. Wenn man mit solchen Fällen zu tun hat, ist es wichtig, sich daran zu erinnern, dass Entwicklungshierarchien diese Frage nicht notwendigerweise beantworten. Wie schon gesagt, sie zeigen keine moralische Ordnung an.

2 Die drei »Ns« sind eine Idee aus Melanie Joys Sozialpsychologie des »Karnismus«, womit die vorherrschende Ideologie gemeint ist, die das Töten und Ausbeuten von Tieren legitimiert.

3 Bedenken Sie, dass wir natürlich von Demut im Angesicht von Wahrheit und Wissen sprechen, eher einer »epistemologischen Demut« als einer Demut in Form eines Charakterzugs. Demut als Charakterzug äußert sich oft als Unterwürfigkeit gegenüber den vorherrschenden Hierarchien. In diesem Sinne bin ich der Meinung, dass die Welt weniger »Demut« braucht, nicht mehr. Aber das ist eine vollkommen andere Diskussion.

4 Die beste Definition von Stufen habe ich im Aufsatz eines portugiesischen Psychologen gefunden: Lourenço, O. M., 2016. »Developmental Stages, Piagetian Stages in Particular: a Critical Review«. *New Ideas in Psychology*, 40. Jg., S. 123–137. Lourenço führt vier Eigenschaften ein: *Hierarchie* (dass Stufen hierarchisch geordnet sind), *Integration* (dass die höhere Stufe die jeweils niedrigere transzendiert und in sich aufnimmt), *Konsolidierung* (dass es Zeit und Anstrengungen bedarf, damit sich eine entwickelnde Stufe festigen kann), *Strukturierung* (dass höhere Stufen Prozesse von niedrigeren organisieren) und Äquilibrierung (dass die Stufe zu einem Gleichgewichtszustand tendiert). Lourenço verteidigt solche »starken« Stufentheorien, in denen die Stufen klar definiert sind, keine Stufe ausgelassen werden kann und die Stufen logisch aufeinander aufbauen.

5 Gilligan, C., 1982. *In a Different Voice – Psychological Theory and Development in Women.* Cambridge, MA: Harvard University Press.

6 Es gibt etwa 22 Schulen des Lernens – was erklärt, warum wir in dieses Feld nicht tiefer einsteigen können. Zu ihnen gehören: situiertes Lernen, organisationales Lernen, Erfahrungslernen, Lernstile (nebenbei bemerkt eine grauenhafte Theorie), Deschooling, Homeschooling/Unschooling, kritische Pädagogik, Montessori-Erziehung (überbewertet), erfahrungsorientiertes Lernen, Konstruktivismus (wobei wir vermutlich den expressiven Konstruktionismus, radikalen Konstruktivismus, sozialen Konstruktionismus, radikalen Konstruktivismus, sozialen Konstruktionismus, piagetischer Konstruktivismus und Konnektivismus als voneinander verschiedene, separate Schulen zählen sollten), expansives Lernen, bedeutungsvolles rezeptives Lernen, multiple Intelligenz (überbewertet), lehrzielorientiertes Lernen, radikaler Behaviorismus und theologischer Instruktivismus. Dieser Liste sollten wir mutmaßlich eine Reihe von

Schulen anfügen, die immer noch etabliert sind: Posthumanismus, integrale Erziehung und Roths integratives Lernen – und vielleicht die deleuzianische Pädagogik. Ganz zu schweigen von einer vergleichsweise neuen Riege von Studien, die sich zunehmend mit den praktischen Techniken befassen, die von guten Lehrerinnen im Klassenzimmer angewandt werden. Unbeschadet ihres schlechten Rufs hat die Erziehungswissenschaft eine glorreiche Zukunft.

7 Fischer, K. und Yan, Z., 2002. »The Development of Dynamic Skill Theory«. In: Lewkowicz, D. und Lickliter, R. (Hg.). *Conceptions of Development: Lessons from the Laboratory*. Hove: Psychology Press, S. 279–312.

8 Für den besten Vergleich zwischen Fischers Entwicklungsstufen und denjenigen anderer siehe Tuladhar, C. H. und Commons, M. L., 2014. »Correspondence between Some Life-span, Stage Theory Developmental Sequences of Stages and Level«. *Behavioral Development Bulletin*, 19. Jg., Nr. 3, S. 24–27.

9 Diese vier Stufen wären: die sensomotorische (0–2), die präoperationale (2–7), die konkret-operationale (7–11) und die formal-operationale Stufe (11–) inklusive einiger ebenfalls beschriebener Unterstufen. Ich erwähne sie hier, da diese Stufen in späteren Theorien besser bekannt sind, vor allem im MHK, wie es in diesem Buch beschrieben wird.

10 Das Piaget'sche Paradigma hat einen sehr viel tiefgreifenderen Einfluss auf die Entwicklungspsychologie gehabt, als die meisten realisieren. Wie Lourenço 2016 (Kap. 7, Anm. 4), S. 133, schreibt: »There are: (a) *Piagetian* theories (e.g., Kohlberg's moral theory); (b) *neo-Piagetian* theories (e.g., Case's theory of intellectual development); (c) *post-Piagetian* theories (e.g., Commons et al.›s model of cognitive development beyond Piagetian formal operations); (d) *anti-Piagetian* theories (e.g., Perner's approach to children's theories of mind); and (e) even *neo-neo-Piagetian* theories (e.g., Bickhard's interactive model of development). We do not know of any other psychological theory that has received all five prefixes.«

11 Um die Dinge noch weiter zu verkomplizieren, werden die Farbcodes der Spiral Dynamics von einigen Communitys immer wieder auch dazu verwendet, um verschiedene *Ebenen* innerhalb der Psyche zu markieren: von den roheren, tierischen Trieben des Unbewussten zu den bewussten Prozessen des denkenden Verstandes bis hin zu den überbewussten Ebenen der spirituellen und existenziellen Erfahrung. Obwohl solche Ebenen wissenschaftlich nicht verifiziert worden sind, abgesehen davon, dass unser Gehirn aus drei Instanzen besteht (Reptiliengehirn, limbischem System und Neocortex), sind sie durch die Geschichte der Psychologie hindurch eifrig theoretisiert worden: von Freuds Unbewusstem, Ich und Überich zu Kohuts dreiteiliger Selbstpsychologie und weiter zu noch esoterischeren Versionen wie Timothy Learys Acht-Kreis-Modell des Bewusstseins. Ähnliche Modelle finden sich auch in älteren esoterischen Traditionen wie der jüdischen Kabbala, den yogischen Chakren in der mystischen Tradition der Veden sowie in gegenwärtigen Versuchen, die spirituelle Praxis zu systematisieren, so zum Beispiel in der »Chaosmagie«. Ich bin der Meinung, dass solche Ebenen interessant sind und dass es gute Gründe gibt, sich auf sie zu beziehen, aber dass sie nicht mit Entwicklungsstufen verwechselt werden sollten, auch wenn es nützliche Parallelen geben mag.

12 Ich verdanke Wilber mehr, als ich ihm in diesem Buch Anerkennung zolle. Dennoch fühle ich als metamoderner Denker, der eher an Ideen in Entwicklung denn an Individuen glaubt, dass ich niemandem irgendetwas für meine Inspirationsquellen schulde. Wie schon gesagt ist der Metamodernismus Piraterie in idealistischer Absicht. Wegen Wilbers fragwürdigeren esoterischen Arbeiten – sowie seiner äußerst problematischen Verstrickung in sektiererische Gruppen und wegen anderer Fragen, die um seine Persona kreisen –, will ich meine Arbeit nicht allzu sehr mit seiner verknüpfen. Abgesehen davon bin ich in mancher Hinsicht mehr Wilberianer als Wilber selbst, da die vier Dimensionen der Entwicklung (kognitive Entwicklung, Code, Zustand und Tiefe) auf der fraktalen Anwendung seines »Vier-Quadranten-Modells« basieren. Ich habe Wilbers Denken stringenter angewandt, als er selbst dies getan hat, und das ist genau das, was es mir ermöglichte, die vier Dimensionen der Entwicklung hervorzukitzeln.

Wenn Sie mit Wilbers theoretischem Gerüst vertraut sind, interessiert Sie dies vielleicht: Mein Entwicklungsmodell basiert auf einer solchen fraktalen Wiederanwendung der vier Quadranten auf das individuelle Verhalten, wie es bei Wilber im oberen rechten Quadranten auftaucht. Hat man sich auf die Entwicklung eines individuellen Organismus eingezoomt und unterteilt man die rechte obere Ecke wiederum in vier Quadranten, enthüllt sich ein kontraintuitives Muster: Die kognitive Entwicklung wird zur unteren rechten Ecke (weil man so Verhalten in einem kohärenten System anordnet); kulturelle Codes werden die obere rechte Ecke (weil es das symbolische Verhalten ist, dass sie tatsächlich zur Schau stellen); subjektive Zustände werden die obere linke Ecke (weil sie die subjektive Erfahrung dieses Organismus darstellt); und »existenzielle Tiefe« wird die untere linke Ecke, weil sie erfasst, wie ein Organismus seine subjektive Erfahrung einer zweiten Person, einem »Du« vermittelt. Noch einmal: Das ist kontraintuitiv, weswegen die anderen Theorien, Wilbers eingeschlossen, dies wahrscheinlich übersehen haben. Weisen Sie mein Modell jetzt nicht voreilig zurück; denken Sie es genau durch und Sie werden sehen, dass ich absolut recht habe.

13 Philosophen sind in Hinblick auf diese 30-Jahr-Regel für Genies eine Ausnahme, da sie im Allgemeinen eher in ihren Fünfzigern oder später zur Reife gelangen – obwohl sie dazu neigen, um ihre genialen Dekaden bereits im Vorhinein »gewusst zu haben«. Es ist einfach so, dass es Zeit braucht, eine Philosophie zu entwickeln. Natürlich gibt es auch hier zahlreiche Ausnahmen von dieser Ausnahme, angefangen bei Blaise Pascal zu Ludwig Wittgenstein und Simone Weil.

Ungeachtet aller schlechten Dinge, die ich über Gary Youngs eigenes theoretisches Konstrukt sagen könnte und darüber, wie er das Modell hierarchischer Komplexität fundamental fehlinterpretiert und kognitive Stufen in dasselbe Gerüst presst wie die Erikson'schen Phasen, würde ich sein maßgebendes Lehrbuch über Erwachsenenentwicklung *Development and Causality* aus dem Jahr 2015 (Springer Press) doch immer noch wärmstens empfehlen wollen. Es ist nach wie vor das am besten verständliche und umfassendste Lehrbuch zu diesem Thema und seine Versuche, emotionale und kognitive Entwicklung zusammenzudenken, sind verdienstvoll.

14 Ja, selbst Einkommen korreliert mit den MHK-Stufen. Aber das rechtfertigt noch keine Einkommensungerechtigkeit – mehr dazu in meinem Buch über metamoderne Ökonomie. Siehe Miller, P. M. u. a., 2015. »Stage of Pricing Strategy Predicts Earnings: a Study of Informal Economics«. *Behavioral Bulletin*, 20. Jg., Nr. 1. Siehe auch Goodheart, E. A.; Commons, M. L. und Chen, S. J., 2015. »Stage of development and Million Dollar Earnings from Sales per Year«. *Behavioral Development Bulletin*, 20. Jg, Nr. 1, S. 93–105.

15 Gerontophilie: die (sexuelle) Präferenz für alte Menschen.

16 Okay, mir ist klar, dass der Gerontophilie-Vorwurf ein bisschen gemein ist. Es ist ein sympathischer und wertvoller Teil der Erwachsenenentwicklung, herauszufinden, wie das Altern in psychologischer Hinsicht produktiver und weniger schmerzvoll gemacht werden kann – besonders aus Sicht einer tiefgehenderen Fürsorge und einer »Gesellschaft des Zuhörens«. Aber das Bedürfnis nach Trost und Fürsorge im Angesicht des Alters sollte uns nicht dazu verleiten, schlampige Analysen von Entwicklungsstufen und ihrer Beziehung zum Alter anzufertigen. Mithilfe der richtigen Unterscheidung zwischen den verschiedenen Dimensionen der Entwicklung werden Sie sehen, wie sich dieses Problem auflöst: Ja, ältere Menschen sind im Allgemeinen reifer und »weiser«, aber nein, sie sind nicht auf einer viel höheren kognitiven Stufe und haben auch keinen Zugang zu »weiter fortgeschrittenen« Vorstellungen von der Welt. Sie befinden sich in den späteren Phasen, wie Eriksson sie beschrieben hat, ja, und sie haben mehr Fertigkeiten und Wissen, sogenannte »kristalline Intelligenz«, aber das ist nicht identisch damit, allgemein auf einer höheren Stufe zu sein.

Kapitel 8 | Kognitive Entwicklung

1 Falls Sie meditieren, haben Sie vielleicht einmal an einem von S. N. Goenkas zehntägigen Vipassana-Retreats teilgenommen und die Aufnahme von Goenka gehört, auf der er die Geschichte eines hochintelligenten, mit dem Nobelpreis ausgezeichneten Wissenschaftlers erzählt, der vollkommen unglücklich wurde und während seines Meditationstrainings in Burma eine wirklich harte Zeit durchleben musste, schreiend auf dem Boden liegend. Tja, das ist er, Alvarez, der Erfinder der Blasenkammer. Nur so als Funfact.

2 Die meisten Neo-Piagetiker scheitern daran, die enormen Konsequenzen zu begreifen, die ihre Theorie für das Verständnis der Gesellschaft und der Welt im Allgemeinen hat. Viele von ihnen tendieren in ihrer Forschung zu vergleichsweise engen Perspektiven und legen sich keine Rechenschaft über die gesellschaftlichen Implikationen ihres eigenen theoretischen Gerüsts ab – Michael Commons und seine Nachfolger sind in dieser Hinsicht eine außergewöhnliche Ausnahme. Andere, holistischere, Theoretiker der Erwachsenenentwicklung wie beispielsweise Cook-Greuter, Wilber und die Vertreter der Spiral Dynamics haben tendenziell und vergleichsweise ein besseres Verständnis davon, wie ihre Theorien sich auf das Verständnis von Gesellschaft auswirken. Andererseits sind diese Theoretiker tendenziell erbärmliche politische Soziologen. Ein Grund mehr, warum wir Hanzi brauchen.

3 Zugegeben, das ist die Kurzfassung einer langen Geschichte. Es gibt zudem das Phänomen der *décalage* (beziehungsweise, im Deutschen, der Verschiebung oder Ausweitung), womit die Verteilung des Testerfolgs eines Individuums innerhalb eines Bereichs oder sogar zwischen verschiedenen Bereichen gemeint ist – siehe Bond, T., 2010. »Comparing Décalage and Development with Cognitive Developmental Tests«. *Journal of Applied Measurement*, 11. Jg., S. 158–171.

Allgemein könnte man sagen, dass die beobachtete Verschiebung sich reduziert, wenn die Qualität von Theorie und Forschungsmethoden erhöht wirdund wichtige Unterscheidungen zwischen verschiedenen Faktoren wie IQ, Arbeitsgedächtnis, Aufmerksamkeitsspanne, geistigem Leistungsvermögen der vorherigen Konfrontation mit einer Aufgabe und MHK-Stufe getroffen werden. MHK-Tests zeigen im Allgemeinen niedrige Level von Décalage, und das ist einer der Gründe, warum diese Theorie so gut ist.

4 Commons, M. L. und Jiang, T. R., 2014. »Introducing a New Stage for the Model of Hierarchical Complexity: a New Stage for Reflex Conditioning«. *Behavioral Development Bulletin*, 19. Jg., Nr. 3, S. 1–8.

5 Die tierischen Stufen werden beschrieben in Commons, M. L. und Miller, P. M., 2003. *Development of Behavioral Stages in Animals*. Der Aufsatz ist verfügbar unter www.dareassociation.org. Da Michael Commons 2016 erwähnte, dass es in diesem Aufsatz ein paar Fehler gebe, habe ich einige Details abweichend davon vorgestellt. Beachten Sie, dass die kognitive Stufe gleich sein kann, auch wenn sich die Größe des Gehirns, die kognitive Schnelligkeit und unter Umständen der Grad an »Empfindungsvermögen« stark unterscheiden. Kontraintuitiv, aber wahr!

6 Pepperberg, I., 1992. »Proficient Performance of a Conjunctive, Recursive Task by an African Gray Parrot (*Psittacus erithacus*)«. *Journal of Comparative Psychology*, Jg. 106, Nr. 3, S. 295–305.

7 De Waal, F. B. M. und Lanting, F., 1997. *Bonobo: The Forgotten Ape*. Berkeley: California University Press.

8 »Standardabweichung« ist ein statistischer Begriff und bezeichnet die durchschnittliche Abweichung vom Mittelwert (oder, im Falle einer Funktion, vom Graphen der Funktion).

9 Falls Sie daran interessiert sind: Das ist die Stufe, auf der Hanzi sich befindet. Hanzi befindet sich auf einer hohen Stufe, aber hat einen normalen IQ. Das bedeutet, dass ich mit mehr neuer Theorie aufwarten kann als fast jeder andere, den Sie im Laufe ihres Lebens treffen werden, und dennoch schlägt mein aufgeweckter kleiner Neffe mich immer noch im Schach.

10 Es gab spekulative Versuche, eine siebzehnte Stufe zu formulieren, genannt »meta-crossparadigmatisch«, aber ehrlich gesagt bin ich davon nicht überzeugt, da diese Stufe erst noch klar formuliert und anschaulich erläutert werden muss. Aber rein theoretisch gesprochen: Klar, da jede Stufe hierarchisch auf der früheren aufzubauen scheint, sollte es höhere Stufen geben.

11 Enard, W. u. a., 2009. »A Humanized Version of FOXP2 Affects Cortico-basal Ganglia Circuits in Mice«. *Cell*, 137. Jg., Nr. 5, S. 961–971.

12 Und ja, es ist okay, bei Tieren von »Psychologie« zu sprechen. Wenn wir Menschen etwas haben, dass man leichthin als Psyche oder Seele bezeichnen könnte, dann gilt das auch für nicht-menschliche Tiere.

13 Die MHK-Stufe von Organismen folgt (sobald sie erwachsen sind) im Allgemeinen einer Potenzfunktion der Anzahl der Neuronen, siehe Harrigan & Commons, 2014. Das stellt uns allerdings vor ein Rätsel: Wie kann es sein, dass erwachsene Menschen sich über eine Spanne von nicht weniger als sieben Stufen verteilen? Sicherlich hat nicht ein Mensch eine Million Mal mehr Neuronen als ein anderer. Ohne dass er dieses Thema direkt angesprochen hätte, macht Gary Young einen interessanten Vorschlag – nämlich, dass sämtliche der postformalen Stufen (diejenigen nach Stufe 11-Formal) tatsächlich Unterstufen einer einzigen Stufe darstellen. Sara Nora Ross hat vorgeschlagen, dass Übergänge zwischen Stufen einem fraktalen Muster folgen, was die These stützen könnte, dass die menschlichen kognitiven Phasen in einem Fraktal von Stufen »verpackt« sind, auf eine Weise, die das MHK nicht berücksichtigt. Siehe Ross, S. N., 2008. »Fractal Transition Steps to Fractal Stages: The Dynamics of Evolution«. *World Futures*, 64. Jg., S. 361–374. Siehe auch Ross, S. N., 2014. »Fractal Model of Nonlinear Hierarchical Complexity: Measuring Transition Dynamics as Fractals of Themselves«. *Behavioral Development Bulletin*, 19. Jg., Nr. 3, S. 28–32.

14 Featherston, K. G. u. a., 2016. »An Analysis of the Verbal Comprehension Index of the Wechsler Adult Intelligence Scale – Fourth Edition (WAIS-IV) Using the Model of Hierarchical Complexity (MHC): Why Might Stage Be a Better Measure of ›Smarts‹ than Verbal IQ? *Behavioral Development Bulletin*, 21. Jg., Nr. 1. Kyle Featherston selbst (der erstgenannte Autor des obigen Aufsatzes) merkt in einer E-Mail-Korrespondenz allerdings an, dass die Forschung weit entfernt von schlüssigen Ergebnissen sei. Es braucht hier mehr Forschungsarbeit.

15 Die ersten beiden Regeln finden sich auch schon bei Piaget. Commons fügte die dritte hinzu (und einige Zeit später zwei weitere Regeln).

16 Obwohl es natürlich Neurowissenschaftler gibt, deren Arbeit andere entwicklungstheoretische Perspektiven zugrunde liegen. Siehe zum Beispiel Churchland, P., 2011. *Braintrust: What Neuroscience Tells Us About Morality*. Princeton: Princeton University Press. Siehe auch Gazzaniga, M., 2005. *The Ethical Brain: The Science of Our Moral Dilemmas*. New York: Harper Perennial sowie Damasio, A., 1999. *The Feeling of What Happens*. London: Heineman.

17 Siehe Leite, S.; Barker, C. D. und Lucas, M. G., 2016. »The Neural Correlates of Postformal Stages of Reasoning: the Biological Determinants of Behavior«. *Behavioral Development Bulletin*. 21. Jg., Nr. 1, S. 33–43. Leite, Barker und Lucas argumentieren, »that cognitive neuroscience studies of human intelligence should shift from the general laws that govern development and brain maturation to focusing on inter-individual differences across development, so as to complete the picture of human cognition«.

18 Barry, B. 2005. *Why Social Justice Matters*. Cambridge: Polity Press, S. 122–124.

19 Einige Leserinnen und Leser würden zweifellos anmerken, dass ich mich nicht auf multiple Intelligenz (Howard Gardner) oder emotionale und soziale Intelligenz (Daniel Goleman) beziehe. Ich würde darauf an dieser Stelle schlicht entgegnen wollen, dass die MHK-Stufen ein solideres und wichtigeres Modell darstellen, das bei korrekter Anwendung mit Kurt Fischers dynamischer Fertigkeitsentwicklung (*dynamic skill theory*) kombiniert werden kann. Gardners Theorie mag immer noch einen gewissen Wert besitzen, aber sie hat weniger logische Kohärenz und erklärt natürlich weniger als das MHK.

Kapitel 9 | Die wichtigsten Stufen

1 Katz, J. 1999/2001. *How Emotions Work*. Chicago: University of Chicago Press.

2 Einige Lesende könnten denken, dass es unwahrscheinlich erscheint, dass lediglich 20 Prozent der Erwachsenen Darwins Theorie richtig verstehen können, wo sie doch uns allen in der Schule beigebracht wird. Erstens ist das nicht meine Behauptung. Noch einmal: Wir blicken auf den Darwinismus lediglich als ein Beispiel für eine systematische Weise des Verstehens, die im Laufe der Wissenschaftsgeschichte aufgetaucht ist. Wir hätten auch Adam Smiths politische Ökonomie aus dem Jahr 1776 oder, was das betrifft, den Marxismus herausgreifen können. Zweitens könnte es Sie erstaunen, wie gravierend Darwins Theorie oft missverstanden wurde. Vermutlich wären Sie überrascht, wenn Sie in ihrer Umgebung herumfragen würden. Beachten Sie aber natürlich auch, dass, die Evolutionstheorie zu erfinden, eine Stufe 15-Crossparadigmatisch-Aufgabe darstellt.

3 Hier eine veranschaulichende grafische Illustration, wie sich die Stufen aufeinander beziehen und sich von Linien zu Quadraten zu Würfeln zu vierdimensionalen »Hyper-Würfeln« bis hin zu fünfdimensionalen »Hyper-Würfeln« entwickeln.

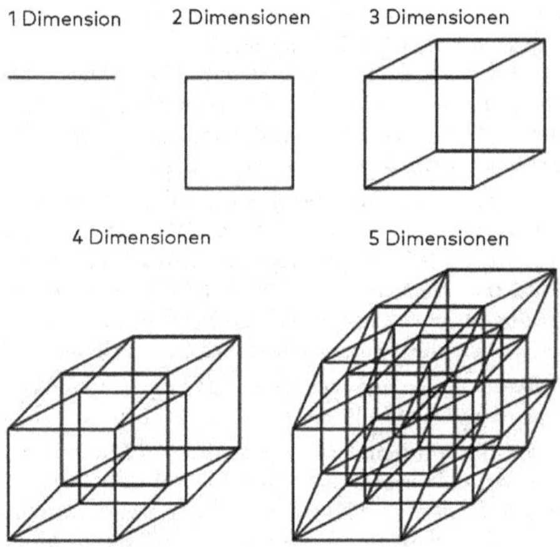

Oftmals werden Entwicklungsstufen einfach als vertikale Linie dargestellt, bei der spätere Stufen höher angeordnet sind. Das kommuniziert ein irgendwie plumpes Verständnis dessen, was verschiedene Stufen sind. Zwei Markierungen auf einer geraden Linie vermitteln uns kaum eine Vorstellung davon, wie qualitativ verschieden jede Stufe im Vergleich zu den früheren ist. Es vermittelt den falschen Eindruck, dass eine höhere Stufe einfach »mehr vom Gleichen« oder »ein Vorankommen in derselben Richtung« darstellt als eine niedrigere. Es erweckt den Eindruck, dass Stufenentwicklung eine *lineare* und vorhersehbare Angelegenheit ist (während sie doch eigentlich unterschiedliche Formen der Äquilibration darstellt, wobei jedes Äquilibrium für sich selbst ein ganz eigenes selbsterhaltendes Ökosystem ist).

Commons selbst verwendet gerne eine Pyramide miteinander verbundener Kisten, um zu illustrieren, wie die höheren Stufen auf nicht-willkürliche Weise Elemente der niedrigeren miteinander koordinieren. Deswegen sehen die Kisten schlussendlich alle gleich aus, was ein Problem darstellt.

Ein Lösungsversuch ist, die Stufen auf einer sich aufwärts verbreiterenden Spirale anzuordnen und die verschiedenen Teile der Spirale einzufärben, um anzuzeigen, dass die höheren

Stufen »breiter« sind und in sich selbst eine andere Qualität besitzen – das ist die Illustration, auf die Beck und Cowan in Spiral Dynamics zurückgreifen (besprochen in Kapitel 16). Dieses Bild ist allerdings ebenfalls problematisch. Zum Ersten landet man bei etwas wie einem Lutscheis, das man an einen Fünfjährigen verfüttert (eine sehr bunte Spirale, die sie sich im Internet anschauen können). Zum Zweiten, und das ist von noch größerer Bedeutung, motiviert das Modell dazu, die Stufen zu überessenzialisieren, als ob jede von ihnen eine spezielle Farbe, Stimmung oder Ausstrahlung besäße.

Eine passendere Illustration lässt sich in den Raumdimensionen finden – eine Metapher, die Edwin A. Abbotts Roman *Flatland. Eine phantastische Geschichte über viele Dimensionen* (im Original: ders. 1884. *Flatland: A Romance of Many Dimensions*) populär gemacht hat. Die Einwohner von Flatland (die Flatlander) leben ohne ein Bewusstsein dafür, dass es eine dritte Dimension gibt; sie können sie schlicht nicht erkennen. Für sie ist eine Kugel einfach nur ein Kreis. Wenn Flatlander eine Kugel die Ebene passieren sehen, auf der sie leben, sehen sie lediglich einen Kreis, der zunächst anwächst und dann wieder schrumpft und schließlich aus der Existenz herausfällt. Für Flatlander ist das die einzig richtige und relevante Beschreibung der Kugel. Flatlander halten Linelander für albern, die Quadrate und Kreise nicht verstehen und niemals realisieren, dass es eine höhere Dimension als die ihrige gibt. In vergleichbarer Weise sind wir alle Flatlander – immer gibt es eine noch abstraktere Warte, um die Realität zu betrachten, von der aus es unserem eigenen Verständnis an Tiefe zu fehlen scheint.

Der Punkt ist, dass die früheren Stufen nicht sehen können, was die späteren Stufen sehen; sie sehen einfach nur eine karikierte, verflachte Version dessen, was sich abspielt. Und außerdem werden sie leidenschaftlich darauf bestehen, dass ihre flachere Version der Wirklichkeit das einzig Wahre ist, wohingegen das komplexere Bild unnötigerweise kompliziert, falsch und missverstanden sei – oder einfach nur verrückt. Aus diesem schlichten Grund realisieren wir nur selten, wenn uns jemand **an Komplexität übertrifft**, heißt: wenn jemand mit größerer Komplexität denkt und handelt, als wir selbst das tun.

In mehr als einer Hinsicht entsprechen die vorgestellten Stufen der Wahrnehmung zusätzlicher Dimensionen in der Welt. Es ist nicht rein metaphorisch zu verstehen, wenn ich behaupte, dass:

- Stufe-9-Konkret-Denken einer Linie entspricht,
- Stufe-10-Abstrakt-Denken einem Quadrat,
- Stufe-11-Formal-Denken einem Würfel,
- Stufe-12-Systematisch einem vierdimensionalen Hyperwürfel und
- Stufe-13-Metasystematisch einem fünfdimensionalen Hyperwürfel.

Zum Beispiel bedarf es eines Verständnisses für Stufe-11-Operationen, um die Newton'sche Physik im dreidimensionalen Raum zu verstehen, während ein Verständnis für Stufe-12-Systematisch-Operationen vonnöten ist, um sich von diesem vorgestellten Raum zu lösen und zu verstehen, dass er lediglich eine Perspektive unter anderen darstellt.

Man kann sehen, wie jede Stufe eine Komplexität herstellt, die von der früheren Stufe einfach nicht erkannt oder begriffen werden kann. Die höhere Stufe lebt gewissermaßen in anderen Dimensionen; sie entfaltet ihre Wirkung durch Zeit und Raum hindurch auf nicht wahrnehmbare Weise. Zum Beispiel lässt sich bei einem vierdimensionalen Würfel oder »Tesserakt« immer ein neuer Würfel aus dessen Zentrum ziehen (als Projektion auf eine dreidimensionale »Oberfläche«) – was sich für uns einigermaßen kontraintuitiv anfühlt.

Menschen können gewöhnlich lediglich drei Dimensionen visualisieren, was unser Verständnis von komplexen Phänomenen jeglicher Art beeinflusst. Und noch schlimmer – auf Papierbögen und Displays neigen wir dazu, Theorien in Form von ausschließlich zweidimensionalen Diagrammen zu entwickeln, was komplexere Angelegenheiten grob vereinfacht und »verflacht«. In diesem Beispiel sind lediglich die Linie und der Würfel auf der Seite korrekt wiedergegeben; der ganze Rest ist in unseren Köpfen: *Es gibt keinen Würfel.* Und dennoch: Weil Sie die dritte Dimension verstehen, können Sie den Würfel sehen und ihn vor Ihrem inneren Auge drehen.

Wenn Sie den Film *Matrix* gesehen haben, erinnern Sie sich vielleicht an die Szene, in der ein mönchartiges Kind mit seinem Geist einen Löffel verbiegt und der Hauptfigur erklärt: *Den Löffel gibt es nicht.* In ähnlicher Weise können Sie einen Würfel auf einem Papier sehen, auf dem keiner vorhanden ist. Und Sie können einen Würfel durch die vierte Dimension biegen, weil »es den Würfel nicht gibt«.Die Formen höherer Dimensionen sehen aus Sicht der niedrigeren im Allgemeinen verrückt und kontraintuitiv aus; sie werden einfach noch nicht als das erkannt, was sie sind. Um sie zu erkennen, muss man die Welt verlassen, die sich konkret und unmittelbar vorhanden anfühlt, und das Universum mithilfe der eigenen Fähigkeiten zur Abstraktion durchreisen. Können Sie einen Würfel finden? Dann bekommen Sie eine Belohnung.

4 Nun kennen Sie die Hauptstufen. Aber ich nehme an, dass Sie auch neugierig auf die beiden höchsten sind? Es gibt eine Reihe von Gründen, warum ich mich weniger auf sie konzentriere: Sie sind wie gesagt selten und wir besitzen keine guten Forschungsarbeiten zu ihnen. Außerdem fallen sie aus dem Rahmen dessen, was für die Analyse hier im Buch relevant ist, dessen Ziel letzten Endes ist, eine brauchbare Theorie für metamoderne Politik zu entwickeln.

Allgemein gesprochen sind die Haupttheoretiker innerhalb verschiedener Wissenschaften allerdings oftmals auf Stufe 14-Paradigmatisch, was bedeutet, dass sie verschiedene »Metasysteme« in neue Paradigmen zusammensetzen können, welche die Wirklichkeit auf vollkommen neue Weisen erfassen. Wie erkennt man diese Stufe? Eine Sache ist, dass Sie, wenn Sie sich in einer Wissenschaft auskennen, die Hauptpioniere dieses Feldes erforschen können sowie die Frage, auf welche Weise deren Gedanken sich qualitativ von denen anderer unterscheiden: Was ist besonders an einem Physiker wie Richard Feynman? Hier ein Tipp: Während die Stufe-13-Metasystematisch-Denker erhellende Vergleiche zwischen beispielsweise Ökosystemen anstellen und Wechselwirkungen zwischen diesen ermitteln, sind ihre Erkenntnisse nur auf der Untersuchungsebene anwendbar; sie besitzen keine generelle Anwendbarkeit.

Die Einsichten des Stufe-14-Paradigmatisch-Denkers haben einen sehr viel **fraktaleren** Charakter – sie lassen sich auf alles anwenden und werden immer wieder auch auf neue Phänomene passen. Deswegen ist diese Stufe »paradigmatisch«; sie erschafft völlig neue Perspektiven, von denen aus man beinahe alles in der Realität betrachten kann, vollkommen neue Paradigmen. Ein anderer, vielleicht einfacherer Weg, einen Menschen auf dieser Stufe zu erkennen, ist ein genauer Blick auf die Biografie: Ist die Lebensgeschichte ein langer Zug von Erfindungen, originellen Einsichten und Entdeckungen, handelt es sich vermutlich um Stufe 14-Paradigmatisch (es ist offensichtlich, dass es dafür verlässlicher biografischer Quellen bedarf; keine Märchengeschichten über Kim Jong-Il oder L. Ron Hubbard). Das hat einfach mit dem vergleichsweise großen Vorteil zu tun, den Menschen auf dieser seltenen Stufe anderen gegenüber haben.

Was die Stufe-15-Crossparadigmatisch angeht, haben wir bereits John von Neumann angesprochen und Isaac Newton erwähnt. Hier sehen Sie eine Theoriebildung, die die Wirklichkeit selbst neu definiert. Zu den Leuten auf dieser Stufe gehören eindeutig Leonardo da Vinci, Charles Darwin und Albert Einstein. Allerdings sind diese alle auch auf andere Arten und Weisen außergewöhnlich. Sie können auf Stufe 15-Crossparadigmatisch sein, ohne notwendigerweise andere »Superkräfte« zu besitzen – ich würde hier den zeitgenössischen Physiker Max Tegmark vorschlagen. Seine Arbeits- und Denkweisen offenbaren eindeutig eine Stufe-15-Crossparadigmatisch-Verstand, aber seine philosophischen Versuche (ein aus »Mathematik« bestehendes Universum) und seine Theorien, die das Bewusstsein und die Existenz betreffen, sind vergleichsweise trivial (wahrscheinlich, weil es ihm an der entsprechenden existenziellen Tiefe mangelt).

Warum gibt es auf dieser höchsten Stufe so viele Kerle? Wo sind die Mädels? Ehrlich gesagt, ist mir das unklar. Eine teilweise Erklärung könnte sicherlich der institutionelle Sexismus sein – dass außergewöhnlich begabte Frauen weniger Aufmerksamkeit erhalten und dadurch weniger bekannt sind. Oder vielleicht *bin ich* einfach ein Sexist, der offensichtliche Beispiele aufgrund meiner eigenen Vorurteile ausgeschlossen hat? Ich bin mir wirklich unsicher, aber ich bin offen für Vorschläge. Ein anderer Aspekt könnte sein, dass es tatsächlich einen Unterschied gibt. Im Angesicht von mehr Kerlen, die sich aus unbekannten Gründen auf der höchsten kognitiven Ebene wiederfinden: Es gibt Forschungsbedarf.

5 Man könnte das auch noch einen Schritt weiter treiben und auf den Kreis der Universitätsprofessorinnen und -professoren erweitern. Sie befinden sich meistens auf den Stufen 11-Formal und 12-Systematisch, während die Konzepte, mit denen sie umgehen, zumeist von Stufe-13-Metasystematisch- und Stufe-14-Paradigmatisch-Theoretikern kommen. Deswegen werden Ihnen allerlei Fälle von subtiler, aber allgegenwärtiger abwärtsgerichteter Assimilation begegnen, wo Professoren ihre Lebenszeit unter dem Schirm einer Theorie verbringen, die sie in einem Ausmaß vereinfachen und entstellen, da sie diese selbst niemals so richtig greifen können.

6 Die Übergangsschritte sind:

- Die Unterstützung der These nimmt ab;
- Antithese: Negation oder Ergänzung;
- Relativismus: Abwechseln zwischen These und Antithese;
- Zusammenschmeißen: Beginn der Synthese;
- Gelegentliche Treffer, Fehlalarme und Fehlversuche, wenig korrekte Zurückweisungen (Zusammenschmeißen #1);
- Mehr Treffer, exzessive Fehlalarme (Zusammenschmeißen #2);
- Richtige Zurückweisungen und exzessive Fehlversuche, wenig Treffer und Fehlversuche (Zusammenschmeißen #3);
- Synthese und neue These: neues temporäres Äquilibrium.

Im Grunde geht man von einer Einsicht aus, die in der Folge mit einer gegenläufigen Einsicht »zusammengeschmissen« wird, bis man schließlich lernt, beide widerstreitenden Einsichten erfolgreich miteinander zu vereinbaren – womit man dann zu einer höheren Stufe fortgeschritten ist. Siehe Commons, M. L. und Richards, F. A., 2002. »Organizing components in combinations: how stage transition works«. *Journal of Adult Development*, 9. Jg., Nr. 3, S. 159–177. Siehe auch Ross, S. N., 2008. »Fractal Transition Steps to Fractal Stages: the Dynamics of Evolution.« *World Futures*, 64. Jg., S. 361–374. Sowie Ross, S. N., 2014. »Fractal Model of Nonlinear Hierarchical Complexity: Measuring Transition Dynamics as Fractals of Themselves«. *Behavioral Development Bulletin*, 19. Jg., Nr. 3, S. 28–32.

Kapitel 10 | Symbolische Entwicklung

1 Erdynast, A. und Chen, W., 2014. »Relations between Adult Developmental Conceptions of the Beautiful and Moral Development«. *Behavioral Development Bulletin*, 19. Jg., Nr. 4, S. 62–75.

2 Falls Sie Texte in dänischer Sprache lesen können, finden Sie eine interessante Diskussion dieses Themas in der Arbeit meines Freundes Jesper Knallhatt. In seiner beeindruckenden Buchreihe *Both And*, die nach den Wochentagen benannt ist, bespricht er in *Mittwoch* das Thema der Meta-Meme.

3 Wir meinen hier die grammatischen Kategorien, bei denen die dritte Person sich auf Er-Sie-Es (Ontologie) bezieht, die zweite Person auf »Du« (Ideologie, Ethik) und die erste Person auf »Ich« (Selbstbewusstsein [*sense of self*]).

4 Cole, M., Levetin, K. und Luria, A., 1979/2010. *The Autobiography of Alexander Luria. A Dialogue with the Making of Mind*. New York: Psychology Press, S. 79–80.

5 So oder so wird es immer schwieriger, in Hinblick auf komplexe Systeme wie das Gehirn oder die Gesellschaft einen rein mechanistischen Determinismus aufrechtzuerhalten, je mehr man über Komplexitätstheorie und Quantenphysik liest. Aber das ist eine andere Diskussion.

Kapitel 11 | Die Symbolstufen

1 Beachten Sie, dass die Vorstellung des Laplace'schen Dämons von der Informationstheorie seitdem mehr oder weniger widerlegt wurde; weil die Handhabung von Informationen selbst Energie aufwendet, die genaue Berechnung sämtlicher Dinge würde mehr Entropie (Hitze) generieren, was ebendiese Berechnungen gegenstandslos machen würde. Deswegen ist der Laplace'sche Dämon nicht mal theoretisch denkbar.

2 Siehe www.hsi.org/issues/climate-change/, letzter Zugriff: 11.9.2023.

3 Obwohl Fische wahrscheinlich kein Schmerzempfinden haben, dass direkt auf die menschliche Erfahrung übertragbar wäre – so jedenfalls die Einschätzung von Forschungsarbeiten zu ihrem Nervensystem. Siehe Rose, J. D. u. a. 2012. »Can fish really feel pain?« *Fish and Fisheries.*

4 Und zum Beispiel Ludwig Wittgenstein? Ihm, dem vielversprechenden jungen Ingenieursgenie aus Österreich, begegnete Bertrand Russell just in dem Moment, als die moderne Philosophie mit ihm selbst – der hoffte, eine »wissenschaftliche Philosophie« zu begründen – an das Ende der Fahnenstange gekommen war. Dieser junge Mann, ein eifriger Nachfolger von Russell, sollte dessen ganzes Denken auf den Kopf stellen. In seinem *Tractatus Logico-Philosophicus*, erschienen im Jahr 1921 (aber bereits früher verfasst), legte Wittgenstein das analytische Fundament für die postmoderne Revolte. Das ist vielleicht das deutlichste Beispiel dafür, wie es das fortgeschrittene moderne Denken in Richtung Postmoderne treibt.

Selbst die Mathematik folgt einem ähnlichen Muster, beispielsweise als Euler und Gauss im 18. Jahrhundert die »imaginären Zahlen« einführten. Wenn Mathematiker über Zahlen sprechen, die gänzlich ein Produkt der Beziehungen verschiedener Symbole sind, könnte man argumentieren, dass dies eine »postmoderne« Wendung darstellt. Wer weiß, vielleicht gibt es in der Mathematik noch andere Goldgruben, die in die Richtung weisen, in die sich unsere allgemeine Symbolstufe weiterentwickeln wird?

5 Derrida, J., 1995. *Marx' Gespenster. Der Staat der Schuld, die Trauerarbeit und die neue Internationale.* Aus dem Französischen von Susanne Lüdemann. Frankfurt am Main: Suhrkamp, S. 121.

6 Noam Chomsky, der natürlich viel über Philosophie weiß, aber, wie Sie vielleicht wissen, die »französische Theorie« verachtet und dazu neigt, die US-amerikanische Außenpolitik ohne viel philosophische Erläuterungen zu kritisieren.

7 Beispiele könnten hier die Theoretiker der Erwachsenenentwicklung, der Wilber'sche Integralist, die Metatheoretikerin, der Theorie-U-Consultant, die Komplexitätstheoretikerin, der Syntheist, die spekulative Realistin, der postkapitalistische Wirtschaftswissenschaftler auf dem Gebiet der Peer-to-Peer-Netzwerke und, bis zu einem gewissen Grad, die Habermasianerin und der Posthumanist sein.

8 »Pomo« als Abkürzung für »Postmoderner« wird hier in einem weiteren Sinne des Wortes verwendet, der nicht nur die einigen Wenigen einschließt, die sich selbst als Postmoderne bezeichnen, sondern alle Leute, die sich explizit oder implizit der kritischen, relativistischen und konstruktivistischen Vision, wie sie oben vorgestellt wurde, verschrieben haben.

Kapitel 12 | Subjektive Zustände

1 Nietzsche, F., 1886. *Menschlich. Allzumenschliches I. Aus dem Nachlaß 1874–1877.* Leipzig: 1906, Nr. 586, S. 383.

2 Einige interessante Ausarbeitungen in diese Richtung (in Hinblick auf geänderte Zustände) sind bereits unternommen worden, beispielsweise vom kanadischen Psychologen Terri O'Fallon, aber wie wir sehen werden, folge ich einem anderen Pfad, den ich abenteuerlicher finde und der eine größere erklärende Kraft besitzt. Siehe O'Fallon, Terri, 2013. *The Senses: Demystifying Awakening.* San Francisco, Integral Theory Conference July 2013, Pacific Integral, LLC.

O'Fallon ist meines Wissens die einzige Theoretikerin, die die Beziehung zwischen subjektiven Zuständen und Stufen der Tiefenentwicklung deutlich gemacht hat. Aber es gibt einige Probleme, die ihre Perspektive für den Zweck einer politischen Soziologie ziemlich untauglich machen. Die drei Hauptprobleme mit O'Fallons Ansatz sind: 1. Sie überbetont die Bedeutung spiritueller Erfahrung zulasten kognitiver und symbolischer Entwicklung in hohem Maße; 2. Sie reduziert menschliches Wachstum auf Tiefen- und Zustandsentwicklung; und 3. scheitert sie daran, die Breite und den Reichtum subjektiver Zustände im alltäglichen Leben zu erfassen, weil sie zu sehr auf statische Stufen fokussiert ist.

3 Für die Zwecke dieses Buches können wir die philosophische Frage außen vor lassen, ob es eine gute Idee ist, die Realität in zwei Teile zu »spalten«, eine objektive und eine subjektive, oder nicht. Selbst wenn es letztlich nur eine Realität gibt, profitieren wir immer noch – wenigstens in diesem Kontext – von der Unterscheidung zwischen erforschten Verhaltensweisen (wie sie mithilfe intersubjektiv verifizierbarer/falsifizierbarer Wissenschaft beobachtet wird) und Erfahrungszuständen (die Erfahrung, die Sie genau hier, genau jetzt, machen). Deswegen: *Nein*, das nachfolgende Argument bedarf keines kartesianischen Dualismus (einer Seele und eines mechanischen Körpers, wie Descartes vorschlug), und *nein*, ich bin kein kartesianischer Dualist. Wenn Sie das weiter erörtern wollen, können wir auch noch ein Hanzi-Buch über Philosophie schreiben. Aber lassen Sie uns auf das konzentrieren, was hier für den Moment wichtig ist.

4 Dschuang, D., 1972. *Das wahre Buch vom südlichen Blütenland*. Übersetzt von Richard Wilhelm. Düsseldorf, Köln: Eugen Diederichs, S. 51–52, online verfügbar unter: www.zeno.org/nid/20009278796, letzter Zugriff: 8.6.2023.

5 Wann entstehen solche inneren Horizonte? Innere Landschaften werden entwickelt und hervorgebracht, wenn sich die materielle Welt auf eine bestimmte Art und Weise selbst organisiert – ein Thema, das wir in diesem Buch übergehen können, das aber fruchtbar erörtert wird in (bitte entschuldigen Sie das Namedropping) Søren Briers Cybersemiotik, Karen Barads agentiellem Realismus, bei Systemwissenschaftlern wie Maturana und Varela oder Fritjof Capra und, vielleicht etwas spekulativer, im Werk des Physikers Sir Roger Penrose (der zusammen mit Hawking für das Singularitäten-Theorem und viele andere Dinge bekannt ist).

Ich bin ein vorsichtiger, nicht vollkommen überzeugter Unterstützer der Theorie vom Quantenbewusstsein, die vorschlägt, dass es quantenmechanische Erklärungen für biologische Phänomene wie zum Beispiel Nervensysteme geben könnte. Wie Sie vielleicht wissen, verfechten der namhafte Physiker Roger Penrose und der medizinische Forscher Stuart Hameroff diese Position, was ihrem guten Namen sehr geschadet hat. Ihre Kritiker, darunter vor allem Max Tegmark, haben aufgezeigt, dass die Skalendifferenz zwischen biochemischen und Quantenphänomenen einfach zu groß ist, als dass es realistischerweise irgendeine Interaktion geben könnte. Penrose und Hameroff waren nicht in der Lage, eine Erklärung dafür zu liefern, warum eine solche Interaktion stattfinden sollte. Quantenwahl-Theoretiker (wie Diederik Aerts und Kumpels) wiederum haben allerdings aufgezeigt, dass quantenmechanische mathematische Modellierung gut auf tatsächliches Verhalten zu passen scheint, was einige der »Paradoxe« der Wahltheorie in der Psychologie, vorgestellt von Daniel Kahnemann und zuvor Daniel Ellsberg, »aufzulösen« scheint.

Das bietet der Quantenbewusstsein-Theorie einige Unterstützung an – so wie auch die erstaunlichen Ergebnisse von Forschern wie Zheng Joyce Wang dafür zu sprechen scheinen, dass es eine intrinsische Verbindung zwischen Quanten-Angelegenheiten und mentalen Prozessen gibt.

Ich riskiere hier, mich zu weit auf ein fremdes Feld vorzuwagen. In Anlehnung an Sozialwissenschaftler und Philosophinnen wie mich selbst würde ich das Buch *Quantum Mind and Social Science* des Politikwissenschaftlers Alexander Wendt empfehlen, dessen Exposé hellsichtig und sorgsam verfasst ist, aber von dessen eigenen Theorien ich mich distanzieren würde (er spekuliert über kollektives Bewusstsein, eine Position, die ich für tiefgreifend verfehlt halte). Außerdem würde ich das Kapitel über Ontologie und Quantenphysik in Slavoj Žižeks Buch *Weniger als nichts* aus dem Jahr 2012 empfehlen.

Eigentlich ist nichts von alldem für das Hauptargument so recht von Bedeutung: dass subjektive Erfahrung wichtig und integraler Bestandteil der Realität ist. Es ist nicht verwunderlich, dass Menschen in einer modernen Gesellschaft, in der alles nach seiner Nähe zur Physik und zur »objektiven« Realität beurteilt wird, den gesellschaftlichen Wert, der sich mit der subjektiven Erfahrung verbindet, mithilfe »objektiver« Wissenschaft, oftmals Quantenphysik absichern wollen. Dabei ist die gesamte Prämisse, die solchen Projekten zugrunde liegt, falsch: Sie hält den Vorrang objektiver Wissenschaft für gewährleistet und wertet den Bereich der Subjektivität damit überhaupt erst ab. Wenn diese Abwertung von Anfang an vermieden wird, schwindet allmählich auch der Bedarf, das Bewusstsein zu »beweisen«.

Dualistischere Visionen (die Subjektivität und Objektivität als getrennte Aspekte der Realität ansehen) wie die von David Chalmers vermeiden dieses Problem. Bedauerlicherweise flirtet Chalmers wie Alexander Wendt mit Ideen eines kollektiven Bewusstseins, was zur Komplikation seiner Theorie beiträgt. Theorien zum kollektiven Bewusstsein unterstütze ich nicht.

6 Interessante Vorstöße sind auf dem Feld der Neurophänomenologie unternommen worden (die beobachten, wie subjektive Erfahrung und das Gehirn miteinander korrelieren etc.). Aus meiner Sicht und nach meinem Wissen ist Christof Kochs Integrierte Informationstheorie (IIT) diesbezüglich die beste Theorie. Siehe Tononi, G. und Koch, C., 2015. »Consciousness: Here, There and Everywhere?« *Phil. Trans. R. Soc.* B 370. Ich kann diesen Aufsatz nicht hoch genug loben; diese Autoren besitzen die seltene Gabe, Neurowissenschaft mit Philosophie zu kombinieren.

7 Ich sollte an dieser Stelle noch mehr zur Methode dieses Kapitels und der folgenden anmerken. Ich präsentiere hier eine Theorie verschiedener subjektiver Zustände, die Organismen erfahren können. Das erfordert einen unkonventionellen methodischen Move – einen, den ich dennoch für vollkommen gültig halte.

Während der Diskussion zur kognitiven Entwicklung hatte ich den Luxus, mich auf vorhandene empirische Forschung stützen zu können; in der Diskussion über »Symbolstufen« habe ich eine Art Interpretationsmethode (eine leicht abgeänderte Form von »Hermeneutik«) angewandt. In diesem Kapitel und dem nächsten verlasse ich mich auf eine Methode, die in der methodologischen Sekundärliteratur meines Wissens nicht umfassend etabliert ist (aber dennoch ziemlich häufig angewandt wird), eine Methode, die ich **subjektiv-deduktiv** nenne. Im Grunde nutze ich meine eigene subjektive Erfahrung von Leben und Existenz, und das, was ich bei anderen, beispielsweise Freundinnen, Familie, Liebhabern, Filmen und Literatur auflesen kann – und dann *schlussfolgere* ich so kohärent und stringent wie möglich, um allgemeine Muster innerer Landschaften von Organismen aufzufinden (beziehungsweise zu *deduzieren*) und auch Wissen über die Konturen solcher Muster.

Ich nehme an, dass der baltisch-deutsche Biologe Jakob von Uexküll etwas Ähnliches tat, als er in seiner Biologie des frühen 20. Jahrhunderts versuchte, die »Umwelt« verschiedener Spezies von Lebewesen zu beschreiben: wie sie sich jeweils fühlten und die Welt sahen. Im Englischen könnte man den deutschen Begriff »Umwelt« vielleicht als die »phänomenologische Umgebung« einer Spezies beschreiben. Wir suchen nach den inneren Horizonten von Organismen, aber betrachten dabei nicht einzelne Spezies, sondern die subjektive Erfahrung im Allgemeinen. Wir vermeiden zudem die spezifische Form oder den spezifischen Inhalt der subjektiven Erfahrung (Gefühle, Empfindungen, Stimmungen, Gedanken und so weiter) und betrachten die Erfahrung in ihrer Totalität, als das Gesamtmuster Ihres inneren Horizonts zu einem bestimmten Zeitpunkt – einfach gesagt, in welchem subjektiven Zustand Sie sich befinden.

Auch wenn ich glaube, dass die subjektiv-deduktive Methode Gültigkeit besitzt, *reicht* sie für eine wissenschaftliche Theorie doch *nicht aus*. Sie ist lediglich eine nützliche Krücke, damit wir über diese Dinge nachdenken können. Daher sollten neurophänomenologische Forschungen durchgeführt werden, um meine Theoriebildung auszuarbeiten (oder eventuell auch in die Tonne zu treten). Der springende Punkt ist hier, dass ich keine andere Theorie finden kann, die nützlicher wäre als das, was ich hier vorschlage. Wenn ich also *weniger unrecht* habe als Sie und mein Beitrag *nützlicher* ist als unser Standardverständnis und die vorherrschenden psychologischen Theorien, dann ist meine Theorie gut.

8 Zumindest nicht einfach so; aber mit den richtigen gemeinsamen Bemühungen können subjektive Zustände beeinflusst werden, was einer der Hauptpunkte dieses Buches ist.

9 Eine Theorie der Gefühle, die Glück, Wut, Trauer, Überraschung, Furcht sowie Mischverhältnisse derselben erörtert (was nebenbei bemerkt die Form ist, in der Theorien über Gefühle heutzutage daherkommen, darunter die bekanntesten von Paul Ekman über »Basisemotionen« und Robert Plutchiks »Rad der Emotionen«, eine Tradition, die auf Darwins Arbeiten zu Emotionen zurückgeht), hätte zu den meisten dieser Worte nichts beizutragen und könnte auch nicht angeben, was vielleicht ihr gemeinsamer Nenner ist. Ebenfalls nicht dazu in der Lage wäre die Verhaltenswissenschaft, die Verhaltensantworten auf »Bestrafungen« und »Belohnungen« betrachtet. Vielleicht kämen wir ein Stück weiter bei der Erforschung des Gehirns, wenn wir das Verhältnis von Dopamin, Noradrenalin und Serotonin betrachten würden (wie im »Lövheimer Würfel der Emotion«) oder die verschiedenen Muster von Hirnwellen (die sogenannte »neuronale Oszillation«: Gewöhnlich spricht man von Alpha-, Theta- und Beta-Wellen und Ähnlichem, aber natürlich ist das – wie immer, wenn es um das Gehirn geht – nur die halbe Geschichte).

10 Siehe Segerstrom, S. C. und Nes, L. S., 2007. »Heart Rate Variability Reflects Self-regulatory Strength, Effort and Fatigue«. *Psychological Science*, 18. Jg., S. 275–281. Siehe auch Geisler, F. C. M. und Kubiak, T., 2009. »Heart Rate Variability Predicts Self-control in Goal Pursuit«. *European Journal of Personality*, 23. Jg., S. 623–633. Und ebenso Thayer, J. F. u. a., 2009. »Heart Rate Variability, Prefrontal Neural Function, and Cognitive Performance: the Neurovisceral Integration Perspective on Self-regulation, Adaptation and Health«. *Annals of Behavioral Medicine*, 37. Jg., S. 141–153.

11 Bitte entschuldigen Sie die Männerzentriertheit dieses Begriffs. Lassen Sie uns gerne mit einer genderneutralen Variante aufwarten, ja?

12 Heidegger, M., 1927/1963. *Sein und Zeit*. 10., unveränderte Auflage. Tübingen: Niemeyer.

13 In der konventionellen Glücksforschung besteht die Methodologie gewöhnlich aus Umfragen, das heißt, dass man Leute dazu befragt, wie gut es ihnen beispielsweise auf einer Skala von eins bis zehn geht, und dann überprüft, ob es eine Verbindung zwischen dieser Antwort und anderen Faktoren wie Alter, Geschlecht, Gesundheit, Hintergrund und so weiter gibt.

Wie die Glücksforschung in der Folge von Daniel Kahnemans Arbeiten gezeigt hat, gibt es einen Unterschied zwischen »erinnerndem Selbst« (wenn Sie gefragt werden, wie sich in einem bestimmten Zeitabschnitt gefühlt haben) und dem »erlebenden Selbst« (wenn Sie mehrere Male am Tag danach gefragt werden, wie es Ihnen geht). Beide korrelieren nur zu etwa 50 Prozent.

14 Vielleicht hat auch Daniel Kahneman (siehe vorherige Endnote) in Bezug auf seine Forschungsfragen immer noch zu viel westliche Philosophie im Gepäck: Vielleicht sollten wir mit der Frage anfangen, was Erfahrung ist und welche Formen sie annehmen kann, vor irgendeiner Deutung des »Selbst«. Ich will hier keine billigen Punkte zulasten von Kahnemans bahnbrechenden Arbeiten gewinnen, sondern nur unsere Aufmerksamkeit auf die *Erfahrung selbst* lenken.

15 Auch wenn meine Skala nicht »bewiesen« ist, ist sie sicherlich überprüfbar: Man müsste einen Weg ersinnen, um physiologische Korrelate zu messen sowie vielleicht die von Menschen selbst beschriebenen Erfahrungen.

16 Das besäße große erklärende Kraft in Hinblick auf den Lärm darum, ob Menschen und andere Tiere zum Zwecke von »Glück« oder »Vergnügen« und »Schmerzvermeidung« handeln. Emotionen und Empfindungen sind Zuständen nachgeordnet. Die Antwort ist deswegen, dass Organismen manchmal »negative« Empfindungen suchen, wenn sie Teil des Versuches sind, sich selbst in höhere subjektive Zustände zu organisieren.

17 Auch Drogen können den Zustand regulieren – obwohl ich offen gesprochen diesbezüglich nicht enthusiastisch bin. Die Randnotiz zu LSD im Prolog hatte vor allem die Absicht, Sie etwas zu provozieren. Es ist wahr, dass Drogen plötzliche Erfahrungen höherer Zustände verur-

sachen können, aber es ist ein riskanter und unzuverlässiger Weg dahin, und – wie ich später erörtern werde – können dadurch unausgewogene und dadurch pathologische (kranke) Formen der Entwicklung entstehen. Vor allem können Drogen sehr niedrige Zustände verursachen und in einigen Fällen dauerhafte psychische Störungen auslösen. Hier ist allerdings nicht der Platz, um diese Angelegenheit zu besprechen; leider ist die tiefgehendere medizinische Literatur zu diesem Thema sowohl teuer als auch einigermaßen dicht. Dennoch kann es sicherlich Fälle geben, in denen der Konsum von Narkotika oder medizinisch verschriebenen Drogen für einige von Nutzen sein mag: entweder um niedrigere Zustände zu regulieren oder um eine »Spitzenerfahrung« zu machen, die eine Vorstellung höherer Zustände vermittelt. Als Gesellschaft sollten wir vermutlich versuchen, den Drogengebrauch zu legalisieren und ihn unter medizinischer Expertise und Beratung zu regulieren. Die Arbeit des britischen Neurowissenschaftlers Robin Carhart-Harris und seines internationalen Netzwerks von Kollegen schlägt vor, dass es wichtige therapeutische Anwendungen für Psychedelika geben könnte. Siehe Carhart-Harris, R. L. u. a., 2014. »The Entropic Brain: a Theory of Conscious States Informed by Neuroimaging Research with Psychedelic Drugs«. *Frontiers in Human Neuroscience*, 8. Jg., Nr. 20.

Kapitel 13 | Nach Höherem streben

1 Ähnliche Behauptungen gibt es in der transpersonalen Psychologie, insbesondere in den Vorlesungen des klassischen amerikanischen Psychologen William James, veröffentlicht 1902 unter dem Titel *The Varieties of Religious Experience* (in denen James implizit von dieser Annahme ausgeht), in dem Buch *Mysticism* der englischen christlichen Mystikerin Evelin Underhill aus dem Jahr 1911 (in dem sie explizit von Stufen der mystischen Erfahrung spricht) und vielleicht – systematischer, aber weniger originell zusammengestellt – in Daniel Golemans Werk aus dem Jahr 1977, *The Varieties of Meditative Experience* (in dem mehrere mystische Traditionen verglichen werden). Ein jüngerer Forscher ist Prof. Daniel P. Brown von der Harvard Medical School, dessen Arbeiten zur vergleichenden Religionspsychologie gezeigt haben, dass verschiedene Traditionen die Progression von Zuständen ähnlich auffassen und beschreiben. Ich vermute, diese Liste angelsächsischer transpersonaler Psychologie wäre unvollständig ohne die ehrenvolle Erwähnung von Ken Wilber und Terri O'Fallon.

2 Ich selbst kenne nur den ersten dieser niedrigeren Zustände, aber nicht die extremeren – hauptsächlich aus der Zeit, als ich im frühen Erwachsenenalter für einen Zeitraum von etwa sieben Jahren unter schweren Angststörungen litt. Das ist ein Zustand, in dem das Herz verdüstert, leer, schmutzig und gequält ist und das Leben weder Freude noch Bedeutung kennt; ein hilfloser und verzweifelter Zustand (den wir hier als Zustand 4 kategorisiert haben). Unter Umständen bin ich im Rahmen einer psychedelischen Erfahrung auch schon einmal in an den Rand eines noch niedrigeren Zustands geraten: eine Art formlosen, äußersten Terrors – in dem ich mich auf beinahe unvorstellbare Weise exponiert und verletzlich fühlte. Ansonsten habe ich nur Erfahrungsberichte über Psychosen und sehr negative psychedelische Erfahrungen gehört und gelesen und das Leid anderer gesehen – das Leid von geliebten Menschen und Leuten, die ich traf, als ich bei der Polizei forschte und einige sehr zerbrochene menschliche Wesen zu Gesicht bekam.

3 Beachten Sie, dass der Medianzustand immer nur eine bestimmte Zahl (6, 7, 8 etc.) sein kann, während sich der Durchschnitt genauso gut in Brüchen darstellen lässt. Nimmt man mich als Beispiel, so bin ich seit dem Alter von 25 Jahren um rund zwei »Zustandsstufen« über den durchschnittlichen Zustand aufgestiegen, nachdem ich mithilfe einiger hundert Stunden angeleiteter Praxis Meditation erlernt hatte, meine Weltanschauung und Lebensziele angepasst, mich durch einige Knoten und Leeregefühle in meinem Herzen gearbeitet und einige Routine in Hinsicht auf sportliche Betätigung entwickelt hatte. Außerdem war es mir gelungen, Liebesbeziehungen (irgendwie) zum Laufen zu bekommen und ich erlebte zunehmend, dass ich von einer Reihe von Menschen in maßgebenden Positionen als philosophisches Talent anerkannt wurde.

Eine ganze Weile hatte ich nur Zustände im Bereich 4 bis 7 der Skala erlebt; wobei Zustand 6 vermutlich der häufigste war – aber der Durchschnitt lag viel niedriger; ich war sehr oft in den Zuständen 4 und 5. Nach diesem Zeitraum von sieben Jahren wandelte sich das Leben auf drastische Weise: Seitdem habe ich niemals wieder etwas empfunden, was man als echte Angst beschreiben könnte, auch nicht inmitten von herausfordernden Perioden oder bei Widrigkeiten. Mein derzeitiger Zustand reicht von einer 6 (unbehaglich, unangenehm) bis zu einer 11 (weit, großartig, offen), wobei die 11 relativ häufig vorkommt, aber nur für kurze Augenblicke anhält. Mein Median- sprich häufigster Zustand ist 7, und mein durchschnittlicher Zustand liegt ein wenig darüber, vielleicht bei 7,5, was bedeutet, dass ich häufiger über 7 bin als darunter – ich bin also in dieser Hinsicht wahrscheinlich relativ »normal«.

4 Martin, J. A., 2010. *Ego Development Stage Does Not Predict Persistent Non-Symbolic Experience.* San Francisco: UMI Dissertation Publishing.

5 Es steht seit Langem fest, dass es bei einer Depression unter Umständen genetische Komponenten gibt (und Arbeiten jüngeren Datums fügen auch epigenetische hinzu). Deswegen gehen niedrigere Zustände natürlich mit einer bestimmten Verkabelung einher: Beispielsweise sollte es einsichtig sein, dass einige Organismen gesündere und weniger schmerzvolle Existenzen haben als andere. Aber sogar die höchsten Zustände könnten von Genen abhängen; der Genetiker und HIV-Forscher Dean Hamer veröffentlichte 2004 ein Buch unter dem Titel *The God's Gene* (dt.: *Das Gottes-Gen*, 2006), in dem er behauptete, dass bestimmte genetische Variationen unsere Aufgeschlossenheit für spirituelle Erfahrungen unter Umständen stark beeinflussten.

6 Beachten Sie, dass ich hier den Ausdruck »schöne Seele« ohne jegliche Boshaftigkeit oder Sarkasmus verwende. Wenn Hegel über die »schöne Seele« spricht, meint er Leute, die sich weigern, auf politische Ereignisse konstruktiv zu antworten, um sich selbst stattdessen mit Moralismus schmeicheln zu können; das wäre näher an dem, was ich das »liberale Unschuldslamm« nenne.

7 Bei mir selbst waren es sieben Jahre schwerer Angststörungen, die mich dazu motivierten, mich dieser Mühe zu unterziehen, die meinen Zustand schließlich bis zu einem Punkt veränderte, an dem ich begann, tief existenzielle und spirituelle Erlebnisse zu haben. Noch vor der Veränderung meines Median-Zustands im Alter von 25 gab es gelegentlich seltene kurze Momente, in denen meine Angst sich auflöste und ich eine Art von enormer Klarheit und Liebe fühlte. Es ist, als ob meine Ängste meine Perspektive in Richtung von Universalität und Tiefe gezwungen hätten, was eine philosophische und spirituelle subjektive Erfahrung ermöglichte. Dasselbe könnte man für meinen Freund Doktor Höhenflug behaupten.

8 Emerson, R. W., [um 1920]. *Essays. Erster Teil.* Übersetzt von Karl Federn. Halle a. d. Saale: Otto Hendel Verlag, S. 35 [Kapitel 2: Selbstständigkeit].

9 Natürlich ist es schwierig zu wissen, worüber Leute genau reden, wenn sie über Kundalini-Erweckungen und verwandte Erfahrungen berichten. Aber es gibt hier und da ein paar Hinweise auf Forschungsarbeiten zu diesem Thema. Nicht gerade das, was große Pharmaunternehmen (oder, was das betrifft, Regierungen) gerne finanzieren. Siehe Arambula, P. u. a., 2001. »The Physiological Correlates of Kundalini Yoga Meditation: a Study of a Yoga Master«. *Applied Psychophysiology and Biofeedback*, 26. Jg., Nr. 2, S. 147–153. Siehe auch Modestino, E. J., 2016. »Neurophenomenology of an Altered State of Consciousness: an fMRI Case Study«. *Explore: The Journal of Science and Healing*, 12. Jg., Nr. 2, S. 128–135.

10 In tantrischen Gemeinschaften sind solche Berichte nichts Ungewöhnliches – sogar Männer berichten darüber, verlängerte Orgasmen zu haben. Auch hier ist die wissenschaftliche Literatur mager, was äußerst schade ist. Siehe Lousada, M., Angel, E., 2011. »Tantric Orgasm: Beyond Masters and Johnson«. *Sexual Relationship and Therapy*, 26. 26, Nr. 4, 389–402.

11 Der letzte Teil ist natürlich aus dem Bhagavad Gita. »Wenn das Licht von tausend Sonnen am Himmel plötzlich bräch' hervor, / Zu gleicher Zeit, – das wäre gleich dem Glanze dieses Herrlichen. / In Einem dort die ganze Welt vereint, doch mannigfach geteilt«. Bhagavad-Gita, 1922. *Des Erhabenen Sang.* Jena: Eugen Diederichs, S. 52.

Vielleicht ist das ein bisschen überkandidelt? Das denken die sich doch aber aus? Aber dann auch wieder – sollte es uns wirklich überraschen, wenn diese weisen Hindus in ihrem Inneren tausend Sonnen finden, wenn man bedenkt, dass wir in einem Universum leben, in dem die hellste Supernova-Explosion, die in der Neuzeit beobachtet wurde, ASASSN-15lh, etwa 600 Milliarden Menschen erleuchtet hat? Nur so eine Idee. Alles, was ich behaupte, ist: Es ist eine großartige Welt, warum also sollte es nicht auch in uns selbst großartige Aspekte geben?

12 Auf Basis seiner Untersuchungen von Gehirnscans bei brasilianischen Medien, Sufi-Mystikern, Praktizierenden von buddhistischer Meditation, franziskanischen Nonnen, Pfingstlern und Teilnehmenden an säkularen Spiritualitätsritualen behauptet Newberg, die spezifischen neurologischen Mechanismen gefunden zu haben, die für eine »Erleuchtungserfahrung« verantwortlich sind.

13 Ein wunderbarer Überblick findet sich in Jonathan Rowsons RSA-Bericht. Siehe Rowson, J., 2014. *Spiritualise: Revitalising Spirituality to Address 21st Century Challenges.* RSA (Royal Society for the Encouragement of Arts, Manufactures and Commerce).

14 Aus einer Vielzahl von Gründen ist diese Theorie von der **Skala subjektiver Zustände** für die meisten Leute sehr schwer zu verstehen. Eine normale Person ist einfach relativ beschränkt in Hinblick darauf, welche subjektiven Zustände sie erlebt hat. Im Allgemeinen gibt es nur einige wenige Zustände, die wir bewusst wahrnehmen und insofern als real ansehen. Wenn Sie niemals sehr hohe oder niedrige Zustände erfahren haben beziehungsweise keine deutlichen Erinnerungen daran besitzen, fällt es Ihnen einfach viel schwerer, diese begreifen zu können.

Doch der Hauptgrund, warum so wenig Leute die »Zustandsskala« erfassen, ist, dass sie die Abstimmung zweier sehr verschiedener Denkweisen erfordert: eine Sicht der Wirklichkeit von der Warte der **ersten Person** und eine ebensolche aus der Warte der **dritten Person**. Zudem müssen Sie in der Lage sein, in den Begriffen der phänomenologischen, subjektiver Erfahrung zu denken, heißt sich mit Kategorien wie »Sein«, »Wahrnehmung«, »Bewusstsein«, »Spiritualität«, »innerer Transformation« wohlzufühlen. Im Grunde müssen Sie ein romantischer und existenzieller Typ Mensch sein. Das ist die Sicht aus der Warte der ersten Person: eine Sicht aus dem Inneren ihrer eigenen subjektiven Wahrnehmung – durch Ihre eigenen Augen blicken, mit Ihrer eigenen Nase riechen und so weiter. Man nennt das so, weil die erste Person in der Grammatik diejenige ist, die »mich« und »Ich« klassifiziert.

Auf der anderen Seite müssen Sie menschliche Wesen als *Organismen* betrachten; sogar als physische und verhaltensmäßige Roboter – das ist die Sicht aus Warte der dritten Person; in der Grammatik deckt diese im Singular er/sie/es sowie das Plural-Sie ab. Man sieht den menschlichen Organismus »von außen«, ohne jegliche Rücksicht auf dessen innere Erfahrungen: seine Verhaltensweisen, seine Biochemie, Gehirn und Nervensystem. Aus dieser Perspektive betrachtet, wird es augenscheinlich, dass menschliche Gesellschaften eine Gruppierung von Organismen darstellen, deren Körper sich in verschiedenen physiologischen Zuständen befinden. Diese Zustände lassen sich verändern mithilfe von körperlicher Betätigung, Ernährung, sozialen Interaktionen, Entspannung und Spiel, Kontemplation, medizinischer Versorgung und Pharmazie, frischer Luft und – vor allem – mithilfe einer Veränderung der Mechanismen von Belohnung und Bestrafung, an denen sich das Verhalten ausrichtet.

Im klassischen Skinner'schen Behaviorismus (wie in B. F. Skinner) geht man davon aus, dass Menschen und andere Organismen Verhaltensweisen wiederholen, für die sie belohnt werden, und Verhaltensweisen vermeiden, für die sie bestraft werden (was als »operante Konditionierung« bezeichnet wird). Vielleicht erinnern Sie sich an die Pavlov'schen Hunde, die Speichel produzierten, sobald die Glocke klingelte, weil sie wussten, dass die klingelnde Glocke das Abendessen anzeigte. Tatsächlich gibt es vier verschiedene Arten solcher Mechanismen: positive und negative Belohnung sowie positive und negative Bestrafung.

- Positive Belohnung bedeutet, etwas zu erringen, was man mag.
- Negative Belohnung bedeutet, etwas los zu werden, was man nicht mag, beziehungsweise etwas abzuwerfen, was schmerzt.

- Positive Bestrafung bedeutet, dass einem Schmerzen zugefügt werden.
- Negative Bestrafung bedeutet, etwas zu verlieren, das Sie mögen.

Wenn wir in diesem Kapitel menschliche Organismen als stets in höheren oder niedrigeren subjektiven Zuständen befindlich ansehen, verbinden wir diese relativ mechanische Sicht auf Psychologie mit einer unnachgiebig romantischen. Menschen werden versuchen, höhere Zustände zu erreichen (positive Belohnung), Dinge loszuwerden, die ihren Zustand verringern (negative Belohnung), Dinge vermeiden, die ihren Zustand verringern (positive Bestrafung), und vermeiden, Dinge zu verlieren, die höhere Zustände aufrechterhalten (negative Bestrafung). Eine wichtige Konsequenz daraus ist, dass eine Gesellschaft immer von allen vier Mechanismen angetrieben wird, und dass alle vier bei der Aufrechterhaltung hoher subjektiver Zustände in Organismen beteiligt sind.

Was der Verhaltenspsychologie nicht besonders gut gelungen ist, ist zu erkennen, wie sich der Zustand, in dem sich ein Organismus *bereits* befindet, darauf auswirkt, wie sein Verhalten sich gestaltet. Zum Beispiel wird eine Person, die sich in einem niedrigeren Zustand befindet, verzweifelter sein und dazu neigen, sehr eifrig nach negativen Belohnungen zu suchen (den Schmerz loswerden). Eine Person in einem höheren Zustand wird in der Lage sein, nach viel langfristigeren und nachhaltigeren Lösungen zu suchen. Aber das erfordert, dass wir eine Vorstellung haben, in welchem subjektiven Zustand Menschen sich befinden. Komm schon experimentelle Psychologie, helfen Sie uns dabei, okay?]

Ich habe bereits den »pragmatischen Romantizismus« als integralem Bestandteil des metamodernen Paradigmas erwähnt. Nun würde ich gerne eine kleine Ausweitung dieser Philosophie vorschlagen. Diese Denkweise verbindet romantische, existenzielle und spirituelle Psychologie mit streng wissenschaftlichen Verhaltensstudien. Es ist eine Art **romantischer Behaviorismus**. Weil diese beiden Denkweisen (Romantizismus und Behaviorismus) generell sehr verschiedene Arten von Menschen anziehen, ist die Kombination von beidem selten. Eher romantisch veranlagte Menschen werden vor Vorschlägen zurückschrecken, die die tief empfundene, tränendurchtränkte Angst der Conditio humana bekämpfen mithilfe von Jogging, der Reduzierung des Zuckerkonsums, täglichen zwanzigminütigen Meditationseinheiten, mehr Erfolg beim Umwerben sexueller Partner und der Anpassung des Schwierigkeitsgrads der eigenen Arbeitsaufgaben, um öfter in einen positiven Flow zu gelangen. Nein! – werden sie uns mit Kierkegaard und Schopenhauer zusammen vorweinen – nur indem man sich dem tiefen authentischen Leid in sich selbst stellt und dessen Unausweichlichkeit akzeptiert, wird man wahrhaft lernen! (Und so weiter.)

Andererseits werden eher der Wissenschaft zugewandte Leute die Wichtigkeit inneren Wachstums und subjektiver Erfahrung vehement leugnen, zu ihren »präzisen Kennzahlen« zurückkehren wollen und von existenzieller und spiritueller Suche schnellstmöglich wegzukommen versuchen: »Wichtige Dinge auf der Grundlage bloßer Meinung, Erfahrung und Wunschdenken entscheiden? Pah, Humbug!« Weil dieses Zeug ihnen einfach Angst macht – es erscheint sowohl uneffektiv und unauthentisch.

Aber die Realität entsteht von beiden Enden aus: Wir müssen tief in uns selbst blicken *und* wir müssen verstehen, dass das Innenleben nichts als der Zustand eines Organismus ist. Das einzig wahre Maß einer Gesellschaft, ja eigentlich einer Welt, ist, in welchen subjektiven Zuständen sich die Organismen befinden. Das meint definitionsgemäß den Unterschied zwischen Himmel und Hölle. Und diese subjektiven Zustände sind sehr beeinflussbar: Es gibt eine Skala höherer und niedrigerer subjektiver Zustände; und es ist vollkommen denkbar, die meisten Menschen die meiste Zeit in viel, viel höheren Zuständen zubringen zu lassen, als das in der Welt von heute der Fall ist. In höheren Zuständen würden die Menschen anders denken, handeln, leben und lieben, als wir das heute tun.

Der subjektive Zustand ist folglich eine Art von Triebmittel für Verhaltensweisen. Verschiedene Arten von Verhalten können unter Umständen verschiedene Arten von subjektiven Zuständen erfordern. Ich würde vorschlagen, dass die komplexeren und kreativeren Verhaltensweisen, deren wir in der neuen Weltökonomie und im Internetzeitalter bedürfen, von einer raffinierteren Form von »Triebmittel« angetrieben werden: in höheren Zuständen. Während Agrar- und Fabrikarbeit, sogar Verwaltungstätigkeiten, unter den strapaziösen Bedingungen relativ niedriger Zustände aufrechterhalten werden können, brauchen kreative, neugierige, ausdauernde und kommunikativ geforderte Tätigkeiten unter Umständen höhere subjektive Zustände. **Diese neue globale Wissensökonomie erfordert höhere durchschnittliche Zustände, um richtig zu funktionieren.**

Im Buch *The Willpower Instinct* von Kelly McGonigal, Psychologin an der Universität Stanford, aus dem Jahr 2012 (auf Deutsch: *Bergauf mit Rückenwind*) gibt es jede Menge Unterstützung für solch eine Annahme – McGonigal zitiert Beispiele aus mehr experimentellen Studien, als ich hier aufzählen kann. Wenn sich Menschen schlecht und erschöpft fühlen, neigen sie dazu, eher kurzfristig zu handeln, geben vielerlei Versuchung nach und verlieren viel leichter die Selbstkontrolle. Aufmerksamkeit, Willenskraft und Flow aufrecht zu erhalten – oder auch nur, um sich auch in einer Welt, die reich ist an widersprüchlichen Behauptungen, einen offenen Geist zu erhalten – könnte in gewisser Hinsicht mehr »Wohlbefinden« erfordern. In unserer Terminologie könnte man sagen, dass Kreativität und Unabhängigkeit höhere subjektive Zustände erfordern.

15 Wilson, Brent M. u. a., 2015. »Increased False-Memory Susceptibility after Mindfulness Meditation«. *Psychological Science*. 26. Jg., Nr. 10, S. 1567–1573.

16 Ein sehr vielversprechendes Forschungsprogramm findet sich im Umkreis des jungen britischen Neurowissenschaftlers Robin Carhart-Harris. Siehe Carhart-Harris, Robin L. u. a., 2014. »The Entropic Brain: a Theory of Conscious States Informed by Neuroimaging Research with Psychedelic Drugs. *Frontiers in Human Neuroscience*. 8. Jg., Nr. 20.

Kapitel 14 | Tiefe

1 Einige Forschungsergebnisse deuten darauf hin, dass »Weisheit« in einer Beziehung zum Alter steht, aber – anders als erwartet – nicht in einem linearen, sondern anders profilierten Verhältnis. Gisela Labouvie-Vief, Psychologin an der Universität Genf, fand heraus, dass Weisheit von der Jugend bis zum Erwachsenenalter zunimmt, ihren Höhepunkt in den Dreißigern oder Vierzigern erreicht und dann im späteren Erwachsenenalter wieder abnimmt.

All dies hängt natürlich davon ab, wie Weisheit definiert wird. Ich lehne die Definition von Labouvie-Vief weitgehend ab, die sich auf die gemeinsame Entwicklung von Kognition, Selbstreflexivität und Gefühlen ausrichtet. Wie Sie in diesem Kapitel sehen werden, konzentriere ich mich auf die existenzielle Tiefe – um ein gutes Modell für ein »effektives Werte-Mem« zu entwickeln.

2 Im Prinzip entspricht das der Frage, was man für den »Sinn des Lebens« hält, vermeidet so allerdings das Alberne dieser Frage.

3 Calhoun, L. G. und Tedeschi, R. G., 2013. *Posttraumatic Growth in Clinical Practice*. London: Routledge.

Kapitel 15 | Probleme mit der Weisheit

1 Fischer, A. 2015. »Wisdom – the Answer to All the Questions Really Worth Asking«. *The International Journal of Humanities and Social Science*, 5. Jg., Nr. 9.

2 Hanzi Freinacht hat seine eigene Marke von Weisheitslehre. Sie umfasst lediglich drei Lehrsätze. Wenn Sie nett sind, können Sie dazu vielleicht in einem zukünftigen Buch mehr lesen. Diese drei Lehrsätze sind: 1) Es geht nicht um mich. 2) Ich liebe Sie. Das ist eine Erkenntnis, kein Gefühl: Das Leben dreht sich um Sie, nicht um mich. 3) Und ja, Lieber Ralph Waldo Emerson, alles *wird* in Ordnung sein. *De facto* ist es das bereits-immer-schon.

3 Die Geschichte von Ashokas Herrschaft ist teilweise umstritten, aber bitte folgen Sie mir hier einfach um des Beispiels willen.

4 Was ist denn nun mit der Liebe? Sind Liebesbeziehungen nicht die Hauptquelle für Tiefe im Leben vieler Menschen? Und was ist mit dem Körper? Einige Leser und Leserinnen denken hier zweifellos, ich hätte die körperlichen, sinnlichen Aspekte des Realitätsbezugs nicht ausreichend angesprochen. Ist nicht eine Tai-Chi-Meisterin oder ein tantrischer Yogi in Hinblick auf Tiefe weit entwickelt? Während ich in diesem Buch keine erschöpfende Diskussion anbieten kann, würde ich immerhin darauf hinweisen wollen, dass solche Praktiken uns helfen können, bestimmte Zustände zu erreichen und sie zu integrieren; folglich können sie der Entwicklung von Tiefe zuträglich sein.

Kapitel 16 | Das effektive Werte-Mem

1 Beck, D. E., Cowan, C. C., 1996/2005. *Spiral Dynamics: Mastering Values, Leadership and Change.* Malden, MA: Wiley-Blackwell.

2 Young, I. M., 1996. »*Communication and the Other: Beyond Deliberative Democracy*« in *Democracy and Difference: Contesting the Boundaries of the Political*, herausgegeben von Seyla Benhabib; Princeton, Princeton University Press.

3 Hier eine detailliertere Darstellung der wMeme der Spiral Dynamics:

wMem »Farbe« und Bezeichnung	Historischer Abschnitt	Gesellschaft	Psychologie
BEIGE »Überlebenswille«	Prähistorisch: vor 100 000 Jahren (beachten Sie, dass das offensichtlich eine inkorrekte Zahl ist).	Lose Banden kämpfen ums Überleben, Feuer, Werkzeuge und Beerdigung der Toten. Keine größeren Clanstrukturen. Kein gegenwärtiges Äquivalent und keine Berücksichtigung von sogenannten ›wilden Kindern‹ (*enfants sauvages*).	Impulsgetrieben, Instinkte, Erfüllung grundlegender Bedürfnisse
PURPUR »Ahnengeister«	Steinzeit: vor ca. 50 000 Jahren, einschließlich des Neolithikums.	Clans und Stammeskulturen. Kunstwerke, imaginäre Welten, animistische Religionen, Magie, Schamanismus, Geister, Totem und Tabu.	Sieht sich als Teil von Natur und Umwelt, trifft keine klaren Unterscheidungen zwischen innerer und äußerer Welt.
ROT »mächtige Götter«	Imperiales, agrarisches Zeitalter: vor ca. 10 000 Jahren.	Stratifizierte Gesellschaft mit Herrscher, Sklaverei und Göttern. Gegründet auf militärischer Macht und Eroberungen.	Macht, Ruhm, Rache, Wut – den Göttern trotzen und Herrschaft über die Welt erlangen.
BLAU »Macht der Wahrheit«	Traditionelle, religiöse Gesellschaft: vor 5 000 Jahren.	Staaten mit institutionalisierter Religion, rechtsstaatliche Prinzipien unter »göttlichem Recht«.	Sinnerfahrung durch die Unterordnung unter einen übergeordneten Zweck. Gehorsam, Harmonie.
ORANGE »Streben und Trachten«	Modernes Zeitalter: vor ca. 3 000 Jahren	Kapitalistische Demokratien, moderne Wissenschaft.	Erfolg und Wettbewerb in einem gerechten Markt, Verwendung der bestmöglichen Informationen.
GRÜN »menschliche Verbindung«	Postmodernes Zeitalter: erstes Auftreten vor rund 150 Jahren, wurde bedeutsam in der Zeit ab 1968.	Sozialdemokratien, soziale Bewegungen, Kritik der modernen Gesellschaft.	Sensible, weiche Werte, Inklusion, Vielfalt, Relativismus, Fürsorge, kollektive Werte.

GELB »Flexibilität und Fluss«	Systemisches und kybernetisches Denken. Erst seit rund 50 Jahren.	Kosmopolitische Werte, Versuch der Synthetisierung und Verteidigung früherer WMeme. Keine Gesellschaftsbeschreibung.	Prozessorientierte und systemsensibles Denken. Dynamisch, dialektisch, unabgeschlossen.
TÜRKIS »ganzheitliche Sicht«	Holistisches Denken. Mit dem Aufkommen der Spiral Dynamics selbst identifiziert, seit den 1990ern.	New-Age-Gemeinschaften (meine Wortwahl, nicht ihre), in denen Menschen hochgradig individualisiert sind, aber auch verbunden durch das Gefühl einer universellen Spiritualität.	Die Ganzheit des Daseins durch Geist und Verstand erfahren. Mit tiefgründingen, ewigen Fragen ringen, in Solidarität mit allen fühlenden Wesen.

4 Präzisieren wir einmal meine Behauptung von den Schwachstellen des Modells und seinem Mangel an jeglicher grundlegenden wissenschaftlichen Stringenz, vielleicht sogar das, was als intellektuelle Unredlichkeit seines Urhebers und Hauptbefürworters Don Beck angesehen werden muss. Die erste und wichtigste Schwäche des Modells besteht darin, dass es alle Entwicklungsdimensionen in einen einzigen Rahmen zwängt: Es gibt wirklich nur eine einzige Entwicklungsabfolge, die weder den kulturellen und historischen Hintergrund einer Person berücksichtigt, noch ihre psychische Gesundheit oder irgendetwas anderes. Gerechterweise muss man sagen, dass die Spiral Dynamics diesen Mangel mit dem Großteil der Forschungen in der Erwachsenenentwicklung teilt.

Darüber hinaus stützt sie ihre sehr starken Behauptungen auf eine schwache empirische Methode, indem sie die Leute einfach bittet, einen recht einfachen Fragebogen auszufüllen. Von dort aus werden recht starke empirische Behauptungen darüber aufgestellt, wie viele Menschen auf der Welt zu den einzelnen Werte-Memen gehören und wie viel Macht sie weltweit besitzen (ohne überhaupt »Macht« zu definieren). Und dann öffnet sie die Tür zu einer Reihe von Wissenschaftlern, die man nur als sehr armselige Intellektuelle bezeichnen kann, die behaupten, politische Systeme und Wirtschaftspolitik mit ihrer Hilfe erklären zu können (was sie nicht können) und die von Don Beck selbst aktiv unterstützt werden.

Abgesehen davon schmeichelt das Modell den höheren Werte-Memen und glorifiziert sie, es definiert sie weitgehend so, dass sie auf die Spiral Dynamics selbst hinauslaufen (was aus Menschen mit höherer Stufe »Spiralenzauberer« *(spiral wizards)* und was sonst nicht alles macht) – alles, was man also tun muss, um ein Super-Duper-Mensch zu sein, ist, an alles zu glauben, was Don Beck sagt, und sein Modell so zu nutzen zu versuchen, um damit so ziemlich alles zu erklären. Und natürlich zeichnet er diese rosigen höherwertigen Meme in sehr spirituellen Begriffen, so dass alle New-Age-Leute sicher davon ausgehen können, dass sie selbst zu den höchsten und am weitesten entwickelten Menschen der Geschichte gehören. Wann immer jemand aus irgendeinem Grund anderer Meinung ist als man selbst, kann man sich mit Spiral Dynamics auf die Schulter klopfen: Derjenige gehört sicher zu einem niedrigeren Werte-Mem als man selbst.

5 Das ist kein Witz. Die gegenwärtige afghanische Gesellschaft zeigt viele faustische Eigenschaften. Ich hielt einmal ein Seminar zum Auftreten des »Selbst« in der Geschichte (Sozialpsychologie) und gebrauchte die isländischen Sagen als Beispiel für Schriften, die keine Spekulationen über das Innenleben der Figuren enthalten (weil die faustische Kultur der MHK-Stufe 9-Konkret entspricht). Wie Sie vielleicht wissen, liefern diese Geschichten erdnahe und detaillierte Beschreibungen von endlosen Familienfehden. Ein aufgeweckter junger Student aus Afghanistan bemerkte dazu: »Das ist genau so, wie die Dinge sich zu Hause gestalten.«

6 Bitte beachten Sie, dass ich nicht sage, Praktizierende von Voodoo oder paganen Riten, Mafiosos oder Jugendliche wären miteinander gleichzusetzen oder irgendetwas in der Art. Dasselbe Werte-Mem kann viele verschiedene Ausdrucksformen haben und die meisten Religionen können in der Praxis mehrere Werte-Meme gleichzeitig umfassen.

7 Natürlich behaupte ich hier nicht, dass alle Menschen, die gegen die EU oder Einwanderung in westliche Länder sind, sich notwendigerweise bei diesem effektiven Werte-Mem aufhalten, aber dennoch besteht selbstverständlich eine Korrelation.

Kapitel 17 | Wesentliche Schlussfolgerungen

1 Ich kann hier Steins Werk nicht genug loben. Es handelt sich wirklich um eine hervorragende Forschungsarbeit. Siehe Stein, Z., 2010. »Now you get it, now you don't: developmental differences in the understanding of integral theory and practice«. In Esbjörn-Hargens, S. (Hg.) *Integral Theory in Action: Applied, Theoretical, and Practical Applications of the AQAL Model*, S. 175–203. SUNY University Press (vormals verfügbar unter www.zakstein.org). Siehe auch Stein, Z. und Hiekkinen, K., (2010). »Developmental Differences in the Understanding of Integral Theory and Practice: Preliminary Results from the iTEACH project«. Vortrag gehalten auf der Biannual Integral Theory Conference, John F. Kennedy University. Pleasant Hill, CA (vormals verfügbar unter www.zakstein.org).

2 Collins, R., 2002/1998. *The Sociology of Philosophies: A Global Theory of Intellectual Change*. Cambridge, MA: Harvard University Press.

Anhang

1 Capra, F. und Luisi, P. L., 2014. *The Systems View of Life: A Unifying Vision*. New York: Cambridge University Press.

2 Die große Erzählung (*grande histoire*) des Metamodernismus wird geschildert im »Geschichtsbuch« der Hanzi-Reihe.

3 Brier, S., 2008. *Cybersemiotics: Why Information Is Not Enough!* Toronto: University of Toronto Press.

4 Barad, K., 2007. *Meeting the Universe Halfway. Quantum Physics and the Entanglement of Matter and Meaning*. London: Duke University Press.

5 Veröffentlicht im April 2015 von Seth Abramson auf www.metamoderna.org, letzter Zugriff: 28.6.2023.

6 Zavarzadeh, M., 1975. »The Apocalyptic Fact and the Eclipse of Fiction in Recent American Prose Narratives«. *Journal of American Studies*, IX. Jg., Nr. 1, S. 69–83.

7 Sie finden die Diskussion zu diesem Thema in einem anderen Hanzi-Buch: *The 6 Hidden Patterns of World History*.

8 Beck, U.; Bonss, W. und Lau, C., 2003. »The Theory of Reflexive Modernization: Problematic, Hypothesis and Research Programme«. *Theory, Culture and Society*, 20. Jg., Nr. 2, S. 1–33. Siehe auch Giddens, A., 1995. *Konsequenzen der Moderne*. Frankfurt am Main: Suhrkamp.

9 Ich kehre ausführlich zur Diskussion der Postmoderne zurück in einem anderen Buch, *The 6 Hidden Patterns of World History*, in dem ich historische »Meta-Meme« betrachte.

10 Beachten Sie, dass dieses »Protosynthesen«-Ding meine eigene begriffliche Prägung darstellt, nicht Vermeulens und van der Akkers.

11 Vermeulen, T. und van der Akker, R., 2010. »Notes on Metamodernism«. *Journal of Aesthetics and Culture*, 2. Jg., Nr. 1, S. 1–14.